장물지 ㊦
長物志

한국연구재단 학술명저번역총서 동양편 *617*

장물지

長物志

문진형 文震亨 저, 김의정 金宜貞 정유선 鄭有善 역주

學古房

‖일러두기‖

1. 이 책은 명대 문진형(文震亨)의 『장물지(長物志)』(陳植 校註, 楊超伯 校訂, 江蘇科
   學技術出版社, 1984)를 완역한 것이다.
2. 중국 고대 전적과 인명은 한자독음으로 표기하고, 처음 나올 때는 괄호 안에 한자
   를 병기하였다.
3. 중국 근현대에 사용하고 있는 지명과 인명은 한자독음으로 표기하고, 처음 나올
   때는 괄호 안에 한자를 병기하였다.
4. 각 분야의 전문용어는 최대한 뜻을 살려 풀어 썼으며, 처음 나올 때는 괄호 안에
   한자를 병기하였다.
5. 교주자와 교정자 주는 해당부분에 【原註】로 표시하고 각주 처리했다.
6. 옮긴이 주는 해당부분에 【역주】로 표시하고 각주 처리했다.
7. 이 책의 일러두기에 명기되지 않은 사항에 대해서는 일반 번역서의 관례에 따랐다.

서문

　명나라 숭정(崇禎) 7년(1634)에 간행된 문진형(文震亨)의 『장물지(長物志)』는 그 당시 다양한 분야의 '長物(남는 물건, 사치품)'에 대한 명대 문인사대부들의 고상한 취미와 삶의 지침서이자 정보지라고 할 수 있다. 최근 학계에서는 명대 미학과 예술사 및 생활사에 대하여 관심을 가지기 시작했으며, 특히 명말의 물질문화 및 소비문화와 관련된 항목이 주목을 받아 연구가 한창 진행되고 있다. 이 책에 대한 번역 기획은 최근의 연구 조류와도 관련된 것으로 명대를 중심으로 한 동아시아 생활 미학의 실상을 이해하는데 도움이 될 것이다.

　과거 전통시기 동양사회에서는 소비에 대한 공적 담론을 기피해 왔고 사치스러운 소비현상과 소비조장 등을 일으킬 수 있는 주제는 중요한 연구대상으로 인식되기 어려웠다. 이러한 이데올로기적이고 거대 담론 위주의 기존 연구 경향이 생활사와 문화사가 중심이 되는 미시사적 연구로 전환되면서, 소비현상과 소비에 대한 인식은 중요하게 다루어지기 시작했다. 즉 전통사회에서 일어나는 정치·사회·경제의 제반 변화를 읽는 주요한 키워드로 확고하게 자리를 잡게 된 것이다. 『장물지』는 그 중심에 있다고 할 수 있다.

　『장물지』의 저자 문진형은 자(字)가 계미(啓美)이고 장주인[長洲人, 오늘날 강소성 소주(蘇州) 사람)이다. 그는 만력(萬曆) 13년(1585)에 태어나 남명(南明) 홍광원년[弘光元年 즉 청 순치(順治) 2년, 1646)]에 생을 마감했다. 그의 증조부는 오문화파(吳門畵派) 4대가 중 하나인 문징

명(文徵明, 1470-1559)이며, 조부는 문팽(文彭, 1498-1573)이고, 부친은 문원발(文元發, 1529-1605)로, 대대로 조정에서 벼슬을 했으며, 형 문진맹(文震孟, 1574- 1636)은 천계(天啓) 2년 전시(殿試)에서 장원을 했다. 이렇듯 학식과 예술로 명망이 높은 집안에서 태어난 그는 집안의 영향을 받아 시서화(詩書畵)는 물론 음악과 원림(園林) 등에 이르기까지 다방면에 조예가 깊었다.

　문진형 본인도 자신의 집안사람들과 같이 무영전 중서사인(武英殿中書舍人)까지 벼슬을 했으나, 완대성(阮大鋮, 1587-1646) 등의 탄압을 받아 사직했고, 이후 순치 2년 청나라가 고향 소주 지역을 침략해 들어오자 식음을 전폐하여 향년 61세에 스스로 목숨을 끊었다.[1] 그는 청 건륭 41년(1776)에 절감(節憨)이라는 시호를 받았다. 그의 저서는 『장물지』 이외에 『금문집(金門集)』·『토보연(土寶緣)』·『일엽집(一葉集)』·『개독전신(開讀傳信)』·『재칩(載蟄)』·『청요외전(淸瑤外傳)』·『무이외어(武夷外語)』·『문생소초(文生小草)』·『향초시선(香草詩選)』·『대종쇄록(岱宗瑣錄)』·『대종습유(岱宗拾遺)』·『신집(新集)』·『금보(琴譜)』·『이로원집(怡老園集)』·『향초타전후지(香草沱前後志)』·『분도시주(墳陶詩注)』·『전동야어(前東野語)』·『주릉죽지(株陵竹枝)』·『청계신영(淸溪新咏)』 등이 있다.

　『장물지』는 문진형이 천계원년(1621)에 완성한 책으로, 실려(室廬)·화목(花木)·수석(水石)·금어(禽魚)·서화(書畵)·궤탑(几榻)·기구(器具)·의식(衣飾)·주거(舟車)·위치(位置)·소과(蔬果)·향명(香茗)의 12권으로 이루어 졌으며, 각각의 카테고리 아래 세분화되어 모두 269개 항목이 수록되어 있다. 그 실질적 내용을 보면 건축·서화·가구·문

---

1) 『江南通志』권153, 『吳中人物考』참조.

방사우·골동·원예·조경·동식물·음식·복식·교통수단에 이르기까지 다양한 내용을 다루고 있다.

　이러한 범위의 방대함 때문에『장물지』는『사고전서·자부(四庫全書子部)』에서는 송 조희곡(趙希鵠, 1231년 전후 생존)의『동천청록(洞天淸錄)』·명 조소(曹昭, 1388년 전후 생존)의『격고요론(格古要論)』·장응문(張應文, 1524-1585)의『청비장(淸秘藏)』·고렴(高濂, 1573-1620)의『준생팔전(遵生八箋)』, 도륭(屠隆, 1541-1605)의『고반여사(考槃餘事)』·동기창(董其昌, 1555-1636)의『균헌청비록(筠軒淸必錄)』등과 함께 기존에 없었던 서술과 내용이 담긴 문헌으로 인식하여 잡가류(雜家類)로 분류하였다. 또한『사고전서』의 대표 편집자 기윤(紀昀)은 송 조희곡의『동천청록』을『장물지』의 연원으로 삼았으며, 명말 도륭(1541-1605)의『고반여사』를 많이 참고했다고 설명하였다.[2]

　이러한 단편적인 문헌학적 고찰만으로도, 우리는 16-17세기 명말에 이르러 기존의 일반적인 글과는 다른 형태의 글쓰기와 내용이 담긴 문헌이 활발하게 출간되었음을 알 수가 있다. 이러한 이유와 배경은 명말 사대부의 생활과 연결을 지어 생각할 수 있다.

　명대 사대부들이 고상한 취미생활에 몰두하고 이를 기록한 것은 송대의 보록(譜錄)까지 거슬러 올라 갈 수 있다. 송대에는 취미 생활에 대한 기록이 골동·서화·문방사우·차와 꽃 등 사대부 문화를 대표하는 몇몇 소재와 주제에 한정되어 있었으나, 명대에는 소소한 일상 생활용품 하나까지도 감상과 음미의 대상이 되었다. 이와 같이 일상에서 사용하는 사물을 대상으로 품평하고 기록하는 것은 바로 경제적으로 '잉여의 시대'가 전개되었음을 보여주는 지표로 삼을 수 있으며, 이는 다시 말해

---

2)『四庫全書總目』123, 1059쪽 참조

더 이상 생존을 위해 먹고 쓰고 입는 것이 아니라는 것을 상징하고 있다. 이와 같은 시각을 좀 더 확대해 보면 일상의 사물은 이제 더 이상 생활이 아니라 예술이 될 수도 있다는 가능성을 갖게 되었다. 이러한 의미에서『장물지』는 명대를 중심으로 한 동아시아 전통시기 생활 미학의 실상을 이해하는데 아래와 같이 도움이 될 것으로 기대한다.

첫째,『장물지』는 명말 문인사대부들의 완상(玩賞) 대상이 되는 물품과 고상한 생활에 관한 백과전서이므로, 명말 문인사대부들이 사용했던 물품을 구체적으로 알 수가 있으며, 동아시아 생활 관련 미시사 연구자들에게 명말 문인사대부 문화에 대한 기초 자료를 제공할 수 있을 것으로 본다.

둘째,『장물지』에 실린 명말 문인사대부들이 관심을 가졌던 다양한 방면의 물질 하나하나에 대한 견해와 설명을 문화사적인 시각으로 접근한 문헌 연구를 통해, 명말 물질문화와 소비문화 및 시각문화에 대한 연구를 더욱 심화시키는데 일조할 것으로 보인다. 특히 이를 통해 명말 물질문화·소비문화·시각문화 뿐만 아니라, 더 나아가 당시의 도시문화와 놀이문화 및 생활문화까지도 심도 있게 이해할 수 있을 것으로 기대한다.

셋째, 물질이란 인간의 사유를 움직이는 중요한 동력이고 장물(長物, 남는 물건) 역시 소유욕을 유발하는 매력적인 그 무엇인 것임이 분명하다.『장물지』에 대한 연구는 소비 형태, 겉으로 드러난 취미 등 외적인 현상에만 주목하는 기존의 단선적인 연구시각을 탈피하여, 명말 문인사대부가 장물에 대해 가지고 있었던 심리와 지향하는 바가 무엇인지를 다룸으로써, 입체적이고 융합적인 연구를 기대할 수 있다.

이에 관련 연구의 활성화를 위해 연구자와 독자들에게『장물지』의 일

독을 권하며, 이 책을 번역하는 과정에서 나온 오류에 대해 많은 질정을
부탁드린다.

2017년 10월 역자 일동

권6

궤 탑几榻

1. 평상榻 • 409
2. 작은 평상短榻 • 411
3. 궤几 • 412
4. 선의禪椅 • 413
5. 천연궤天然几 • 415
6. 서탁書桌 • 416
7. 벽탁壁桌 • 417
8. 방탁方桌 • 418
9. 대궤臺几 • 418
10. 의자椅 • 419
11. 올기杌 • 420
12. 등좌凳 • 421
13. 교상交床 • 422
14. 장롱櫥 • 423
15. 서가架 • 427
16. 불경 책장佛櫥 불경 탁자佛桌 • 428
17. 침상牀 • 429
18. 상자箱 • 430
19. 병풍屛 • 431
20. 각등脚凳 • 432

기구器具

1. 향로香爐 • 436

2. 향합香合 • 442

3. 격화隔火 • 446

4. 부손 부젓가락匙筯 • 448

5. 저병筯瓶 • 448

6. 수로袖爐 • 449

7. 수로手爐 • 450

8. 향통香筒 • 451

9. 필격筆格 • 452

10. 필상筆牀 • 454

11. 필병筆屏 • 455

12. 필통筆筒 • 456

13. 필선筆船 • 457

14. 필세筆洗 • 458

15. 필첨筆覘 • 460

16. 수중승水中丞 • 460

17. 수주水注 • 462

18. 호두糊斗 • 465

19. 납두蠟斗 • 467

20. 진지鎭紙 • 467

21. 압척壓尺 • 469

22. 비각秘閣 • 470

23. 패광貝光 • 470

24. 재도裁刀 • 471

25. 전도剪刀 • 474

26. 서등書燈 • 475

27. 등燈 • 476

28. 거울鏡 • 481

29. 대구帶鉤 • 484

30. 허리띠束腰 • 485

31. 선등禪燈 • 486

32. 향연반香橼盤 • 487

33. 여의如意 • 489

34. 주미麈 • 490

35. 화폐錢 • 491

36. 표주박瓢 • 493

37. 바리때缽 • 494

38. 화병花缾 • 495

39. 종경鍾磬 • 498

40. 지팡이杖 • 499

41. 좌돈坐墩 • 500

42. 좌단坐團 • 501

43. 수주數珠 • 502

44. 번경番經 • 505

45. 부채扇 선추扇墜 • 506

46. 베개枕 • 513

47. 대자리簟 • 514

48. 금琴 • 516

49. 금대琴臺 • 520

50. 벼루研 • 522

51. 붓筆 • 530

52. 먹墨 • 533

53. 종이紙 • 535

54. 검劍 • 541

55. 인장印章 • 542

56. 문구文具 • 546

57. 소구梳具 • 549

　　해론, 동 옥조각 도자기海論, 銅玉雕刻窯器 • 550

권8 ──────────────────────────────

옷차림과 장식衣飾

1. 도복道服 • 574

2. 선의禪衣 • 576

3. 이불被 • 577

4. 요褥 • 578

5. 융단絨單 • 579

6. 휘장帳 • 581

7. 관冠 • 583

8. 두건巾 • 585

9. 삿갓笠 • 586

10. 신발履 • 587

권9 ──────────────────────────────

배와 수레舟車

1. 건거巾車 • 596

2. 남여籃轝 • 597

3. 배舟 • 598

4. 소선小船 • 600

권10 ─────────────────────────────

위치位置

1. 좌궤坐几 • 605

2. 좌구坐具 • 606

3. 의자椅 평상榻 병풍屛 시렁架 • 607

4. 현화懸畫 • 608

5. 항아리 배치置鑪 • 609

6. 화병의 배치置瓶 • 610

7. 작은 방小室 • 611

8. 침실臥室 • 612

9. 정사亭榭 • 615

10. 넓은 방敞室 • 615

11. 불실佛室 • 617

권11

채소와 과일蔬果

1. 앵두櫻桃 • 628

2. 복숭아桃 자두李 매실梅 살구杏 • 630

3. 귤橘 등자橙 • 633

4. 감柑 • 637

5. 향연香櫞 • 638

6. 비파枇杷 • 639

7. 양매楊梅 • 640

8. 포도葡萄 • 641

9. 여지荔枝 • 642

10. 대추棗 • 644

11. 배生梨 • 645

12. 밤栗 • 646

13. 은행銀杏 • 648

14. 감柿 • 649

15. 사과花紅 • 650

16. 마름菱 • 651

17. 가시연芡 • 653

18. 수박西瓜 • 654

19. 오가피五加皮 • 654

20. 백편두白扁豆 • 655

21. 버섯菌 • 656

22. 표주박瓠 • 657

23. 가지茄子 • 658

24. 토란芋 • 659

25. 줄菱白 • 660

26. 산약山藥 • 661

27. 무蘿蔔 순무蕪菁 • 663

권12

향과 차香茗

1. 가남향伽南香 • 673

2. 용연향龍涎香 • 676

3. 침향沉香 • 677

4. 편속향片速香 • 679

5. 암팔향唵叭香 • 679

6. 각향角香 • 680

7. 첨향甜香 • 681

8. 황향병黃香餅 흑향병黑香餅 • 682

9. 안식향安息香 • 683

10. 난각暖閣 운향芸香 • 685

11. 창술蒼術 • 686

12. 다품茶品 • 687

13. 호구虎丘 천지天池 • 698

14. 개차岕茶 • 699

15. 육안六安 • 701

16. 송라松蘿 • 703

17. 용정龍井 천목天目 • 705

18. 세다洗茶 • 706

19. 후탕候湯 • 707

20. 다구 세척滌器 • 708

21. 다세洗茶 • 709

22. 다로茶爐 탕병湯瓶 • 710

23. 다호茶壺 찻잔茶盞 • 711

24. 숯 고르기擇炭 • 717

오소당伍紹棠의 발문跋文 • 719

부록1 : 문진형의 평생 사적과 관련 자료 • 725

부록2 : 「명말 문진형의 조경학설明末文震亨氏的造園學說」 진식陳植 • 741

부록3 : 『장물지교주』 인용 참고서적 목록 • 769

궤탑(几榻)[1]

옛사람이 궤탑을 만들 때, 비록 길이와 폭이 가지런하지 않더라도 서재에 설치하면 반드시 예스럽고 우아하여 사랑스러웠으며, 또 앉고 눕고 기대기에 편안하고 쾌적하지 않은 게 없었다. 연회를 하며 한가한 때, 궤탑에 경전과 역사책을 펴놓거나, 서화를 열람하거나, 청동기를 진열하거나, 술안주와 과일을 늘어놓거나, 머리를 베거나 걸터앉거나 무엇을 해도 되지 않겠는가? 지금 사람이 제작한 것은 쓸데없이 조각하고 문양을 그려서 화려하게 장식하여 속된 안목에는 좋지만, 옛 양식이 완전히 사라져버려 사람으로 하여금 진실로 깊이 강개하며 탄식하게 한다.

几榻

古人制几榻, 雖長短廣狹不齊, 置之齋室, 必古雅可愛, 又坐臥依憑, 無不便

---

1) 궤탑(几榻): 탁자 가운데 작은 것이 궤(几)로 강궤(炕几)와 다궤(茶几, 찻상) 같은 것이다. 평상(표면이 평평하여 앉거나 누워 쉴 수 있는 침상의 일종) 가운데 낮고 작은 것이 탑(榻)이다. 『석명(釋名)』에서 "길고 좁으면서 낮은 것을 '탑(榻)'이라 한다.(長狹而卑曰榻.)"라고 하였다.【原註】

　* 강궤(炕几): 온돌 위나 온돌방에 놓는 작은 탁자.【역주】
　* 석명(釋名): 8권. 동한의 경학가 유희(劉熙,, 160?-?)의 저술로, 발음의 각도에서 글자 의미의 유래를 연구하여 밝혀 놓았으며, 체재는 『이아(爾雅)』를 모방하여 '일아(逸雅)'라고도 한다.【역주】

適. 燕衎2)之暇, 以之展經史, 閱書畫, 陳鼎彝3), 羅肴核4), 施枕簟5), 何施不可.
今人制作, 徒取雕繪文飾6), 以悅俗眼, 而古制蕩然, 令人慨嘆實深. 志几榻第六

---

2) 燕衎(연간): 연회. 燕(연)과 宴(연)은 의미가 통한다.
   『집운(集韻)』에서 "연(燕)은 편안하다, 휴식하다.(燕, 安也, 息也.)"라고 하였다.
   『이아』에서 "간(衎)은 즐겁다.(衎, 樂也.)"라고 하였다.
   『시경·소아(小雅)』에서 "훌륭한 손님에게 잔치를 베풀어 즐겁게 하네.(嘉賓式燕
   以衎.)"라고 하였다.【原註】
   * 嘉賓式燕以衎(가빈식연이간): 출처는 『시경·소아·남쪽에 좋은 물고기가 있네
     (南有嘉魚)』.【역주】
3) 정이(鼎彝): 청동기. 『설문해자』에서 "정(鼎, 솥)은 다리 3개에 귀가 2개이며, 다섯
   가지 맛을 조화시키는 보배로운 그릇이다. 이(彝, 술항아리)는 종묘에 항상 사용
   하는 그릇이다.(鼎, 三足兩耳, 和五味寶器也. 彝, 宗廟常器也.)"라고 하였다.
   『주례』에서 "여섯 개의 이(彝)는 계이(鷄彝, 주전자 모양의 닭과 유사한 문양이
   있는 술 단지)·조이[鳥彝, 즉 작(爵), 술잔]·황이(黃彝, 술잔)·호이(虎彝, 호랑이
   머리 장식의 술잔)·추이(蜼彝, 손잡이가 있는 3족 냄비)·가이(斝彝, 잔의 일종)
   이며 술을 따라 땅에 뿌려 조상에 제사하는 예식에 사용한다.(六彝, 鷄彝鳥彝黃彝
   虎彝蜼彝斝彝, 以待裸將之禮.)"라고 하였다.【原註】
   * 정(鼎)은 다리가 세 개에 귀가 두 개로, 주로 청동으로 만들며, 삶는 용도로 사용
     하는 기물로서, 고대에는 신분에 따라 사용할 수 있는 수량이 달랐다. 주나라의
     규정에 따르면 천자는 9정이고, 제후는 7정이며, 대부(大夫)는 5정이고, 원사(元
     士, 천자의 관리)는 3정이며, 사(士, 제후의 관리)는 1정으로, 귀족의 전유물이었
     다.【역주】
4) 肴核(효핵): 肴(효)는 殽(효)와 같다. 어류와 육류를 익혀서 먹는 것을 '효(肴)'라고
   한다. 『시경』에서 "두(豆)에 담은 과실과 변(籩)에 담은 과실이 진열되어 있네.(殽
   核維旅.)"라고 하였다. 풀이하면, 두실(豆實, 두에 담은 열매)을 '효(殽)'라 하고 변
   실(籩實, 변에 담은 열매)을 '핵(核)'이라 한다.【原註】
   * 殽核維旅: 출처는 『시경·소아·손님이 처음 자리에 앉아(賓之初筵)』.【역주】
   * 두(豆): 나무로 만든 굽이 높은 제기 접시. 변(籩): 대나무로 만든 두와 비슷하게
     생긴 제기.【역주】
5) 枕簟(침점): 침(枕)은 베개. 『설문해자』에서 "베개는 누워 머리를 베는 것이다.(枕,
   臥薦首者.)"라고 하였다. 점(簟)은 바로 대나무 방석이며, 『설문해자』에서 "점(簟)
   은 대나무로 만든 자리이다.(簟, 竹席也.)"라고 하였다.【原註】
6) 文飾(문식): 『예기·옥조(玉藻)』에서 "화려하게 장식하지 않으며 석의(裼衣, 겹쳐
   입는 홑 갓옷)를 입지 않는다.(不文飾, 也不裼.)"라고 하였다. '화려하게 장식하다'
   와 장식의 의미.【原註】

1. 평상(榻)

평상 좌석의 높이는 1자[7] 2치(약 37cm)이고 등받이의 높이는 1자 3치(약 40cm)이며, 길이는 7자(약 2.2m)에 우수리가 있고, 가로 폭은 3자 5치(약 1m)이다. 좌석의 사방에 나무 테두리를 설치하고 그 내부에는 상죽(湘竹)[8]을 꿰어 앉는 자리가 허공이 아니게 하며, 삼면에는 등받이가 있는데 뒷부분과 양 옆으로 이것이 평상의 정식이다. 오래되어 갈라진 무늬가 있는 것이 있고 원나라 나전(螺鈿)[9]이 있는 것이 있는데, 그 양식이 자연스럽고 예스러우며 우아하다. 다리가 4개 있으나 당랑퇴(螳螂腿)[10]로 만드는 것은 피하며, 하부에서 좌석의 판자를 받치기만 하면 된다. 근래에 대리석을 박은 것이 있으며, 퇴광주흑칠(退光朱黑漆)[11]을 하고 그 표면에 대나무나 나무를 조각하여 분(粉)을 칠한 것이 있으며, 새 나전으로 장식한 것이 있는데, 전혀 우아한 기구가 아니다. 기타 화남(花楠)[12]·자단(紫檀)[13]·오목(烏木)[14]·화리(花梨)[15]와 같은 목재

---

7) 1자: 명대의 1자는 31.1cm이다.【역주】
8) 상죽(湘竹): 상비죽(湘妃竹), 즉 소상죽(瀟湘竹)이나 반죽(斑竹). 권2 「문(門)」의 원주 참고.【原註】
9) 원나라 나전(螺鈿): 원나전(元螺鈿)과 그 아래의 신라전(新螺鈿, 새로운 즉 명대의 나전)이 대칭되며, 원대에 나전으로 만들어진 것을 말한다. 나전은 각종 조개껍질을 얇게 갈아서 만들어 가구 등의 기물에 상감기법으로 장식하여 미관을 증가시킨다.【原註】
10) 당랑퇴(螳螂腿): 평상의 다리가 사마귀 다리 모양인 것으로, 불전의 공양탁자가 대부분 이러한 양식이다.【原註】
11) 퇴광주흑칠(退光朱黑漆): 퇴광칠(退光漆) 기법으로 칠한 붉은색 옻칠과 검은색 옻칠. 퇴광칠은 처음 칠했을 때에 광택이 비교적 어두웠다가 점차로 밝아지므로 '퇴광칠'이라 한다.【역주】
12) 화남(花楠): 포화남(刨花南, Machilus pauhoi). '포화(刨花)'나 '화피(花皮, 광동성)'나 '비체남[鼻涕楠, 절강성과 온주(溫州)]'이라고도 하고, 상록교목으로 목재가 치밀하고 아름다우며, 장과(樟科, 녹나무과)에 속한다.【原註】
13) 紫檀(자단): 권5 「표축(裱軸)」의 원주 참고.【原註】
14) 오목(烏木): 오목(烏木, Diospyros ebenum)은 상록교목으로 과실이 공 모양이며,

를 사용하여 옛 양식에 따라 만들면 모두 사용할 수 있다. 길고 커다란 여러 양식으로 일괄 개조하면 비록 보기에 아름답지만, 모두 진부한 양식을 답습한 것이다. 특히 원나라에서 제작한 평상을 보면, 길이가 1장 5자(약 4.7m)에 폭이 2자(약 62cm) 정도이고 윗면에 기대는 난간이 없는 것은 대개 옛 사람들이 침상에 연결하여 밤에 누워 다리를 서로 맞대고 잠잘 수 있는 것으로, 양식도 예스러우나 현재는 도리어 사용하지 않는다.

一. 榻

榻座高一尺二寸, 屛高一尺三寸, 長七尺有奇, 橫三尺五寸, 周設木格, 中貫湘竹, 下座不虛, 三面靠背, 後背與兩傍等, 此榻之定式也. 有古斷紋16)者, 有元螺

목재는 흑색으로 단단하고 무거우면서 치밀하다. 유명한 미술제품용 목재로서, 시과(柿科, 감나무과)에 속한다.

『신증격고요론』에서 "오목은 해남·남번(南番)·운남에서 산출되며, 성질이 단단하고 늙은 것은 순흑색이면서 또 잘 부서지며, 좁은 무늬가 있는 것은 여리다. 지금 위조하는 것은 대부분 계목(繫木, 아가위나무)으로, 물들여서 결을 만든다. (烏木出海南南番雲南, 性堅, 老者純黑色, 且脆, 間道者嫩. 今僞者多是繫木, 染成作筯.)"라고 하였다.

『박물요람(博物要覽)』에서 "오목은 '오문목(烏文木)'이라 부르며, 나무의 높이가 7-8척으로, 물소의 뿔처럼 색이 순흑색이며 말채찍을 만들 수가 있는데, 일남(日南, 지금의 베트남 중부지구)에서 산출된다.(烏木名烏文木, 樹高七八尺, 其色正黑如水牛角, 可作馬鞭, 日南産之.)"라고 하였다.【原註】

* 남번(南番): 남번순(南番順). 광동성 남해현(南海縣)과 번우현(番禺縣) 및 순덕현(順德縣)의 합칭으로 광동성 남부지역.【역주】

15) 화리(花梨): 권5 「표축(裱軸)」의 원주 참고.【原註】

16) 古斷紋(고단문): 오래되어 갈라진 무늬. 『동천청록』에서 "칠기에는 갈라진 무늬가 없으며 거문고에만 있는 것은, 아마도 다른 기물은 천을 사용하고 그 위에 옻칠을 하였으나, 거문고만 천을 사용하지 않았으며, 다른 기물은 한가하게 방치되지만, 거문고는 밤낮으로 거문고 줄에 의해 부딪쳐 울리기 때문일 것이다.(漆器無斷紋而琴獨有之者, 蓋他器用布漆而琴獨不用, 他器安閒而琴日夜爲絃所激.)"라고 하였다.【原註】

鈿者, 其制自然古雅. 忌有四足, 或爲螳螂腿, 下承以板, 則可. 近有大理石鑲者, 有退光朱黑漆中刻竹樹以粉塡者, 有新螺鈿者, 大非雅器. 他如花楠紫檀烏木花梨, 照舊式制成, 俱可用, 一改長大諸式, 雖曰美觀, 俱落俗套. 更見元制榻, 有長丈五尺, 闊二尺餘, 上無屏者, 蓋古人連床夜臥, 以足抵足[17], 其制亦古, 然今却不適用.

2. 작은 평상(短榻)

작은 평상의 높이는 1자(약 31cm) 정도이고 길이는 4자(약 124cm)로서 불전과 서재에 두면, 고요한 심성을 양성하려 좌선하고 현학(玄學)[18]을 담론하면서 먼지떨이를 휘두르기에 좋다. 특히 비스듬히 기대기에 편리하므로 '미륵탑(彌勒榻)'이라고 속칭한다.

二. 短榻

短榻高尺許, 長四尺, 置之佛堂書齋, 可以習靜坐禪[19], 談玄揮麈[20], 更便斜

---

17) 抵足(저족): 발과 발이 닿다. 동침하다.【역주】
18) 현학(玄學): 위진시기에 출현하였으며, 노장사상(老莊思想)을 숭상하는 철학사조.【역주】
19) 習靜坐禪(습정좌선): 마음을 수련하고 기를 양성하는 수단이며, 좌선은 불교의 용어로서 이른바 "편안하게 고요히 앉아 선악을 생각하지 않으며, 시비가 있거나 없거나 관계하지 않고, 안락하고 자유로운 경지에서 마음이 노니는 것.(湛然靜坐, 不思善惡, 不涉是非有無, 而遊心於安樂自在之境.)"이다.【原註】
   * 習靜(습정): 고요한 심성을 양성하다.【역주】
20) 談玄揮麈(담현휘주):『세설신어(世說新語)』에서 "왕연[王衍, 256-311, 자(字)는 이보(夷甫). 서진의 대신은 용모가 단정하고 수려하였으며, 현학을 담론하는데 능통하였다.(王夷甫, 容貌整麗, 妙於談玄.)"라고 하였다.
   육전(陸佃)의『비아(埤雅)』에서 "사슴 가운데 큰 것은 '주(麈, 사슴의 일종)'라 한다. 여러 사슴이 주(麈)를 따라다니는데, 모두 주(麈)의 꼬리가 움직이는 것을 보고 기준으로 삼기 때문으로, 옛날에 담론의 주도자가 휘두른 것이 바로 이것이다.

倚, 俗名彌勒榻21).

3. 궤(几)22)

궤는 괴이하게 나무가 천연적으로 구부러져 고리와 같기도 하고 띠와
같은 것의 절반으로 만들며, 가로로 3개의 다리가 자라나 나온 모습이

(鹿之大者曰麈, 群鹿隨之, 皆視麈尾所轉爲準, 古之談者揮之良是也.)"라고 하였다.
'담현(談玄)'은 바로 '도가 무위(無爲)의 원리를 토론하는 것'으로, 진(晋)나라 사람
들이 이것을 많이 좋아하였다.【原註】
* 談玄揮麈(담현휘주): 현학을 담론하며 주미(麈尾)를 휘두르다.【역주】
* 세설신어(世說新語): 3권. 남조 송나라 문학가 유의경(劉義慶, 403-444)이 문하
  의 식객과 공동으로 편찬한 필기소설.【역주】
* 비아(埤雅): 20권. 송나라 관리 육전(陸佃, 1042-1102)의 저술로, 사물을 전문적
  으로 해석한 『이아(爾雅)』의 보충서.【역주】
21) 미륵탑(彌勒榻): 고려의 『준생팔전』에서 "짧은 평상은 높이 9치(약 28cm)이고 사
  방의 길이 4자 6치(약 143cm)이며, 삼면에 등받이가 있는데, 뒷부분이 조금 높으
  며,……비스듬히 기대기에 매우 편리하여 또 '미륵탑'이라 한다.(短榻, 高九寸, 方
  圓四尺六寸, 三面靠背, 後背稍高,……甚便斜倚, 又曰彌勒榻.)"라고 하였다.【原註】
  * 미륵탑(彌勒榻): 왜탑(矮榻, 키가 낮은 평상)으로 '단탑(短榻)'이라고도 한다. 크
    기가 작고 높이가 낮으며 세 면에 난간이 설치된 형태로, 최초에는 불당이나
    서재에 설치하여 좌선이나 비스듬히 기대어 담소할 때 사용하였다. 후에는 앉거
    나 눕거나 낮에 잠깐 휴식할 때 사용하였다.【역주】
22) 궤(几): 옛날 사람들이 좌석의 옆에 설치하여 피곤하면 기대었다. 『서경(書經)』에
  서 "옥으로 장식한 궤에 기대다.(憑玉几)"라고 하였다. 현재는 큰 것을 '안(案, 탁
  자)'이라 하고, 작은 것을 '궤(几)'라 하며, 다구를 놓은 것을 '다궤(茶几)'라 한다.
  궤는 평상의 위나 포단의 옆에 놓으며, 일본의 궤(机)가 이러한 유형에 속한다.
  『설문해자』에서 "서치(徐鍇)가 말하기를, 궤는 사람이 기대어 앉는 것이다.(徐曰,
  几人所憑坐也.)"라고 하였다.
  『서경잡기』에서 "한나라의 제도에 천자의 옥궤는 겨울에 두터운 비단을 그 위에
  첨가하며, '제궤(綈几)'라 한다. 대개 공후는 모두 대나무나 나무로 만든 궤이며,
  겨울에는 고운 모직으로 자루(쿠션)를 만들어 기댄다.(漢制, 天子玉几, 冬加綈錦
  其上, 謂之綈几. 凡公侯皆竹木几, 冬則細罽爲橐以憑之.)"라고 하였다.【原註】
  * 서치(徐鍇, 97-168): 자(字)는 유자(孺子). 동한의 경학가로 평생 벼슬하지 않았
    다.【역주】

자연스러우며, 어루만지면 매끄럽고 평상 위나 포단에 둔 채 손으로 이마를 받칠 수 있다. 또 그림 속에 나오는 옛 사람이 다리를 걸치고 누워 있는 것이 있는데, 그 양식도 기이하고 예스럽다.

三. 几

几以怪樹天生屈曲若環若帶之半者爲之, 橫生三足, 出自天然, 摩弄滑澤, 置之榻上或蒲團, 可倚手頓顙[23], 又見圖畫中有古人架足而臥者, 制亦奇古.

4. 선의(禪椅)[24]

선의는 천태산(天台山)[25]의 등나무로 만들거나 고목의 뿌리를 획득하여 만든다. 규룡(虯龍)처럼 구불구불하게 뭉치고 가지가 사방으로 뻗어 나서 표주박과 삿갓 및 수주(數珠)[26]·병·사발 등의 기물을 걸어놓

---

23) 倚手頓顙(의수돈상): '손으로 이마를 지탱하다'나 '손으로 머리를 받치다'라는 의미로, 상(顙)은 이마나 머리로 풀이한다. 『의례·사상례(儀禮·土喪禮)』에서 "주인이 곡을 하며 이마를 땅에 닿도록 절하였다.(主人哭拜稽顙.)"라고 하였으며, 주(注)에서 "머리가 땅에 닿아 얼굴이 보이지 않는다.(頭觸地無容.)"라고 하였다.【原註】

24) 선의(禪椅): 좌선용의 의자. 『준생팔전』에서 "선의를 긴 의자와 비교하면, 높이와 크기가 반을 넘으며, 오직 수마칠(水磨漆)한 것이 좋고, 반죽(斑竹)으로 만들어도 좋다. 그 제도는 오직 등받이에 머리를 베는 가로목재가 넓고 두터워야 비로소 쓰기에 좋다.(禪椅較之長椅, 高大過半, 惟水磨者佳, 斑竹亦可. 其制, 惟背上枕首橫木闊厚, 始有受用.)"라고 하였다.【原註】
   * 수마칠(水磨漆): 중국의 전통적인 옻칠 기술로 비교적 엷고 투명한 칠. 강남지역에서 수마칠(水磨漆)은 화리(花梨)·자단·남목(楠木) 등의 가구에 사용되며, 원래의 아름다운 무늬가 더 잘 드러나도록 하고 가구의 표면을 보호하는 작용을 한다.【역주】

25) 천태산(天台山): 절강성 천태현(天台縣) 북방에 있는 명산으로, 주봉 화정산(華頂山)의 높이는 해발 1,098m이다.【역주】

26) 수주(數珠): '염주'라고도 하며, 불가에서 읽거나 암송한 숫자를 기억하는데 사용

을 수 있으며, 또 옥처럼 매끄럽고 다듬은 흔적이 드러나지 않는 것이 좋다. 근래에 보이는 오색의 영지(五色芝)²⁷)를 그 위에 붙인 것은 매우 군더더기이다.

四. 禪椅

禪椅以天台藤²⁸)爲之, 或得古樹根, 如虯龍詰曲臃腫, 槎枒²⁹)四出, 可挂瓢笠

한다. 『고반여사』에서 "수주는 단향(檀香)을 보리수 열매의 구멍에 집어넣고 눈에 착안하여 실을 꿰며, '관향(灌香)'이라 한다.(數珠, 有以檀香車入菩提子中孔, 著眼 引繩, 謂之灌香.)"라고 하였다.【原註】

27) 오색의 영지(五色芝): 『이소초목소(離騷草木疏)』에서 "홍경선(洪慶善)이 다음과 같이 말하였다. '『본초』에서 오지경(五芝經)을 인용하여 '모두 오색으로 오악(五 嶽)에서 자란다.'고 하였다. 『포박자』에서 '붉은 것은 산호와 같고, 흰 것은 잘라낸 비계와 같으며, 검은 것은 윤택한 옻칠과 같고, 푸른 것은 물총새의 깃털과 같으 며, 누런 것은 금을 칠한 것과 같은데 모두 단단한 얼음처럼 반짝이고 밝으며 윤택 하고 투명하다.'고 하였다.(洪慶善曰, 本草引五芝經云, 皆以五色, 生於五嶽. 抱朴 子云, 赤者如珊瑚, 白者如截肪, 黑者如澤漆, 靑者如翠羽, 黃者如裝金, 而皆光明潤 澈如堅氷也.)"라고 하였다.【原註】

  * 이소초목소(離騷草木疏): 4권. 송나라 학자 오인걸(吳仁傑, ?-?)이 굴원(屈原)의 『이소(離騷)』에 나타나는 초목에 대하여 풀이한 책.【역주】
  * 홍경선(洪慶善): 송나라 학자 홍흥조(洪興祖, 1090-1155). 경선은 자(字). 초사를 연구하여 『초사고이(楚辭考異)』와 『초사보주(楚辭補注)』를 저술하였다.【역주】

28) 천태등(天台藤): 절강성 천태현 천태산에서 산출되는 등나무. 『피서록화(避暑錄 話)』에서 "요임도(晁任道)가 천태산에서 와서 천태산의 석교(石橋)에서 산출된 등 나무 지팡이 2개를 증정하며, 스스로 '직접 절벽 사이에서 채취하였다.'고 말하였 다. 부드럽고 질기며 가벼운데, 견고하기가 힘줄을 묶은 것과 같다.(晁任道自天台 來, 以石橋藤杖二爲贈, 自言, 親取於懸崖間. 柔韌而輕, 堅如束筋.)"라고 하였다. 『태평청화(太平淸話)』에서 "천태산의 등나무는 잘라서 지팡이를 만들 수 있으나, 여러 종류가 있으며 함춘등(含春藤)·석남등(石南藤)·청풍등(淸風藤)·기파등 (耆婆藤)·천수근등(天壽根藤)이 있다.(天台藤可劚爲杖, 然有數種, 有含春藤, 石 南藤, 淸風藤, 耆婆藤, 天壽根藤.)"라고 하였다.【原註】

  * 피서록화(避暑錄話): 2권. 송나라 문학가 섭몽득(葉夢得, 1077-1148)의 저술로. 명승고적과 인물의 행적을 주로 기록하였다.【역주】
  * 태평청화(太平淸話): 4권. 명대 문학가이자 서화가 진계유(陳繼儒, 1558-1639)의 저술로, 고금의 자잘한 일을 기록하였다.【역주】

29) 槎枒(사야): 가지.【原註】

及數珠瓶缽等器, 更須瑩滑如玉, 不露斧斤者爲佳, 近見有以五色芝黏其上者, 頗爲添足30).

5. 천연궤(天然几)31)

천연궤는 화리(花梨)·철리(鐵梨)32)·향남(香楠) 등의 목재와 같은 문목으로 만든다. 단지 넓고 큰 것이 귀중하지만, 길이가 8자(약 240cm)를 넘어서는 안 되고, 두께는 5치(약 16cm)를 넘어서는 안 되며, 위로 들린 모서리 부분이 너무 뾰족해서는 안 되고 반드시 둥그스름해야 바로 옛 양식이다. 왜궤(倭几)33)의 양식에 비추어 하부에 받침대가 있는

---

30) 添足(첨족): 한 번의 행동을 더 하는 것을 말한다. 『전국책』에서 "땅에 그림을 그려 뱀을 만드는데, 먼저 완성한 사람이 술을 마시기로 하였다. 한 사람의 뱀이 먼저 완성되어 술잔을 잡고 '나는 다리를 그릴 수 있다.'고 하였으나 완성하지 못하였다. 다른 한 사람의 뱀이 완성되어 술잔을 빼앗고, '뱀은 본래 다리가 없는데, 그대가 어찌 다리를 그릴 수 있겠는가?'하고는 마침내 그 술을 마셔버렸다.(畵地爲蛇, 先成者飲酒. 一人蛇先成, 持卮曰, 吾能爲之足, 未成. 一人之蛇成, 奪其卮曰, 蛇固無足, 子安能爲之足, 遂飲其酒.)"라고 하였다. 화사첨족(畵蛇添足)의 전고는 여기서 나왔으며 '한 가지 행동을 더 많이 한다.'는 의미를 보여주는 것이다.【原註】

31) 천연궤(天然几): 폭이 넓어지고 천판(天板, 탁자의 표면)의 양끝 부분(두루마리)이 위로 살짝 들리고 하부에 받침대가 있으며, 4개의 독립된 다리가 아니라 두 개의 판자다리를 사용하여 좌우 양측에서 받치고 있는 형태의 탁자.【역주】

32) 철리(鐵梨): 철력목(鐵力木, Mesua ferrea L.)이며, '철릉(鐵棱)'(『광서통지(廣西通志)』)이라고도 한다. 철리는 아마도 철릉의 오류인 듯하다. 상록 대교목으로 꽃은 백색이며, 재질이 단단하고 치밀하다. 금사도과(金絲桃科, 물레나무과)에 속한다. 『신증격고요론』에서 "철력목은 광동에서 산출되며, 색은 자흑색으로 성질이 단단하고 무거워, 동완(東莞, 지금의 광동성 동완시) 사람은 대부분 이것으로 집을 짓는다.(鐵力木出廣東, 色紫黑, 性堅硬而沈重, 東莞人多以爲屋.)"라고 하였다.【原註】

33) 왜궤(倭几): 일본식의 궤. 일본에서는 'つくえ(机, 쯔꾸에)'라고 하며 일본식 돗자리(たたみ, 다다미) 위에 놓는다. 고대 중국에서 일본을 '왜(倭)'라고 불렀다. 『후한서·세조본기(後漢書·世祖本紀)』에 "중원(中元, 57) 2년 봄 정월, 동쪽 오랑캐 왜노국의 왕이 사신을 보내어 공물을 바쳤다.(中元二年春正月, 東夷倭奴國王遣使奉獻.)"라고 하였다.

것은 더욱 기이하며, 서탁의 양식처럼 4개의 다리를 사용해서는 안 된다. 혹은 고목의 뿌리로 받치며, 그렇지 않으면 나무를 사용하는데 표면이 넓고 두께가 두꺼우면 중앙부위를 비게 하여 구름이나 여의의 종류를 약간 조각하며, 용봉과 화초와 같은 저속한 양식은 조각해서는 안 된다. 근래에 제작하여 좁고 긴 것이 가장 질린다.

五. 天然几

天然几以文木34)如花梨鐵梨香楠等木爲之. 第以闊大爲貴, 長不可過八尺, 厚不可過五寸, 飛角處不可太尖, 須平圓, 乃古式. 照倭几下有拖尾者, 更奇, 不可用四足如書桌式. 或以古樹根承之, 不則用木, 如臺面闊厚者, 空其中, 略雕雲頭如意之類, 不可雕龍鳳花草諸俗式. 近時所制, 狹而長者, 最可厭.

6. 서탁(書桌)35)

서탁의 중심은 넓고 큰 것을 선택하며 사방에 테를 두르는데, 넓이는 겨우 반 치 쯤이고 다리가 조금 낮으면서 가늘면 그러한 양식이 스스로 예스럽다. 대개 표면이 좁고 길거나 둥근 여러 저속한 양식은 모두 사용

『당서・일본전(唐書・日本傳)』에서 "일본은 옛날의 왜노이다.(日本, 古倭奴也.)"라 하였다.
현재 일본에서는 자칭 북해도(北海島)의 토착 '하이족(蝦夷族, えぞぞく)'을 '왜노(倭奴)'라 하며, 'アイヌ鵝(아이누가)' 또는 'Ainu(아이누)'라고 읽는다.【原註】
  * 하이(蝦夷): 일본 고대에 북관동(北關東)부터 동북지역과 북해도(北海島)에 걸쳐 거주하며 일본 정부의 지배에 저항하여 복속되지 않았던 무리. 'えみし(에미시)'나 'えびす(에비쓰)'라고도 한다.【역주】
  * 왜노(倭奴)는 일본어로 'わのな(와노나)'라 하며, アイヌ(아이누)에 해당하는 한자는 없다.【역주】
34) 文木(문목): 권1「조벽(照壁)」의 원주 참고.【原註】
35) 서탁(書桌): 독서용 탁자.【原註】

할 수 없으며, 옻칠을 한 것은 특히 저속하다.

六. 書桌

　書桌中心取闊大, 四周鑲邊, 闊僅半寸許, 足稍矮而細, 則其制自古. 凡狹長混角36)諸俗式, 俱不可用, 漆者尤俗.

7. 벽탁(壁桌)37)

　벽탁은 길이가 일정하지 않지만 지나치게 넓어서는 안 되고, 비운식(飛雲式)·기각식(起角式)·당랑족(螳螂足)의 여러 양식은 모두 불상을 모셔놓을 수 있다. 또 대리석38)과 기양석(祁陽石)39)을 상감한 것이 옛 양식에서 나왔으면 역시 괜찮다.

七. 壁桌

　壁桌長短不拘, 但不可過闊, 飛雲起角螳螂足諸式, 俱可供佛, 或用大理及祁陽石鑲者, 出舊制, 亦可.

---

36) 混角(혼각): 둥근 뿔의 의미.【原註】
37) 벽탁(壁桌): 벽에 붙여 놓는 탁자. 불상을 모시거나 진열용으로 사용한다.【原註】
38) 대리석: 지금의 운남성 대리현(大理縣)에서 산출되는 대리석(Marble)으로, 결정질의 석회암이며 굵은 입자와 설탕 모양 입자가 분해되고 모여 구성되어 아름답고 광택이 있으며, 입자가 세밀하고 보통 백색이며, 또 각종 무늬를 띤 것이 있어 장식용으로 사용될 수 있다. 광동성에서도 산출되며 '광대리(廣大理)'라고 하는데, 운남성에서 산출되는 '운대리(雲大理)'에 손색이 있다.【原註】
39) 기양석(祁陽石): 지금의 호남성 기양현(祁陽縣)에서도 석재가 산출된다. 기양석은 빙석(氷石)이나 영주석(永州石)으로, 권3 「영석(英石)」의 원주 참고.【原註】

8. 방탁(方桌)[40]

방탁은 옛날에 칠을 한 것이 가장 우수하고, 반드시 매우 정사각형에 가깝고 크며, 예스럽고 질박하며, 수십 명이 벌여 앉아 함께 서화를 펴 놓고 즐길 수 있어야 한다. 최근의 팔선탁(八仙桌)[41] 등과 같은 양식은 겨우 연회에 사용할 수 있을 뿐으로, 우아한 가구가 아니다. 연궤(燕几)[42]는 별도로 보도(譜圖)가 있다.

八. 方桌

方桌舊漆者最佳, 須取極方大古樸, 列坐可十數人者, 以供展玩書畫, 若近制八仙等式, 僅可供宴集, 非雅器也. 燕几別有譜圖.

9. 대궤(臺几)[43]

대궤는 왜인(倭人)[44]이 만들었으며 종류와 크기가 일정하지 않지만, 모두 매우 고아하고 정교하여 네 모서리에 금으로 장식한 것이 있고,

---

40) 방탁(方桌): 정방형의 탁자를 '방탁(方桌)'이라 한다.【原註】
41) 팔선탁(八仙桌): 탁자의 면마다 두 명이 앉을 수 있는 것을 '팔선탁'이라 하고, 면마다 한 사람이 앉는 것을 '사선탁(四仙桌)'이라 한다.【原註】
42) 연궤(燕几): 『의례』에서 "죽은 이의 두 발을 묶는 데에는 연궤를 사용한다.(綴足用燕几.)"라고 하였다. 「소(疏)」에서 "연궤는 연침(燕寢, 휴식하는 장소나 침실)의 내부에 있어야 마땅하며, 항상 기대어 그 몸을 편안하게 한다.(燕几當在燕寢之內, 常憑之以安其體也.)"라고 하였다. 송나라 황백사(黃伯思, 1079-1118. 서예가)에게 「연궤도(燕几圖)」가 있다.【原註】
43) 대궤(臺几): 주로 기물을 올려놓는 받침대로 사용되는 작은 탁자로 추정된다.【역주】
44) 왜인(倭人): 고대에 일본인을 '왜인'이라고 불렀다. 『한서·지리지』에서 "낙랑해(樂浪海, 동해)에 왜인이 있으며, 100여 개의 나라로 나뉘어 있다.(樂浪海中有倭人, 分爲百餘國.)"라고 하였다.【原註】

금은 조각을 상감한 것이 있으며, 암화(暗花)45)로 장식한 것이 있는데, 가격이 모두 매우 비싸다. 근래 옛 양식을 모방하여 만들었으나 역시 우수한 것이 있으며, 준이(鐏彝)46) 등의 종류를 진열하면 가장 예스럽다. 붉은 칠을 하거나 좁고 작거나 삼각형과 같은 여러 양식의 것은 모두 사용할 수 없다.

九. 臺几

臺几倭人所制, 種類大小不一, 俱極古雅精麗, 有鍍金鑲四角者, 有篏金銀片者, 有暗花者, 價俱甚貴. 近時仿舊式爲之, 亦有佳者, 以置鐏彝之屬, 最古. 若紅漆狹小三角諸式, 俱不可用.

10. 의자(椅)47)

의자의 양식이 가장 다양하다. 일찍이 원나라의 자개 의자를 보았는데, 크기는 두 사람이 들어갈 만하여 그 제도가 가장 예스러웠다. 오목(烏木)에 대리석을 상감한 것이 가장 귀중하다고 하지만, 역시 옛 양식에 비추어 만들어야 한다.

종합하면, 높이가 낮아야 적당하고 높으면 부적당하며, 넓어야 적당

---

45) 암화(暗花): 은은하여 겉으로 잘 드러나지 않는 무늬.【역주】
46) 준이(鐏彝): 준(鐏)은 고대의 술그릇(대체로 둥근 형태로 뚜껑이 없는 술 단지)이고, 이(彝)는 고대에 술을 담는 기물(대체로 사각형에 뚜껑이 있는 형태)이다.【原註】
  * 준(鐏): 금속(청동기)으로 만든 것이며, 준(罇, 도자기로 만든 것)이나 준(樽, 나무로 만든 것)과 같은 의미이고, 재질면에서 차이가 있을 뿐이다.【역주】
47) 椅(의): 앉는 도구. 후에 등받이가 있는 것이 나타났으며, 지금은 '의자(椅子)'라고 통칭한다.【原註】

하고 좁으면 부적당하다. 접이식 의자와 오강현(吳江縣)의 대나무 의자 및 소주(蘇州)의 선의(禪椅)[48] 등의 여러 저속한 양식은 절대로 사용할 수 없다. 발을 밟는 부위는 반드시 대나무를 상감해야 오래도록 부서지지 않을 것이다.

十. 椅

椅之制最多. 曾見元螺鈿椅[49], 大可容二人, 其制最古. 烏木鑲大理石者, 最稱貴重, 然亦須照古式爲之. 總之, 宜矮不宜高, 宜闊不宜狹, 其摺疊單靠[50], 吳江竹椅[51]專諸禪椅[52]諸俗式, 斷不可用. 踏足處, 須以竹鑲之, 庶曆久不壞.

11. 올(杌)[53]

올에는 두 가지 양식이 있다. 정사각형의 올은 네 면이 꼭 같고, 직사

---

48) 선의(禪椅): 올라가서 가부좌를 틀고 앉아야 비로소 등받이에 등이 닿을 수 있을 정도로 비교적 큰 의자의 일종.【역주】
49) 元螺鈿椅(원나전의): 나전을 상감한 원나라의 의자. 나전은 본권「탑(榻)」의 원주 참고.【原註】
50) 摺疊單靠(탑첩단고): 하나의 등받이가 있으며 접었다 펼 수 있는 의자.【原註】
51) 吳江竹椅(오강죽의): 오강의 대나무 의자. 오강은 지금의 강소성 오강현.【原註】
52) 專諸禪椅(전제선의): 전제(專諸)는 소주의 거리 이름.『고소지(姑蘇志)』에서 "'첩민항(鉆黽巷)'을 현재 '단제항(鑄諸巷)'이라 부르는데, 오나라 사투리의 와전일 뿐이다.(鉆黽巷一云鑄諸巷今稱, 吳音訛耳.)"라고 하였다.『강희소주부지(康熙蘇州府志)』에서 "창문(閶門, 소주성 서문) 안에 있으며, 명나라 융경연간(1567-1572)에 소주지부 채국희(蔡國熙, ?-?)가 '천선(遷善)'이라 개명하였다.(在閶門內, 明隆慶年間, 知府蔡國熙改名遷善.)"라고 하였다. 전제항에서 산출되는 의자의 한 양식으로 추정된다.【原註】
   * 고소지(姑蘇志): 60권. 명나라 문학가 왕오(王鏊, 1450-1524)가 편찬한 소주에 관한 인문지리서.【역주】
53) 올(杌): 등받이가 없이 앉는 도구를 '올(杌)'이라 한다. 원형의 올을 '원올(圓杌)'이라 하고, 정사각형의 올을 '방올(方杌)'이라 하며, 직사각형의 올을 '패올(牌杌)'이

각형의 올은 두 사람이 나란히 앉을 수 있으며, 원형의 올은 커야 하며 네 다리는 옆에서 나온다. 옛날에도 자개에 붉은 칠이나 검은 칠을 한 것이 있으며, 대나무로 만든 올과 끈을 사용한 여러 저속한 양식은 사용할 수 없다.

十一. 杌

机有二式, 方者四面平等, 長者亦可容二人並坐, 圓机須大, 四足彭出54). 古亦有螺鈿朱黑漆者, 竹机及綯環55)諸俗式, 不可用.

12. 등(凳)56)

등도 좁은 테두리를 상감한 것이 우아하며, 사천성(四川省)의 잣나무로 앉는 면을 만들고, 오목(烏木)으로 테를 두른 것이 가장 예스럽다. 그렇지 않으면 결국에는 잡목을 사용하여 검은 칠을 한 것도 사용할 수 있다.

라 한다.【原註】
54) 彭出(팽출): 『석명(釋名)』에서 "팽출은 군대의 기물이다. 팽(彭)은 옆이다.(彭出, 軍器也. 彭, 旁也.)"라고 하였다.
    『역 · 대유(易 · 大有)』에서 "네 번째 양효(陽爻), 바르지 않은 사람을 배제하면 허물이 없으리라.(九四, 匪其彭, 無咎.)"라 하였다. 공영달의 소(疏)에서 "팽(彭)은 옆이다.(彭, 旁也.)"라고 하였다.
    팽출(彭出)은 '옆에서 나왔다'의 의미이다.【原註】
55) 綯環(도환): 綯(도)는 條(조)와 같다. 실을 꼬아 만든 줄이 조(條, 끈)이다.【原註】
56) 등(凳): 좁고 직사각형의 앉는 도구이며, 하부에 테를 상감한 것을 '금등(琴凳)'이라 속칭한다. 현대의 등받이가 없는 걸상.【原註】

十二. 凳

凳亦用狹邊鑲者爲雅. 以川柏[57]爲心, 以烏木廂之, 最古. 不則竟用雜木, 黑漆者亦可用.

13. 교상(交床)[58]

교상은 바로 고대 호상(胡床)[59]의 양식으로 교차하는 두 다리에 은을 상감하거나 둥근 목재에 은제 경첩을 설치한 것이 있으며, 휴대하여 산에 유람하거나 배 속에서 사용하기에 가장 편리하다. 금칠을 하고 접히는 교상은 저속하여 사용할 수가 없다.

十三. 交床

交床即古胡床之式, 兩脚有篏銀銀鉸釘[60]圓木者, 攜以山遊, 或舟中用之, 最

---

57) 川柏(천백): 백목(柏木, Cupressus funebris, 잣나무). 사천에서 잣나무가 많이 산출되므로 '천백'이라 한다.【原註】
58) 교상(交床): 옛날에는 '호상(胡床)'이라 했다. 접을 수 있는 앉는 도구.【原註】
59) 호상(胡床): 『연번로(演繁露)』에서 "현재의 교상은 제도가 본래 오랑캐에서 유래하여 처음에는 '호상'이라고 불렀다. 환윤(桓伊, ?-?. 동진의 장군이자 음악가)이 말에서 내려 호상에 걸터앉아 피리 세 곡을 불었다는 것이 이것이다. 수나라에서 호(胡, 오랑캐)가 불길하다고 하여 교상으로 이름을 고쳤다. 또 '승상(繩床)'이라 한다.(今之交床, 制本自虜來, 始名胡床. 桓伊下馬, 據胡床, 取笛三弄是也. 隋以讖有胡, 改名交床. 又名繩床.)"라고 하였다.
   『청이록(淸異錄)』에서 "호상은 움직이는 경첩을 설치하여 다리가 교차되어 있으며, 실을 엮어 앉는 자리를 만들었고, 순식간에 접혀지며 무게는 몇 근이 못 된다.(胡床, 施轉關以容足, 穿繩帶以容坐, 轉縮須臾, 重不數斤.)"라고 하였다.【原註】
   * 연번로(演繁露): 16권. 『정씨연번록(程氏演繁露)』이라고도 한다. 남송의 정치가이자 학자인 정대창(程大昌, 1123-1195)의 저술로, 하상주부터 송대까지의 사건 488건을 기록하였다. 또 『속연번로(續演繁露)』 6권이 있다.【역주】
60) 銀鉸釘(은교정): 교정(鉸釘)은 교차하여 움직이는 기물의 관절부위를 연결하는 경첩의 일종. 은교정은 은으로 만든 경첩.【역주】

便. 金漆折疊者, 俗不堪用.

14. 장롱(櫥)[61]

  책을 보관하는 장롱은 만권은 수용할 수 있어야 하고, 넓을수록 더 예스럽다. 깊이는 겨우 책 한권을 꽂을 수 있지만, 폭은 1장(약 3.1m) 정도에 이르러야 하고, 문은 반드시 두 짝을 사용하며, 네 짝이나 여섯 짝을 사용해서는 안 된다. 작은 장롱은 받침대가 있는 것이 우아하고, 다리가 네 개인 것은 조금 저속하다. 다리를 사용하려면 또 반드시 높이가 1자 정도에 하부에 주전(櫥殿)[62]을 사용해야 하며, 장롱의 크기는 단지 2자가 직당한데, 그렇지 않으면 두 개의 장롱을 포개어야 할 것이다. 주전(櫥殿)은 공간이 서가 한 칸과 같아야 우아하다. 작은 장롱은 정사각형의 2자 정도가 있으며, 고대 청동기 · 옥기 · 작은 기물을 놓기에 적당하다. 큰 장롱은 삼나무로 만들면 좀 벌레를 방지할 수 있으며, 작은 장롱은 상비죽(湘妃竹)[63] · 두판남(豆瓣楠)[64] · 적수목(赤水木)[65] · 나목

---

61) 櫥(주): 주(廚)가 통속적인 표기법이다.【原註】
62) 주전(櫥殿): 장롱의 하부에 '다리로 인하여 형성된 지면과 장롱 하부 사이의 한 칸 높이에 해당하는 공간을 전각처럼 우아한 형태로 한 것'이라는 의미로 추정된다.【역주】
63) 상비죽(湘妃竹): 상비죽(湘妃竹, Phyllostachys bambusoides f. tanakae)은 '반죽(斑竹)'이라고도 한다. 가구의 재료와 관상용으로 사용된다. 『박물지』에서 "요임금의 두 딸은 순임금의 두 왕비로 '상부인(湘夫人)'이라 한다. 순임금이 죽자 두 왕비가 울어 눈물을 흩뿌려 대나무가 모두 얼룩졌다.(堯之二女, 舜之二妃, 曰湘夫人. 舜崩, 二妃啼, 以涕淚揮竹盡斑.)"라고 하였다.
  『군방보(群芳譜)』에서 "반죽은 바로 오(吳) 지역(지금의 강소성 남부와 태호 유역)에서 '상비죽'이라 하는 것이다.(斑竹卽吳地稱湘妃竹者.)"라고 하였다.【原註】
64) 두판남(豆瓣楠): 권1 「조벽(照壁)」의 원주 참고.【原註】
65) 적수목(赤水木): 『신증격고요론』에서 "적수목: 이 나무는 색이 적색이고 결이 가늘며, 성질은 조금 단단하고 바삭거리며 매우 매끄럽다.(赤水木, 此木色赤, 紋理細,

性稍堅且脆, 極滑淨.)"라고 하였으며, 또 "자단으로 새 것은 홍색을 드러내므로 '홍목(紅木)'이라 속칭하며, 물속에 담그면 물이 적색으로 물든다.(紫檀新者呈紅色, 俗稱紅木, 沈之水中, 水染赤色.)"라고 하였다. 적수목은 홍목(紅木)으로 추정된다. 화남식물연구소(華南植物硏究所) 연구원의 연구에 따르면 적수목은 남령황단(南嶺黃檀, Dalbergia balanoae)이나 강향황단(降香黃檀, D. odporifera)를 가리키며 심재는 진한 홍색을 띠고 콩과에 속한다.【原註】

* 홍목(紅木): 중국에서 고급가구용의 목재를 통칭하는 용어로 품종이 다양하다. 최초에는 홍색의 단단한 나무를 가리켰으며, 현대에 들어와 국가에서 2과(科) 5속(屬)의 8류(類) 33종으로 규정하였다. 열대지구 콩과 단향속의 목재로 중국 광동성과 운남성 · 인도 · 남양군도 등지에서 산출된다. 5속은 수목학의 속(屬)에 따라 명명한 것으로 자단속(紫檀屬, Pterocarpus) · 황단속(黃檀屬) · 시속(柿屬, 감나무속) · 애두속(崖豆屬) · 철도목속(鐵刀木屬)이며, 8류는 목재의 상품명에 따라 명명한 것으로 자단목류(紫檀木類) · 화리목류(花梨木類) · 향지목류(香枝木類) · 흑산지목류(黑酸枝木類) · 홍산지목류(紅酸枝木類) · 오목류(烏木類) · 조문오목류(條紋烏木類) · 계시목류(鷄翅木類)이다. 홍목은 이 5속 8류 목재의 중심 부분인 심재(心材)를 가리킨다. 5속 33종은 다음과 같다. 자단속 자단목류에 단향자단(檀香紫檀, Pterocarpus santalinus L . F., 인도소엽자단)이 있고, 화리목류에 인도차이나자단(越柬紫檀, Pterocarpus cambodianus Pierre) · 안다만자단(安達曼紫檀, Pterocarpus dalbergioides Benth., 인도와 안다만군도) · 아프리카자단(刺猬紫檀, Pterocarpus erinaceus Poir. 열대 아프리카) · 인도자단(印度紫檀, Pterocarpus indicus Willd.) · 대과자단(大果紫檀, Pterocarpus macarocarpus Kurz, 인도차이나) · Maraba자단(囊狀紫檀, Pterocarpus marsupium Roxb, 인도) · 오목자단(烏木紫檀, Pterocarpus pedatus Pierre, 동남아시아)가 있다. 황단속 향지목류에 강향황단(降香黃檀, Dalbergia odorifera T. Chen, 중국 남부)이 있고, 흑산지목류에 도상흑황단(刀狀黑黃檀, Dalbergia cultrate Grah., 미얀마) · 흑황단(黑黃檀, Dalbergia fusca Pierre, 동남아와 중국 남부) · 활엽황단(闊葉黃檀, Dalbergia latifolia Roxb., 인도와 인도네시아 자바) · 노씨흑황단(盧氏黑黃檀, Dalbergia louvelii R . Viguier, 마다가스카라) · 동아프리카흑황단(東非黑黃檀, Dalbergia melanoxylon Guill.&Perr., 아프리카 동부) · 브라질흑황단(巴西黑黃檀, Dalbergia nigra Fr.Allem., 브라질) · 아마존황단(亞馬孫黃檀, Dalbergia spruceana Benth., 브라질) · Belize황단(伯利玆黃檀, Dalbergia stevensonii Tandl., 중앙아메리카 벨리즈)이 있으며, 홍산지목류에 Bari황단(巴里黃檀, Dalbergin bariensis Pierre, 열대 아시아) · 세아라황단(賽州黃檀, Dalbergia cearensis Ducke., 브라질) · 교지황단(交趾黃檀, Dalbergia cochinchinensis Pierre, 인도차이나 북부) · Tulipwood(絨毛黃檀, Dalbergia frulescens var . tomentosa Tndl., 브라질) · 중앙아메리카황단(中美洲黃檀, Dalbergia granadillo Pittier., 중앙아메리카) · Burmatulip wood(奧氏黃檀, Dalbergia oliveri Gamb, 미얀마 · 태국 · 라오스) · Cocobollo(微凹黃檀, Dalbergia retusa Hesml.,

(欐木)66)으로 한 것이 예스럽다. 검은 칠을 하고 오래되어 갈라진 무늬가 있는 것이 일등품이며, 잡목도 모두 사용할 수 있으나 양식은 속기를 제거해야 귀중하다. 경첩은 백동(白銅, 구리와 아연 및 니켈의 합금)의 사용을 피하며, 자동(紫銅, 붉은 색을 띤 순질의 동)으로 옛 양식에 따라서 양 끝이 베틀의 북처럼 뾰족하고 못으로 박지 않은 것이 좋다. 대나무로 만든 장롱과 작은 직각의 장롱은 하나는 시장의 물건이고 다른 하나는 약방의 물건으로, 모두 사용할 수 없다. 작은 것은 내부(內府)의 전칠(塡漆)67)한 것이 있고 일본에서 제작한 것이 있는데, 모두 기이한 제품이다.

중앙아메리카)가 있다. 시속 오목류(흑단류)에는 흑단(烏木, Diospyros ebenum Koenig, 스리랑카와 인도 남부)·아프리카흑단(厚瓣烏木, Diospyros crassiflora Hiern, 열대 서아프리카)·모약흑단(毛藥烏木, Diospyros pilosanthera Blanco, 필리핀)·Ponce 흑단(蓬賽烏木, Diospyros poncej Merr., 필리핀)이 있고, 조문 오목류에 인도네시아흑단(蘇拉威西烏木, Diospyros celehica Bakh., 인도네시아 Sulawesi섬)·필리핀흑단(菲律賓烏木, Diospyros philippensis Gurke, 필리핀)이 있다. 애두속 계시목류에 Wenge(非洲崖豆木, Millettia laurentii De Wild, 아프리카 콩고분지)·Thinwin(白花崖豆木, Millettia leucantha Kurz, 미얀마·태국)이 있다. 철도목속에는 Kassod tree(鐵刀木, Cassia siamea Lam., 동남아시아)가 있다.【역주】

66) 나목(欐木): 『신증격고요론』에 따르면, 호광(湖廣, 지금의 호남성과 호북성 및 하남성 일부)과 강서 및 남안(南安, 지금의 복건성 남안현) 갈양산(葛羊山)에서 산출되며, 목재의 색은 흰색이고 결은 황색으로 무늬가 있으며, 중국의 수목 가운데 하나인 죽백(竹柏, Podocarpus nagi)으로서, 대만에서는 '나수(欐樹)'라 하고 북건과 절강에서는 '나수(羅樹)'라고도 한다. 다른 하나는 자착(刺鑿, Photinia davidsoniale)이며 '라(欐)'(『절강통지(浙江通志)』)'라고도 한다.
『무림구사(武林舊事)』에서 "취한당(翠寒堂)은 일본의 나목으로 지었으며, 단청을 칠하지 않아 상아처럼 희다.(翠寒堂以日本欐木爲之, 不施丹腹, 白如象齒.)"라고 하였다.
『동아(東雅)』에서 말한 '나목(欐木)'을 조사해보면 일본 편백(扁柏)을 가리켜 말했으며, 일본 편백과 일본 유삼(柳杉, 삼나무)은 마찬가지로 일본에서 중요한 목재로서, 이른바 나목은 일본 편백을 가리킬 것이다. 본문에서 언급한 나목은 가래나무(楸)에 가까우며, 지금의 강서에서는 여전히 가래나무(楸)를 '나목(欐木)'이라 한다.【原註】
* 취한당(翠寒堂): 황제와 후궁의 피서용으로 건축된 남송 황궁의 전각.【역주】

경주(經櫥)[68]에는 붉은 칠을 하며, 양식이 정사각형에 가까운데 경서가 대부분 길기 때문일 뿐이다.

十四. 櫥

藏書櫥須可容萬卷, 愈闊愈古, 惟深僅可容一冊, 即闊至丈餘, 門必用二扇, 不可用四及六. 小櫥以有座者爲雅, 四足者差俗. 即用足, 亦必高尺餘, 下用櫥殿, 僅宜二尺, 不則兩櫥疊置矣. 櫥殿以空如一架者爲雅. 小櫥有方二尺餘者, 以置古銅玉小器爲宜. 大者用杉木爲之, 可闢蠧[69], 小者以湘妃竹及豆瓣楠赤水櫑木爲古. 黑漆斷紋者爲甲品, 雜木亦俱可用, 但式貴去俗耳. 鉸釘忌用白銅, 以紫銅

---

67) 전칠(塡漆): 칠기 제조법의 하나. 『금오퇴식필기(金鰲退食筆記)』에서 "명 영락시기에 제작한 칠기에는 척홍(剔紅)과 전칠(塡漆)의 두 종류가 있으며, 전칠은 화조 무늬를 조각한 다음, 이 무늬를 새로 촘촘하게 칠로 메워 평평하게 연마하여 무늬를 완성하며, 오래될수록 더욱 산뜻하여 가치가 척홍보다 두 배이다.(明永樂年製漆器, 有剔紅塡漆兩種. 塡漆刻成花鳥, 塡新稠漆, 磨成如花, 久而愈新, 價值倍於剔紅.)"라고 하였다.
『휴식록 · 곤집 · 전감제팔(髹飾錄 · 坤集 · 塡嵌第八)』에 명대의 '전칠법(塡漆法)'이 기록되어 있다.【原註】
　　* 금오퇴식필기(金鰲退食筆記): 2권. 청대의 저명학자 고사기(高士奇, 1645-1704)가 저술한 명나라 궁정의 사건을 기록한 서적.【역주】
　　* 전칠(塡漆): 기물의 표면에 음각으로 무늬를 조각한 다음, 이 음각 무늬에 각종 색으로 칠을 하고 평평하게 다듬는 기법.【역주】
　　* 척홍(剔紅): 기물에 적으면 80-90번, 많으면 100-200겹으로 홍색의 칠을 하여 건조시킨 다음, 이 칠 자체를 조각하는 기법으로, '조홍칠(雕紅漆)'이나 '홍조칠(紅雕漆)'이라고도 한다. 송원시기에 성숙되어 명청시기에 발전하였다. 칠한 색에 따라 척홍(剔紅) · 척황(剔黃, 황색) · 척록(剔綠, 녹색) · 척흑(剔黑, 흑색) · 척채(剔彩, 여러 색) · 척서(剔犀, 서각과 유사한 색) 등으로 나누어진다.【역주】
　　* 휴식록(髹飾錄): 건곤(乾坤) 2집. 명대의 저명한 칠공 황대성(黃大成, ?-?)이 칠기에 관한 모든 사항을 기록한 공구서.【역주】
68) 경주(經櫥): 불경을 보관하는 궤짝.【原註】
69) 蠧(두): 두(蠹)의 옛 글자로, 두어(蠹魚, Lepisma saccarina, 좀 벌레)이며, '의어(衣魚)'라고도 한다. 은백색이며 꼬리에 털이 3개 있고, 의복과 서적 등을 갉아먹는다. 좀과에 속한다. 중국에 흔히 보이는 좀 벌레는 전문가의 연구에 따르면 모의어(毛衣魚, Ctenolepisma villosa)이다. 권1 「조벽(照壁)」의 원주 참고.【原註】

照舊式, 兩頭尖如梭子, 不用釘釘者爲佳. 竹櫥及小木直楞, 一則市肆中物, 一則藥室中物, 俱不可用. 小者有內府塡漆. 有日本所制, 皆奇品也. 經櫥用朱漆, 式稍方, 以經冊[70]多長耳.

15. 서가(架)[71]

서가에는 크고 작은 두 가지 양식이 있다. 큰 서가는 높이가 7자(약 217cm) 정도에 폭은 두 배이며, 몸체에 12칸을 설치하여 칸마다 단지 서적 10권을 수용해야 점검하여 선택하기에 편리하다. 아래 칸은 책을 놓을 수 없으며, 지면에 가까워 낮아 습기가 차기 때문이다. 다리도 조금 높아야 하며, 작은 서가는 궤의 위에 놓을 수 있다. 두 칸짜리 평두(平頭)[72] 서가와 사각 목재를 사용한 서가와 대나무 서가 및 붉은 칠이나 검은 칠을 한 서가는 모두 사용할 수 없다.

十五. 架

書架有大小二式, 大者高七尺餘, 闊倍之, 上設十二格, 每格僅可容書十冊, 以便檢取. 下格不可置書, 以近地卑濕故也. 足亦當稍高, 小者可置几上. 二格平頭, 方木竹架及朱黑漆者, 俱不堪用.

---

70) 經冊(경책): 경서.【原註】
71) 架(가): 책을 보관하는 시렁으로, 서가(書架, 책꽂이)라고 통칭한다.【原註】
72) 평두(平頭): 까까머리처럼 서가의 천판에 튀어나온 부분이 없이 밋밋한 형태.【역주】

16. 불경 책장·불경 탁자(佛櫥佛桌)[73]

불경 책장과 불경 탁자는 붉은 칠이나 검은 칠을 사용하며, 매우 화려하고 단정하지만 지분기(脂粉氣)[74]가 없어야 한다. 표면에 무늬를 조각한 것이 있으며, 옛날 칠이 갈라진 무늬가 있는 것이 있고, 일본에서 제작한 것이 있는데, 모두 자연스럽고 예스러우며 우아하다. 근래 오래되어 갈라터진 무늬가 있는 기물을 모아서 만든 것이 있으며, 제작이 저속하지 않으면 역시 당연히 사용할 수 있다. 새로 칠을 한 팔각위각(八角委角)[75] 탁자 그리고 복건성 가마에서 제작한 불상과 같은 것은 절대로 사용할 수 없다.

十六. 佛櫥佛桌

佛櫥佛桌用朱黑漆, 須極華整, 而無脂粉氣, 有內府雕花者, 有古漆斷紋[76]者. 有日本制者, 俱自然古雅. 近有以斷紋器湊成者, 若制作不俗, 亦自可用. 若新漆八角委角, 及建窯佛像[77], 斷不可用也.

---

73) 佛櫥佛桌(불주불탁): 불경을 보관하는 책장과 불경을 펼쳐 놓는 탁자.【역주】
74) 지분기(脂粉氣): 화려하고 조작하여 부자연스러운 풍격.【역주】
75) 팔각위각(八角委角): 4각의 직각 부위가 아래로 늘어지면서 8각으로 변하는 것을 '팔각위각(八角委角)'이라 한다.【原註】
76) 斷紋(단문): 본권 「궤탑(几榻)」의 원주 참고.【原註】
77) 建窯佛像(건요불상): 명대 복건성 덕화현요[德化縣窯, '덕화요(德化窯)'라고도 한다]에서 제작한 불상으로 색이 희고 윤택하다. 지금은 진귀한 예술품이 되었다.【原註】
   * 건요(建窯): 여기서는 복건성 건양시(建陽市) 수길진(水吉鎭)에서 송원시기에 흥성했던 요지인 '건요(建窯)'가 아니라, '복건성의 가마'로 풀이해야 한다. 복건성 덕화요에서는 명대 말기에 백자불상을 제작하였다.【역주】

17. 침상(牀)[78]

침상은 송원시대 갈라터진 무늬가 있는 작은 칠을 한 침상이 제일이며, 그 다음은 내부에서 제작한 독면상(獨眠牀)[79]이고, 또 그 다음은 뛰어난 솜씨를 가진 소목장(小木匠)[80]이 만든 것으로 역시 당연히 사용할 수 있다. 절강성 영가현(永嘉縣)과 광동성에 접첩(摺疊, 접이식 침상)이 있으며, 배 속에 휴대하여 설치하기에도 편리하다. 대나무 침상과 표첨(瓢簷)[81] · 발보(拔步)[82] · 채색 칠 · 만자(卍字) · 회문(回紋) 등이 있는 양식은 모두 저속하다. 근래 측백나무를 대나무처럼 세밀하게 조각한 것이 있는데, 매우 정교하여 규방과 작은 거실에 적당하다.

十七. 牀

牀以宋元斷紋小漆牀爲第一, 次則內府所制獨眠牀, 又次則小木出高手匠作者, 亦自可用. 永嘉[83]粵東[84]有摺疊者, 舟中攜置亦便. 若竹牀及瓢簷拔步彩漆卍字回紋等式, 俱俗. 近有以柏木[85]琢細如竹者, 甚精, 宜閨閣及小齋中.

---

78) 牀(상): 속칭 '상(床, 평상)'으로 앉거나 눕는 도구.【原註】
79) 독면상(獨眠牀): 서재나 정자 등에 놓고 수시로 휴식을 취할 수 있는 작은 평상.【역주】
80) 소목장(小木匠): 목재 가구를 만드는 목수.【역주】
81) 표첨(瓢簷): 침상의 바깥 발을 딛는 곳의 위에 지붕처럼 있는 처마. 일반적으로 침상에 표첨 · 발보(拔步, 침상 앞의 걸어 다닐 수 있는 공간) · 화판(花板, 천정)이 있는 것을 '대상(大牀)'이나 '발보상(拔步牀)'이라 한다.【原註】
82) 발보(拔步): 권1「해론(海論)」의 원주 참고.【原註】
83) 영가(永嘉): 지금의 절강성 영가현(永嘉縣).【原註】
84) 粵東(월동): 지금의 광동성.【原註】
85) 柏木(백목): 측백나무(Cupressus funebris)는 상록교목으로 잎은 비늘모양이고 가지가 아래로 늘어지며, 목재는 백색이다. 측백나무과에 속한다. 소주와 상해 일대에서 말하는 백목(柏木)은 측백(側柏)과 원백(圓柏, 전나무) 등의 목재를 가리켜 말한다.【原註】

18. 상자(箱)86)

일본식 상자는 검은 칠을 하고 금이나 은 조각을 상감했는데, 큰 상자는 1자(약 31cm)가 된다. 경첩과 자물통이 모두 기이하기 짝이 없고, 고대 옥기나 중요한 기물 혹은 당나라의 작은 두루마리를 놓기에 가장 적당하다. 또 한 종류가 있는데, 조금 크고 양식도 고아하며 방승(方勝, 연결된 마름모꼴 무늬)과 영락(瓔絡)87) 등의 무늬가 있는 상자는 종이처럼 가볍고 또 두루마리·향약·잡동사니·완구를 넣을 수 있으므로, 서재에 사용하도록 많이 준비해 둔다. 또 한 종류의 오래되어 갈라터진 무늬가 있는 것은 상부가 둥글고 하부는 사각형으로, 바로 옛사람의 경상(經箱, 불경을 넣는 상자)이며 불상을 놓는 좌대 사이에 두면 또 저속하지 않다.

十八. 箱

倭箱88)黑漆篏金銀片, 大者盈尺, 其鉸釘89)鎖鑰, 俱奇巧絶倫, 以置古玉重器或晋唐小卷最宜. 又有一種差大, 式亦古雅, 作方勝90)瓔絡等花者, 其輕如紙, 亦

---

86) 箱(상): 물건을 저장하는 상자를 '상(箱)'이라 통칭한다. 『의례』에서 "기록하기 위하여 궤를 놓고 동쪽 곁채에서 기다린다.(記几俟於東箱.)"라고 하였다.
『한서』의 안사고의 주(注)에서 "안방의 동서 부속실은 모두 '상(箱, 곁채)'이라 하며, 상자와 비슷한 형상을 말하였다.(正寢之東西室, 皆曰箱, 言似箱篋之形.)"라고 하였다.
현재 통용되는 '상(廂)'은 '상방(廂房, 곁채)'이라 한다.【原註】
87) 영락(瓔絡): 영락(瓔絡)은 영락(瓔珞)과 통하며, 목장식으로, 진주와 옥 등을 꿰어서 만든다. 현재는 '항주(項珠, 목걸이)'라고 통칭한다. 『남사 · 임읍국전(南史 · 林邑國傳)』에서 "그 나라 왕이 법복을 입고 영락을 찼는데, 불상의 부류와 비슷하였다.(其王着法服, 加瓔珞, 如佛像之屬.)"라고 하였다.【原註】
 * 임읍국(林邑國): 고대 베트남 중부 지역에 있던 왕국.【역주】
88) 倭箱(왜상): 일본식 상자.【原註】
89) 鉸釘(교정): 현재 '교련(鉸鏈, 경첩)'이라 통칭한다.【原註】

可置卷軸香藥雜玩, 齋中宜多畜以備用. 又有一種古斷紋者, 上圓下方, 乃古人
經箱, 以置佛坐間, 亦不俗.

19. 병풍(屛)[91]

병풍의 제도는 가장 예스럽다. 대리석을 상감하고 하부 좌대가 정교
한 것이 귀중하며, 그 다음은 기양석(祁陽石)[92]을 상감한 것이고, 또 그
다음은 화예석(花藥石)[93]을 상감한 것이다. 옛 것을 구하지 못하면 또
옛 양식을 모방하여 만들어야 한다. 종이 병풍과 위병(圍屛)[94] 및 나무
병풍과 같은 것은 모두 품평할 수준에 들지 못한다.

十九. 屛

屛風之制最古, 以大理石鑲下座精細者爲貴, 次則祁陽石, 又次則花藥石. 不
得舊者, 亦須仿舊式爲之. 若紙糊及圍屛木屛, 俱不入品.

---

90) 방승(方勝): 권1「해론(海論)」의 원주 참고.【原註】
91) 屛(병): 병풍.【原註】
92) 기양석(祁陽石): 영석(永石). 권3「영석(永石)」의 원주 참고.【原註】
93) 화예석(花藥石):『본초』에서 "화예석은 '화유석(花乳石)'이라고도 하며, 하남성 문
   향현(閱鄕縣)에서 산출된다.(花藥石, 或名花乳石, 出河南閱鄕縣.)"라고 하였다.
   미불의『연사(硯史)』에서 "화예석으로 또 작은 홍색의 벼루를 만들었다.(花藥石,
   亦作小朱硯.)"라고 하였다.【原註】
   * 연사(硯史): 1권. 미불이 편찬했으며, 26종의 벼루를 기록하고 단계연과 흡주연
     [歙州硯, 안휘성 흡주(歙州)에서 흡주석(歙州石)으로 만든 벼루]에 관해 매우 자
     세히 설명하였다.【역주】
94) 위병(圍屛): 둘러쳐서 가리는 용도의 병풍.【原註】

20. 각등(脚凳)[95]

각등은 나무로 만든 곤등(滾凳)[96]으로 길이는 2자(약 62cm)에 넓이는 6치(약 19cm)로, 키는 보통의 양식지만, 중간 부위를 둘로 분할해서 그 내부에 두 개의 공간을 뚫어 둥근 나무 두 개를 설치하고, 둥근 나무의 두 끝에 회전축을 달아 회전하도록 한다. 발로 축을 구르면 축이 움직이며 회전하는데, 대개 용천혈은 정기가 생성되는 장소이므로 운동하기에 절묘하다. 대나무로 만든 답등(踏凳)[97]으로 사각형이며 큰 것도 사용할 수가 있다. 고대의 금전(琴磚)[98]으로 좁고 작은 것으로 여름에 답등을 만들면 매우 시원하다.

二十. 脚凳

脚凳以木制滾凳, 長二尺, 闊六寸, 高如常式, 中分一鐺, 內二空, 中車圓木二

---

95) 각등(脚凳): 각각등(擱脚凳). 현재는 '왜등(矮凳, 등받이가 없는 낮은 걸상)'이라고도 한다.【原註】
96) 곤등(滾凳): 발을 놓는 위치에 회전축을 설치하여 발로 이것을 굴리면서 발바닥의 경혈(經穴)을 자극하도록 만든 의자.【역주】
97) 답등(踏凳): 발을 올려놓는 의자. 발의자.【역주】
98) 금전(琴磚): 磚(전)은 甎(전)과 의미가 같으며, '전(塼)'이라고도 한다. 고렴의 『준생팔전』에서 "거문고를 연주할 때 고대 곽공전(郭公磚)을 선택하는데, 표면에 상안문(象眼紋)과 방승문(方勝紋)이 있으며, 하남성 정주(鄭州)에서 출토된 것이 우수하다.(彈琴取古郭公磚, 上有象眼花紋, 方勝花紋, 出自河南鄭州者佳.)"라고 하였다. 현재 고고학에서는 '한공심전(漢空心磚, 한나라의 속이 빈 벽돌)'이라고 한다.【原註】
 * 곽공전(郭公磚): 한대 하남성 정주(鄭州)의 벽돌공 곽공(郭公)이 제조한 회색의 공심전(空心磚, 속이 빈 벽돌). 길이 5자(약 119cm)에 폭 1자(약 24cm)이며, 상안문(象眼紋, 그물무늬나 그물무늬의 중앙에 원형의 눈이 있는 무늬)과 방승문(方勝紋, 마름모가 2개 연결된 무늬)이 새겨져 있다. 이 위에 거문고를 올려놓고 연주하면 공심전의 텅 빈 속이 공명을 일으켜 소리가 더 맑고 감동적이라 한다.【역주】
 * 금전(琴磚): 벽돌로 만들어 연주할 때 거문고를 올려놓는 받침대.【역주】

根, 兩頭留軸轉動. 以脚踹軸, 滾動徃來, 蓋湧泉穴[99]精氣所生, 以運動爲妙. 竹踏凳方而大者, 亦可用. 古琴磚有狹小者, 夏月用作踏凳, 甚涼.

99) 용천혈(湧泉穴): 인체 경혈의 명칭으로 두 발의 중앙에 있다.【原註】

기구(器具)

옛 사람이 기물을 제작할 때는 실용을 중시하여 비용을 아끼지 않았으므로, 만드는 것이 모두 완비되어 후세 사람들이 구차하게 만든 것과 같지 않았다. 위로는 종(鍾)·솥·도검(刀劍)·쟁반·이(匜)[1]의 종류에 이르기까지, 아래로는 유미(隃糜)[2]와 측리(側理)[3]에 이르기까지 모두 정교하고 우수한 것을 좋아하였으며, 금속이나 석재에 글자를 새기고 관지(款識)[4]를 숭상한 것만은 아니었다. 지금 사람은 견문이 넓지 못하

---

1) 이(匜): 액체를 담을 수 있도록 일정한 부피를 가지고 있어, 술이나 물을 따르는 용도이거나 물을 담아 손을 씻는 데 사용되던 고대 예기(禮器)의 하나.【역주】

2) 유미(隃糜): 먹의 이름. 유미(隃糜)는 본래 현(縣)의 이름으로, 한나라시기에 설치되었으나, 진(晋)나라 시기에 폐지되었고, 옛 도시는 지금의 병양현[洴陽縣, 섬서성 보계(寶鷄) 지구에 속함] 동쪽에 있는데, 그 지역에서 먹이 생산된다. 한나라 시절에 상서령(尙書令)·상서복야(尙書僕射)·상서승(尙書丞)·상서랑(尙書郎)에게 매달 유미묵 2매를 하사하였으므로, 시문(詩文)에서 먹을 '유미(隃糜)'라 하기도 한다. '유미(楡眉)'라고도 한다.【原註】

3) 측리(側理): 측리지(側理紙)이다. 옛 명칭은 '척리(陟釐)'로『지전(紙箋)』에 보인다. 『박물지』에서 "남해에서 해초로 종이를 만드는데, 무늬가 복잡하므로 '측리'라 한다.(南海以海苔爲紙, 其理側側, 故名側理.)"라고 하였다.【原註】
   * 지전(紙箋): 명대 문학가이자 희곡작가인 도륭(屠隆, 1544-1605)이 저술한 『지묵필연전(紙墨筆硯箋)』의 일부.【역주】

4) 관지(款識): 도자기나 청동기나 각종 기물에 제작시기·제작자·제작지점 등을 나타내기 위하여 조각하거나 붓으로 쓰거나 날인한 문자와 기호를 가리킨다. 명청시기 관요자기에는 그 당시 제왕의 연호(年號)가 주로 사용되었다.【역주】

고 또 현재 유행하는 것에 익숙해져서 결국 우아한 것과 저속한 것을 구분하지 못하게 되었다. 특히 현란하고 화려한 것만 높이 평가하여 안목이 예스러운 것을 몰라보아, 창문과 탁자에 운치가 있는 기물이 전혀 없으면서 진열한 것을 자랑하지만, 감히 경솔하게 그렇다고 인정할 수가 없다.

器具

　古人製器, 尚用不惜所費, 故制作極備, 非若後人苟且. 上至鍾鼎刀劍盤匜[5]之屬, 下至隑糜側理, 皆以精良爲樂, 匪徒[6]銘金石尚欵識[7]而已. 今人見聞不廣, 又習見時世所尚, 遂致雅俗莫辨. 更有專事絢麗[8], 目不識古, 軒窗[9]几案, 毫無韻物[10], 而侈言[11]陳設, 未之敢輕許也. 志〈器具 第七〉

1. 향로(香鑪)[12]

　하·상·주·진(秦)·한(漢)의 청동기와 관요(官窯)·가요(哥窯)·정

---

5) 盤匜(반이): 반(盤)은 본래 반(槃)이며, 물건을 담는 그릇이다. 이(匜)는 음이 이(移)로, 고대 쟁반과 비슷한 기물이며, 물을 따르는 것이다.【原註】

6) 匪徒(비도): 비도(非徒). ~~뿐만 아니다.【역주】

7) 尙欵識(상관지): 제자(題字)나 관지(欵識)와 부지(附識, 부가되어 있는 표기)를 숭상하다. 識(지)는 誌(지)와 통한다. 『철경록』에서 "이른 바 관지는 두 가지 의미로 나누어진다. 관(欵)은 음각문자로 오목하게 들어간 것을 말하며, 새겨서 만든다. 지(識)는 양각문자를 말하며, 튀어나온 것이다.(所謂欵識, 乃分二義. 欵謂陰字凹入者, 刻劃成之. 識謂陽字, 是挺出者.)"라고 하였다.【原註】

8) 絢麗(현려): 현(絢)은 무늬로 장식하다. 려(麗)는 화려하고 아름답다.【原註】

9) 軒窗(헌창): 창문.【역주】

10) 韻物(운물): 고상하고 멋있는 물건.【原註】

11) 侈言(치언): 허풍. 큰소리.【역주】

12) 향로(香鑪): 향을 태우고 옷에 향기를 배게 하며 이불에 향기를 스미게 하는 용도로 사용된다. 또 진열용으로 사용된다. 『향전(香箋)』에서 "관요·가요·정요·용

요(定窯)·용천요(龍泉窯)·선덕요(宣德窯)의 향로는 모두 감상용으로 구비하며, 일용에 적당한 것이 아니다. 오직 선덕시기의 청동제 이로(彝爐)[13] 가운데 조금 큰 것이 사용하기에 가장 적당하고, 송나라 강낭자(姜娘子)[14]가 주조한 것도 좋다. 오직 신로(神爐)[15]와 태을(太乙)[16] 그리고 백동(白銅)[17]으로 만들어 도금을 하고 쌍어(雙魚)[18]를 장식한 향로와 상격(象鬲)[19] 종류는 사용해서는 안 된다. 특히 피할 것은 상해에

<hr />

천요·선덕시기 동제품·반씨(潘氏)가 주조한 동제품·이로(彝爐, 항아리 모양에 다리가 없는 향로)·유로(乳爐, 유두 모양의 장식이 있는 향로) 가운데 크기가 찻잔과 같으면서 양식이 우아한 것이 상등품이다.(官哥定窯龍泉宣銅潘銅彝爐乳爐, 大如茶杯而式雅者爲上.)"라고 하였다.【原註】

* 향로(香爐): 爐(로)자를 지금은 爐(로)자로 사용한다.【역주】
* 향전(香箋): 도륭의 문방용구에 관한 전문 저서인 『고반여사(考槃餘事)』의 한 조목.【역주】

13) 이로(彝爐): 작은 항아리 모양에 삼족이나 사족과 같은 다리가 없이 굽이 있는 향로.【역주】

14) 강낭자(姜娘子): 남송초기 또는 원나라의 여자 대장장이. 청동기의 주조에 뛰어나 명성이 높았다. 청나라 장서가 오건(吳騫, 1733-1813)의 필기 『첨양총필(尖陽叢筆)』에 소흥 2년(1132)에 강낭자가 주조한 사각 향로가 있다고 기록되어 있으며, 『격고요론』과 『준생팔전』 등에서는 원나라 사람으로 기록하였다.【역주】

15) 신로(神爐): 불상의 앞에 향을 태울 때 사용하는 향로.【原註】

16) 태을(太乙): 별의 이름, 또는 '북극성'에 있는 신령의 이름.【原註】
   * 태을(太乙): 여기서는 도가에서 연단에 사용하는 화로인 태을로(太乙爐)를 가리킨다. 당나라 시인 저재(褚載, ?-?)의 시 「도사에게 증정하여(贈道士)」에서 "학에게 신선세계의 소식을 알아보라고 시키고, 사람들이 태을로를 엿보지 못하게 하네.(惟教鶴探丹丘信, 不使人窺太乙爐.)"라고 하였다.【역주】

17) 백동(白銅): 니켈과 구리의 합금으로 은백색의 금속광택이 나므로 '백동'이라 한다. 현재 중국 최초의 백동에 관한 기록은 동진의 역사학자 상거(常璩, 291?-361)의 『화양국지·남중지(華陽國志·南中志)』이다. 늦어도 운남성에서 4세기에 백동을 채굴하여 사용했으며, 운남성의 회리(會理)에는 지금도 구리와 니켈이 공생하는 광맥이 존재한다.【역주】

18) 쌍어(雙魚): 윗부분에 두 마리 물고기의 모양을 만들고 항상 '대길상(大吉祥)'이라는 글자가 있었으므로, 후세 사람들이 '쌍어'에 길상의 의미를 덧붙였다.【原註】
   * 쌍어(雙魚): 여기에서는 향로의 양쪽에 물고기 모양의 귀(손잡이)를 붙인 것을 가리킨다. 물고기나 기타 형상으로 양쪽에 귀를 붙인 향로를 '쌍이로(雙耳爐)'라 한다.

서 만든 것·반씨(潘氏)20)가 주조한 향로·호문명(胡文明)21)이 주조하여 팔길상(八吉祥)22) 문양을 장식한 향로·일본풍의 향로·못처럼 튀어나온 장식이 있는 향로 등의 여러 저속한 양식 그리고 새로 제작한 건요(建窯)23) 향로와 오채자기 등의 향로이다. 청록색의 녹이 슨 고대의 박산로(博山爐)24)는 간간이 사용해도 된다. 나무로 만든 솥은 산에 설치

---

19) 상격(象鬲): 격(鬲)은 솥 종류로, 상격은 코끼리 모양으로 만든 용기이다. 고대에 음식을 담을 때에는 솥을 사용하고, 평상시 익힐 때는 격(鬲)을 사용했다.【原註】
   * 상격(象鬲): 여기서는 코끼리 모양의 향로를 가리킨다. 코끼리 모양이나 코끼리 문양이 장식된 향로는 서장 밀교(密敎)에서 많이 사용했다.【역주】
20) 반씨(潘氏, ?-?): '반동(潘銅)'이나 '반철(潘鐵)'이라고도 하는 절강성 출신의 명나라 대장장이. 어렸을 때 일본에 포로로 잡혀가 10년을 살다가 귀국하여 절강으로 돌아왔으며, 뒤에 지금의 상해시 송강(松江)으로 이사하여 거주하였다. 각종 청동기의 제조에 뛰어났으나 특히 향로가 유명하여 그 당시에 '가왜로(假倭爐)'라 불렸다.【역주】
21) 호문명(胡文明, ?-?): 명대 말기 운간(雲間, 지금의 상해시 송강) 출신의 대장장이. 고대 양식에 따라 청동기를 잘 만들었으며, 그가 만든 향로는 '호로(胡爐)'라고 하여 진귀하게 평가되었다.【역주】
22) 팔길상(八吉祥): '팔결식(八結式)'이라 속칭한다.【原註】
   * 팔길상(八吉祥): 불교에서 말하는 8가지의 상서로운 물건으로, 보산(寶傘, 보배로운 일산)·쌍어(雙魚)·보병(寶瓶)·연꽃·소라·금강결(金剛結, 매듭)·보당(寶幢, 보배로운 깃발)·경륜(經輪, 바퀴)을 가리킨다. 장식문양으로 많이 사용되었다.【역주】
23) 건요(建窯): 복건성의 여러 요지(窯址)에서 생산한 것을 가리킨다. 권6「불주(佛橱)와 불탁(佛桌)」의 원주 참고.【原註】
24) 박산로(博山爐):『고고도(考古圖)』에서 "향로가 바다에 있는 박산을 본떴으며, 하부에 물을 담는 쟁반이 있어 몽글몽글한 기운이 향기를 감싸도록 해서 바다의 사방을 본떴다.(香爐象海中博山, 下盤貯湯, 使潤氣蒸香, 以象海之四環.)"라고 하였다.【原註】
   * 박산로(博山爐): 바다에 있다는 박산(博山)의 여러 산봉우리 모양을 한 뚜껑 및 숯과 향을 담는 몸통이 있고, 그 아래에 받침대가 있는 양식의 고대 향로. 청동기와 도자기로 한나라 시절부터 제작되어 남북조시기까지 유행하였다. 1993년 충남 부여 능산리사지(陵山里寺址)에서 발견된 백제금동대향로도 박산로이다.【역주】
   * 고고도(考古圖): 10권. 송나라의 관리 여대림(呂大臨, 1042?-1092?)이 궁정과 개인이 소장한 고대 청동기와 옥기에 관하여 체계적으로 논술한 저서로 1092년에

할 수 있으며, 돌로 만든 솥은 오직 부처에게 바치고, 나머지 기물은 모두 높은 품격에 들어가지 못한다. 옛 사람이 사용하던 청동기는 모두 받침대와 뚜껑이 있었는데, 지금 사람은 나무로 만든다. 오목(烏木)²⁵⁾으로 만든 것이 가장 상등품이고 자단과 화리목도 모두 훌륭하지만, 능화(菱花)²⁶⁾와 접시꽃 등의 여러 저속한 양식은 피해야 한다. 노정(鑪頂)²⁷⁾은 모정(帽頂)²⁸⁾으로 사용되었던 원나라 옥²⁹⁾과 녹단(甪端)³⁰⁾ 및

완성되었다.【역주】

25) 오목(烏木): 고대의 오목은 단단한 나무가 지진이나 홍수 등으로 땅 속에 매몰되어 오랜 시간이 경과되어 단단해지고 탄화되어 검은색으로 변한 것을 가리킨다. 벽사(辟邪)의 작용이 있다고 믿어 공예품이나 불상이나 호신부의 제작에 사용되었다. 현대의 오목은 아프리카에서 산출되는 검은 색을 띠는 단단한 나무를 가리키며, 중국에서는 고급목재인 홍목(紅木)에 포함시킨다.【역주】

26) 菱花(능화): 마름꽃. 여기서는 향로 뚜껑의 손잡이 부분을 마름꽃 모양으로 장식하는 것을 말한다.【역주】

27) 노정(鑪頂): 즉 노정(爐頂). 향로 뚜껑의 꼭지. 도자기나 금속으로 만든 향로의 뚜껑에는 잡기 편리하도록 뚜껑의 중앙 부분에 꼭지를 설치하며, 일반적으로 산예(狻猊, 용의 아홉 새끼 가운데 하나라고 하며, 사자와 비슷한 모양에 연기를 좋아하여 향로의 꼭대기에 많이 사용)의 형상이 많고, 처음부터 주조하는 이외에 옥이나 산호 등으로 만들어 첨가하기도 한다.【역주】

28) 모정(帽頂): 모자의 꼭대기에 다는 꼭지. 생각건대, 송대의 모자는 진주와 옥으로 꼭지를 삼은 것이 없으며, 진귀한 옥으로 모자의 꼭지를 만든 것은 원나라 사람에게만 있다. 『비부어략(飛鳧語略)』에서 "근래 진주와 옥으로 모자의 꼭지를 한 것이 있어 물으면, 모두 '이것은 송나라 제도이다.'라고 한다. 또 '송나라 사람에게는 당연히 이러한 것을 하지 않았으며, 반드시 당나라 물건이다.'라고 하는 경우가 있다. 원나라 시절에 왕공과 귀족은 모두 커다란 모자를 썼으며, 모자 꼭지의 장식을 보고 신분의 등급을 판별하였다.(近之有珍玉帽頂, 問之, 皆曰此宋制. 又有云, 宋人當未辦此, 必唐物, 竟不曉此乃元時物. 元時王公貴人, 具戴大帽, 視其頂之花樣爲等威.)"라고 하였다.【原註】

* 모정(帽頂): 요 · 금 · 원시대 모자의 장식물이었으며, 원대에 몽고족이 중원으로 진출하며 전국으로 확산되었다. 청대에 와서 모정이 관원 등급의 상징으로 되었으며, 홍보석 · 남보석 · 홍산호 · 상아 · 청금석(靑金石) · 수정 · 거거(硨磲, 조개) · 동주(東珠, 동북 지방의 진주) · 부용석(芙蓉石, 수산석의 일종) 등으로 만들었는데, 옹정시기에 각종 색깔의 유리로 대체하였다.【역주】

* 비부어략(飛鳧語略): 1권 18조목. 명나라 문학가 심덕부(沈德符, 1578-1642)가 편찬했으며, 서예 법첩과 고대 기물의 진위에 관하여 논술하였다.【역주】

바다 동물과 같은 여러 양식의 것을 향로의 크기에 따라 배치하며, 마노
와 수정의 종류로서 오래된 것은 사용해도 된다.

一. 香鑪

三代秦漢鼎彝, 及官哥定窯龍泉宣窯, 皆以備賞鑒, 非日用所宜. 惟宣銅彝
鑪31)稍大者, 最爲適用, 宋姜鑄32)亦可. 惟不可用神鑪太乙, 及鎏金白銅33)雙魚

象鬲之類. 尤忌者雲間34)潘銅35)胡銅36)所鑄八吉祥倭景37)百釘38)諸俗式, 及新

즐겁게 하였다. 혹은 금을 입히거나 혹은 구리의 본색으로 덮어 장식하였다. 옛 것을 본받으려 힘써 제작했으므로 양식이 볼만하지만, 문양은 자잘하며, 방승문(方勝紋, 마름모꼴 두 개가 서로 맞물려 연결된 무늬)·귀갑문(龜甲紋)·회문(回紋)이 다수를 차지한다. 평강 왕길 집안의 주조법도 우수하다.⋯⋯ 다만 제도가 아름답지 않아서 강남자에게 크게 미치지 못한다.(元時, 杭城姜娘子, 平江王吉二家鑄法, 名擅當時, 其撥蠟亦精, 其煉銅亦淨, 細巧錦地花紋, 亦可人目. 或作鎞金, 或就本色傳之. 因其制務法古, 式樣可觀, 但花紋細小, 方勝龜紋回紋居多. 平江王家鑄法亦可,⋯⋯ 但制度不佳, 遠不如姜.)"라고 하였다.【原註】

  * 평강(平江): 지금의 호남성 악양시(岳陽市)에 속하는 지역.【역주】
  * 撥蠟(발랍): 글자의 의미는 '밀랍을 제거하다'이며, 밀랍을 이용하여 주조하는 밀랍주조법을 가리킨다. 밀랍으로 주조하려는 기물의 형상을 만들어, 그 위에 점토를 입히고 열을 가해 밀랍을 완전히 제거한 다음, 밀랍이 제거되어 남은 빈 공간에 끓는 쇳물을 부어 식힌 뒤에 점토를 깨어 제거하면 기물이 주조되어 나오며, 수정작업을 하여 완성한다.【역주】

33) 鎏金白銅(유금백동):『제경경물략』에서 "후세 사람은 향로의 색을 5등급으로 판별하였는데,⋯⋯도금을 한 것은 2등으로, 본래의 색이 나타나는 것이 아름다운데 동으로 만든 재질이기 때문이다. 복부 아래를 도금한 것을 '용상운(湧祥雲)'이라 하고 입구 윗부분을 도금한 것을 '복상운(覆祥雲)'이라 한다.(後人辦香爐色五等, ⋯⋯鎏金者次, 本色爲佳, 銅質也. 鎏腹以下曰湧祥雲, 鎏口以上曰覆祥雲.)"라고 하였다. 유금(鎏金)은 현대의 도금(鍍金)으로 추정된다. 나머지는 권5「표축(標軸)」의 원주 참고.【原註】

  * 유금(鎏金): 금과 수은을 섞어 청동기의 표면에 칠한 다음에 열을 가해 수은을 증발시켜 금을 표면에 부착시키는 아말감도금법을 가리킨다. 중국에서는 전국시대부터 사용되었으며, 남북조시기 양나라의 서적에 최초로 유금기법에 대한 기록이 나온다. 금을 상감하는 기법은 '착금(錯金)'이라 하며 상주시기의 청동기에도 사용되었다.【역주】

34) 雲間(운간): 지금의 상해시 송강현(松江縣).【原註】

35) 潘銅(반동): 반씨가 주조한 청동기.『준생팔전』에서 "근래에 반씨가 동으로 향로를 만들었는데 '가왜로(假倭爐)'라 한다. 이 대장장이는 애초에 절강성 사람이었는데, 포로가 되어 왜국으로 들어갔으며, 성격이 매우 민첩하고 붙임성이 좋았다. 왜국의 기술을 익히며 왜국에서 10년 동안 살았는데, 왜국의 문양을 금은으로 상감하는 양식은 왜국의 제도를 정통으로 계승하였으며, 훗날 왜국이 패하자 절강성으로 돌아왔는데, 나의 집에서 몇 년 동안 제작하였다.(近有潘銅打爐, 名假倭爐. 此匠初爲浙人, 被虜入倭, 性最巧滑, 習倭之技, 在彼十年, 其鏨嵌金銀倭花樣式, 的傳倭制, 後以倭敗還省, 在余家數年打造.)"라고 하였다.【原註】

36) 胡銅(호동): 호씨가 주조한 청동기. 강희『송강부지(松江府志)』에서 "만력연간(1573-1619), 화정(華亭, 즉 송강)의 호문명(胡文明, ?-?)이 만든 금도금을 한 솥·

441

制建窯五色花窯39)等鑪. 又古青緑博山亦可間用. 木鼎可置山中, 石鼎惟以供佛, 餘俱不入品. 古人鼎彝, 俱有底蓋, 今人以木爲之, 烏木者最上, 紫檀花梨俱可, 忌菱花葵花諸俗式. 鑪頂以宋玉40)帽頂及角端海獸41)諸樣, 隨鑪大小配之, 瑪瑙水晶之屬, 舊者亦可用.

2. 향합(香合)42)

향합은 송대의 척홍합(剔紅盒)43)으로 색이 산호와 같이 붉은 것이 상

향로·병·합 등의 기물이 있었으며, 상해의 황지헌(黃芝軒, ?-?)이 만든 고색창연한 향로와 병이 있었는데, 제작이 모두 정교하고 우아하여, 지금 모방한 기물이 크게 뒤떨어진다.(萬曆年間, 華亭胡文明有鎏金鼎鑪瓶盒等物, 上海有黃芝軒古色鑪瓶, 制皆精雅, 今效之者遠不及.)"라고 하였다.【原註】

* 강희 송강부지(松江府志): 54책. 강희시기에 편찬된 송강부의 지리서로, 강희 2년과 20년의 두 번에 걸쳐 편찬되었다.【역주】

37) 倭景(왜경): 일본 풍격을 가진 양식.【原註】

38) 百釘(백정): 향로의 표면에 못으로 장식한 것처럼 튀어나온 물체가 있는 향로.【原註】

39) 五色花窯(오색화요): 오채자기. 권2「분완(盆玩)」의 원주 참고.【原註】

40) 宋玉(송옥): 송대의 옥.【原註】

41) 海獸(해수): 바다 동물에 속하는 종류.【原註】

42) 향합(香合): 합(合)은 합(盒)과 통하며, 쟁반 종류이다. 기물로서 뚜껑과 몸통이 서로 꼭 맞물리고 물건을 담는 것을 지금은 '합(盒)'이라 한다.【原註】

43) 송대의 척홍합(剔紅盒): 척홍(剔紅)은 조칠(雕漆)로 칠기 제작법의 한 종류이며, 당대에 시작되었다. 『휴식록(髹飾錄)』에서 "당나라에서는 대부분 인쇄용 목판처럼 조각을 하여 붉은 색으로 수놓은 비단처럼 평평하게 칠하였는데, 조각기법이 예스럽고 소박하여 감상할 만하다. 또 깊이 조각하고 황색의 수놓은 비단처럼 칠한 것이 있다. 송나라와 원나라 시기에는 칼로 조각한 흔적을 감추면서 선이 뚜렷하고, 은은하게 도드라지면서 거침이 없이 매끄러워, 섬세하고 정교하였다. 안휘성 신안(新安)과 절강성 가흥(嘉興)과 서당[西塘, 지금의 절강성 가선현(嘉善縣)에 속함]에서 생산한 것이 훌륭한 명성이 있었다.(唐制多印板刻, 平錦朱色, 雕法古拙可賞. 復有陷地黃錦者. 宋元之際, 藏鋒淸楚, 隱起圓滑, 纖細精致. 安徽新安, 浙江嘉興, 西塘所産負盛名.)"라고 하였다. 현재 주요 산지는 북경·양주(揚州)·천수(天水, 감숙성)·안휘 등지이다.【原註】

등품이다. 옛날에는 장식한 무늬의 첫 번째는 검환(劍環)[44]이고 두 번째가 화초이며 세 번째는 인물이라는 주장이 있었다. 또 여러 가지 색으로 옻칠한 몸체에 조각 기법은 깊거나 얕게 하여 수시로 여러 색이 드러나게 장식한 것이 있는데, 붉은 꽃에 녹색의 잎이나 주요 문양은 황색이고 바탕 무늬는 흑색인 것과 같은 것이 그 다음이다. 일본 풍격의 합에는 삼자합(三子盒)[45]과 오자합(五子盒)이 있고, 일본 풍격의 제합(提盒)[46]에 금편(金片)이나 은편(銀片)으로 장식한 것이 있으며, 과원창(果園廠)[47]에서 제작한 것은 크고 작은 두 종류가 있다. 다만 몸통과 뚜껑

---

* 조칠(雕漆): 천연의 옻을 기물의 표면에 칠하여 일정한 두께로 만든 다음, 이 옻칠 자체를 조각하여 문양을 만드는 기법으로, 색채에 따라 척홍(剔紅, 홍색칠)·척흑(剔黑, 흑색칠)·척채(剔彩, 다색칠)·척서(剔犀, 흑색계열의 두가지색칠) 등으로 구분된다.【역주】
* 휴식록(髹飾錄): 건곤 2집, 18장 186조목. 명나라 말기 칠기의 명인 황대성(黃大成, ?-?)의 저술로, 고대 칠기의 제작과 품종 등을 논술한 전문 저서.【역주】
44) 검환(劍環): 척홍 칠기의 한 형식. 『금오퇴식필기(金鰲退食筆記)』에서 "원나라시기에 장성(張成, ?-?)과 양무(楊茂, ?-?)의 검환(劍環, 검의 고리와 같은 무늬를 조각한 칠기)과 향초(香草, 향초 무늬를 조각한 칠기)의 양식과 비교하여 더 뛰어난 듯하다.(比元時, 張成楊茂劍環, 香草之式, 似爲過之.)"라고 하였다.【原註】
* 금오퇴식필기(金鰲退食筆記): 2권. 청나라 학자 고사기(高士奇, 1645-1704)가 궁궐에 관한 각종 사항을 기술한 저서.【역주】
* 장성(張成)과 양무(楊茂): 서당 출신의 원나라 칠기 명인. 장성의 아들 장덕강(張德剛, ?-?)은 명나라의 칠기 명인으로 유명하였다.【역주】
45) 삼자합(三子盒): 합의 내부에 작은 합이 3개 들어가 있는 합. 내부의 작은 합들이 서로 잘 맞물려 흔들리지 않도록 정교하게 배치되어 있다.【역주】
46) 제합(提盒): 손잡이가 달린 합. 합을 1단·2단·3단 등의 여러 단으로 만들기도 하며, 위에서 드는 손잡이를 달아 휴대하기 편리하도록 한 합의 양식.【역주】
47) 과원창(果園廠): 『금오퇴식필기』에서 "과원창은 영성문(欞星門)의 서쪽에 있으며, 명나라 영락연간에 이곳에서 칠기를 제작하였다.(果園廠在欞星門之西, 明永樂年制漆器於此.)라고 하였다.【原註】
* 과원창(果園廠): 영락 19년(1421)에 북경으로 천도하여 황궁 내에 설치한 칠기 공방으로, 원나라 칠기 명인 장성(張成)의 아들 장덕강(張德剛)이 칠기의 생산을 감독하였다.【역주】
* 영성문(欞星門): 문묘(文廟)의 대문.【역주】

의 제작에 각각 하나씩 공방을 설치하여 문양과 색이 같지 않으므로, 문양과 색이 하나로 합치하는 것이 귀중하다. 내부(內府)의 전칠합(塡漆盒)[48]은 모두 쓸 만하다. 작은 합에는 정요(定窯)[49]와 요요(饒窯)[50]에서 제작한 자단(蔗段)[51]과 천령(串鈴)[52]의 두 양식이 있으며, 나머지

---

48) 전칠합(塡漆盒): 기물의 표면에 무늬를 음각으로 조각하고, 이 조각하여 들어간 부위를 메워 칠하여 무늬를 완성하는 기법인 전칠기법을 사용하여 만든 합. 명대 전칠합은 특히 정교하며 품질이 우수하다.【역주】

49) 정요(定窯): 권2「분완(盆玩)」의 원주 참고. 『박물요람』에서 "정요자기는 바로 송나라시기 북방 정주(定州, 하북성)에서 만든 것이다.……남정(南定)은 남으로 천도한 이후 구워 만든 정요자기이다. 원나라시기에 팽군보(彭君寶)가 정요를 모방하여 곽주(霍州, 산서성)에서 만든 것은 '팽요(彭窯)'라 하고 또 '곽요(霍窯)'라 한다. '신정(新定)'이라 부르는 것은 본래 북방의 정요자기만 못하다.(定器乃宋時北定州造也.……南定爲南渡後燒造者. 元時, 彭君寶倣定窯燒於霍州者, 名曰彭窯, 又曰霍窯. 號稱新定, 故不如北定.)"라고 하였다.【原註】
   * 남정(南定): 북송이 금나라에 멸망하고 나서, 남송시기에 장강 이남에서 북방의 정요를 모방하여 제작한 백자를 가리키며, 형태와 문양은 비슷하지만, 토질이 달라 북방 정요의 품질에 미치지 못한다. 정주에서 제작한 정요를 모방하여 다른 지역에서 제작한 기물을 '토정(土定)'이라고도 한다.【역주】
   * 팽군보(彭君寶, ?-?): '팽균보(彭均寶)'라고도 한다. 원나라의 도공으로, 본래 금속 장인이었으나 도공으로 전환하였으며, 산서성 곽현(霍縣)에서 정요백자를 모방 제작하여 유명하였다.【역주】

50) 요요(饒窯): 『박물요람』에서 "신구 요요(饒窯)는 바로 강서성 경덕진에서 구워 만든 것이다. 옛날에 구워 만든 요요의 기물로 황궁에 진상한 것은 기벽이 얇으면서 윤택하고 색은 희며 무늬는 청색이었으나, 정요와 비교하여 조금 떨어진다.(新舊饒窯, 卽江西景德鎭燒造者. 古之燒造饒器進御者, 體薄而潤, 色白花靑, 較定少次.)"라고 하였다. 강서성 경덕진시는 옛날에 요주부(饒州府) 부량현(浮梁縣)에 속했으며, 생산한 자기가 예로부터 유명하여 '요기(饒器)'라 하였다.【原註】
   * 색은 희며 무늬는 청색(色白花靑): 청화백자를 가리킨다. 요요(饒窯) 즉 경덕진에서 원대 말기부터 생산이 시작되었다.【역주】

51) 자단(蔗段): 향합의 양식. 감자(甘蔗, Saccharum officinarum, 사탕수수)는 다년생 대형 초본으로 줄기의 겉모습이 대나무와 비슷하지만 속은 비지 않았고, 즙을 짜서 설탕을 만들 수가 있다. 화본과에 속한다. 자단(蔗段)은 단자(段蔗)로 모양이 둥근 기둥과 같다.【原註】
   * 자단(蔗段): 여기서는 향합의 옆모습이 사탕수수의 줄기와 비슷한 둥근 기둥을 엮어서 세워놓은 것처럼 세로로 여러 개의 골이 나 있는 형태를 가리킨다.【역주】

52) 천령(串鈴): 향합의 양식. 양식이 방울을 꿰어 놓은 것과 같은 모양을 말한다.【原

는 모두 높은 품격에 들어가지 못한다. 특히 금칠로 무늬를 그린 것과 금색의 글자를 쓴 것은 피해야 하며, 휘주(徽州)53)에서 만든 척홍(剔紅)과 척흑(剔黑) 칠기 그리고 도자기 향합으로 선덕(宣德)·성화(成化)·가정(嘉靖)54)·융경(隆慶)55)시기 등의 관요 기물은 모두 사용해서는 안 된다.56)

二. 香合

香合宋剔合色如珊瑚者爲上, 古有一劍環二花草三人物之說. 又有五色漆胎, 刻法深淺, 隨妝露色, 如紅花綠葉黃心黑石者次之. 有倭盒三子五子57)者, 有倭

註】
 * 천령(串鈴): 현대의 도넛과 같은 모양으로 팔목에 차는 작은 염주를 담는 용도로 사용되는 천령합(串鈴盒)이 명대와 청대에 도자기와 금속 등으로 제작되었다. 여기서는 이러한 형태의 합을 가리킨다.【역주】
53) 휘주(徽州): 현재의 안휘성 황산시(黃山市)에 속하는 지역으로, 고대에는 신안(新安)이나 흡주(歙州)라고도 하였다.【역주】
54) 가정(嘉靖): 명나라 11대 황제 세종(世宗) 주후총(朱厚熜, 1507-1567)의 연호로 1521-1566년.【역주】
55) 융경(隆慶): 명나라 12대 황제 목종(穆宗) 주재후(朱載垕, 1537-1572)의 연호로 1567-1572.【역주】
56) 명대 관요에서 제작한 향합은 품질이 극히 뛰어난 명품으로 구하기가 매우 어려우므로 실제 구하여 사용할 수가 없는데, 저자는 금칠로 장식한 기물처럼 너무 화려하여 품격이 떨어지므로 사용해서는 안 된다고 주장하고 있다.【역주】
57) 倭盒三子五子(왜합삼자오자): 『준생팔전』에서 "칠기로는 일본의 것이 가장 좋은데, 기물 조형의 양식도 훌륭하여 원형 합의 내부에 작은 세 개의 합을 넣은 것과 같은 것이 있으며, 오자합(五子盒, 내부의 합이 5개인 합)과 칠자합(七子盒) 및 구자합(九子盒)에 이르면 합의 바깥 둘레가 한 치 반 정도이다. 내부의 작은 합은 연실(蓮實)의 껍질과 비슷하며, 뚜껑이 맞물리는 부위에는 금칠을 하였는데, 조금도 빈틈이 없다. 작은 합은 무게가 세 푼으로 동일한데, 이렇게 어떤 방법으로 만들었을까? 사각형의 갑에는 사자갑(四子匣)·육자갑(六子匣)·구자갑(九子匣)이 있다.(漆器有倭爲最, 而胚胎式制亦佳, 如圓盒以三子小盒嵌內, 至有五子盒七子九子盒, 而外圍寸半許. 內子盒肖蓮子殼, 蓋口描金, 毫忽不苟. 小盒等重三分, 此何法制. 方匣有四子匣, 六子九子匣.)"라고 하였다. '기자(幾子)'라는 것은 바로 합의 내부에 모여 담겨 있는 몇 개의 작은 합이다.【原註】

撞金銀片58)者, 有果園廠, 大小二種, 底蓋各置一廠, 花色不等, 故以一合59)爲
貴. 有內府塡漆合, 俱可用. 小者有定窯饒窯蔗叚串鈴二式, 餘不入品. 尤忌描金
及書金字, 徽人剔漆60)並磁合, 即宣成嘉隆等窯61), 俱不可用.

3. 격화(隔火)62)

향로는 불을 꺼트려서는 안 되고, 향을 피우지 않으면 오래도록 불을

---

58) 倭撞金銀片(왜당금은편): 일본식 제합(提盒)이다. 『고반여사』에서 "향합에는 일본
식 제합이 있어 유람하는데 휴대할 수 있으며, 반드시 맞물리는 부위가 꼭 맞아서
향기가 새지 않아야 바야흐로 오묘하다.(香合有倭撞, 可携遊, 必須子口緊密, 不泄
香氣方妙.)"라고 하였다. '당(撞)'은 오(吳) 지역에서 제합을 말하며, 뚜껑이 있는
데, 1단짜리와 2단짜리로 만드는 것이 모두 가능하다.【原註】
   * 子口(자구): 뚜껑이 있는 기물의 아래 부분에서 위로 살짝 솟아 뚜껑과 꼭 맞물
   리는 부위. 이렇게 맞물리는 양식을 자모구(子母口)라 하며, 거의 모든 뚜껑이
   있는 기물이 이러한 양식을 사용하고 있다.【역주】
59) 一合(일합): 몸통과 뚜껑의 문양과 색이 합하여 하나로 되는 합.【原註】
60) 徽人剔漆(휘인척칠): 휘주에서 생산된 척홍과 척흑 칠기.【原註】
61) 宣成嘉隆等窯(선성가륭등요): '선요(宣窯)'는 권3「토마노(土瑪瑙)」의 원주 참고.
'성요(成窯)'는 명나라 성화연간의 관요를 가리키며, 제작한 자기 가운데 오채자기
가 가장 귀중하다. '가요(嘉窯)'는 명나라 가정연간(嘉靖年間, 1521-1566)에 관요에
서 제작한 기물. '융요(隆窯)'는 명나라 융경연간(隆慶年間, 1567-1572)의 관요에서
제작한 기물.【原註】
   * 성화시기에는 아직 오채자기가 발전초기 단계에 있었으며, 성화 관요자기 가운
   데는 투채자기(鬪彩瓷器)가 가장 유명하다. 투채자기는 성형한 기물의 표면 위
   에 청화로 문양의 윤곽선을 그리고 투명한 유약을 칠해 구운 다음, 이 기물의
   유면 위에 청화로 그려진 윤곽선의 내부에 여러 가지 유색 안료를 메워 칠하고,
   안료의 소성온도에 따라 2-3차례 소형 가마에서 다시 구워서 만든 유상채자기
   (釉上彩瓷器)의 한 품종이다. 성화 투채자기는 제작이 매우 복잡하여 전해오는
   기물의 수량이 많지 않다. 유상채자기가 조선에서는 제작되지 않았으나, 일본에
   서는 에도시대부터 제작이 이루어졌다.【역주】
62) 격화(隔火): 향로에서 불을 덮어 화력을 조절하는 데 사용하는 도구. 『향전』에서
"은으로 만든 돈·운모 조각·옥 조각·도자기 조각은 모두 사용할 수 있다. 화완
포(火浣布)로 동전과 같이 큰 것에 은으로 주위에 테를 둘러 격화로 만든 것은
특히 구하기 어렵다.(銀錢雲母片玉片砂片俱可. 以火浣布如錢大者, 銀鑲周圍, 作

보존시켜야 바야흐로 운치가 있다. 또 재가 건조해야 불이 잘 붙는데, 이것을 '활회(活灰)'라고 한다. 격화는 깨진 솥단지 쪼가리가 제일이며, 정요자기의 쪼가리가 그 다음이고, 옥 쪼가리가 또 그 다음이며, 금과 은은 사용할 수 없다. 동전의 크기와 같은 화완포(火浣布)[63]에 은으로 사방을 두른 것을 사용하면 더욱 오묘하다.

三. 隔火

爐中不可斷火, 即不焚香, 使其長溫, 方有意趣, 且灰燥易燃, 謂之活灰. 隔火砂片[64]第一, 定片[65]次之, 玉片[66]又次之, 金銀不可用. 以火浣布如錢大者, 銀鑲四圍, 供用尤妙.

隔火, 尤難得.)"라고 하였다.【原註】
63) 화완포(火浣布): 불에 닿아도 타지 않는 천으로 학설이 다양하다.
　　『운석재필담(韻石齋筆談)』에 실린 내용에 따르면 "화완포는 오늘날의 석면포이다.(火浣布卽今石棉布.)"라고 하였다.
　　『격고요론』에서 "화완포는 서역 남부의 화산(火山)에서 산출되며, 화서(火鼠)의 털로 짠 것에 만약 때가 묻으면 불에 넣어 태우며, 바로 깨끗하게 된다.(火浣布出西域南炎山, 用火鼠毛織者, 如染汚垢膩, 入火燒之則潔白.)"라고 하였다.【原註】
　　* 화완포(火浣布): 석면으로 만들어 불에 타지 않는 천. 중국에서는 선진시기 『산해경(山海經)』과 『열자(列子)』등에서부터 화완포에 관한 기록이 나타난다.【역주】
　　* 운석재필담(韻石齋筆談): 2권. 명말청초의 장서가 강소서(姜紹書, ?-1680)의 저서. 자신이 보았던 고대 기물과 서와 및 기이한 물건에 대하여 기록하였다.【역주】
　　* 화서(火鼠): 전설에 나오는 화산(火山) 속에 산다는 기이한 쥐.【역주】
64) 砂片(사편): 격화에 사용하는 물건. 『향보(香譜)』에서 "경성에서는 불을 피워 사용하다가 깨진 도자기 솥의 바닥을 가져다 쪼가리로 갈아서 두께는 반 푼 정도로 하여, 향을 태울 때 격화(隔火)로 사용하면 절묘하다.(京師燒破砂鍋底, 用以磨片, 厚半分, 隔火焚香, 妙絶.)"라고 하였다.【原註】
65) 定片(정편): 정요 도자기 쪼가리로, 격화의 용도로 사용한다.【原註】
66) 玉片(옥편): 옥을 갈아 얇은 조각으로 만들어 격화의 용도로 사용한다.【原註】

4. 부손·부젓가락(匙筯)[67]

수저는 순동으로 만든 것이 좋으며, 운간(雲間)의 호문명(胡文明)[68]이 만든 것과 남경의 백동(白銅)으로 만든 것도 사용할 수 있다. 하지만, 금은으로 만든 것과 길고 크며 문양을 장식한 여러 양식을 사용하는 것은 피해야 한다.

四. 匙筯

匙筯紫銅[69]者佳,　雲間胡文明及南都[70]白銅者亦可用,　忌用金銀及長大塡花[71]諸式.

5. 저병(筯瓶)[72]

저병(筯瓶)은 관요·가요·정요의 것이 비록 아름답지만 날마다 사

---

67) 匙筯(시저): 筯(저)는 箸(저)와 같으며, '쾌(筷)'라고 속칭한다. 『고반여사』와 『향전』에서 "운간의 호문명이 제조한 것이 좋으며, 남도(南都, 지금의 남경)에서 백동(白銅)으로 만든 것도 통용되지만, 금과 옥으로 만든 것은 통용되지 못하는 듯하다.(雲間胡文明制者佳, 南都白銅者亦通用, 金玉者似不通用.)"라고 하였다.【原註】
   * 匙筯(시저): 숟가락과 젓가락. 여기서는 식사용이 아니라 향을 피우거나 화로에 사용하는 부손과 부젓가락을 가리킨다.【역주】
68) 호문명(胡文明): 본권 향로의 역주 참고.【역주】
69) 紫銅(자동): 순동(純銅). 색이 자홍색이므로 '자동'이라 하였다.【역주】
70) 南都(남도): 생각건대, 역사상의 남도가 가리키는 지역은 하나가 아니며, 명대의 남도는 모두 오늘날의 남경을 가리킨다.【原註】
71) 塡花(전화): 문양을 장식하다.【역주】
72) 저병(筯瓶): 저(筯)는 저(箸)와 같으며 '쾌(筷)'라고 속칭하는데, 본래 식기이지만, 여기서는 향로의 불을 헤집는 동제 젓가락(부젓가락)을 가리킨다. 부젓가락을 담는 병을 '저병(筯瓶)'이라 한다.
   『향전』에서 "소주지역에서 근래에 제작한 목이 짧고 입구가 작은 것은 부젓가락을 꼽으면 하부가 무거워 넘어지지 않으며, 오래된 청동기도 좋다. 가요와 정요의

용하기에는 적당치 않다. 소주에서 근래에 제작한 목이 짧고 입구가 작은 것은 부젓가락을 꼽으면 하부가 무거워 넘어지지 않으며, 동으로 만든 것은 높은 품격에 들어가지 못한다.

五. 筯瓶

筯瓶官哥定窯者雖佳, 不宜日用. 吳中[73]近制短頸細孔者, 揷筯下重不仆, 銅者不入品.

6. 수로(袖鑪)[74]

옷에 향기를 스미게 하고 손을 따스하게 하는데 수로(袖鑪)는 절대 없어서는 안 되고, 일본에서 제작하고 뚜껑에 투각으로 조각한 칠고훈로(漆鼓薰爐)[75]가 상등품이다. 새로 제작한 사각형이면서 모서리가 둥근 가볍고 무거운 두 가지 양식은 모두 저속한 제품이다.

六. 袖鑪

熏衣炙手, 袖鑪最不可少, 以倭製[76]漏空罩蓋漆鼓爲上. 新製輕重方圓二式,

것은 날마다 사용하기에는 마땅하지 않다.(吳中近制短頸細孔者, 揷筯下重不仆, 古銅亦可. 哥定窯者, 不宜日用.)"라고 하였다.【原註】
73) 吳中(오중): 지금의 강소성 소주의 옛 명칭.【역주】
74) 수로(袖鑪): 소매 속에 넣을 수 있는 향로.
  『향전』에서 "서재에서 옷에 향기를 스미게 하고 손을 따스하게 하며, 손님과 마주하여 한담하는 기물 가운데, 왜인이 만든 구멍이 뚫린 뚜껑이 있으면서 칠이 오래된 것은 청상(淸賞, 우아한 감상용 기물)이라 할 수 있다. 새로 제작한 기물로 뚜껑이 있으며 몸통의 모서리가 둥그스름한 향로도 좋다.(書齋中熏衣炙手, 對客常談之具, 如倭人所制漏孔罩蓋漆古, 可稱淸賞. 新制有罩蓋方圓爐亦可.)"라고 하였다.【原註】
75) 칠고훈로(漆鼓薰爐): 북처럼 몸통이 볼록한 모양에 옻칠한 일본에서 제작한 훈로. 【역주】

俱俗製也.

7. 수로(手鑪)[77]

수로는 고대의 청록색 녹이 슨 청동 대야와 보궤(簠簋)[78] 등으로 제
작한다. 선덕시기에 동으로 제작한 동물의 머리모양 장식이 붙어 있고
다리가 세 개이며 북처럼 둥근 화로도 사용할 수 있지만, 오직 황색의
백동(白銅)으로 만든 것 그리고 자단목과 화리목(花梨木) 등의 받침대
는 사용할 수 없다. 각로(脚鑪)[79]는 옛날에 주조하여 연꽃잎이 엎어지
거나 위를 향한 무늬의 받침대에 세밀한 동전무늬로 장식된 것이 있고
모양이 상자와 같은 것이 있는데, 가장 우아하다. 피로(被鑪)[80]에는 향

---

76) 倭制(왜제): 일본 제품.【原註】
77) 수로(手鑪): 손을 따스하게 하는 데 사용하는 화로.【原註】
 * 수로(手鑪): 수로(手爐). 손 위에 올려놓거나 소매 속에 넣을 수가 있도록 작아
'봉로(捧爐)'라고도 하며, 숯을 넣으므로 '화롱(火籠)'이라고도 한다. 뚜껑에 각종
문양을 투각하여 운치를 더하며, 몸통에는 상서로운 의미의 도안을 많이 넣는
다. 명청시기에 널리 유행했으며, 현재 많이 전해지는 청대의 수로는 위에서
들도록 손잡이가 붙어있다.【역주】
78) 보궤(簠簋): 모두 제기이다. 고대의 이기(彝器, 예기의 통칭) 가운데 보궤(簠簋)의
종류로서 도록에 수록된 것이 매우 많으며, 형태와 양식이 여러 가지이고, 궤(簋)
는 대부분 사각형이지만 둥근 것도 있다.【原註】
 * 보궤(簠簋): 보(簠)는 고대 제사와 연회에서 각종 밥을 담는 그릇으로, 기본 형태
는 직사각형에 뚜껑과 몸통의 형태가 동일하여 각각 하나의 그릇으로 사용할
수 있다. 서주초기에 시작하여 전국말기까지 주로 사용되었다. 궤(簋)는 익힌
음식을 담는 그릇으로 주둥이는 원형이고 양쪽에 손잡이용 귀가 달려 있다. 상
나라에서 시작하여 전국시대까지 제작되었다.【역주】
79) 각로(脚鑪): 발을 따스하게 하는 데 사용하는 화로. 대체로 납작하고 둥근 형태에
손잡이가 있으며, 발을 뚜껑 위에 올려놓아 따스하게 하는 화로이다. 수로(手鑪)
는 기벽이 얇고 크기가 작아 손으로 들거나 소매 속에 넣어 따스하게 한다. 각로는
기벽이 두껍고 크기가 수로보다 커서 발을 그 위에 올려놓을 수가 있다.【역주】
80) 피로(被鑪): 와욕로(臥褥鑪)이다. 『고반여사』에서 "와욕로는 동으로 만들며, 문양

구(香毬)⁸¹⁾ 등의 양식이 있으나 모두 저속하므로 결국에는 폐기하여 사용하지 않는다.

七. 手鑪

手鑪以古銅靑綠大盆及簋篋之屬爲之, 宣銅⁸²⁾獸頭三脚皷鑪亦可用, 惟不可用黃白銅及紫檀花梨等架. 脚鑪舊鑄, 有俯仰蓮坐細錢紋者, 有形如匣者, 最雅. 被鑪有香毬等式, 俱俗, 竟廢不用.

8. 향통(香筒)⁸³⁾

향통으로 오래된 것에 이문보(李文甫)⁸⁴⁾가 제작한 것이 있는데, 그의

은 투각하고, 둥근 기계장치가 사방으로 움직이지만 화로의 몸체는 항상 평형을 유지하여 이불에 놓을 수가 있다.(臥褥鑪以銅爲之, 花紋透漏, 機環能運四周, 而鑪體常平, 可置之被褥.)"라고 하였다.【原註】

　　* 피로(被鑪): 즉 향구(香毬). 아래 '향구(香毬)'의 역주 참고.【역주】

81) 향구(香毬): 한대부터 제작되었다고 하나 현재 한대의 실물은 전하지 않으며, 당대에는 귀족들 사이에서 널리 유행하였다. '훈구(熏球)'나 '향훈구(香熏球)'나 '와욕향로(臥褥香爐)'나 '피중향로(被中香爐)'라고도 한다. 둥근 공과 같은 모양의 겉틀 내부에 회전하는 축을 가지고 무게중심이 바닥에 있는 작은 원형의 그릇을 설치한 것으로, 겉이 이리저리 움직여도 내부의 원형 그릇은 평형을 유지하여 내용물이 쏟아지지 않는다.【역주】

82) 宣銅(선동): 명나라 선덕시기에 제작한 청동기.【原註】

83) 향통(香筒): 향을 꽂는 통.【原註】

　　* 향통(香筒): 향을 넣는 통. 원통형의 몸통에 뚜껑이 있는 양식으로, 몸통에 투각을 하여 안에 담은 향료의 향기가 새어나오도록 하여 지금의 방향제와 유사한 역할을 하였다. 황양목으로 만든 기물이 많다.【역주】

84) 이문보(李文甫): 『죽개총초(竹個叢鈔)』에서 "이문보는 이름이 요(耀)이고 금릉(金陵, 지금의 남경) 사람이며, 부챗살을 잘 조각했는데, 그가 세밀하게 조각한 화초는 모두 영롱하고 운치가 있었으며, 또 상아 도장을 새길 수가 있어, 항상 문삼교(文三橋)를 위해 인장을 새겼다.(李文甫, 名耀, 金陵人, 善雕扇骨, 其小鐫花草, 皆玲瓏有致, 亦能刻牙章, 常爲文三橋捉刀.)"라고 하였다.【原註】

기물에는 화조와 대나무 및 바위를 새겼으며 대개 예스럽고 간결한 것을 귀하에 여긴다. 만약 너무 지분기(脂粉氣)[85]에 관련되거나 옛 이야기와 인물을 새기면 바로 저속한 품격이라 하고, 역시 품에 간직할 필요가 없다.

八. 香筒

香筒舊者有李文甫所製, 中雕花鳥竹石, 略以古簡[86]爲貴. 若太涉脂粉[87], 或雕鏤故事人物, 便稱俗品, 亦不必置懷袖間.

9. 필격(筆格)[88]

필격이 비록 옛 양식이지만, 이미 연산(研山)[89]을 사용하고 있으며

---

* 죽개총초(竹個叢鈔): 어떤 책인지 알 수가 없다.【역주】
* 문삼교(文三橋): 명나라 화가 문팽(文彭, 1498-1573). 삼교(三橋)는 문팽의 호.【역주】
85) 지분기(脂粉氣): 연지와 향기로운 분을 칠한 듯한 느낌. 억지로 조작한 풍격.【역주】
86) 古簡(고간): '고아하고 간결하다'의 의미.【原註】
87) 脂粉(지분): 의미는 '정교하고 화려하여 여인이 사용하는 것에 가깝다'는 것이다.【原註】
88) 필격(筆格): 필가(筆架)이다. 『양공담원(楊公談苑)』에서 "송나라 전사공(錢思公)에게 산호로 만든 필가가 있다.(宋錢思公有珊瑚筆格)"라고 하였다. 『서사(書史)』에서 "설소팽(薛紹彭, 북송 서예가)의 시 「붓과 벼루 사이의 사물을 논하여(論筆硯間物)」에서 '필가는 백옥이어야 하고, 먹을 가는 것은 옛날의 먹이어야 하네.'라고 하였다.(薛紹彭論筆硯間物云, 格筆須白玉, 硏磨須墨古.)"라고 하였다.【原註】
* 필가(筆架): 붓을 걸쳐 놓는 문방구. 재질은 도자기 · 금속 · 목기 · 상아 · 옥 · 돌 등이 있으며, 형태는 세 개나 다섯 개의 산봉우리 모양이 가장 많고, 붓을 걸쳐 놓을 수 있도록 다른 여러 가지 형태로도 만들어진다. 송대부터 유행하여 명청 시기에는 각종 재질의 다양한 제품이 만들어졌다.【역주】
* 양공담원(楊公談苑): 15권. 『양문공담원(楊文公談苑)』· 『담수(談藪)』· 『남양담수(南陽談藪)』라고도 한다. 송나라의 학자 양억(楊億, 974-1020)이 다른 사람

영벽석(靈壁石)[90]과 영석(英石)[91]으로 이어진 산봉우리가 이리저리 솟아나 다듬은 흔적이 없는 것으로 만들면 이러한 양식은 폐기해도 된다. 오래된 옥 가운데 산의 모양을 가진 것으로 어미와 새끼고양이가 장식된 옛날 옥이 있는데, 길이는 예닐곱 치(약 18-21cm)로 백옥으로 어미고양이를 조각하고 나머지 부분은 하자가 있는 옥이나 순수한 황색·순수한 흑색·대모 등의 종류를 선택하여 새끼고양이를 조각한 것이다. 고대 청동기에 두 마리 이룡(螭龍)이 뒤엉킨 모양에 금을 칠한 필가가 있으며, 열두 봉우리를 필가로 한 것이 있고, 꿈틀거리는 한 마리 이룡을 필가로 한 것이 있다. 도자기에는 백색의 정요자기 가운데 세 봉우리 필가와 다섯 봉우리 필가 및 와화왜(臥花哇)[92]가 있는데, 모두 골동으로 간직하고 탁자와 벼루 사이에 둘 필요는 없다. 세상에는 늙은 나무의 뿌리와 가지가 여러 형상으로 구부러져서 간혹 용의 모양에 발톱과 이빨을 모두 갖춘 것이 있는데, 이것은 모두 가장 피해야 하며 사용할 수

과 담화한 내용을 문인 황감이 기록한 필기이며, 현재는 산일되었다.【역주】

* 전사공(錢思公): 북송의 대신이자 문학가인 전유연(錢惟演, 962-1034). 시호가 사(思)이므로 '전사공'이라고도 한다.【역주】

89) 연산(研山): '연산(硯山)'이라고도 한다. 산 모양의 돌을 이용하여 벼루를 만들어, 벼루의 한 부분이 산 모양으로 울퉁불퉁하여 붓을 걸쳐 놓을 수 있도록 된 형태의 벼루. 남당 이욱에게 연산이 있었다고 한다.【역주】

90) 영벽석(靈壁石): 권3 『수석(水石)』「영벽(靈壁)」의 원주 참고.【역주】

91) 영석(英石): 권3 『수석(水石)』「영석(英石)」의 원주 참고.【역주】

92) 와화왜(臥花哇): 『준생팔전』에서 "또 정요 백자의 와화왜왜(臥花哇哇)는 반짝이고 희며 정교하다.(又白定臥花哇哇, 瑩白精巧.)"라고 하였다. 왜왜(哇哇)는 본래 어린애의 말소리로 풀이하며, 왜(娃)와 통한다. 『도설(陶說)』에서는 '와화왜(臥花娃)'라 하였다.【原註】

* 와화왜(臥花哇): 본문에서는 정요에서 만든 어린이가 누워있는 모양의 백자필가로 사용되었지만, 현재까지 전해오는 기물에는 알려진 정요 필가가 없다. 정요 백자 가운데 어린이가 누워있는 모양의 베개가 있으며, 북송 정요백자영아침(定窯白瓷嬰兒枕)은 현재 대만 고궁박물원에 소장되어 있다.【역주】

* 도설(陶說): 6권. 청 건륭시기의 학자 주염(朱琰, ?-?)이 명청시기 대표적인 관요자기와 제조법을 서술한 도자 전문서적.【역주】

없다.

九. 筆格

筆格雖爲古製, 然既用研山, 如靈壁英石, 峰巒起伏, 不露斧鑿者爲之, 此式可廢. 古玉有山形者, 有舊玉子母貓[93], 長六七寸, 白玉爲母, 餘取玉玷或純黃純黑玳瑁之類爲子者. 古銅有鏒金雙螭挽格[94], 有十二峯爲格, 有單螭[95]起伏爲格. 窯器有白定[96]三山[97]五山[98]及臥花哇者, 俱藏以供玩, 不必置几研間. 俗子有以老樹根枝, 蟠曲萬狀, 或爲龍形, 爪牙俱備者, 此俱最忌, 不可用.

10. 필상(筆牀)[99]

필상의 양식은 세상에 많이 보이지 않으며, 고대의 금도금한 것이 있

93) 子母貓(자모묘): 큰 고양이와 작은 고양이. 『준생팔전 · 연한청상전(燕閑淸賞箋)』에서 "오래된 옥으로 만든 새끼와 어미 고양이로 장식된 필가는 길이가 일곱 치로서, 어미가 가로로 누워 받침대가 되고, 새끼 고양이가 꿈틀거리는 모양이 붓 걸침대가 되었는데, 정말로 기이한 물건이다.(舊玉子母六貓, 長七寸, 以母橫臥爲座, 以子貓起伏爲格, 眞奇物也.)"라고 하였다.【原註】

94) 鏒金雙螭挽格(삼금쌍리만격): 이(螭)는 『설문해자』에서 "용과 같으면서 황색으로, 북방에서는 지루(地螻)라고 하며, 또는 뿔이 없는 것을 이룡(螭龍)이라 한다.(若龍而黃, 北方謂之地螻, 或無角曰螭.)"라고 하였다. 옛사람이 조각을 하면서 이룡의 모양을 많이 모방하여 장식을 했는데, '이수(螭首)'와 '반리(蟠螭)'의 종류와 같은 것이 있다. 쌍리(雙螭)는 두 마리 이룡을 가리킨다. '쌍리만격(雙螭挽格)'은 두 마리 이룡이 뒤엉켜 붓이 걸쳐지는 부위를 구성한다는 의미이다. 삼금(鏒金)은 권10 「불실(佛室)」의 원주 참고.【原註】
   * 삼금(鏒金): 금니(金泥)를 기물의 표면에 부착시켜 장식하는 기법.【역주】

95) 單螭(단리): 한 마리의 이룡(螭龍, 뿔이 없는 용).【原註】

96) 白定(백정): 백색의 정요자기. 권2 「분완(盆玩)」의 원주 참고.【原註】

97) 三山(삼산): 『준생팔전』에서 "내가 가요에서 만든 오산필가와 삼산필가를 보았는데, 양식이 예스럽고 색은 윤택하였다.(余見哥窯五山三山者, 制古色潤.)"라고 하였다. '세 개의 봉우리'라는 의미.【原註】

98) 五山(오산): '다섯 봉우리'라는 의미.【原註】

다. 길이는 예닐곱 치에 높이는 한 치 두 푼이고 폭은 두 치 정도로 그 위에 붓 네 자루를 뉘여 놓을 수 있으나, 형상이 시렁과 같아서 가장 보기에 좋지 않으며 구식이므로 폐기해야 한다.

十. 筆牀

筆牀之製, 世不多見, 有古鎏金者, 長六七寸, 高寸二分, 濶二寸餘, 上可臥筆四矢, 然形如一架, 最不美觀, 即舊式, 可廢也.

11. 필병(筆屛)100)

필병은 틀에 붓을 꼽는데 역시 우아하게 보이지 않으며, 송대 내부(內府)에서 제작한 사각형과 원형의 옥으로 장식한 병풍이 있고, 오래된 대리석으로 사방 1자가 못 되는 것이 있다. 안석과 탁자 사이에 두면 또 보기에 역겨우므로, 결국 이러한 양식은 폐기하는 게 좋다.

---

99) 필상(筆牀): 양나라 간문제(簡文帝, 재위 549-551)가 필상을 제작하였는데, 4개의 대롱으로 하나의 필상을 만들었다. 서릉(徐陵)의 「옥대신영서(玉臺新詠序)」에서 "유리로 만든 연갑(벼루 집)은 종일토록 몸에 지녔으며, 비취로 만든 필상은 손에서 떠날 때가 없었다.(琉璃硯匣, 終日隨身, 翡翠筆牀, 無時離手.)"라고 하였다. 『준생팔전』에서 "필상의 양식은 세상에 통행되는 것이 매우 적다.(筆牀之制, 行世甚少.)"라고 하였다.【原註】
    * 필상(筆牀): 침상처럼 평평하고 넓게 만들어 붓을 놓도록 되어 있는 문방구. 보통 둥글게 반원형의 골이 파여 있으며, 이 골진 곳에 붓을 놓는다.【역주】
100) 필병(筆屛): 붓을 꽂는 가구.【原註】
    * 필병(筆屛): 붓을 세척한 다음에 붓끝이 위로 향하도록 꽂아 놓을 수 있는 붓꽂이를 작은 병풍의 앞에 배치하여 하나로 결합시켜 만든 문방구의 일종으로 명대에 출현하였다. 붓꽂이가 없이 벼루의 뒤에 놓는 1폭짜리 작은 병풍은 '연병(硯屛)'이라 하며, 대리석이나 단계석을 조각하여 만들기도 한다.【역주】

十一. 筆屏

筆屏鑲以挿筆, 亦不雅觀, 有宋內製[101]方圓玉花版, 有大理舊石方不盈尺者,
置几案間, 亦爲可厭, 竟廢此式可也.

12. 필통(筆筒)[102]

필통은 상죽과 종려로 만든 것이 우수하며, 모죽(毛竹)[103]으로 만들
어 낡은 청동을 상감한 것이 우아하고, 자단목·오목·화리목으로 만든
것도 간혹 사용할 수 있으나 팔각형의 연꽃 양식은 피해야 한다. 도자기
로 만든 것에는 고대 정요 백자로 죽절모양의 것이 가장 귀중하지만,
큰 것을 구하기가 어렵다. 동청자(冬靑磁)[104]로 장식이 세밀한 것과 선
덕요에서 제작한 필통[105]은 모두 사용할 수 있다. 또 북과 같은 양식의
중간에 붓과 먹을 꽂는 구멍이 있는 것[106]은 비록 오래된 기물이지만

---

101) 宋內製(송내제): 송대 내부(內府)에서 제작한 것. 내부는 권4「수항(水缸)」의 원
　　 주 참고.【原註】
102) 필통(筆筒): 붓을 담아 놓은 통.【原註】
　　 * 필통(筆筒): 현대에 널리 사용하는 책상에 놓는 원통형의 필통은 명대 중후기에
　　　 창조되어 청대에 널리 유행하였으며, 초기에는 주로 대나무로 만들었다.【역주】
103) 毛竹(모죽): 권2「죽(竹)」의 원주 참고.【原註】
104) 동청자(冬靑磁): 북송시기 북방의 저명한 민요로서 수도인 변경(汴京, 지금의 하
　　 남성 개봉)의 동쪽에 있었던 동요(東窯)에서 만든 청자.【역주】
105) 동청자(冬靑磁)로 장식이 세밀한 것과 선덕요에서 제작한 필통: 현대의 원통형
　　 필통이 아니라, 키가 작은 원통형 기물의 윗부분이 막히고 여기에 사각형과 원형
　　 의 구멍이 뚫려 있으며, 이 부위에 먹과 붓을 꽂도록 만들어진 양식으로 '필묵삽
　　 (筆墨揷)'이라는 도자기물이 남송시기에 청자로 제작되었으며, 선덕시기가 아니
　　 라 선덕 관지의 명대 후기 기물이 현재 남아있다. 원통형의 도자 필통은 명대말
　　 기에 나타났다.【역주】
106) 북과 같은 양식의 중간에 붓과 먹을 꽂는 구멍이 있는 것: 필묵삽(筆墨揷)이라
　　 하며, 송대의 청자기물과 명대의 청화백자 기물이 전해내려 오고 있다. 보통 북
　　 모양으로 된 원통형 자기의 윗면에 원형과 사각형의 구멍을 4-5개 뚫어놓아, 이

또 그리 우아하게 보이지 않는다.

十二. 筆筒

筆筒湘竹柟欄107)者佳, 毛竹以古銅鑲者爲雅, 紫檀烏木花梨亦間可用, 忌八
稜菱花式. 陶者有古白定竹節者, 最貴, 然艱得大者. 冬青磁細花及宣窯者俱可
用, 又有鼓樣108)中有孔揷筆及墨者, 雖舊物, 亦不雅觀.

13. 필선(筆船)109)

필선은 자단목과 오목에 세밀하게 대나무 껍질을 상감한 것은 쓸 만
하지만, 상아와 옥으로 만든 것은 사용할 수 없다.

十三. 筆船

筆船紫檀烏木細鑲竹篾者可用, 惟不可以牙玉爲之.

구멍에 먹과 붓을 꽂는 형태이다.【역주】
107) 柟欄(병려): 즉 종려. 권1「해론(海論)」의 원주 참고.【原註】
108) 鼓樣(고양): 북과 비슷한 양식.【原註】
109) 필선(筆船): '필반(筆盤)'이라 속칭한다. 『준생팔전』에서 "자단과 오목에 세밀하게
    대껍질을 상감한 것은 매우 정교하다. 상아와 옥으로 만든 것도 훌륭하다. 이것은
    정사각형의 것과 병용하여 없어서는 안 되는 것이다.(有紫檀烏木細鑲竹篾者, 精
    甚. 有以牙玉爲之者, 亦佳. 此與直方竝用, 不可缺者.)"라고 하였다.【原註】
  * 필선(筆船): 사각형의 쟁반처럼 널찍한 그릇에 붓을 놓을 수 있는 둥근 홈을
    설치하여 붓을 뉘어 놓을 수 있도록 한 양식으로, 필상과 유사하며 조금 더
    큰 형태의 기물. 명대에는 뚜껑이 있는 도자기 제품으로 현대에 학생들이 사용
    하는 휴대용 필통과 유사한 형태도 제작되었다.【역주】

14. 필세(筆洗)110)

필세는 옥으로 만든 것에 발우세(鉢盂洗)111) · 장방세(長方洗)112) · 옥
환세(玉環洗)113)가 있다. 고대 청동기에는 금니를 칠한 작은 세가 있고
청록색의 작은 사발모양 세가 있으며 작은 솥 모양 · 작은 술잔 모양 ·
작은 이(匜)114)가 있는데, 이 다섯 가지는 원래 필세가 아니지만 오늘날
에 필세로 사용하며 가장 훌륭하다. 도자기로는 관요와 가요에 규화세
(葵花洗)115) · 경구세(磬口洗)116) · 사권하엽세(四卷荷葉洗)117) · 권구자
단세(卷口蔗段洗)118)가 있고, 용천요에는 쌍어세(雙魚洗) · 국화세(菊花
洗) · 백절세(百折洗)119)가 있으며, 정요에는 삼잡세(三箍洗)120) · 매화

---

110) 필세(筆洗): 붓을 씻는 그릇. 송대 관요와 가요에서 제작한 것이 가장 유명하며,
형식이 매우 다양하다.【原註】
  * 필세(筆洗): 붓을 씻는 그릇으로, 납작하고 북처럼 배가 불룩한 형태에 붓을
    씻으려고 휘저을 때 물이 튀어나가지 않도록 주둥이가 안으로 살짝 오므라든
    양식이 대부분이다. 명청시기에 도자기와 청동기로 많이 제작되었으며, 전해
    오는 기물도 많다.【역주】
111) 발우세(鉢盂洗): 주둥이가 오므라든 사발 모양의 필세. 가장 일반적인 형태이다.
【역주】
112) 장방세(長方洗): 직사각형의 필세.【역주】
113) 옥환세(玉環洗): 옥환 즉 옥고리는 얇은 도넛모양으로, 이러한 모양의 필세는 없
으며, 옥환 문양이 장식된 필세로 추정된다.【역주】
114) 이(匜): 여러 양식이 있으나 여기서는 한쪽에 손잡이가 있고 맞은편에 물을 따르
는 부리가 있는 소형 기물을 가리킨다. 원나라시기에는 손잡이는 없고, 현대 차
도구의 숙우(熟盂)처럼 한쪽에 부리가 있어서 물을 따를 수 있는 형태의 이(匜)가
청화자기로 제작되었다.【역주】
115) 규화세(葵花洗): 필세 외벽의 형태가 꽃잎처럼 만들어진 필세.【역주】
116) 경구세(磬口洗): 청 건륭연간에 편찬되었으며, 페이지의 윗부분에는 고대 기물의
모습을 그리고 아랫부분에 해설문이 있는 도록인 『연식유광(埏埴流光)』에 여요
경구세(汝窯磬口洗)가 실려 있는데, 외벽은 수직이며 굽으로 가면서 둥그스름하
게 수렴하는 형태의 원형 완이다.【역주】
117) 사권하엽세(四卷荷葉洗): 연잎 네 개를 사방에서 오므려 완의 형태로 만들어진
필세.【역주】
118) 권구자단세(卷口蔗段洗): 주둥이가 오므라든 형태의 자단세(蔗段洗).【역주】

세(梅花洗)·방지세(方池洗)121)가 있다. 또 선덕요에는 어조세(魚藻洗)122)·규판세(葵瓣洗)123)·경구세(磬口洗)·고양세(鼓樣洗)124)가 있는데, 모두 쓸 만하다. 테를 두른 것·청색과 백색이 서로 뒤섞인 여러 양식을 피해야 하며, 또 중앙의 잔을 필세를 삼고 가장자리의 쟁반 부위를 필첨(筆覘)125)으로 삼은 것이 있으나, 이것은 사용할 수 없다.

十四. 筆洗

筆洗, 玉者有鉢盂洗長方洗玉環洗. 古銅者有古鐏金小洗, 有靑綠小盂, 有小釜小巵小匜126), 此五物原非筆洗, 今用作洗, 最佳. 陶者有官哥葵花洗磬口洗四卷荷葉洗卷口蕉段洗, 龍泉127)有雙魚洗菊花洗百折洗, 定窯128)有三箍洗梅花洗

---

119) 백절세(百折洗): 필세의 외면에 세로로 주름이 접힌 것과 같은 무늬가 많이 있는 필세.【역주】
120) 삼잡세(三箍洗): 몸통을 한 바퀴 둘러 세 개의 줄무늬가 있는 필세.【역주】
121) 방지세(方池洗): 사각형 연못 모양의 필세.【역주】
122) 어조세(魚藻洗): 물고기와 수초 문양이 장식된 필세. 청화자기나 오채자기 등에 이러한 문양이 많이 사용되었다.【역주】
123) 규판세(葵瓣洗): 필세의 모양이 접시꽃이 활짝 핀 모양과 비슷한 모양의 필세.【역주】
124) 고양세(鼓樣洗): 몸통이 불룩한 북 모양의 필세.【역주】
125) 필첨(筆覘): 본권에서 바로 다음 조목인「필첨(筆覘)」의 원주 참고.【原註】
126) 小金小巵小匜(소부소치소이):『시경·소남·채평(詩經·召南·采萍)』에서 "세발솥과 가마솥에서(維錡及釜)"라 하였으며,『모형전(毛亨傳)』에서 "다리가 있는 것을 '기(錡, 세발솥)'라 하고, 다리가 없는 것을 '부(釜, 가마솥)'라 한다.(有足曰錡, 無足曰釜.)"라고 하였다. 또 '과(鍋)'라고 속칭하며, 또 고대의 양을 측정하는 기물이다. '소부(小釜)'는 바로 작은 솥이다.
치(巵)는 치(卮)의 속자로 고대의 술잔이다.『예기·내칙(內則)』에서 "돈(敦)·모(牟)·치(卮)·이(匜)(敦牟卮匜)"라 하였다.
이(匜)도 술그릇이며, 손잡이에 관(管)이 있어 물과 술을 주입할 수 있다.【原註】
   * 모형전(毛亨傳): 30권. 『모시훈고전(毛詩古訓傳)』이나 『모전(毛傳)』이라고도 한다. 서한의 『시경』연구자 모형(毛亨, ?-?)이 『시경』을 해설한 저서.【역주】
   * 돈(敦), 모(牟): 청동기의 일종으로 기장과 피를 담는 용기.【역주】
127) 龍泉(용천): 용천요(龍泉窯). 권2「난(蘭)」의 원주 참고.【原註】
128) 定窯(정요): 권2「분완(盆玩)」의 원주 참고.【原註】

方池洗, 宣窯129)有魚藻洗葵瓣洗磬口洗鼓樣洗, 俱可用. 忌縧環130)及靑白相間
諸式, 又有中盞作洗, 邊盤作筆覘者, 此不可用.

15. 필첨(筆覘)131)

정요와 용천요에서 만든 작고 얇은 접시는 모두 훌륭하다. 수정과 유
리로 만든 여러 양식은 모두 우아하지 못하고, 옥을 이파리모양으로 조
각하여 필첨으로 삼은 것은 특히 저속하다.

十五. 筆覘

定窯龍泉小淺碟俱佳, 水晶琉璃諸式, 俱不雅, 有玉碾片葉爲之者, 尤俗.

16. 수중승(水中丞)132)

수중승은 동의 성질을 진하게 품고 있어 담아 놓은 물이 오래되면

---

129) 宣窯(선요): 권3「토마노(土瑪瑙)」의 원주 참고.【原註】
130) 縧環(조환): 縧(조)는 條(조)와 같다. 실을 짜서 끈처럼 한 것을 '조(縧)'라고 한다.
　　테를 한 바퀴 두른 것을 '조환(縧環)'이라 한다. 권6「올(杌)」의 원주 참고.
131) 필첨(筆覘): 붓을 시험해 보는 접시이다. 『준생팔전』에서 "필첨은 옥을 이파리모
　　양으로 조각하여 필첨으로 삼은 것이 있으며, 옛날에는 수정으로 만든 얇은 접시
　　가 있었는데, 역시 필첨으로 할 수 있다. 정요에 납작하고 평평한 작은 접시가
　　가장 많으며, 필첨의 용도로 하기에 적당하고, 특히 기이한 것이 있다.(筆覘, 有
　　以玉碾片葉爲之者, 古有水晶淺碟, 亦可爲此. 惟定窯最多區坦小碟, 宜作此用, 更
　　有奇者.)"라고 하였다.【原註】
　　* 필첨(筆覘): '필첨(筆掭)'이라고도 한다. 먹물을 찍어 붓을 가지런히 고를 때에
　　　사용하는 납작한 접시 모양의 문방구이다. 명청시기에는 옥이나 도자기로 만
　　　든 조형이 기이한 기물이 유행하였다.【역주】
132) 수중승(水中丞): 수우(水盂)이며, '수승(水丞)'이라고도 하는데, 부리('주둥이'라고

독성이 생겨 붓이 쉽게 상하므로 반드시 도자기로 만든 것이 좋다. 고대 청동기가 흙에 묻혀 세월이 오래되면 도자기와 성질이 같아지지만, 오직 선덕시기의 동제품은 절대 사용해서는 안 된다. 옥으로 만든 것 가운데 원구옹(元口甕, 입구가 둥근 단지)이 있어 기물 복부의 크기가 겨우 주먹만 한데, 옛사람들은 어떤 용도인지를 알지 못하였지만, 오늘날 물을 담으면 가장 훌륭하다. 고대 청동기 가운데 소형 준뢰(尊罍)133)와 소형 시루의 종류는 모두 사용할 수 있다. 도자기로 된 것에는 관요와 가요에서 만든 입구가 작은 사발과 같은 여러 양식이 있다. 근래 육자강(陸子岡)134)이 제작한 비단 무늬 바탕에 짐승의 얼굴이 장식되어 있어

속칭)가 없는 것이 수주(水注)와 다른 점이다. 여의족수승(如意足水丞)은 진(晋)나라와 당나라의 기물이다. 『고옥도보(古玉圖譜)』참고.【原註】
* 수우(水盂): 먹을 갈기 위하여 벼루에 따르는 물을 담아두는 용도로, 작은 단지와 비슷한 모양이며, 부리가 없으므로 작은 수저를 이용하여 물을 떠낸다. 경우에 따라 사용한 붓을 세척하는 필세로도 사용되었다. 중국에서는 명청시기에 널리 유행하였으며, 조선시대의 기물에도 수우가 있다.【역주】
* 여의족수승(如意足水丞): 보통 세 개의 다리가 있으며, 이 다리를 여의(如意, 영지버섯)의 모양으로 만든 수승.【역주】
* 고옥도보(古玉圖譜): 100권. 송나라 관리 용대연(龍大淵, ?-1168)이 저술한 옥기에 관한 전문 저서. 남송 고종시기(高宗時期, 1127-1163)에 황궁에 소장된 옥기를 기록하고, 옥기의 모양을 그려 표현하였다.【역주】
133) 小尊罍(소준뢰): 준(尊)은 고대의 술그릇으로, 현재는 '준(樽)'이라 한다. 뢰(罍)는 술 단지로 구름과 번개의 문양을 새겼으므로 '뢰(罍)'라 한다.
『시경·주남·권이(詩經·周南·卷耳)』에서 "나는 잠시 저 황금 술 단지의 술을 가득 따라서(我姑酌彼金罍)"라고 하였다.
『이아·석기(釋器)』에서 "이(彝, 술항아리)와 유(卣, 술통)와 뢰(罍, 술 단지)는 그릇이다.(彝卣罍, 器也.)"라고 하였으며, 곽박(郭璞)의 소(疏)에서 "모두 술을 담는 준(尊, 술통)이다. 뢰(罍)는 작은 준(尊)이다.(皆盛酒尊. 罍, 小尊也.)"라고 하였다.【原註】
134) 육자강(陸子岡, ?-?): 명대 말기 소주(蘇州)의 세공 명장. 건륭시기의 『소주부지』에서 "육자강은 옥 조각의 명인으로, 수선잠(수선화 모양의 옥비녀)을 만들었는데, 영롱하고 기이하여, 꽃대가 터럭처럼 가늘었다.(陸子岡, 碾玉名手, 造水仙簪, 玲瓏奇巧, 花莖細如毫髮.)"라고 하였다.
서위(徐渭)의 「수선옥잠을 읊어(詠水仙玉簪)」시에서 "약간은 정을 머금은 듯한

고대의 준뢰(尊罍)와 같은 것은 비록 훌륭한 기물이지만 높은 품격에는 들어가지 못한다.

十六. 水中丞

水中丞銅性猛貯, 水久則有毒, 易脆筆, 故必以陶者爲佳. 古銅入土歲久, 與窯器同, 惟宣銅135)則斷不可用. 玉者有元口瓮, 腹大僅如拳, 古人不知何用, 今以盛水, 最佳. 古銅者有小尊罍小甌之屬, 俱可用. 陶者有官哥瓮肚小口鉢盂諸式. 近有陸子岡所製獸面錦地, 與古尊罍同者, 雖佳器, 然不入品.

17. 수주(水注)136)

수주로서, 고대 청동기와 옥 제품에 벽사(辟邪)137)·두꺼비·천계(天

진묘상(진묘상(陳妙常), 전혀 인간의 맛이 없는 두란향(杜蘭香). 곤오(昆吾)의 날이 다 닳아도 끝내 비슷하게 만들기 어려워, 소주의 육자강을 시름에 잠기게 하네.(略有風情陳妙常, 絶無煙火杜蘭香. 昆吾鋒盡終難似, 愁殺蘇州陸子岡.)"라고 하였다.【原註】
  * 서위(徐渭, 1521-1593): 명대 중기의 문학가이자 서화가이며 극작가.【역주】
  * 진묘상(陳妙常, ?-?): 남송시기 임강[臨江, 지금의 강서성 청강현(淸江縣)] 여정암(女貞庵)의 여승으로, 매우 아름다웠고 금기서화에 뛰어났었다고 한다.【역주】
  * 두란향(杜蘭香): 한나라 시절에 존재했다는 선녀.【역주】
  * 곤오(昆吾): 주나라 시기 명검의 이름으로, 옥을 진흙처럼 베었다고 한다.【역주】
135) 宣銅(선동): 명나라 선덕연간에 제작한 청동기. 본권 「수로(手爐)」의 원주 참고.
  【原註】
136) 수주(水注): '수우(水盂)'라고 속칭하기도 하며, 벼루에 물을 따라 먹을 가는 것을 보조하는 데 사용하고, '주둥이(嘴)'라고 속칭하는 부리가 있으며, 수중승(水中丞)과 다른 점이 여기에 있다. 고대에는 술 주전자를 '주자(注子, 주전자)'라 하였으며, '수주'라는 명칭은 여기에 바탕을 두었다. 와과수주(臥瓜水注, 참외가 옆으로 누운 모양의 수주)는 바로 한대의 기물이다. 『고옥도보』에 보인다.【原註】
  * 수주(水注): 벼루에 물을 따르는 부리나 입구가 있는 문방용구, 즉 연적(硯滴)을 가리킨다. 중국 고대의 도자기와 청동제품에는 본문에 나오는 여러 모양 이외에도, 매우 다양한 형태의 기물이 명청시기에 특히 많이 제작되었다.【역주】

鷄)138) · 천록(天鹿)139) 반 토막의 노자표(鸕鷀杓)140) · 금니를 칠해 기

137) 벽사(辟邪): 동물의 이름으로, 고대인은 대부분 벽사의 형상을 조각하여 장식물로 삼았다. 『한서 · 서역전(西域傳)』에서 "오익국(烏弋國)에는 도발(桃拔) · 사자 · 코뿔소가 있다.(烏弋國有桃拔獅子犀牛.)"라고 하였으며, 맹강(孟康)은 "도발은 일명 부발(符拔)이며, 사슴과 같이 꼬리가 긴데, 뿔이 두 개인 것이 아마 벽사일 것이다.(桃拔一名符拔, 似鹿長尾, 兩角者或爲辟邪.)"라고 하였다.【原註】
   * 벽사(辟邪): 사자와 비슷한 모양에 날개가 있으며, 뿔이 두 개인 전설의 신령한 동물로, 사기를 물리친다고 간주하여 고대에 직물 · 군대의 깃발 · 대구 · 인장의 뉴 등에 장식으로 사용되었다. 남북조시기의 무덤 앞에는 석상으로 만들어 세웠다.【역주】
   * 오익국(烏弋國): 오익산리국(烏弋山離國). 영문은 Alexandria Prophthasia로, 이란 고원의 동부에 기원전 2세기-기원후 1세기에 존재했던 나라.【역주】
   * 맹강(孟康, ?-?): 삼국시대 위나라의 관리로 『한서』를 해석한 『한서음의(漢書音義)』와 『노자주(老子注)』등을 저술하였다.【역주】
138) 천계(天鷄): 권1「문(門)」의 원주 참고. 『금옥쇄쇄(金玉瑣碎)』에서 "천계호는 『고옥도보』에서 말한 격(鬲)이다. 몸통은 둥글고 다리는 오리의 발과 비슷하며, 부리와 꼬리가 모두 새의 형상이므로, 이렇게 이름 붙였다.(天鷄壺圖譜所謂鬲者是也. 其身似圓, 其足似鴨脚, 嘴尾皆鳥形, 故名.)"라고 하였다.【原註】
   * 금옥쇄쇄(金玉瑣碎): 1권. 청나라 희곡작가 사곤(謝堃, 1784-1844)의 저서로, 수공제품과 수석 및 완상용 기물에 대하여 기록하였다.【역주】
   * 천계호(天鷄壺): 부리를 닭의 머리 모양으로 하고 손잡이 부분이 꼬리 모양을 한 주전자로, '계수호(鷄首壺)'라고도 하며, 위진남북조시기에 월요[越窯, 지금의 절강성 자계시(慈溪市) 상림호(上林湖)에 있으며, 청자가 유명한 요지]에서 만든 청자계수호가 매우 유명하다. 여기서는 이러한 형태로 만들어 연적으로 사용할만한 도자기를 가리킨다.【역주】
139) 천록(天鹿): 동물의 이름으로 '천록(天祿)'이라고도 한다. 『한서 · 서역전』의 주(注)에서 "부발은 사슴과 비슷하지만 꼬리가 길며, 뿔이 하나인 것은 아마 천록일 것이다.(符拔似鹿長尾, 一角者, 或爲天鹿者.)"라고 하였다.【原註】
   * 천록(天鹿): 상상의 동물로, 사슴과 비슷하면서 이마의 중앙에서 뒤로 비스듬히 기울어진 뿔이 하나 있는 상서로운 동물. 뿔이 두 개이면 '벽사'라고 한다.【역주】
140) 노자표(鸕鷀杓): 노자표(鸕鷀杓)는 술그릇이다. 이백의 시 「양양가(襄陽歌)」에서 "가마우지 모양의 국자, 앵무 모양의 술잔. 백년은 삼만 육천일이니, 하루에 삼백잔을 기울여야 하리.(鸕鷀杓, 鸚鵡杯. 百年三萬六千日, 一日須傾三百杯.)"라고 하였다. 노자(鸕鷀)는 새의 이름으로 일명 제(鵜, Phalacrocorax carbo var. sinensis. 가마우지)이며, 부리가 구부러지면서 뾰족하고, 몸통의 색은 검으며, 새를 잘 잡는다. 제형목(鵜形目) 노자과(鸕鷀科)에 속한다.【原註】
   * 노자표(鸕鷀杓): 가마우지 모양으로 만든 손잡이가 있는 기다란 국자.【역주】

463

러기 문양을 장식한 주전자 등의 여러 양식의 물을 따르는 기물이 갖추어져 있으나, 한 홉 크기가 훌륭하다. 동으로 잠자는 소 모양을 주조하고, 소를 단 목동을 부리로 한 것이 있으나, 가장 저속하다. 대체로 사람의 모습으로 주조한 것은 우아한 기물이 아니다. 또 코뿔소·천록(天祿)[141]·거북·용·천마(天馬)[142] 등이 입에 작은 사발을 물고 있는 것이 있으나, 모두 옛사람들이 기름을 부어 불을 켜는 것으로 연적이 아니다. 도자기로는 관요와 가요 및 정요백자에서 만든 사각형과 원형의 서 있는 참외 모양과 누운 참외 모양·두 개의 복숭아가 합쳐진 모양·연밥 모양·꽃꼭지 모양·나뭇잎 모양·가지모양·주전자 모양의 여러 양식이 있다. 선덕요에는 복숭아 모양의 오채수주(五彩水注)·석류 모양·두 개의 오이를 합친 모양·한 쌍의 원앙이 나란히 붙어 있는 등의 여러 양식이 있으나, 모두 동으로 만든 것이 우아함만 못하다.

十七. 水注

水注之古銅玉俱有辟邪蟾蜍[143]天鷄天鹿半身鸕鷀杓鐺金雁壺[144]諸式滴

---

141) 천록(天祿): 동물의 이름으로 천록(天鹿)이다. 앞의 원주 참고.【原註】
142) 천마(天馬):『사기』에서 "대완(大宛)에 좋은 말이 많으며, 말이 피 같은 땀을 흘리는데, 그 선조는 천마(天馬)의 아들이다.(大宛多善馬, 馬汗血, 其先, 天馬子也.)"라고 하였다. 장형(張衡)의「동경부(東京賦)」에서 "천마가 제멋대로 날뛰네.(天馬半漢.)"라고 하였으며,『문선(文選)』의 주(注)에서 "천마는 동으로 만든 말이다.(天馬, 銅馬也.)"라고 하였다.【原註】
   * 대완(大宛): 지금의 중앙아시아 페르가나 계곡(Fergana Valley)에 있었던 고대 국가로, 좋은 말이 많이 있었다고 한다.【역주】
   * 원주에 나오는『문선(文選)』의 주(注)에서 '동으로 만든 말'이라고 한 것은 용작(龍雀, 봉황 가운데 가장 흉맹하다는 전설의 새)과 마주하여 한나라 황궁에 진열되어 있었던 청동으로 만든 말을 가리킨다.【역주】
143) 蟾蜍(섬여): 섬여(蟾蜍, Bufo bufo var. gargarizans, 두꺼비)는 일명 '나하마(癩蝦蟆)'이며, 몸체가 비대하고 모습은 추악한데, 낮에는 잠복해 있다가 밤에 나와 먹을 것을 찾는다. 양서강(兩棲綱) 무미목(無尾目) 전요아목[前凹型亞目, 프로실

子145), 一合146)者爲佳. 有銅鑄眠牛, 以牧童騎牛作注管147)者, 最俗. 大抵鑄爲
人形, 卽非雅器. 又有犀牛天祿龜龍天馬口啣小盃者, 皆古人注油點燈, 非水滴
也. 陶者有官哥白定方圓立瓜148)臥瓜雙桃蓮房蒂葉茄壺諸式. 宣窯有五朶桃注
石榴雙瓜雙鴛諸式, 俱不如銅者爲雅.

18. 호두(糊斗)149)

　호두에는 고대 청동기로 뚜껑이 있으면서 주먹만큼 크고 손잡이가 달
린 작은 술통이 있고, 윗부분에 끈으로 꼬아 만든 형태의 가로로 설치된
손잡이가 있는 것이 있다. 복부가 작은 술잔과 같은 항아리 양식으로
사각형의 받침대 위에 놓인 것이 있고, 세 개의 테두리가 있는 기다란
통의 하부에 세 개의 다리가 붙은 것이 있다. 강낭자(姜娘子)가 주조한
회문(回紋)이 장식된 작은 사각형의 됫박모양이 있는데, 모두 쓸 만하
다. 도자기로 정요(定窯)에서 만든 마늘모양의 기다란 항아리와 가요

　　라 아목(Procoela)] 섬여과(蟾蜍科, 두꺼비과)에 속한다.【原註】
　　＊ 본문에서는 두꺼비 모양을 한 연적을 가리키며, 위진남북조시대부터 청동기와
　　　도자기로 널리 제작되었고, 특히 복을 가져온다는 삼족금섬(三足金蟾, 세발 금
　　　두꺼비)의 모양이 많다.【역주】
144) 鎏金雁壺(삼금안호): 금니를 칠한 기러기 모양의 주전자.【原註】
145) 滴子(적자): 물을 따르는 도구.【原註】
146) 一合(일합): 한 홉. 1/10되. 작은 크기가 좋다는 의미이다.【역주】
147) 注管(주관): 물을 따르는 관(管)으로, '부리'라고 속칭한다.【原註】
148) 立瓜臥瓜(입과와과): 입과(立瓜)는 길쭉한 참외모양으로서, 세워 놓는 원대에 사
　　용되었던 의장용의 기물. 여기서는 참외를 세워 놓은 형태나 누워 있는 형태로
　　만든 연적을 가리킨다.【역주】
149) 호두(糊斗): 호(糊)는 점(黏, 풀)이며, '장(漿, 풀)'이라 속칭한다. 호두(糊斗)는 바
　　로 장호두(漿糊斗)로, 풀을 담아 저장하는데 사용하는 기물이다.【原註】
　　＊ 호두(糊斗): 바로 풀을 담아 놓는 풀 통이다. 일반적으로 도자기나 동으로 제작
　　　하였고, 형태는 사각형이나 원형에 뚜껑이 있는 양식이 다수이다.【역주】

(哥窯)150)에서 만든 곡(斛)151)처럼 중간에 하나의 가로 손잡이가 설치된 사각형의 됫박 모양이 있으나, 동으로 만들어져 꺼내어 씻기에 편리한 것만 못하다.

十八. 糊斗

　糊斗有古銅有蓋小提卣152)大如拳, 上有提梁索股153)者, 有瓷肚如小酒杯式, 乘方座者, 有三篐長桶下有三足, 姜鑄154)迴文小方斗, 俱可用. 陶者有定窯蒜蒲長罐155), 哥窯方斗如斛中置一梁者, 然不如銅者便於出洗.

---

150) 가요(哥窯): 권2「분완(盆玩)」의 원주 참고. 또『도설(陶說)』에서 "송나라 가요는 본래 용천현의 유전요(琉田窯)이며, 처주(處州) 사람 장생일(章生一)과 장생이 (章生二) 형제가 용천현의 가마를 각각 하나씩 맡아서 하였다. 장생일이 형이므로, 그가 만든 도자기를 '가요'라 한다.(宋哥窯本龍泉琉田窯, 處州人章生一生二兄弟, 於龍泉之窯, 各主其一. 生一以兄故, 其所陶者曰哥窯.)"라고 하였다.【原註】
151) 곡(斛): 열 말 들이 도량형 용기이며, 보통은 원통형으로 윗부분에 들기 편하도록 가로질러 손잡이가 설치되어 있다.【역주】
152) 小提卣(소제유): (卣(유)의 음은 酉(유)이다.『이아·석기·곽소(爾雅·釋器·郭疏)』에서 "유(卣, 술통)는 중간 크기의 준(尊, 술을 담는 그릇)이다.(卣, 中尊也.)"라고 하였다.『박고도』에서 "유(卣)는 그릇으로 중간 크기의 준(尊)이다. 하나라와 상나라 시절에는 '이(彝)'라고 통칭하였으며, 주나라에 이르러 울창주(鬱鬯酒, 향초인 울금향초를 넣어 빚은 향기로운 술)를 담는 준을 홀로 '유(卣)'라고 하였다.(卣之爲器, 中尊也. 夏商之世, 總謂之彝, 至周, 則鬱鬯之尊, 獨謂之卣.)"라고 하였다.【原註】
153) 提梁索股(제량삭고):『박고도·상책유도고(博古圖·商冊卣圖考)』에서 "또 끈으로 손잡이를 만들었다.(又以絢紐爲提梁.)"라고 하였다. 제량(提梁)은 두 귀의 위에 가로로 놓인 손잡이이며, 도뉴絢紐, 삭고(索股)는 끈으로 매듭을 지어 손잡이용 꼭지의 모양으로 만든 것이다.【原註】
154) 姜鑄(강주): 본권「향로」의 원주 참고.【原註】
155) 蒜蒲長罐(산포장관): 산포(蒜蒲)는 마늘이며, 산포장관(蒜蒲長罐)은 마늘과 비슷한 모양의 기다란 단지이다. 현재 절강성에서는 대나무 뿌리를 '죽포두(竹蒲頭)'라 한다.【原註】
　* 蒜蒲長罐(산포장관): 마늘처럼 몸통에 골이 진 형태로 약간 기다란 단지.【역주】

19. 납두(蠟斗)156)

옛사람들은 밀랍으로 풀을 대신하였으므로 봉투를 밀봉할 때 반드시 밀랍을 이용하여 다렸다. 현재 비록 밀랍을 사용하지 않지만, 또 수집하여 완상품에 충당할 수 있고 큰 것은 국자로도 사용할 수 있다.

十九. 蠟斗

古人以蠟代糊, 故緘封必用蠟斗熨之, 今雖不用蠟, 亦可收以充玩, 大者亦可作水杓157).

20. 진지(鎭紙)158)

진지 가운데 고대 옥기제품으로는 토끼 모양의 옥기 · 소 모양의 옥

---

156) 납두(蠟斗): 옛사람들은 밀랍으로 풀을 대신하였으며, 납두를 사용하여 밀랍을 다려 용해시켰다. 『준생팔전』에서 "납두는 옛사람들이 밀랍을 녹여 편지를 밀봉했으며, 동제품 가운데 매우 훌륭한 것이 있는데, 모두 송나라와 원나라의 기물이다. 현재 비록 풀을 사용하고 있더라도, 수집하여 숫자를 채워야 한다.(蠟斗, 古人用炙蠟緘啓, 銅製頗有佳者, 皆宋元物也. 今雖用糊, 當收以備數.)"라고 하였다.【原註】
  * 납두(蠟斗): 편지를 봉할 때 밀랍을 놓고 다리는 작은 다리미를 가리키며, 고대의 다리미는 숯을 담을 수 있도록 턱이 약간 높은 작은 쟁반에 기다란 손잡이가 붙어있는 형태이다.【역주】
157) 水杓(수표): 자루가 짧은 국자의 일종.【역주】
158) 진지(鎭紙): 문방구로 동 · 옥 · 돌 · 대나무 등으로 만들고, 혹은 날짐승 · 길짐승 · 물고기 · 갑옷 등의 여러 형상을 모방하여 만들어서 종이를 눌러두어 종이가 움직이지 않도록 하며, '서진(書鎭)'이라고도 한다.【原註】
  * 진지(鎭紙): '문진(文鎭)'이라고도 하며, 서화용지를 눌러두거나 책을 눌러두는 용도로 사용된다. 늦어도 남북조시기에 서재에서 사용되기 시작하였으며, 송원시기 이전의 기물은 전해오는 수량이 매우 드물다. 형태는 매우 다양하지만, 현대에는 1쌍으로 구성되고 20cm정도의 크기에 납작한 자나 볼록한 옻과 비슷

기 · 말 모양의 옥기 · 사슴 모양의 옥기 · 양 모양의 옥기 · 두꺼비 모양
의 옥기 · 웅크린 호랑이 모양 · 벽사 모양 · 새끼와 어미 이룡 등의 여러
양식이 있으며, 가장 예스럽고 우아하다. 동 제품에는 청록색의 두꺼
비 · 웅크린 호랑이 · 웅크린 이룡 · 잠자는 모습의 개 · 금도금을 한 벽
사 · 누워 있는 말 · 거북 · 용의 모습이 있으며 역시 사용할 수 있다. 마
노 · 수정 · 관요 · 가요 · 정요의 제품은 모두 우아한 기물이 아니며, 선
덕시기 동제품인 말 · 소 · 고양이 · 개 · 사자 등의 종류에도 매우 훌륭
한 것이 있다.

二十. 鎭紙

鎭紙玉者有古玉兎玉牛玉馬玉鹿玉羊玉蟾蜍蹲虎辟邪子母螭159)諸式,　最古
雅. 銅者有靑綠蝦蟆蹲虎蹲螭眠犬鎏金辟邪臥馬龜龍, 亦可用. 其瑪瑙水晶官哥
定窯, 俱非雅器, 宣銅馬牛貓犬狻猊160)之屬, 亦有絶佳者.

한 형태가 가장 일반적이다.【역주】
159) 子母螭(자모리): 크고 작은 두 마리 이룡.【原註】
160) 산예(狻猊): 동물 이름으로 사자이며, '야마(野馬)'라고도 한다.『목천자전(穆天子
傳)』에서 "산예는 야마로 오백리를 달려간다.(狻猊野馬, 走五百里.)"라고 하였다.
『승암외전(升庵外傳)』에서 "용은 아홉 마리의 새끼를 낳는데 모두 용이 되지는
못하고, 각각 좋아하는 것이 있다. 여덟째를 '산예'라 하며, 불을 좋아하므로 향로
에 세운다.(俗稱龍生九子不成, 各有所好. 八曰狻猊, 好煙火, 故立于香爐.)"라고
하였다. 사자(Panthena leo)는 식육목(食肉目) 묘과(猫科, 고양이과)에 속한다.
【原註】
  * 목천자전(穆天子傳): 6권. 작자 미상. 서주말기나 동주초기에 저술되었으며, 주
  나라 목왕(穆王, 재위 B.C.976-B.C.922)이 천하를 순시한 사건을 기록하였다.
  진(晋) 함녕(咸寧) 5년(279)에 급현(汲縣)에서 도굴된 위양왕(魏襄王, 재위
  B.C.318-B.C.296)의 무덤에서 죽간형태로 발견되었다.【역주】
  * 승암외전(升庵外傳): 명나라 문학가 양신(楊愼, 1488-1559)의 필기소설로『승
  암외집(升庵外集)』에 실려 있다.【역주】

21. 압척(壓尺)161)

 압척은 자단과 오목으로 만들고, 윗면에 오래된 옥체(玉璏)162)로 손잡이를 만든 것이 있는데, 소문대(昭文帶)라고 속칭하는 것이다. 왜인이 만들고 금니를 칠한 복숭아 두 개에 은으로 만든 잎을 손잡이로 한 것이 있으며, 비록 매우 정교하지만 역시 우아한 기물이 아니다. 또 중간에 구멍 하나를 뚫어 그 안에 칼이나 송곳을 감추는 등의 종류가 있는데, 특히 저속한 양식이다.

二十一. 壓尺

 壓尺以紫檀烏木爲之, 上用舊玉璏爲紐, 俗所稱昭文帶是也. 有倭人鏒金雙桃銀葉爲紐163), 雖極工緻, 亦非雅物. 又有中透一竅內藏刀錐之屬者, 尤爲俗製.

---

161) 압척(壓尺): 서척(書尺).【原註】
　　* 압척(壓尺): 진지(鎭紙)의 용도로 사용하며, 형태는 보통 자처럼 얇고 기다란 것이 대부분이지만, 사각형도 있고 원형도 있다. 동제품이 특히 많다.【역주】
162) 옥체(玉璏):『금옥쇄쇄』에서 "'소문대(昭文帶)'라고 속칭하는 것으로『고옥도보』에 실려 있는 체(璏)이다. 체(璏)는 검을 착용할 때 사용하는 집이다. 내가 구한 체(璏)는 길이가 세 치 못되고 폭은 5푼에 불과하지만, 색은 비계덩이처럼 희고 처음에는 홍색 광채를 띠었는데, 아마 양지옥(羊脂玉)일 것이다.(昭文帶俗稱也, 卽圖譜所載璏也. 璏, 佩劍之節也. 余所得璏, 長不三寸, 寬止五分, 色白如脂, 初帶紅暈, 蓋所謂羊脂玉也.)"라고 하였다.【原註】
　　* 옥체(玉璏): 요대에 검을 고정시키는 역할을 하는 옥으로 만든 기물로, 직사각형으로 요대를 꿰는 홈이 있다. 명청시기에는 실용이 아니라 완상물로 사용되었다.【역주】
　　* 양지옥(羊脂玉): 양의 기름덩이처럼 색깔이 희면서 윤택한 옥. 화전옥(和田玉) 가운데 양지백옥이 특등품으로 평가되며, 수량이 매우 적다.【역주】
163) 紐(뉴): 인끈을 묶는 부위이다.『회남자』에서 "거북이 모양의 꼭지를 한 도장(龜紐之璽)"이라고 하였다. 도장의 인끈을 묶는 손잡이가 윗부분은 거북의 형상으로 조각하고, 그 아래에 인끈을 꿰는 구멍이 뚫려있는 것을 말한다.【原註】

22. 비각(祕閣)164)

비각은 기다란 양식의 고대 옥체(玉璏)로 만든 것이 가장 우아하다. 그렇지 않으면 왜인이 만든 검은 칠을 한 비각으로 고대 옥의 홀과 같은 것은 재질이 종이처럼 가벼운데, 가장 오묘하다. 자단에 문양을 조각한 것과 대나무에 정교하게 인물을 조각한 것은 모두 사용할 수 없다.

二十二. 祕閣

秘閣以長樣古玉璏爲之, 最雅. 不則倭人所造黑漆秘閣如古玉圭者, 質輕如紙, 最妙. 紫檀雕花及竹雕花巧人物者, 俱不可用.

23. 패광(貝光)165)

패광은 고대에 조개와 소라로 만들었는데, 현재 수정·마노·고대 옥

---

164) 비각(秘閣): 글씨를 쓸 때 팔을 받치는 문방구를 '비각(秘閣)'이라 하며, '비각(臂擱)'이라고도 한다. 「문방기구전(文房器具箋)」에서 "왜인이 만든 검은 칠을 한 비각은 홀과 비슷하며, 배 부위가 위로 조금 볼록한데 글자를 쓴 먹이 묻는 것을 방지하는 것으로, 길이는 7치에 재질은 종이처럼 가벼워 비각 가운데 상등품이었다.(倭人造黑漆祕閣如圭, 肚稍虛起, 恐惹字墨, 長七寸, 其質輕如紙, 爲祕閣上品.)"라고 하였다.【原註】
   * 비각(臂擱): 침완법(枕腕法, 팔을 표면에 가까이 접근하여 글씨는 쓰는 방법)으로 작은 글자를 쓸 때 책상 위에 놓고 팔목을 받치는 문방구로, '완침(腕枕)'이라고도 한다. 고대에는 소매가 넓었으므로, 이미 써서 아직 마르지 않은 먹물이 묻지 않도록, 이미 쓴 글자 위에 덮어 놓는 용도라는 주장도 있다. 대나무를 반으로 갈라 만든 형태가 가장 일반적이며, 각종 고급 목재나 옥 및 상아로 만들기도 하였다.【역주】
   * 문방기구전(文房器具箋): 명대 문학가 도륭(屠隆, 1544-1605)이 45가지 문방구에 대여 전문적으로 기술한 내용으로, 『고반여사』에 실려 있다.【역주】
165) 패광(貝光): 『준생팔전·연한청상전』에서 "패광은 대부분 조개와 소라로 만들며, 형상도 우아하지만 손잡이가 조금 커서 사용하기 불편하다.(貝光多以貝螺爲之,

으로 만든 기물을 구하여 대체할 수 있으면 더욱 우아하다.

二十三. 貝光

　貝光古以貝螺166)爲之, 今得水晶瑪瑙古玉物中有可代者, 更雅.

24. 재도(裁刀)167)

　고대의 도필(刀筆)168)이 있는데, 청록색의 녹이 몸체를 감싸고 있으

　形狀亦雅, 但手把稍大, 不便用.)"라고 하였다.【原註】
　* 패광(貝光): 크기는 3cm정도에 윗면에 손잡이가 있고 바닥 면은 평평한 모양이
　　며, 이 평평한 바닥 면으로 종이를 문질러 광을 내는 용도의 문방구로서, 명청
　　시기의 기물이 일부 남아있다.【역주】
166) 貝螺(패라): 패(貝)는 『설문해자』에서 "바다의 껍질이 있는 벌레이다.(海介蟲
　　也.)"라고 하였으며, 『이아 · 석어주(釋魚注)』에서 "큰 조개는 거거(車渠, 대왕조
　　개)와 같고, 작은 조개에는 또 자주색의 것이 있다.(大貝如車渠, 細貝亦有紫色
　　者.)"라고 하였고, 『상패경(相貝經)』에서 "조개의 크기는 1자가 되며 무늬가 붉은
　　번개와 검은 구름과 같은 것은 '자패(紫貝)'라 하고, 푸른 바탕에 녹색의 무늬가
　　있는 것은 '수패(綬貝)'라 하며, 흑색 무늬에 황색의 그림 같은 문양이 있는 것은
　　'상패(商貝)'라 한다.(貝盈尺, 狀如赤電黑雲, 曰紫貝, 赤質紅章曰珠貝, 靑地綠文
　　曰綬貝, 黑文黃畵曰商貝.)"라고 하였다.
　　라(螺, 소라)는 대개 연체동물 가운데 복족류(腹足類)로 몸뚱이 외부에 소가껍질
　　의 무늬가 있는 것을 '라(螺)'라고 통칭하며, 종류가 매우 많다.【原註】
　　* 상패경(相貝經): 1권. 서한시기의 주중(朱仲, ?-?)이 지은 조개에 관한 설명서.
　　【역주】
167) 재도(裁刀): 종이를 재단하는 칼. 『준생팔전 · 연한청상전』에서 "요도(姚刀) 이외
　　에 높은 품격에 들어갈 것이 없다. 나에게 고대 도필(刀筆)이 한 자루 있는데,
　　청록색의 녹이 몸통을 감싸고 있으며, 윗부분은 뾰족하고 하부는 둥근데, 길이는
　　겨우 1자 정도로서, 옛사람들이 대나무를 구워 글씨를 쓸 때에 사용하였으나,
　　지금은 문방구에 들어와 매우 우아하다고 말해지며, 근래 나타난 숭명재도(崇明
　　裁刀)도 훌륭하다.(姚刀之外, 無可入格. 余有古刀筆一把, 靑綠裹身, 上尖下環, 長
　　僅盈尺, 古人用以殺靑爲書, 今入文具, 極雅稱, 近有崇明裁刀亦佳.)"라고 하였다.
　　【原註】

며 윗부분은 뾰족하고 아랫부분은 둥글며, 길이는 겨우 한 자정도로 옛 사람들이 살청(殺靑)169)하여 글씨를 쓸 때에 이 물건을 사용하였다. 그러나, 현재는 완상물로 사용될 뿐이고 실제 사용하지 않는다. 일본에서 제작한 것에 매우 작은 것이 있으며, 날이 매우 예리하고 칼집은 모두 계칙목(鸂鶒木)170)을 사용하여 기름기가 끼지 않게 하였는데, 가장 훌

---

　* 요도(姚刀), 숭명재도(崇明裁刀): 모두 명대에 유명했던 재도(裁刀)의 이름.【역주】
168) 도필(刀筆): 『후한서·유분자전(劉盆子傳)』에서 "12월의 큰 모임에서 술이 아직 돌지 않았을 때, 그중에 한 사람이 도필을 꺼내어 명함을 써서 축하를 드리려 하였다.(臘月大會, 酒未行, 其中一人出刀筆書謁欲賀.)"라고 하였으며, 주(注)에 서 "옛날에는 죽간과 목간에 사건을 기록하였으며, 틀린 글자는 칼로 깎아서 제 거하였으므로, '도필'이라 한다.(古者記事于簡冊, 誤謬者以刀削而除之, 故曰刀 筆.)"라고 하였다.
　또 공상임(孔尙任)의 『형금부(亨金簿)』에서 "도필이라는 하나의 도구는 『고공기 (考工記)』에서 말한 삭(削)이다. 윗부분은 뾰족하고 아래 부분은 둥글며, 초승달 처럼 굽어 있다. 『고공기』에서 '여섯 개를 합하여 원이 된다.'고 하였으며 시험하 였더니 과연 그러하였다.(刀筆一具, 考工記所謂削也. 上銳下圜, 曲如初月, 記云, 合六而成規, 驗之果然.)"라고 하였다.【原註】
　* 도필(刀筆): 명도전(明刀錢)처럼 살짝 구부러진 형태의 작은 칼로, 죽간이나 목간에 먹으로 쓴 글자가 틀렸을 경우에 이 부분을 깎아내는 용도였으나, 후대 에 죽간과 목간을 사용하지 않게 된 뒤에는 용도가 바뀌어 종이칼 등의 완상품 으로 사용되었다.【역주】
　* 공상임(孔尙任, 1648-1718): 청나라 초기의 문학가. 『형금부(亨金簿)』는 그의 시문집이다.【역주】
169) 살청(殺靑): 『후한서·오우전(吳祐傳)』에서 "오우(동한의 관리)의 부친 오회(吳 恢)는 대나무 조각을 구워 청색을 제거해서 경서를 쓰려고 하였다.(祐父恢欲殺靑 簡, 以寫經書.)"라고 하였으며, 주(注)에서 "불로 대나무 조각을 구워 수분이 증발 되어 나오게 하여, 글씨 쓰기 편하고 다시는 좀이 슬지 않게 하는 것을 '살청'이라 하며, '한간(汗簡)'이라고도 한다.(以火炙簡令汗, 取其易書, 復不蠹, 謂之殺靑, 亦 謂之汗簡.)"라고 하였다.【原註】
170) 계칙목(鸂鶒木): 홍두수(紅豆樹)로 추정되며 '계시목(鷄翅木)'이라고도 한다. 『격 고요론』에서 "계칙목은 서부 지역에서 산출되며, 큰 것은 반이 자갈색(紫褐色)으 로 안에 게의 발가락과 같은 무늬가 있으며, 반은 순흑색으로 오목(烏木)과 같은 데, 발가락 무늬가 있는 것이 가치가 높다.(鸂鶒木出西番, 其大者半紫褐色, 內有 蟹爪紋, 半純黑色如烏木, 有距者價高.)"라고 하였다.
　『물리소지』에서 "상사목은 홍두수로, 큰 것은 판자로 톱질해 자르면 아름다운

륭하다. 운남성에 금이나 은을 칠한 것이 있으며 역시 사용할 수 있고, 율양(溧陽)171)과 곤산(昆山)172)에서 만든 두 종류는 모두 잘못된 길에 들어간 것으로, 육소졸(陸小拙)173)은 더욱 심할 것이다.

二十四. 裁刀

有古刀筆, 靑綠裹身, 上尖下圓, 長僅尺許, 古人殺靑爲書, 故用此物, 今僅可供玩, 非利用也. 日本所制有絶小者, 鋒甚利, 刀靶俱用鸂鶒木, 取其不染肥膩, 最佳. 滇174)中鏒金銀者, 亦可用, 溧陽昆山二種, 俱入惡道, 而陸小拙爲尤甚矣.

무늬가 있는데, 껍질 가까운 부위의 몇 치에는 무늬가 없다. 남경에서는 부채의 테두리 살을 만들며, 오래 자라서 둘레가 큰 것은 서안(書案)을 만들 수 있는데, '계시목'이라고도 한다. 빈랑(檳榔) 나무 가운데 계시목이라 부르는 것이 있다. (相思木卽紅豆樹, 大者鋸版, 有花文, 其近皮數寸無文也. 南京以作扇邊骨, 多年數圍者可爲書案, 亦稱鷄翅木. 有香榔之呼鸂鶒木也.)"라고 하였다.【原註】
* 계칙목(鸂鶒木): 가구용의 목재로 광동서 경주도(瓊州島)와 운남성 서상판납(西雙版納) 등지에서 산출되며, 옹이가 많고 흑색과 갈색이 뒤섞여 아름다운 무늬를 구성한다. '상사목'이나 '계시목'이라고도 하며, 명청시기에도 진귀한 목재로 취급되었다.【역주】
171) 율양(溧陽): 지금의 강소성 율양현(溧陽縣). 강희시기『율양현지 · 물산(溧陽縣志 · 物産)』에서 "악씨가 만든 칼은 비록 베고 자르기에 유리하지는 않으나, 품에서 들락거리며 그 날카로움을 시험해볼 수 있다.(岳氏之刀雖非利於剸割, 而出入懷袖, 亦可試其銛也.)"라고 하였다.【原註】
172) 곤산(昆山): 지금의 강소성 곤산현(昆山縣).【原註】
173) 육소졸(陸小拙): 명대 소주(蘇州)의 칼을 파는 점포의 이름으로 출처는 보충이 필요하다.【原註】
* 육소졸(陸小拙): 명나라 희곡작가 장대복(張大復, 1554?-1630)의 수필『매화초당필담(梅花草堂筆談)』권1에서 "육소졸. 늘 육소졸의 기술을 애석해 했는데, 세월의 힘을 이길 수 없으면서 두드려서 좋은 검과 날카로운 비수를 만들어 후세에 전했다. 그리고 작은 칼을 잘 만들어 파리 크기의 글자를 새겼는데, 깃털처럼 경쾌하였다. 대개 육생이 말하여 '이렇지 않으면 저는 팔려고 하지 않습니다.'라고 하였다. 내가 듣고서 어여쁘게 여겼다.(陸小拙. 嘗恨陸小拙之技, 不能殫其歲月之力, 淬成良劍利匕, 以傳後世. 而好製小刀, 縷大蠅字, 輕若羽毛. 蓋陸生之言曰, 非是, 則莫我肯售也. 予聞而憐焉.)"라고 하였다. 육소졸은 칼을 잘 만든 명나라의 대장장이이다.【역주】
174) 滇(전): 운남성의 별명.【역주】

25. 전도(剪刀)[175]

정련된 철로 만든 가위가 있으며, 겉 표면에는 볼록한 문양에 금도금을 하고 몸체 속에 아라비아문자를 상감한 것이 있는데, 제작이 정교하다. 일본에서 제작하여 접었다 펼쳤다 하는 것도 사용할 수 있다.

二十五. 剪刀

有鑌鐵剪刀[176], 外面起花鍍金, 內嵌回回字[177]者, 製作極巧. 倭製摺疊者, 亦可用.

---

175) 전도(剪刀): 『석명(釋名)』에서 "가위는 자르면서 나아가는 것이다. 자르면서 조금씩 앞으로 나아가는 것이다.(剪, 剪進也. 所剪稍進前也.)"라고 하였다.
    『고사고(古史考)』에서 "가위는 철로 만든 기물이다. 천을 재단하는데 사용하며, 황제(黃帝)시기에 시작되었다.(剪, 鐵器也. 用以裁布帛, 始於黃帝時.)"라고 하였다.【原註】
    * 전도(剪刀): 가위.【역주】
    * 고사고(古史考): 25권. 위진시기의 사학자 초주(譙周, 201-270)의 저술로, 사마천의 『사기』에 기재된 인명과 사건에 나타난 오류에 대하여 수정하고 해설하였다.【역주】
176) 鑌鐵剪刀(빈철전도): 빈철(鑌鐵)은 철 가운데 잘 정련한 것이다. 『격고요론』에서 "빈철은 서쪽 지역에서 산출되며, 표면에 나선무늬가 있는 것과 깨알 같이 작은 흰 무늬가 있는 것이 있다. 대개 도검을 반짝거리도록 연마하여 말끔하게 광을 내고, 금사반(金絲礬)으로 부식시키면 문양이 드러나는데, 가치가 은보다 비싸며, 위조하여 만든 것은 검은색의 무늬이다.(鑌鐵出西番, 面上有螺旋花者, 有芝麻雪花者. 凡刀劍器打磨光淨, 用金絲礬礬之, 其花則見, 價値過銀, 假造者是黑花.)"라고 하였다.【原註】
    * 鑌鐵(빈철): 빈철(鑌鐵). 비교적 작은 여러 개의 쇳덩이를 도검을 단조(鍛造)하는 것처럼 계속 반복하여 두드려 정련한 철.【역주】
    * 금사반(金絲礬): 황반(黃礬). '금선반(金線礬)'이나 '계시반(鷄矢礬)'이라고도 하며, 유산염류(硫酸鹽類) 광물로 해독과 살충력이 있어 약재로 사용된다.【역주】
177) 回回字(회회자): 회족(回族)의 문자. 아마 아라비아문자를 가리킬 것이다.【原註】
    * 명나라 정덕연간(正德年間, 1505-1521)에 황제가 특히 이역 문화에 호기심이 많아 관요에서 아라비아 문자가 장식된 도자기가 많이 제작되었다.【역주】

26. 서등(書燈)178)

　서등에는 고대 청동기로 낙타등 · 양등 · 거북등 · 제갈등(諸葛燈)179)이 있으며, 모두 완상용품으로 사용할 수 있으나 실용에는 부적당하다. 청록색의 녹이 슨 동제 연꽃모양 등잔대는 윗부분에 꽃송이를 설치하여 옛사람들이 연꽃을 애호한 의도를 선택하였다. 지금 등으로 사용하면 가장 우아하다. 정요에서 만든 등잔받침대가 세 개인 등과 선덕요에서 만든 등잔받침대가 두 개인 것은 모두 사용하기 부적당하다. 주석으로 만든 것으로 옛날 양식의 예스럽고 질박하며 작은 것을 선택하면 훌륭하다.

二十六. 書燈

　書燈有古銅駝燈羊燈龜燈諸葛燈, 俱可供玩, 而不適用. 有青綠銅180)荷一片檠181), 架花朶於上, 古人取金蓮之意, 今用以爲燈, 最雅. 定窯三臺宣窯二臺

---

178) 서등(書燈): 책을 볼 때 사용하는 등. 『동천청록(洞天淸錄)』에서 "서등은 고대 청동기로 낙타등 · 양등 · 거북등 · 제갈군중행등(諸葛軍中行燈) · 봉귀등(鳳龜燈)이 있으며 원등(元燈)이 있다.(書燈, 有古銅駝燈羊燈龜燈諸葛軍中行燈鳳龜燈, 有元燈.)"라고 하였다.【原註】

179) 제갈등(諸葛燈): 제갈공명이 발명했다고 하며, 제갈공명이 평양平陽, 지금의 산서성 임분(臨汾))에서 포위되었을 때, 바람에 날리는 종이로 만든 등을 제작해서 구조신호를 보냈다고 하며, 공명등(孔明燈)이라고도 한다. 열기구처럼 하부에 등잔을 설치하고 그 위를 종이로 감싸 내부의 공기가 뜨거워지면 등이 떠올라 바람을 따라 날아가는 형식으로, 현대에 와서는 명절에 소원을 빌기 위하여 많이 사용하므로, 천등(天燈) · 허원등(許願燈)이라고도 한다. 또는 등의 모양이 제갈량이 쓴 모자와 비슷해서 이러한 명칭이 붙었다고 한다. 마등(馬燈, 호롱)을 '공명등'이라고도 하지만, 본문의 제갈등과는 다른 기물이다.【역주】

180) 青綠銅(청록동): 청동기의 본래 색은 청록색이 아니므로, 여기서는 청록색의 녹이 슨 청동을 가리키며, 본권의 다른 부분에서도 같은 의미이다.【역주】

181) 檠(경): 등가(燈架, 등잔 꽂이)나 등대(燈臺, 등잔대)이다.
　한유의 시에 「작은 등 받침대의 노래(短燈檠歌)」가 있다.
　『동천청록(洞天淸錄)』에서 "청록색의 녹이 슨 동제 연꽃 등잔대가 있는데, 윗부

者182), 俱不堪用. 錫者取舊製古樸矮小者爲佳.

27. 등(燈)183)

　등은 복건의 구슬을 꿰어 만든 등이 제일이고, 대모 · 호박 · 물고기 뼈로 만든 것이 다음이다. 양피등(羊皮燈)184)으로 명인 조호(趙虎)185)가 그린 것과 같은 것은 또 많이 비축해야 한다. 요사등(料絲燈)186)은

분에 꽃송이를 설치하여 옛사람들의 연꽃에서 의미를 선택하였다. 도자기로는 정요에서 만든 받침대가 세 개인 등가가 있고, 선덕요에서 만든 받침대가 두 개인 등가가 있으며, 모두 서실에서 사용할 만하다.(有靑綠銅荷一片檠, 架花朶於上, 取古人金蓮之意. 陶者有定窯三臺燈檠, 宣窯兩臺燈檠, 俱堪書室取用.)"라고 하였다.【原註】

182) 三臺(삼대), 二臺(이대): 기다란 지지대의 위에 등잔을 올려놓는 받침이 세 개인 것과 두 개인 등잔대를 가리킨다.【역주】

183) 등(燈): 본문에서 설명하는 등은 초파일 연등행사의 등처럼, 불빛이 새어나오는 투명한 재질로 외부를 감싸고 그 안에 초나 등잔을 놓아 불을 밝히는 형태의 등롱(燈籠)을 가리킨다. 사용하는 재료와 모양이 매우 다양하다.【역주】

184) 양피등(羊皮燈):『건순세시기』에서 "양피등은 조각이 정교하고 오색으로 물을 들여 장식하며, 꼭두각시놀음을 하는 방법과 같다.(羊皮燈, 則鏤鏤精巧, 五色妝染, 如影戲之法.)"라고 하였다.【原註】

185) 조호(趙虎): 연구가 필요하다.【原註】

　* 조호(趙虎): 명나라 호주(湖州, 절강성) 출신의 화가 조렴(趙廉, ?-?). 호랑이를 잘 그려 '조호(趙虎)'라고 불렸다.【역주】

186) 요사등(料絲燈): 각종 기록에 따르면 요사(料絲) 즉 가느다란 유리질의 실로 만든 것으로 추정되지만, 구체적으로 정확하게 어떤 기물인지 알 수가 없다. 유리질의 실은 성형되고 나서 구부릴 수가 없으므로, 엮어서 천처럼 짜서 만든다는 설명은 오류로 판단된다.

명 사조제(謝肇淛, 1567-1624)의 운남지역 지리서인『전략 · 영창부명산(滇略 · 永昌府名産)』에서 "자수정과 자석(赭石, 약재로 쓰이는 광물)을 도자기를 굽는 여러 원료와 배합하여 타는 불에서 태워 실을 뽑아 엮어서 납작한 조각으로 만들고 여기에 천연색으로 문양을 그려 등롱의 벽을 만들므로 '요사(料絲)'라 한다.(以紫石英赭石合燒瓷諸料, 煆之於烈火中, 抽其絲, 織以成片, 加之彩繪, 以爲烟屛, 故曰料絲.)"라고 하였다.

명 낭영(郎瑛, 1487-1566)의 필기『칠수류고·사물5·요사(七修類稿·事物五·料絲)』에서 "요사등은 운남에서 산출되며, 금치위[金齒衛, 지금의 保山市)]의 것이 우수하다. 마노와 자수정 및 여러 약재를 찧어 가루로 만들고 분말처럼 숙성시켜 끓이는데, 반드시 북방의 천화채(天花菜, 버섯의 일종)를 사서 섞어야 바야흐로 물크러진다. 그 다음에 뽑아서 실을 만들어 비단 천의 형상으로 짜서 그 위에 인물과 산수를 그리면, 매우 영롱하여 사랑스럽고, 가치도 진귀하다. 대체로 요(料, 고대에 유리나 유리와 비슷한 물질을 지칭하는 용어)를 끓여서 실을 만들므로 '요사(料絲)'라 하였다.(料絲燈出於滇南, 以金齒衛者勝也. 用瑪瑙紫石英諸藥, 搗爲屑, 煮腐如粉, 然必市北方天花菜點之方凝. 而後繰之爲絲, 織如絹狀, 上繪人物山水, 極晶瑩可愛, 價亦珍貴. 蓋以煮料成絲, 故謂之料絲.)"라고 하였다. 운남 지역에서 20여년에 걸쳐 관리를 지낸 단췌(檀萃, 1724-1801)의 운남 지역 인문지리서인『전해우형지(滇海虞衡志)』에서 "요사등은 영창(永昌, 지금의 운남성 보산시)에서 나온다. 말하기를 '약재를 선택해 끓여서 실을 뽑아 엮어 등을 만들므로 요사(料絲)라 한다.'고 한다. 약재는 자수정·둔자[鈍磁, 도자기 원료인 돈자(不子)로 추정]·자석(赭石) 등속으로 한 종류가 아니다. 전능(錢能, 성화시기의 환관)에게서 처음으로 나왔으며, 이것을 진상하고 외부 사람은 구워 만들지 못하게 하였다.(料絲燈, 出永昌. 言取藥料煎熬, 抽絲, 織之爲燈, 故曰料絲. 其藥料則紫石英鈍磁赭石之屬, 不一類也. 始出於錢能, 以此進上, 不使外人燒造.)"라고 하였다.
청 왕부지(王夫之)의『잡물찬·요사등(雜物贊·料絲燈)』에서 "요사등(料丝镫)은 약석을 구워서 만들며, 육방(六方, 전후좌우상하)을 합하여 만들며 외부는 실과 같고 내부는 병풍과 같은데, 꽃·벌레·새가 그려지고 오색이 갖추어져 있다. 그리고 그 안에 등을 켜면 특히 아름답다.(料絲鐙, 燒藥石爲之, 六方合成, 外如絲, 内如屏, 花卉蟲鳥, 五彩斯備. 然鐙其中, 尤爲綺麗.)"라고 하였다.
청 조익(趙翼)의 필기『해여총고(陔餘叢考)』권33「요사(料絲)」에서 "요사등은 이서애[李西涯, 이동양(李東陽, 1447-1516), 호가 서애]의 시에 보이지만, 시에서 '요사(繚絲, 실로 엮다)'라는 글자를 사용하였는데, 낭영이 오류라 하였다. 요사(料絲)는 운남에서 산출되며, 금치위(金齒衛, 지금의 보산시)의 제품이 훌륭하다. 마노와 자수정 및 여러 약재를 찧어 가루로 만들고 분말처럼 숙성시켜 끓이는데, 반드시 천화채(天花菜, 버섯의 일종)를 사서 섞어야 바야흐로 물크러지며, 그 다음에 가져다가 실을 만들며, 매우 영롱하여 사랑스럽다. 대체로 료(料, 고대에 유리나 유리와 비슷한 물질을 지칭하는 용어)를 끓여 실을 만들므로 '요사(料絲)'라고 할 뿐이다.……『운석재필담(韵石齋筆談)』에서도 '사등(絲燈)은 운남에서 시작되었다.'고 하였다. 단양 사람 반봉(潘鳳)이 있었는데, 양문양공(楊文襄公)을 따라 운남에 이르러 그 제작법을 습득하여 돌아가서 돌을 제련하여 실을 만들었다. 이리하여 단양의 요사등이 천하에 알려졌으며, 반봉은 사실 등을 제조의 비조라 하였다. 즉 중원에 이러한 등이 존재한 것은 사실 반봉에게서 시작되었다. 그리고 요사는 원대에 이미 존재했다. 현재의 요사를 만드는 것은 마노 등의 운남성에서 나온 것이 가장 뛰어나며, 단양(丹陽)¹⁸⁷⁾에서 만든 것에는 가로로 빛이 새어나와 그리 우아하지 못하다. 산동성의 주등(珠燈)¹⁸⁸⁾·맥등(麥燈)¹⁸⁹⁾·시등(柴燈)¹⁹⁰⁾·매화등(梅花燈)¹⁹¹⁾·이화등(李花燈)¹⁹²⁾·

돌을 사용할 필요가 없이, 다만 찹쌀을 약재와 섞어 끓일 뿐이지만, 화려한 색은 또 줄어들지 않았다.(料絲燈, 見李西涯詩, 而詩用繚絲字, 郎瑛謂誤也. 料絲出於滇南, 以金齒衛者爲勝. 用瑪瑙紫石英諸藥搗爲屑, 煮腐如粉, 必市天花菜點之方凝, 然後取以爲絲, 極晶瑩可愛. 蓋以煮料成絲, 故名料絲耳.……韵石齋筆談亦謂絲燈始於雲南. 有丹陽人潘鳳者, 隨楊文襄公至滇, 得其法, 歸而煉石成絲. 於是丹陽之料絲燈達於海內, 而鳳實造燈鼻祖云. 則內地之有此燈, 實始於鳳. 然則料絲在元時已有之. 今之爲料絲者, 不必用瑪瑙等石, 但以糯米和藥煮耳, 其色亦復不減.)"라고 하였다.

민국시기에 이미 요사등의 기법이 실전되어 보산시에서 구체적으로 어떤 기물인지 아는 사람이 없게 되었다. 민국시기 이후 북경과 천진에서 판매하던 요사등은 등롱의 벽이 모두 세로로 세밀하게 배열하여 눌러서 납작하게 한 유리 조각으로 만든 것으로, 크기는 손바닥 정도였다. 또 채색하여 그림을 그린 것은 없으며, 종이를 오려 만든 도안을 등롱의 벽에 붙인 것이었다.【역주】

* 반봉(潘鳳): 『운석재필담(韵石齋筆談)』에 따르면, 홍치시기 단양 출신의 등 제작자로, 호는 오산(梧山)이며 그림을 잘 그렸고, 교묘한 아이디어를 가지고 있었으며, 양문양공을 따라 운남에 가서 요사등의 제작법을 익혀 단양으로 돌아와 널리 퍼트렸다.【역주】

* 양문양공(楊文襄公): 명나라 관리 양일청(楊一淸, 1454-1530). 자(字)는 응녕(應寧), 호는 수암(邃庵), 시호는 문양(文襄).【역주】

187) 단양(丹陽): 지금의 강소성 단양현(丹陽縣). 명대 단양현에서 요사등이 생산되었으며, 매우 유명했다.
설혜(薛蕙, 1489-1539. 명나라 대신)에게 「요사등을 읊어(詠料絲燈)」라는 시가 있다. 『소흥부지』에서 "정월 대보름날, 명나라의 옛 제도에 열흘 동안 금령을 풀어주었으며, 월중(越中, 지금의 소흥시와 항주시 일대)에서 매우 성행하였다.……붉은 대문에 화려하게 치장한 저택이 기이한 양식을 드러내고, 화려한 장식을 자랑하며 서로 호화스러움을 과시하였다. 복건성 삼제(三齊)의 유리구슬·운남성의 요사·단양의 상등품 요사·남경의 비단과 양 뿔·성성(省城, 성의 수도)의 양가죽……(元宵, 明舊制. 弛禁十日, 而越中亦頗盛.……朱門畫屋, 出奇制, 炫華飾, 相矜豪奢. 閩三齊之琉璃珠, 滇之料絲, 丹陽之上料絲, 金陵之夾紗羊角, 省城之羊皮……)"이라고 하였다.【原註】

188) 주등(珠燈): 구슬을 엮어 만든 등롱.【역주】

189) 맥등(麥燈): 『태창주지(太倉州志)』에서 "맥등은 남관(南關, 태창의 남쪽 교외)에 고후산(顧后山)이라는 사람이 있는데, 교묘한 아이디어가 많아서, 보릿대를 가져다가 실을 짜서 등을 만들었으며, 혼자만이 뛰어난 기술이다.(麥燈, 南關有顧后

화초등(花草燈)193) · 백조등(百鳥燈)194) · 백수등(百獸燈)195) · 협사등(夾絲燈)196) · 묵사등(墨紗燈)197) 등과 같은 양식은 모두 높은 품격에 들어가지 못한다. 등의 모양은 사방이 병풍처럼 평평하고, 중간에 화조가 장식되어 그림처럼 청아한 것이 훌륭하고, 인물과 누각 무늬는 양피지로 만든 등 표면에만 사용할 수 있다. 기타 찜통 모양 · 수정구(水晶球)의 모양 · 이층으로 된 것 · 삼층으로 된 것은 모두 나쁜 풍속이다. 대나무를 가늘게 쪼개어 엮어서 만든 등은 비록 매우 정교하고 화려하지만, 결국에는 꾀죄죄하게 된다. 일찍이 원나라시기의 포등(布燈)198)을 보았

山者, 多巧思, 取麥杆續絲成燈, 擅獨技.)"라고 하였다.【原註】
* 고후산(顧后山, ?-?): 명대 소주 지역에서 활동한 등 제작자.【역주】
190) 시등(柴燈): 비단이나 종이가 아니라 나무판자로 벽을 만든 등롱(燈籠)이나, 횃불로 추정된다.【역주】
191) 매화등(梅花燈): 매화 무늬를 장식한 등롱.【역주】
192) 이화등(李花燈): 오얏꽃 무늬를 장식한 등롱.【역주】
193) 화초등(花草燈): 화초 무늬를 장식한 등롱.【역주】
194) 백조등(百鳥燈): 여러 종류의 새 무늬를 장식한 등롱이나 여러 종류의 새 모양으로 만든 등.【역주】
195) 백수등(百獸燈): 갖가지 동물의 무늬를 장식하거나 동물 모양으로 만든 등.【역주】
196) 협사등(夾紗燈):『사물감주(事物紺珠)』에서 "협사등은 남경의 조설림(趙雪林)이 제작하였다.(夾紗燈, 南京趙雪林制.)"라고 하였다.
『소주부지(蘇州府志)』에서 "섬지(剡紙, 절강성에서 등나무로 만든 좋은 종이)에 꽃 · 대나무 · 새를 그리고, 가벼운 비단으로 이것을 보강한 것을 '협사등'이라 한다.(剡紙刻花竹禽鳥, 用輕綃夾之, 名夾絲燈.)"라고 하였다.【原註】
* 사물감주(事物紺珠): 46권. 명나라 양주(揚州) 사람 황일정(黃一正, ?-?)이 편찬하였으며, 각종 사항을 폭 넓게 기록한 서적으로, 만력 19년(1591)에 간행되었다.【역주】
* 조설림(趙雪林): 명대 남경의 저명한 채등(彩燈, 종이나 비단으로 표면을 씌우고 문양을 그려 화려하게 장식한 등롱) 제작자.【역주】
197) 묵사등(墨紗燈): 명나라 조학전(曹學佺)에게 「묵사등을 읊어(詠墨絲燈)」라는 시가 있다.【原註】
* 묵사등(墨紗燈): 종이나 비단으로 된 등의 표면에 먹으로 무늬를 그려 장식한 등.【역주】
* 조학전(曹學佺, 1574 - 1646: 명나라의 학자이자 시인이면서 장서가.【역주】
198) 포등(布燈): 비단이나 종이가 아니라 베를 씌운 등롱.【역주】

는데, 가장 기이하였으나 역시 유행하는 것은 아니다.

二十七. 燈

燈, 閩中珠燈第一, 玳瑁琥珀魚魫[199])次之, 羊皮燈名手如趙虎所畵者, 亦當多
蓄. 料絲出滇中者最勝[200]), 丹陽所製有橫光, 不甚雅. 至如山東珠麥柴梅[201])李

---

199) 어심(魚魫): 어심등(魚魫燈). 현대에는 '명각등(明角燈)'이라 한다.
  『소주부지・물산(物産)』에서 "명각(明角, 투명한 동물의 뿔로 만든 얇은 조각)을
  오색으로 물들여 문양을 만든 것으로 어심등을 만든다.(以明角染五色作花者爲
  魚魫燈.)"라고 하였다.
  『속묵객휘서(續墨客揮犀)』에서 "남해의 물고기 가운데 석수어(石首魚)가 있는
  데, 머리뼈로 덮여있다. 머리뼈를 채취해서 다듬어 그릇을 만드는데, 음식을 담
  을 수가 있으며, 고독(蠱毒)이 닿으면 그릇이 맹렬하게 터지므로, 그 효과가 매우
  뚜렷하다. 복당(福唐, 지금의 복건성 복청현(福淸縣)] 사람이 제작한 것이 더욱
  정교하여, 호박(琥珀)처럼 밝고 반짝였는데, 사람들은 그 색깔만을 아끼고 감상
  하며, 그 용도를 아는 경우가 드물었다.(南海魚有石首者, 蓋魚魫也. 取其石治以
  爲器, 可載飮食, 如遇蠱毒, 器爲暴烈, 其效甚著. 福唐人制作尤精, 明瑩如琥珀, 人
  但知愛玩其色, 而鮮能識其用.)"라고 하였다.
  『건순세시기(乾淳歲時記)』에서 "심등(魫燈)이 있는데, 코뿔소 뿔・호박・대모(거
  북껍질)를 조각하여 장식하였다.(有魫燈, 則移鏤犀珀玳瑁以飾之.)"라고 하였다.
  * 고독(蠱毒): 무속에서 신비한 방식으로 제조하여 목표로 하는 존재에게 위해를
    가하는 용도로 사용되는 독충. 전설이 와전되어 사람을 조종한다는 등의 설이
    있으나 모두 미신이며, 독약의 일종이다.【역주】
  * 속묵객휘서(續墨客揮犀): 10권. 송나라 관리 팽승(彭乘, ?-?)의 필기.【역주】
  * 건순세시기(乾淳歲時記): 1권. 송나라 주밀(周密)이 송나라 효종의 건도(乾道,
    1165-1173)-순희(淳熙, 1174-1189)의 태평시기 세시 풍속을 기록한 저서.【역주】
200) 料絲出滇中者最勝(요사출전중자최승): 요사는 운남성에서 나오는 것이 가장 우
  수하다.
  『유류청(留留靑)』에서 "요사등과 요사병풍은 운남성 금치위[金齒衛, 지금의 보산
  시(保山市)]에서 나오며, 마노와 자수정 등의 여러 약재를 찧어 가루로 만들어
  분말을 끓여 녹이고, 북방의 천화채(天花菜)를 섞어 응고시키며, 그 뒤에 실을
  뽑아 비단처럼 얇으면서 균일하게 종횡으로 실을 엮어, 그 표면에 문양을 그린
  다.(料絲燈屛風, 出雲南金齒衛, 用瑪瑙紫石英諸藥搗爲屑, 煮爛爲粉, 用北方天花
  菜點凝成膏, 乃縱橫織絲如絹勻薄, 上施繪畵也.)"라고 하였다.【原註】
  * 유류청(留留靑): 6권. 명나라 학자 서무승(徐懋升, ?-?)이 명나라의 사회풍속과
    여러 사건을 기록한 명말 학자 전예형(田藝衡, ?-?)의 『유청일찰(留靑日札)』39

花草百鳥百獸夾紗墨紗等製, 俱不入品. 燈樣以四方如屏, 中穿花鳥, 淸雅如畵者爲佳, 人物樓閣僅可於羊皮屏上用之, 他如蒸籠圈[202]水精毬[203]雙層三層者, 俱惡俗. 篾絲[204]者雖極精工華絢, 終爲酸氣[205]. 曾見元時布燈, 最奇, 亦非時尚[206]也.

28. 거울(鏡)[207]

거울은 진나라 동경으로서 흑칠고(黑漆古)[208]의 광택이 나고 경배

권을 줄여 편집한 저술.【역주】

* 천화채(天花菜): '천화균(天花菌)'·'천화심(天花蕈)'·'천화마고(天花蘑菇)'라고도 한다. 이시진의『본초강목』「채부(菜部)」에서 "오서(吳瑞, ?-?. 원나라 의학자)가 '천화채는 산서 오대산(五臺山)에서 산출된다. 모양은 송화(松花, 소나무의 꽃)와 같으면서 크고, 향기는 버섯과 같으며, 흰색이고, 먹으면 매우 맛있다.'라고 하였다.(瑞曰, 天花菜出山西五臺山. 形如松花而大, 香氣如蕈, 白色, 食之甚美.)"라고 하였다. '향행구매[香杏口蘑], 학명은 Tricholoma gambosum (Fr.) Gill]'라는 버섯이라 주장하는 학자가 있다.【역주】

201) 매화등(梅花燈): 명나라 무명씨에게 「매화등시(梅花燈詩)」가 있다.【原註】

202) 蒸籠圈(증롱권): 만두 등을 찌는 데 사용되는 찬합모양의 찜통이나 시루. 여기서는 여러 단을 쌓아 놓은 찜통 모양의 등을 가리킨다.【역주】

203) 水精毬(수정구): 수정구(水晶球). 수정으로 만든 공. 여기서는 수정구처럼 둥그란 모양의 등을 가리킨다.【역주】

204) 篾絲(멸사): 대나무를 쪼개서 만든 실.『설문해자』에서 "비단을 잘라 만든 등으로, 장주(漳州, 복건성)의 사람들이 대나무를 쪼개서 만든 실을 재질로 삼아 매우 세밀하게 제작하여 오색의 얇은 비단을 그 위에 덮는데, 작은 기물은 운치가 있어, 다른 지방에서 모두 중시한다.(綻絹之燈, 漳人近以篾絲爲質甚細, 覆五色薄紗其上, 小品有致, 他郡皆重之.)"라고 하였다.【原註】

* 원주에서 "說文, 綻絹之燈, 漳人近以篾絲爲質甚細, 覆五色薄紗其上, 小品有致, 他郡皆重之."라고 하였으나,『설문해자』에는 이러한 내용이 없으며, 장주 지역의 지리서인『장주부지(漳州府志)』에 "漳人近以篾絲爲質甚細, 覆五色薄紗其上, 小品有致, 他郡皆重之."라는 내용이 있다.【역주】

205) 酸氣(산기): 진부한 기운, 혹은 '퀴퀴한 기운'을 말한다.【原註】

206) 시상(時尙): 유행하다. 그 당시의 풍모.【역주】

207) 鏡(경): 얼굴을 비추어 보는 기물로, 고대에는 청동으로 만들었으며, 지금은 유리

(鏡背)209)의 바탕이 두껍고 무늬가 없는 것이 상등품이며, 수은고(水銀 古)210)의 광택이 나고 경배에 무늬가 있는 것이 그 다음이다. 돈과 같은 크기의 작은 동경으로 경배에 청록색이 가득하고 금은으로 오악도(五嶽 圖)를 상감한 것은 휴대하는 도구로 사용할 수 있으며, 마름꽃 형태나 팔각형에 사각형의 손잡이가 붙은 동경211)은 저속하여 사용할 수 없다. 헌원경(軒轅鏡)212)은 그 형상이 공과 같은데, 침상의 앞에 매달아 놓아

를 사용한다.【原註】
208) 흑칠고(黑漆古): 검은 칠의 색을 띠는 고대 동경을 가리킨다.
    『박물요람』에서 "지금 존재하는 고대 동경은 수은과 같은 색(은색)을 상등품으로 하고, 납과 같은 색(회색)의 경배(鏡背, 동경)가 그 다음이며, 청록색은 또 그 다음이다. 또 납과 같은 색의 경배가 흙에 파묻혀 연대가 오래되면 마침내 순흑색으로 변하며 '흑칠고'라 하는데, 이것의 가격이 최고로 높지만, 이러한 색은 위조하기가 매우 쉽다.(今之古鏡, 以水銀爲上, 鉛靑次之, 靑綠又次之. 又若鉛背, 埋土年遠, 遂變純黑, 名爲黑漆古, 此價最高, 而此色甚易爲假.)"라고 하였다.【原註】
    * 흑칠고(黑漆古): 고대 동경의 표면이 각종 원인으로 인하여 흑색으로 반짝거리는 상태를 보이는 현상. 일반적으로 당나라 이전의 기물에 나타난다.【역주】
209) 경배(鏡背): 본래는 동경에서 얼굴을 비추어보는 거울 면인 경면(鏡面)의 반대면으로, 끈을 꿰는 고리가 붙어 있고 여러 가지 도안으로 장식을 한다. 여기서는 거울의 몸통 전체를 가리킨다.【역주】
210) 수은고(水銀古): 은색과 같은 고대 동경을 가리킨다. 『오잡조(五雜組)』에서 "고대 무덤속의 동경에도 붉은 색과 청록색의 녹이 모두 존재하며, 물속에 들어가 있을 필요가 없다. 옛사람들의 관 내부로 수은이 많이 주입되어 마침내 '수은고'가 존재하게 되었다.(古墓中鏡, 朱砂靑綠皆有, 不必入水也. 古人棺內多灌水銀, 遂有水銀古者.)"라고 하였다.【原註】
    * 오잡조(五雜組): 16권. 명나라 관리 사조제(謝肇淛, 1567-1624)의 필기로 독서의 심득과 시사 및 사회풍토 등을 기록하였다.【역주】
    * 수은고(水銀古): 동경에 함유된 주석이 산화되어 동경 표면의 색이 수은을 칠한 것처럼 은백색을 띠는 것.【역주】
211) 손잡이가 붙은 동경: 송대와 금대에 유행하였으며, 당나라까지의 동경과 비교하여 두께가 얇고 문양도 거칠어 품질이 많이 떨어진다.【역주】
212) 헌원경(軒轅鏡):『동천청록(洞天淸錄)』에서 "헌원경은 그 모양이 공과 같으며, 침상의 앞에 매달아놓을 수가 있어 잡귀를 물리친다.(軒轅鏡, 其形如球, 可作臥榻前懸掛, 取以辟邪.)"라고 하였다.【原註】
    * 헌원경(軒轅鏡): 현재 북경 고궁 전각의 천정에 장식된 용의 입 아래에 매달려 있는 구형(球形)의 동경.【역주】

사악한 기운을 물리치는데 사용하지만 고대의 양식은 아니다.

二十八. 鏡

　如錢小鏡[213]滿背靑綠嵌金銀五嶽[214]圖者, 可供攜具, 菱角八角有柄方鏡, 俗不可用. 軒轅鏡, 其形如毬, 臥榻前懸掛, 取以辟邪[215], 然非舊式.

---

213) 如錢小鏡(여전소경): 『강행잡록(江行雜錄)』에서 "원상국(元相國)이 강하(江夏, 지금의 호북성 무한시(武漢市)]를 다스렸다. 어부가 마침 잉어 한 마리를 잡았는데,……요리사에게 배를 가르도록 하였더니, 배 속에서 고대의 동경 2개를 얻었는데, 옛날 돈처럼 컸으며, 경면(鏡面)을 서로 합치면 경배(鏡背)에 쌍룡무늬가 은은하게 솟아난다.(元相國之鎭江夏也.……漁云適獲一鯉,……命庖人剖之, 腹中得古鏡二, 如古錢大, 以面相合, 背則隱起雙龍.)"라고 하였다.【原註】
　　* 강행잡록(江行雜錄): 1권. 남송의 장서가 요형중(廖瑩中, ?-1275)의 필기.【역주】
　　* 원상국(元相國): 당나라 시인 원진(元稹, 779 - 831). 원화연간(元和年間)에 재상을 했으며, 대화(大和) 4년(830)에 무창군절도사(武昌軍節度使)로 좌천되었다. 무창은 현재 호북성 무한시(武漢市)에 속한다.【역주】
214) 오악(五嶽): 『박고도(博古圖)』에서 "당나라의 오악의 실제 모습이 장식된 동경은 지름이 8치에 무게는 3근이며 명문이 없다.(唐五嶽眞形鑑, 徑八寸, 重三斤, 無銘.)"라고 하였다. 경배(鏡背)에 오악의 도형이 있는 것을 가리킨다. 『고반여사』에서 "오악도전법(五嶽圖篆法)에는 두 가지가 있으며, 하나는 당나라 동경에서 나왔고, 하나는 『도덕경』에서 나왔다.(五嶽圖篆法有二, 一出唐鏡, 一出道德經.)"라고 하였다.【原註】
　　* 오악도전법(五嶽圖篆法): 오악의 모양을 전서체로 새기는 방법. 당나라의 오악진형경(五嶽眞形鏡)에는 오악을 산의 모습으로 표현한 동경이 있고, 오악을 상징하는 전서체와 비슷한 부적에 사용하는 부호 5개를 중앙과 사방에 배치한 동경이 있으며, 여기서는 뒤의 것을 가리킨다.【역주】
215) 벽사(辟邪): 사람에게 해를 끼치는 귀신을 물리쳐 제거하는 것을 말한다. 『고경기(古鏡記)』에서 "섬서성 분음[汾陰, 지금의 산서성 만영현(萬榮縣) 소재]의 후생(侯生)은 천하에서 기이한 선비이다. 왕도는 평소 스승의 예절로 후생을 섬겼으며, 임종할 때 왕도에게 고대 동경을 주면서 '이것을 지니고 있으면 온갖 사악한 것이 사람에게서 멀어진다.'라고 하였다.(陝汾陰侯生, 天下奇士也. 王度常以師禮事之, 臨終贈度以古鏡曰, 持此則百邪遠人.)"라고 하였다.【原註】
　　* 고경기(古鏡記): 1권. 수나라 관리 왕도(王度, ?-?)가 기이한 이야기를 모은 전기소설(傳奇小說).【역주】

29. 대구(帶鉤)216)

고대 청동기로 허리를 묶을 때 사용하는 납작한 대구(帶鉤)에는 금·
은·벽옥을 상감한 것이 있고, 금박과 은박을 입힌 것이 있으며 동물의
모양으로 몸통을 한 것이 있는데, 모두 하·상·주 시대의 기물이다. 양
머리 모양의 대구와 사마귀가 매미를 잡는 모양에 금니를 칠한 것은 모
두 진나라와 한나라의 기물이다. 서재에 많이 설치하여 벽에 매달아 그
림 및 총채와 깃털로 만든 부채 등을 거는 용도로 사용하면 가장 우아하
다. 1치부터 1자 크기에 이르는 것은 모두 사용할 수 있다.

二十九. 鉤217)

古銅腰束絛鉤, 有金銀碧塡嵌者, 有片金銀者, 有用獸爲肚者, 皆三代218)物
也. 有羊頭鉤螳螂捕蟬鉤鏒金者, 皆秦漢物也. 齋中多設, 以備懸壁掛畵及拂
塵219)羽扇等用, 最雅. 自寸以至盈尺, 皆可用.

---

216) 대구(帶鉤): 현대의 허리띠에 사용하는 버클의 용도와 같은 역할의 기물이다. S
    자를 눕혀 길게 늘인 것과 비슷한 형태로, 한 끝은 살짝 구부려져 갈고리와 같고
    다른 한끝의 반대 면에 둥그런 못이 약간 튀어나와 있다. 기물 전체적으로 한
    면은 반원형이고 못이 튀어나온 다른 면은 평평한 형태이다. 고대 기물에는 청동
    으로 제작하여 금은을 상감한 것도 있고 옥으로 제작한 것도 있다.【역주】
217) 鉤(구): 구(鉤)와 같으며 대구(帶鉤)이다. 『옥편』에서 "쇠로 만든 구부러진 것이
    다.(鐵曲也.)"라고 하였다.【原註】
218) 三代(삼대): 하(夏)·상(商)·주(周)를 삼대라 한다(B.C.221년 진시황의 천하통일
    까지).【原註】
219) 불진(拂塵): 불자(拂子)이며, 먼지를 털고 벌레를 쫓는 데 사용하는 것으로, 옛날
    에는 주미(塵尾, 큰사슴 종류의 꼬리)로 만들었으며, 현재는 말의 꼬리털로 만든
    다.【原註】
  * 불진(拂塵): 총채. 먼지떨이. 청담가들이 사용하던 주미(塵尾)와는 다른 기물이
    다.【역주】

30. 허리띠(束腰)220)

한나라의 대구와 한나라의 옥결(玉玦)221)로 겨우 두 치 남짓한 것은 요대로 사용하면 매우 편리하고, 조금 크면 완상하는 기물에 들어가며, 일용할 수 없다. 끈은 침향색(沈香色)222)이나 자주색을 사용하며 나머지는 모두 적당하지 않다.

三十. 束腰

漢鈎223)漢玦224)僅二寸餘者, 用以束腰, 甚便, 稍大則便入玩器, 不可日用. 絛225)用沈香226)眞紫227), 餘俱非所宜.

---

220) 束腰(속요): 속(束)은 '묶는다'는 의미이다. 속요(束腰)는 요대(腰帶, 허리띠)이다. 【原註】
221) 옥결(玉玦): 납작한 도넛모양의 한 부분을 약간 잘라 제거하여, 내부의 원이 외부와 통하도록 된 형태의 옥기로 고대에는 관계를 단절할 때에 증정하였다. 완전하면 '환(環)'이라 한다.【역주】
222) 침향색(沈香色): 침향처럼 누런빛을 띤 갈색.【역주】
223) 漢鈎(한구): 한나라시기에 만든 대구(帶鈎).【原註】
224) 漢玦(한결): 한나라시기에 만든 패옥(佩玉).
    『한서·오행지(五行志)』의 주(注)에서 "안사고가 '환(環)의 반을 결이라 한다.'라고 하였다.(師古曰, 半環曰玦.)"라고 하였다.
    『광운(廣韻)』에서 "환(環)과 같은 패옥이면서 이지러진 부분이 있다.(佩如環而有缺.)"라고 하였다.【原註】
    * 환(環): 납작한 도넛 모양으로 생긴 옥기. 『이아·석기(釋器)』에서 "옥으로 된 테두리 부분이 가운데 구멍의 두 배인 것은 '벽(璧)'이라 하고, 가운데 구멍이 옥으로 된 테두리의 두 배인 것은 '원(瑗)'이라 하며, 옥으로 된 테두리와 가운데 구멍의 크기가 같은 것은 '환(環)'이라 한다.(肉倍好謂之璧, 好倍肉謂之瑗, 肉好若一謂之環.)"라고 하였으며, 곽박의 주(注)에서 "육(肉)은 옥으로 된 테두리이며, 호(好)는 구멍이다.(肉, 邊, 好, 孔.)"라고 하였다.【역주】
225) 絛(도): 조(條)와 같으며, 실을 엮어 만든 끈이다. 『예기·내칙(內則)』의 소(疏)에서 "조(組)와 순(紃)은 모두 조(條, 끈)이다.(組紃具爲條.)"라고 하였다.【原註】
226) 沈香(침향): 침향색을 말한다.【原註】
227) 眞紫(진자): 색깔.【原註】

31. 선등(禪燈)228)

선등은 조선의 것이 훌륭하며, 월등(月燈)은 불빛이 갓 떠오른 달처럼 하얗게 빛나고, 일등(日燈)은 불이 내부에서 비쳐 나오면 방안 가득이 모두 홍색으로, 작은 것이 더욱 사랑스럽다. 조선에 연꽃잎이 아래로 향하거나 위로 향한 무늬의 삼족향로가 있으며, 원래 선등에 놓았으나 지금은 구할 수가 없다. 별도로 작은 받침대를 만들어 받치며, 각등(角燈)229)과 같은 양식으로 만들면 안 된다.

三十一. 禪燈

禪燈, 高麗者佳230), 有月燈, 其光白瑩如初月, 有日燈, 得火內照, 一室皆紅, 小者尤可愛. 高麗有頻仰231)蓮三足銅鑪, 原以置此, 今不可得. 別作小架架之, 不可製如角燈之式.

---

228) 선등(禪燈): 절에서 사용하는 등. 『준생팔전』에 따르면, 고려(한반도)에서 산출되는 홈이 파져 있는 돌로 만든 석등으로, 홈에 기름을 붓고 불을 붙이면, 석질에 따라 광택이 상이하게 나타나며, 월석(月石, 흰 색의 돌)으로 만든 것을 '월등(月燈)'이라 하는데 불빛이 하얗게 비치고, 일석(日石, 붉은 색의 돌)으로 만든 것을 '일등(日燈)'이라 하는데 불빛이 붉게 비쳤다. 절에서 많이 사용하여 '선등(禪燈)'이라고도 한다.【역주】

229) 각등(角燈): 투명한 뿔을 가공하여 표면을 씌운 등롱. '양각등(羊角燈)'이라고도 한다.【역주】

230) 高麗者佳(고려자가): 고려는 고구려(高句驪)이다. 오대 무렵에 고려(918-1392)를 건국하였으며, 명대 초기에 국호를 '조선'이라 고쳤다. 지금의 조선국이다. 『동천청록』에서 "선등은 고려의 것이 훌륭하다.(禪燈, 高麗者佳.)"라고 하였다. 명나라 당지순(唐之淳, 1350-1401. 문학가)에게 「고려의 석등을 읊어(詠高麗石燈)」라는 시가 있어 "오목한 돌에 놓인 촛불은 멀리서 그윽하고, 허공이 밝게 하니 어찌 비단 등롱과 다르겠는가?(皾石燭幽逈, 虛明詎異紗.)" 등의 구절이 있다.【原註】

231) 頻仰(부앙): 부앙(俯仰)과 같다.【原註】

32. 향연반(香櫞盤)232)

향연반에는 고대 청동기로 청록색의 녹이 슨 쟁반이 있으며, 관요·
가요·정요·청동자(靑冬磁)233)·용천요의 대형 쟁반이 있고, 선덕시기
에는 암화백반(暗花白盤)234)·소마니청(蘇麻尼靑)235)으로 무늬를 장식

---

232) 향연반(香櫞盤): 향연(香櫞)을 담는 쟁반.【原註】
 * 향연(香櫞): 시트론. 학명은 Citrus medica. 쌍떡잎식물강 쥐손이풀목 운향과에
   속하는 상록 소교목이나 관목으로, 레몬과 비슷한 열매가 달린다. 여기서는
   열매를 가리킨다.【역주】
233) 靑冬磁(청동자): '청동기(靑東器)'나 '청동기(靑冬器)'라고도 하며, 북송시기 변경
   (汴京, 지금의 하남성 개봉시) 동쪽의 진류현(陳留縣)에 있었던 동요(董窯)에서
   제작한 청자를 가리킨다.【역주】
234) 암화백반(暗花白盤): 암화(暗花)로 장식한 백자 쟁반. 암화는 은은하여 무늬가
   눈에 잘 뜨이지 않는 장식기법을 가리키며, 보통 음각을 하고 유약을 칠해 소성
   하면 무늬가 은은하여 잘 보이지 않는다. 암화백반은 음각문양을 장식한 백자
   쟁반을 가리킨다.【역주】
235) 소마니청(蘇麻尼靑): 당씨의 『사고(肆考)』에서 "선덕요의 청화는 일명 소마니청
   (蘇麻尼靑)이다. 정덕연간에 회청(回靑)을 획득하였으며, 가정요(嘉靖窯)의 황실
   기물에서 마침내 회청을 사용하였다.(宣窯靑花, 一名蘇麻尼靑, 成化時已少. 正德
   間得回靑, 嘉窯御器遂用之.)"라고 하였다. 생각건대 『송서(宋書)』에 「소마려전(蘇
   摩黎傳)」이 있으며, '소마니(蘇麻尼)'는 현재 아프리카의 소말리아(Somalia)로 의심
   된다.
   『도설(陶說)』에는 "소니발청(蘇尼勃靑)"으로 되어 있다.
   『물리소지』에서 "소마리청으로 장식하였다.(以蘇麻離靑爲飾)"라고 하였다.【原註】
 * 당씨의 사고(肆考): 8권. 청나라 건륭연간 당병균(唐秉鈞, ?-?)이 저술한 문방구
   에 관한 전문서적인 『문방사고(文房肆考)』.【역주】
 * 소마니청(蘇麻尼靑): '소니마청(蘇泥麻靑)'·'소발니청(蘇勃泥靑)'·'소니발청
   (蘇泥勃靑)'·'소마리청(蘇麻離靑)'이라고도 한다. 중동지역에서 수입되어 원대
   청화자기와 명나라 성화초기까지 사용되었으며, 이후에 중국산 청화로 대체되
   었다. 산지에 관해서는 아직 정확한 지역이 밝혀지지 않았다. 안료에 철분의
   함량이 높아 '철수반(鐵銹斑)'이라 불리는 철질의 반점이 청화 무늬의 표면에
   나타난다. 현대에는 주로 소마리청(蘇麻離靑)으로 쓴다.【역주】
 * 회청(回靑): '회회청(回回靑)'이라고도 한다. 서역·신강(新疆)·운남 등으로
   산지에 관하여 이설이 많다. 청화의 발색은 자주색이 은은하며, 명나라 가정-
   만력시기에 많이 사용하였다. 만력시기의 『명회전(明會典)』 「토로번(土魯番)」
   조목에서 "가정 33년(1554)에 회회청(回回靑) 310근 8냥을 공물로 바쳤다.(嘉

한 쟁반236) · 주사홍반(朱砂紅盤)237)이 있는데, 이런 기물에 향연을 두면 모두 좋다. 향연이 산출될 때, 산중의 거실에는 절대로 향연이 없어서는 안 된다. 그러나 하나의 쟁반에 4개를 놓으면 딱딱하여 상투적이며, 대형 쟁반에 2-30개를 놓으면 더욱 저속하므로, 조각하여 붉은 칠을 한 오래된 다탁(茶橐)238)을 찾아 한 개를 올려놓고 완상용으로 사용하는 것만 못하다. 혹은 기다란 양식의 오래된 도자기 쟁반을 구하여 탁자 사이에 향연 두 개를 놓아도 좋다.

三十二. 香櫞盤

香櫞盤, 有古銅青綠盤, 有官哥定窯青冬磁龍泉大盤, 有宣德239)暗花白盤蘇麻尼青盤朱砂紅盤, 以置香櫞, 皆可. 此種出時, 山齋最不可少. 然一盆四頭, 既

　　靖三十三年, 進貢回回青三百一十斤八兩.)"라고 하였다.【역주】
* 소마려(蘇摩黎): 송서(宋書)』권97에서 "원가(元嘉) 18년(442)에 소마려국의 왕 나라발마(那羅跋摩)가 사신을 보내어 그 지방 특산물을 바쳤다.(元嘉十八年, 蘇摩黎國王那羅跋摩遣使獻方物.)"라고 하였다. 소마려는 현재의 수마트라(Sumatra)섬 북쪽 해안의 스말랑카(Smarlangka)일대로 추정된다.【역주】
* 원주에서 소마니(蘇麻尼)를 현재 아프리카의 소말리아(Somalia)로 추정하였으나, 오류이다. 원대와 명대 청화자기에 사용된 청화안료의 산지는 아프리카와 전혀 관련이 없으며, 중동지역과 깊은 관련이 있다.【역주】
* 도설(陶說): 원주에서 '도사(陶史)'라고 하였으나, 오류이므로 수정하였다.【역주】
236) 소마니청(蘇麻尼青)으로 무늬를 장식한 쟁반: 청화백자반(青畵白瓷盤)을 가리킨다. 소마니청을 이용한 청화자기는 원나라 말기부터 명나라 성화시기까지 계속 제작되었다. 원대의 청화자기는 현재 터키 이스탄불의 토푸카푸(Topkapi) 궁과 이란의 아르데빌(Ardebil) 신전에 각각 몇 십 점씩 많이 소장되어 있으며, 전세계적으로 소마니청을 사용한 원대의 청화자기는 400여점으로 알려져 있다.【역주】
237) 주사홍반(朱砂紅盤): 주사처럼 붉은 색이 나는 쟁반. 산화동을 이용하여 제작한 홍유(紅釉) 자기를 가리키며, 명대초기에는 붉은 보석과 같은 홍색이 나타나 '보석홍(寶石紅)'이라 불리는 전체가 홍색을 띠는 기물이 제작되었으며, 특히 선덕 시기의 기물이 유명하다.【역주】
238) 다탁(茶橐): 다탁(茶托), 찻잔 받침.【역주】
239) 宣德(선덕): 명나라 선종(宣宗) 주첨기(朱瞻基)의 연호(1426-1435).【原註】

板且套, 或以大盆置二三十, 尤俗, 不如覓舊硃雕茶橐, 架一頭, 以供清玩. 或得舊磁盆長樣者, 置二頭於几案間, 亦可.

33. 여의(如意)240)

여의는 옛사람이 방향을 가리키거나 예측하지 못하는 상황을 방비하는 데에 사용하였으므로 철을 제련하여 만들었으며, 미관만을 위한 것은 아니었다. 오래된 철로 만든 여의를 구하였는데 표면에 금이나 은이 상감되어 보일 듯 말듯하여 고색창연한 것이 가장 훌륭하다. 천연에서 자라난 나뭇가지와 대나무의 땅 속 줄기 등의 제품은 모두 폐기할 물건이다.

三十三. 如意

如意, 古人用以指揮向往, 或防不測, 故煉鐵爲之, 非直美觀而已. 得舊鐵如意, 上有金銀錯, 或隱或見, 古色濛然者, 最佳. 至如天生樹枝竹鞭241)等制, 皆廢

---

240) 여의(如意): 기물의 명칭. 인도의 범어 Aniruddha(阿那律)의 의역(意譯)에서 유래하였다. 자루의 끝 부분을 손가락 모양으로 만들어 "손이 닿지 못하는 곳이 없으며, 마음대로 긁을 수가 있다.(手所不至, 指之可以如意.)"는 의미를 표시한다. 손잡이의 끝부분에 '心'자형이 있는 것은 모두 뼈 · 뿔 · 대나무 · 나무 · 옥 · 돌 · 구리 · 철 등으로 제작하며, 길이는 3자 정도로서, 강연하는 승려가 들고서 그 위에 경문(經文)을 기록하여 잊어버리는 것을 대비하였으며, 관음상도 여의를 들고 있다.【原註】

* 여의(如意): 본래는 등을 긁는 효자손에서 유래하였으며, 후대에는 고급재질로 화려하게 제작하여 감상물이나 신분의 과시용으로도 사용되었다. 일반적으로 갈고리처럼 구부러진 한쪽 끝은 머리에 해당하며, 대부분 영지모양으로 만들고, 다른 쪽의 손잡이 부분은 직선이나 살짝 구부리기도 한다. 최초의 여의는 한쪽 끝을 손가락 모양으로 만들어 손이 닿지 못할 곳이 없이 마음대로 긁을 수가 있어 '여의(如意)'라고 하였으며, '불구인(不求人, 다른 사람을 찾을 필요가 없다)'이라고 속칭하였다.【역주】

241) 竹鞭(죽편): 대나무의 땅속줄기.【역주】

物也.

34. 주미(麈尾)[242]

　　주미(麈尾)는 옛사람들이 청담(淸談)[243]에 사용하였는데, 지금 손님을 마주하여 주미를 휘두른다면 이러한 모습을 보고 구토가 일 것이다. 그러나 서재에는 벽에 매달아 놓도록 한 종류를 구비하며, 고옥(古玉)으로 된 손잡이에 흰 사슴의 꼬리와 머리카락으로 털을 만들면 우아하다. 천연에서 자라난 대나무의 땅속 가로줄기와 만세등(萬歲藤)[244]과 같은 것은 비록 영롱하고 기이하지만 모두 사용할 수 없다.

---

242) 주미(麈尾): 동물의 종류이자 사슴 종류로 '타록(駝鹿)'이라고도 하며 '사불상(四不象)'이라 속칭한다. 고대에 주미(麈尾)로 먼지를 떨었으므로, 불진(拂塵, 먼지떨이)을 '주미(麈尾)'라고도 하고 '주(麈)'라고 약칭한다.【原註】
　　* 타록(駝鹿): 엘크(elk), 무스(moose). 큰사슴의 일종.【역주】
　　* 사불상(四不象): 미록(麋鹿). 학명은 Elaphurus davidianus. 사슴과에 속하는 동물로, 머리는 말과 비슷하고 뿔은 사슴과 비슷하며 목은 낙타와 비슷하고 꼬리는 나귀와 비슷하여 '사불상'이라 한다.【역주】
　　* 주미(麈尾)와 불진(拂塵, 먼지떨이)이 혼동되고 있으나, 주미는 지금의 먼지떨이와 같은 형태가 아니라 부채와 유사한 형태의 기물이다.【역주】
243) 청담(淸談): 동한시기에 현실 정치에 대하여 논의를 하는 풍조를 계승하여 위진시기에 현학(玄學, 유교와 도교를 융합한 새로운 철학)에 대하여 분석하고 토론하던 문화현상. 하안(何晏, ?-249)과 왕필(王弼, 226-249)이 대표 인물이다.【역주】
244) 만세등(萬歲藤): 오래 된 등나무. 『당서·강무전(姜撫傳)』에서 "늘 푸른 것은 천세류(千歲蘽)이다.(常春者, 千歲蘽也.)"라고 하였다.
　　범성대(范成大)에게 「편수(編修) 이기지(李器之)의 '영석산만세등가'에 차운하여(次韻李器之編修靈石山萬歲藤歌)」라는 시가 있다.【原註】
　　* 천세류(千歲蘽): 갈류(葛蘽), 즉 칡. 식물의 이름. 낙엽등본으로, 여름에 꽃이 피고 과실은 흑색이며 약에 사용할 수 있다. '야포도(野葡萄)'라고도 한다.【역주】

三十四. 塵

塵, 古人用以清談, 今若對客揮塵, 便見之欲嘔矣. 然齋中懸掛壁上, 以備一種, 有舊玉柄者, 其拂以白尾[245]及靑絲[246]爲之, 雅. 若天生竹鞭萬歲藤, 雖玲瓏透漏, 俱不可用.

35. 화폐(錢)[247]

화폐의 양식은 매우 다양하며 『전보(錢譜)』[248]에 상세하게 기록되어 있다. 금이 상감된 청록색의 녹이 슨 도전(刀錢)[249]이 있으며, 표첨(標簽)[250]으로 사용할 수 있으므로, 『박고도(博古圖)』[251] 등과 같이 권질이

---

245) 白尾(백미): 흰 사슴의 꼬리. 진(晉) 허순(許詢, ?-?)에게 「백록미명(白鹿尾銘)」이 있다. 현재는 백마의 꼬리털을 많이 사용한다.【原註】
246) 靑絲(청사): 머리카락.【原註】
247) 錢(전): 화폐. 금속을 주조하여 만든다. 전(錢)은 본래 농기구였다. 『시경·주송·신공(詩經·周頌·臣工)』에서 "쟁기와 호미를 보관해 두네.(庤乃錢鎛.)"라고 하였으며 『모시전』에서 "전(錢)은 쟁기이다.(錢, 銚也.)"라고 하였다. 그 뒤에 화폐를 제작하였으며, 쟁기의 형상을 본떠서 만들었고, 현재 보이는 고대 화폐 가운데 '화포(貨布)'라는 문자가 있는 것은 바로 고대 쟁기와 호미를 본뜬 "전(錢, 화폐)"이다. 후대에 비로소 원형에 사각형의 구멍이 뚫린 형태가 제작되기 시작하였다.【原註】
    * 원형에 사각형의 구멍이 뚫린 동전은 진(秦)나라의 반량전(半兩錢)이 최초이고, 청말의 선통통보(宣統通寶)가 마지막으로, 2,000여 년 동안 사용되었다.【역주】
248) 전보(錢譜): 남북조시기 양나라 관리 고훤(顧烜, ?-?)의 화폐에 관한 전문 저서로, 원서는 산일되었다.【역주】
249) 도전(刀錢): 전국시대 사용하던 칼과 비슷한 모양의 화폐로, 길이는 약 14cm정도이며, 연(燕)나라의 화폐는 '명도(明刀)'라 하고, 제(齊)나라의 화폐는 '제도(齊刀)'라 한다. 구리와 납 빛 주석의 합금으로 제조되었다.【역주】
250) 籤(첨): 첨(簽)과 같다. 표식으로, 대나무조각이나 상아 위에 부호가 쓰여 있는 것을 말한다. 대개 표제(標題)는 모두 '첨(籤)'이나 '표첨(標籤)'이라 한다.【原註】
251) 박고도(博古圖): 박고(博古)는 고대 기물을 가리킨다. 『선화박고도(宣化博古圖)』 30권은 송나라 왕보(王黼, 1079-1126. 북송 말기의 대신) 등이 편찬하였다.【原註】

커다란 서적에 사용한다. 아안(鵝眼)[252]과 화포(貨布)[253]는 지팡이 머리에 장식으로 매달 수 있다.

三十五. 錢

錢之爲式甚多, 詳具錢譜. 有金嵌靑綠刀錢, 可爲簽, 如博古圖等書成大套者用之. 鵝眼貨布, 可掛杖頭[254].

---

252) 아안(鵝眼): 작은 돈. 『통전(通典)』에서 "영광원년(永光元年, 465), 심경지(沈慶之, 484-539. 양나라의 장군)가 사주전을 통행시키기 시작하였고, 이로 말미암아 화폐제도가 어지러워졌으며, 한 꿰미(1,000개) 동전이 길이가 3치에 미치지 못하였는데, 크기가 이와 비슷한 것을 '아안전(鵝眼錢)'이라 한다.(永光元年沈慶之啓通私鑄, 由是錢貨亂改, 一串錢長不盈三寸, 大小稱此, 謂之鵝眼錢.)"라고 하였다.【原註】
  * 원주에서 『통전(通典)』을 인용하여 "永元元年(영원원년)"이라고 하였으나, 영원(永元)은 제나라의 연호로 서기 499년이다. 남조 송나라의 마지막 황제 유자업(劉子業, 449-466)의 연호로서 모두 8개월에 불과했던 '영광원년(永光元年, 465년 1-8월)'의 오기이므로 수정하였다.【역주】
  * 아안전(鵝眼錢): '계목전(鷄目錢)'이라고도 한다. 동전의 몸체가 거위의 눈이나 닭의 눈처럼 작고 가벼운 동전을 가리킨다. 일반적으로 동한말기부터 육조시기에 특별히 작고 열악한 오수전(五銖錢)을 통칭한다. 특히 남조 송 유자업의 경화원년(景和元年, 465년 8월 이후)에 민간에서 사주한 오수전은 윤곽선이 없고 거위의 눈처럼 크기가 작아 물에 띄워도 가라앉지 않았다고 한다.【역주】
253) 화포(貨布): 화폐의 명칭. 『한서·식화지(食貨志)』에서 "천봉원년(天鳳元年, 14), 크고 작은 전(錢, 화폐의 명칭)을 모두 혁파하여 화포(貨布)로 바꾸었다.……화폐의 문자는 오른 쪽을 '화(貨)'라 하고 왼쪽을 '포(布)'라 하며, 무게는 25수(약 1냥, 약 36.5g)로, 일포(一布)는 화천(貨泉, 왕망시기의 화폐의 명칭) 25에 해당하였다.(天鳳元年破大小錢, 改作貨布.……其文右曰貨, 左曰布, 重二十五銖, 直貨泉二十五.)"라고 하였다.【原註】
  * 화포(貨布): 왕망시기의 화폐. 왕망(王莽, B.C.45-A.D.23)이 신(新)을 세운 뒤에 반량전(半兩錢)과 오수전(五銖錢) 등의 '전(錢)'자에서 좌측의 '금(金)'자 부수(部首)가 한나라 유씨(劉氏)의 '유(劉)'자와 관계가 있다고 하여 '전(錢)'자를 발음이 비슷한 '천(泉)'자로 모두 대체하여, '화천(貨泉)'과 '포천(布泉)' 등의 6종 화폐를 주조하였다.【역주】
254) 杖頭(장두): 장두전(杖頭錢)은 술을 사는 돈을 말한다.
  『세설신어』에서 "완선자(阮宣子)는 늘 걸어갈 때에 백 개의 동전을 지팡이 머리에 매달아 두었는데, 술집에 도착하면 바로 혼자 거나하게 취하여, 비록 그 당시

36. 표주박(瓢)255)

표주박은 작고 납작한 조롱박을 구하는데, 크기는 4-5치를 넘지 않는 것 가운데 작은 것을 반으로 갈라 물로 그 속을 깨끗하게 씻고 겉을 천으로 마찰하면, 윤기가 반짝이고 말끔하여 물이 닿아도 변형되지 않고 오물이 끼지 않는다. 그러므로, 지팡이 꼭대기와 고목의 뿌리로 만든 좌선용 의자의 위에 매달아 놓는 것이 모두 가능하다. 특히 두 개의 조롱박이 붙어 자란 것이 있고 관(冠)을 만들 수 있는 것이 있는데, 모두 우아하다. 조롱박의 중간 부위가 길거나, 가마우지의 목처럼 한 쪽이 길거나, 중간부분이 구부러진 것은 모두 사용할 수 없다.

三十六. 瓢

瓢, 得小匾葫蘆256), 大不過四五寸, 而小者半之, 以水磨其中, 布擦其外, 光彩瑩潔, 水濕不變, 塵汚不染, 用以懸掛杖頭, 及樹根禪椅257)之上, 俱可. 更有二瓢並生者, 有可爲冠者, 俱雅. 其長腰258)鷺鷀259)曲項260), 俱不可用.

의 권세가들도 다가갈 수가 없었다.(阮宣子常步行, 以百錢掛杖頭, 至店, 便獨醉酣暢, 雖當時貴盛, 不可詣也.)"라고 하였다. 여기서는 지팡이 꼭대기에 장식하는 용도를 가리킨다.【原註】
　　* 완선자(阮宣子): 위진시기의 노장철학가 완수(阮修, 270-311).【역주】
255) 瓢(표): 박을 갈라서 만들며, 물과 술 등을 뜨는데 사용한다. 『주례·춘관·창인(周禮·春官·鬯人)』에서 "영문(禜門)에서는 표주박으로 술을 바친다.(禜門用瓢齎)"라고 하였다. 『논어』에서 "한 바가지의 물(一瓢飮)"이라고 하였다.【原註】
　　* 영문(禜門): 고대에 홍수와 가뭄에 대한 제사를 지내는 제단.【역주】
256) 葫蘆(호로): 권8「관(冠)」의 원주 참고.【原註】
　　* 葫蘆(호로): 여기서는 호리병 모양의 조롱박을 가리킨다.【역주】
257) 樹根禪椅(수근선의): 고목의 뿌리로 만든 좌선용의 의자.【原註】
258) 長腰(장요): 조롱박의 모양이 중간부위가 가늘고 긴 것.【原註】
259) 鷺鷀(노자): 조롱박의 모양이 가마우지의 목처럼 기다란 것.【原註】
260) 曲項(곡항): 조롱박의 모양이 가운데 부분이 구부러진 것.【原註】

37. 바리때(鉢)[261]

바리때는 깊은 산의 커다란 대나무 뿌리를 가져다가 갈이틀로 깎아서 바리때로 만들며, 표면에 명문이나 불경의 문자나 오악도(五嶽圖)[262]를 새기고 석청(石靑)[263]으로 메워 칠하면 매끄럽고 반짝거려 사랑스럽다.

三十七. 鉢

鉢, 取深山巨竹根, 車旋[264]爲鉢, 上刻銘字[265]或梵書[266]或五嶽圖, 塡以石靑,

---

261) 鉢(발): 승려의 밥그릇을 '발(鉢, 바리때)'이라 하는데, 범어에서 '발다라(鉢多羅)'라고 하였으며, '발(鉢)'이라 약칭하고, 비구육물(比丘六物) 가운데 하나이다. 『현응음의(玄應音義)』에서 "발다라는 또 '만다라(曼多羅)'라고 한다.(鉢多羅, 又稱曼多羅.)"라고 하였다.【原註】

    * 비구육물(比丘六物): 승려가 지니는 여섯 가지 기물. 승가려(僧伽黎, 커다란 겉옷), 울다라승(鬱多羅僧, 상의), 안타회(安陀會, 하의), 파저라(波咀羅, 바리때), 니사단(尼師壇, 깔개), 소비라(騷毘羅, 즉 녹수낭(漉水囊), 물을 거르는 도구].【역주】

    * 현응음의(玄應音義): 25권. 『중경음의(衆經音義)』나 『일체경음의(一切經音義)』라고도 하며, 당태종시기의 승려 현응(玄應, ?-?)이 저술한 불교에 나오는 문자의 음과 의미를 해설한 저서.【역주】

262) 오악도(五嶽圖): 본권 「거울」의 원주 참고.【原註】

263) 석청(石靑): 남해에서 산출되고 색은 새파라며, 가루로 빻아서 색을 칠하면 오래되어도 변하지 않으므로, 화가들이 많이 사용한다.【原註】

    * 석청(石靑): 남동석(藍銅石)이라고도 하며 Azurite를 가리킨다. 비금속광택을 띠는 탄산염 광물로, 고대에는 회화의 안료로도 사용되었다.【역주】

264) 車旋(거선): 녹로. 갈이틀. 회전시켜가며 목재 등을 깎는데 사용하는 도구.【역주】

265) 銘字(명자): 기물에 문자를 새겨 스스로 경계하거나 공덕을 서술하여 영원히 오래도록 남기는 것으로, 고대에는 대부분 종(鍾)과 정(鼎) 및 일용기물에 새겼다. 『예기·제통(祭統)』의 주(注)에서 "명(銘)은 쓰거나 새겨서 사건을 기록하는 것이다.(銘謂書之刻之, 以識事者也.)"라고 하였다.【原註】

266) 梵書(범서): 불경. '범(梵)'은 청정(淸淨)한 수행(修行)이고 청정이며, 동진 갈홍(葛洪)의 『자범(字苑)』에 나타난다. 불교는 청정을 위주로 하므로 불교에 관계된 것은 모두 '범(梵)'이라 한다.【原註】

    * 자원(字苑): 1권. 원명은 『요용자원(要用字苑)』으로 갈홍이 지은 어학전문서적이지만 현재는 산일되었다. 원주에서는 『자원(字范)』으로 표기하였으나 오기

光潔可愛.

38. 화병(花缾)267)

화병 가운데 고대 청동기는 땅속에 묻혀 세월이 오래되면 흙의 영향을 깊이 받게 되는데, 여기에 꽃을 키우면 꽃 빛깔이 선명해지므로 고색창연한 것을 완상하는 것뿐만이 아니게 된다. 청동기에 꽃을 꽂을 수 있는 것은 준(尊)268)이라 불리는 것·뢰(罍)269)라 불리는 것·고(觚)270)

이므로, 수정하였다.【역주】

267) 화병(花缾): 화병(花瓶)과 통하며, 꽃을 꽂는 용도로 사용된다.【原註】

268) 준(尊): 고대에 술을 담는 용기를 '준(尊)'이라 했다.
『주례·춘관(春官)』에서 "준이(尊彝, 제사 용기인 준과 이)를 담당하며, 육준(六尊)과 육이(六彝)의 위치를 관장한다. 육준은 희준(犧尊)·상준(象尊)·착준(著尊)·호준(壺尊)·태준(太尊)·산준(山尊)을 말하며, 이것으로 제사와 빈객을 응대한다.(司尊彝, 掌六尊六彝之位. 六尊謂犧象尊著尊壺尊太尊山尊, 以待祭祀賓客.)"라고 하였다.【原註】
* 준(尊): '준(樽)'으로도 쓴다. 주둥이가 크고 몸통은 원형이나 사각형이며 목이 길고 굽이 달린 상주시기에 유행한 술을 담는 청동기.【역주】

269) 뢰(罍): 『석명(釋名)』에서 "뢰(罍)는 술단지이다.(罍, 酒尊也.)"라고 하였다.
『이아·석기(釋器)』에서 "작은 뢰를 '감(坎)'이라 한다.(小罍謂之坎.)"라고 하였으며, 주(注)에서 "뢰의 형태는 항아리와 비슷하며, 큰 것은 열 말이 들어간다.(罍形似壺, 大者受一斛.)"라고 하였다.【原註】
* 뢰(罍): 상대말기에서 춘추 중기까지 유행하였으며, 이(彝)보다 조금 작고, 몸통은 사각형과 원형의 두 종류가 있으며, 술을 담는 그릇으로 청동기나 도기로 제작되었다. 주둥이는 작고 뚜껑과 굽이 있다.【역주】

270) 고(觚): 마실 때 사용하는 그릇으로 용량은 3되나 2되이다.
『주례·동관고공기(冬官考工記)』에서 "목수가 마시는 그릇을 만드는데, 고(觚, 술잔)는 3되가 들어간다.(梓人爲飮器, 觚三升.)"라고 하였다.
『한시외전(韓詩外傳)』에서 "2되짜리는 고(觚)라 하며, 고(觚)는 적은 것이다. 술 마시는 것은 적어야 마땅하다.(二升曰觚, 觚寡也. 飮當寡少.)"라고 하였다.【原註】
* 고(觚): 주둥이와 하부가 나팔처럼 벌어지고 몸체가 길며 굽이 있는 술을 마시는 그릇. 상대와 서주초기에 유행하였다. 명청시기에는 화병으로 사용되는 도자기가 제작되었으며, '화고(花觚)'라고도 하였다.【역주】

라 불리는 것·호(壺)271)라 불리는 것이 있는데, 꽃의 크기에 따라 사용한다. 도지기는 관요·가요·정요의 오래된 담병(膽甁)272)과 일지병(一枝甁)273)과 작은 시초병(蓍草甁)274) 및 지퇴병(紙槌甁)275)을 사용하고,

* 한시외전(韓詩外傳): 10권 360조. 서한의 학자 한영(韓嬰, ?-?)의 저술로, 역사적인 사실과 들은 내용을 기록하였으며, 조목마다『시경』을 인용하여 결론을 맺었다.【역주】

271) 호(壺):『홍무정운(洪武正韻)』에서 "하나라와 상나라에서는 '준이(尊彝)'라 하였으며, 주나라의 제도에서는 호(壺)를 사용했는데, 사각형과 원형의 차이가 있었다.(夏商曰尊彝, 周制用壺, 有方圓之異.)"라고 하였다.『의례·연례(燕禮)』에서 "경(卿)과 대부(大夫)는 사각형을 사용하며, 곧고 방정하다는 것을 의미한다. 병사는 둥근 호를 사용하여 먹으며, 명령에 순종해야 마땅하다.(卿大夫用方, 直方爲義也. 士旅食用圓, 順命爲宜也.)"라고 하였다.【原註】

* 호(壺): 본래 항아리를 가리킨다. 다호(茶壺)처럼 주둥이가 달려 액체를 따를 수 있는 주전자 형태의 기물에도 호(壺)자를 사용한다.『설문해자』에서 "곤오(昆吾)가 만든 둥근 그릇이다. 상형문자. 大(대)에서 나왔으며, 뚜껑의 모양을 본뜬 것이다.(昆吾圜器也. 象形. 从大, 象其蓋也.)"라고 하였다. 단옥재의『설문해자주』에서 "호(壺)는 곤오가 처음으로 만들었다.『빙례(聘禮)』의 주(注)에서 '호는 술단지이다.'라고 하였다.『공양전』의 주(注)에서 '예기이다. 복부가 사각형이고 주둥이가 둥근 것은 호라 한다. 반대의 것은 방호(方壺)라 한다.'라고 하였다.(壺者, 昆吾始爲之. 聘禮注曰, 壺酒尊也. 公羊傳注曰, 壺禮器. 腹方口圓曰壺. 反之曰方壺.)"라고 하였다.【역주】

* 곤오(昆吾): 황제(黃帝)시기의 도정(陶正, 도자기 업계의 시조신). 전욱(顓頊)의 후손이며, 본명은 주번(做藩)으로 도기의 발명자라는 전설의 인물.【역주】

272) 담병(膽甁): 병의 모양이 매달아 놓은 쓸개와 비슷한 모양으로, 목이 수직으로 길고 복부는 둥근 형태의 병이다. 당나라에서 시작되어 송대에 유행하였으며 청대까지 제작되었다.【역주】

273) 일지병(一枝甁): 화병의 일종. 정확한 형태는 알 수 없으며, 꽃 한 송이를 꽂는 작은 병으로 추정된다. 청대에 동남아지역으로 수출한 자기 가운데, 높이 20cm 정도이며 목이 가늘고 몸통은 공 모양으로 꽃 한 송이를 꽂기에 적당한 형태의 병이 있다.【역주】

274) 시초병(蓍草甁): 종식병(琮式甁). 신석기시대의 예기로서 옥으로 만든 옥종(玉琮)의 기형을 모방하여 제작된 형태로 직사각형의 몸통에 목이 지극히 짧은 병이다. 명대에 들어와 도교의 영향으로 종식병의 몸통에 팔괘(八卦) 무늬를 장식하거나 점복용의 시초(蓍草)와 산가지를 꽂아놓기도 하여, '시초병'이나 '팔괘병(八卦甁)'으로도 불리게 되었다.【역주】

275) 지퇴병(紙槌甁): '직경병(直頸甁)'이라고도 한다. 형태가 종이를 만들 때 펄프를 두드리는 방망이와 비슷하여 '지퇴병'이라 한다. 목이 수직으로 길고 몸통은 원통

나머지 암화병(暗花甁)276) · 청화병(靑花甁)277) · 가대(茄袋)278) · 호리병 · 세구병(細口甁)279) · 편두병(匾肚甁)280) · 수족병(瘦足甁)281) · 약단(藥壇)282) 그리고 새로 주조한 청동병과 건요 등의 병은 모두 우아하게 감상하는 기물에 들어가지 못하며, 특히 사용할 수 없는 것은 아경벽병(鵝頸壁甁)283)이다. 고대 청동기로 한나라의 사각병 · 용천요와 균요의 병으로 매우 커서 높이가 2-3자인 것에 고목 매화를 꽂으면 제일 잘 어울린다. 병 속에 모두 주석으로 만든 납작한 관을 사용하여 물을 채우면 얼어 갈라지는 근심에서 벗어날 수 있다. 대체로 병은 차라리 날씬할지언정 지나치게 장대해서는 안 된다. 또한 차라리 클지언정 지나치게 작아서도 안 되는데, 높아도 1자 5치 정도가 적당하고 낮아도 1자를 넘지 않는 것이 좋다.

형에 높이는 30cm정도가 되는 병으로, 송대 여요(汝窯)의 기물이 전해 내려오며, 후대에도 계속 제작되었다.【역주】
276) 암화병(暗花甁): 암화(暗花, 은은하여 눈에 잘 뜨이지 않는 무늬)로 장식한 병. 【역주】
277) 청화병(靑花甁): 청화로 문양을 장식한 병.【역주】
278) 가대(茄袋): 고렴(高濂)의 『연한청상전(燕閑淸賞箋)』에서 "속인들이 모두 두 귀가 달린 호(壺)의 양식을 보면 양식의 미추를 막론하고 모두 지적하여 '가대병'이라 한다.(俗人凡見兩耳壺式, 不論式之美惡, 咸指曰茄袋甁也.)"라고 하였다. 두 귀가 달린 병을 가리킨다.【역주】
279) 세구병(細口甁): 주둥이가 가는 병.【역주】
280) 편두병(匾肚甁): 몸통이 납작한 병. 편병.【역주】
281) 수족병(瘦足甁): 굽 부위가 가늘어 안정감이 부족한 병.【역주】
282) 약단(藥壇): 약을 담는 둥근 단지.【역주】
283) 아경벽병(鵝頸壁甁): 벽에 걸어 놓는 아경병(鵝頸甁).【原註】
   * 아경병(鵝頸甁): 일반적으로 둥근 몸통에 거위의 목처럼 병의 목 부분이 매우 기다란 병을 가리킨다. 다른 병에 비하여 목이 지나치게 길어서 꽃을 꽂으려면 줄기가 매우 길어야 하므로 불편하다.【역주】
   * 벽병(壁甁): '교병(轎甁)'이나 '괘병(挂甁)'이라고도 하며, 벽에 걸 수 있도록 만든 도자기 병. 일반적으로 벽에 밀착되게 한쪽 면은 평평하고, 고리에 걸 수 있도록 작은 구멍이 있다. 명 만력시기(1573-1620)에 최초로 출현한 것으로 알려져 있다.【역주】

三十八. 花缾

花缾古銅入土年久, 受土氣深, 以之養花, 花色鮮明, 不特古色可玩而已. 銅器可揷花者, 曰尊, 曰罍, 曰觚, 曰壺, 隨花大小用之. 磁器用官哥定窯古膽缾一枝缾小蓍草缾紙槌缾, 餘如闔花靑花茄袋葫蘆細口匾肚瘦足藥壇, 及新鑄銅缾, 建窯等缾, 俱不入淸供, 尤不可用者, 鵝頸壁瓶也. 古銅漢方瓶, 龍泉均州缾, 有極大高二三尺者, 以揷古梅, 最相稱. 缾中俱用錫作替管[284]盛水, 可免破裂之患. 大都瓶寧瘦, 無過壯, 寧大, 無過小, 高可一尺五寸, 低不過一尺, 乃佳.

39. 종경(鍾磬)[286]

종경은 마주하여 설치해서는 안 되며, 고대 청동기인 진한시기의 단종(鎛鍾)[286]과 편종(編鍾)[287] 및 오래된 영벽석으로 만든 석경(石磬)으

---

284) 替管(체관): 체관(屜管, 납작한 관)으로, 물을 담는 데에 사용한다.【原註】

285) 종경(鍾磬): 종(鍾)은 악기이며 청동으로 주조하여 속을 비워 두드리면 소리가 나는 것이다. 경(磬)도 악기이며 돌이나 옥으로 만들며, 형태가 곱자(90도로 굽은 직각자)와 같고, 폭이 넓으면서 길이가 짧은 한 쪽은 '고(股, 위로 매달린 부분)'이고, 좁으면서 기다란 한 쪽은 '고(鼓, 아래로 늘어진 부분)'이다.【原註】

286) 단종(鎛鍾): 악기. 『주례 · 단사(鎛師)』의 정현주(鄭玄注)에서 "단(鎛)은 종과 비슷하면서 크며, 단종은 바로 박(鎛)이다.(謂鎛似鍾而大, 鎛鍾卽鎛.)"라고 하였다. 허신(許愼)은 『설문해자』에서 "박(鎛)은 큰 종이다.(鎛, 大鍾.)"라고 하였다. 『악기도(樂器圖)』에서 "박종(鎛鍾) 12개는 각각 12율의 음에 해당한다.(鎛鍾十二, 各應律呂之音.)"라고 하였다.【原註】

* 악기도(樂器圖): 근대문학가 서가(徐珂, 1869-1928)가 청나라의 각종 이야기를 모은 『청패류초(淸稗類鈔)』에 원주의 내용이 그대로 인용되어 나오지만, 구체적으로 어떤 서적인지는 알 수가 없다.【역주】

287) 편종(編鍾): 고대 악기. 『수서 · 음악지(音樂志)』에서 "편종은 각각 12율에 해당하며, 크기에 따라 차례대로 엮어서 매다는데, 아래와 위 모두 8개씩으로 합하여 16개의 종이며, 순우(簨虡, 종을 매다는 틀)에 매단다.(編鍾, 各應律呂, 大小以次, 編而懸之, 上下皆八, 合十六鍾, 懸於一簨虡.)"라고 하였다. 1978년에 호북성 수현(隋縣)의 증후을묘(曾侯乙墓, 전국시대 증나라의 임금 을의 무덤)에서 전국시대의 편종 64점이 출토되었으며, 형식이 특별히 거대하여 외국인은 세계 8대 기적

로 소리가 맑고 멀리 가는 것을 구하면, 제실(祭室)에 매달아 놓고 두드려 귀를 맑게 한다. 경(磬)에 고옥으로 만들어 고(股, 틀에 매다는 부분)는 3치이고 길이는 1자인 것이 있으며, 나머지는 감상하는데 사용할 뿐이다.

三十九. 鍾磬

　鍾磬不可對設，　得古銅秦漢鑄鍾編鍾，　及古靈壁石磬聲淸韻遠者，　懸之齋室[288]，　擊以淸耳. 磬有舊玉者, 股三寸, 長尺, 餘僅可供玩.

40. 지팡이(杖)[289]

　구장(鳩杖)[290]이 가장 오래되었으며, 대체로 노인들은 목이 메는 경우가 많은데, 비둘기가 목이 메는 것을 치료할 수 있기 때문이다. 하·상·주시기의 것으로 지팡이 꼭대기에 서 있는 비둘기나 날아가는 비둘기를 장식하고 비둘기의 몸통 전체에 금은을 상감한 것이 있는데 방죽(方竹)[291]이나 공죽(筇竹)[292]이나 만세등(萬歲藤)[293]으로 만든 지팡이

이라 하였다.【原註】
288) 齋室(재실): 제사를 지내기 위해 머무는 거실.【역주】
289) 杖(장): 노인이 잡고서 걸을 때 지탱하는 것. 『예기』에서 "뒷짐을 지거나 지팡이를 끈다.(負手曳杖.)"라고 하였다.【原註】
290) 구장(鳩杖): '구장수(鳩杖首)'라고도 한다. 손잡이 부분을 비둘기의 모양으로 한 지팡이이다. 선진시기에는 연장자의 상징이었으며, 한대 이후에는 황제가 하사한 구장을 소유하는 것이 영광이었다. 전설에 비둘기는 목이 메지 않는 새이므로, 지팡이 손잡이에 비둘기문양을 장식하면 노인들이 식사할 때 목이 메지 않는다고 한다. 1959년 감숙성 무위(武威) 마취자(磨嘴子) 18호묘에서 출토된 목제 구장은 길이가 1.94m였다.【역주】
291) 방죽(方竹): 권2 「죽(竹)」의 원주 참고.【原註】
292) 공죽(筇竹): 공죽(筇竹)은 마디가 굵고 줄기가 가늘며 견실하여 지팡이를 만들

몸통의 윗부분에 장식한 것이 가장 예스럽다. 지팡이는 길이가 7자(약 2.1m) 정도 되어야 하고, 매만져서 윤기가 반짝거려야 훌륭하다. 천태등(天台藤)294)으로 저절로 구부러진 것에 한 결 같이 용머리와 같은 양식을 한 것은 절대 사용할 수 없다.

四十. 杖

鳩杖最古, 蓋老人多咽, 鳩能治咽故也. 有三代立鳩飛鳩杖頭, 周身金銀塡嵌者, 飾於方竹筇竹萬歲藤之上, 最古. 杖須長七尺餘, 摩弄光澤, 乃佳. 天台藤更有自然屈曲者, 一作龍頭諸式, 斷不可用.

41. 좌돈(坐墩)296)

좌돈은 겨울에 부들을 사용하여 만들어 높이는 1자 2치(약 38cm)에,

수 있는데, 사천성의 여산(黎山)·아산(雅山)·공산(筇山)·작산(筰山) 등의 여러 산에서 모두 산출되며, 학명은 Qiongzhuea tumidinoda이다. 화본과에 속한다. 『한서』에서 "장건(張騫, B.C.164-B.C.114. 한나라 탐험가)이 말하기를 대하(大夏, 서역에 있던 고대 국가)에서 촉나라의 천과 공죽(筇竹)으로 만든 지팡이를 보았다.(張騫言在大夏, 見蜀布筇竹杖.)"라고 하였다.
『준생팔전』에서 "발죽(鈸竹)은 서쪽 촉 지방에서 산출되며, 아랫부분에 1자 정도의 무늬가 있어 아름다우며, 바로 공죽(邛竹)이다.(鈸竹, 西蜀所産, 下有尺許花文, 可愛, 卽邛竹也.)"라고 하였다. 생각건대 공죽(筇竹)으로 지금의 사천성에 공죽현(筇竹縣)이 있다.
진정(陳鼎)의 『죽보(竹譜)』에서 "공죽(筇竹)은 사천성 서주[叙州, 지금의 사천성의 빈시(宜賓市)]·오몽(烏蒙)·여주(黎州)·미주(眉州)·아주(雅州)·공주(邛州)·창랑(蒼筤)·공작(邛筰)에서 산출된다. 여러 산에 모두 있으며, 모두 지팡이를 만들 수가 있는데, 단단하고 말끔하기 때문이다.(筇竹産于四川叙州烏蒙黎州眉州雅州邛州蒼筤邛筰. 諸山俱有, 皆可爲杖, 以其堅潔也.)"라고 하였다.【原註】
293) 萬歲藤(만세등): 본권 「주미(麈)」의 원주 참고.【原註】
294) 천태등(天台藤): 권6 「선의(禪椅)」의 원주 참고.【原註】
295) 좌돈(坐墩): 평지에 볼록한 것이 있으면 '돈(墩)'이라 하며, 높이 앉아 휴식하는

사면을 잘 짜서 묶어 세밀하고 튼튼하게 한다. 그 내부에서는 나무로 만든 수레의 앉는 좌석을 기둥으로 받치고, 외부는 비단으로 장식한다. 여름에는 등나무 좌돈을 설치할 수 있으며 궁중에는 수돈(繡墩)[296]이 있는데, 모양이 작은 북과 같고 사각 모퉁이마다 술을 늘어트린 것은 또 정교하고 우아하여 쓸 만하다.

四十一. 坐墩

坐墩, 冬月用蒲草爲之, 高一尺二寸, 四面編束, 細密堅實, 內用木車坐板以柱托頂, 外用錦飾. 暑月可置藤墩, 宮中有繡墩, 形如小鼓, 四角垂流蘇[297]者, 亦精雅可用.

42. 좌단(坐團)[298]

포단(蒲團)[299]의 크기가 지름 3자인 것은 바닥에 깔면 매우 상쾌하고,

물건을 '좌돈(坐墩)'이라 한다.【原註】
  * 좌돈(坐墩): 등받이가 없는 의자, 즉 다리를 늘어트리고 앉는 걸상을 가리킨다.【역주】
296) 수돈(繡墩): 북처럼 생긴 걸상으로, 명청시기에는 목재뿐만 아니라 도자기로도 제작되었으며, 고려시대에도 청자돈(靑瓷墩)이 제작되었다.【역주】
297) 垂流蘇(수류소):『결의요록(決疑要注)』에서 "유수(流蘇)는 새의 꼬리털을 모아서 아래로 드리운 것으로, 깃발의 깃처럼 꽃술이 아래로 드리우므로 '소(蘇)'라고 한다. 대개 순우(簨虡, 종을 거는 틀)·깃발·장막 및 말의 장식 종류에 모두 이 것을 장식하여 보기 좋게 한다.(流蘇者, 緝鳥尾垂之, 若旈然, 以其蕊下垂, 故曰蘇. 凡簨虡旌旗帳幕及馬飾之類皆飾之, 以爲美觀.)"라고 하였다.【原註】
  * 결의요록(決疑要注): 1권 서진 문학가 지우(摯虞, ?-311)가 서진의 관리 순의(荀顗, ?-274)가 편찬한『신례(新禮)』에 관해 토론한 내용을 기록한 저술.【역주】
298) 좌단(坐團): '단(團)'은 원형이라는 의미이다. 엮어서 원형으로 만든 앉는 받침을 '좌단(坐團)'이라 하며 '좌점(坐墊, 방석, 깔개)'이라 통칭한다.【原註】
299) 포단(蒲團): 앉는 용도의 가구로, 승려들이 좌선하거나 절할 때 사용하는 것이다.

종단(椶團)300)도 훌륭하다. 산중에서 습기를 멀리하고 벌레를 피하려면 웅황(雄黃)301)과 끓인 밀랍으로 납포단(蠟布團)을 만들어도 우아하다.

四十二. 坐團

蒲團大徑三尺者, 席地快甚, 棕團亦佳. 山中欲遠濕辟蟲, 以雄黃熬蠟作蠟布團, 亦雅.

43. 수주(數珠)302)

염주는 보리수의 열매로서 작으면서 무늬가 세밀한 것이 귀중하다. 송대에 만들어진 옥 항마저(降魔杵)303)나 옥 오공양(五供養)304)을 기총

부들을 엮어서 만들며, 그 모양이 둥글므로 '포단(蒲團)'이라 한다. 허혼(許渾, ?-?. 당나라 시인)의 시에 「오나라 승려가 독경을 마치니, 승의와 포단이 다 낡았네.(吳僧誦經罷, 敗衲衣蒲團.)」라고 하였다. 현재 사람들은 방석을 모두 '포단'이라 한다.【原註】

* 허혼 시의 제목은 「새벽에 소연상인과 이별하며(晨別翛然上人)」이며, 오언율시이다.【역주】

300) 종단(椶團): 종(椶)은 종(櫊)과 같으며, 종려나무의 털로 엮어 만든 원형의 앉는 가구를 '종단(椶團)'이라 한다.【原註】

301) 웅황(雄黃): 약재로 사용되는 이황화비소(As2S2)를 주로 함유한 광물로, 해독과 살충력이 있다.【역주】

302) 수주(數珠): 즉 염주. 권6「선의(禪椅)」의 원주 참고.【原註】

* 수주(數珠): 염불의 횟수를 헤아리는 구슬이라는 의미에서 '수주(數珠)'라고 한다. '송주(誦珠)'나 '주주(呪珠)'라고도 한다. 보통 108개이며 '108염주'라 한다.【역주】

303) 항마저(降魔杵): 불교의 법기(法器, 종교의식에 쓰이는 도구). 『연밀초(演密鈔)』에서 "공이의 머리에 네 개의 뿔 모양이 있는 것은 평범하게 빚어 만들거나 그린 것과 같다. 금강역사가 손에 들고 있는 것은 이름을 '항마저'라 하는 것이다.(杵頭有四角形者, 如尋常塑畵. 金剛手中執者, 名降魔杵是也.)"라고 하였다.【原註】

* 항마저(降魔杵): 마귀를 항복시키는 절구 공이. 절구 공이처럼 중간이 잘록하고 양쪽 머리는 둥그스름하거나 각이 지도록 튀어나온 형태이며, 양끝은 뾰족

(記總)305)으로 하며, 기타 사람의 머리뼈·용충(龍充)306)·주옥(珠玉)·
마노(瑪瑙)307)·호박(琥珀)308)·금박(金珀)309)·수정(水晶)·산호(珊
瑚)310)·거거(硨磲)311)와 같은 것은 모두 저속하다. 침향목과 가남향

한 모양으로, 주로 청동이나 나무로 제작하며, 수정이나 옥으로 만들기도 한다.
'금강저(金剛杵)'라고도 하며, 서장 밀교에서 사용하는 법기이다.【역주】

* 연밀초(演密鈔): 원주에서 '연소초(演素鈔)'라 하였으나 오류이므로 수정하였
다. 10권이며, 원명은『대일경의석연밀초(大日經義釋演密鈔)』이며, 요나라 승
려 각원(覺苑, ?-?)이 칙명을 받들어 1077년에 편찬하였다.『대일경(大日經)』을
풀이한 주석서로서 당나라 승려 일행(一行, 683-727)이 편찬한『대일경의석(大
日經義釋)』14권을 다시 풀이한 해설서이며, 밀교 수행자에게 중요한 참고서의
하나이다.【역주】

304) 오공양(五供養): 불교 용어. 5종의 공양물을 말하며 향을 바르고 꽃을 바치며
향을 태우고 음식을 바치며 등을 밝히는 것이다.【原註】
* 오공양(五供養): 여기서는 다섯 가지 공양물을 가지고 제사를 드릴 때에 사용
하는 기물인 오공(五供)을 가리키며, 향로 하나·촛대 1쌍·화고(花觚, 꽃병)
1쌍으로 구성된다.【역주】

305) 기총(記總): 한 꾸러미 염주의 부속품으로, 숫자를 기억하는 표시로 삼는다.【原註】
* 기총(記總): 염주에서 제일 큰 구슬로 '모주(母珠)'라고도 한다. 본문에 따르면
명대에는 구슬이 아니라 향마저나 오공양에 사용되는 다른 기물을 모주의 위
치에 넣어 염주를 만들어 사용하였다.【역주】

306) 용충(龍充):『고반여사』에서 "염주에 용의 코뼈를 갈아서 만든 것이 있으며, '용충
(龍充)'이라 하는데, 색은 검고 냄새를 맡으면 미미하게 비린내가 난다.(數珠, 有
龍鼻骨磨成者, 謂之龍充, 色黑, 嗅之微有腥香.)"라고 하였다.【原註】

307) 마노(瑪瑙): 광물의 명칭으로 '마뇌(馬腦)'·'마뇌(碼磠)'라고도 하고, '문석(文石)'
이라고도 하며, 잠정질(潛晶質) 규석류(硅石類)의 일종으로, 결정탄(結晶碳,
crystalline carbon)과 옥수(玉髓, Chalcedony) 및 단백석(蛋白石, Opal)의 혼합물
이며, 그중의 옥수에 백홍(白紅)·황백(黃白)·회색 등의 여러 색의 겹 층으로
구성된 것이 있으므로, 보통 여러 종류의 색을 띠는 아름다운 무늬가 나타나,
다듬어서 장식용품을 만드는데 사용될 수 있다.【原註】

308) 호박(琥珀): 광물의 명칭으로 '호백(虎魄)'이라고도 하며, 성분은 탄화수소의 화
합물로, 비결정질의 괴상(塊狀, 덩어리 형상)이나 역상(礫狀, 모래입자 형상) 등
으로 되어 지방과 같은 광택을 내고, 밀랍과 같은 황색이나 적갈색의 투명하거나
반투명한 형체이며, 호박은 원래 일종의 수지(樹脂) 화석이므로 왕왕 나무껍질과
곤충 등의 물체가 함유되어 있다. 장식품을 만들 수가 있다.【原註】
* 호박: 투명하면 '호박'이라 하고 불투명하거나 반투명하면 '밀랍(密蠟)' 또는 '밀
랍(蜜蠟)'이라 한다.【역주】

309) 금박(金珀): 황금색으로 색이 엷고 투명한 호박.【역주】

(伽南香)³¹²)으로 만든 것은 좋지만, 특히 항주의 소보리자(小菩提子)³¹³)
와 향료를 구슬의 속에 주입한 것은 피해야 한다.

四十三. 數珠

　　數珠以金剛子³¹⁴)小而花細者爲貴, 以宋做玉降魔杵玉五供養爲記總, 他如人

---

310) 산호(珊瑚): 산호는 강장동물(腔腸動物)로 열대의 깊은 바다에서 산출되며, 나뭇
　　가지 모양의 군체(群體)이고 내부는 석회질이나 육질의 뼈대로 구성되어 있으며,
　　이 뼈대는 특히 광택이 나고 아름다워 장식품으로 사용될 수 있다. 홍색의 산호
　　는 홍산호(Corallium rubrum)와 도색산호(桃色珊瑚, C. japonicum)라 하고, 청대
　　에는 모정(帽頂, 모자 꼭대기 장식)과 조주(朝珠)를 만들었으며, 백색과 흑색산호
　　는 인장과 선추(扇錘, 부채 끝에 매다는 장식)를 만들었다. 산호강(珊瑚綱) 유산
　　호목(柳珊瑚目) 기화과(磯花科)에 속한다.【原註】
　　* 조주(朝珠): 청대 관복에 착용하던 목걸이로, 108개로 이루어지고 27개마다 '분
　　주(分珠)'라는 커다란 구슬을 하나씩 총 4개 삽입하였으며, 지위의 고하에 따라
　　구슬과 끈의 색에 차이가 있었다.【역주】
311) 거거(珺璖): '거거(車璖)'라고도 한다. 거거(珺璖, Tridacna yigus)는 연체동물로
　　껍질이 두껍고 대략 삼각형으로 표면에 방사상의 홈 5줄이 있으며, 길이는 3자
　　정도로 껍질의 내부는 백색이고 광택이 있어, 절단하여 갈면 백옥처럼 되므로
　　장식품을 만들 수 있어서 청대에는 목걸이용 구슬을 만들었는데, 중국의 해남도
　　와 동사군도(東沙群島) 및 서사군도(西沙群島)에서 모두 산출된다. 판새강(瓣鰓
　　綱) 진판새목(眞瓣鰓目) 거거과(珺璖科)에 속한다.
　　『박물요람』에서 "거거는 바다 속의 커다란 조개로, 등에 골진 무늬가 수레바퀴처
　　럼 촘촘하므로 '거거'라 한다.(車璖, 海中大貝也, 背上壟文如車輪之緊, 故名 車
　　璖.)"라고 하였다.【原註】
　　* 거거(珺璖): 거거(硨磲, Tridacnidae spp.). 해양에서 가장 큰 조개류로 '조개의
　　왕'이라 불리며, 최대 1m 이상에 300kg까지 자란다. 껍질이 두껍고 내부의 색
　　이 흰색으로 광택이 있어 연마하면 백옥과 같으므로, 장신구의 제조에 사용한
　　다.【역주】
312) 가남향(伽南香): 기남향(奇南香). 권12 「가남향(伽南香)」의 원주 참고.【原註】
313) 소보리자(小菩提子): 단수류(椴樹類, Tilia spp.)의 열매. 단수(피나무)는 절강성
　　일대에서는 모두 '보리수'라고 하며, 열매도 '보리자'라 한다.【原註】
314) 金剛子(금강자): 즉 보리자(菩提子)로 보리수(菩提樹, Ficus religiosa)의 열매이
　　며, 염주를 만들 수가 있다. 보리수는 열대 상록대교목으로 뽕과에 속한다.
　　『격고요론』에서 "금강자는 안남(安南, 지금의 베트남)·해남(海南)·육릉(六棱)
　　에서 산출되며, 열매 전체에 무늬가 있는데 매우 세밀하여 사랑스러우며, 단단하

頂315)龍充珠玉瑪瑙琥珀金珀水晶珊瑚琿琛者, 俱俗. 沉香316)伽南香者則可, 尤忌杭州小菩提子及灌香於內者.

44. 번경(番經)317)

항상 외국의 승려가 경전을 지니고 있는 것을 보았는데, 가죽주머니에 담거나 칠한 상자에 담겨 있었으며, 크기는 사방 3치에 두께는 1치 정도이고, 상자의 겉 양측에 귀가 있어 끈으로 묶으며, 휴대하고 있는 내부에 경문(經文)318)이 있다. 특히 금분으로 쓴 패엽(貝葉)319)과 채색하여 그린 천마(天魔)320)의 변상도(變相圖)321)는 정교하면서 세밀하여

고 속이 꽉 차있으므로 금강자라 한다.(金剛子出安南海南六楞, 遍身花紋, 深細可愛, 堅且實, 故名金剛子.)"라고 하였다. 염주를 만들면, 겨울에 차갑지 않으며, 용안(龍眼), 여지와 비슷한 공 모양의 과일로 지름이 2-3cm)처럼 큰 것이 있고, 오동나무 열매처럼 큰 것이 있는데, 작을수록 정교하여 큰 것은 값이 나가지 않으며, 또 무늬가 매우 세밀해야 한다.【原註】

315) 인정(人頂):『고반여사』에서 "염주에는 사람의 머리뼈로 만든 것이 있으며, 표면의 종안(宗眼, 땀구멍과 같은 홈)에 피가 가득하면서 색이 붉은 것이 좋고, 칙칙한 흑색은 하품이다.(數珠, 有人頂骨, 以傍宗眼血實色紅者爲佳, 枯黑爲下.)"라고 하였다.【原註】

316) 沉香(침향): 침향목(沈香木). 권5 「표축(標軸)」의 원주 참고.【原註】

317) 번경(番經): 고대에 외국을 '번(番)'이라 하였다. 번경은 외국의 경전 즉 범서(梵書, 고대 인도의 종교 서적)이다.【原註】

318) 경문(經文): 종교서적을 모두 '경(經)'이라 하며, 이슬람교의『코란』・도교의『도덕경』・불교의『능엄경(楞嚴經)』・ 기독교의『성경』과 같은 것이다. 여기서 말하는 '경문(經文)'은 각종 불경을 가리켜 말한 것이다.【原註】

319) 패엽(貝葉): 패다수(貝多樹, Borassus flabellifera)는 종려나무와 비슷하며, 운남성 남부와 인도에서 모두 산출되고 종려과에 속한다. 그 잎은 재단하여 종이로 삼을 수가 있으므로 경전을 쓰는 데 사용하며, 패다수의 잎을 물속에 담그면 형상이 비단과 같아서 종이를 대신할 수가 있으므로 '패엽(貝葉)'이라고도 한다. 『유양잡조』에서 "패다수는 마가타국(摩伽陀國, 석가모니의 나라로 인도 갠지즈강 유역에 있던 고대 국가)에서 산출되며, 길이는 6-7길(약 18-21m)로 겨울이 되어도 시들지 않는다.(貝多出摩伽陀國, 長六七丈, 經冬不凋.)"라고 하였다.【原註】

절대로 중국에서 따라갈 바가 아니다. 이들은 모두 지방의 특산물로서, 불당에 보관하여 염주와 함께 휴대한다.

四十四. 番經

常見番僧322)佩經, 或皮袋, 或漆匣, 大方三寸, 厚寸許, 匣外兩傍有耳繫繩, 佩服中有經文, 更有貝葉金書323), 彩畵天魔變相, 精巧細密, 斷非中華所及, 此皆方物324), 可貯佛室, 與數珠同攜.

45. 부채(扇) 선추(扇錘)325)

부채는 깃털부채가 가장 오래되었으나 조각하고 칠한 고대 둥글부채의 손잡이를 구하여 만들어야 훌륭하고, 기타 대나무 껍질·종이·대나무 뿌리·자단으로 만든 손잡이는 모두 저속하다. 또 현재의 접첩선(摺疊扇)326)은 옛날에 '취두선(聚頭扇)'이라 하였는데, 일본에서 들어왔으

---

320) 천마(天魔): 욕계(欲界) 제6천의 마왕 파순(波旬)으로, 부하가 무수히 많아 때때로 불도를 방해한다는 천자마(天子魔)의 약칭.【역주】
321) 변상도(變相圖): 불교의 고사를 그림으로 그리거나 조각하여 시각적으로 형상화한 것.【역주】
322) 番僧(번승): 외국의 승려.【原註】
323) 金書(금서): 금분으로 글씨를 쓴 것으로 추정된다.【原註】
324) 方物(방물): 지방의 특산물. 『서경·여오(旅獒)』에서 "원근에 관계없이 모두 지방 특산물을 바쳤다.(無有遠邇, 畢獻方物.)"라고 하였다. 여기서는 외국의 산물을 가리킨다.【原註】
325) 선추(扇墜): 선추(扇錘). 부채의 손잡이 부분에 매다는 장식물로, 옥이나 나무 등으로 정교하고 아름다우며 상서로운 의미를 담은 형태로 제작하였다.【역주】
326) 접첩선(摺疊扇):『물리소지』에서 "쥘부채는 조선에서 바쳤으며, 영락시기에 성행하였다.(摺疊扇貢於東夷, 永樂盛行.)"라고 하였다.
유원경(劉元卿)의 『현혁편(賢奕編)』에서 "쥘부채는 일명 '살선(撒扇)'으로 접으면 주름이 지면서 접히고, 사용할 때는 쫙 펼친다.(摺疊扇一名撒扇, 蓋收則摺疊, 用

며 그것들 가운데 오히려 매우 훌륭한 것이 있어서 펼치면 크기가 1자
정도이고 접으면 겨우 두 손가락 정도이다. 그려진 장면은 대부분 사녀
(仕女)³²⁷)가 수레를 타거나 말을 타거나 답청(踏靑)놀이³²⁸)를 하거나 봄
나들이를 하는 모습이며, 또 금과 은가루로 부채의 표면을 장식하고 견
우와 직녀를 그렸다. 대략 모습이 그럴듯하며, 물들인 청록색이 매우
기이한데 오직 공청(空靑)³²⁹)과 해록(海綠)³³⁰)으로만 하였으므로 정말

者撤開.)"라고 하였다.

부챗살은 머리 부분(손잡이)을 모으고 꼬리 부분을 펼치므로 또 '취두선(聚頭扇)'
이라 한다. 그러나 송나라 그림에 이미 취두선이 나타나므로 송나라보다 더 빠른
듯하다.【原註】

* 접첩선(摺疊扇): '절선(折扇)'이라 한다. 접었다 폈다 할 수 있는 쥘부채. 일반적
으로 부챗살에 질긴 종이나 천을 붙여서 만들며, 얇은 나무판자를 엮어서 만들
기도 한다. 쥘부채의 기원에 관해 고려와 일본이라는 주장이 있으며, 송나라
때 중국에 전해져 일부에서 사용되다가, 명 영락이후로 널리 유행하게 되었다.
【역주】

* 현혁편(賢奕編): 4권. 명나라 문학가 유원경(劉元卿, 1544-1609)이 저술한 수
필.【역주】

327) 사녀(仕女): 궁녀. 벼슬한 집안의 여인.【역주】

328) 답청(踏靑)놀이: 청명절을 전후하여 교외로 나가 산책하며 노니는 것.【역주】

329) 공청(空靑): 『본초』에서 "공청은 약재의 이름으로 구리 광산에서 산출되며, 큰
덩어리로 속이 비어 물이 차있는 것이 우수하며, 눈을 밝게 할 수가 있어 매우
진귀하다.(空靑, 藥名, 産銅礦中, 大塊中空有水者良, 可明目, 頗珍貴.)"라고 하였
다.【原註】

* 공청(空靑): 구리를 함유한 탄산염 광물로 화학성분은 Cu2[CO3](OH)2이며, 색
이 공작의 깃털에 나타나는 녹색과 같아서 이러한 명칭이 붙었다. 고대에는
약재로 많이 사용되었다.【역주】

330) 해록(海綠): 『진주선(珍珠船)』에서 "이찬황(李贊皇)이 '꽃나무에 해(海)자가 들어
간 것은 그 의미가 해외에서 온 것이.'라고 하였다.(李贊皇云, 花木以海爲名,
意從海外來.)"라고 하였다. 해록(海綠)은 고대 외국의 녹색안료를 가리키는 것으
로 추정된다.【原註】

* 해록(海綠): 해수면 아래 30-1,000m의 해저에서 특징적으로 형성되며, 운모구
조를 가진 녹색의 철(Ⅲ)규산염광물인 해록석(海綠石, glauconite)으로 추정된
다. 입자 크기가 모래 정도이며 녹색이다. 미국의 뉴저지주와 중국의 하북성·
호북성·운남성 등지에서 산출된다. 칼리 비료나 안료로 사용된다.【역주】

* 진주선(珍珠船): 4권. 명대 서화가 진계유(陳繼儒, 1558-1639)의 저술로, 여러

로 기이한 물건이다. 사천의 촉왕부(蜀王府)331)에서 제작하여 황실에 바친 것에는 등나무로 부챗살을 만들어 황금 대갈못으로 꿰고 부채의 표면은 가벼운 비단처럼 얇은 것이 있는데 가장 귀중하다. 내부에 별도로 오독(五毒)332) · 백학록(百鶴鹿)333) · 백복수(百福壽)334) 등을 천연색으로 그린 양식이 있으며, 조금 저속하지만 화려하여 볼만하다. 휘주[徽州, 지금의 안휘성 흡현(歙縣)]와 항주에도 조금 가볍고 우아한 부채가 있고, 소주(蘇州)에서는 서화를 그린 부채를 가장 중시한다. 부챗살은 백죽(白竹)335) · 종죽(棕竹)336) · 오목(烏木) · 자단과 백단(白檀)337) · 상비죽(湘

가지 이야기를 두루 채집하여 많은 자료를 기록하였다.【역주】

* 이찬황(李贊皇): 당나라의 재상 이덕유(李德裕, 787-850)로 찬황(지금의 하북성 찬황현) 출신이어서 '이찬황'이라고 하였다. 꽃에 관한 저서인『평천화목기(平泉花木記)』를 저술하였다.【역주】

331) 촉왕부(蜀王府): 사천성 성도(成都)에 있었던 번왕의 왕부.【역주】

332) 오독(五毒): 권5「현화월령(懸畫月令)」의 원주 참고.【原註】

333) 백학록(百鶴鹿): 백 마리의 학과 사슴. 학은 장수를 의미하고 사슴은 봉록(俸祿)을 의미한다.【역주】

334) 백복수(百福壽): 백 개의 복(福)자와 수(壽)자.【역주】

335) 백죽(白竹):『죽보상록』에서 "백죽은 강동 · 광동성과 광서성 · 안남(지금의 베트남)에 모두 있으며, 가지와 잎이 담죽(淡竹)과 같고, 죽순이 나올 때에 대껍질과 잎이 순백색으로 적색과 테두리의 얼룩이 없으며, 뿌리가 매우 길고 마디는 또 흰색으로 촘촘하여 말채찍을 만들면 특히 질기다. 제원(濟源, 지금의 하남성 제원시)의 담죽과 같은 한 종류는 쪼개어 가늘게 만들면, 가는 줄기의 색이 백색으로 삿갓을 짤 수가 있으므로, 역시 '백죽'이라 한다.(白竹生江東兩廣安南俱有之, 枝葉與淡竹同, 出笋時籜葉純白, 無赤色及斑花邊, 根甚長, 節又白密, 作馬箠尤韌. 濟源一種與淡竹同, 破作筱, 條色正白, 堪織笠, 亦名白竹.)"라고 하였다. 학명은 Phyllostachys nudilaria이다.【原註】

336) 종죽(棕竹): 종죽(椶竹)으로 권2「죽(竹)」의 원주 참고. 잎이 손바닥 모양으로, 재목은 지팡이와 부챗살용으로 사용된다. 종죽(椶竹)으로 살을 만든 부채는 '도사골(桃絲骨)'이라 속칭한다.【原註】

337) 자백단(紫白檀): 자단과 백단(白檀). 자단은 상록교목으로 목재가 단단하고 무거우며, 심재는 홍색으로 콩과에 속한다. 백단은 '단향(檀香)'이라고도 하며, 상록교목으로 목재에 향기가 풍부하고 단향과(檀香科)에 속한다. 나머지는 권5「표축(標軸)」의 원주 참고.【原註】

妃竹)・미록(眉緑)338) 등으로 만들며, 간간이 상아와 대모(玳瑁)339)를 사용한 것이 있다. 원두(員頭)340)・직근(直根)341)・도환(縚環)342)・결

338) 미록(眉緑): 대나무 이름. '미록(眉祿)'・'미록(麋鹿)'・'매록(梅綠)'・'휘록(徽綠)'이 라고도 하며 반죽(斑竹)의 일종이다.
    『장선신록・미록장(杖扇新錄・眉祿杖)』에서 "미록은 미록죽(麋鹿竹)이다. '미수 (眉壽, 장수)까지 살며 복과 봉록을 누리라'는 의미를 선택하였으므로 '미록(眉祿)' 이라 한다. 재질이 단단하고 색은 자홍색이면서 흑색의 반점이 있는데, 반점의 크기는 일정하지 않아서 큰 것은 눈동자만 하고 그 안에 나선무늬가 있으며, 미록 (麋鹿, 큰 사슴의 일종)의 반점과 비슷하므로 이렇게 이름 붙였다. 애석하게도 굵은 것이 겨우 둥글부채의 손잡이와 담뱃대에 적당하며, 직경이 2치 이상의 것은 이미 많이 만나기가 어렵다.(眉祿者, 麋鹿竹也. 取眉壽福祿, 故名眉祿. 其質堅挺, 色紫赭而有黑斑, 斑大小不等, 大者如睛, 中作螺紋, 以其似麋鹿之斑, 故名. 惜粗 者僅中團扇柄及淡巴菰筒(按卽煙筒), 徑在二寸外者, 已不多觀.)"라고 하였다.
    『학포잡소(學圃雜疏)』에서 "재질이 아름답고 반점이 있으며 부채 자루를 만들 수 있는 것을 '미록죽(麋鹿竹)'이라 하고 '상비죽(湘妃竹)'이라 하며, 원수(沅水)와 상수(湘水) 사이에서 산출된다.(質美色斑, 可爲扇管者, 曰麋鹿竹, 曰湘妃竹, 産沅 湘間.)"라고 하였다.
    『화경(花鏡)』에서 "매록죽(梅綠竹)은 줄기가 상비죽과 비슷하면서 가늘고, 껍질 에 나선무늬가 없으며, 색도 진하면서 크기는 그만 못한데, 사람들이 채취하여 부챗살에 많이 사용한다.(梅綠竹其秆似湘妃而細, 皮無旋紋, 色亦暗而大不如, 人 多取爲扇骨.)"라고 하였다.【原註】
    * 장선신록(杖扇新錄): 1권. 청나라 말기의 학자 왕정정(王廷鼎, ?-?)이 지팡이와 부채에 관해 상세하게 기록한 서적.【역주】
    * 원수(沅水)와 상수(湘水): 호남성을 흘러 동정호(洞庭湖)로 들어가는 강물의 이 름.【역주】
339) 대모(玳瑁): 대모(玳瑁, Eretmochely imbricata)는 '대모(瑇瑁)'라고도 하며, 몸체 의 길이가 3자 정도이고, 등은 옅은 흑색이면서 미미하게 황색으로 흑색의 반점 이 있어, 각종 장식품을 만들 수 있다. 파행강(爬行綱) 귀별목(龜鼈目) 해귀과(海 龜科)에 속한다.【原註】
340) 원두(員頭): 원두(圓頭)로 부채 형색의 일종이다.【原註】
    * 원두(圓頭): 선두(扇頭, 손잡이의 끝 부분)가 둥근 형식의 부채.【역주】
341) 직근(直根): 부채 형식의 일종.【原註】
    * 직근(直根): 쥘부채가 아니라, 부채 손잡이가 직선인 여러 모양의 부채로 추정 된다.【역주】
342) 도환(縚環): 부채 형식의 일종. 본권 「필세」의 원주 참고.【原註】
    * 도환(縚環): 조환(繦環). 둥근 고리. 부채 장식에 둥근 고리모양이 있는 것으로 추정된다.【역주】

자(結子)343) · 판판화(板板花)344)의 여러 양식이 있고, 흰 바탕이나 금색의 바탕에 돈을 주고 명필을 초빙하여 그림을 그리거나 글씨를 썼는데, 훌륭한 것은 가치가 매우 높다. 장인으로는 이소(李昭)와 이찬(李贊)345) · 마훈(馬勳) · 장삼(蔣三) · 유옥대(柳玉臺) · 심소루(沈少樓)346) 등의

---

343) 결자(結子): 부채 형식의 일종.【原註】
　　* 결자(結子): 결자(結子)는 탁자나 문 등의 가구에서 부속으로 사용되는 부위에 방승(方勝) · 덩굴 · 구름 · 동전 · 화훼 · 연결된 두 개의 고리 등의 무늬를 조각 기법으로 장식하는 것을 가리킨다. 결자선(結子扇)은 부챗살을 결자(結子)와 비슷한 형식으로 장식한 부채로 추정된다.【역주】
344) 판판화(板板花): 부채 형식의 일종으로 부챗살마다 무늬를 새겼다는 의미로 추정된다.【原註】
　　* 판판화(板板花): 쥘부채 가운데 천이나 종이를 사용하지 않고 약간 넓고 길쭉한 목판이나 상아판 등을 엮어 만든 것이 있다. 이처럼 판마다 조각하여 만든 부채로 추정된다.【역주】
345) 이소(李昭)와 이찬(李贊): 『금릉쇄사(金陵瑣事)』에서 "이소(李昭) · 이찬(李贊) · 장성(蔣誠)이 만든 부챗살이 가장 정교하다.(李昭李贊蔣誠制扇骨最精.)"라고 하였다.
　　『고부우정잡록(古夫于亭雜錄)』에서 "성화-홍치연간에 유도(留都, 남경)의 부챗살은 이소(李昭)가 만든 것이 최고였다. 『고동강청집(顧東江淸集)』에 보인다.(成弘間, 留都扇骨以李昭制者爲最. 見顧東江淸集.)"라고 하였다.【原註】
　　* 금릉쇄사(金陵瑣事): 8권. 명나라 학자 주휘(周暉, 1546-?)가 명나라 초기 이래 남경에 관한 사건을 기록한 필기로, 만력 38년(1610)에 간행되었다.【역주】
　　* 이소(李昭) · 이찬(李贊) · 장성(蔣誠): 명대 남경에서 부채를 잘 만들어 유명했던 장인.【역주】
　　* 고부우정잡록(古夫于亭雜錄): 6권. 『부우정잡록(夫于亭雜錄)』'이라고도 하며, 청나라 대문학가 왕사신(王士禛, 1634-1711)의 필기.【역주】
　　* 고동강청집(顧東江淸集): 42권. 즉 『동강가장집(東江家藏集)』. 명나라 관리 고청(顧淸, ?-1527?)의 문집.【역주】
346) 마훈(馬勳) · 장삼(蔣三) · 유옥대(柳玉臺) · 심소루(沈少樓): 『추원잡패(秋園雜佩)』에서 "선덕-홍치연간, 부채로서 당시에 유명한 사람으로 첨근(尖根)은 이소(李昭)이고, 마훈(馬勳)은 손잡이가 하나에 끝부분이 둥글며, ……뒤에 또 장삼(蔣三) 소대(蘇臺, 소대는 별명) · 하엽리(荷葉李) · 옥대류(玉臺柳) · 소명약(邵明若) · 이문보(李文甫) 이요(李耀) · 복중겸(濮仲謙) 등이 있었는데 테두리의 조각이 가장 정밀한 사람들이다.(宣弘間, 扇名于時者, 尖根爲李昭, 馬勛爲單根圓頭, ……後又有蔣三蘇臺荷葉李玉臺柳邵明若李文甫耀濮仲謙, 雕邊之最精者也.)"라고 하였다.
　　『폐추헌잉어(敝帚軒剩語)』에서 "쥘부채는 현재 소주의 쥘부채로서 대개 자단과

여러 사람이 있으며, 모두 고수이다. 종이가 낡아지고 먹이 퇴색하므로 품에 지닐 수가 없어 별도로 책으로 장정하여 감상에 사용한다. 서로 이미 오랫동안 답습하고 유행하여 풍조가 되어 소주의 제품이라고 말하는 상황에 이르렀으나, 실제로는 저속한 제품으로 사천의 부채가 사용하기 적당한 것만 못하다. 선추는 여름에 가남향과 침향으로 만들며 한나라의 옥결(玉玦)과 호박으로 만든 선글라스는 모두 괜찮지만, 향천(香串)347)과 면가(緬茄)348)의 종류는 절대 사용해서는 안 된다.

상아 및 오목으로 만든 것은 모두 저속한 양식이라 지목되고, 오직 종죽(棕竹)과 묘죽[猫竹, 즉 모죽(茅竹)]으로 만든 것이 품에 지니는 우아한 기물이라 한다. 부채의 표면을 금으로 칠해도 귀하다고 하기에는 부족하며, 오직 부챗살을 현재 높이 평가한다. 지난날의 명인으로 마훈(馬勳)·마복(馬福)·유영휘(劉永暉)의 무리가 있으나 그 가치는 몇 푼이다. 근래에는 심소루(沈少樓)와 유옥대(柳玉臺)가 있는데 가치가 드디어 1금이 되었으며, 장소대(蔣蘇臺)는 동시에 또 절묘한 기술이라 칭송되어 한 자루에 가치가 3-4금이었다.(折扇, 今吳中折扇, 凡紫檀象牙烏木者, 俱目爲俗制, 惟以棕竹猫竹爲之者, 稱懷袖雅物. 其面重金, 亦不足貴, 惟骨爲時所尙. 往時名手有馬勳馬福劉永暉之屬, 其値數銖. 近年則有沈少樓柳玉臺, 價遂至一金, 而蔣蘇臺同時又稱絶技, 一柄直三四金.)"라고 하였다.【原註】

* 이소(李昭)는 뾰족한 형태의 선두(扇頭, 손잡이의 끝 부분)를 잘 만들어 '이첨두(李尖頭)'라 불렸으며, 마훈(馬勳)은 원형의 선두를 잘 만들어 '마원두(馬圓頭)'라 불렸고, 유옥대(柳玉臺)는 사각형의 선두를 잘 만들어 '유방두(柳方頭)'라 불렸다.【역주】
* 추원잡패(秋園雜佩): 1권. 명말청초의 산문가 진정혜(陳貞慧, 1604-1656)가 각종 사항을 정리한 필기.【역주】
* 이문보(李文甫) 이요(李耀): 문보(文甫)는 이요(李耀, ?-?)의 자(字). 남경 출신으로 부챗살의 조각으로 유명하였으며, 주로 가정시기(嘉靖時期)에 활동하였다. 복중겸과 함께 금릉파(金陵派, 얕은 부조를 위주로 하는 남경에서 활동하는 대나무 조각의 유파) 조각의 대표자이다.【역주】
* 복중겸(濮仲謙, 1582-?): 자(字)는 중겸(仲謙)이며 이름은 징(澄)으로, '복양(濮陽)'이라는 복성을 사용하기도 한다. 명말청초의 조각가로 강녕(江寧, 지금의 남경시) 출신이며, 이문보와 함께 금릉파의 대표인물이다.【역주】
* 폐추헌잉어(敝帚軒剩語): 4권. 명나라 학자 심덕부(沈德符, 1578-1642)가 명대의 일화와 신기하고 우스운 이야기를 기록한 필기.【역주】
* 1금: 1금은 24냥. 1수(銖)는 1/24냥.【역주】
347) 향천(香串): 향주(香珠, 향기가 나는 구슬형태의 기물)이다. 『계해향지(桂海香

四十五. 扇扇墜

扇, 羽扇最古, 然得古團扇雕漆柄爲之, 乃佳, 他如竹篾紙糊竹根紫檀柄者, 俱俗. 又今之摺疊扇, 古稱聚頭扇, 乃日本所進, 彼中今尚有絶佳者, 展之盈尺, 合之僅兩指許, 所畫多作仕女乘車跨馬踏青拾翠349)之狀, 又以金銀屑飾地面, 及作星漢人物350), 粗有形似, 其所染青緑甚奇, 專以空青海緑爲之, 眞奇物也. 川中蜀府製以進御, 有金鉸藤骨351)面薄如輕綃者, 最爲貴重. 內府別有彩畫五毒

志)』에서 "향주는 교지(交趾, 지금의 베트남)에서 산출되는데, 향기로운 진흙을 파두(巴豆)의 모양으로 빚어 만들며, 유리구슬을 사이사이에 넣어 채색 실로 꿰어서 수도하는 사람의 염주로 삼는다.(香珠出交趾, 以香泥捏成巴豆狀, 琉璃珠間之, 彩絲貫之, 作道人之數珠.)라고 하였다. 생각건대 향주는 지금 풍속에도 아직 존재하며, 향나무를 조각하여 만든 것도 있고, 대개 한 꿰미마다 18개이므로 '십팔자(十八子)'라고도 하며, 여름에 착용하여 더러운 냄새를 물리친다.【原註】
* 계해향지(桂海香志): 1권. 송나라 학자 범성대(范成大)가 향료에 관하여 전문적으로 기록한 서적.【역주】
* 파두(巴豆): 쥐손이풀목 대극과에 속하는 상록 교목인 파두나무의 열매로, 참외모양이며 크기는 길이 1.8~2.2cm에 지름 1.4~2cm으로, 맹독성이 있어 한약재로 사용한다.【역주】
348) 면가(緬茄): 면가(緬茄, Pahudia xylocarpa)는 '면가(沔茄)'라고도 하며, 낙엽교목으로 협과(莢果, 콩껍질 모양의 열매) 안의 씨가 보통 2알이고, 조각하여 장식을 보조할 수가 있으며, 원산지가 미얀마(緬甸)이므로 이렇게 이름 붙였다. 콩과에 속한다.【原註】
349) 拾翠(습취): 물총새의 깃털을 주워서 머리에 장식하다. 여인들의 봄나들이를 가리킨다.【역주】
350) 星漢人物(성한인물): 성한(星漢)은 바로 운한(雲漢)으로 은하수의 의미이다. 성한인물은 견우와 직녀의 부류를 말한다.【原註】
351) 金鉸藤骨(금교등골): 생각건대 '교(鉸)'는 바로 대갈못(리벳)이다. 『석명(釋名)』에서 "현재 대개 칼자루와 안장의 머리에는 모두 대갈못이 있다.(今凡刀柄, 鞍首皆有釘鉸)"라고 하였으며, 오늘날의 대갈못이다. 금교등골(金鉸藤骨)은 금속으로 만든 대갈못으로 등나무 부챗살을 꿴 것이다. 『물리소지』에서 "촉부(蜀府)에 단릉(丹棱, 지금의 사천성 단릉현)의 면지(棉紙)를 사용하고 부챗살이 등나무인 것이 있으며, 휘주와 항주에서는 금을 첨가하고 채색을 첨가한 금과 은으로 만든 대갈못(부채의 손잡이 부분에 부챗살을 서로 관통하여 모으는 못)은 모두 촉부의 청흑색이 바탕이므로, 개괄하여 '촉부'라고 한다.(蜀府用丹棱棉紙者, 有藤骨者, 徽杭加金加彩金銀鉸, 皆以蜀府椑色爲地, 故槪名之蜀府.)"라고 하였다.【原註】

百鶴鹿百福壽等式, 差俗, 然亦華絢可觀. 徽杭352)亦有稍輕雅者, 姑蘇353)最重
書畫扇, 其骨以白竹棕竹烏木紫白檀湘妃眉緑等爲之, 間有用牙及玳瑁者, 有員
頭直根絲環結子板板花諸式, 素白金面, 購求名筆圖寫, 佳者價絶高. 其匠作則
有李昭李贊馬勳蔣三柳玉臺沈少樓諸人, 皆高手也. 紙敝墨渝, 不堪懷袖, 別裝
卷冊以供玩, 相沿既久, 習以成風, 至稱爲姑蘇人事, 然實俗製, 不如川扇適用
耳. 扇墜夏月用伽楠沉香爲之, 漢玉小玦354)及琥珀眼掠355)皆可, 香串緬茄之屬,
斷不可用.

46. 베개(枕)

베개에 서침(書枕)356)이 있으며, 종이 세 장을 크게 말아서 사발과 같

---

* 비색(椑色): 비(椑)는 감과 비슷한 청흑색의 과일이 열리는 나무이며, 안료로
  사용할 수가 있다. 비색(椑色)은 청흑색을 말한다.【역주】
* 촉부(蜀府): 촉왕부(蜀王府). 주원장이 아들 주춘(朱椿, 1371-1423)을 촉왕으로
  봉하여 명나라 서남 지역을 다스리도록 하였으며, 1381년에 공사를 시작하여
  1390년에 촉왕부가 완공되었으며, 명나라 왕부 건물 가운데 가장 화려하다.
  【역주】
352) 徽杭(휘항): 휘주의 관청 소재지는 지금의 안휘성 흡현(歙縣)에 있다. 항주는 지
  금의 절강성 항주시이다.【原註】
353) 姑蘇(고소): 고소(姑蘇)는 산의 이름으로 강소성 오현(吳縣) 서남에 있으며 '고
  서(姑胥)'라고도 하고 또 '고여(姑余)'라고도 하는데, 오나라왕 부차(夫差, B.C.
  528?- B.C.473)의 고소대(姑蘇臺)가 산 위에 있으며, 수나라에서 산의 이름으로
  주(州)를 삼았으므로, 오현(吳縣)을 '고소'라고도 하며, 지금의 강소성 소주시이
  다.【原註】
354) 漢玉小玦(한옥소결): 본권 「허리띠」의 원주 참고.【原註】
355) 琥珀眼掠(호박안략): 호박으로 만든 안략(眼掠)으로 추정된다. 『박물요람』에서
  "흑수정은 약안(掠眼)과 소주(素珠, 염주) · 도장 · 진지(鎭紙) · 인주합……을 만
  들 수 있는데, 약안은 색이 있는 수정으로 하며, 수정의 성질이 서늘하여 눈의
  열기를 없앨 수 있기 때문이다.(黑水晶可作掠眼及素珠圖章鎭紙印池……, 掠眼以
  色晶者, 水晶性凉, 能消眦火故也.)"라고 하였다.【原註】
  * 약안(掠眼): 눈에 걸치는 것, 즉 현대의 선글라스이다.【역주】
356) 서침(書枕): 일반적으로 서화를 창작할 때 종이를 눌러 놓는 문방구인 진척(鎭尺)

은 모양으로 만들어 品(품)자로 서로 겹쳐 묶어 베개로 만든다. 옛날의 도자기 베개가 있는데 길이가 2자 5치에 폭이 6치인 것은 사용할 수 있으며, 길이가 1자인 것을 시침(屍枕)357)이라 하여 바로 고대 무덤 속의 물건이므로 사용해서는 안 된다.

四十六. 枕

枕有書枕, 用紙三大卷, 狀如碗, 品字相疊, 束縛成枕. 有舊窯枕, 長二尺五寸, 濶六寸者, 可用, 長一尺者, 謂之屍枕, 乃古墓中物, 不可用也.

47. 대자리(簟)358)

교장(茭葦)359)은 말라카(Malacca, 말레이시아)에서 나오며, 바다의 모

을 가리키지만, 여기서는 종이로 만든 베개의 의미로 사용하였다.【역주】

357) 시침(屍枕): 시체의 머리를 받쳐 놓는 베개. 송원시대에는 도자기 베개가 널리 유행하였으며, 많은 기물이 출토되어 세상에 전해온다. 청말·민국시기에 제작된 일용의 도자기 베개가 전해온다.【역주】

358) 簟(점): 권6 「궤탑(几榻)」의 원주 참고.【原註】

359) 교장(茭葦): 방석을 만드는 풀의 이름. 『고반여사』에서 "교장(茭葦)은 말라카에서 나오며 바닷가 모래사장의 기슭에서 자라는데, 잎의 특성이 유연하여 현지 사람들이 채취해서 엮어 고운 자리를 만들며, 겨울에 사용하면 갈수록 따스하게 느껴진다.(茭葦出滿剌加國, 生於海之洲渚岸邊, 葉性柔軟, 鄕人取之, 織爲細簟, 冬月用之, 愈覺溫暖.)"라고 하였다.
『동서양고(東西洋考)』에서 "초심점(蕉心簟)은 『성사승람(星槎勝覽)』에 보이며, 『화이고(華夷考)』에서 말한 바에 따르면, 말라카에서 교장(茭葦)의 잎을 채취하여 엮어서 고운 자리를 만드는데, 폭은 2자이고 길이는 1길 정도인데, 바로 이러한 종류이다.(蕉心簟, 見星槎勝覽, 按華夷考稱, 滿剌加取茭葦葉, 織成細簟, 闊二尺, 長丈餘, 卽此類也.)"라고 하였다.
『남월필기(南越筆記)』에서 "광동의 방석은 서양의 교차한 무늬가 있는 것이 상등품으로, 그 풀은 선박을 따라 들어와서 바닷가 사람들이 구해서 엮을 수가 있었으나 모두 두 겹으로 홑겹이 아니었으며, 홑겹의 것은 세밀하게 비스듬히 마름모

래사장 기슭에서 자란다. 잎의 특성이 유연하여 엮어서 고운 자리를 만들어 겨울에 사용하면 갈수록 따스하게 느껴지고, 여름에는 기주(蘄州)의 대자리360)가 가장 훌륭하다.

四十七. 簟

莨葦出滿喇伽國361), 生於海之洲渚岸邊, 葉性柔軟, 織爲細簟, 冬月用之, 愈覺溫暖, 夏則蘄州之竹簟最佳.

꼴의 무늬를 만들었는데, 오직 서양 사람만이 짤 수 있었다.(粤之席, 以西洋莨文者爲上, 其草隨舶而至, 澳人得之亦能織, 然皆復而不單, 單者作細方勝斜紋, 惟西洋人能織.)"라고 하였다.【原註】
* 동서양고(東西洋考): 12권. 명나라 말기의 학자 장섭(張燮, 1574-1640)이 1617년에 완성하였으며, 동서양의 각국에 관한 내용을 기술하였다. 명대에는 현대의 동경 110도(중국의 뇌주반도(雷州半島, 해남도의 바로 위)와 인도네시아 보르네오섬)을 경계로 하여 동쪽을 동양이라 하고 서쪽을 서양이라 하였다.【역주】
* 성사승람(星槎勝覽): 전집과 후집. 명나라 통역사 비신(費信, 1384?-?)이 정화(鄭和)의 서방원정과 사신으로 갔던 각국에 대한 내용을 기록한 저서.【역주】
* 화이고(華夷考): 10권. 원명은 『화이화목조수진완고(華夷花木鳥獸珍玩考)』. 명나라 학자 신무관(愼懋官, ?-?)이 구설을 채록하거나 자신의 의견을 섞어 화목과 조수 및 진기한 기물에 관하여 기록한 서적.【역주】
* 滿刺加(만랄가): 말레이시아반도 남부 말라카(Malacca)에 14-15세기에 존재하던 고대 왕국으로, 1511년에 포르투갈에 멸망하였다.【역주】
* 남월필기(南越筆記): 16권. 청나라 문학가 이조원(李調元, 1734-1802?)이 민속과 산천 및 민족 등 다방면에 걸쳐 기록한 일종의 박물지.【역주】
360) 기주(蘄州)의 대자리: 『신증격고요론』에서 "현재 호광(湖廣)의 황주부(黃州府) 기주(蘄州)에 대나무가 있어 기죽(蘄竹)이라 하며, 기주는 바로 고대의 기춘현(蘄春縣)이다(지금의 기춘현은 호북성 황강(黃岡)지구에 속한다). 대자리는 마디가 평평하여 오래 누워 자면 시원하며 눌린 흔적이 생기지 않는데, 지금은 '기점(蘄簟)'이라 한다.(今湖廣黃州府蘄州有竹, 名蘄竹, 州卽古蘄春縣也. 竹簟, 其節平, 久睡則凉, 而不生痕, 今謂之蘄簟.)"라고 하였다.【原註】
361) 滿喇伽國(만라가국): 즉 마육갑(馬六甲, Malacca)으로 말레이시아반도 서남에 있다.【原註】

48. 금(琴)364)

거문고는 고대의 악기로서 비록 연주할 수는 없더라도 역시 벽에 하나를 걸어 놓아야 한다. 오래된 거문고로 세월이 이미 오래되어 칠한 광택이 다 사라지고 갈라터진 무늬가 매화와 같으며, 거뭇거뭇하기가 오목과 같고 연주하여 소리가 침침하지 않은 것이 귀중하다. 금진(琴軫)363)은 코뿔소 뿔과 상아로 만든 것이 우아하다. 진주조개로 휘(

---

362) 금(琴): 악기로 복희(伏羲)가 만들었으며, 고대에는 5현이었으나 후대에 7현으로 바뀌었다.
　　『이아 · 석악(釋樂)』의 형병소(邢昺疏)에서 "『광아(廣雅』에서 '거문고는 길이가 3자 6치 6푼으로, 5현이 일반적으로 사용하는 거문고로서, 366일(1년)을 상징하고, 오현은 오행을 상징하며, 대현(大弦, 제일 중간에 있는 현)은 임금이고 소현(小弦, 대현의 좌우에 있는 현)은 신하로서, 문왕(文王, 연주자에게 제일 안쪽의 현)과 무왕(武王, 연주자에게 제일 바깥쪽의 현)으로 2개의 현을 첨가하면 군신의 은혜에 합치한다.(廣雅曰琴長三尺六寸六分, 五弦者, 此常用之琴也, 象三百六十六日, 五弦象五行, 大弦爲君, 小弦爲臣, 文王武王加二弦, 以合君臣之恩也.)"라고 하였다.
　　또『금조(琴操)』에서 "폭은 6치로 육합(六合, 천지와 사방 즉 천하)을 상징한다.(廣六寸, 象六合也.)"라고 하였으며, 또 "상단에 있는 홈을 지(池)라 하며 천하를 평정한 것을 말한다. 하단에 있는 홈을 빈(濱)이라 하며 복종하는 것을 말한다. 거문고의 머리 부분이 넓고 꼬리부분이 좁은 것은 존엄과 비천을 상징하며, 상부가 둥글고 하부가 모난 것은 천지를 본받았다.(上曰池, 言其平, 下曰濱, 言其服. 前廣後狹, 象尊卑, 上圓下方, 法天地.)"라고 하였다.【原註】
　　* 금조(琴操): 2권. 동한의 문학가이자 서예가 채옹(蔡邕, 133-192)이 편찬했다고 하며, 금곡(琴曲)의 제목을 해설한 저서. 원서는 이미 산일되었으며, 후대에 모아서 책으로 구성되었다.【역주】
　　* 형병(邢昺, 932-1010): 북송의 경학가(經學家)로『이아』에 대한 곽박(郭璞)의 주(注)를 연구하여 소(疏)를 달았다.【역주】
363) 금진(琴軫): 금의 하부에 있는 현을 움직이는 곳을 '진(軫)'이라 한다.
　　『금전(琴箋)』에서 "옥으로 만드는 것은 화려하게 하지 않는데, 무늬가 있으면 현이 미끄러지기 쉽기 때문이고, 옥은 평소 오염이 되지 않으며, 자단과 코뿔소 뿔로 만든 것도 좋다.(玉者不爲之華, 有花者易轉, 素不受汚, 紫檀犀角者亦可.)"라고 하였다.【原註】
　　* 금진(琴軫): 거문고의 다리 부위인 하단의 뒷면에 위치한 현을 고정시키는 부위로, 못의 형태를 하고 있으며, 현마다 하나씩 여기에 묶고, 이것을 움직여

徽)364)를 만들며, 금과 옥으로 휘를 만든 것은 귀중하지 않다. 현은 흰색의 비단실을 사용하고, 옛사람들이 비록 "붉은 현이 울림구멍에 맑게 울린다." 등으로 말하였지만, 염색하지 않은 본질에 천연의 오묘한 점이 있는 것만 못하다. 당나라에는 뇌문(雷文)365)과 장월(張越)366)이 있었고, 송나라에는 시목주(施木舟)367)가 있었고, 원나라에는 주치원(朱致遠)368)이 있었으며, 명나라에는 혜상(惠祥)369)·고등(高騰)370)·축해학

현의 팽팽한 정도를 조절한다. 기타의 줄감개와 비슷하다. 거문고의 머리 부분에 있는 것을 '현안(弦眼)'이라 하며 현을 여기에 꿰어 고정시킨다.【역주】

* 금전(琴箋): 명나라 문학가 도륭(屠隆, 1544-1605)이 저술한 거문고에 관한 전문 서적.【역주】

364) 휘(徽): 거문고의 위에 각각 표시하여 금이나 옥으로 장식한 둥근 점을 '휘(徽)'라 한다.
『금전(琴箋)』에서 "거문고는 금과 옥으로 휘(徽)를 만들며, 중요한 기물이라는 것을 보여주는 것이다. 그러나 매번 거문고에게 재난을 가져오므로 진주조개로 휘(徽)를 만드는 것만 못하다.(琴以金玉爲徽, 示重器也. 然每爲琴災, 不若以産珠蚌爲徽.)"라고 하였다.【原註】

* 휘(徽): 거문고에서 현의 음위(音位)를 나타내는 둥근 점으로 된 표식으로, 금이나 옥이나 조개껍질을 사용하고, 13개이다. 거문고의 제일 바깥 현의 옆에 일렬로 배치한다.【역주】

365) 뇌문(雷文, ?-?): 당나라 거문고 제작의 명인.
『금전』에서 "당나라 거문고는 사천지방에 뇌문(雷文)과 장월(張越)의 두 사람이 있어 거문고의 제작으로 명성을 얻었으며, 용지(龍池, 뒷면 상단의 큰 울림구멍)와 봉소(鳳昭, 뒷면 하단의 작은 울림구멍)의 사이에 현을 설치하고 나머지 부위는 모두 우묵하여 현의 소리를 모아서 흩어지지 않게 하였다.(唐琴, 蜀中有雷文張越二家, 制琴得名, 其龍池鳳昭間有弦, 餘處實注, 令關聲而不散.)"라고 하였다.【原註】

366) 장월(張越. ?-?): 당나라 거문고 제작의 명인. 앞의 원주 참고.【原註】

367) 시목주(施木舟, ?-?): 송나라 거문고 제작의 명인.
『금전』에서 "송나라 거문고, 송나라에는 금국(琴局)이 있어 제도로 정한 양식이 있으며, '관금(官琴)'이라 하고, 나머지는 사실 재야에서 제작되었다. '시목주(施木舟)'라는 사람이 있어 거문고의 제작으로 명성을 얻었으나, 기물이 점차 사라졌다.(宋琴, 宋有琴局, 制有定式, 謂之官琴, 餘實野斲. 有施木舟者, 造琴得名, 弦紋漸去.)"라고 하였다.【原註】

368) 주치원(朱致遠, ?-?): 원나라 거문고 제작의 명인.
『금전』에서 "원나라 거문고로는 주치원이 있어 제작이 매우 정교했으며, 현재의

(祝海鶴)371)과 번씨(樊氏) · 노씨(路氏)가 있는데, 모두 거문고 제조의 명인이다. 거문고를 걸어 두는 것은 바람과 이슬 및 햇살에 가까워서는 안 되며, 거문고를 담는 자루는 오래된 수놓은 비단으로 만들고, 금진 (琴軫)에는 홍색과 녹색의 술을 사용해서는 안 되며, 거문고를 안을 때는 마구해서는 안 된다. 여름에 거문고를 연주하려면 아침과 저녁이 적당한데, 정오에는 땀이 흘러 더럽혀지기 쉽고, 또 너무 건조하면 현이 약해진다.

四十八. 琴

琴爲古樂, 雖不能操, 亦須壁懸一床, 以古琴歷年既久, 漆光退盡, 紋如梅花, 黯如烏木, 彈之聲不沉者, 爲貴. 琴軫, 犀角372)象牙373)者雅. 以蚌珠374)爲徽, 不

오래된 거문고에는 주치원과 시목주(施木舟) 두 사람이 만든 것에 속하는 게 많다.(元琴, 有朱矢遠者, 造成精極, 今之古琴, 多屬朱施二氏者.)"라고 하였다.【原註】

369) 혜상(惠祥, ?-?): 명나라 거문고 제작의 명인.
『금전』에서 "명나라의 거문고는 성화연간(1465-1487)에 풍성(豐城, 강서성 풍성시)의 만륭(萬隆)이 있었고, 홍치연간(1488-1505)에는 전당(錢塘, 지금의 절강성 항주)의 혜상(惠祥) · 고등(高騰) · 축해학(祝海鶴)이 유명하였는데, 당시 사람들이 많이 진귀하게 여겼다. 또 번씨(樊氏)와 노씨(路氏)의 거문고는 경성에서 품위가 제일이었다.(國朝琴, 成化間, 有豐城萬隆. 弘治間, 有錢塘惠祥高騰祝海鶴擅名, 當代人多珍之. 又樊氏路氏琴, 京師品位第一.)"라고 하였다.【原註】

370) 고등(高騰, ?-?): 명나라 거문고 제작의 명인. 앞의 원주 참고.【原註】

371) 축해학(祝海鶴): 명대 거문고 제작의 명인.
『고반여사』에서 "초엽금(蕉葉琴)은 파초 잎의 모양을 선택하여 거문고의 양식으로 하였으며, 제작법이 축해학으로부터 나왔는데, 매우 훌륭하다.(蕉葉琴, 取蕉葉爲琴之式, 制自祝海鶴, 甚佳.)라고 하였다. 나머지는 앞의 원주 참고.【原註】
 * 축해학(祝海鶴): 축공망(祝公望, 1477?-1570). 호가 해학(海鶴)이다. 용유(龍遊, 지금의 절강성 구주(衢州)] 사람으로 '용구도인(龍丘道人)'이라 자칭하였다. 초엽금(蕉葉琴, 거문고의 양 옆이 파초의 잎처럼 파도치는 곡선의 형태로 만든 거문고)의 양식을 창조하였다.【역주】

372) 서각(犀角): 권5「표축(標軸)」의 원주 참고.【原註】

373) 상아(象牙): 권5「표축」의 원주 참고.【原註】

518
장물지

貴金玉. 弦375)用白色柘絲376), 古人雖有朱弦淸越377)等語, 不如素質378)有天然
之妙. 唐有雷文張越, 宋有施木舟, 元有朱致遠, 國朝有惠祥高騰祝海鶴及樊氏
路氏, 皆造琴高手也. 掛琴379)不可近風露日色, 琴囊380)須以舊錦爲之, 軫上不可
用紅綠流蘇381), 抱琴382)勿橫. 夏月彈琴, 但宜早晩, 午則汗易汗, 且太燥, 脆弦.

---

374) 방주(蚌珠): 주방(珠蚌, 진주조개)은 '주모(珠母, Pintada martensii)'라고도 하며
연체동물로 살은 식용할 수 있다. 판새강 진판새목(眞瓣鰓目) 주방과(珠蚌科)에
속한다. 방주(蚌珠)는 주방(珠蚌)의 내부에서 자라나는 물질로 '진주(眞珠)'라고
도 하며, 광택이 나고 매끄러워 고귀한 장식물이 된다.【原註】

375) 현(弦): 누에고치에서 뽑은 실을 방적하여 굵고 가는 선으로 만들어 금슬에 설치
하여 소리가 나게 한다.【原註】

376) 자사(柘絲): 산뽕나무 잎을 먹은 누에가 토해낸 실. 자(柘, Cudrania tricuspidata)
는 '자자(柘刺)'라고도 하며, 낙엽교목으로 잎은 누에에게 먹일 수가 있다. 뽕나무
과에 속한다.
『본초』에서 "산뽕나무의 잎으로 누에를 먹여서 실을 뽑아서 금슬을 만들면, 맑게
울려 보통의 현보다 뛰어나다.(柘葉飼蠶, 取絲作琴瑟, 淸嚮勝常.)"라고 하였다.
【原註】

377) 朱弦淸越(주현청월): 『예기·악기(樂記)』에서 "종묘의 거문고는 현이 붉어야 월
(越, 울림구멍)과 소통한다.(淸廟之瑟, 朱弦而疏越.)"라고 하였다.
『의례(儀禮)』의 주(注)에서 "월(越)은 거문고 하단의 구멍이다.(越, 瑟下孔也.)"라
고 하였다.【原註】

378) 素質(소질): 염색을 하지 않은 본래의 색.【原註】

379) 掛琴(괘금): 『고반여사』에서 "거문고를 걸 때는 추위와 더위를 막론하고 바람과
이슬 및 햇살 그리고 벽돌담과 흙벽에 가까운 곳에 걸어서는 안 되는데, 습기가
찰까 두렵기 때문이다.(挂琴不論寒暑, 不可挂近風露日色中及磚墻泥壁之處, 恐
惹潤濕.)"라고 하였다.【原註】

380) 금낭(琴囊): 거문고를 넣는 자루.【原註】

381) 유소(流蘇): 본권 「좌돈(坐墩)」의 원주 참고.【原註】

382) 抱琴(포금): 『고반여사』에서 "종들에게 말해 마구 끌지 않도록 해야 하는데, 물건
에 부딪쳐 손상될까 두렵기 때문이다.(當語僮僕勿令橫拖, 恐觸物致損.)"라고 하
였다.【原註】

49. 금대(琴臺)383)

금대는 하남성 정주에서 만든 고대의 곽공전(郭公磚)384)으로 표면에 방승(方勝)385)과 상안(象眼)386) 무늬가 있는 것으로 금대를 만드는데,

---

383) 금대(琴臺): 금탁(琴桌)이며, 금을 받쳐 놓는다.【原註】
  * 금탁(琴桌): 거문고를 올려놓는 탁자. 일반적으로 목재로 만들며, 기다란 사각형으로 크기가 보통 탁자보다 작다. 전해오는 기물은 연주용이 아니라 진열용이 대부분이다.【역주】
384) 곽공전(郭公磚):『격고요론』에서 "금탁의 표면은 곽공전을 사용한 것이 가장 훌륭하며, 하남 정주(鄭州)의 흙속에서 나왔다고 전한다. 벽돌은 길이가 5자에 폭은 1자로 회백색이며 속이 비고, 표면에 상안문(象眼紋)이 있는데, 금을 그 위에 걸치고 연주하면 맑게 울려 사랑스럽다.(琴桌面有用郭公磚者佳, 相傳出河南鄭州泥土中. 磚長五尺, 闊一尺, 灰白色, 中空, 上有象眼花紋, 架琴撫之, 淸冷可愛.)"라고 하였다.
『서영(書影)』에서 "나의 고향에 곽공전이 많은데 체제가 일정하지 않으며, 길면서 큰 것이 귀중하다. 강남 사람들이 선호하여 금탁으로 만들며, 형양(滎陽, 지금의 형양시로 정주와 15km거리에 소재)과 형택(滎澤, 지금의 하남성 광무현(廣武縣)]에 특히 많다. 곽공이 어느 때 사람인지 알 수 없다. 듣건대 가정원년(嘉靖元年, 1522)에 회성(會城, 해당 성의 수도)의 순무(巡撫)가 기백호(亓百戶, 백호는 벼슬 이름)에게 월제(月堤, 반월형의 제방)를 수리하도록 명하였는데, 우연히 하나의 고대 무덤을 발견하였으며, 벽돌의 위에 붉은 글씨로 '곽공전(郭公磚), 곽공묘(郭公墓). 곽공이 기백호를 만나고, 순무가 그대를 파견하여 월제를 수리하여, 때가 되었으니 나에게 3-5보를 양보하라.'고 쓰여 있었다. 순무에게 보여주니, 순무가 '수십 보를 양보하지, 어찌 3-5보에 그쳤는가?'라고 하였다. 부친께서 내게 말하기를 '이 벽돌은 옛날에 다만 속이 빈 것이었는데, 후대에 거문고를 놓기에 적당하였으므로, 마침내 거문고를 가지고 이름을 붙였다.'고 하였다. 제방의 보수를 완료한 뒤에 마침내 '곽공전'이라 부르게 되었을 것이다.(余鄕多郭公磚, 體制不一, 以長而大者爲貴. 江南人愛之, 以爲琴几, 滎陽滎澤尤多. 郭公不知何時人. 聞嘉靖元年會城撫軍, 命亓百戶修月堤, 偶發一古塚, 磚上有朱書曰, 郭公磚, 郭公墓. 郭公逢着亓百戶, 巡撫差爾修月堤, 臨時讓我三五步. 以呈巡撫, 巡撫曰, 讓十數步, 何止三五步也. 家大人語小子曰, 此磚昔但以空心者, 後以宜於琴也, 遂以琴名. 旣修堤後, 遂竟呼爲郭公磚矣.)"라고 하였다.【原註】
  * 서영(書影): 10권. 명말청초의 문학가 주량공(周亮工, 1612-1672)이 옥중에서 평생 학습한 것과 견문을 기록한 찰기. '노인의 독서는 그림자만 남는다(老人讀書只存影子)'라는 말에서 '서영(書影)'이라는 제목을 따왔으며, 형부의 감옥인 인수옥(因樹屋)에 갇혀있었으므로 '인수옥서영(因樹屋書影)'이라고도 한다.【역주】

곽공전의 속이 비어 소리가 울리는 것을 선택한 것이지만, 이것은 사실 분경(盆景)과 옛날 수석에 적당한 것이다. 작은 탁자로 양식을 바꾸어야 마땅한데, 길이는 거문고보다 1자를 넘지 않고 높이는 2자 8치에 폭은 거문고 세 대를 놓을 수 있는 것이 우아하다. 의자는 호상(胡牀)[387]을 사용해야 두 손이 움직이기에 더 편리하며, 거문고의 위치보다 조금 높으면 손에 힘이 들지 않는다. 또 자단으로 테를 두르고 주석으로 연못을 만들어 수정으로 뚜껑을 삼은 것이 있으며, 금대의 중간에 물을 담아 물고기와 물풀을 기르는 것은 사실 저속한 제품이다.

四十九. 琴臺

琴臺以河南鄭州所造古郭公磚, 上有方勝及象眼花者, 以作琴臺, 取其中空發響, 然此實宜置盆景及古石, 當更制一小几, 長過琴一尺, 高二尺八寸, 濶容三琴者, 爲雅. 坐用胡牀, 兩手更便運動, 須比他坐稍高, 則手不費力. 更有紫檀爲邊, 以錫爲池, 水晶爲面者, 於臺中置水蓄魚藻[388], 實俗製也.

---

385) 방승(方勝): 두 개의 마름모를 서로 연결한 것을 현재 '방승'이라 하는데, 승(勝)은 본래 머리장식으로, 지금의 풍속으로는 '채결(彩結)'이라 한다. 채승(彩勝)에는 쌍사각형으로 만든 것이 있으므로 이렇게 이름 붙였다. 권1 「해론(海論)」의 원주 참고.【原註】

386) 상안(象眼): 코끼리 눈 모양의 무늬.【原註】
 * 상안(象眼): 고대의 벽돌에 많이 나타나는 문양으로, 비스듬한 그물무늬의 사각형 내부마다 눈처럼 원형의 돌기가 있는 문양.【역주】

387) 호상(胡牀): '호상(胡床)'이라고도 하며, 접을 수 있는 간편한 의자.【역주】

388) 臺中置水蓄魚藻(대중치수축어조): 『준생팔전』에서 "내가 도성에서 금대를 하나 보았는데, 주석으로 금대의 중간에 연못을 만들어 물을 담아 물고기를 길렀으며, 그 위는 수정으로 만든 판자로 덮었다. 물고기가 수초에서 노니는 것이 완전히 나와 연주를 듣는 것 같아서, 진실로 세상에 드물었으며, 금대의 가격도 높았다. (余在都中見一琴臺, 以錫爲池於臺中, 置水蓄魚, 上以水晶板, 其魚戱水藻, 儼若出聽, 誠爲稀有, 其價亦高.)"라고 하였다.【原註】

50. 벼루(研)389)

벼루는 단계연(端溪硯)390)을 상등품으로 삼는데, 광동성 조경부(肇慶府, 지금의 조경시)에서 산출된다. 신갱(新坑)391) · 구갱(舊坑)392) · 상암(上巖)393) · 하암(下巖)394)의 구분이 있고, 돌의 색은 진한 자주색으로, 손을 대면 윤기가 서리고 두드리면 소리가 맑으면서 멀리까지 울리며, 두 겹이면서 청록색의 앵무나 구욕(鸜鵒)395)의 눈과 같은 석안(石眼)이

---

389) 研(연): 먹을 가는 도구로 통상 벽돌과 돌로 만든다. 『후한서 · 반초전(班超傳)』에서 "어떻게 해야 붓과 벼루 사이에서 오랫동안 있을 수 있을까?(安能久事筆研間乎.)"라고 하였다. 『만재소록(卍齋璅錄)』에서 "지금 풍속에 '연(研)'자로 '연(硯)'자를 대신한다.(今俗以研代硯.)"라고 하였다.【原註】
  * 만재소록(卍齋璅錄): 10권. 청나라 학자이자 장서가 이조원(李調元, 1734-1803)의 필기.【역주】
390) 단계연(端溪硯): 중국 벼루 가운데 제일로 평가되는 벼루로, 광동성 고요현(高要縣)의 부가산(斧柯山) 단계(端溪) 일대에서 산출된다. 단계를 경계로 동쪽의 부가산 기슭에 노갱(老坑) · 갱자암(坑仔岩) · 마자갱(麻子坑) · 고탑암(古塔岩) · 선덕암(宣德岩) · 조천암(朝天岩) · 청점암(青點岩) · 감라초(冚羅蕉) 등의 여러 갱이 분포되어 있다. 당대 초기부터 채굴되기 시작하여, 현재까지 계속 채굴되고 있지만, 그 중의 최고로 평가되는 대서동(大西洞) 노갱(老坑)은 1999년에 무너져 현재 더 이상 채굴되지 않는다. 석색은 자주색 · 녹색 · 백색 · 흑색 등이 있으며, 석재의 품질을 나타내는 특징으로 빙문(氷紋, 얼음의 갈라터진 무늬와 비슷한 흰색의 무늬) · 금선(金線, 금색의 선) · 은선(銀線, 은색의 선) · 청화(青花, 푸른빛의 미세한 점) · 화날(火捺, 불로 지진 듯한 자국) · 초엽백(蕉葉白, 파초의 잎처럼 펼쳐진 청황색을 띠는 흰색의 무늬) · 어뇌동(魚腦凍, 우유처럼 희며 구름처럼 펼쳐진 무늬) · 석안(石眼, 눈 모양의 원형 무늬) 등이 있다.【역주】
391) 신갱(新坑): 새로 채굴한 갱구.【역주】
392) 구갱(舊坑): 옛날에 채굴한 갱구.【역주】
393) 상암(上巖): 산의 윗부분에 있는 갱구.【역주】
394) 하암(下巖): 산의 계곡 아래에 있는 갱구로 제일 우수한 석재가 산출된다.【역주】
395) 구욕(鸜鵒): 학명은 Acridotheres cristatellus. 별명은 앵구(鸚鴝) · 한고(寒皋) · 화화(華華) 등이며, 날개를 펼치고 날아갈 때에 흰색의 '八'자 모양이 나타나므로 '팔가(八哥)'라고도 한다. 온 몸이 검고 부리의 뿌리 부분에 털이 둥그스름하게 보슬보슬한 모습이며, 중국 그림에 많이 나타난다. 권4 「백설(百舌) · 화미(畵眉) · 구욕(鸜鵒)」의 원주 참고.【역주】

있는 것이 귀중하다. 그 다음은 색이 적색인 것으로 입으로 김을 불면 바로 윤기가 서린다. 또 무늬가 흐드러지면서 큰 것이 있는데 바로 서갱석(西坑石)396)으로 그리 귀하지 않다. 또 천연적으로 생성된 작은 석재가 있는데, 옥처럼 윤택하고 먹을 갈면 소리가 나지 않으면서 발묵(發墨)397)이 좋아 붓을 상하게 하지 않으므로, 진실로 세상에 드문 진귀한 것이다. 석안(石眼)398)이 없으면서 훌륭한 것이 있으며, 백단(白端)399)

---

396) 서갱석(西坑石): 단계석의 일종으로, '방갱석(蚌坑石)'이라고도 하며, 부가산(斧柯山) 아래의 계곡에서 채취한다. 노출되어 도처에 존재하여 현지인들은 '야석(野石)'이라 하며 천시하지만, 외지인들은 애지중지한다는 품질이 낮은 석재.【역주】

397) 발묵(發墨):『균헌청비록(筠軒淸閟錄)』에서 "발묵은 먹을 갈 때 미끄러지지 않고, 먹 갈기를 멈추고 오래되어도 먹물이 윤이 나서 기름이나 칠과 같이 밝게 사람을 비출 정도인 것을 말하며, 이것은 먹이 이렇게 할 수 있는 것이 아니라 바로 벼루가 그렇게 한 것이다. 그러므로 벼루는 발묵을 제일로 삼고, 먹색은 그 다음이다.(發墨謂磨不滑, 停墨至久, 墨汁發光, 如油如漆, 明亮照人, 此非墨能如是, 乃硯使之然也. 故硯以發墨爲上, 色次之.)"라고 하였다.【原註】

    * 균헌청비록(筠軒淸閟錄): 3권. 명나라 화가 동기창(董其昌, 1555-1636)이 편찬했다고 하지만,『사고전서총목제요』에서는 서적 상인이 명나라 화가 장응문(張應文, 1524?-1585)의『청비장(淸祕藏)』2권을 3권으로 엮고 동기창의 이름을 덧씌웠다고 하였다. 29개 항목에서 옥석·청동기·도자기·서화 등을 논술하였다.【역주】

    * 발묵(發墨): 벼루에 먹을 갈 때 먹이 쉽게 갈리고 먹물에 광택이 나는 것을 말한다. 회화기법에서의 발묵은 먹물이 종이나 천에서 번져나가는 것을 가리킨다.【역주】

398) 석안(石眼): 단계석 가운데 수암(水岩)·갱자암(坑仔岩)·마자갱(麻子坑)·매화갱(梅花坑)·송갱(宋坑)에 존재하는 눈 모양의 원형 무늬로, 눈동자의 형태에 따라 활안(活眼, 눈동자가 있어 살아있는 석안)·사안(死眼, 눈동자가 없는 석안)·루안(淚眼, 눈물이 흐르는 듯이 윤곽이 서로 연결된 석안) 그리고 구욕안(鸜鵒眼, 구욕새의 눈처럼 동그랗고 선명한 석안)·앵가안(鸚哥眼, 앵무새의 눈처럼 크고 선명한 석안)·봉안(鳳眼, 봉황의 눈처럼 크고 선명한 석안)·작안(雀眼, 참새의 눈처럼 작고 선명한 석안) 등으로 구분한다. 사안이나 누안을 제외하고, 석안이 크고 뚜렷하고 많을수록 더 높은 평가를 받는다.【역주】

399) 백단(白端):『광동신어(廣東新語)』에서 "단계석으로 순백의 것은 광동성 조경(肇慶) 칠성암(七星岩)에서 산출되며, 주춧돌과 탁자·쟁반·사발을 만들 수 있고, 가장 흰 것은 부인이 얼굴에 바르는데 '건분(乾粉)'이라 한다.(端石之純白者, 産廣東肇慶之七星岩, 可爲柱礎及几案盤盂, 最白者婦人以之傳面, 名爲乾紛.)"라고

과 청록단(青綠端)400)은 석안이 아니면 구분할 수 없다. 흑단(黑端)401)
은 호광(湖廣)402)의 진주(辰州)403)와 원주(沅州)404)의 두 주에서 산출되

하였다.【原註】

　　* 백단(白端): 단계석 가운데 석재의 색이 하얀 것으로, 채굴되는 수량이 매우
　　적어 귀하게 평가되었다. 송대부터 채굴되었으며, 일반적으로는 주연(朱硯, 주
　　사 등의 안료를 가는 벼루)에 전문적으로 사용되었다. 또 색이 백색이므로 가
　　루로 만들어 부녀자의 분으로 사용되었다. 백단으로 만든 청대의 화장분은 '단
　　주건분(端州乾粉)'이라 하여 혜주(惠州, 광동성)의 눈썹 붓과 시흥(始興, 광동
　　성)의 눈썹먹과 함께 '영남의 삼대 화장품'으로 불렸다.【역주】

　　* 광동신어(廣東新語): 28권. 명말청초의 학자 굴대균(屈大均, 1630-1696)이 광동
　　지역에 관해 기록한 인문지리서.【역주】

400) 청록단(青綠端): 단계석 가운데 청록색인 것.【原註】

　　* 청록단(青綠端): '녹단(綠端)'이라고도 하며 일반적으로 석질이 아주 우수하지
　　않으므로, 현대에는 벼루가 아니라 차를 마실 때 차 도구를 놓고 사용하는 넓은
　　차판의 제작에도 많이 사용된다.【역주】

401) 흑단(黑端): 단계석 가운데 흑색인 것.【原註】

　　* 흑단(黑端): 본문에서는 흑색으로 석질이 우수하므로 벼루 가운데 최고인 단계
　　석의 명칭을 빌려 '흑단(黑端)'이라 한 것이다. 북한의 함경북도 위원(渭源)에서
　　산출되는 위원석(渭源石)으로 만든 조선시대나 일제강점기의 벼루에도 '위원
　　단계(渭源端溪)'라는 용어가 많이 사용되었다. 또 청대 문인 진령(陳齡, ?-?)의
　　『단계의(端溪擬)』와 청대 학자 계남(計楠, 1760-1834)의 『단계연갱고(端溪硯坑
　　考)』등에 흑색 단계연에 관한 기록이 있으며, 현재 광동성 조경(肇慶)의 단계에
　　서도 흑색의 단계석이 산출되지만, 석질이 다른 갱의 석재보다 떨어져 벼루로
　　서는 높은 평가를 받지 못한다. 다만 단계연의 최상품 노갱(老坑) 수암(水岩)의
　　석재도 검은 색을 띠기도 하지만, 빙문(氷紋, 얼음이 갈라터진 무늬와 같은 흰
　　색의 무늬)과 발묵 등의 다른 여러 가지 수암 석재만의 특징을 통해 구분이
　　가능하다.【역주】

402) 호광(湖廣): 원나라에서 호광(湖廣) 등의 지역에 행중서성(行中書省)을 설치하여
　　실질적으로 지금의 호남성과 호북성 및 광서성과 광동성의 4개 성을 통치하였으
　　며, 명대에 이르러 호광(湖廣)·광동·광서의 3개 포정사(布政司)로 나누어져서,
　　호광이 비로소 호남성과 호북성만을 가리키게 되었으며, 청대에 또 호남성과 호
　　북성의 2개성으로 분리되어, 현재도 지속되고 있다.【原註】

403) 진주(辰州): 부(府)의 명칭. 수대에 주(州)를 설치하여, 원대에 로(路)로 바뀌었
　　고, 명대에 부(府)가 되어 청대에 지속되었으며, 민국시기에 원릉현(沅陵縣)으로
　　바뀌었고, 현재 호남성 검양지구(黔陽地區)에 속한다.【原註】

404) 원주(沅州): 부(府)의 명칭. 당대에 주(州)를 설치하여 원대에 로(路)로 바뀌었고,
　　명대에 부(府)가 되어 청대에 지속되었으며, 민국시기에 지강현(芷江縣)으로 바

며 역시 작은 석안이 있지만, 석질이 거칠고 건조하며 단계석이 아니다. 또 무원(婺源)405)의 흡산(歙山) 용미계(龍尾溪)에서 산출되는 한 종류가 있는데406), 역시 신갱(新坑)과 구갱(舊坑)의 두 갱구가 있으며, 남당(南唐)407)시기에 개발되어 북송시기에 이미 다 채취되었으므로, 옛날 벼루로서 송대의 것이 아닌 것은 모두 이 석재이다. 석재에 금성(金星, 금색의 원형 무늬)과 은성(銀星, 은색의 원형 무늬) 및 나문(羅紋)408) · 쇄사(刷絲, 솔처럼 가느다란 선형의 무늬) · 미자(眉子, 눈썹과 비슷한 무늬)가 있으며, 청흑색의 돌이 더욱 귀중하다. 여계석(黎溪石)은 호광(湖廣)의 상덕(常德)과 진주(辰州) 두 지역에서 산출되며, 석재의 색이 겉은 옅은 청색이고 속은 진한 자주색으로, 금선(金線)409)과 황맥(黃脉)410)이 있어 속칭 '자포금대(紫袍金帶)'411)라고 하는 것이다. 도계연(洮溪硯)412)은 섬서성 임도부(臨洮413)府)의 하천에서 산출되며, 돌은 녹색으

꿰었고, 현재 호남성 검양지구에 속한다.【原註】
405) 무원(婺源): 현의 이름. 당대에 설치되어 원래 안휘성에 속하였으나, 현재는 강서성 상요지구(上饒地區)에 속한다.【原註】
406) 흡산(歙山) 용미계(龍尾溪): 이곳에서 산출되는 석재로 만든 벼루를 '흡연(歙硯)'이나 '흡주연(歙州硯)'이라고 하며, 중국 사대명연의 하나이다. 강서성 무원(婺源)과 안휘성 흡현(歙縣)의 경계지역인 용미산(龍尾山)의 용미계(龍尾溪)에서 산출되는 석재가 가장 우수하다. 여러 가지 무늬가 있으며, 눈썹과 같은 모양의 미문(眉紋)이 물결치며 배열되어 있는 모습은 매우 아름답다.【역주】
407) 남당(南唐): 937-975의 39년간 존속했던 오대십국 가운데 십국의 하나로 금릉(金陵, 지금의 남경)을 수도로 하였다.【역주】
408) 나문(羅紋): 흡주석에 나타나는 비단결과 같은 무늬. 세라문(細羅紋, 가는 무늬) · 조라문(粗羅紋, 굵은 무늬) · 금사라문(金絲羅紋, 금색의 실과 같은 무늬) · 금성라문(金星羅紋, 금색의 원형 무늬) · 고서라문(古犀羅紋, 서각의 무늬)등의 여러 종류가 있다.【역주】
409) 금선(金線): 벼루 표면에 황금색의 선 무늬가 나타나는 것으로, 보통 산화철분 때문이다.【역주】
410) 황맥(黃脉): 벼루에 광맥처럼 황색의 선이 나타나는 것을 말한다.【역주】
411) 자포금대(紫袍金帶): 본래는 자주색의 관복과 금으로 장식한 요대이지만, 여기서는 자주색의 석질에 금색의 선이 내포되어 있다는 의미이다.【역주】

로 옥처럼 윤택하다. 구연(衢研)414)은 구주(衢州) 개화현(開化415)縣)에서 산출되며, 매우 큰 것이 있고 색이 검다. 숙철연(熟鐵研)416)은 청주(靑州)417)에서 산출되고, 고대 와연(瓦硯)418)은 상주(相州)419)에서 산출되며, 징니연(澄泥研)420)은 괵주(虢州)421)에서 산출된다. 벼루의 양식은

---

412) 도계연(洮溪硏): '도하연(洮河硯)'이라고도 하며, 녹색의 돌로 만든 벼루로서 '압두록(鴨頭綠)'이라는 벽록색의 석재는 송대 말기에 이미 채굴이 중단되어 매우 희귀하다. 석재가 감숙성 정서시(定西市) 감남장족자치주(甘南藏族自治州) 탁니현(卓尼縣) 도연향(洮硯鄕)의 도하(洮河) 기슭에서 산출되며, 지금도 '도하연(洮河硯)'이라 하여 계속 제작되고 있다.【역주】

413) 임도(臨洮): 현의 이름. 진(秦)나라에서 설치하였으며, 현재 감숙성 임도지구(臨洮地區)에 속한다.【原註】

414) 구연(衢研): '개화연(開化硯)'이라 하며, 절강성 개화현의 개화산탄(開化汕灘, 하천)에서 산출되는 각종 석재로 만든 벼루로, 재질이나 색깔이 다양하다.【역주】

415) 개화(開化): 현의 이름. 송대에 설치되었으며, 현재 절강성 금화지구(金華地區)에 속한다.【原註】

416) 숙철연(熟鐵硏): 숙철(熟鐵, 순철)로 만든 벼루, 즉 철 벼루이다. 청대의 기물에는 벼루의 하부에 일정한 공간을 두어 겨울철에 벼룻물이 얼지 않도록 숯을 넣게 만든 철 벼루가 있으며, '난연(暖硯)'이라 한다.【역주】

417) 청주(靑州): 고대 구주(九州)의 하나로 명대에 청주부를 설치하였으며, 지금의 익도현(益都縣)으로 산동성 창유지구(昌濰地區)에 속한다.【原註】

418) 와연(瓦硯): 한나라 궁전 미앙궁(未央宮)이나 동작대[銅雀臺, 하북성 한단시(邯鄲市)에 있었던 조조(曹操)가 만든 누대] 등의 기와를 개조하여 만들었다는 벼루나 기와로 만들거나 도기로 만든 벼루를 가리키기도 한다.【역주】

419) 상주(相州): 북주(北周)에서 설치하여 수대에 폐지되었다가, 당대에 다시 설치되어 조금 뒤에 업군(鄴郡)으로 바뀌었으며, 송대에 상주와 업군이라 하였고, 금대에 창덕부(彰德府)로 승격되었으며, 바로 지금의 하남성 안양시(安陽市)로 안양지구에 속한다.【原註】

420) 징니연(澄泥硏): 고대의 와연(瓦硯)이다.
『연보(硯譜)』에서 "괵주(虢州, 하남성)의 징니연은 당나라 사람들이 제일로 여겼으며, 지금 사람은 사용하는 이가 드물다. 택주(澤州)의 여옹(呂翁)이 징니연을 만들었는데, 단단하고 무겁기가 돌과 같았으며, 손으로 만지면 바로 윤기가 서렸고, 벼루 위에 '여(呂)'자라 새겨져 있었다. 청주와 유주[濰州, 지금의 산동성 유방시(濰坊市)]의 석말연(石末硯)은 모두 와연이다.(虢州澄泥, 唐人以爲第一, 今人罕用. 澤州呂翁作澄泥硯, 堅重如石, 手觸輒生暈, 上著呂字. 靑濰州石末硯, 皆瓦硯也.)"라고 하였다.【原註】
* 징니연(澄泥硏): 고운 점토를 모아 빚어 구워서 만든 도연(陶硯). 일설에는 하

여러 가지이며, 송대 황실에 바친 것에는 옥대(玉臺)⁴²²)·봉지(鳳池)⁴²³)·옥환(玉環)⁴²⁴)·옥당(玉堂)⁴²⁵)의 여러 양식이 있으며, 지금 '공연(貢硯)'이라 하는 것으로, 세상에서 매우 중요시한다. 높이 7치에 폭은 4치이며, 벼루의 아래 부분에 주먹 하나가 들어갈 만한 것이 귀중한데,⁴²⁶) 이것이 특별히 받들어져 바친 종류인지 알 수 없지만 이러한 양식은 가장 저속하다. 내가 본 선화시기(宣和時期, 1119-1125)의 옛날 벼루 가운데 매우 큰 것이 있었고 작은 팔각형의 벼루가 있었는데, 모두 질박하여 예스럽고 우아하였다. 별도로 원지(圓池)⁴²⁷)·동파표형(東坡瓢形)⁴²⁸)·부형(斧形)⁴²⁹)·단명(端明)⁴³⁰)의 여러 양식이 있으며, 모두

천 바닥에 고운 비단주머니를 묶어 놓고, 이 주머니의 안에 모인 고운 흙으로 빚어 만들어서 입자가 매우 치밀하고 돌처럼 단단했다고 한다. 단계연·흡주연·도하연과 더불어 중국 사대명연의 하나로 꼽는다.

* 석말연(石末硯): 돌을 분쇄하여 가루로 만든 돌가루를 빚어 구워 만든 벼루. 당나라에 이미 존재했으며, 대서예가 유공권(柳公權)과 구양수(歐陽修) 등이 높이 평가하였다. 현재 석말연이 점토로 만든 징니연의 일종인지에 관해서는 찬반 이설이 존재한다.【역주】

421) 괵주(虢州): 수대에 설치되어 괵군(虢郡)으로 바뀌었고, 송대에 괵주라 하였으며, 지금의 하남성 여씨현(盧氏縣)으로 낙양지구(洛陽地區)에 속한다.【原註】

422) 옥대(玉臺): 옥대(玉臺)는 한나라 궁전에 있던 누대·궁전의 누대·경대(鏡臺)의 의미이지만, 옥대연(玉臺硯)이 구체적으로 어떤 벼루인지는 알 수가 없다.【역주】

423) 봉지(鳳池): 벼루의 외형이 '鳳(봉)'자 모양의 벼루로, 뒷면에 두 개의 다리가 있으며, 당나라 때부터 시작되어 남당과 송대에 유행하였다.【역주】

424) 옥환(玉環): 벼루의 외형은 원형으로, 중심 부분이 연당(硯堂, 먹을 가는 부분)이고 둘레가 연지(硯池, 먹물이 고이는 오목한 부분)인 양식의 벼루.【역주】

425) 옥당(玉堂): 옥당연(玉堂硯)으로, '소변연(素邊硯)'이라고도 하며, 직사각형에 도안문양을 장식하지 않고, 연지로 먹물이 직접 흘러들어갈 수 있도록 만든 가장 실용적이고 일반적인 벼루를 가리킨다. '옥당(玉堂)'의 기본 의미는 궁전이며, 궁전이 사각형이므로 이러한 명칭을 붙인 듯하다.【역주】

426) 이러한 벼루의 양식을 '초수연(抄手硯)'이라 하여, 벼루 아래 부분에 손이 들어갈 만한 공간이 있어 집어 올리기에 편리하고, 송대에 유행하였다.【역주】

427) 원지(圓池): 연지(硯池)의 모양이 원형인 벼루.【역주】

428) 동파표형(東坡瓢形): 벼루의 외형이 표주박의 모양인 벼루로, 소동파가 사용했다고 하는 벼루.【역주】

사용할 수 있다. 호리병의 양식은 조금 저속하다. 이십팔수(二十八宿)431)·새와 짐승·거북·용·천마(天馬)를 조각한 것, 그리고 석안이 북두칠성으로 배치된 것과 벼루 표면의 석질을 벗기고 고대 청동기나 옥기를 중간에 상감한 것에 이르면, 모두 잘못된 양식에 들어간다. 벼루는 매일 씻어서 쌓인 먹물과 남은 물을 제거해야 먹빛이 반짝이고 윤택하다. 오직 연지(硯池)의 가에 얼룩덜룩한 먹물 자국으로 오래 물에 담가도 씻기지 않는 것은 묵수(墨銹)432)라 하며, 갈아 없애서는 안 된다. 벼루는 사용할 때 물을 담고, 사용이 끝나면 건조시킨다. 벼루를 세척할 때 연밥의 껍질을 사용하면 때를 제거하고 묵은 찌꺼기가 일어나 닦이며, 또 벼루를 손상시키지 않는다. 끓는 물에 먹을 가는 것을 절대로 피해야 하며, 차와 술은 모두 사용해서 안 되고, 특히 개구쟁이에게 벼루를 세척시켜서는 좋지 않다. 연갑(硯匣)433)은 자주색과 흑색의 두 가

---

429) 부형(斧形): 벼루의 외형이 도끼날의 모양인 벼루로, 봉자연(鳳字硯)이다.【역주】

430) 단명(端明): 청대 학자 심숙탄(沈叔誕, 1736-1803)의 『이채당문집(頤彩堂文集)』에 따르면 항주의 연못을 준설하다가 흡주연 하나가 발견되었는데, 벼루의 옆면에 "말의 간과 같이 검붉은 색깔에 비단과 같은 무늬가 있네. 이것은 단명(端明, 정직하고 총명하다)하여, 먹을 갈아도 영원히 벼루가 닳지 않으리라!(馬肝之盾, 雲錦之文. 斯是端明, 永磨不磷.)"라는 소동파의 명문이 새겨져 있어 '단명연(端明硯)'이라 하였다고 하였다. 어떤 형태의 벼루인지는 현재 알 수가 없지만, 조각이 없이 평평한 판연(板硯)으로 추정된다.【역주】

431) 이십팔수(二十八宿): 고대 천문학에서 하늘을 일주하는 별을 구분하여 이십팔수로 하였으며, 사방에 각각 7수가 있다.【原註】

432) 묵수(墨銹): 『초창구록(蕉窓九錄)』에서 "연지(硯池, 벼루 머리 부분의 먹물이 고이는 오목한 부분)의 가에 얼룩덜룩한 먹물 자국으로 오래 물에 담가도 벗겨지지 않는 것을 '묵수(墨銹, 먹물 녹)'라 한다.(硯池邊斑駁墨跡, 久浸不浮者名曰墨銹.)"라고 하였다.
『고반여사』에서 "묵수는 고대 벼루의 특징으로, 가장 얻기 어려운 것이므로 갈아 없애서는 안 된다.(墨銹爲古硯之徵, 最難得者, 不可磨去.)"라고 하였다.【原註】

433) 연갑(硯匣): '연합(硯盒)'이라고도 하며 벼루를 담아 보관하는 합이나 상자를 말한다. 좋을 벼루일수록 좋은 연갑을 만들어 보관한다. 연갑의 재질은 목재·석재·금속을 사용하지만, 자단·화리·계시목(鷄翅木)·남목(楠木) 등의 목재로

지 칠을 사용해야 하며, 오금(五金)434)을 사용해서는 안 되는데, 대체로 금속이 석재를 건조하게 할 수 있기 때문이다. 자단과 오목(烏木) 및 조각하여 홍색으로 칠한 것에 이르면, 모두 저속하여 사용할 수 없다.

五十. 研

研以端溪435)爲上, 出廣東肇慶府, 有新舊坑上下巖之辨, 石色深紫, 襯手而潤, 叩之淸遠, 有重暈靑綠小鸜鵒眼者爲貴. 其次色赤, 呵之乃潤. 更有紋慢而大者, 乃西坑石, 不甚貴也. 又有天生石子436), 溫潤如玉, 磨之無聲, 發墨而不壞筆, 眞希世之珍. 有無眼而佳者, 若白端靑綠端, 非眼不辨. 黑端出湖廣辰沅二州, 亦有小眼, 但石質粗燥, 非端石也. 更有一種出婺源437)歙山龍尾溪, 亦有新舊二坑, 南唐時開, 至北宋已取盡, 故舊硯非宋者, 皆此石. 石有金銀星及羅紋刷絲眉子, 靑黑者尤貴. 黎溪石出湖廣常德辰州二界, 石色淡靑, 內深紫, 有金線及黃脉, 俗所謂紫袍金帶者是. 洮溪研出陝西臨洮府河中, 石綠色, 潤如玉. 衢研出衢州開化縣, 有極大者, 色黑. 熟鐵研出靑州, 古瓦研出相州, 澄泥研出虢州. 研之樣製不一, 宋時進御有玉臺鳳池玉環玉堂諸式, 今所稱貢硏, 世絶重之. 以高七寸, 濶四寸, 下可容一拳者爲貴, 不知此特進奉一種, 其製最俗. 余所見宣和舊研有絶大者, 有小八稜者, 皆古雅渾朴. 別有圓池東坡瓢形斧形端明諸式, 皆可用. 葫蘆樣稍俗, 至如雕鏤二十八宿鳥獸龜龍天馬, 及以眼爲七星形, 剝落研質, 嵌古銅玉器於中, 皆入惡道. 研須日滌, 去其積墨敗水, 則墨光瑩澤. 惟研池邊斑駁墨跡, 久浸不浮者, 名曰墨銹, 不可磨去. 研用則貯水, 畢則乾之. 滌硯用蓮房

만드는 것이 좋으며, 벼루의 외형에 맞추어 제작한다.【역주】

434) 오금(五金): 금·은·동·철·주석의 다섯 가지 금속. 일반적으로는 금속을 가리 킨다.【역주】

435) 단계(端溪): 현의 이름으로 한나라에서 설치하였으며, 수나라에서 단주(端州)를 설치하였고, 송대에 폐지되었다. 지금의 광동성 고요현(高要縣) 경내에 있으며, 단계석이 산출되는데, 세상에서 '단연(端硯)'이라 한다.【原註】

436) 石子(석자): 돌의 새끼, 즉 작은 돌.【역주】

437) 무원(婺源): 현의 이름. 당대에 설치되어 원래 안휘성에 속하였으나, 현재는 강서 성 상요지구(上饒地區)에 속한다.【原註】

殼, 去垢起滯, 又不傷研. 大忌滾水磨墨, 茶酒俱不可, 尤不宜令頑童持洗. 研匣宜用紫黑二漆, 不可用五金, 蓋金能燥石. 至如紫檀烏木及雕紅彩漆, 俱俗, 不可用.

51. 붓(筆)[438]

첨제원건(尖齊圓健)[439]은 붓의 네 가지 덕목으로, 대개 붓털이 견실하면 '첨(尖, 날카롭다)'하고, 붓털이 많으면 '제(齊, 가지런하다)'하며, 경마(苘麻)[440]를 사용하여 받치는 것이 법도에 맞으면 붓털이 잘 묶여서 원(圓, 둥그스름하다)하며, 한 가지 털을 사용하고 향매(香狸)[441]와 아교액을 부가하는 것이 법도에 맞으면 오래 사용하여도 건(健, 탄력이 있다)하므로, 이것이 붓을 제작하는 비결이다. 옛날에는 황금 붓대·은제 붓대·상아 붓대·대모 붓대·유리 붓대·누금녹침관(鏤金緑沈管)[442]이 있었으며, 근래에 자단으로 만들어 무늬를 조각한 여러 양식

---

438) 筆(필): 서예 용구로 글씨를 쓰는 것.【原註】
439) 첨제원건(尖齊圓健): 첨(尖)은 송곳처럼 붓의 끝이 뾰족해야 한다는 것. 제(齊)는 먹물을 묻힌 붓의 끝부분이 돌을 조각할 때 사용하는 끌처럼 일정한 폭과 두께를 가지고 있는 것. 원(圓)은 붓의 털 부분이 기둥처럼 둥근 모습을 유지하고 갈라지지 않는 것. 건(健)은 붓의 탄력을 가리킨다. 이 네 가지가 구비되어야 좋은 붓이라 할 수 있다.【역주】
440) 경마(苘麻): 어저귀. 아욱과에 속하는 인도 원산의 한해살이풀.【역주】
441) 향리(香狸): 향리(香狸, Viverra indica)라고도 하며, 일명 영묘(靈猫)이고, 털은 황흑색이며 배꼽에 향낭이 있어 사향처럼 향기를 발산시킬 수가 있으므로 '사향묘(麝香猫, 사향고양이)'라고도 한다. 포유강 식육목 영묘과(靈猫科, 사향고양이과)에 속한다.【原註】
442) 누금녹침관(鏤金緑沈管): 『속제해기(續齊諧記)』에서 "왕희지의 「필경(筆經)」에서 '짙은 녹색을 칠한 대나무 붓대를 남겨주었는데, 또 아끼며 완상할 만하였다.'고 하였다. 이 녹침(緑沈)은 지금의 웅황(雄黄)을 조제하여 칠하는 것과 같은 종류로서, 녹색을 조제하여 칠하면, 그 색이 매우 착 가라앉으므로 '녹침'이라 하며, 정련한 철로 만든 것이 아니다.(王羲之筆經, 有以緑沈漆竹管見遺, 亦加愛玩. 是緑沈如今以漆調雄黄之類, 若調緑漆之, 其色深沈, 故謂之緑沈, 非精鐵也.)"라고

이 있는데, 모두 저속하여 사용할 수 없다. 오직 반관(斑管)443)이 가장 우아하며, 그렇지 않으면 결국에는 백죽(白竹)444)을 사용한다. 커다란 글자를 쓰는 붓은 나무로 붓대를 만들지만 역시 저속하며 공죽(節竹)445)으로 해야 마땅한데, 대체로 대나무가 가늘면서 마디가 커서 손에 잡기 쉽기 때문이다. 붓끝의 형식은 뾰족한 죽순과 같아야 하며, 가느다란 허리와 호리병과 같은 여러 양식은 작은 글씨만을 쓸 수 있으나, 또한 지금 제작한 것이다. 그림붓은 항주의 것이 우수하다. 옛사람들은 필세를 사용하였으며, 대개 쓰기를 마친 뒤에 곧바로 남아있는 먹물을 세척해야 붓털이 단단해져 빠지지 않으며 오래 사용할 수 있다. 붓이 망가지면 땅에 묻기 때문에, '몽당붓이 무덤을 이루었다.(敗筆成塚.)446)

하였다.
『고반여사』에 따르면 "누금관, 녹침칠관(鏤金管, 綠沈漆管)"라고 하였다.【原註】
* 누금녹침관(鏤金綠沈管): 조각하여 금을 상감하고 짙은 녹색의 칠을 한 붓대. 누금관(鏤金管, 조각하여 금을 상감한 붓대)과 녹침관(녹색의 칠을 한 붓대)으로 나누어 볼 수도 있다.【역주】
* 속제해기(續齊諧記): 1권. 남조 양나라 문학가 오균(吳均, 469-520)이 편찬한 기이한 이야기를 모은 소설.【역주】
* 필경(筆經): 왕희지가 붓에 관해 간략하게 기록한 320여자 분량의 짧은 글.【역주】
443) 반관(斑管): 반죽으로 만든 붓대. 반죽은 상비죽(湘妃竹)이다. 권1「문」의 원주 참고.【原註】
444) 백죽(白竹): 보통의 붓대는 약죽(箬竹)이나 고죽(苦竹)의 줄기로 만들며, 붓대용으로 사용되는 약죽(箬竹, Indocalamus latifolia)의 잎 가장자리에 약간 고백색(枯白色, 시든 풀에 나타나는 흰색)이 있으며, '백죽'이라는 명칭은 아마 이것을 가리킬 것이다.
『죽보상록』에 별도로「필관죽(筆管竹)」조목이 있어 "붓대는 광서의 산중에서 산출되며, 마디가 길고 아주 둥글어 완전히 고죽(苦竹)과 같으며, 큰 것은 붓대에 적당한 크기에 불과한데, 대포를 만드는 사람이 채취하여 횃불을 피우는 통으로 만든다.(筆管竹出廣右山中, 節長圓正, 一如苦竹, 大者止中筆管, 作火炮者取爲爇火之筒.)"라고 하였다.【原註】
445) 공죽(節竹): 본권「지팡이」의 원주 참고.【原註】
446) 敗筆成塚(패필성총): 『상서고실(尙書故實)』에서 "승려 지영(智永, ?-?)은 왕희지의 후손이다. 서예를 익혀 오랜 세월이 지나자 몽당붓을 항아리에 모았으며, 하

라고 한 말이 헛소리가 아니었다.

五十一. 筆

尖齊圓健, 筆之四德, 蓋毫447)堅則尖, 毫多則齊, 用檾448)貼襯得法, 則毫束而
圓, 用純毫附以香狸角水449)得法, 則用久而健, 此製筆之訣也. 古有金銀管象管
玳瑁管玻瓈管鏤金綠沈管, 近有紫檀雕花諸管450), 俱俗, 不可用. 惟斑管最雅,

나의 항아리에 모두 몇 섬을 담을 수 있었다. 훗날 땅에 묻고 '퇴필총(退筆塚)'이
라 하였다.(僧智永, 王羲之後也. 學書積年, 禿筆入於瓮, 一瓮皆容數石. 後埋於地,
號退筆塚.)"라고 하였다.【原註】
  * 상서고실(尙書故實): 1권. 당나라 학자 이작(李綽, ?-?)의 저술로, 서화와 비첩
    에 관한 일화와 고증이 대부분을 차지하며, 기이한 이야기나 일화를 주로 기록
    하였다.【역주】
447) 毫(호): 길고 예리한 털을 '호(毫)'라 하며, 붓은 털로 만들므로 붓을 '호(毫)'라고
    한다. 도륭의 『지묵필연전』에서 "붓이 귀중한 요소는 털에 있다.(筆之所貴者在
    毫.)"라고 하였다. 현재의 붓은 양호(羊毫, 양털)·낭호(狼毫, 족제비털)·계호
    (鷄毫, 닭털)·자호(紫毫, 자주색의 토끼털) 등으로 나누어진다.【原註】
448) 檾(경): 경마(苘麻, Abutilon avicennae)로, 일년생초본이며 꽃은 황색이고, 줄기
    에 섬유질이 있는데 색이 희면서 광택이 있어 천을 짜고 줄을 만드는 등의 용도
    에 사용되며, 금규과(錦葵科, 아욱과)에 속한다.【原註】
449) 角水(각수): 즉 아교액. 『청서필담(淸署筆談)』에서 "붓 제작자가 정밀하고 굵은
    털을 선택하여 아교와 함께 긴밀하거나 느슨하게 묶는 것이 모두 법도에 맞으면,
    필봉이 완전해지고 붓이 탄력이 있게 된다.(製筆者, 擇毫精粗與膠束緊慢, 皆中
    度, 則鋒全而筆健.)"라고 하였다.【原註】
  * 청서필담(淸署筆談): 1권. 명나라 관리 육수성(陸樹聲, 1509-1605)이 여러 사항
    을 잡다하게 기록한 필기.【역주】
450) 관(管): 붓대. 붓대를 '필관(筆管)'이라 하며, '관성자(管城子)'는 붓의 별명이다.
    한유(韓愈)의 「모영전(毛穎傳)」에서 "목욕을 하도록 하사하고 관성(管城)에 봉하
    여 관성자(管城子)라 하였다.(賜之湯沐, 封之管城, 號曰管城子.)"라고 하였다. 붓
    대는 서로 다른 재료로 만든다.
    『지묵필연』에서 "고대와 현재에 황금 붓대·은 붓대·반죽 붓대·상아 붓대·
    대모 붓대·유리 붓대·누금관(鏤金管, 조각하여 금을 상감한 붓대)·녹침관(綠
    沈管, 녹색의 칠을 한 붓대)·칠을 한 붓대·종려나무 붓대·자단 붓대·화리(花
    梨) 붓대가 있으나, 모두 백죽(白竹) 가운데 얇은 끝부분으로 만들어서 붓대가
    가장 편리하고, 특히 운필의 묘리를 다 할 수 있는 것만 못할 것이다.(古今有金管
    銀管斑管象管玳瑁管玻璃管鏤金管綠沈管漆管棕管竹管紫檀管花梨管, 然皆不若

不則竟用白竹. 尋丈[451]書筆, 以木爲管, 亦俗, 當以節竹爲之, 蓋竹細而節大, 易
於把握. 筆頭式須如尖筍, 細腰葫蘆諸樣, 僅可作小書, 然亦時製也. 畵筆, 杭州
者佳. 古人用筆洗, 蓋書後即滌[452]去滯墨, 毫堅不脫, 可耐久. 筆敗則瘞[453]之,
故云敗筆成塚, 非虛語也.

52. 먹(墨)[454]

먹의 오묘한 용도는 재질은 가벼운 것을 선택하고 그을음은 순수한
것을 선택하여 냄새를 맡으면 향기가 없고 벼루에 갈면 소리가 나지 않
는다. 진나라·당나라·송나라·원나라의 서화는 모두 수 백 년을 전해
내려왔지만 먹빛은 칠과 같고 신령스러운 분위기가 완전하게 보존되어
있는데, 이것이 좋은 먹의 효능이다. 그러므로 먹을 사용할 때는 반드시
정품을 선택하고 또 날마다 탁자 사이에 두어야 하며, 양식도 우아한

白竹之薄標者爲管最便, 特用筆之妙盡矣.)"라고 하였다.【原註】
451) 尋丈(심장): 심(尋)은 8자, 장(丈)은 10자.【역주】
452) 滌(척): 깨끗하게 씻는다는 의미.『시경·빈풍(豳風)』에서 "시월에 마당을 청소한
다.(十月滌場.)"라고 하였다.『모시정의(毛詩正義)』에서 "기물을 씻는 것을 '척
(滌)'이라 한다.(洗器謂之滌.)"라고 하였다.【原註】
453) 瘞(예): 매장한다는 의미.『이아·석언(釋言)』에서 "예(瘞)는 유(幽)이다.(瘞, 幽
也.)"라고 하였다. 소(疏)에서 "매장을 말한다.(謂埋藏.)"라고 하였다.【原註】
454) 먹(墨): 서화용구로 염료로도 사용된다.『서경잡기(西京雜記)』에서 "위진시기에
기장을 태운 그을음을 송연(松煙, 소나무를 태운 그을음)과 섞어 만들었다. 송나
라 희녕연간(熙寧年間, 1068-1077)에 장우(張遇)가 황실용의 먹을 바쳤는데, 비로
소 유연(油煙, 기름을 태운 그을음)에 사향을 섞었으며, '용제(龍劑)'라 하였다.
(魏晋間, 以黍燒煙, 和松煤爲之. 宋熙寧間, 張遇供御墨, 始用油煙入麝, 謂之龍
劑.)"라고 하였다. 현재는 모두 그을음과 숯을 사용하며, 안휘성 휘주(徽州)에서
생산되는 것이 가장 유명하여 '휘묵(徽墨)'이나 '황산송연(黃山松煙)'이라 속칭한
다.【原註】
* 서경잡기(西京雜記): 2권. 한나라 학자 유흠(劉歆, B.C.50-A.D.23)이 서경 즉
서한의 수도 장안의 잡다한 사항을 기록한 필기소설집.【역주】

것에 가까워야 한다. 조관(朝官)[455]·괴성(魁星)[456]·보병(寶甁)[457]·
묵결(墨玦)과 같은 여러 양식은 훌륭하지만 또한 사용할 수 없다. 선덕
시기(宣德時期, 1426-1435)에 제조한 먹이 가장 정밀하며, 거의 선화시
기(宣和時期, 1119-1125) 내부(內府)에서 제조한 것과 같으므로, 비축하
여 완상용품으로 사용하거나 고서화를 임모하는데, 대체로 아교의 색이
이미 다 사라지고 먹빛만 남아있을 뿐이다. 당나라에서는 해정규(奚廷
珪)[458]가 제일이고 장우(張遇)[459]가 두 번째이다. 해정규는 나라에서 성

---

455) 조관(朝官): 『송사신편(宋史新編)』에서 "대개 일품이하로 항상 조회에 참여하는
　　관리를 '조관(朝官)'이라 한다.(凡一品以下常參之者, 謂之朝官)"라고 하였다. 여
　　기서는 먹의 한 양식으로 풀이한다.【原註】
　　* 송사신편(宋史新編): 200권. 명나라 학자 가유기(柯維騏, 1497-1574)가 송나라
　　　를 정통으로 하여 편찬한 역사서.【역주】
456) 괴성(魁星): 북두칠성의 첫 번째 별이다. 여기서는 먹의 한 양식으로 풀이한다.
　　【原註】
457) 보병(寶甁): 천문학자가 구분한 12궁의 하나로 '현효(玄枵)'의 다음이다. 여기서
　　는 먹의 한 양식으로 풀이한다.【原註】
458) 해정규(奚廷珪): 즉 이정규(李廷珪, ?-967)로 당나라의 먹 제조자이다. 그가 제조
　　한 먹을 '이정규묵'이라 한다. 당나라의 먹 제조자 해내(奚鼐)는 역수(易水) 사람
　　으로, 제조한 먹에 광채가 있으며, '해내(奚鼐)'와 '경신(庚申)'이라는 두 글자가
　　찍혀 있다. 아우 해정(奚鼎)도 먹을 잘 만들었으며, 대체로 해내와 동일하였으나
　　오직 '경신'의 두 글자가 달랐다. 아들 해초(奚超)가 장강을 건너 남으로 간 뒤에
　　남당(南唐)에서 이(李)씨 성을 하사하였다. 해초의 아들은 해정규로 세상에서 말
　　하는 '이정규묵'의 제조자이다.【原註】
459) 장우(張遇): 『민수연담록(澠水燕談錄)』에서 "이정규와 장우의 먹은 당대에 저명
　　하였다. 먹의 표면에 용문양이 많으며, 궁중에서는 눈썹을 그렸다.(李廷珪張遇
　　墨, 著名當世. 其面多龍文, 宮中以畫眉.)"라고 하였다.
　　원호문(元好問)의 시에 "장우가 만든 먹으로 눈썹을 그리니 사랑스럽네.(畫眉張
　　遇可憐生.)"라고 하였다.【原註】
　　* 장우(張遇, ?-?): 안휘성 이현(黟縣) 사람. 유연묵의 창시자. 제조하는 먹에 사향
　　　과 금가루를 첨가하여 '용향제(龍香劑)'라 하였으며, 현재까지 제조법이 전해온
　　　다. 아들 장곡(張谷)과 손자 장처후(張處厚)도 유명한 먹제조가였다.【역주】
　　* 민수연담록(澠水燕談錄): 10권. 송나라 관리 왕벽지(王辟之, 1031-?)의 저서로,
　　　960-1094년 사이의 북송시기 잡다한 사건을 기록한 필기.【역주】
　　* 원호문 시의 제목은 「남방 양문수(楊文秀, 금나라 먹 장인)의 옥천묵(玉泉墨)

을 하사하기에 이르렀으며, 현재 그가 만든 먹은 진귀한 보물과 가치가 같다.

五十二. 墨

墨之妙用, 質取其輕, 煙取其淸, 嗅之無香, 摩之無聲, 若晋唐宋元書畵, 皆傳數百年, 墨色如漆, 神氣完好, 此佳墨之效也. 故用墨必擇精品, 且日置几案間, 卽樣製460)亦須近雅, 如朝官魁星寶瓶墨玦諸式, 卽佳, 亦不可用. 宣德墨461)最精, 幾與宣和內府所製462)同, 當蓄以供玩, 或以臨摹古書畵, 蓋膠色已退盡, 惟存墨光耳. 唐以奚廷珪爲第一, 張遇第二, 廷珪至賜國姓, 今其墨幾與珍寶同價.

53. 종이(紙)465)

옛사람들은 살청(殺靑)464)하여 글을 썼으며, 뒤에 종이를 사용하였

을 읊어(賦南中楊生玉泉墨)」이다.【역주】
* 옥천묵(玉泉墨): 금나라 양수문이 만들었다는 먹. 명나라 서예가 육우(陸友, ?-?)의 먹에 관한 역사서『묵사(墨史)』에 따르면, 양수문의 자(字)는 백달(伯達)이며, 등잔 그을음으로 먹을 만들어 '옥천만홀(玉泉萬笏)'이라 새겼다고 한다.【역주】
460) 樣製(양제): 양식.【역주】
461) 宣德墨(선덕묵): 선덕연간에 제조한 먹.【原註】
462) 宣和內府所製(선화내부소제): 선화는 송 휘종의 연호이다. 『승암외집(升庵外集)』에서 "송나라 휘종이 일찍이 소합향과 유연(油煙)을 먹에 첨가했으며, 금나라 장종(章宗, 1168-1208)이 이것을 구입하였는데, 1냥의 먹은 값이 황금 1근으로, 모방하려고 해도 불가능했다.(宋徽宗嘗以蘇合油煙入墨, 至金章宗購之, 一兩墨, 價黃金一斤, 欲倣之爲不能.)"라고 하였다.【原註】
* 승암외집(升庵外集): 100권. 명나라 학자 양신(楊愼, 1488-1559)의 문집.【역주】
* 소합향(蘇合香): 금루매과(金縷梅科) 식물인 소합향수(蘇合香樹)의 수지로 만든 향으로, 약재와 향료로 사용된다.【역주】
463) 종이(紙): 인공제품으로 서화와 인쇄 및 포장 등의 용도로 사용된다. 일설에 후한의 채륜(蔡倫, ?-121)이 낡은 천·나무껍질·어망으로 처음 만들었다고 한다.【原註】

다. 북방의 종이는 횡렴(橫簾)⁴⁶⁵⁾을 사용하여 제조하여 발문이 가로로
나타나며, 바탕이 성글면서 두터운데 측리(側理)⁴⁶⁶⁾라 한다. 남방의 종
이는 수렴(竪簾)⁴⁶⁷⁾을 사용하였으며, 왕희지와 왕헌지의 진품은 대부분
이 종이이다. 당나라 사람에게는 경황지(硬黃紙)⁴⁶⁸⁾가 있는데, 황벽(黃
蘗)⁴⁶⁹⁾으로 물들여 만들었으며 좀 벌레를 방지하는 효과를 선택한 것이
다. 촉나라 기녀 설도(薛濤)⁴⁷⁰⁾가 종이를 만들었으며, '십색소전(十色小
箋)'이라 하고 또 '촉전(蜀箋)'이라 한다. 송나라에는 징심당지(澄心堂
紙)⁴⁷¹⁾가 있었고, 황백경전(黃白經箋)⁴⁷²⁾이 있었으며, 몇 겹의 것을 꺼

---

464) 살청(殺靑): 본권 「재도(裁刀)」의 원주 참고.【原註】
465) 횡렴(橫簾): 가로식의 지렴(紙簾)으로, 펄프를 뒤섞고 종이를 떠내는 용도로 사용
　　한다.【原註】
　　* 횡렴(橫簾): 펄프를 얇게 떠내어 종이를 만드는 지렴(紙簾, 발)의 무늬가 가로
　　로 되어 있는 것으로, 완성된 종이에 가로로 발문이 나타난다. 지렴은 일반적
　　으로 가는 대나무를 엮어서 만들며, 엮는 방향에 따라 횡렴(橫簾)과 수렴(竪簾)
　　으로 구분한다.【역주】
466) 측리(側理): 가로 무늬가 있는 종이의 명칭. 본권 「기구(器具)」의 원주 참고.【原註】
467) 수렴(竪簾): 세로식의 지렴으로, 펄프를 뒤섞고 종이를 떠내는 용도로 사용한다.
　　【原註】
468) 경황지(硬黃紙): 당나라 가공지의 일종. 밀랍을 칠하고 황벽(黃蘗)의 즙으로 누렇
　　게 물들여 좀 벌레를 방지한 불경 필사용 종이.【역주】
469) 황벽(黃蘗): 황벽(黃蘗, Phellodendron amurense)은 낙엽교목으로 꽃은 황록색이
　　며 나무껍질에 코르크가 있어 병마개를 만들 수가 있고, 약재와 황색의 염료로도
　　사용된다. 운향과(芸香科)에 속한다.【原註】
470) 설도(薛濤, 768-832): 당나라의 유명한 기생으로 본래 장안 양가집의 딸이었으나,
　　사천에서 벼슬을 하는 부친을 따라 사천 지역을 떠돌다가 마침내 악적(樂籍)에
　　들어가 시로 명성을 날렸으며, 말년에 성도 완화계(浣花溪)에 거주하면서 여도사
　　의 복장을 하였다. 작은 송화전(松花箋, 담황색의 시전지)을 잘 제작하여 '설도전
　　(薛濤箋)'이라 하였으며 '촉전(蜀箋)'이라고도 한다. 『지묵필연전』에서 "원화연간
　　(806-820) 초기, 사천의 기녀 설홍도[薛洪度, 홍도는 설도의 자(字)]가 종이제조를
　　직업으로 삼았으며, 작은 시전지 10종류를 제작하였는데 '설도전'이라 하였으며
　　'촉전'이라고도 한다.(元和初, 蜀妓薛洪度以紙爲業, 製小箋十色, 名薛濤箋, 亦名
　　蜀箋.)"라고 하였다.【原註】
　　* 악적(樂籍): 음악을 직업으로 하는 악호(樂戶, 음악과 가무를 직업으로 하는
　　천민)의 명부.【역주】

풀을 벗겨서 사용할 수 있었다. 벽운춘수(碧雲春樹)[473]·용봉(龍鳳) [474]·
단화(團花)[475]·금화(金花)[476] 등의 시전지가 있다. 필지(匹紙)[477]가 있
어 길이가 3길에서 5길에 이르며, 채색분전(彩色粉箋)[478]과 등백(藤
白)[479]·곡백(鵠白)[480]·잠견(蠶繭)[481] 등의 종이가 있다. 원나라에 채

---

471) 징심당지(澄心堂紙):『연번로(演繁露)』에서 "강남 이후주(남당의 마지막 황제)가
    징심당지를 제조하였으며, 선배들이 매우 귀중하게 여겼는데, 강남이 평정된 뒤
    60년이 지나, 그 종이가 홀로 남아있게 되었다.(江南李後主造澄心堂紙, 前輩甚貴
    重之, 江南平後六十年, 其紙獨有存者.)"라고 하였다.【原註】
    * 연번로(演繁露): 16권. 송대 정치가 정대창(程大昌, 1123-1195)의 저술로, 하·
      상·주부터 송대까지의 잡사 488항목을 기록하였다.【역주】
472) 황백경전(黃白經箋): 황색의 얼룩이 있는 하얀 경전용 종이. 휘주 흡현의 용수(龍
    鬚)에서 생산되는 색은 희며 꺼풀을 벗겨내어 사용할 수 있는 종이. 뽕나무껍질
    이나 마(麻)로 만들며, 농담이 있는 반점이 나타나는 금속전(金粟箋)의 일종이다.
    【역주】
473) 벽운춘수(碧雲春樹): 시전지의 명칭. 『고반여사』에서 "벽운춘수전(碧雲春樹
    箋)·용봉전(龍鳳箋)·단화전(團花箋)·금화전(金花箋)이 있다.(有碧雲春樹箋龍
    鳳箋團花箋金花箋.)"라고 하였다.【原註】
    * 벽운춘수(碧雲春樹): 종이의 테두리나 종이 전체에 구름과 나무 무늬가 장식된
      시전지로 추정된다.【역주】
474) 용봉(龍鳳): 용과 봉 무늬가 장식된 시전지.【역주】
475) 단화(團花): 원형의 무늬가 장식된 시전지.【역주】
476) 금화(金花): 금색 무늬가 장식된 시전지.【역주】
477) 필지(匹紙): 북송말기에 안휘성 흡주(歙州)에서 생산된 3-5길 크기의 커다란 종
    이. 원료는 인피섬유(靭皮纖維)를 원료로 하여 얇으면서 질겨 '피지(皮紙)'라고도
    한다.【역주】
478) 채색분전(彩色粉箋):『고반여사』에서 "채색분전이 있는데 색은 윤이 나며, 소식
    과 황정견이 글씨를 쓸 때 이 종이를 많이 사용하였다.(有彩色粉箋, 其色光澤,
    東坡山谷多用之作書寫字.)"라고 하였다.【原註】
    * 채색분전(彩色粉箋): 분전(粉箋)은 종이에 광물성의 백분(白粉, 석회 등의 하얀
      가루)를 먹여 종이를 더 하얗게 해서 품질을 높인 시전지. 채색분전은 백분
      대신에 유색의 분말을 사용하여 만든 여러 색의 시전지.【역주】
479) 등백(藤白):『문방사보(文房四譜)』에서 "서원여(舒元輿, 791-835. 당나라 시인)의
    「섬계의 고목 등나무를 슬퍼하는 글(悲剡溪古藤文)」에서 '계곡에서 많은 제지공
    들이, 칼을 들고 시도 때도 없이 베어내어 쪼개어 껍질을 벗겨 제지업에 공급하
    므로, 내 생각에 등나무가 비록 식물이지만……(舒元輿悲剡溪古藤文, 溪中多紙
    工, 持刀斬伐無時, 劈剝皮脫, 以給其業, 意藤雖植物者…….)"라고 하였다.【原註】

색분전·납전(蠟箋)482)·황전(黃箋)483)·화전(花箋)484)·나문전(羅紋箋)485) 등이 있다. 모두 소흥(紹興)486)에서 생산되고, 백록(白籙)487)·관음(觀音)·청강(淸江) 등의 종이는 모두 강서(江西)에서 산출되는데, 산중의 서재에는 모두 많이 비축하여 쓸 곳에 대비해야 한다. 명나라에는 연칠(連七)488)·관음(觀音)·주본(奏本)·방지(榜紙)가 있으며, 모두 홀

---

* 등백(藤白): 등나무를 원료로 하여 만든 흰색의 종이.【역주】

480) 곡백(鵠白): 매우 희고 깨끗한 종이.【역주】

481) 잠견(蠶繭): 폐 누에고치로 만든 치밀한 종이.【역주】

482) 납전(蠟箋): 당대부터 제작되었으며, 종이를 균일하게 하기 위하여 밀랍을 먹인 종이로, 진한 먹으로 필사를 해야 한다.【역주】

483) 황전(黃箋): 황색으로 물들인 종이. 당나라 경황지(經黃紙)는 이러한 황지를 사용하였다.【역주】

484) 화전(花箋): 무늬가 있는 종이. 무늬가 새겨진 판(즉 능화판)에 대고 압력을 주어 마찰해서 종이에 무늬가 나타나게 하거나, 목판으로 인쇄하는 방법 등 사용하여 무늬를 표현하였다.【역주】

485) 나문전(羅紋箋): 비단과 같은 무늬가 있는 종이.【역주】

486) 소흥(紹興): 지금의 절강성 소흥현.【原註】

487) 백록(白籙): 즉 백록지(白鹿紙). 특별히 깔끔하고 규격이 12자인 궁정용의 종이. 원나라 학자 공제(孔齊, ?-?)의 필기『지정직기(至正直記)』에서, "세상에 전하기를 백록지는 바로 용호산龍虎山, 강서성 응담시(鷹潭市)에 있는 도교의 발상지]에서 부적을 쓰는 종이라 한다. 벽색·황색·백색의 세 가지가 있다. 백색 종이는 윤이 나고 말끔하여 사랑스럽고 또 질기기가 강서의 종이보다 우수하다. 조맹부가 이 종이를 사용하여 글씨를 쓰고 그림을 그렸으며, 폭이 넓고 긴 것을 '백록(白籙)'이라 했는데, 후에 백록(白籙)이 우아하지 않으므로 백록(白鹿)으로 이름을 고쳤다.(世傳白鹿紙乃龍虎山寫篆之紙也. 有碧黃白三品. 白者瑩澤光淨可愛, 且堅靭勝江西之紙, 趙松雪用以寫字作畵, 闊幅而長者稱白籙, 後以白籙不雅, 更名白鹿.)"라고 하였다.【역주】

488) 연칠(連七):『고반여사』에서 "영락연간(1403-1424), 강서 서산(西山)에 관청의 제지국을 설치하여 종이를 제조했으며, 가장 두껍고 크면서 좋은 것을 '연칠(連七)'이라 하고 '관음지(觀音紙)'라 하였다. 주본지(奏本紙)는 강서 연산(鉛山), 지금의 강서성 연산현에서 산출되고, 방지(榜紙)는 절강의 상산(常山, 지금의 절강성 상산현)과 남직례(南直隸)의 여주부(廬州府) 영산(英山, 지금의 호북성 영산현)에서 산출된다. 수전지(水箋紙)는 강서 임천(臨川, 지금의 강서성 무주시(撫州市) 임천구에서 산출되고, 대전지(大箋紙)는 절강 상우(上虞, 지금의 절강성 소흥시)에서 산출된다.(永樂中, 江西西山置官局造紙, 最厚大而好者曰連七, 曰觀音紙.

류하지 않다. 오직 궁중에서 사용하는 세밀하고 금가루를 뿌린 오색분전(五色粉箋)이 판자처럼 단단하고 두터우며 표면에 백옥처럼 윤이 난다. 이밖에 금색 무늬를 눌러 찍은 오색전(五色箋)이 있으며, 비단과 같은 자청지(磁靑紙)489)가 있는데, 모두 보물로 삼을 만하다. 근래 소주의 쇄금지(灑金紙)490)와 송강(松江)491)의 담전(譚箋)492)은 모두 내구성이 없으며, 경현(涇縣)493)의 연사(連四)494)가 가장 우수하다. 조선에 특별

有奏本紙, 出江西鉛山, 有榜紙, 出浙之常山直隷廬州英山. 有水箋紙, 出江西臨川. 有大箋紙, 出浙之上虞.)"라고 하였다.【原註】
* 서산(西山): 강서성 남창시(南昌市) 신건현(新建縣)에 있는 산. 2010년에 서산에서 50리 떨어진 화림산(華林山)에서 송·원·명시기의 제지공장 유적지가 발견되었다.【역주】
489) 자청지(磁靑紙): 선덕시기에 처음으로 제작되었으며, 쪽물로 염색하였다. 종이의 색이 그 당시 유행하던 청화자기와 비슷하여 '자청지(磁靑紙, 청화자기의 푸른색과 같은 종이)'라 하였다. 종이의 색인 검은 빛을 띠는 남색으로 비단처럼 아름다우며 세월이 오래 지나도 퇴색되지 않고 전아하다.【原註】
490) 近吳中灑金紙(근오중쇄금지): 오중(吳中)은 소주이다. 『고반여사』에서 "근래 소주의 무늬가 없고 금가루를 뿌린 시전지가 훌륭하며, 송강(松江)의 담전(譚箋)은 백색 가루를 사용하지 않고 만든다.(近日吳中無紋灑金箋紙爲佳, 松江譚箋不用粉造.)"라고 하였다.
『균헌청비록』에서 "담전(譚箋)은 백색 가루를 쓰지 않고 만들며, 단단하고 하얀 형천연지(荊川連紙)로 뒤를 두텁게 배접하여 윤을 내고, 밀랍을 칠해 각 종 문양을 표현해서, 예스럽고 우아하여 사랑스럽다.(譚箋不用粉造, 以堅白荊川連褙厚硏光, 用蠟打各樣細花, 古雅可愛.)"라고 하였다.【原註】
* 형천연지(荊川連紙): 대나무를 이용하여 만든 형천지(荊川紙) 가운데 접합용의 종이인 연지(連紙).【역주】
491) 송강(松江): 지금의 상해시 송강현.【原註】
492) 담전(譚箋): 명나라 관리 담중화(譚仲和, ?-?)가 벼슬을 그만두고 고향 송강(松江)으로 돌아가 제작한 종이. 백색 가루를 사용하지 않고 만들었으며, 형천연지(荊川連紙)로 뒤를 배접하고 밀랍으로 각종 문양을 표현하였다.【역주】
493) 경현(涇縣): 지금의 안휘성 경현으로 무호지구(蕪湖地區)에 속한다.【原註】
494) 연사(連四): 종이의 이름.【原註】
* 연사(連四): 즉 연사지(連史紙). 어린 대나무를 원료로 하여 만들며, 옥처럼 희고 두께가 균일하며 변색되지 않아 서화에 적합한 종이. 강서성과 복건 연성현(連城縣) 등지에서 생산되었다.【역주】

히 한 종류가 있는데, 누에고치 찌꺼기로 만들어 얇은 비단처럼 색이 하얗고, 천처럼 단단하고 질기며, 글을 쓰는데 사용하면 발묵이 사랑스럽다. 이것은 중국에는 없는 기이한 제품이다.

五十三. 紙

古人殺靑爲書, 後乃用紙. 北紙用橫簾造, 其紋橫, 其質鬆而厚, 謂之側理. 南紙用竪簾, 二王[495]眞蹟, 多是此紙. 唐人有硬黃紙, 以黃檗染成, 取其辟蠹[496]. 蜀妓薛濤爲紙, 名十色小箋, 又名蜀箋. 宋有澄心堂紙, 有黃白經箋, 可揭開用. 有碧雲春樹龍鳳團花金花等箋, 有匹紙, 長三丈至五丈. 有彩色粉箋及藤白鵠白蠒繭等紙. 元有彩色粉箋蠟箋黃箋花箋羅紋箋, 皆出紹興, 有白錄觀音淸江等紙, 皆出江西, 山齋俱當多蓄以備用. 國朝連七觀音奏本榜紙, 俱不佳, 惟大內用細密灑金五色粉箋[497], 堅厚如板, 面砑光如白玉, 有印金花五色箋[498], 有磁靑紙如段素, 俱可寶. 近吳中灑金紙松江譚箋, 俱不耐久, 涇縣連四最佳. 高麗[499]別有一種, 以綿繭[500]造成, 色白如綾, 堅韌如帛, 用以書寫, 發墨可愛, 此中國所無

---

495) 二王(이왕): 왕희지와 왕헌지 부자로 고대의 유명한 서예가이다. 『고반여사』에서 "왕희지와 왕헌지의 진품은 대부분 회계(會稽, 지금의 절강성 소흥)의 세로 발문이 있는 죽지(竹紙, 대나무 섬유로 만든 종이)이다.(二王眞迹多是會稽竪紋竹紙.)"라고 하였다.【原註】

496) 辟蠹(벽두): 좀 벌레의 피해를 방지한다는 의미이다. 좀 벌레는 '지어(紙魚)'라고도 한다.【原註】

497) 大內用細密灑金五色粉箋(대내용세밀쇄금오색분전): 『고반여사』에서 "현재의 궁정에서 금가루를 뿌린 세밀한 오색분전(五色粉箋)·오색대렴지(五色大簾紙, 여러 색의 커다란 종이)·쇄금전(灑金箋, 금가루를 뿌린 종이)을 사용하며, 판자와 같이 단단하고 두터운 백전(白箋)이 있는데, 양면에 윤을 내어 옥처럼 결백하다. (今之大內用細密灑金五色粉箋五色大簾紙灑金箋, 有白箋堅厚如板, 兩面砑光, 如玉潔白.)"라고 하였다.【原註】

498) 印金花五色箋(임금화오색전): 『고반여사』에서 "금색 무늬를 찍은 오색전이 있고, 자청지(磁靑紙)가 있는데 비단과 같고 질겨 보배로 삼을만하다.(有印金花五色箋, 有磁靑紙, 如段素, 堅韌可寶.)"라고 하였다.【原註】

499) 高麗(고려): 중국 고대에는 한반도를 '고려'라고도 하였으며, 여기서는 조선을 가리킨다.【역주】

500) 綿繭(면견): 실을 뽑고 남은 찌꺼기 누에고치.【역주】

亦奇品也.

54. 검(劍)501)

지금은 검객이 없으므로 세상에 명검이 드물며, 검을 주조하는 법도 전하지 않는다. 고대 검은 구리와 철을 공통으로 사용하였다. 도굉경(陶宏景)502)의 『도검록(刀劍録)』503)에 "갈고리처럼 휘어지고, 활시위처럼 반듯하게 펴지며, 쨍쨍 소리가 나는"이라고 기록되어 있는 것은 모두 눈으로 아직 보지 못하였다. 근래에는 일본인이 주조하여 푸른빛이 사람을 비추는 것 만한 것이 없다. 일찍이 고대의 동검(銅劍)을 보았는데, 청록색이 전체를 감싸고 있는 것은 비축하면 또 애완할 만하다.

五十四. 劍

今無劍客, 故世少名劍, 即鑄劍之法亦不傳. 古劍銅鐵互用, 陶宏景刀劍録所載有, 屈之如鈎, 縱之直如弦, 鏗然有聲者, 皆目所未見. 近時莫如倭奴504)所鑄,

---

501) 검(劍): 고대 병기의 명칭.【原註】
502) 도굉경(陶宏景,456-536): 굉경(宏景)은 본래 홍경(弘景)이었으나, 청나라 건륭황제의 이름 홍력(弘曆)을 피휘하여 '굉경(宏景)'으로 고쳐 썼다. 남북조시기 말릉(秣陵, 지금의 남경) 사람으로, 자(字)는 통명(通明)이다. 제나라 고제(高帝, 재위 479-482) 시기에 일찍이 여러 왕의 시독(侍讀)을 지냈으며, 뒤에 구용(句容, 지금의 강소성 구용시)의 곡산(曲山, 즉 모산(茅山)]에 은거하여 만년에 호를 '화양은거(華陽隱居)'라고 하였으며 또 '화양진인(華陽眞人)'이라 하였다. 신선과 벽곡(辟穀) 및 도인술(導引術)을 좋아하였으며, 85세에 병이 없이 사망하였다.【原註】
  * 굉(宏)과 홍(弘)의 중국식 발음은 동일하게 홍(hong)이다.【역주】
  * 벽곡(辟穀): 곡식을 먹지 않고 솔잎이나 대추 등을 날로 먹는 것.【역주】
  * 도인술(導引術): 호흡법과 체조를 통해 신체를 건강하게 하는 양생술.【역주】
503) 도검록(刀劍録): 책의 이름. 도홍경 저.【原註】
  * 도검록(刀劍録): 1권. 도홍경 저. 하나라부터 양나라 무제까지 여러 제왕과 국가 및 장군의 도검에 관해 기록한 책.【역주】

靑光射人. 曾見古銅劍, 靑綠四裹者, 蓄之, 亦可愛玩.

55. 인장(印章)507)

인장은 청전석(靑田石)506) 가운데 옥처럼 밝고 깨끗하며 불을 비추면
등불처럼 반짝이는 것이 우아하지만, 옛사람들은 실제로 이것을 중시하
지 않았다. 오금(五金, 여러 가지 금속)·상아·옥·수정·나무·돌로
모두 인장을 만들 수 있는데, 오직 도자기 인장만은 절대 사용할 수 없
으니, 즉 관요·가요·청동(靑冬)507) 등의 가마 제품은 모두 우아한 기

---

504) 倭奴(왜노): 일본인을 가리키며, 일본인은 북해도의 토착 하이인(蝦夷人, 아이누
족)을 '왜노'라고 한다. 일본도는 '왜도(倭刀)'라고도 하며, 송대에 일찍이 공물로
들어왔다. 구양수에게 「일본도의 노래(日本刀歌)」가 있다.【原註】

505) 인장(印章): 인(印)은 인신(印信, 신표로 사용되는 인장)으로, 나무나 금석으로
만들어, 윗면에 문자를 새겨 신표로 삼는다. 옛날의 제도에서 친왕(親王) 이상은
'보(寶)'라 하고, 군왕 이하 관원은 '인(印)'이라 하며, 품계가 낮은 자는 '검기(鈐
記)'와 '도기(圖記)'라 하고, 개인이 사용하는 것은 '도장(圖章)'이라 하며, '소인(小
印)'과 '사인(私印)'이라 하므로, 인장에는 공적으로나 사적으로 인신(印信)이라는
의미가 포함되어 있다.【原註】

506) 청전석(靑田石): 절강성 청전현(靑田縣)에서 산출된다. 『방산현지(方山縣志)』에
서 "청전현의 남쪽에 도서동(圖書洞)이 있는데, 옥과 같은 오래된 석재는 부드러
우면서 견실하여 인장을 새기기에 적당하며, 결정이 조금 투명한 것을 '청전동
(靑田凍)'이라 한다.(縣南有圖書洞, 古石如玉, 柔而栗, 宜刻印章, 其結晶微透明
者, 謂之靑田凍.)"라고 하였다.【原註】

* 청전석(靑田石): 절강성 청전현 산구진(山口鎭)에서 산출되며, 내몽고 파림우
기(巴林右旗)의 파림석(巴林石)·복건성 복주시(福州市) 북방의 수산석(壽山
石)·절강성 임안(臨安) 창화진(昌化鎭)의 창화석(昌化石)과 함께 중국 4대 인
장석의 하나로 꼽힌다. 석재에 함유된 산화철의 함량에 따라 홍색·황색·남
색·백색·흑색의 석재가 산출되며, 엽랍석(葉臘石, pyrophyllite)의 일종이다.
명대부터 전각의 재료로 널리 사용되었으며, 현재는 각종 조각품을 제작하기
도 한다.【역주】

* 동(凍): 중국에서 옥이나 다른 석재에 나타나는 투명한 상태를 '동(凍)'이라 한
다.【역주】

물이 아니다. 고대의 금니를 칠하거나 도금한 것, 금이나 은을 세밀하게 상감하거나 금을 상감한 것, 청록색이거나 금과 옥으로 만들거나 마노 등으로 만든 인장, 전각이 정밀하면서 예스럽고 뉴(紐)508)의 양식이 기이하고 교묘한 것은 모두 많이 비축하여 감상하도록 제공해야 한다. 인지(印池)509)는 관요와 가요의 사각형이 귀중하며, 정요 및 팔각형과 위각(委角)510)은 그 다음이고, 청화백자와 뚜껑이 있는 직사각형은 모두 저속하다. 근래 꿈틀거리는 이무기가 기물의 몸통에서 뚜껑까지 연결되어 조각된 백옥 인주합은 비록 공법이 둘도 없지만 높은 품격에 들어가지 못한다. 내가 보았던 하상주시대의 옥으로 만든 사각형의 오목한 홈이 있는 기물은 안팎으로 토수(土銹)511)와 혈침(血侵)512)이 있는데, 어

---

507) 청동(靑冬): 『고반여사』에서 "인장에 가요·관요·청동요(靑冬窯)의 것이 있다. (印章有哥窯官窯靑冬窯者.)"라고 하였다.
   『경덕진도록(景德鎭陶錄)』에서 "동청기(東靑器)라 쓰는 것을 동청(冬靑)이나 동청(凍靑)으로 잘 못 쓴다.(作東靑器, 訛作冬靑或凍靑.)"라고 하였다.【原註】
   * 청동(靑冬): 송대 변경(지금의 개봉) 동쪽에 있던 동요(東窯) 즉 동요(董窯)의 청자를 가리킨다.【역주】

508) 뉴(紐): 인장의 손잡이로, 끈을 꿰는 곳을 말한다. 『한관의(漢官儀)』에서 "새(璽)는 모두 옥으로 만들며 이호뉴이다.(璽皆玉螭虎紐.)"라고 하였다.【原註】
   * 이호(螭虎): 고문헌에 여러 가지 설이 있으나, 일반적인 형태는 몸이 기다란 용과는 달리 몸에 비늘이 없고 뿔도 없으며, 몸통과 꼬리 및 네발을 가진 호랑이와 비슷한 형태를 가진 상상의 동물. 고대 옥기나 도자기 등에 장식문양으로 많이 사용되었다.【역주】

509) 인지(印池): 인니지(印泥池)로 '인색항(印色缸)'이라 속칭한다.【原註】
   * 인지(印池): 인주를 담는 오목한 홈(池)이 있는 기물. 뚜껑이 있으면 '인주합'이라 한다.【역주】

510) 위각(委角): 탁자나 책상이나 사각형 육면체의 기물에서 네 개의 직각부위를 약간 비듬히 기울어진 면으로 개조하여 팔각형이 되게 하는 기법으로, 강남에서는 '벽각주(劈角做)'라 하고 북방에서는 '위각(委角)'이라 한다.【역주】

511) 토수(土銹): 『균헌청비록』에서 "토수는 옥의 위를 덮고 있는 황토를 가리키며, 표면에 떠서 기물을 가린 채 뒤덮고 있는데 단단하여 제거할 수 없고, 일종의 아름다운 색과는 자연히 같지 않으며, 혈침(血侵, 피가 배어들어간 것처럼 붉은 색을 띠는 것)과는 같지 않고, 옛날의 원래 재질이 개조한 제품과 쉽게 판별될

떤 용도인지 알 수 없으며, 인지(印池)로 사용하면 매우 예스럽지만 일
용에는 부적당하고 문구의 일종으로 구비할만하다. 도서갑(圖書匣)513)
은 두판남(豆瓣楠)514) · 적수(赤水)515) · 나목(欏木)516)으로 만들며, 정
사각형의 모양에 뚜껑이 달려있다. 그렇지 않으면 문양이 없는 퇴광칠
(退光漆)517)을 한 것도 사용할 수 있지만, 기타 척칠(剔漆)518) · 전칠(塡

수 없지만, 위조하기는 어려울 듯하다.(土銹謂玉上蔽黃土, 籠罩浮翳, 堅不可破,
一種佳色自不同, 非若血侵, 古原質與改製不易辨, 似難僞造.)"라고 하였다.【原註】
* 토수(土銹): 장기간 지하에 매장되어 있던 기물의 표면에 달라붙어 있는 흙과
유기물 및 무기물 등의 각종 이물질을 가리킨다. 매장된 조건에 따라 상태가
각각 상이하며, 세월이 오래 지난 토수는 잘 제거되지 않는다. 기물의 진위감
정에 일정한 기준이 된다.【역주】
512) 혈침(血侵):『박물요람』에서 "옥기 가운데 한나라나 당나라의 기물은 눈으로 구
별할 수 있지만, 고대 옥기에 이르면 남아 전해오는 것이 적고 출토된 것은 흙이
배어들고 시체에서 나온 물질이 스며들어 위조하기 어려운 듯하다. 고대의 옥으
로 만든 기물에는 표면에 혈침이 있어 색이 피처럼 붉다.(玉器如漢唐之物, 入眼
可辨, 至若古玉, 存遺傳世者少, 出土者多土銹尸侵, 似難僞造. 古之下物, 上有血
侵, 色紅如血.)"라고 하였다.
『균헌청비록』에서 "옥기의 고색창연한 색에는 토수와 혈침이 가장 많다.(玉器古
色, 土銹血侵最多.)"라고 하였다.【原註】
* 혈침(血侵): 고대에는 본래 백옥인 기물에 붉은 색이 스며들어 있는 것을
'혈옥(血玉)'이라 하고, 이러한 현상을 '혈침(血侵)'이라 하여 시체에서 나온 핏
물이 배어들어간 것이라고 여겼으나, 사실은 철분이 배어들어가 산화된 것이
다. '혈옥'이라는 것을 위조하기 위하여 화공약품으로 처리하거나, '양옥(羊玉)'
이라 하여 살아있는 양의 다리를 째고 그 속에 옥기를 집어넣어 일정기간 실제
핏물이 배어들어가 붉은 색이 나타나도록 위조하기도 한다.【역주】
513) 도서갑(圖書匣): 책을 담는 작은 합.【原註】
514) 두판남(豆瓣楠): 권1「조벽(照壁)」의 원주 참고.【原註】
515) 적수(赤水): 권6「장롱(欌)」의 원주 참고.【原註】
516) 나목(欏木): 권6「장롱(欌)」의 원주 참고.【原註】
517) 퇴광칠(退光漆): 생칠(生漆)의 일종으로, 처음 칠했을 때 광택이 비교적 어둡다가
점차 밝아지므로 '퇴광칠(退光漆)'이라 한다.【역주】
518) 척칠(剔漆): 척칠(剔漆)은 척홍(剔紅)으로 '조칠(雕漆)'이라고도 하며, 칠기 제작
법의 하나로서 당대에 시작되었다.『금오퇴식필기』에서 "명나라 영락연간에 제
조한 칠기는 금이나 은이나 주석으로 뼈대를 만들었으며, 척홍(剔紅)과 전칠(塡
漆)의 두 종류가 있다. 척홍합에는 자단(薦段) · 증병(蒸餅) · 하서(河西) · 삼층 ·

544
장물지

漆)519)·고옥을 상감한 것 및 모죽(毛竹)520)으로 만든 것과 대나무를 붙여 만든 것은 모두 보기에 우아하지 않다.

五十五. 印章

印章, 以靑田石, 瑩潔521)如玉, 照之燦若燈輝者, 爲雅, 然古人實不重此. 五金牙玉水晶木石, 皆可爲之, 惟陶印則斷不可用, 即官哥靑冬等窯, 皆非雅器也. 古鎔金鍍金細錯金銀522)商金523)靑綠金玉瑪瑙等印, 篆刻精古, 紐式奇巧者, 皆當多蓄, 以供賞鑒. 印池以官哥窯方者爲貴, 定窯及八角委角者次之, 靑花白地有蓋長樣俱俗. 近倣周身連蓋滾蟎白玉印池, 雖工致絶倫, 然不入品. 所見有三代玉方池, 內外土銹血侵, 不知何用, 令以爲印池, 甚古, 然不宜日用, 僅可備文具一種. 圖書匣以豆瓣楠赤水櫂木爲之, 方樣套蓋, 不則退光素漆者亦可用, 他如剔漆塡漆紫檀鑲嵌古玉及毛竹攢竹524)者, 俱不雅觀.

이층 등의 양식이 있다.(明永樂年制漆器, 以金銀錫木爲胎, 有剔紅塡漆兩種. 剔紅合有蔗段蒸餠河西三撞二撞等式.)"라고 하였다.【原註】
   * 자단(蔗段): 몸통은 원통형이고 아래 위가 평면인 가장 일반적인 형태의 납작한 합이다.【역주】
   * 증병(蒸餠): 명대 영락-선덕시기에 과원창(果園廠)에서 제조한 양식의 하나로, 몸통과 뚜껑이 모두 원형으로 아래 위가 둥그스름하면서 약간 납작한 모양의 합이다.【역주】
519) 전칠(塡漆): 전칠은 칠기 제작법의 일종이다. 권6「장롱(櫥)」의 원주 참고.【原註】
520) 모죽(毛竹): 권2「대나무(竹)」의 원주 참고. 커다란 대나무의 일종.【역주】
521) 瑩潔(영결): 반짝이면서 결백하다.【역주】
522) 細錯金銀(세착금은): 금이나 은을 가늘게 상감하다. 금과 은을 기물에 상감하는 기법을 '금은착(金銀錯)'이라 하며 청동기에는 상나라 때부터 사용되었다.【역주】
523) 商金(상금): 청동기에 금이나 은을 상감(象嵌)하는 기법으로, '상(商)'의 본래 글자는 '창(鷦)'이다. 명대에는 '상감(商嵌)'이라고 하였다. 이처럼 각종 재질의 기물에 상감하는 기법을 현대에는 '양감(鑲嵌)'이라 한다.【역주】
524) 攢竹(찬죽): 무엇을 가리키는지 알 수 없다. 견죽(堅竹)의 다른 발음일 가능성이 있으며, 견죽(堅竹, Pyllostachys heteroclada f. solida)의 별명으로, 일본에서 '인재죽(印材竹)'이라 하며, 줄기의 살이 두툼하여 인장의 제작에 적당하다. 벼과나 대나무과에 속한다.【原註】
   * 攢竹(찬죽): 명대관리 진사원(陳士元, 1516-1597)의 속어사전인 『이언해(俚言解)』권2에서 "찬죽(攢竹). 죽세공업자가 피리를 만들면서 대나무를 잘라 아교

56. 문구(文具)525)

문구는 유행을 따르지만, 고대의 명인에게서 나온 것에도 매우 훌륭한 것이 있는데, 두판남(豆瓣楠)·영목(癭木)526)과 적수(赤水)·나목(欏木)으로 만든 것이 우아하고, 기타 자단과 화리 등의 목재는 모두 저속하다. 삼층에 층마다 하나의 서랍이 있고, 서랍 속에는 작은 단계연 하나·필첨(筆覘)527) 하나·책 한권·작은 연산 하나·선덕시기의 먹 하나·일본제 칠한 먹 합 하나를 둔다. 제일 위의 서랍에는 옥제 비각(秘閣)528) 하나·고대의 옥이나 청동으로 만든 진지(鎭紙) 하나·정련된 철로 만든 고대의 크고 작은 칼 각각 한 자루·고대의 옥으로 손잡이를 한 종려나무 빗자루 하나·필선(筆船)529) 하나·고려필(高麗筆)530) 두 자루를 넣어둔다. 그 다음의 서랍에는 고대의 청동 수우(水盂) 하나·호두(糊斗)와 납두(蠟斗) 각각 하나·고대의 청동 수표(水杓)531) 하나·청

로 붙이는데, 이것을 '찬죽(攢竹)'이라 한다.(攢竹. 竹工造竿, 削竹而膠合之, 謂之攢竹.)"라고 하였다. 그러므로 대나무를 붙여 기물을 만드는 것으로 풀이하였다.【역주】

525) 문구(文具): 문방 용품을 담아두는 기구.【原註】

526) 영목(癭木): 본권 「소구(梳具)」의 원주 참고.【原註】
  * 영목(癭木): 각종 나무에서 혹 부분의 목재. 무늬가 아름답고 단단하여 가구나 장식품의 제작에 많이 사용된다.【역주】

527) 필첨(筆覘): 붓을 고르는 접시. 본권 「필첨(筆覘)」의 원주 참고.【原註】

528) 玉秘閣(옥비각): 옥으로 만든 비각(秘閣). 비각(秘閣)은 본권 「비각」의 원주 참고.【原註】

529) 筆船(필선): 붓을 놓는 기구.【原註】

530) 고려필(高麗筆): 고려의 붓. 고려에 사신으로 갔던 송나라 관리 왕운(王雲, ?-1126)이 자신의 견문을 기록한 『계림지(鷄林志)』에서 "고려의 붓은 갈대로 만든 붓대에 황색의 털로, 탄력이 있으나 쉽게 마모되는데, 옛날에는 '성성모필(猩猩毛筆, 성성이의 털로 만든 붓)'이라 했다.(高麗筆, 蘆管黃毫, 健而易乏, 舊云猩猩毛筆.)"라고 하였다. '성성모필'이라고 했으나, 성성이는 『산해경·해경(山海經·海經)』에 나오는 사람의 얼굴을 한 전설의 동물이며, 한반도에는 성성이가 없었으므로, 고려필은 족제비의 털로 만든 붓으로 추정된다.【역주】

록색의 도금한 작은 필세 하나를 넣어둔다. 아래 서랍은 조금 키가 높으며 작은 선덕시기 청동제 이로(彝鑪) · 송대의 척홍합 하나 · 일본의 손잡이 있는 작은 칠기 합과 정요(定窯)의 백자나 정요에서 만든 작은 오색도자기 합532) 각각 하나 · 일본의 작은 꽃병이나 작은 잔 하나 · 책 상자 하나를 넣어둔다. 책 상자의 속에는 고옥으로 만든 인지(印池) · 고옥 인장 · 도금한 인장 가운데 매우 훌륭한 것 몇 개를 넣는다. 일본의 칠을 한 작은 소갑(梳匣)533) 하나를 넣어두는데, 그 속에는 대모로 만든 작은 빗과 옥으로 만든 고대의 쟁반과 이(匜) 등의 기물 그리고 고대의 코뿔소 뿔로 만든 잔과 옥잔 두 개를 넣어둔다. 기타 골동품 가운데 정교하고 우아한 것은 모두 넣어 감상에 제공할 수 있다.

五十六. 文具

文具雖時尚, 然出古名匠手, 亦有絶佳者, 以豆瓣楠癭木及赤水櫟木爲雅, 他如紫檀花梨等木, 皆俗. 三格534)一替535), 替中置小端硯536)一筆覘一書冊一小硯山537)一宣德墨一倭漆墨匣538)一. 首格置玉秘閣一古玉或銅鎭紙一賓鐵古刀539)

---

531) 수표(水杓): 구기. 물을 뜰 때 사용하며, 자루가 국자보다 작은 도구.【역주】
532) 정요에서 만든 작은 오색도자기 합: 명대의 오색도자기는 오채자기(五彩瓷器)를 가리키지만, 정요는 송원시기에 유행하다가 폐쇄되었으며, 백자 이외에 흑색자기와 녹색자기를 제작하였으나, 오채자기를 제작하지 않았으며, 흑색이나 녹색의 자기를 '오색자기'라고 하지는 않는다. 그러므로 원문의 "정요의 작은 오색자기 합(五色定小合)"이라는 기록은 오류이며, 경덕진에서 명대에 제작한 기물을 가리킨다.【역주】
533) 倭漆小梳匣(왜칠소소갑): 일본에서 만든 칠을 한 이발용 도구를 넣는 용도의 소형 상자.【原註】
534) 格(격): 한 층을 '격(格)'이라 한다.【原註】
535) 替(체): '체(替)'는 '체(屉, 서랍)'와 통한다.【原註】
536) 端硯(단연): 단계석으로 만든 벼루를 '단연(端硯)'이라 한다.【原註】
537) 연산(硯山): 권3「품석(品石)」의 원주 참고. 또『연후수초(硯後隨抄)』에서 "이후 주가 연산을 하나 구입하였는데, 길이는 겨우 한 자를 넘고 앞부분에 36개의 봉우리가 솟아나 있으며, 크기는 손가락과 같고, 좌우에 두 개의 언덕이 벋어나

大小各一古玉柄棕帚540)一筆船一高麗筆二枝, 次格古銅水盂一糊斗蠟斗各一古
銅水杓一靑綠鎏金小洗541)一, 下格稍高置小宣銅彝鑪542)一宋剔合543)一倭漆小
撞544)白定545)或五色定小合546)各一倭小花尊547)或小觶548)一圖書匣一, 中藏古
玉印池古玉印鎏金印絶佳者數方, 倭漆小梳匣一, 中置玳瑁小梳及古玉盤匜等

있어 언덕 가운데를 파서 벼루를 만들었다. 강남에 있던 나라(남당)가 멸망하고,
여러 사람에게 전해지다가 미불이 획득했는데, 뒷날 미불은 소중공(蘇仲恭)의
집과 바꾸었으며, 얼마 있다가 송나라 궁궐로 들어갔다.(李後主嘗買一硯山, 長纔
踰尺, 前聳三十六峰, 大如指, 左右引兩阜, 陂陀中鑿爲硯. 江南國沒, 輾轉爲米元
章所得, 後米以易蘇仲恭宅, 未幾, 入宮禁.)"라고 하였다.【原註】

* 미불은 이후주가 소장했던 연산을 두 개 획득하였으며, 너무 기뻐「연산명(硯
山銘)」을 쓰고, 그중 하나의 모습을 간략하게 묘사하여「연산도(寶晋齋硏山
圖)」를 그렸다. 다만 이「보진재연산도(寶晋齋硏山圖)」에 나타나는 연산의 모
습은 봉우리가 6개에 불과하므로,『연후수초(硯後隨抄)』에 기재된 연산과는 다
른 기물이다.
* 연후수초(硯後隨抄): 어떤 책인지 알 수 없다. 송나라의 대신 가사도(賈似道,
1213-1275)의 필기『열생수초(悅生隨抄)』에 원주와 동일한 내용이 실려 있다.
【역주】
* 소중공(蘇仲恭): 소개(蘇凱, ?-?). 자(字)는 중공(仲恭). 북송의 문학가·서예가
소순원(蘇舜元, 1006-1054)의 손자.【역주】
538) 倭漆墨匣(왜칠묵갑): 일본에서 만든 칠을 한 먹을 담는 상자.【原註】
539) 賓鐵古刀(빈철고도): 본권「전도(剪刀)」의 원주 참고.【原註】
540) 棕帚(종추): 종려나무로 만든 빗자루.【原註】
541) 靑綠鎏金小洗(청록유금소세): 고대의 도금한 청동기를 청록색의 필세로 삼은 것
이다.【原註】
542) 宣銅彝鑪(선동이로): 본권「향로(香鑪)」의 원주 참고.【原註】
543) 宋剔合(송척합): 송대에 척홍기법으로 만든 합.【原註】
544) 倭漆小撞(왜칠소당): 일본에서 만든 칠을 한 손잡이가 달린 합.【原註】
545) 白定(백정): 권2「분완(盆玩)」의 원주 참고. 백색의 정요자기.【原註】
546) 五色定小合(오색정소합): 정요에서 만든 작은 오색도자기 합.【原註】
547) 倭小花尊(왜소화준): 일본에서 만든 소형의 무늬가 있는 술잔.【原註】
* 화준(花尊)을 원주에서는 무늬가 있는 술잔으로 풀이하였으나, 꽃을 꽂는 병이
나 항아리로 풀이하는 것이 더 적당하다.【역주】
548) 小觶(소치):『옥편』에서 "치(觶)는 술잔이다.(觶, 酒觴也.)"라고 하였다.【原註】
* 치(觶)는 본래 구연부가 약간 나팔형태로 벌어지고 키가 크며 뚜껑이 있는 술
단지이다. 상(觴)은 '우상(羽觴)'이라고도 하며, 양편에 귀가 달린 작은 술잔이
다. 고(觚)는 구연부가 나팔형태로 크게 벌어지고 손잡이가 없는 기다란 원통
형 술잔이다. 작(爵)은 다리가 세 개 달린 작은 술잔이다.【역주】

器, 古犀玉小盃二, 他如古玩中有精雅者, 皆可入之, 以供玩賞.

57. 소구(梳具)549)

소구는 영목(癭木)550)으로 만들며, 혹은 일본에서 만든 것으로서 전
사(纏絲)551) · 죽사(竹絲)552) · 나전 · 조칠(雕漆)553) · 자단 등으로 만든
것은 모두 사용할 수 없다. 소구의 안에는 대모로 만든 빗 · 옥척추(玉剔
帚)554) · 옥합 등의 부류를 넣으며, 진나라와 한나라 시기의 기물이 아니

---

549) 소구(梳具): 이발용기를 담아두는 가구. 현대의 빗은 상주(常州, 강소성 상주시)
의 황양목으로 만든 빗이 상등품이다.【原註】
550) 영목(癭木):『박물요람』에서 "영자목((癭子木)은 일명 '영목(癭木)'으로 나무의 혹
이다. 자단영목 · 화리영목 · 남목영목 등의 여러 종류가 있으며, 자단영목이 귀
중한데, 색이 자주색이고 또 무늬가 치밀하기 때문이다.(癭子木一名癭木, 乃樹之
癭瘤也. 有紫檀影花梨影楠木影諸種, 有檀影爲貴, 以其色紫又紋理繡密故也.)"라
고 하였다. 생각건대 영목은 환류병(患瘤病, 혹이 생기는 병)으로 혹이 생긴 나무
이다. 권8「관(冠)」의 원주 참고.【原註】
    * 자단영(紫檀影)의 영(影)은 영자목(影子木)으로 영목(癭木)과 같은 의미이다.
    【역주】
551) 전사(纏絲): 전사(纏絲)는 홍색과 백색이 서로 뒤섞인 마노를 말한다.『비부어략
(飛鳧語略)』에서 "마노는 홍색의 마노가 상등품이고, 홍색과 백색이 뒤섞인 것을
'전사(纏絲)'라 하며 최하품으로, 술잔과 서진(書鎭) 종류를 만든다.(瑪瑙以紅色
者爲上, 紅白相間者曰纏絲, 品最下, 制爲酒杯書鎭之屬.)"라고 하였다.【原註】
    * 비부어략(飛鳧語略): 1권. 명나라 문학가 심덕부(沈德符, 1578-1642)의 저술로,
    법첩과 고대 기물의 진가를 논술하였으며, 모두 80조이다.【역주】
552) 죽사(竹絲): 대나무를 쪼개어 가는 줄기로 만든다.【原註】
    * 여기서는 가늘게 쪼갠 대나무를 엮어 만든 소구(梳具)를 가리킨다.【역주】
553) 조칠(雕漆): 기물에 주칠이나 다른 색을 섞어서 겹겹이 칠하고 여러 가지 형상을
조각하여 무늬가 드러나 보이게 하는 것을 '조칠(雕漆)'이라 한다.『휴식록 · 곤집
(髹飾錄 · 坤集)』「조루 제6(雕鏤第六)」에 매우 자세하게 기록되어 있다.【原註】
    * 휴식록(髹飾錄): 건곤 2집. 명말 칠기제작의 명인 황대성(黃大成, ?-?)의 저술로
    고대의 칠기공예에 관하여 전문적으로 논술하였으며, 모두 18장 186조이다.
    【역주】
554) 옥척추(玉剔帚): 옥으로 만든 척추(剔帚)로 얼레빗이나 참빗에 낀 때를 제거하는

라면, 또 조금 오래된 것이 훌륭하다. 만약 새로 만든 저속한 여러 양식을 마구 넣으면 바로 운치 있는 선비가 쓰기에 적당하지 않을 것이다.

五十七. 梳具

梳具以癭木爲之, 或日本所製, 其纏絲竹絲螺鈿555)雕漆紫檀等, 俱不可用. 中置玳瑁梳556)玉剔帚玉缸557)玉合558)之類, 即非秦漢間物, 亦以稍舊者爲佳. 若使新俗諸式闌入559), 便非韻士560)所宜用矣.

해론(海論)561) 동 옥조각 도자기

하 · 상 · 주와 진나라 및 한나라 사람이 만든 옥기는 예스럽고 우아하여 평범하지 않다. 가령 어미와 새끼 이룡문(螭龍紋)과 누워 있는 누에 문양과 같은 것은 쌍구전법(雙鈎碾法)562)으로 표현한 선이 부드럽게 구

데 사용하는 것.【原註】
555) 螺鈿(나전): 권6「탑(榻)」의 원주 참고.【原註】
556) 玳瑁梳(대모소): 대모(玳瑁, Erectmochelys imbricata)의 등껍질로 만든 빗.【原註】
557) 玉缸(옥항): 옥으로 만든 소형 항아리 모양의 머릿기름을 담는 기물.【原註】
558) 玉合(옥합): 즉 옥합(玉盒).【原註】
559) 闌入(난입): 들어가지 않아야 하는데 들어가는 것을 '난입(闌入)'이라 한다.『한서 · 성제기(成帝紀)』에서 "상방(尙方)의 결문으로 난입하다.(闌入尙方掖門.)"라고 하였다.【原註】
 * 상방(尙方): 제왕과 황궁에서 사용하는 도검 · 의복 · 음식 · 일용기물의 제조와 보관 및 공급을 담당하는 부서.【역주】
560) 운사(韻士): 풍아한 선비.【原註】
561) 해론(海論): 범론(泛論)이나 총론의 의미.【原註】
562) 쌍구전법(雙鈎碾法): 쌍구(雙鈎)는 회화나 서예에서 사물의 윤곽을 따라 양측에서 묘사하여 표현하는 기법이다. 쌍구전법은 옥기에서 문양을 조각할 때, 옥이 단단하여 고대의 도구로는 직접 조각을 하기가 어려우므로 지속적인 마찰로 표면을 연마하여 음각으로 선을 표현하였으며[절차탁마(切磋琢磨)의 마(磨) 기법], 이처럼 조각하는 기법을 '전법(碾法)'이라 한다. 전법을 이용하여 표현된 무늬는

부러지고 유창하게 생동하고, 미세하기는 터럭과 같다. 세상에서 유통된 지가 이미 오래되어 토수(土銹)563)와 혈침(血侵)564)이 가장 많이 배어 있으며, 청록색이나 은백색이 청동기에 의해 옥기에 배어들어간 것은 단지 한두 개 보일 뿐이다. 옥은 닭의 벼슬처럼 붉은 것이 최상이고, 삶은 밤처럼 황색이거나 잘라 놓은 비계덩이처럼 흰 것이 그 다음이며, 흑칠을 한 듯이 검거나 새로 돋아난 버들처럼 푸르거나 녹색의 융(絨)을 깔아놓은 듯이 녹색인 것이 또 그 다음이다. 지금 높이 평가하는 푸른색이면서 투명하기가 수정과 같은 것을 옛사람은 '벽(碧)'이라 하였지만, 옥은 아니다. 옥기 가운데 규벽(圭璧)565)이 가장 귀하며, 정이(鼎彝)566) · 고준(觚尊)567) · 배주(杯注)568) · 환결(環玦)569)이 다음이고, 구속(鉤束)

양측에서 음각된 선에 의해 형상이 드러나게 된다. 전해오는 진한시기나 그 이후의 옥기에 이러한 방법이 매우 많이 사용되었다.【역주】

563) 토수(土銹): 흙에 의해 녹이 나서 부식되다. 본권 「인장」의 원주 참고.【原註】

564) 혈침(血侵): 본권 「인장」의 원주 참고.【原註】

565) 규벽(圭璧): 고대 제후가 조회할 때의 신물로, 궁규(躬圭)나 포규(蒲圭)와 같은 것이며, 제사할 때도 사용하였다.
『주례 · 천관 · 고공기(周禮 · 天官 · 考工記)』에서 "규벽은 5치로 일월성신에 제사할 때 사용한다.(圭璧五寸, 以祀日月星辰.)"라고 하였다. 손이양(孫詒讓, 1848-1908. 청말 학자)의 소(疏)에서 "규벽은 6치의 벽(璧, 도넛 모양의 납작한 옥기)에서 하나의 규(圭, 홀)를 다듬어내며 길이가 5치이다.(圭璧, 於六寸璧上, 琢出一圭, 長五寸.)"라고 하였다.【原註】
* 규벽(圭璧): 옥으로 만든 아래는 사각이고 윗부분은 뾰족한 기물, 즉 옥으로 만든 '홀'을 말한다.【역주】

566) 정이(鼎彝): 정(鼎)은 고대 기무로 다리가 세 개에 귀가 둘이며, 금속으로 만들고, 크기는 상이하며 나라에서 전하는 중요한 기물로서, 식기(食器)로도 사용한다. 구리를 주조하여 만들며, 형태와 양식 및 조각이 종류마다 상이하다. 이(彝)는 술그릇으로 준(尊)과 비슷하나 작다. 주나라의 예의제도에 육이(六彝)가 있으며, 형태와 양식이 모두 동일하였으나, 조각한 무늬 장식이 조금 상이하였다. 권6 「궤탑(几榻)」의 원주 참고.【原註】

567) 고준(觚尊): 고(觚)는 술그릇이다. 『주례 · 동관 · 고공기(周禮 · 冬官 · 考工記)』에서 "목수가 식기를 만드는데 작(爵, 잔)은 1되가 들어가고, 고(觚, 술잔)는 3되가 들어가며, 작으로 술을 바치고 고를 가지고 권한다.(梓人爲飮器, 爵一升, 觚三

570)·진지(鎭紙)·옥체(玉璃)571)·충이(充耳)572)·강묘(剛卯)573)·진가

升, 獻以爵, 而酬以觚.)"라고 하였다. 옛 도록에는 팔각형의 모양으로, 현재 전하
는 이기(彝器)와는 다르다. 준(尊)은 준(樽)과 같으며, 고대에는 희준(犧尊)과 상
준(象尊)처럼 술그릇으로 해석하였다.【原註】

568) 배주(杯注): 배(杯)는 본래 '배(桮)'라 쓰며, '배(盃)'라 쓰기도 한다.【原註】

　　* 배주(杯注): 배(杯)와 주(注). 주(注)는 정확히 어떤 기물인지 알 수가 없으며,
　　　액체를 따르는 주둥이가 있는 주전자 종류로 추정된다.【역주】

569) 환결(環玦): 환(環)은 벽(璧)의 종류이다. 『이아』에서 "육호(肉好)가 같은 것을 '환
　　(環)'이라 하는데, 둘레와 구멍이 같은 것을 말한다. 결(玦)은 옥으로 만든 패식으
　　로 환(環)인 반쪽이 결(玦)이다.(肉好若一, 謂之環, 謂邊孔適等也. 玦, 玉佩也, 半
　　環爲玦.)"라고 하였다.【原註】

　　* 肉好(육호): 고대의 원형 옥기에서 둘레가 육(肉)이고 가운데 구멍이 호(好)이
　　　다.【역주】

570) 鉤束(구속): 구(鉤)는 대구(帶鉤)이다. 속(束)은 띠로 풀이한다.【原註】

571) 옥체(玉璃): 본권「압척(壓尺)」의 원주 참고.【原註】

572) 충이(充耳): 고대 관(冠)의 옆에는 모두 진(瑱, 귀까지 늘어뜨리는 옥)이 있어 귀
　　까지 아래로 늘어졌으며, 이것을 '충이(充耳)'라고 한다. 『시경』에서 "충이는 아름
　　다운 돌.(充耳琇瑩.)"이라고 하였다.【原註】

　　* 충이(充耳): 관의 옆에서 끈을 매달아 귀까지 늘어뜨리려 귀를 막는 용도로
　　　사용하는 동그란 형태의 옥.【역주】

573) 강묘(剛卯): 몸에 차는 장신구. 강묘는 정월 묘일에 만들어 몸에 찬다. 길이는
　　3치에 넓이는 1치이며, 사각형으로 옥을 사용하거나 금을 사용하거나 복숭아나
　　무를 사용하며, 요대를 차고 착용한다.
　　『한서·왕망전(王莽傳)』에서 "유(劉)자는 묘(卯)와 금(金)과 도(刀)가 합쳐진 것
　　이다. 정월에는 묘(卯)가 강력한 것을 만나 약화되어, 금(金)과 도(刀)의 예리함
　　이 모두 행세하지 못한다.(劉字, 卯金刀也. 正月剛卯, 金刀之利, 皆不得行.)"라고
　　하였다.
　　고사손(高似孫)의 『위략(緯略)』에서 "진간재(陳簡齋)가 옥으로 만든 강묘(剛卯)
　　로 향향림(向薌林)에게 장수를 기원하였는데, 강묘는 차고 다니는 인장이다. 그
　　양식은 외부는 사각형이고 중심은 원형으로 정월 묘일에 만들며, 표면에 명문을
　　새겨 사악한 병을 물리친다.(陳簡齋以玉剛卯壽向薌林, 剛卯, 佩印也. 其制外方內
　　圓, 以正月卯日作, 銘刻於上, 以避邪厲.)"라고 하였다.【原註】

　　* 강묘(剛卯): 사각형의 기둥 모양으로 중심에 실을 꿰는 둥근 구멍을 뚫어 몸에
　　　차고 다니는 장신구로, 날인하는 인장과는 다르며, 크기는 길이가 3치(약 7cm)
　　　에 두께는 1치(약 2.3cm)로서, 일종의 호신부이다.【역주】

　　* 위략(緯略): 12권. 남송의 관리 고사손(高似孫, 1158-1231)이 편찬했으며, 자잘
　　　한 사건을 모아 의문점을 고찰한 저서.【역주】

　　* 진간재(陳簡齋): 송나라의 시인 진여의(陳與義, 1090-1138)의 호가 간재(簡齋)

(瑱珈)574) · 필봉(珌琫)575) · 인장(印章) 등의 종류가 그 다음이며, 거문
고와 검 · 휴패(觿佩)576) · 선추(扇錘)가 또 그 다음이다. 청동기는 정이
(鼎彝) · 고준(觚尊) · 돈(敦)577) · 격(鬲)578)이 가장 귀하고, 이(匜)579) · 유
(卣)580) · 뢰(罍)581) · 치(觶)582)가 그 다음이며, 보(簠)583) · 궤(簋)584) · 종

이다.【역주】
* 향향림(向薌林): 송나라 관리 향자인(向子諲, 1085-1152)의 호가 향림거사(薌林
  居士)이다.【역주】
574) 진가(瑱珈):『시경 · 위풍(衛風)』에서 "충이는 아름다운 돌.(充耳琇瑩.)"이라고 하
  였다.
  『모시전』에서 "충이를 진(瑱)이라 한다.(充耳謂之瑱.)"라고 하였으며, 또 "머리장
  식과 비녀 및 육가(六珈)(副笄六珈.)"라고 하였다. 공영달이 "왕후의 형변(衡笄)
  은 모두 옥으로 만들며, 머리장식의 양 옆에 늘어트리고, 그 아래에 귀막이 끈으
  로 진(瑱)을 매달고 이 장식을 첨가하므로 '가(珈)'라고 한다.(王后之衡笄, 皆以玉
  爲之, 垂於副之兩旁, 其下以紞懸瑱, 而加此飾, 故謂之珈.)"라고 하였다.【原註】
  * 육가(六珈): 늘어트린 구슬이 6개인 옥으로 만든 비녀장식.【역주】
  * 형변(衡笄): 관을 고정시키는 기다란 핀. 기다란 비녀.【역주】
575) 필봉(珌琫): 칼을 찰 때 사용하는 장식으로, 위의 것을 '필(珌)'이라 하고 아래의
  것을 '봉(琫)'이라 한다.『시경 · 공류(公劉)』에서 "칼집에 칼을 넣네.(珌琫容刀.)"
  라고 하였다.【原註】
576) 휴패(觿佩):『예기 · 내칙(內則)』의 주(注)에서 "휴는 매듭을 푸는 송곳이다.(觿,
  解結錐也.)"라고 하였다. 코끼리뼈로 만든다. 동자가 뿔송곳을 휴대하므로 관례
  를 치르지 않았을 때를 '휴년(觿年)'이라 한다.【原註】
  * 휴패(觿佩): 차고 다니는 뿔로 만든 송곳.【역주】
577) 돈(敦): 서직(黍稷, 기장과 피)을 담는 그릇.【原註】
  * 돈(敦): 제사와 연회에서 곡물을 담는 뚜껑이 달린 공처럼 둥근 모양의 그릇.
    춘추시기에 출현하여 뚜껑이 있는 형태로 발전하였으며, 전국시기에는 뚜껑이
    몸통과 동일한 모양에 세 개의 다리가 부착되어 필요할 때 뚜껑을 뒤집어 그릇
    으로 사용할 수 있도록 하였다.【역주】
578) 격(鬲): 솥의 종류이다. 고대에 반찬을 담을 때에는 정(鼎)을 사용하고, 평소 요리
  할 때에는 격(鬲)을 사용하였다.【原註】
  * 격(鬲): 세발솥(鼎)처럼 다리가 세 개인 솥 모양의 청동기.【역주】
579) 이(匜): 이(匜)의 음은 이(移)이며, 고대의 세수용 그릇으로서 물을 따르는 것이
  다.【原註】
580) 유(卣): 음은 유(酉). 의례용의 기물로, 울창주(鬱鬯酒, 튤립은 넣어 빚은 향기로
  운 술)를 담아 준(尊)에 부어 땅에 뿌려 신이 강림하도록 요청할 때 사용하는
  것이다.【原註】

(鍾)585) · 주(注)586) · 삽혈분(歃血盆)587) · 염화낭(奩花囊)588)의 종류가
또 그 다음이다. 하·상·주의 기물을 구분하면, 상나라는 질박하여 문
양이 없으며, 주나라는 문자를 조각한 것이 세밀하다. 하나라는 금은을
상감했는데 터럭처럼 세밀하고 정교하고, 명문이 적은 것은 한두 자이고

　* 유(卣): 상나라와 서주시기에 유행하였던 술그릇으로, 손잡이와 뚜껑이 붙어있
　　으며, 원형·타원형·사각형 등의 형태가 있다.【역주】
581) 뢰(罍): 음은 뢰(雷)이며, 술 단지이다. 구름과 벼락의 무늬가 새겨져있으므로
　　뢰(罍)라 한다.【原註】
582) 치(觶): 치(觶)의 음은 진(眞)으로 술그릇이며, 나무로 만들고, 코끼리뼈로 장식한
　　것을 '상치(象觶)'라 하과, 뿔로 장식한 것을 '각치(角觶)'라 한다.【原註】
　* 치(觶): 원주에서는 나무로 만든다고 하였으나, 본문에서는 청동기 조목에서
　　기술하였으므로, 청동기이다. 청동치는 의례용 기물의 일종으로 술을 담는 용도
　　이다. 상나라말기에는 작은 병과 같은 형식에 대부분 뚜껑이 있었으며, 서주시
　　기에는 사각형의 기둥모양이 출현하였고, 춘추시대에는 몸체가 길어져 고(觚)
　　와 비슷해졌다. 복부가 둥글고 주둥이는 벌어지며 다리가 없는 권족(圈足, 가장
　　일반적인 둥근 형태의 굽)의 기다란 항아리 형태의 기물이 다수이다.【역주】
583) 보(簠): 음은 보(甫)이며, 고대 제사와 연향(燕享, 천자와 군신이 동석하는 연회)
　　에서 벼와 기장을 담는 그릇. 『설문해자』에서 "보(簠)는 기장과 피를 담는 둥근
　　그릇이다.(簠, 黍稷圓器也.)"라고 하였다.【原註】
584) 궤(簋): 음은 귀(匭)이며, 작용은 보(簠)와 동일하다. 『설문해자』에서 "궤는 기장
　　과 피를 담는 네모 난 그릇이다.(簋, 黍稷方器也.)"라고 하였다. 보궤(簠簋)는 모
　　두 대나무로 만들며, 형식은 상이하다.【原註】
585) 종(鍾): 종은 악기이며, 구리로 주조하여 만들고, 속을 비게 하여 두드리면 소리
　　가 나는 것이다.【原註】
586) 주(注): 『정운(正韻)』에서 "주주(咮嘱, 부리)와 통한다.(與咮嘱通.)"라고 하였다.
　　『주례·동관고공기(冬官考工記)』에서 "부리로 우는 것(以注鳴者.)"이라고 하였
　　으며, 새의 부리처럼 물을 주입할 수 있는 것이다.【原註】
　* 주(注): 정확한 형태는 알 수 없으며, 부리가 달린 주전자 종류로 추정된다.【역주】
587) 삽혈분(歃血盆): 맹세하는 자들이 입가에 피를 바르며, 이것을 '삽혈(歃血)'이라
　　하고, 삽혈에 사용하는 피를 담는 그릇을 '삽혈분(歃血盆)'이라 한다.【原註】
588) 염화낭(奩花囊): 염(奩)의 음은 염(廉)이다. 『운회(韻會)』에서 "염은 향을 담는 그
　　릇이다.(奩, 藏香之器.)"라고 하였다.【原註】
　* 염화낭(奩花囊): 꽃을 꽂는 기물의 일종으로, 주판알처럼 납작한 항아리의 양측
　　에 고리모양의 손잡이가 달린 형태의 꽃을 꽂는 용도로 쓰이는 청동기. 명나라
　　문학가 원굉도(袁宏道, 1568-1610)가 꽃병과 꽃병에 꽂는 꽃 및 꽂는 법을 설명한
　　『병사(瓶史)』에서 도자기 가운데 화낭(花囊)이 있다고 기록하였다.【역주】

많으면 이삼십 자이며 혹시 이삼백 자인 것은 주나라 말기나 선진시기(先秦時期)589)의 기물로 판정한다. 전서체는 하나라에서 조적(鳥迹)590)을 사용하였고, 상나라는 충어(蟲魚)591)를 사용하였으며, 주나라는 대전(大篆)592)을 사용하였고, 진나라는 대전과 소전을 사용하였으며, 한나라는 소전(小篆)593)을 사용하였다. 하·상·주시기에는 음문(陰文) 관지(款識)를 사용하였으며 진나라와 한나라는 양문(陽文) 관지를 사용하였는데, 간간이 오목하게 들어간 것은 칼을 사용하여 비석을 새기듯이 새긴 것이고, 관지가 없는 것도 있다. 대개 민간의 기물로서 기록할 만한 공적이 없기 때문으로, 황급하게 고대의 기물이 아니라고 해서는 안 된

---

589) 선진시기(先秦時期): 삼황오제부터 진시황의 진나라 이전 전국시대까지를 가리킨다.【역주】

590) 조적(鳥迹): 즉 조전(鳥篆)으로, 새 모양의 고대 전서를 '조전(鳥篆)'이라 하며, '조주(鳥籕)'라고도 하는데, 새의 발자국과 같은 전서를 말한다. 삭정(索靖, 239-303)의 「초서상(草書狀)」에서 "창힐이 이미 서계를 바로잡았으며, 이것은 과두(蝌蚪)와 조전(鳥篆)이라 한다.(蒼頡旣正書契, 是謂蝌蚪鳥篆.)"라고 하였다.【原註】

　＊ 초서상(草書狀): 서진서예가 삭정의 서예이론으로, 「초서세(草書勢)」나 「서세(書勢)」라고도 하며, 주로 초서의 연변과정을 논술하였다.【역주】

　＊ 과두(蝌蚪): '과두문(蝌蚪文)'이나 '과두전(蝌蚪篆)'이라 하며, 시작과 끝 부분을 첨봉(尖鋒)으로 써서 글자의 시작부분이 굵고 끝 부분이 가는 모양의 글씨이며, 한대 말기에 창조되어 당대 이전까지 주로 사용되었다. 글자의 모양이 올챙이와 흡사하다.【역주】

591) 충어(蟲魚): 즉 충서(蟲書)나 충전(蟲篆)으로, 벌레가 파먹은 자국과 같은 전서를 말한다. 진나라의 8종 서체 가운데 하나이다. 왕망의 '육서(六書)'에 '조충서(鳥蟲書)'가 있으며, 새와 벌레의 모양을 본떴으므로 이렇게 이름 붙였다. 충서(蟲書)라고도 하며 전서의 변형 서체이다.【原註】

592) 대전(大篆): 주선왕(周宣王, 재위 B.C.827-B.C.782)의 태사(太史) 사주(史籕)가 창조하였으며 '전문(篆文)'이라고도 한다. 갑골문·금문(金文, 청동기에 새겨진 문자)·주문(籕文)과 제·초·연(燕)·한(韓)·조(趙)·위(魏)의 육국 문자를 총칭하여 '대전(大篆)'이라고도 한다.【原註】

593) 소전(小篆): 진나라 재상 이사(李斯, B.C.284?-B.C.208)가 주문(籕文)을 가져다가 생략하고 개량하여 만들었으며, '진전(秦篆)'이라고도 한다.【原註】

다. 청동기가 땅 속에 매장되어 오래되면 흙의 기운에 의해 습기가 영향을 주어 전체적으로 청색이 되며, 물속에 오래 있으면 물의 기운에 의해 염분이 침입하여 윤택하면서 녹색을 띤다고 하지만, 다 그런 것도 아니다. 다만 청동기의 특성이 잡스럽지 않고 순수하여 청록색의 녹이 쉽게 발생할 뿐이다. 청동기 녹의 색은 갈색이 붉은 색만 못하고, 붉은 색은 녹색만 못하며, 녹색은 청색만 못하고 청색은 은백색만 못하며, 은백색은 검은색만 못하지만, 흑색이 가장 위조하기 쉬우며, 나는 청록색이 최상이라 생각한다. 위조에는 수리한 것이 있고, 여기저기서 끌어 모아 만든 것이 있으며 소반(燒斑)594) 기법을 사용한 것이 있는데, 모두 판별하기 쉽다. 도자기는 시요(柴窯)595)가 가장 귀중하여 세상에서 하나도 보이지 않는다. 그 제품이 "하늘처럼 푸르고, 거울처럼 매끄러우며 종이

---

594) 소반(燒斑): 『박물요람』에서 "땅에 구덩이를 하나 파고 숯으로 두루 발갛게 태워 진한 식초를 가져다 구덩이 속에 뿌리고 청동기를 구덩이 안에 놓은 다음에 또 식초로 대충 청동기에 뿌리며, 단단하게 흙으로 덮었다가 저장한 장소에서 사흘 뒤에 꺼내어 보면, 각양각색의 반점이 발생해 있는데, 매끈해지도록 밀랍으로 마찰하며, 색을 진하게 하려면 대나무 잎을 태운 연기를 쐰다.(掘一地坑, 以炭火燒紅令遍, 持釅醋澆下坑中, 放銅器入內, 仍以醋糟罨之, 加土覆實, 窖場三日後取看, 即生各色斑點, 用蠟擦之, 要色深者, 用竹葉燒煙熏之.)"라고 하였다.【原註】

595) 시요(柴窯): 도자기 가운데 보배롭고 귀중한 것. 세상에 전하기를 오대 후주(後周) 세종[世宗, 시영(柴榮, 921-959), 속칭 시세종(柴世宗, 재위 954-959)]시기에 구워 만들었으며, 담당관리가 도자기의 색을 요청하자, 비답(批答)을 내려 "비가 지나가 구름이 사라진 푸른 하늘, 이러한 색을 만들어 오라!(雨過天靑雲破處, 這般顏色做將來.)"라고 하였다고 한다. 현재 자기 가운데 '우과천청색(雨過天靑色)'의 것은 모두 시요를 모방하였다. 혹은 "도자기를 제작한 사람의 성이 시(柴)이므로 '시요'라고 한다.(制器姓柴, 故曰柴窯.)"라고 한다. 하남성 정주(鄭州)에 있다.【原註】

* 시요(柴窯): 요지가 발견되지 않고 정확하게 밝혀진 실물이 전해오지 않아 중설이 분분한 전설의 도자기이다. 원말명초 조소(曹昭)의 『격고요론』에서 최초로 언급했으며, 이후 여러 고문헌에 기록되어있다. 현재는 주세종시기에 제작했다는 설과, 전씨의 오나라에서 제작한 비색청자(秘色靑瓷)라는 설이 있다.【역주】

처럼 얇고 경쇠처럼 쨍쨍하다.(靑如天, 明如鏡, 薄如紙, 聲如磬.)596)"라
고 들었지만, 그런가의 여부는 알 수 없다. 관요·가요·여요(汝窯)597)
는 분청색(粉靑色)이 최상이고 담백색(淡白色)이 그 다음이며, 옅은 회
색이 최하이다. 문양은 빙렬문(氷裂紋)598)·선혈(鱔血)599)·철족(鐵
足)600)이 최상이고, 매화편(梅花片)601)과 묵문(墨紋)602)이 그 다음이며,

---

596) 靑如天, 明如鏡, 薄如紙, 聲如磬.: 출처는 명나라 화가이자 장서가인 장응문(張應
文, 1524?-1585)이 골동품에 관해 전문적으로 기록한『청비장(淸祕藏)』. 묘사된
기물은 송대 경덕진 호전요(湖田窯)에서 제작한 청백자(靑白瓷, 푸른빛이 돌며
기벽이 매우 얇고 단단한 백자)의 특징에 부합하므로, 장응문이 청백자를 시요의
기물로 오인했을 수가 있으며, 시요를 청백자로 주장하는 학자도 있다.【역주】
597) 여요(汝窯): 송대에 정주(定州)의 백자는 입술부위에 유약을 칠하지 않아 까끌까
끌하므로, 여주(汝州)에 청자 가마를 건설하도록 명하였으며, 마노를 가루로 만
들어 유약으로 하여 자기의 색은 옅은 청색이며 단백색(蛋白色)으로도 만들었는
데, 유약은 지방이 엉긴 듯이 윤이 나고 두터우며, 유약 표면에는 종안(棕眼, 땀
구멍처럼 자기의 유약 표면에 오목하게 들어간 점)이 있고, 유약 속에는 해조문
(蟹爪紋, 게의 발가락처럼 갈라터진 무늬)이 보일 듯 말 듯 하며, 굽의 표면에는
참깨 크기의 작은 받친 점이 있는데, 감정하고 소장하는 사람은 해조문이 있는
것을 진품으로 여긴다.【原註】
   * 여요(汝窯): 본문의 여요는 북송의 황실에서 사용한 관요자기를 가리키며, 여
요 관요는 북송 휘종시기의 약 20년 동안 지금의 하남성 여주시(汝州市) 일대
에서 제작된 청자로서, 하남성 보풍현(寶豊縣) 청량사촌(淸凉寺村)에서 요지가
발견되었다. 해조문처럼 나타나는 겹겹의 균열 무늬와 굽의 표면에 나타나는
참깨처럼 작은 받침 자국인 지마정(芝麻釘)이 선명한 특징이며, 현재 전 세계
에 약 70여점 정도가 알려져 있다.【역주】
598) 빙렬문(氷裂紋): 도자기의 유면(釉面)에 나타나는 얼음이 갈라터진 것과 같은 무
늬.【역주】
599) 선혈(鱔血): 선(鱔)은 선(鱓)과 통하며, '황선(黃鱔)'이라 속칭한다. 선혈(鱔血)은
유면이 갈라진 자국의 색이 드렁허리(웅어, 뱀장어와 비슷한 민물고기)의 피와
같은 것을 가리킨다.【原註】
   * 선혈(鱔血): '금사철선(金絲鐵線)'이라고도 한다. 유면 균열의 색을 철선(鐵線,
검은색에 가까운 진한 색의 굵은 균열)과 금사(金絲, 황색의 가느다란 균열)로
구분하여 가리킨 것이며, 남송관요나 가요자기의 선명한 특징 가운데 하나이
다.【역주】
600) 철족(鐵足): 철의 색과 같은 굽.『음류재설자(飮流齋說瓷)』에서 "자구철족(紫口
鐵足)은 구연부에 나타나는 테두리가 짙은 황색이면서 자주색에 가까운 것을 말

가늘고 자잘한 무늬가 최하이다. 관요(官窯)603)의 은은한 무늬는 게의 발가락과 같으며, 가요(哥窯)604)의 은은한 무늬는 물고기의 알처럼 자잘하다. 정요(定窯)605)에서는 백색이고 게다가 유약이 누흔(淚痕)606)과 같은 것이 훌륭하며, 자주색과 흑색607)은 모두 귀중하지 않다. 균주요(均州窯)608)에서는 색이 연지와 같은 것609)이 최상이고, 푸른 파처럼 푸른

하고, 굽은 철색(鐵色, 검푸른 색)인 것을 말한다.(紫口鐵足, 謂口際有邊, 深黃而近紫, 足則鐵色也.)"라고 하였다.

『준생팔전』에서 "'관요'라는 것은 송나라 수내사(修內司, 궁전과 종묘의 수선을 담당하는 관청)에서 구워 황실을 위해 제조한 것이다. 항주의 봉황산(鳳凰山) 아래에 있으며, 도자기를 만든 흙이 자주색이므로 굽의 색이 철과 같다. 지금은 '자구철족'이라 한다.(所謂官者, 燒於宋修內司中, 爲官家造也. 在杭之鳳凰山下, 其土紫, 故足色若鐵. 時云紫口鐵足.)"라고 하였다.【原註】

* 자구철족(紫口鐵足): 구연부 테두리의 유약이 얇아서 짙은 색을 띠는 태토의 색이 드러나 자주색을 띠는 것을 '자구(紫口)'라 한다. 굽의 접지면의 유약이 칠해지지 않은 부위의 색이 쇠처럼 검은 색을 띠는 것을 '철족(鐵足)'이라 한다.【역주】

* 음류재설자(飮流齋說瓷): 2권. 청말민국시기의 학자 허지형(許之衡, 1877-1935) 이 도자기에 관해 전문적으로 논술한 서적.【역주】

* 봉황산(鳳凰山): 항주시 서호(西湖) 가에 있으며, 노호동(老虎洞)에서 남송시기의 관요 요지가 발견되어 '노호동요(老虎洞窯)'라 하며 '수내사요(修內司窯)'라고도 한다. 이후 옥황산(玉皇山) 남부의 오귀산(烏龜山) 서쪽 기슭의 교단하(郊壇下)에 서도 관요자기를 제작하였으며, 이를 '교단하요(郊壇下窯)'라고 한다.【역주】

601) 매화편(梅花片): 유면 균열의 색이 매화의 색처럼 약간 붉은 것.【역주】

602) 묵문(墨紋): 유면 균열의 색이 먹처럼 검은 것. 남송 관요자기에 이러한 묵문이 많이 나타나며 '금사철선(金絲鐵線)'이라고도 한다.【역주】

603) 관요(官窯): 권2 「분완(盆玩)」의 원주 참고.【原註】

604) 가요(哥窯): 권2 「분완(盆玩)」의 원주 참고.【原註】

605) 정요(定窯): 권2 「분완(盆玩)」의 원주 참고.【原註】

606) 누흔(淚痕): 정요자기에는 고온에 구워지는 과정에서 유약이 흘러내려 굽 주위에 눈물처럼 방울져 맺히는 현상이 나타나며, 이것을 '누흔(淚痕)'이라 한다.【역주】

607) 자주색과 흑색: 정요에서 백자뿐만이 아니라 흑색과 자주색의 기물도 제작하였으며, 각각 '흑정(黑定)'과 '자정(紫定)'이라 하는데, 전해오는 기물이 매우 드물어 현대에 와서는 극히 귀중하게 평가받는다.【역주】

608) 균주요(均州窯): 권2 「난(蘭)」의 원주 참고.【原註】

* 균주요(均州窯): 현대에는 '균요(鈞窯)'라고 한다.【역주】

것과 흑색과 같은 자주색이 그 다음이며, 여러 색이 뒤섞인 것은 귀중하지 않다. 용천요(龍泉窯)610)는 유약이 매우 두꺼워 쉽게 손상되지 않으며, 다만 도공이 조금 졸렬하면 그다지 예스럽고 우아하지 못하다. 선덕시기 관요의 빙렬과 선혈(鮮血)의 무늬는 관요나 가요와 동일하며, 은은한 무늬가 귤껍질의 색(황색)이거나 붉은 꽃의 색(홍색)이거나 청화(靑花)611)와 같은 것(남색)이 모두 선명한 색채로 눈을 부시게 하고 겹쳐서 나타나 사랑스럽다. 또 원나라의 '추부(樞府)'612)라는 문자가 있는 도자기도 선택할 만하다. 영락시기의 관지의 글자가 가느다란 청화백자 배(杯)613)와 성화시기의 오채포도문배(五彩葡萄紋杯)614) 및 순백색에 유리처럼 얇은 것615)은 지금 모두 극히 귀중하게 평가하지만, 사실은 그다지 우아하지 않다. 조각이 정밀하고 오묘한 것은 송대의 것을 귀중하게

609) 색이 연지와 같은 것: 균요에서 기물 전체가 붉은 색을 띠는 기물은 '해당홍(海棠紅)'이라 하며, 수량이 매우 적어 귀중하다.【역주】
610) 용천요(龍泉窯): 권2「분완(盆玩)」의 원주 참고.【原註】
611) 청화(靑花): 청화자기를 제작할 때 사용하는 코발트와 같은 남색을 가리킨다.【역주】
612) 추부(樞府): 추부는 원나라의 군사기구인 추밀원(樞密院). 추부에서 경덕진에 주문제작하여 만들고 문양 사이에 '추부(樞府)'라는 두 글자가 한자씩 대칭으로 배치되어 있는 자기를 '추부자(樞府瓷)'나 '추부요(樞府窯)'라고 하며, 거위 알의 껍질과 같은 백색을 띠어 '난백유(卵白釉)'라고도 한다. 추부자는 명대초기까지 제작되었다.【역주】
613) 청화백자 배(杯): 압수배(壓手杯)를 가리킨다. 영락시기 경덕진 어요창(御窯廠, 황실자기 제작 전문 공장)에서 제작했으며, 구경이 약 10cm로 손으로 잡았을 때 호구에 착 감겨드는 느낌이 있어 '압수배'라 하였다. 영락시기의 압수배는 현재 북경 고궁박물원에 3점만이 소장되어 있다.【역주】
614) 오채포도문배(五彩葡萄紋杯): 현대 용어로는 오채가 아니라 투채포도문배(鬪彩葡萄紋杯)이다. 기벽이 얇고 투명하며, 높이 약 5cm의 작은 잔 외면에 녹색과 황색을 띤 자주색 등으로 포도문양을 그려놓았고, 굽 면에 '대명성화년제(大明成化年製)'라는 6자2행의 청화안료로 쓴 관지가 있다.【역주】
615) 순백색에 유리처럼 얇은 것: '박태자(薄胎瓷)'나 '단각자(蛋殼瓷)'라 하며, 기벽의 두께가 1mm이내인 자기로, 명 영락연간(1403-1424) 경덕진에서 제작이 시작되어 성화시기(1465-1487)에 비교적 많이 발전하였으며, 명 만력시기(1573-1620)에는 알의 껍질처럼 얇은 잔인 난막배(卵幕杯)가 제작되었다.【역주】

평가하며, 저속한 자들은 번번이 금과 은으로 제작했다고 논하지만, 가장 가소롭다. 아마도 그 오묘한 점은 칼로 조각하는 기법이 원숙하여 다듬은 흔적이 감추어져 드러내지 않고, 주칠을 사용한 것이 극히 선명하고 칠이 단단하면서 두터워서 갈라터진 흠이 없으며, 조각한 산수·누각·인물·조수(鳥獸)가 모두 완전히 그림처럼 훌륭하여 절묘할 뿐이다. 원나라 시기 장성(張成)616)과 양무(楊茂)617) 두 사람은 또 이러한 기예로 한 때 명성을 날렸다. 명나라의 과원창(果園廠)618)에서 제작한 것은 칼로 조각하는 기법이 송나라와 비교하여 아직도 한 단계 차이가 있으나, 역시 정교하고 세밀하다. 그릇을 조각하는 것에서는 송나라에서 첨성(詹成)619)을 최고로 꼽고, 명나라는 하백안(夏白眼)620)이 이름을 날

---

616) 장성(張成, ?-?): 원대 조각의 명인. 『청비록(淸秘錄)』에서 "붉은 칠을 하여 조각한 기물은 원나라 시절의 장성(張成)과 양무(楊茂) 두 사람이 한 때 이름을 떨쳤으며, 다만 주칠이 두텁지 못하여 간간이 갈라터지는 경우가 많았다.(雕紅漆器, 元時張成楊茂二家, 技擅一時, 第用朱不厚, 間多敲裂.)"라고 하였다.【原註】

617) 양무(楊茂, ?-?): 원대 조각의 명인. 『준생팔전』에서 "가흥부(嘉興府) 서당(西塘) 양회[楊滙, 지금의 절강성 가선현(嘉善縣) 북쪽 양회당(楊滙塘) 부근]에 장성과 양무가 있는데, 척홍(剔紅)으로 가장 명성을 얻었지만 주칠이 얇아 견고하지 못한 것이 많다.(嘉興府西塘楊滙有張成楊茂, 剔紅最得名, 但朱薄而不堅者多.)"라고 하였다.【原註】

618) 과원창(果園廠): 본권 「향합(香合)」의 원주 참고.【原註】

619) 첨성(詹成, ?-?): 송나라 조각의 명인. 『균헌청비록』에서 "송나라 고종시기(1127-1162)에 첨성(詹成)이라는 사람이 있어, 대나무 위에 궁실·산수·인물·화조를 조각할 수가 있었는데, 가는 터럭까지 모두 구비되어 아로새긴 듯이 가늘고 정교하였으며, 또 영롱하게 살아 움직이는 듯하였다.(宋高宗時, 有詹成, 能於竹片上刻成宮室山水人物花鳥, 纖毫具備, 細巧若鏤, 而且玲瓏活動.)"라고 하였다.【原註】

620) 하백안(夏白眼, ?-?): 명나라 조각의 명인. 『균헌청비록』에서 "하백안은 오람(烏欖)의 씨에 16명의 여자아이를 조각하였는데, 쌀 반톨 크기에 얼굴에 기뻐하고 성내는 표정이 모두 갖추어져 있었으며, 혹은 어미와 새끼 모두 9마리의 이룡이나 연꽃과 9마리의 해오라기를 새겼는데, 구불거리며 똬리를 틀거나 날아가는 단아한 자태가 사방 1치의 작은 씨에서 이루어졌다.(夏白眼能於烏欖核上刻十六哇哇狀, 米半粒, 眉目喜怒悉具, 或刻子母九螭荷花九鷺, 其蟠屈飛走綽約之態, 成於方寸小核.)"라고 하였다.【原註】

려 선덕황제가 극히 칭찬하였으며, 소주의 하사(賀四)[621]·이문보(李文甫)[622]·육자강(陸子岡)[623] 같은 사람은 모두 후대에 계속하여 나온 고수이다. 반드시 백옥·호박·수정·마노 등으로 조각을 한 것만을 귀중하게 평가하며, 대나무와 관계되면 바로 귀중한 것이 아니다. 과핵조각(果核雕刻)[624]에 이르면, 비록 인공의 교묘한 솜씨를 다 발휘했더라도 결국에는 잘못된 길이다.

海論銅玉雕刻窯器

三代秦漢人製玉, 古雅不凡, 即如子母螭臥蠶紋, 雙鈎碾法, 宛轉流動, 細入毫髮, 涉世既久, 土銹血侵最多, 惟翡翠色[625]水銀色[626]爲銅侵者, 特一二見耳. 玉

---

* 오람(烏欖): 학명은 Canarium pimela Leenh.이다. 별칭은 흑람(黑欖)과 목위자(木威子)이며, 감람과의 교목으로 열매가 익으면 자흑색을 띠어 '오람(烏欖, 검은 감람나무)'이라 한다.【역주】
621) 하사(賀四, ?-?):『절강통지(浙江通志)』권196에서 "소하(小賀)……북경의 훌륭한 장인 하사를 오진[烏鎭, 지금의 절강성 가흥시(嘉興市) 오진]에서 우연히 만났는데, 술집에 거주하며 명문가 왕씨를 보좌하고 있었다. 자단·화리목·오목·상아·코뿔소 뿔 등의 여러 재료를 많이 구입하였으므로, 하사를 머물게 하여 술잔·사발·병·장군 등의 여러 기물을 제작시켰다.(小賀……燕良工賀四者, 偶之烏鎭, 客酒家, 左巨室王氏, 因多購檀梨烏木象齒犀角諸材, 留賀四作卮盂罌缶諸器.)"라고 하였다.【原註】
622) 이문보(李文甫): 본권「향통(香筒)」의 원주 참고.【原註】
623) 육자강(陸子岡): 본권「수중승(水中丞)」의 원주 참고.【原註】
624) 과핵조각(果核雕刻): 과일의 씨를 조각하는 것으로 '핵조(核雕)'라고 한다. 원료는 호두·복숭아씨·감람씨·살구씨·앵두씨 등이며, 복숭아씨 조각이 주류이다. 기원은 아직 불명확하며, 명대에 이미 상당한 수준에 도달하였다. 천계 2년(1622), 강소성 우산[虞山, 지금의 상숙(常熟)]의 왕의(王毅, ?-?)가 창조한 '적벽지주(赤壁之舟)' 핵조는 길이 3cm 높이 0.5cm의 크기의 씨에 배·5명의 인물·30여 글자를 새겨 넣은 절묘한 작품으로 후대의 모범이 되었다.【역주】
625) 翡翠色(비취색): 비취와 같은 녹색. 여기서는 청동기 녹의 색, 즉 청록색을 가리킨다.
626) 水銀色(수은색): 수은의 색, 즉 은백색. 고대 청동기 가운데 함유된 주석이 산화되어 청동기의 표면이 은백색을 띠거나 흑색이면서 반짝이는 현상이 있으며, 이를 '수은고(水銀古)'라 한다. 여기서는 옥기가 청동기와 접촉하여 옥기가 은백색

以紅如鷄冠者爲最，黃如蒸栗(627)，白如截肪(628)者，次之，黑如點漆，靑如新
柳(629)，綠如鋪絨(630)者，又次之. 今所尚翠色，通明如水晶者，古人號爲碧，非玉
也. 玉器中圭璧最貴，鼎彝觚尊杯注環玦次之，鈎束鎭紙玉璲充耳剛卯瑱珈玜琫
印章之類又次之，琴劍觿佩扇墜又次之. 銅器，鼎彝觚尊敦鬲最貴，匜卣罍觶次
之，簠簋鍾注歃血盆盦花囊之屬又次之. 三代之辨，商則質素無文，周則雕篆細
密，夏則嵌金銀，細巧如髮，欵識少者一二字，多則二三十字，其或二三百字者，
定周末先秦時器. 篆文，夏用鳥迹，商用蟲魚，周用大篆，秦以大小篆(631)，漢以小
篆. 三代用陰欵(632)，秦漢用陽欵(633)，間有凹入者，或用刀刻如鑴碑，亦有無欵者，
蓋民間之器，無功可紀，不可遽謂非古也. 有謂銅器入土久，土氣濕蒸，鬱而成
靑，入水久，水氣鹵浸，潤而成綠，然亦不盡然. 第銅性淸瑩不雜，易發靑綠耳.
銅色，褐色不如朱砂，朱砂不如綠，綠不如靑，靑不如水銀(634)，水銀不如黑漆(635)，
黑漆最易僞造，余謂必以靑綠爲上. 僞造有冷沖(636)者，有屑湊(637)者，有燒斑者，

을 띠는 것을 가리킨다.【역주】
627) 蒸栗(증율): 삶은 밤 알맹이의 색깔.【原註】
628) 截肪(절방): 썰어 놓은 돼지비계의 색.【原註】
629) 新柳(신류): 새로 돋아난 버들잎의 색.【原註】
630) 鋪絨(포융): 녹색의 융(絨, 촉감이 부드럽고 보슬보슬한 가는 털이 있는 천)을
　　　　깔아놓다. 『신증격고요론』에서 "포융선(鋪絨線)，이 돌은 색이 순수한 녹색으로
　　　　밝게 반짝이는 것이 융으로 만든 실을 깔아놓은 것과 비슷하다.(鋪絨線，此石顔
　　　　色純綠，明瑩如鋪絨線相似.)"라고 하였다.【原註】
631) 大小篆(대소전): 대전과 소전(小篆)을 통칭하여 '전서(篆書)'라 한다.【原註】
632) 陰欵(음2(陰文) 관지. 기물의 명문이 오목하게 들어간 것을 '음문(陰文)'이라 한
　　　　다.【原註】
633) 陽欵(양관): 양문(陽文) 관지. 기물의 명문이 볼록하게 튀어나온 것을 '양문(陽
　　　　文)'이라 한다.【原註】
634) 水銀(수은): 즉 수은고(水銀古)의 은백색. 본권 「거울」의 원주 참고.【역주】
635) 黑漆(흑칠): 즉 흑칠고(黑漆古)의 검은 색. 본권 「거울」의 원주 참고.【역주】
636) 冷沖(냉충): 『균헌청비록』에서 "냉충(冷沖)은 하·상·주와 진한시기의 청동기가
　　　　다리가 하나 탈락되거나，귀가 하나 떨어지거나，출토될 때 잘못 두드려 작은
　　　　구멍이 생기거나，소장가가 우연히 물건과 부딪쳐 손상이 가거나하면，납으로
　　　　냉간 압접으로 보수하고，적당한 방법으로 밀랍을 메워 장식하고 색을 칠한 다
　　　　음，산의 황토를 개어 발라서 출토한 상태로 만드는 것을 말한다.(冷沖，謂三代秦
　　　　漢銅器，或落一足，或墮一耳，或出土時誤搏擊成小孔，或收藏家偶觸物成茅損者，
　　　　用鉛補冷銲，以法蠟塡飾，點綴顔色，山黃泥調抹，作出土狀.)"라고 하였다.【原註】

皆易辨也. 窯器柴窯最貴, 世不一見, 聞其製, 靑如天, 明如鏡, 薄如紙, 聲如磬,
未知然否. 官哥汝窯以粉靑色爲上, 淡白次之, 油灰(638)最下. 紋, 取冰裂鱔血鐵
足爲上, 梅花片墨紋次之, 細碎紋最下. 官窯隱紋如蟹爪, 哥窯隱紋如魚子(639).
定窯以白色而加以泑水(640)如淚痕者佳, 紫色黑色俱不貴. 均州窯色如臙脂者爲

上, 靑若蔥翠紫若墨色者次之, 雜色者不貴. 龍泉窯甚厚, 不易茅蔑[641], 第工匠
稍拙, 不甚古雅. 宣窯[642]冰裂鱔血紋者, 與官哥同, 隱紋如橘皮紅花靑花者, 俱
鮮彩奪目, 堆垛[643]可愛. 又有元燒樞府字號[644], 亦有可取. 至於永樂細欵靑花

편찬한 사전.【역주】
* 도야도설(陶冶圖說): 청나라 건륭시기에 궁정화가들이 건륭관요자기의 제작과
  정을 그린 20폭에 도자감독관 당영(唐英, 1682-1756)이 설명문을 붙인 서적으
  로, 왼편은 그림이고 오른편은 설명문의 양식이다.【역주】
* 백돈(白不): '돈자(不子)'나 '백돈자(白不子)'라고도 하며, 습관적으로 '유과(釉
  果)'라고도 한다. 유약을 만드는 유과[釉果, 도자기를 만드는 자석(瓷石), 고령토
  와는 다른 도자기의 원료가 되는 돌)과 비슷하며 녹는점이 낮고 투명도가 우수
  한 돌의 일종]를 극히 곱게 분쇄하여 물에 개어 크고 작은 벽돌모양으로 만든
  것을 가리킨다. 이 백돈과 유회를 적당한 비율로 섞으면 석회유(石灰釉, 청자
  에 사용하는 유약)가 된다.【역주】
* 유수(釉水): 즉 유약(釉藥). 석영 · 장석(長石) · 붕사(硼砂, borax) · 점토 등을
  원료로 하여 만든 물질로, 도자기의 표면에 칠하여 미관을 아름답게 하고 기물
  을 보호하는 작용을 한다. 철분의 함량이 0.75%이하면 백유(白釉)가 되고,
  1-3% 정도이면 청유(靑釉)가 되며, 그 이상이 되면 갈유(褐釉)나 흑유(黑釉)가
  된다.【역주】
* 유회(釉灰): 석회석과 낭미파초(狼尾巴草, 길갱이) 혹은 봉미초를 켜켜이 쌓아
  놓고 태워 나온 재를 숙성시켜 만든 유약 제조용 원료. 즉 석화석과 식물을
  함께 태워 만든 재를 가리킨다.【역주】
641) 茅蔑(모멸): 즉 묘멸(茆蔑). 『박물요람』에서 "전문가들은 도자기가 깨져 태토가
  드러난 것을 '멸(蔑)'이라 하고, 조금 벗겨진 것을 '묘(茆)'라 한다.(行家以窯器損
  露曰蔑, 剝落稍少曰茆.)"라고 하였다.
  『도설(陶說)』에서 "깨진 것을 '멸(蔑)'이라 하고, 가장자리 유약이 벗겨져 훼손된
  것을 '모(茅)'라 한다.(折曰蔑, 邊毁剝曰茅.)"라고 하였다.【原註】
642) 宣窯(선요): 선덕연간의 관요. 권3「토마노(土瑪瑙)」의 원주 참고.【原註】
643) 堆垛(퇴타): 물건이 쌓여 원추형을 구성하며, 밑에서부터 층층이 올라가면서 위
  의 각층으로 가면서 순차적으로 줄어들어 제일 꼭대기 층에서 하나가 되어 끝나
  는 것이다.【原註】
  * 퇴타(堆垛): 퇴적하다. 쌓이다. 여기서는 각종 균열이 이리저리 겹쳐 쌓인 모습
    을 가리킨다.【역주】
644) 元燒樞府字號(원소추부자호): 원대 강서성 경덕진에서 구워 만들어 황실에 바친
  관요 기물. 『박물요람』에서 "새 도자기와 묵은 도자기 가운데, 원나라에서 구운
  굽이 작고 무늬를 찍어 장식하였으며 내면에 '추부(樞府)'라는 문자가 있는 것은
  가치가 높고 또 구하기 쉽지 않다.(新舊窯器, 元燒小足印花, 內有樞府字號者, 價
  重且不易得.)"라고 하였다.【原註】

杯645)成化五彩葡萄杯646)及純白薄如琉璃者, 今皆極貴, 實不甚雅. 雕刻精妙者
以宋爲貴, 俗子輒論金銀胎, 最爲可笑, 蓋其妙處在刀法圓熟, 藏鋒不露, 用朱極
鮮, 漆堅厚而無敲裂, 所刻山水樓閣人物鳥獸, 皆儼若圖畵爲佳絶耳. 元時張成
楊茂二家, 亦以此技擅名一時. 國朝647)果園廠所製, 刀法視宋尙隔一籌, 然亦精
細. 至於雕刻器皿, 宋以詹成爲首, 國朝則夏白眼擅名, 宣廟648)絶賞之, 吳中如
賀四李文甫陸子岡, 皆後來繼出高手, 第所刻必以白玉琥珀水晶瑪瑙等爲佳器,
若一涉竹木, 便非所貴. 至於雕刻果核, 雖極人工之巧, 終是惡道.

* 추부자(樞府瓷)를 가리킨다.【역주】

645) 永樂細欵靑花杯(영락세관청화배): 영락은 명나라 성조(成祖) 주체(朱棣)의 연호
(1403-1424). 『박물요람』에서 "우리 명나라 영락시기에 만든 압수배(壓手杯)는
주둥이가 벌어지고 허리는 꺾였으며, 접지면에는 모래가 있고 굽 면은 매끄러운
데, 내면의 중앙에 사자 두 마리가 공을 굴리는 문양이 그려져 있으며, 공의 내부
에 전서체로 '대명영락년제(大明永樂年製)'의 6자가 있거나 하얗고 글자가 쌀알
처럼 가는 것, 이것이 상등품이다. 원앙이 내면의 중앙에 그려진 것은 그 다음이
고, 꽃이 내면의 중앙에 그려진 것은 또 그 다음이며, 압수배의 외면 청화발색은
진한 남색이고 양식이 정교하면서 오묘한데, 세상에 오래도록 전할 수 있으며,
가치도 매우 높다.(我明永樂年造壓手杯, 坦口折腰, 沙足滑底, 中心畫有雙獅滾球,
球內篆書大明永樂年製六字, 或白字細若粒米, 此爲上品. 鴛鴦心者次之, 花心者
又其次也. 杯外靑花深翠, 式樣精妙, 傳世可久, 價亦甚高.)"라고 하였다.

646) 成化五彩葡萄杯(성화오채포도배): 성화는 명나라 헌종(憲宗) 주견심(朱見深)의
연호(1465-1487). 『박물요람』에서 "성화요의 상등품은 오채자기로 포도문이 그려
지고 주둥이가 벌어지며 몸통은 납작하고 손잡이가 달린 잔을 능가하는 것이
없으며, 양식이 선덕시기의 잔과 비교하여 매우 오묘하다.(成窯上品, 無過五彩葡
萄斚口扁肚靶杯, 式較宣杯妙甚.)"라고 하였다.【原註】

* 靶杯(파배): 손잡이가 달린 잔. 현대의 와인 잔과 같은 형태의 잔을 가리키며,
'고족배(高足杯)'라고 한다.【역주】

647) 국조(國朝): 그 당시인 명나라(1368-1644)를 가리킨다.【原註】

648) 宣廟(선묘): 명나라 선종(宣宗) 주첨기(朱瞻基, 재위 1426-1435)를 가리킨다.【原
註】

옷차림과 장식 (衣飾) [1]

의관(衣冠)을 제작하는 방법은 반드시 시대와 어울려야 한다. 우리들은 이미 기운 옷과 풀로 만든 허리띠를 착용할 수 없으며, 또 옥으로 장식하거나 진주를 꿰어 늘어뜨려서는 안 된다. 여름에는 갈의(葛衣) [2]를 입고 겨울에는 가죽옷을 입어 옷차림이 고상하여, 도시에 거주하면 유학자의 풍채가 있고 산림에 들어가면 은자의 형상이 있어야 한다. 만약 헛되이 오색(五色) [3]으로 물들이고 문양과 그림으로 장식하면, 동산

---

1) 衣飾(의식): 옷차림과 장식.【역주】
2) 갈의(葛衣): 갈포(葛布, 칡으로 만든 천)로 만든 옷. 중국에서는 6,000여 년 전의 신석기시대에 이미 갈포가 제작되었으며, 광서성 울림주[鬱林州, 지금의 옥림시(玉林市)]에서 산출되는 울림포(鬱林葛)가 당 건봉원년(乾封元年, 666)에 공품으로 지정되었다. 거친 갈포의 갈의는 '격(綌)'이라 하고, 고운 갈포의 갈의는 '치(絺)'라 한다.【역주】
3) 오색(五色): 청색·황색·적색·백색·흑색으로, 고대에는 이 다섯 가지 색을 정색(正色, 순수한 색)이라 하였다. 『상서·익직(益稷)』의 "오채로 오색을 밝게 드러내어(以五采彰施於五色)"에 대하여 손성연(孫星衍, 1753-1818. 청나라 소장가·학자)의 『상서금고문주소(尚書今古文注疏)』에서 "오색은 동방을 '청색'이라 하고, 남방을 '적색'이라 하며, 서방을 '백색'이라 하고, 북방을 '흑색'이라 하며, 하늘은 '현색(玄色)'이라 하고, 땅은 '황색'이라 하는데, 현색은 흑색에서 나왔으므로, 6가지 색에서 황색은 있고 현색은 없어 오색이 된다.(五色, 東方謂之靑, 南方謂之赤, 西方謂之白, 北方謂之黑, 天謂之玄, 地謂之黃, 玄出於黑, 故六者有黃無玄爲五也.)"라고 하였다.【역주】

(銅山)⁴⁾을 가지거나 금혈(金穴)⁵⁾을 가진 사람과 더불어 사치하며 아름다움을 경쟁하는 것으로, 또 어찌 시인(詩人)⁶⁾이 "의복은 화려하고 참신하네.(粲粲衣服.)⁷⁾"라고 하려는 의도가 있겠는가? 선관(蟬冠⁸)을 쓰고

4) 동산(銅山): 구리가 산출되는 산. 『한서ㆍ등통전(漢書ㆍ鄧通傳)』에서 "문제가 등통에게 사천지방 엄도[嚴道, 지금의 아안시(雅安市) 형경현(滎經縣) 소재]의 구리광산을 하사하여, 스스로 돈을 주조할 수 있어, 등씨가 주조한 돈이 천하에 유포되었다.(文帝賜通蜀嚴道銅山, 得自鑄錢, 鄧氏錢布天下.)"라고 하였다.【原註】
  * 등통(鄧通, ?-?): 촉군(蜀郡) 남안[南安, 지금의 사천성 낙산시(樂山市)] 사람. 한나라 문제 유항(劉恒, B.C.202-B.C.157)의 남총(男寵, 남자 기생)으로, 구리광산을 하사 받아 동전을 제조하여 거부가 되었으나, 경제(景帝, 재위 B.C.157-B.C.141)가 즉위하고 가산을 몰수당하여 비참하게 사망하였다.【역주】
5) 금혈(金穴): 『후한서ㆍ곽황후기(後漢書ㆍ郭皇后紀)』에서 "곽황후의 동생 곽황(郭況)이 대홍려(大鴻臚, 제후와 소수민족의 사무를 관장하는 직책)로 자리를 옮겼으며, 황제가 자주 그 집에 행차하여 상으로 황금과 돈 및 비단을 하사하였는데, 풍성하기가 비할 데 없어 경사에서 '금혈(金穴, 황금을 쌓아 놓은 동굴)'이라 하였다.(郭后弟兄遷大鴻臚, 帝數行其第, 賞賜金錢縑帛, 豊盛莫比, 京師號爲金穴.)"라고 하였다.【原註】
  * 곽황후: 동한 광무제 유수(劉秀, B.C.5-57)의 황후 곽성통(郭聖通, ?-52).【역주】
  * 곽황(郭況, 9-59): 진정[眞定, 지금의 하북성 정정현(正定縣)] 사람. 곽황후의 동생. 광무제의 많은 총애를 받았다.【역주】
6) 시인(詩人): 여기서는 『시경』을 정리했다는 공자(孔子).【역주】
7) 粲粲衣服(찬찬의복): 출처는 『시경ㆍ소아ㆍ대동(詩經ㆍ小雅ㆍ大東)』으로, '의복은 화려하고 참신하다.'는 의미. 이 작품은 서주(西周)의 통치자가 '주나라의 도'를 가지고 피정복민인 동방의 백성들을 압박하여 발생한 고통과 원망에 대한 탄식을 읊은 내용이다.【역주】
8) 선관(蟬冠): 『진서ㆍ여복지』에서 "한나라의 총애를 받는 신하 굉유(閎孺)가 시중(侍中)이 되었으며, 모두들 대관(大冠, 무신의 관)을 썼는데, 천자가 착용을 윤허하였다. 또 먼저 커다란 관을 쓰자, 좌우에서 모시는 신하 그리고 여러 장군과 무관(武官)이 따라서 착용했다. 시중과 상시(常侍, 관직명. 황제의 근신)는 금당(金璫)과 부선(附蟬)을 덧붙여서 장식을 하고, 담비꼬리를 꽂았는데, 황금으로 깃대를 만들었다. 시중은 왼편에 꽂고 상시는 오른쪽에 꽂았다.……한나라에서 담비꼬리는 적색과 흑색을 사용하였으며, 왕망(王莽)은 황색 담비꼬리를 사용하였다.(漢幸臣閎孺儒爲侍中, 皆服大冠, 天子允服, 亦先加大冠, 左右侍臣及諸將軍武官通服之. 侍中常則加金璫附蟬爲錦, 揷而貂毛, 黃金爲竿, 侍中揷左, 常侍揷右.……漢貂用赤黑色, 王莽用黃貂.)"라고 하였다.【原註】
  * 굉유(閎孺, ?-?): 서한 혜제(惠帝, 재위 B.C.195-B.C.188) 유영(劉盈, B.C.210-B.C.188)의 첫 번째 남총(男寵, 남자 기생)으로, '굉적유(閎籍孺)'라고도 한다.

주의(朱衣)[9]를 착용하며, 방심곡령(方心曲領)[10]을 부착하고 옥패(玉珮)[11]를 차며 주리(朱履)[12]를 신는 것은 한나라의 복식이다. 두건을 쓰

【역주】

* 금당(金璫): 한대 시중과 상시가 착용하는 관(冠)의 장식으로, 황금으로 만든 꾸미개.【역주】
* 부선(附蟬): 관(冠)에 다는 황금으로 만든 매미모양의 장식.【역주】

9) 주의(朱衣): 적색의 옷.
『예기 · 월령(月令)』에서 "한여름 달, 천자는 주의(朱衣, 적색의 옷)를 입는다.(孟夏之月, 天子衣朱衣.)"라고 하였다.
『진서 · 여복지』에서 "여러 왕들에게는……또 삼량진현관(三梁進賢冠)과 적색의 옷 및 강사포(絳紗袍, 붉은 색의 비단 외투)……가죽 허리띠와 검은 색의 신이 있었다.(諸王……亦有三梁進賢冠朱衣絳紗……革帶黑舃.)"라고 하였다.
『한림고사(翰林故事)』에서 "학사 이상에는 모두 주의(朱衣, 적색의 옷)를 입고 말을 끄는 사람이 있다.(學士以上幷有朱衣引馬.)"라고 하였다.【原註】
* 삼량진현관(三梁進賢冠): 양(梁, 관의 윗부분에 불쑥 솟은 다리 모양의 장식)이 세 개인 진현관. 진현관은 고대에 황제를 알현할 때 착용하는 관으로, 등급에 따라 양(梁)의 숫자가 달랐으며, 원대 이후에는 '양관(梁冠)'이라 하였다. 『후한서 · 여복지』에서 "관의 앞부분은 높이가 7치이고 뒷부분은 높이가 3치이며, 길이는 8치이다. 공후는 3량이고, 2,000석이 꽉 차는 녹봉을 받는 관리 이하 박사까지는 2량이고, 박사 이하 아전과 사학의 학생까지는 모두 1량이다.(前高七寸, 后高三寸, 長八寸. 公侯三梁, 中二千石以下至博士兩梁, 自博士以下至小史私學弟子, 皆一梁.)"라고 하였다.【역주】
* 한림고사(翰林故事): 어떤 책인지 알 수 없다. 강희 49년(1710)에 편찬된 백과사전의 일종인 『어정연감유함(御定淵鑑類函)』(총 450권) 권72에 "翰林故事, 學士以上幷有朱衣引馬.……"라고 실려 있다.【역주】

10) 방심곡령(方心曲領): 의복의 장식품으로 한대부터 시작되었으며, 『삼재도회』에 도안이 실려 있다. 명나라는 황태자에서부터 여러 신하가 모두 착용하였다.【原註】
* 방심곡령(方心曲領): 고대 관복의 상의에 착용하는, 목 주위의 커다란 원형과 가슴부위에 작은 사각형이 하나의 짧은 선으로 연결된 형태의 흰색 장식으로, 천원지방(天圓地方, 하늘은 둥글고 땅은 네모지다)을 상징하였다. 조선 성종 5년(1474)에 간행한 『국조오례의(國朝五禮儀)』에, 명나라 영락 7년(1409)에 하사한 방심곡령의 형상이 실려 있다.【역주】

11) 옥패(玉珮): '옥패(玉珮)'는 '옥패(玉佩)'와 통하며 '패옥(佩玉)'이라고도 한다. 옥으로 만든 패용하는 장신구이다. 『예기 · 옥조(玉藻)』에서 "옛날의 군자는 반드시 옥을 착용하였다.(古之君子, 必佩玉.)"라고 하였다.【原註】

12) 주리(朱履): 붉은 색의 신발로 고대에는 '적석(赤舃)'이라 했다. 『진서 · 여복지』에서 "황태자는……적색의 옷과 강사포……적색의 신과 붉은 비단 양말.(皇太子……

고 커다란 외투를 착용하는 것은 수나라의 복식이고, 사모(紗帽)13)를 쓰고 둥근 깃의 옷을 입는 것은 당나라의 복식이다. 첨모(襜帽)14)를 쓰고 난삼(襴衫)15)을 입으며, 신의(申衣)16)를 걸치고 두건을 착용하는 것

朱衣絳紗,…… 赤舄絳襪.)"라고 하였다.【原註】

13) 사모(紗帽): 귀인의 복식으로 연회에서 만날 때에 많이 사용하였다. 『주자어록(朱子語錄)』에서 "당나라 사람의 복두(幞頭, 두건)는 처음에 검은 비단으로 만들었다.(唐人幞頭, 初以皂紗爲之.)"라고 하였다. 생각건대, 사모와 복두는 형식에 차이가 있으며, 『삼재도회』에 도안이 있다.
『석상부담(席上腐談)』에서 "당나라 사람의 복두는 처음에 검은 비단으로 만들었으며, 훗날에는 연약하므로 마침내 산 모양의 오동나무를 꺾어 앞에서 불룩하게 보강하였으며 '군용두(軍容頭)'라 하였다. 어조은(魚朝恩, 722-770. 환관)에서 기원하였다고 하며, 오대시기에 이어서 사용하였다. 당나라 사람이 네 개의 띠를 첨가했는데, 두 개는 앞에 늘어뜨리고 두 개는 뒤에 늘어뜨렸다.(唐人幞頭, 初以皂紗爲之, 後以其軟, 遂折桐木山子在前衬起, 名曰軍容頭. 以爲起於魚朝恩, 五代相承用之. 唐人添四帶, 以兩角垂前, 以兩角垂後.)"라고 하였다.【原註】
   * 사모(紗帽): '오사모(烏紗帽)'라고도 한다. 머리가 들어가는 둥그스름한 형태의 위에 납작하게 한 단이 더 올라가 있으며, 귀 옆으로 각각 하나씩 길고 둥그스름한 깃이 달린 비단으로 만든 검은색의 모자로, 왕과 관리가 착용하였다. 전통혼례에서 신랑이 착용하는 모자이다.【역주】
   * 석상부담(席上腐談): 2권. 송나라 학자 유완(兪琬, 1258-1314) 또는 유염(兪琰)의 필기로, 사물의 이름과 형상을 고증하거나 연단술 등의 잡다한 사항을 기록하였다.【역주】
14) 첨모(襜帽): 모자의 테두리 형태가 처마와 같은 것. 금나라 원호문(元好問)의 시에서 "복사꽃 자두 꽃이 휘날려 다 떨어지는 걸 눈으로 보며, 다시 무성한 가지를 골라 첨모에 꽂네.(眼看桃李飄零盡, 更揀繁枝挿帽襜.)"「행화잡시(杏花雜詩)」라고 하였다.【原註】
   * 첨모(襜帽): 운동모(運動帽, 스포츠용 모자)나 중절모처럼 앞부분이나 전체를 둘러 챙이 달린 모자.【역주】
15) 난삼(襴衫): 『송사·여복지』에서 "난삼은 희고 고운 면포로 만드는데, 깃이 둥글고 소매가 크며, 하의에 횡란(橫襴)을 설치하여 치마로 삼고, 허리에는 벽적(襞積, 주름)이 있다. 진사와 국자감의 학생 및 주와 현의 학생이 입었다.(襴衫以白細布爲之, 圓領大袖, 下施橫襴爲裳, 腰間有襞積. 進士及國子生州縣生服之.)"라고 하였다.【原註】
   * 난삼(襴衫): 무릎 부위에 '횡란(橫襴)'이라는 가로로 한 줄 접합하여 꿰맨 흔적이 있으며, 상하가 연결된 겉옷으로, 고대에 관리나 학자들이 많이 착용하였다.【역주】
16) 신의(申衣): 심의(深衣). 『예기·심의(深衣)』의 주(注)에서 "상의와 치마가 연결되고 여러 가지 색으로 테를 두른 것이다.(謂連衣裳而純之以采也.)"라고 하였다. 공

은 송나라의 복식이며, 건환(巾環)17)을 달고 옷깃을 붙이며 모자를 쓰고 허리띠를 매는 것은 원나라의 복식이다. 방건(方巾)을18) 쓰고 단령(團領)19)의 옷을 입는 것은 명나라의 복식이다. 모두 지나간 각 시대의

<hr />

영달의 소(疏)에서 "상의와 치마가 서로 연결되어 몸을 깊숙하게 덮으므로 '심의'라 한다.(衣裳相連, 被體深邃, 故謂之深衣.)"라고 하였다.【原註】
* 심의(深衣): 아래 위가 연결되어 온 몸을 감싸는 커다란 겉옷.【역주】
* 순(純): 서로 다른 색의 천으로 만든 테두리.【역주】
17) 건환(巾環): 두건의 위에 묶은 고리. 『명회전』에서 "홍무 6년(1373)의 법령에 '서민의 건환은 금이나 옥·마노·산호·호박을 사용하지 못하며, 9품의 안에 아직 들어오지 못한 자들은 모두 동일하다.'라고 하였다.(洪武六年令, 庶民巾環, 不得用金玉瑪瑙珊瑚琥珀, 未入流者并同.)"라고 하였다.【原註】
* 건환(巾環): 송대에 유행하기 시작하여 명대에도 유행하였으며, 청대에는 사용이 적었다. 두건의 끈을 꿰어 묶어 고정시키는 용도로 금속이나 옥 등으로 만든 작은 고리 모양의 기물이다. 양 귀 위에 사용하거나 이마의 정중앙에 사용하거나 머리 뒷부분에 사용하기도 하였다. 고리의 표면에 무늬가 없이 매끈하기도 하며, 죽절이나 연주(聯珠)나 여러 가닥의 줄을 꼰 형태 등의 장식을 하였고, 각종 문양을 조각하여 장식하기도 하였다.【역주】
* 未入流(미입류): 『명사·직관지(職官志)』에서 "모든 문관의 품계는 9품으로 품계에는 정품과 종품이 있어 등급은 18급이다. 9품에 미치지 못하는 것은 '미입류(未入流)'라 한다.(凡文官之品九, 品有正從, 爲級一十八. 不及九品曰未入流.)"라고 하였다. 미입류는 명청시기 9품에 들지 못한 관원의 품급을 가리킨다.【역주】
18) 방건(方巾): 『전문기(前聞記)』에서 "지금 선비와 백성이 착용하는 방정대건(方頂大巾)은 일설에 태조황제(홍무제)가 회계(會稽)의 양유정(楊維楨, 1296—1370. 문학가)을 소환했을 때, 양유정이 이것을 쓰고 알현하였다. 황제가 착용한 것이 무엇인가 묻자, 양유정이 '사방평정건(四方平定巾, 사방을 평정했다는 의미의 두건)'이라 대답하였다. 황제가 기뻐하여 마침내 선비와 백성에게 그 양식에 따라 착용토록 하였다고 전한다. 혹은 관리가 처음에 양식을 바쳤는데 꼭대기가 사각형으로 빳빳하여, 황제가 손으로 눌러 움푹 뒤가 움푹 들어가 완전히 '民(민)'자와 같은 형태가 되어 마침내 제도로 정했다고 한다.(今士庶所戴方頂大巾, 相傳太祖皇帝召會稽楊維楨, 楊戴此以見, 上問所戴何巾, 維楨對曰, 四方平定巾. 上悅, 遂令士庶依其制戴. 或謂有司初進樣, 方直其頂, 上以手按偃落後, 儼如民字形, 遂爲定制.)"라고 하였다.【原註】
* 전문기(前聞記): 1권. 명나라 서예가 축윤명(祝允明, 1460-1526)이 명나라 이전의 잡다한 사실을 기록한 필기.【역주】
19) 단령(團領): 원령(圓領). 목둘레가 원형인 깃. 적어도 한나라 초기에 출현하였으며, 수당부터 명말까지 유행하였다. 가장 흔한 양식이다.【역주】

제도로서 감히 경솔하게 논의할 것이 아니다.

衣飾

衣冠製度20), 必與時宜21). 吾儕既不能披鶉22)帶索23), 又不當綴玉24)垂珠25).

---

20) 制度(제도): 제작하는 방법.【原註】
21) 時宜(시의): 요즈음 적당한 것을 '시의(時宜)'라고 한다. 현재는 '시모(時髦, 유행)'
   라 한다.『송사・예지(宋史・禮志)』에서 "성인이 만든 것은 반드시 시대에 적당한
   것을 따른다.(聖人製作, 必從時宜.)"라고 하였다.【原註】
22) 披鶉(피순): 순의(鶉衣). 기우고 낡은 옷.
   『순자(荀子)』에서 "자하(子夏, B.C.507-?. 공자의 제자)가 가난하여 옷이 매달아
   놓은 메추리와 같았다.(子夏貧, 衣若懸鶉.)"라고 하였다.
   두보의 시에서 "순의는 마디마디 바느질을 했네.(鶉衣寸寸針.)"라고 하였다.
   '피순(披鶉)'은 '기운 옷을 입는다'는 의미와 같다.【原註】
   * 두보 시의 제목은 "중풍에 걸려 배안에 엎드려 36운으로 회포를 써서 호남의
     친구에게 드려(風疾舟中伏枕書懷三十六韵奉呈湖南親友)"이며, 두보의 생애 마
     지막 작품이다.【역주】
23) 帶索(대색): '풀 끈으로 허리띠를 한다'는 의미.
   『설문해자』에서 "풀에는 줄기와 잎이 있어 끈을 만들 수가 있다.(草有莖葉, 可作繩
   索.)"라고 하였다.
   『열자・천서편(列子・天瑞篇)』에서 "공자가 태산을 유람하다가 영계기(榮啓期)가
   이미 나이 90에 아직도 사슴 가죽옷을 입고 풀 끈으로 허리띠를 맨 채 거문고를
   뜯으며 노래하는 것을 보았다.(孔子遊於泰山, 見榮啓期年已九十, 猶鹿裘帶索, 彈
   琴而歌.)"라고 하였다.
   도연명의「음주시(飲酒詩)」에서 "90살에도 풀 끈으로 허리띠를 매고 있으니, 하물
   며 젊은 시절의 굶주림과 추위야?(九十行帶索, 飢寒況當年.)"라고 하였다.【原註】
   * 영계기(榮啓期, B.C.571-B.C.474): 춘추시대의 은자로 공자를 만나 사람이고 남
     자이며 90세까지 사는 세 가지 즐거움이 있다고 공자에게 말을 했다고 하여,
     분수를 알고 스스로 즐기는 전고로 언급된다.【역주】
24) 綴玉(철옥):『신당서・여복지(新唐書・輿服志)』에서 "여러 신하의 복식은 21가지
   가 있다. 곤룡포와 면류관은 1품의 복식이다. 구류(九旒)와 청기(青璂)는 옥으로
   만드는데 세 가지 색의 옥을 꿰고, 꼬아 만든 실로 관의 끈을 만들며, 색은 인장의
   끈과 같다.(群臣之服二十有一. 袞冕者一品之服也. 九旒青璂爲珠, 貫三采玉, 以組
   爲纓, 色如其綬.)"라고 하였다.【原註】
   * 綴玉(철옥): 옥으로 장식하다.【역주】
   * 구류(九旒): 공(公)이 착용하는 9개의 옥을 꿰어 만들어 면류관의 앞과 뒤에 늘
     어뜨리는 9개의 줄. 천자는 12개의 옥을 꿰고 줄도 12개씩이다.【역주】

要須夏葛冬裘26), 被服嫺雅27), 居城市有儒者之風, 入山林有隱逸之象. 若徒染
五采28), 飾文繢29), 與銅山金穴之子, 侈靡30)鬭麗31), 亦豈詩人粲粲32)衣服之旨
乎. 至於蟬冠朱衣, 方心曲領, 玉珮朱履之爲漢服也. 幞頭33)大袍34)之爲隋服也,

---

* 청기(靑璂): '청기(靑瑊)'라고도 쓴다. 봉합부위를 장식하는 청색의 옥을 가리킨
다.【역주】
25) 垂珠(수주):『진서 · 여복지(晋書 · 輿服志)』에서 "면류관은 겉이 검은색이고 안은
적색과 녹색이며, 폭은 7치에 길이는 2자 2치로서, 통천관(通天冠)의 위에 덧붙이
며, 앞은 둥글고 뒤는 사각형으로 하얀 진주로 만든 12줄의 류(旒)를 늘어뜨린
다.…… 후한 이래 천자의 면류관은 앞뒤의 류(旒, 늘어뜨린 꾸러미)에 백진주를
사용하였다.(冕, 皀表朱綠裏, 廣七寸, 長二尺二寸, 加於通天冠上, 前圓後方, 垂白
珠十有二旒…… . 後漢以來, 天子之冕, 前後旒用眞白珠.)"라고 하였다.【原註】
* 垂珠(수주): 진주를 꿰어 늘어트리다. 걸려 있는 진주를 꿴 꾸러미.【역주】
* 통천관(通天冠): '고산관(高山冠)'이라고도 하며, 황제가 쓰는 모자의 일종으로,
형태가 둥그스름한 산봉우리와 비슷하고 조개껍질처럼 세로로 골이 져 있다.
【역주】
26) 夏葛冬裘(하갈동구):『공양전 · 환공 8년(桓公八年)』에서 "선비로서 이러한 사계절
의 제사에 참여하지 못하는 자는 겨울에 가죽옷을 입지 않고 여름에 갈의를 입지
못한다.(士不及玆四者, 則冬不裘, 夏不葛.)"라고 하였다. 갈의와 가죽옷은 고대에
는 모두 좋은 옷의 의미로 사용되었다.【역주】
27) 嫺雅(한아): '침착하고 조용하다'는 의미.【原註】
28) 五采(오채): 청색 · 황색 · 적색 · 백색 · 흑색의 오색이 서로 뒤섞인 것을 '오채(五
采)'라고 한다.『상서 · 익직(益稷)』에서 "오채(五采)로 오색(五色)을 밝게 드러내
어 복식을 만든다.(以五采彰施於五色, 作服.)"라고 하였다. 오채(五彩) 및 오채(五
綵)와 통한다.【原註】
29) 文繢(문궤): '文(문)'은 '紋(문, 무늬)'과 통하며, '繢(궤)'와 '繪(회)'는 의미가 같다.
문궤(文繢)는 '문양과 그림'이라는 의미이다.【原註】
30) 侈靡(치미): 사치하고 낭비하다.【역주】
31) 鬭麗(투려): 아름다움을 경쟁하다.【역주】
32) 粲粲(찬찬): 선명한 모양.『시경 · 소아 · 대동(詩經 · 小雅 · 大東)』에서 "의복이 화
려하고 참신하네.(粲粲衣服.)"라고 하였다.【原註】
33) 幞頭(복두): 두건.『중화고금주(中華古今注)』에서 "본명은 상건(上巾)이며 '절상건
(折上巾)'이라고도 한다. 단지 3자 크기의 검은 비단으로 뒤에서부터 머리를 싸매
며, 대체로 서민이 평상시에 착용하였다. 지속되어 후주(後周, 951-960) 시기에
이르러 사각(四角)으로 재단하여 '복두'라 했다.(本名上巾, 亦名折上巾. 但以三尺
皀羅後裹髮, 蓋庶人常服. 沿至後周, 裁爲四角, 名曰幞頭.)"라고 하였다.【原註】
* 복두(幞頭): 현대에 이마에 묶는 머리띠처럼 얇은 띠가 아니라, 커다란 천으로
머리 전체를 묶어 감싸는 형태이다. 송대에 이르러서는 묶었다 풀었다 하는 것

紗帽圓領之爲唐服也. 簷帽襴衫申衣幅巾35)之爲宋服也, 巾環襈領36)帽子繫腰
之爲勝朝37)服也. 方巾團領之爲國朝38)服也. 皆歷代之制, 非所敢輕議也. 志衣
飾第八

1. 도복(道服)39)

도복의 양식은 신의(申衣)와 같으며 하얀 무명으로 만들고, 네 변에

이 아니라, 나무틀에 천을 씌워 만들어 관처럼 쉽게 벗었다 쓰는 양식으로 변하
되었다.【역주】

34) 大袍(대포): 허리가 없고 무릎 아래로 내려가는 커다란 겉옷으로, 중국 고대에 가
장 일반적인 외투이다.【역주】

35) 幅巾(폭건): 두건이며, '복두(幞頭)'라고 속칭한다.
  『문공가례(文公家禮)』에서 "두건은 6자 크기의 검은 비단을 펴고 접어 오른편은
  접히는 부위로 횡첩(橫幧, 가로로 있는 테두리)이 되고, 왼편은 반대로 접으며,
  횡첩에서 좌로 4-5치 사이을 비스듬히 꿰매고, 왼쪽을 향해 둥글게 구부려 내려가
  서 마침내 좌변을 따라 양 끝에서 만나고, 다시 꿰매고 남은 비단을 안으로 향하게
  해서 횡첩이 이마 앞으로 오게 하여 미리를 싸매어 두 귀 옆에 이르게 하여, 각각
  띠 하나를 다는데, 폭은 2치에 길이는 2자로 두건의 표면에서 정수리를 지나 뒤에
  서 서로 묶어서 늘어뜨린다.(幅巾用黑繒六尺許申屈之, 右邊就屈處爲橫幧, 左邊反
  屈之, 自輒左四五寸間斜縫, 向左圓曲而下, 遂循左邊至於兩末, 復反以所縫餘繒,
  使之向裏以幧當額前, 裹之至兩耳旁, 各綴一帶, 廣二寸, 長二尺, 自巾外過頂後相
  結而垂之.)"라고 하였다.【原註】
  * 문공가례(文公家禮): 10권. 『주자가례(朱子家禮)』라고도 하며, 주희(朱熹)가 편
    찬한 예법서.【역주】

36) 襈領(선령): 지금의 곤령(滾領, 깃). 『석명』에서 "선(襈, 옷의 테두리)은 어루만지
  는 것으로, 청색과 붉은 색으로 테두리를 만든다.(襈, 撫也, 靑絳爲之緣也.)"라고
  하였다.【原註】

37) 勝朝(승조): 권5「고금의 우열」원주 참고.【原註】
  * 勝朝(승조): 멸망한 바로 앞의 왕조. 여기서는 원나라.【역주】

38) 國朝(국조): 명대 사람이 자신의 나라를 부르는 칭호.【原註】

39) 도복(道服): 수도인의 복장.
  『원신계 · 관상(援神契 · 冠裳)』에서 "『예기』에 치메(侈袂)가 있으며, 커다란 소매
  의 옷으로, 도복은 그것과 유사하다.(禮記有侈袂, 大袖衣也, 道衣其類也.)"라고 하
  였다.

흑색의 무명으로 장식하거나, 다갈색으로 장포를 만들어 흑색 무명으로 테를 두른다. 월의(月衣)40)는 달처럼 둥글게 땅에 펼쳐져서, 이것을 입으면 학창(鶴氅)41)과 같았다. 이 두 가지는 좌선(坐禪)42)하거나 느린 나귀를 채찍질하며 타고 갈 때, 눈을 막고 한기를 피하는데 모두 없어서는 안 된다.

一. 道服

道服製如申衣, 以白布爲之, 四邊延以緇色43)布, 或用茶褐爲袍, 緣以皀布44). 有月衣鋪地如月, 披之則如鶴氅. 二者用以坐禪策蹇45), 披雪46)避寒, 俱不可少.

『명회전』에서 "도사의 평상복은 청색이고, 법복(法服)과 조복(朝服)은 모두 적색을 사용하였는데, 도교를 관장하는 관리도 이와 같았다.(道士常服靑, 法服朝服皆用赤色, 道官亦如之.)"라고 하였다.【原註】

* 원신계(援神契): 1권, 34조. 원명은 『도서원신계(道書援神契)』. 원나라의 무명씨가 편찬한 도교서적으로, 대덕(大德) 9년(1305)의 서문이 있다.【역주】
* 법복(法服): 불교나 도교에서 종교의식을 거행할 때 입는 예복.【역주】
* 조복(朝服): 제사나 명절이나 조서의 반포 등의 중대한 행사에 입는 예복.【역주】

40) 월의(月衣): 달 모양의 옷. 즉 근대의 '피풍(披風, 망토)'이나 '일구종(一口鍾, 망토, 소매가 없는 외투)'이라 하는 것으로, 대부분 한기를 막는 옷이다.【原註】

41) 학창(鶴氅): 새의 깃털을 쪼개서 만든 옷이다.
『진서(晋書)』에서 "왕공(王恭, ?-398. 동진의 대신)은 맑은 절조가 남보다 뛰어나고 자태와 풍채가 아름다웠으며, 학창구(鶴氅裘)를 입고 눈을 맞으며 행차하였다. 맹창(孟昶, 919-965. 후촉의 마지막 황제)은 이 모습을 엿보고 감탄하며 '이는 진실로 신선 가운데의 사람이다.'라고 하였다.(王恭淸操過人, 美姿儀, 披鶴氅裘, 涉雪而行, 孟昶竊見之, 嘆曰, 此眞神仙中人也.)"라고 하였다.【原註】
* 학창의(鶴氅衣): 처음에는 새의 깃털을 가지고 만든 외투를 지칭하였으나, 후대에는 선학(仙鶴) 문양을 장식하거나 일반적인 외투를 가리키게 되었다.【역주】

42) 좌선(坐禪): 승려나 거사가 가부좌를 하고 심신을 수양하는 것을 '좌선'이라 하며, '타좌(打坐)'라고도 한다.【原註】

43) 緇色(치색): 흑색.【原註】

44) 皀布(조포): 검은색의 무명천.【原註】

45) 策蹇(책건): 느린 말에 채찍질을 하여 몰아가다.
온자승[溫子昇, 495-547. 동위(東魏)의 대신]의 「서하왕을 위해 태위를 사직하라는 표문(爲西河王謝太尉表)」에서 "날개를 떨치고 결연히 일어나서 힘껏 높은 하늘에

2. 선의(禪衣)[47]

선의는 쇄해랄(灑海剌)[48]로 만들며 속명은 쇄합랄(瑣哈剌)로, 대개
외국어는 판별하기가 쉽지 않다. 그 모습은 면양(綿羊)과 같이 털이 가
닥가닥 아래로 늘어지고 카펫처럼 촘촘하고 두터우며 오래도록 사용할
수 있는데, 서역(西域)[49]에서 왔으며 그 지역에서도 매우 귀하다고 들
었다.

二. 禪衣

禪衣以灑海剌爲之, 俗名瑣哈剌, 蓋番語[50]不易辨也. 其形似胡羊[51]毛片縷縷
下垂, 緊厚如氈, 其用耐久, 來自西域, 聞彼中亦甚貴.

서 떠나가면, 느린 말을 채찍질하여 몰이 달려도, 공적은 해가 저물듯이 시들 것입
니다.(拂羽決起, 力謝摩天, 策蹇載馳, 功徽送日.)"라고 하였다.【原註】

* 서하왕(西河王): 선비족 원경(元驚, ?-542). 자(자)는 위경(魏慶). 535년에 태위가
되었다. 시호는 문(文)이다.

46) 披雪(피설): 눈을 막다.【原註】

47) 선의(禪衣): 선(禪)은 '고요하다'는 의미이다. 불교에서는 청정(淸淨, 맑고 깨끗하
다)을 종지로 하므로 '선(禪)'이라 한다. 선의는 승려의 옷이다.【原註】

48) 쇄해랄(灑海剌): 쇄합랄(瑣哈剌). 『격고요론』에서 "쇄해랄은 서번(西番)에서 나오
며, 털로 짠 것은 폭이 3자 정도로 카펫처럼 촘촘하고 두텁다.(灑海剌出西番, 絨毛
織者, 闊三尺許, 緊厚如氈.)"라고 하였다.【原註】

* 서번(西番): 서번(西蕃) 즉 토번(吐蕃, 지금의 티베트 일대). 또는 섬서성 · 사천
성 · 운남성 서쪽의 변경지역 바깥.【역주】

49) 서역(西域): 권2 「담복(薝蔔)」의 원주 참고.【原註】

50) 番語(번어): 외국어. 고대에 외국을 '번(番)'이라 하였으며, 예를 들면 번박(番舶,
외국 선박)과 번은(番銀, 외국의 은. 외국의 은화) 등이다.【原註】

51) 胡羊(호양): 면양(綿羊, Avis aries). 머리 위에 구부러진 뿔이 있고, 털이 길고 조밀
하며 털의 색은 희면서 굽어 있고, 고기는 먹을 수 있으며, 모피는 가죽옷을 만든
다. 포유강 우제목(偶蹄目, 소목) 우과(牛科, 소과)에 속한다.【原註】

3. 이불(被)[52]

이불은 오색의 보라(氆氌)[53]로 만들고 역시 서쪽 지역에서 산출되며, 폭은 겨우 1자 정도로 쇄합랄과 서로 비슷하지만 촘촘하고 두텁지 않다. 그 다음으로 산동의 견주(繭紬)[54]를 사용하는데 가장 오래 견디며, 낙화유수금(落花流水錦)[55]과 자백금(紫白錦)[56] 등은 모두 보기에 아름답지만 그리 우아하지 않다. 진짜 자화포(紫花布)[57]로 커다란 이불을

---

52) 被(피): 침구로 고대에는 '침의(寢衣)'라 했으며, 큰 이불을 '금(衾)'이라 했다. 현재 이불은 협피(夾被, 이불 속이 없이 겉껍질만 있는 이불)·금피(棉被, 면 껍질 이불)와 주피(綢被, 비단 껍질 이불)·포피(布被, 베 껍질 이불)·서금피(絮棉被, 솜을 넣은 이불)·사금피(絲棉被, 누에고치 솜을 넣은 이불)·압융피(鴨絨被, 오리털을 넣은 이불) 등이 있다.【原註】
   * 被(피): 이불. 잠을 잘 때 위에 덮는 것. 아래에 까는 것은 '요'라 하며, 합쳐서 '이부자리'라 한다.【역주】
53) 보라(氆氌): 서쪽 지역에서 양모로 짜서 만든 니융(呢絨, 모직물)으로, 고대에는 '보라(氆氌)'라고 했으며, '보라(普羅)'라고도 쓴다.【原註】
   * 보라(氆氌): 티베트어의 음역으로, 장족(藏族)이 서장(西藏) 남부의 고운 양털이나 야크(Yak)의 털로 짜서 만든 모직이며, 상담(床毯, 침상용 담요)이나 옷 등을 만드는데 사용한다. 7세기부터 생산되었으며, 두보의 시「서번에 사신으로 가는 양씨집 여섯째 양판관을 전송하며(送楊六判官使西蕃)」에서는 '불려(拂廬)'라고 하였다. 서장의 주요한 공물(貢物) 가운데 하나였다. 조소의『격고요론』에서 "보라(普羅)는 서번(西蕃, 지금의 티베트) 및 섬서와 감숙에서 산출되며, 역시 융모로 짠 것으로 폭은 1자 정도이다.(普羅出西蕃及陝西甘肅, 亦用絨毛織者, 闊一尺許.)"라고 하였다.【역주】
54) 견주(繭紬): 견주(繭紬)는 작잠(柞蠶, Antheraea pernyi, 산누에)의 실로 짜서 만든 비단으로, '부주(府綢)'나 '토주(土綢)'라고도 한다. 작잠(柞蠶)은 몸체가 녹색으로 마락(麻櫟, 상수리나무)의 잎을 사료로 하며, 갈색의 누에고치를 만드는데, 거기서 뽑은 실로 주단을 짜는데 사용하며, 지금의 산동성·하남성·동북 지방 및 귀주성 등에서 모두 인공으로 사육한다. 곤충강 인시목(鱗翅目, 나비목) 천잠아과(天蠶蛾科, 산누에나방과)에 속한다.【原註】
55) 낙화유수금(落花流水錦): 매화나 복사꽃 한 송이 또는 꽃가지와 물결문양을 함께 장식한 비단으로, 송대에 유행하였다. '자곡수(紫曲水)'라고도 한다.【역주】
56) 자백금(紫白錦): 상해 송강(松江)에서 생산되는 비단의 일종으로, 자주색과 백색의 두 색 또는 기타 색과 백색의 두 색으로 짰으며, 낙화유수문이 다수이고, 정반(正反) 두 면의 문양이 같으면서 색은 다르다. 의복의 재료로 사용된다.【역주】

만들어 엄동설한에 사용하며, 표면에 100마리의 나비를 그려 '접몽(蝶夢)'이라 부르는 것이 있지만, 역시 저속하다. 옛사람들은 갈대꽃을 가지고 이불을 만들었는데[58], 지금은 도리어 이러한 양식이 없다.

三. 被

被以五色氍氀爲之, 亦出西番[59], 濶僅尺許, 與瑣哈剌相類, 但不緊厚. 次用山東繭紬, 最耐久, 其落花流水紫白等錦, 皆以美觀, 不甚雅. 以眞紫花布爲大被, 嚴寒用之, 有畵百蝶於上, 稱爲蝶夢者, 亦俗. 古人用蘆花爲被, 今卻無此製.

4. 요(褥)[60]

요는 경성에 착착 접는 누울 때 사용하는 요가 있는데, 형태는 병풍과 같으며 펴면 한 길이 되고 접으면 겨우 2자 정도에 두께는 3-4치이고, 무늬가 있는 비단으로 만들어 속에 등심(燈心)[61]을 넣은 것이 가장 우

---

57) 자화포(紫花布): 장강 일대에서 생장하는 꽃이 자주색인 면화로 짜서 만든 면포로, 남경에서 모아 수출되어 '남경포(南京布, nankeen)'라고도 하며, 프랑스 소설가 귀스타브 플로베르(Gustave Flaubert, 1821-1880)의 소설 『보바리 부인(Madame Bovary)』의 주인공 에마 보바리(Emma Bovary)가 입은 옷도 자화포로 만들어졌다고 한다.【역주】

58) 갈대꽃으로 이불을 만들었으며:『원사(元史)』권131「열전 제30」에 따르면, 원나라 문학가 관운석(貫雲石, 1286-1324)이 남방을 유람하는 도중에 양산박(梁山泊)을 지나다가, 어부가 갈대꽃으로 만든 이불을 보고 시「갈대꽃 이불(蘆花被)」을 써주고 갈대꽃 이불을 바꾸어왔다는 기록이 있다. 양산박(梁山泊)은 산동성 양산현(梁山縣)에 있으며 여러 개의 산으로 구성되어 있는 지역으로, 소설『수호전(水滸傳)』의 무대이다.【역주】

59) 서번(西番): 명나라 사람이 서쪽의 국가를 부르는 말이다.【原註】

60) 褥(욕): 앉거나 눕는 침구. 지금은 덮는 것을 '피(被, 이불)'라 하고 까는 것을 '욕(褥, 요)'이라 한다. 『석명』에서 "욕(褥)은 욕(辱)으로, 사람이 깔고 앉는 것이다. (褥, 辱也, 人所坐褻辱也.)"라고 하였다.【原註】

아하다. 의자와 평상 등에 사용하는 요는 모두 옛날의 무늬 있는 비단으로 만들며, 무늬 있는 비단이 낡으면 책을 장정하는 데 사용할 수 있다.

四. 褥

褥, 京師有摺疊臥褥, 形如圍屛, 展之盈丈, 收之僅二尺許, 厚三四寸, 以錦[62] 爲之, 中實以燈心, 最雅. 其椅榻等褥, 皆用古錦爲之, 錦旣敝, 可以裝潢卷冊.

5. 융단(絨單)[63]

융단은 섬서와 감숙에서 산출되며, 붉은 것은 색이 산호와 같다. 그러

---

61) 등심(燈心): 등심초(燈心草, Juncus effusus)로 '호수초(號數草)'와 '벽옥초(碧玉草)'라고도 한다. 다년생초본으로 줄기는 둥글고 길며, 줄기 속에 흰색의 골수가 있어 '등심(燈心)'이라 한다. 등심의 재질이 가볍고 탄력이 풍부하여, 점등(點燈, 등에 불을 붙이는 것)과 양초 제조 및 각종 용도에 사용된다. 등심초과에 속한다.【原註】
    * 등심(燈心): 골풀. 줄기의 속을 '골속'이라 하여 등잔의 심지나 짧은 끈으로 사용하였다.【역주】
62) 錦(금): 여러 색을 섞어 무늬를 짠 것을 '금(錦)'이라 한다. 고대에 두터운 비단을 바탕으로 하여, 별도로 오색실로 무늬를 짰으며, 흰 바탕을 '소금(素錦)'이라 하고, 붉은 바탕을 '주금(朱錦)'이라 하였으며, 바탕을 사용하지 않은 것을 별도로 '직성(織成)'이라 하였다. 한 대에 진류(陳留, 지금의 하남성 개봉시 진류진)에서 많이 생산하였으며, 삼국시대 이래로 '촉금(蜀錦)'이 가장 유명하다. 남경은 '운금(雲錦)'을 생산하여 유명했다.【原註】
    * 촉금(蜀錦): 사천성 성도(成都) 지역에서 생산되는 염색한 숙사(熟絲)로 짜서 기하도안과 꽃무늬를 결합하여 대칭문양이 사방으로 연속되는 무늬의 비단. 춘추전국시대부터 발달하였으며, 남경의 운금(雲錦)·소주의 송금(宋錦)·광서의 장금(壯錦)과 함께 중국 사대명금(四大名錦)으로 꼽힌다.【역주】
    * 운금(雲錦): 남경에서 제작되는 각종 무늬를 넣어 짠 비단. 중국의 사대 명금(名錦, 유명한 비단)의 하나이다.【역주】
63) 융단(絨單): 성글고 두터우며 체온을 보존할 수 있는 직물을 '융(絨)'이라 하며, 털로 짜서 만든 것을 '모융(毛絨)'이라 하고, 비단으로 짜서 만든 것을 '사융(絲絨)'이라 한다. 융단(絨單)은 '융담(絨毯)'이라고도 한다.【原註】
    * 융담(絨毯): 모포. 양탄자.【역주】

나 그윽한 서재에 적당한 것이 아니며 본색(本色)⁶⁴⁾의 것이 가장 우아하고, 겨울에 방석을 대신할 수 있다. 여우 겨드랑이 털과 담비 가죽으로 만든 것은 구하기가 쉽지 않으며, 이것들이 또 온유향(溫柔鄕)⁶⁵⁾이 될 수 있을 것이다. 모직은 사용할 수 없으며, 청색의 모포는 큰 글자를 쓸 때 사용하여 밑에 받친다.

五. 絨單

絨單出陝西甘蕭, 紅者色如珊瑚, 然非幽齋所宜, 本色者最雅, 冬月可以代席. 狐腋⁶⁶⁾貂褥⁶⁷⁾不易得, 此亦可當溫柔鄕矣. 氊⁶⁸⁾者不堪用, 靑氊⁶⁹⁾用以襯書大字.

---

64) 본색(本色): 염색하지 않은 물질 원래의 색. 청색·황색·적색·백색·흑색의 오색을 가리키기도 한다. 여기서는 물질 원래의 색으로 풀이하였다.【역주】

65) 온유향(溫柔鄕): 『비연외전(飛燕外傳)』에서 "이날 밤에 조합덕(趙合德, 조비연의 누이)을 바치자 성제(成帝)가 크게 기뻐하였으며, 몸에 달라붙어서 보필하자 들어주지 않는 것이 없게 되었고, '온유향(溫柔鄕)'이라 불렀다. 그리고 '나는 여기서 늙으리라! 무제를 본받아 더는 백운향(白雲鄕)을 찾지 않으리라!'라고 하였다.(是夜, 進合德, 帝大悅, 以輔屬體, 無非不靡, 謂爲溫柔鄕. 曰我老是鄕矣. 不能效武皇帝更求白雲鄕也.)"라고 하였다.【原註】
   * 비연외전(飛燕外傳): 1권. 한나라 대신 영현(伶玄, ?-?)이 편찬했다고 하는, 한성제의 황후 조비연(趙飛燕, B.C.45-B.C.1)의 음란한 궁중생활을 기록한 소설. 『조비연별전(趙飛燕別傳)』이라고도 한다.【역주】
   * 온유향(溫柔鄕): 따스하고 편안한 장소. 화류계. 사람을 매혹시키는 미색. 본래는 한성제(漢成帝, B.C.51-B.C.7)의 황후 조비연의 누이 조합덕(趙合德, ?-B.C.7)을 지칭. 한성제는 조합덕을 위해 소양전(昭陽殿)을 지어 살게 하고 그녀를 총애하여 "차라리 온유향에서 취해 죽을지언정, 한무제의 백운향(白雲鄕, 신선세계)을 사모하지 않으리라!(寧願醉死溫柔鄕, 不慕武帝白雲鄕)"고 하였다.【역주】
   * 백운향(白雲鄕): 『장자·천지(天地)』의 "저 흰 구름을 타고 선계에 노니리라!(乘彼白雲, 遊於帝鄕.)"에서 유래하여 선경(仙境)을 가리킨다. 한무제는 신선세계를 추구하였다.【역주】

66) 狐腋(호액): 腋(액)은 掖(액, 겨드랑이)과 같다. 『사기·상군전(商君傳)』에서 "천마리 양의 털이 한 마리 여우의 겨드랑이 털만 못하다.(千羊之毛, 不如一狐之掖.)"라고 하였다. 여우는 포유강 식육목 개과에 속하며, 종류가 매우 많고, 털은 촘촘하면서 따스하여 고귀한 가죽옷 종류를 만든다.【原註】
   * 상군(商君): 전국시대 위나라 사상가로 법가의 대표인물인 상앙(商鞅, B.C.

6. 휘장(帳)70)

휘장은 겨울철에는 견주(繭紬)나 두터운 자화포(紫花布)로 만들며, 종이 휘장과 주견(紬絹)71) 등으로 만든 휘장은 모두 저속하고, 금장(錦帳)72)과 백장(帛帳)73)은 모두 규방의 물건이다. 여름철에는 초포(蕉

395?-B.C.338). 저서에 『상군서(商君書)』 24편이 있다.【역주】
* 狐腋(호액): 여우 겨드랑이의 모피.【역주】
67) 초욕(貂褥): 담비 가죽으로 만든 요. 『남사 · 저유지전(南史 · 褚裕之傳)』에서 "저언회(褚彦回)가 죽자, 저징(褚澄)이 11,000전을 가지고 초제사(招提寺)에 가서 고제(高帝)가 저언회에게 하사했던 하얀 담비 가죽으로 만든 요를 도로 찾아왔다. (彦回薨, 澄以錢一萬一千就招提寺, 贖高帝所賜彦回白貂坐褥.)"라고 하였다. 담비 (Erelmochelys imbricata)는 체형이 족제비와 같고, 색은 황색과 흑색이거나 자주색을 띠고 있으며 꼬리가 길면서 털이 많은데, 동북의 여러 성과 한반도에서 산출되고, 포유강 식육목 유과(鼬科, 족제비과)에 속한다.【原註】
    * 저유지(褚裕之, 381-424): 남조 송나라의 대신. 자(字)는 숙도(叔度).【역주】
    * 고제(高帝): 남조 제(齊)나라의 개국황제 소도성(蕭道成, 427-482). 자(字)는 소백(紹伯). 서한의 승상 소하(蕭何)의 24대손으로, 479-482년 사이에 황제로 있었다.【역주】
    * 저언회(褚彦回): 남북조시기 송 · 제나라의 대신 저연(褚淵, 435-482). 자(字)가 언회(彦回). 저유지의 조카 손자.【역주】
    * 저징(褚澄, ?-?): 자(字)는 언도(彦道)로 저연의 동생이며, 의술에 뛰어나 『잡약방(雜藥方)』20권과 『저씨유서(褚氏遺書)』10편을 저술하였다.【역주】
68) 氈(전): 부드러운 털로 짜서 만든 것을 '전(氈, 모직)'이라 한다.【原註】
69) 靑氈(청전): 청색의 모포. 탁본을 뜰 때에 종이가 찢어지지 않도록 하기 위하여 모전(毛毡, 털로 만든 담요)을 덮고 두드리며, '전랍(氈蠟)'이라 한다.【역주】
70) 帳(장): '상장(床帳, 침대 휘장)'과 '문장(蚊帳, 모기장)'이라고도 하며, 침상 위에 펼치는 것이다. 『석명』에서 "장(帳)은 펼치는 것으로, 침상 위에 펴서 설치한다.(帳, 張也, 張施於床上也.)"라고 하였다. 『옥편』에서 "유(帷, 사방을 에워싸는 장막)는 펼치는 것이며, 주(幬, 오랫동안 사용하는 침대 휘장이나 수레 휘장)이다.(帷也, 張也, 幬也 .)"라고 하였다. 그러므로 창문의 커튼도 '장(帳)'이라 할 수 있다.【原註】
    * 장(帳): 면포나 다른 재료로 만든 차폐용의 기물, 즉 현대의 커튼과 같은 용도의 기물.【역주】
71) 주견(紬絹): 주(紬)는 얇고 부드러운 무늬 없는 비단. 견(絹)은 얇고 질긴 무늬 없는 비단.【역주】
72) 금장(錦帳): 무늬 있는 비단(錦)으로 만든 휘장. 『비연외전』에서 "반첩여(班婕妤)를 위해 칠성금장(七成錦帳)을 만들었다.(爲婕妤作七成錦帳.)"라고 하였다.【原註】

581
권8 옷차림과 장식

布)74)로 만들지만 구하기가 쉽지 않다. 소주(蘇州)의 청효사(靑撬紗)75)
와 화수건(花手巾)76)으로 만든 휘장도 좋다. 무늬가 있는 비단으로 만
든 것이 있으며, 산수나 묵매(墨梅)를 표면에 그린 것이 있는데 이것들
은 모두 우아해지려다 도리어 저속해졌다. 또 커다란 휘장을 만들어 '만
천장(漫天帳)'이라 하며, 여름에 그 속에 앉거나 눕고 탁자와 궤짝 등의
물건을 놓아두는데, 비록 쾌적하지만 예스럽지가 않다. 겨울철 작은 서
재 안에는 면포 휘장을 창문의 위에 설치하며, 청색과 자주색의 두 색은
사용할 수 있다.

---

* 반첩여(班婕妤, B.C.48-A.D.2): 한성제 유오(劉鷔, B.C.51-B.C.7)의 비. 첩여(婕
妤)는 비빈의 직함으로 소의(昭儀)·첩여(婕妤)·형아(娙娥)·용화(容華)·미인
(美人)·팔자(八子)·충의(充依)·칠자(七子)·양인(良人)·장사(長使)·소사
(少使)·오관(五官)·순상(順常)·무연(舞涓)의 14등급에서 두 번째.【역주】
* 칠성금장(七成錦帳): 비단으로 만든 화려한 휘장. 비단 7필로 만든 것으로 추정
된다. 한나라에서는 보통 폭 1자에 길이 4장(丈, 1장은 10자)의 크기로 비단을
직조했다.【역주】
73) 백장(帛帳):『예문유취(藝文類聚)』에서 『부자(傅子)』에서 '태조 무황제(武皇帝,
조조)는 혼례가 법노에서 벗어날까 저어하여, 공주가 시집가는데 비단 휘장과 시
녀 열 명에 불과하였다.'라고 하였다.(傅子曰, 太祖武皇帝恐嫁娶之僭上, 公主適人,
不過帛帳, 從婢十人而已.)"라고 하였다.【原註】
* 백장(帛帳): 비단으로 만든 휘장. 고대에 비단을 '帛(백)'으로 통칭했으며, 한 가
닥 실로 짠 비단은 증(繒)이고, 두 가닥 실로 짠 비단은 겸(縑, 합사비단)이며,
더 굵은 실로 짠 비단은 견(絹)으로 구분하기도 했다.【역주】
* 부자(傅子): 2권. 서진 문학가 부현(傅玄, 217-278)이 편찬하였으며, 국가를 경영
하는 학술과 역사서에 실린 고사의 득실을 평론하여 기록하였다.【역주】
74) 초포(蕉布):『광동신어(廣東新語)』에서 "파초 종류는 하나가 아니며, 천을 만들 수
있는 것은 '초마(蕉麻)'라고 한다.(蕉類不一, 可爲布者稱蕉麻.)"라고 하였다. 초마
(蕉麻, Musa textilis, 파초의 일종)는 '마초(麻蕉)'라고도 하며, 파초과에 속하고 원
산지는 필리핀으로, 중국의 광동·광서·운남·대만 등의 성에서 모두 재배한다.
【原註】
* 초포(蕉布): 파초의 섬유로 짠 천.【역주】
75) 청효사(靑撬紗): 소주(蘇州)에서 사용하는 용어이며, 청색의 성긴 비단의 일종으
로, 공기가 비교적 잘 통한다.【原註】
76) 화수건(花手巾): 수건은 고대에 면포로 만들었으므로, 화수건은 무늬가 있는 면포
를 가리킨다.【역주】

六. 帳

帳, 冬月以繭紬或紫花厚布爲之, 紙帳與紬絹等帳俱俗, 錦帳帛帳俱閨閤[77]中物. 夏月以蕉布爲之, 然不易得. 吳中靑撬紗及花手巾製帳亦可. 有以畫絹爲之, 有寫山水墨梅於上者, 此皆欲雅反俗. 更有作大帳, 號爲漫天帳, 夏月坐臥其中, 置几榻櫥架等物, 雖適意, 亦不古. 寒月小齋中, 製布帳於牕檻之上, 靑紫二色可用.

7. 관(冠)[78]

관은 철관(鐵冠)[79]이 가장 예스럽고, 코뿔소 뿔·옥·호박으로 만든 것이 그 다음이며, 침향과 조롱박으로 만든 것이 또 그 다음이고, 죽탁(竹籜)[80]과 영목(癭木)[81]으로 만든 것이 최하이다. 양식은 오직 언월(偃月)[82]

---

77) 閨閤(규합): 내실의 작은 문. 여인의 침실.【역주】

78) 관(冠): 고대에 관(冠)과 모자는 차이가 있었으며, 현재는 '모자'라고 통칭한다.【原註】

79) 철관(鐵冠): 철로 지지대를 만들어 관의 위에 얹는다. 『송사·뇌간부전(宋史·雷簡夫傳)』에서 "뇌간부는 은자로 시작하여 소를 타고 출입하였으며, 관은 철관이고 스스로 '산장(山長)'이라 했다.(簡夫始起隱者, 出入乘牛, 冠鐵冠, 自號山長.)"라고 하였다.
『명산장(名山藏)』에서 "양유정이 관직을 버리고 돌아갔으며,……관은 철엽관이고 헐렁한 모갈(毛竭)을 입었다.(楊維楨棄官歸,……冠鐵葉冠, 服毛褐寬博.)"라고 하였다.【原註】
   * 철관(鐵冠): 법관이나 어사가 착용하던 철로 골조를 만든 관의 일종. '주후(柱後)'라고도 한다.【역주】
   * 뇌간부(雷簡夫, 1001-1067): 북송의 관리. 자(字)는 태간(太簡), 동주(同州) 합양(郃陽, 지금의 섬서성 합양) 사람. 서예에 뛰어났다.【역주】
   * 모갈(毛褐): 짐승의 털이나 거친 마로 만든 짧은 옷.【역주】

80) 죽탁(竹籜): '순각(笋殼, 죽순 껍질)'과 '순엽(筍葉, 죽순의 잎)'이라고도 한다.【原註】
   * 죽탁(竹籜): 대껍질. 대나무 줄기를 감싸고 있는 잎으로, 마디에 착생하며 광합성을 하지 못하고 마디를 외부의 충격에 보호하는 작용을 한다. 대나무가 자라면서 다 떨어져 나온다.【역주】

과 고사(高士)⁸³⁾의 두 양식이 있으며, 나머지는 모두 적당하지 않다.

---

81) 영목(癭木): 나무줄기가 혹이 나는 병으로 인하여 볼록 튀어나온 부분을 '수영(樹癭)'이라하며 '영목(癭木)'이라고도 한다. 『신증격고요론』에서 "나무의 혹은 요동과 산서에서 나온다. 나무의 혹에 화수영(樺樹癭, 자작나무 혹)은 무늬가 세밀하여 사랑스럽고, 백수영(柏樹癭, 측백나무 혹)은 무늬가 크고 굵다. 영(癭)은 대개 나무에 생긴 혹이다. 구북(口北)에 혹이 있는 나무가 있으며 대부분 버드나무로, 나무에 무늬가 있으면서 단단하여 말안장과 가마를 만들기에 좋다.(木癭, 出遼東山西. 樹之癭有樺樹癭, 花細可愛, 柏樹癭, 花大而粗. 癭, 蓋樹之生瘤者也. 口北有癭子木, 多是楊柳, 木有紋而堅硬, 好作馬鞍轎子.)"라고 하였다. 권7「소구(梳具)」의 원주 참고.【原註】
   * 구북(口北): 만리장성 이북의 지방, 주로 장가구(張家口) 이북의 하북성 북부와 내몽고자치구 중부. '구외(口外)'라고도 한다.【역주】
82) 언월(偃月): 관의 모양이 '언월(偃月, 반달)'과 같은 것이다. 명 주지번(朱之蕃)의 시「대껍질로 만든 관(籜冠)」에서 "죽순이 머리를 내미는 옛 푸른 하늘, 껍질의 얼룩무늬는 영원히 시들지 않네. 달을 눕혀 짧은 귀밑머리를 감싸게 만들고, 구름을 잘라 마름질해 높은 가지를 비추네. 경성의 성문에 걸어 공명심을 감추고, 호수 굽이에서 돌아오니 표일한 흥취가 일어나네. 술을 거른 갈건을 게을리 다시 매고, 거닐며 시 읊고 머리 긁적이며 스스로 소요하네.(龍孫頭角舊靑霄, 蛻甲斑紋永不凋. 偃月制成籠短鬢, 切雲翦就映高標. 都門掛後名心隱, 湖曲歸來逸興驕. 酒漉葛巾慵更著, 行吟搔首自逍遙.)"라고 하였다.【原註】
   * 언월관(偃月冠): 정식으로 계(戒, 지켜야 할 계율)를 받은 도사가 쓰는 모자로, 둥근 형태에 윗부분의 중앙에 구멍이 있어 상투를 이곳으로 나오게 하여 비녀를 꽂아 고정한다.【역주】
   * 주지번(朱之蕃, ?-1624): 명나라 대신이며 서화가. 자(字)는 원승(元升) 또는 원개(元介), 호는 난우(蘭隅)와 정각주인(定覺主人). 1606년에 조선에 사신으로 와 조선의 문인과 교류하였다.【역주】
83) 고사(高士): 『후한서 · 곽부허열전(郭符許列傳)』에서 "(곽태가) 일찍이 진량(陳梁, 하남성 남부)지역을 한가로이 다니다가 비를 만나 두건의 한 모서리가 늘어졌는데, 그 당시 사람들이 고의로 두건의 한 모서리를 꺾어 '임종건(林宗巾)'이라 여겼다.(嘗于陳梁閑行遇雨, 巾一角墊, 時人乃故折巾一角, 以爲林宗巾.)"라고 하였다.【原註】
   * 고사(高士): 의지와 품행이 고상한 선비가 사용하는 두건.【역주】
   * 임종건(林宗巾): 동한의 명사 곽태(郭泰, 128-169)의 자(字)가 임종(林宗)이므로 '임종건'이라 하였다.【역주】

七. 冠

冠, 鐵冠最古, 犀玉[84]琥珀[85]次之, 沉香[86]葫蘆[87]者又次之, 竹籜瘦木者最下. 製惟偃月高士二式, 餘非所宜.

8. 두건(巾)[88]

당건(唐巾)[89]은 한나라 양식과 멀리 떨어지지 않았으며, 현재 유행하는 피운건(披雲巾)[90]은 가장 저속하고 혹은 자신이 제멋대로 만들었다.

---

84) 犀玉(서옥): 코뿔소의 뿔과 옥.【原註】
85) 琥珀(호박): 권7 「수주(數珠)」의 원주 참고.【原註】
86) 沉香(침향): 권5 「표축(裱軸)」의 원주 참고.【原註】
87) 葫蘆(호로): 호로(葫蘆, Lagenaria siceraria, 조롱박)는 '포로(蒲蘆)'·'호로(壺蘆)'· '포(匏)'라고도 하며, 일년생 초본으로 꽃은 백색이고 장과(漿果, 과육이 많고 속에 씨가 들어 있는 열매)의 양쪽 부분이 팽창하고 중간은 잘록한 허리가 있으며, 익은 뒤에 과육을 제거하고 건조하여 각종 용기를 만들 수 있다. 호로과(葫蘆科)에 속한다.【原註】
88) 巾(건): 책(幘, 머리띠)으로 머리를 묶는 두건과 관의 종류이다.【原註】
89) 당건(唐巾): 관의 명칭.『삼재도회(三才圖會)』에서 "그 제도는 고대의 '무추(毋追)'와 비슷하다.(其制類古毋追.)"라고 하였다. 생각건대 '무추(毋追)'는 하(夏)나라의 모자 이름이다.『유청일찰(留青日札)』에서 "당건은 당나라 양식으로 다리가 네 개인데, 두 개는 머리 뒤에서 묶고, 두 개는 이마 아래에서 묶으며, 꽉 매여져 벗겨지지 않는다. 띠가 두 개인 것과 띠가 네 개인 것의 차이가 있으며, 현재 진사건(進士巾)도 '당건'이라 한다.(唐巾, 唐制, 四脚, 二繫腦後, 二繫額下, 服牢不脫, 有兩帶四帶之異, 今進士巾亦稱唐巾.)"라고 하였다.【原註】
   * 유청일찰(留青日札): 39권. 명나라 문학가 전예형(田藝蘅, 1524-?)이 편찬하였으며, 명나라의 사회풍속과 예술계의 고사를 기록하였다.【역주】
   * 진사건(進士巾): 오사모의 양식과 같으며, 진사과에 합격한 사람이 쓰는 모자.【역주】
90) 피운건(披雲巾):『고반여사』에서 "피운건은 비단이나 모직물로 만들며, 정수리가 사각형인 납작한 두건으로, 뒷부분에는 피견(披肩, 숄) 반폭을 사용하여 속에 솜을 넣는데, 이것은 구선(癯仙)이 만든 것으로, 눈을 밟으며 추위와 맞닥뜨릴 때 사용하는 도구이다.(披雲巾, 或段或毡爲之, 區巾方頂, 後用披肩半幅, 內絮以棉, 此癯仙所制, 爲踏雪冲寒之具.)"라고 하였다.【原註】

폭건(幅巾)⁹¹⁾이 가장 예스럽지만 쓰기에 불편하다.

八. 巾

唐巾去漢式不遠, 今所尙披雲巾最俗, 或自以意爲之, 幅巾最古, 然不便於用.

9. 삿갓(笠)⁹²⁾

삿갓은 가는 등나무로 만든 것이 훌륭하여 사방의 폭이 2자 4치이며, 검은 비단으로 테를 두르고, 산행을 할 때 바람과 햇볕을 피하는 것이다. 또 엽립(葉笠)⁹³⁾과 우립(羽笠)⁹⁴⁾이 있으며, 이것들은 모두 지방의 특산물로서 늘 사용할 수는 없다.

九. 笠

笠, 細藤者佳, 方廣二尺四寸, 以皀絹綴檐⁹⁵⁾, 山行以避風日. 又有葉笠羽笠, 此皆方物⁹⁶⁾, 非可常用.

＊ 구선(癯仙): 산택에 은거한 술사. 자태가 맑고 수척한 신선.【역주】
91) 폭건(幅巾): 본권「의식(衣飾)」의 원주 참고.【原註】
92) 笠(립): 피서에 사용하는 것을 '양립(涼笠)'이라 하고, 비를 피하는 데 쓰는 것을 '우립(雨笠)'이라 한다. 현재 '두립(斗笠)'이나 '약립(篛笠)'이라 속칭한다.【原註】
93) 엽립(葉笠): 대나무 잎이나 나뭇잎으로 만든 삿갓을 '엽립(葉笠)'이라 하고, 약죽(篛竹)의 잎으로 만든 것을 '약립(篛笠)'이라 한다.【原註】
94) 우립(羽笠): 새의 깃털로 만든 삿갓.【原註】
95) 綴檐(철첨): 재료를 사용하여 테두리를 접합한다는 의미로, '곤변(錕邊)'이라 속칭하며, '곤변(滾邊)'처럼 읽는다.【原註】
96) 方物(방물): 권7「번경(番經)」의 원주 참고.【原註】

10. 신발(履)97)

신발은 겨울에는 앙리(秧履)98)가 가장 적합하고 또 발을 따스하게 할

---

97) 履(리): '혜(鞋)'이며 '혜(鞵)'로도 쓴다. 『설문통훈정성(說文通訓定聲)』에서 "고대에는 '구(屨)'라 하고, 한나라 이후에는 '리(履)'라 했으며, 지금은 '혜(鞵)'라 한다. (古曰屨, 漢以後曰履, 今曰鞵.)"라고 하였다.【原註】
* 履(리): 신발. 고대에 풀로 만들면 '구(屨)', 가죽으로 만들면 '리(履)'라 하였다.【역주】
* 신발: 밑창(sole)과 갑피(upper, 밑창 윗부분의 발등을 감싸 보호하는 부위)로 구성되어 발에 착용하는 기물로 여러 글자가 사용되었다. 초기에는 구(屨)자가 사용되었으며, 대략 한나라 이후에는 리(履)자로 대체되었고, 송대부터 혜(鞋)자가 신발의 통칭이 되었다. 최초의 형상은 신석기시대의 채색도기에 보이며, 현존하는 최초의 기물은 호남성 장사 초나라 무덤에서 출토된 1쌍의 가죽신이다. 고대 신발에는 여러 종류가 있었다. 구(屨)는 마나 칡이나 동물의 가죽으로 만든 신으로 마구(麻屨)·갈구(葛屨)·피구(皮屨)가 있으며, 갈구는 여름에 신고 피구는 겨울에 신었다. 석(舃)은 밑창이 이중인 나막신이다. 복석(復舃)은 제왕과 대신이 제사할 때 신는 신으로 '달구(達屨)'라고도 한다. 망(芒)은 풀로 엮은 신 즉 짚신으로 노동자들이 신었다. 극(屐)은 밑창이 평평하거나 굽이 있는 나막신이다. 삽(靸)은 풀로 만든 슬리퍼의 일종으로 밑창이 평평하고 굽이 없다. 화(靴)는 현대의 장화와 비슷한 신발이다. 북방 오랑캐의 가죽신은 '낙제(絡鞮)'라 하며 목이 긴 장화이다. 상주시대부터 신발의 착용에도 신분에 따라 차등이 존재했다.【역주】
98) 앙리(秧履): 삼실이나 볏짚에 갈대꽃을 섞어서 만들어 따스하도록 사용하는 '노화포혜(蘆花布鞋)'로 추정된다.
건륭시기의 『오현지·물산(吳縣志·物産)』에서 "앙혜……가 있다.(有秧鞋…….)" 라고 하였다.
강희시기 『송강부지(松江府志)』에서 "포혜(蒲鞋, 짚신)는 동문 밖 삼리정(三里汀)에서 나오며, 매우 정교한 것이 있고, 또 화(靴)처럼 목이 긴 신으로 만든 것이 있는데, 발을 잘 보호하여 시골에 사는 노인들이 한기를 막는데 많이 사용한다.(蒲鞋, 出東門三里汀, 有極細巧者, 又有作長靿如靴者, 甚惜足, 野老多以禦寒.)"라고 하였다. 앙리는 이러한 종류의 짚신을 가리키는 것으로 추정된다.【原註】
* 앙리(秧履): 식물의 줄기로 엮어 만든 신. 짚신.【역주】
* 포혜(蒲鞋): 부들을 엮어 만든 신. 여름용과 겨울용이 있다. 겨울용은 말린 갈대꽃이나 천을 식물의 줄기와 함께 꼬아서 신발을 엮기도 하고, 나무 밑창의 위에 갈대꽃 등을 깔아 눈길을 걸어도 따스하게 만들었다. 이러한 신을 일부 지역에서는 '노화화(蘆花靴)'나 '노화혜(蘆花鞋)'라고도 한다.【역주】
* 화(靴): 장화. 산서성 유림(柳林) 고홍촌(高紅村)의 상나라 무덤에서, 현대의 장

수 있으며, 여름에는 종혜(棕鞋)[99]를 신는데 온주(溫州, 절강성 해안도시)의 제품이 훌륭하다. 방석(方舄)[100] 등과 같은 양식으로 제작이 저속하지 않은 것은 모두 훌륭한 여행 도구가 될 수 있다.

十. 履

履, 冬月秧履最適, 且可暖足, 夏月棕鞋, 惟溫州者佳, 若方舄等樣, 製作不俗者, 皆可爲濟勝之具[101].

화와 흡사한 형태의 청동화가 2005년의 발굴조사에서 발견되었다.【역주】
99) 종혜(棕鞋): '종(棕)'은 '종(椶)'과 같다. 종(棕)은 종려(棕櫚, Trachycarpus fortunei)이며, '병려(栟櫚)'라고도 하고 '종려(椶櫚)'라 쓰기도 한다. 상록교목으로 잎은 손바닥 모양으로 줄기 끝에 모여서 나며, 잎집(잎자루가 칼집 모양으로 되어 있어 줄기를 싸고 있는 것)의 털로 끈과 그물 등을 만들 수가 있다. 종려과에 속한다. '종혜(棕鞋)'는 종려나무의 털로 만든 제품이다.【原註】
100) 방석(方舄): 『고금주(古今注)』에서 "석(舄, 이중 바닥의 신)은 나무를 신발의 밑창에 대었으므로, 바싹 건조되어 진흙과 습기를 두려워하지 않는다.(舄以木置履下, 乾臘不畏泥濕也.)"라고 하였다.【原註】
  * 방석(方舄): 사각형이면서 밑창이 이중인 신.【역주】
  * 乾臘(건랍): 고갈되다. 바싹 건조되다.【역주】
101) 濟勝之具(제승지구): 유람용 교통 도구. 『남사·유효전(南史·劉虦傳)』에서 "유호의 천성이 산수를 좋아하여 위험한 곳에 올라가고 험난한 곳을 지나가 반드시 외진 곳을 다 다녀 사람들이 따라갈 수가 없었으며, 모두 유효가 멋진 경치가 있는 곳에 갈 수 있는 훌륭한 신체를 가진 것에 감탄하였다.(虦性好山水, 登危履險, 必盡幽遐, 人莫能及, 皆嘆其有濟勝之具.)"라고 하였다.
  또 『세설신어』에서 "허연(許掾)이 산수 유람을 좋아하였으며, 몸이 가뿐하게 산에 오르고 물을 건넜다. 당시 사람들이 '고아한 정취가 있을 뿐만 아니라 또 멋진 경치가 있는 곳에 갈 수 있는 훌륭한 신체를 가지고 있다.'라고 하였다.(許掾好遊山水, 而體便登涉, 時人云, 非徒有勝情, 且有濟勝之具.)"라고 하였다.
  『세설신어』에 따르면 "지도림(支道林)이 손흥공(孫興公)에게 '그대가 보기에 허연은 어떤가?'라고 물었다. 허연은 허순(許詢)을 가리킨다.(支道林問孫興公, 君何如許掾. 許掾謂許詢也.)"라고 하였다.
  『속양추(續陽秋)』에서 "허순의 자(字)는 원도(元度)이며, 고양[高陽, 지금의 하북성 여현(蠡縣)] 사람으로, 풍채가 소박하였으며, 불러서 사도연(司徒掾)에 임명하였으나 취임하지 않았다.(許詢字元度, 高陽人, 風神簡素, 辟司徒掾不就.)"라고 하였다.【原註】

588
장물지

* 濟勝之具(제승지구): 제승(濟勝)은 '멋진 경치가 있는 곳에 가다'는 의미이다. 『남사 · 유효전(南史 · 劉斅傳)』과 『세설신어』에서의 제승지구(濟勝之具)는 '유람용 교통 도구'보다 '멋진 경치가 있는 곳에 갈 수 있는 뛰어난 신체'라는 풀이가 더 적합하다.【역주】
* 유효(劉斅, 488-519): 자(字)는 사광(士光), 평원[平原, 지금의 산동성 덕주시(德州市)] 사람. 은거하여 산수를 유람하였으나 요절하였다.【역주】
* 지도림(支道林): 동진의 고승 지둔(支遁, 314-366). 지둔의 자(字)가 도림(道林)이다.【역주】
* 손흥공(孫興公): 동진의 서예가이자 문학가 손작(孫綽, 314-371). 손작의 자(字)가 흥공(興公)이다.【역주】
* 속양추(續陽秋): 20권. 『속진양추(續晉陽秋)』. 남조 송나라의 관리 단도란(檀道鸞, ?-?)이 동진시기(317-420)의 역사적인 사건을 기록한 서적이며, 이미 산일되었다.【역주】
* 허순(許詢, ?-?): 자(字)는 현도(玄度). 동진의 문학가로 벼슬하지 않고 산수를 유람하였다. 손작(孫綽, 314-371)과 함께 동진시기 현언시(玄言詩, 노장사상과 불교적인 내용의 철학적인 시)의 대표인물이다.【역주】

권9

배와 수레(舟車)[1]

배가 가서 물에서 숙달되면, 커다란 배는 뱃머리가 서로 연결되고 군함은 배꼬리가 서로 닿게 되는데, 유학자들이 할 수 있는 것이 아니다. 청정(蜻蜓)[2]과 책맹(蚱蜢)[3]에서는 기거할 수 없다. 헌(軒)[4]·창(牕)[5]·난간(欄干)·함(檻)[6]을 완연히 성사(精舍)[7]와 같게 하면, 선창 안에 진

---

1) 舟車(주거): 배와 수레를 아울러 이르는 말. '주차' 혹은 '주거'라고 읽는다. 이 책에서는 '주거'라고 읽도록 한다.【역주】
2) 청정(蜻蜓): 곤충명으로, 맥시목(脉翅目) 청정과(蜻蜓科)에 속한다. 여기에서는 차용하여 작은 배로 풀이하였으며, 이른바 '청정소정(蜻蜓小艇)'이다.【原註】
   * 청정(蜻蜓): 왕잠자리. 잠자리목(目)에 속하는 곤충을 통틀어 이르는 말.【역주】
3) 책맹(蚱蜢): 부종(蚣螽)은 일명 책맹(蚱蜢)으로, 곤충의 이름이며, 직시목(直翅目) 비황과(飛蝗科)에 속한다. 여기서는 차용해서 '책맹(舴艋)과 함께 작은 배로 풀이하였다. 『광아소증(廣雅疏證)』에서 "작은 배를 '책맹(舴艋)'이라 한다. 작은 목선을 '책맹(蚱蜢)'이라고 하는데, 뜻이 서로 비슷하다.(小舟謂之舴艋, 小艖謂之蚱蜢, 義相近也.)"라고 했다. 당 이덕유(李德裕)의 시 「책맹주(舴艋舟)」에서 "더 없이 가벼운 작은 배는 술 담는 가죽 부대에서 시작되었네.(無輕舴艋舟, 始自鴟夷子.)"라고 하였다.【原註】
   * 이덕유 시의 제목은 「평천의 나무와 바위를 생각하며 마구 읊다 10수(思平泉樹石雜咏一十首)」이다.【역주】
   * 鴟夷子(치이자): 소가죽으로 만든 술 담는 부대.【역주】
4) 헌(軒): 전각 앞에 처가가 특별히 솟아나고, 서까래는 굽어 중간에 들보가 없는 것을 '헌(軒)'이라고 하며, 긴 복도에 창이 있는 것도 '헌(軒)'이라 한다.【原註】
5) 창(牕): 창(窗)과 같으며, 이것에 의해 실내에 바람이 통하고 빛이 들어오는 것이다. 담에 있는 것을 '유(牖)'라고 하며, 문에 있는 것을 '창(窗)'이라 한다.【原註】

열하고 선창 밖에서 연회를 열어도 모두 적당하고, 먼 길을 떠나는 사람을 전송하고 가까운 길을 떠나는 사람을 송별하는데 사용하여 이별의 정을 풀어낸다. 산에 오르고 물가로 갈 때 사용하여 그윽한 사상을 드러낸다. 눈 오는 날에 친구를 찾아 가고 밤에 달을 싣고 돌아올 때 사용하여 고상한 운치를 그려낸다. 좋은 날에 함께 감상하거나 아름다운 아가씨가 연 따는 노래를 부르거나 자야(子夜)⁸⁾가 맑은 소리로 노래하거나 강을 가로지르며 가무를 즐기거나, 모두 사람이 살아가며 마음에 드는 한 부분이다. 명승지를 찾아가는 도구에 이르면 남여(籃輿)⁹⁾가 가장 편리하지만, 양식을 참신하고 우아하게 만들어야 높이 오르고 멀리 갈 때 편리하다. 어찌하여 반드시 구슬과 옥으로 장식하고, 금과 조개를 박아넣고, 채색 무늬의 양탄자로 덮고, 무늬가 있는 돗자리와 수레 가리개를 깔고, 청동 고리가 달린 말을 장식하는 띠를 두르고, 수레바퀴와 수레의

---

6) 함(檻): 배의 위아래 사방에 판자를 설치한 것을 '함(檻)'이라 한다.【原註】
   * 난함(欄檻): 층계, 디리, 툇마루 따위의 가장자리에 나무나 쇠 따위를 이용해 일정한 높이로 막아 세우는 구조물. 사람이 떨어지는 것을 막거나 장식하기 위해 설치한다.【역주】
7) 정사(精舍): 정사는 본래 '학사(學舍)'나 '불사(佛舍)'를 말하며, 여기서는 멋있는 집으로 풀이하였다. 『후한서 · 포함전(包咸傳)』에서 "포함이 동해로 가서 학교를 세워 강의를 했다.(咸往東海, 立精舍講授.)"라고 했다.【原註】
   * 포함(包咸, B.C.7-65): 동한의 경학가(經學家)로 자(字)는 자량(子良), 회계(會稽) 곡아(曲阿, 지금의 강소성 단양(丹陽)] 사람.【역주】
8) 자야(子夜): 악부시의 일종. 『당서 · 악지(唐書 · 樂志)』에서 "자야가는 진(晉)나라의 노래이다. 진나라에 이름이 자야인 여인이 있어 이 노래를 지었으며, 노래 소리가 지나치게 슬프고 괴로웠다.(子夜歌者晋曲也, 晋有女子名子夜, 造此聲, 聲過哀苦.)"라고 하였다.【原註】
9) 남여(籃輿): 대나무 의자. 『진서 · 은일전(晋書 · 隱逸傳)』에서 "왕홍(王弘)이 도연명과 함께 주(州)로 돌아가려고 탈 것을 묻자, '평소 발에 병이 있지만 가마를 타면 충분히 다녀 올 수 있습니다.'라고 대답하였다.(弘要之還州, 問其所乘, 答云素有足疾, 向乘籃輿, 亦足自返.)"라고 하였다.【原註】
   * 왕홍(王弘, 379-432): 남조 송나라의 대신이자 서예가. 도연명을 흠모하여, 도연명을 찾아가 교류하였다.【역주】

끌채로 장식하고, 가죽으로 만든 말고삐로 장식하고, 방울소리가 어우
러져야 바로 '지극한 도'이고 노나라의 도라고 하겠는가?

舟車

舟之習10)於水也, 宏舸11)連舳12), 巨艦13)接艫14), 既非素士15)所能辨. 蜻蜓蚱
蜢, 不堪起居. 要使軒牎閑16)檻, 儼17)若精舍, 室陳18)厦饗19), 靡不咸宜, 用之祖

---

10) 習(습): 익히다. 숙달하다. 길들이다.【역주】
11) 宏舸(굉가): 『방언(方言)』에서 "큰 배는 '가(舸)'라 한다.(大船曰舸.)"라고 했다. 좌
   사(左思)의 「오도부」에서 "큰 배의 고물이 이어지고(弘舸連舳)"라고 했다.【原註】
12) 連舳(연축): 「오도부(吳都賦)」의 유연림(劉淵林)의 주(注)에서 "축(舳)은 뱃머리이
   다.(舳, 船前也.)"라고 했다. 연축접로(連舳接艫)는 '배의 머리와 꼬리가 서로 연결
   되어 있다.'는 의미이다.【原註】
   * 유연림(劉淵林, ?-?): 서진의 학자 유연림(劉淵林, ?-?)이 좌사의 「삼도부(三都
     賦)」에 주석을 달았다.【역주】
13) 巨艦(거함): 『설문해자고림(說文解字詁林)』에서 "『설문해자』에는 '함(艦)'자가 없
   으며, 고대에는 '함(檻)'자와 통용했다.(說文無艦字, 古通用檻.)"라고 하였다. 『석
   명‧석선(釋名‧釋船)』에서 "위 아래로 선실이 있는 것을 '함(艦)'이라 한다. 사방
   에 판자를 설치하여 화살과 돌을 방어하고 내부가 감옥과 같다.(上下重床曰艦.
   四方施板以御矢石, 其內如牢檻也.)"라고 하였다. 『오도부』에서 "거대한 전투함은
   배꼬리가 연결되었다.(巨檻接艫.)"라고 했으며, 유연림의 주(注)에서 "배의 위 아
   래와 사방에 판자를 설치해 놓은 것을 '함(艦)'이라고 한다.(船上下四方施板者曰檻
   也.)"라고 하였다.【原註】
   * 설문해자고림(說文解字詁林): 근대의 학자 정복보(丁福保, 1874-1952)가 중화민
     국 17년(1928)에 출판한 『설문해자』의 주석서.【역주】
   * 牢檻(뇌함): 뇌옥(牢獄).【역주】
14) 接艫(접로): 『설문통훈정성(說文通訓定聲)』과 『소이아‧광기(小爾雅‧廣器)』에서
   "배꼬리를 '로(艫)'라고 한다.(船尾謂之艫.)"라고 하였다. 「오도부」에서 "거대한 전
   투함은 배꼬리가 연결되었다.(巨檻接艫.)"라고 했으며, 유연림의 주(注)에서는 "배
   의 뒷부분이다. 혹은 또 '뱃머리'라고도 한다.(船後也. 或又曰船頭.)"라고 하였다.
   【原註】
15) 素士(소사): 유학자의 소양을 가진 사람을 말한다. 『삼국지‧가후전(三國志‧賈詡
   傳)』에서 "바라건대 장군은 도덕과 법칙을 가슴에 품어 받들고, 유학자의 소양을
   가지고 행동하기를 바랍니다.(願將軍懷崇德度, 躬素士之業.)"라고 했다.【原註】
16) 閑(란): 난(欄)과 통하며, 난간(閑干)은 바로 난간(欄杆)이다.【原註】
17) 儼(엄): 점잖고 무게가 있는 모양. 삼가고 정중하다.【역주】

遠20)餞近21), 以暢22)離情. 用之登山臨水, 以宣幽思23), 用之訪雪24)載月25), 以
寫高韻, 或芳辰綴賞26), 或艶女采蓮27), 或子夜淸聲, 或中流歌舞28), 皆人生適

---

18) 室陳(실진): 선창 안에 진열하다.【原註】

19) 厦饗(하향): 선창 밖에서 잔치를 벌이다.【原註】

20) 祖遠(조원): 조(祖)에는 조도(祖道)·조장(祖帳)·조전(祖餞)의 의미를 포함하고
   있다. 조원(祖遠)은 멀리 떠나는 이를 전송하는 것으로 풀이하였다.【原註】
   * 조도(祖道): 떠나는 사람을 위해 길의 신령에게 제사를 지내고 함께 잔지를 하며
   전송하는 것. 조장(祖帳): 길 옆에 장막을 설치하고 음식을 먹으며 전송하는 것.
   조전(祖餞): 길의 신령에게 제사를 지낸 다음 노상에서 잔치를 베풀어 떠나는
   사람을 전송하는 것.【역주】

21) 餞近(전근): '전(餞)'은 술과 음식으로 떠나는 이를 전송하는 것이 '전(餞)'이다. '餞
   近(전근)'은 가까운 곳에 유람하는 이를 술과 음식으로 이별하는 것으로 풀이하였
   다.【原註】

22) 暢(창): 마음속에 품었던 것을 헤쳐서 시원하게 풀어 놓다.【역주】

23) 幽思(유사): 그윽한 생각.【역주】

24) 訪雪(방설): 『세설신어(世說新語)』에서 "왕자유(王子猷)는 산음(山陰, 지금의 절강
   성 소흥)에 살았는데, 어느 큰 눈 내린 밤, 문득 벗 대안도(戴安道)가 생각났으며,
   대안도는 그 때 섬계[剡溪, 지금의 절강성 소흥시 승주(嵊州) 경내의 하천]에 있었
   는데, 바로 작은 배를 타고 찾아 갔다.(王子猷居山陰, 夜大雪, 忽憶戴安道, 戴時在
   剡, 便乘小船就之.)"라고 하였다.【原註】
   * 왕자유(王子猷, 338-386): 왕희지익 아들로 진(晉)의 서예가인 왕휘지(王徽之)의
   자(字)가 자유이다.【역주】* 대안도(戴安道): 동진의 화가이며 조각가인 대규(戴
   逵, 326-396). 자(字)가 안도(安道)이며, 섬계에 거주하였다.【역주】

25) 載月(재월): 『피서록화(避暑錄話)』에서 "구양수(歐陽脩)는 평산당(平山堂)을 짓고
   매년 여름에 번번이 새벽에 손님을 데리고 놀러 갔다가……, 왕왕 깊은 밤에 달을
   가득 싣고 돌아왔다.(歐陽公作平山堂, 每暑時, 輒淩晨携客往游……, 往往侵夜載
   月而歸.)"【原註】
   * 피서록화(避暑錄話): 2권. 북송 문학가 섭몽득(葉夢得, 1077-1148)이 편찬. 명승
   고적과 인물의 행동 및 경사에 대한 의론을 기록하였다.【역주】

26) 芳辰綴賞(방신철상): 방신(芳辰)과 양신(良辰) 및 길일은 같은 뜻으로, 속칭 '좋은
   날'이다. 양원제(梁元帝)의 『찬요(纂要)』에 보면 "춘(春)은 '청양(靑陽)'이라 하며,
   신(辰)은 '양신(良辰, 좋은 날)'이라 하고 '가신(嘉辰, 좋은 명절)'이라 하며 '방신(芳辰,
   좋은 시절, 봄)'이라 한다.(春曰靑陽, 辰曰良辰, 曰嘉辰, 曰芳辰.)"라고 했다.【原註】
   * 綴賞(철상): 함께 감상하다.【역주】
   * 찬요(纂要): 1권. 양원제 소역(蕭繹, 508-555)이 편찬한 계절의 변화에 따른 풍물
   과 풍속을 기록.【역주】

27) 艶女采蓮(정녀채련): '정(艶)'은 '정(靚)'이라고도 쓰며, 화장하고 꾸민다는 의미이
   다. 정녀(艶女)는 미녀로 풀이한다. '정(靚)'은 광동에서 '량(亮)'음으로 읽으며, '좋

意29)之一端30)也. 至如濟勝31)之具, 籃輿最便, 但使制度新雅, 便堪登高涉遠.
宁必飾以珠玉, 錯以金貝32), 被以繢罽33), 藉以簟茀34), 縷以鉤膺35), 文以輪

다'는 의미이다. 한나라 사마상여(司馬相如)의 『상림부(上林賦)』에서 "화장하고
꾸며 맵시 있고 단아하다.(靚妝刻飾, 便嬛綽約.)"라고 하였으며, 포조(鮑照)의 시
에서 "노 젓는 여인은 연 따는 노래를 부르네.(棹女歌采蓮.)"라고 하였다.【原註】
  * 포조(鮑照, 421?-465): 남조의 시인으로 칠언시를 지어 당나라의 시에 많은 영향
    을 미쳤다. 자(字)는 명원(明遠), 동해[東海, 지금의 강소성 연수현(漣水縣)] 출
    생. 참군(參軍)을 역임하여 '포참군(鮑參軍)이라고 한다.【역주】
28) 中流歌舞(중류가무): 한무제(漢武帝)의 「추풍사(秋風辭)」에서 "물결을 가로지르니
   하얀 물결이 일어나고, 퉁소와 북이 울려 퍼지니 뱃노래를 부르네.(橫中流兮揚素
   波, 蕭鼓鳴兮發棹歌.)"라고 하였다.【原註】
  * 추풍사(秋風辭): 한무제 유철(劉徹)의 시로『문선(文選)』에 수록되어 있다. 무제
    가 하동(河東, 지금의 산서성 남부 지역)으로 행차하여 토지신에게 제사를 지내
    려고 분하(汾河)를 건너는 선상에서 여러 신하들과 연회를 열었을 때, 흥에 겨워
    지은 시이다.【역주】
29) 適意(적의): 기분이 좋다. 마음에 들다.【역주】
30) 一端(일단): 한 쪽 끝. 한 부분.【역주】
31) 濟勝(제승): 권8 「신(履)」의 원주 참고.【原註】
32) 金貝(금패): 고대에는 황금(황색의 금)・백은(白銀, 백색의 은)・적동(赤銅, 붉은
   색의 구리)을 금으로 통틀어 불렀다. 『역・진괘(易・震卦)』에서 "재물을 잃을 것
   같다.(億喪貝.)"라고 했다. 고대인들은 조개껍질을 화폐로 삼았는데, 진(秦)나라에
   서 조개화폐를 폐지하고 돈을 사용했다. 수 양제(隋煬帝)의 「백마편(白馬篇)」에서
   "백마를 금과 조개로 장식하고, 요수(遼水) 옆에서 마구 달렸다.(白馬金貝裝, 橫行
   遼水傍.)"라고 하였다.【原註】
33) 繢罽(궤계): '궤(繢)'는 '회(繪)'와 같으며, 채색화의 의미이다. '계(罽)'의 음은 '계
   (計)'이며 모직 양탄자이다. '궤계(繢罽)'는 바로 채색 무늬가 있는 양탄자이다.『한
   서・동방삭전(漢書・東方朔傳)』에서 "개와 말은 무늬 있는 양탄자를 덮었네.(狗馬
   被繪罽.)"라고 하였다.【原註】
34) 簟茀(점불):『시경・제풍・재구(詩經・齊風・載驅)』에서 "방문석(方文席) 가리개와
   붉은 칠한 가죽 덮개.(簟茀朱鞹.)"라고 했으며,『전(傳)』에서 "점(簟)은 방문석이다.
   불(茀)은 수레 가리개이다.(簟, 方文席也. 茀, 車之蔽也.)"라고 하였다.【原註】
  * 朱鞹(주곽): 짐승 가죽으로 만들어 붉은 칠을 한 수레 덮개.【역주】
  * 方文席(방문석): 무늬가 있는 사각형의 돗자리.【역주】
35) 鉤膺(구응): '구(鉤)'는 '구(鈎)'와 같다. 『시경・채기(采芑)』에서 "구응(鉤膺)과 조
   혁(條革).(鉤膺條革.)"이라 했으며,『전(傳)』에서 "구응은 말을 묶는 끈이다.(鉤膺,
   樊纓也.)"라고 하였다. 또 『시경・한혁(韓奕)』에서 "구응과 누석(鏤錫).(鉤膺鏤
   錫.)"이라 했다.『주례(周禮)』에서 "말을 묶는 끈은 아홉 개.(樊纓九就.)"라고 하였
   으며, 주(注)에서 "번영은……말 장식이며, 모직으로 장식한다.(樊纓……馬飾也,

輚36), 約以37)儵革38), 和以鳴鸞39), 乃稱周行40), 魯道41)哉. 志「舟車第九」.

1. 건거(巾車)42)

오늘날 견여(肩輿)43)는 바로 옛날의 건거이다. 다만 옛날에는 소와 말을 탔고 오늘날에는 사람이 끄는 수레를 사용하는데, 사실은 품위 있

以闠飾之.)"라고 하였다.【原註】
* 구응(鉤膺): 동으로 만든 갈고리가 있는 말 가슴 앞의 띠. 조혁(儵革): 가죽으로 만든 말고삐.【역주】
* 누석(鏤錫): 말 이마에 사용하는 금속으로 만든 장식품.【역주】
36) 輪輚(윤원): 윤(輪)은 수레바퀴다. 원(輚)은 수레를 지탱하는 나무로, 좌우에 각각 하나씩 있으며, 아래 부분은 바퀴를 연결되어 밖으로 튀어나와 앞으로 향해 있다. 【原註】
37) 絢(현): 신코장식.【原註】
38) 儵革(조혁): 『시경·소아·요편(詩經·小雅·蓼篇)』에서 "고삐 장식이 치렁치렁하다.(儵革忡忡.)"라고 하였다. 조(儵)는 고삐 머리 장식이다.【原註】
39) 鳴鸞(명란): 수레 방울 소리.『시경·소아』에서 "방울소리 서로 부딪혀 어우러져(和鸞雝雝)"라고 하였다.『좌전』 환공(桓公) 2년 조에서 "방울소리와 어울려, 그 소리 맑게 울린다.(錫鸞和鈴, 昭其聲也.)"라고 하였다.【原註】
* 鸞(란): 봉황의 한 가지인 영조(靈鳥). 닭 비슷한데, 털은 붉은 바탕에 오채(五彩)가 섞였으며, 소리는 오음(五音)에 맞는다고 한다. 여기서는 천자 수레의 말고삐에 다는 방울.【역주】
40) 周行(주행):『시경·소아·녹명(詩經·小雅·鹿鳴)』에서 "나를 좋아하는 이여, 나에게 지극한 도를 보여 줄지어다.(人之好我, 示我周行.)"라고 하였으며,『모전(毛傳)』에서 "주는 이르다. 행은 길이다.(周, 至., 行, 道也.)"라고 하였다.『모시전전통석(毛詩傳箋通釋)』에서 "『모전』에서 '주행(周行)은 지극한 도'라고 풀었으며, 훌륭한 길이다.(傳訓周行爲至道, 即善道也.)"라고 하였다.【原註】
41) 魯道(노도): 노나라의 평탄한 길.『시경 제풍·남산(詩經·齊風·南山)』에서 "노나라의 길은 넓다.(魯道有蕩.)"라고 했다.【原註】
42) 건거(巾車): 견여(肩輿, 어깨로 둘러메는 가마)로, 속칭 '교자(轎子)'라고도 한다. 도잠의「귀거래사(歸去來辭)」에서 "혹은 교자를 부르고(或命巾車.)"라고 하였다.【原註】
43) 견여(肩輿): 바로 가마이다. 소식의 시에 "교자가 가는 대로 맡겨, 좋은 경치 만나면 번번이 머물러 구경하네.(肩輿任所適, 遇勝輒留連.)"라고 하였다.【原註】

는 사람들에게 맞지 않는다. 복건 지역과 광동 지역에서 만든 건거는 정교하고 화려하며 또 가볍고 편리하다. 초나라 지역에는 등나무로 손잡이를 만든 것이 있는데 역시 훌륭하다. 근래 금릉(金陵)44)에서 만든 등나무로 엮은 것은 매우 저속하다.

一. 巾車

今之肩輿, 即古之巾車也. 第45)古用牛馬, 今用人車, 實非雅士所宜. 出閩46), 廣47)者精麗, 且輕便. 楚中48)有以藤49)爲扛者, 亦佳. 近金陵所制纏藤者, 頗俗.

2. 남여(籃轝)50)

산행에 훌륭한 여행 도구가 없지만, 남여가 없어서는 안 될 듯하다. 무림(武林)51)에서 만든 남여에는 앉는 자리와 발을 두는 곳에 모두 그물이 쳐진 것이 있어 험준한 비탈을 오르락내리락해도 항상 편안하여 가장 마음에 들지만 오직 비바람을 피할 수가 없다. 위에 지지대를 하나

---

44) 금릉(金陵): 지금의 강소성 남경시. 전국시대 초나라에서 금릉읍(金陵邑)을 설치하였다.【原註】
45) 第(제): 다만. 차례. 차례를 정하다.【역주】
46) 閩(민): 민족(閩族)이 살던 지방. 복건 지역의 옛 이름.【역주】
47) 廣(광): 광동 지역의 옛 이름.【역주】
48) 楚中(초중): 명대에는 '초(楚)'라고 불렀으며, 오늘날의 호남성과 호북성 두 지역의 경계지역을 가리킨다.【原註】
49) 藤(등): 등나무.【역주】
50) 남여(籃轝): 남여(籃轝)는 남여(籃輿)와 같으며, 여(輿)는 여(轝)로도 쓴다. 본권 「배와 수레」의 원주 참고.【原註】
51) 무림(武林): 무림(武林)은 산 이름으로, 절강성 항현(杭縣)에 있다. 『한서(漢書)』에서 "전당현에 무림산이 있으며, 무림수가 나오는 곳이다.(錢塘縣有武林山, 武林水所出.)"라고 하였다. 지금의 절강성 항주시의 옛 이름이다.【原註】

설치하여 작은 휘장을 칠 수 있는 것이 있지만, 역시 우아해 보이지가 않는다.

二. 籃轝

山行無濟勝之具, 則籃轝似不可少, 武林所制, 有坐身踏足處, 俱以繩絡者, 上下52)峻坂53)皆平, 最爲適意, 惟不能避風雨. 有上置一架, 可張小幔者, 亦不雅觀.

3. 배(舟)

배(舟)는 모양이 배(船)를 젓는 것과 같고 바닥은 평평하며 길이는 3장(丈)54)이 넘고 머리 부분의 넓이가 5자로, 네 개의 선실로 나누어진다. 중간 선실은 주인과 손님 6명을 들일 수 있고, 의자 · 필상(筆床)55) · 술 그릇 · 청동기 · 분재 같은 것을 놓으며, 가볍고 작은 것이 좋다. 앞쪽 선실에는 어린 종 4명을 들일 수 있고, 술 주전자 · 물 끓이는 화로 · 다구(茶具)와 같은 부류를 놓는다. 뒤쪽 선실에는 판자로 칸을 쳐 옆으로 작은 복도를 내서 출입에 편리하도록 한다. 중앙에는 평상과 작은 탁자를 둔다. 작은 장롱 위에는 판자로 받쳐 책과 붓 및 벼루 종류를 놓을 수 있다. 평상 아래에는 옷상자와 변기 부류를 둘 수 있다. 판자로 배를 덮으며, 대로 만든 배 덮개와 대자리는 사용할 수 없다. 양 옆에는

---

52) 上下(상하): '높은 곳으로 오르거나 낮은 곳으로 내려간다.'는 의미이다.【原註】
53) 峻坂(준판): 가파른 비탈.【原註】
54) 장(丈): 10척(尺).【역주】
55) 筆床(필상): 붓을 눕혀 놓아두는 문방구로 침대처럼 평평하게 놓고 사용한다. 산 모양으로 생겨 붓을 걸쳐 놓는 문방구는 필산(筆山)이라 한다.【역주】

난간을 사용할 필요가 없이 베와 비단으로 장막을 만들어 동쪽과 서쪽의 햇빛을 가리고 해가 없으면 높이 마는데, 말아서 끈으로 묶고 갈고리를 사용하지 않는다. 기타 누선(樓船)[56]이나 방주(方舟)[57]와 같은 여러 양식은 모두 저속하다.

三. 舟

舟, 形如划船, 底惟[58]平, 長可三丈有余, 頭闊五尺, 分爲四倉: 中倉可容賓主六人, 置桌凳[59] 筆床酒鎗[60]鼎彝[61]盆玩[62]之屬, 以輕小爲貴. 前倉可容僮僕[63]四人, 置壺榼[64]茗鑪[65]茶具之屬. 後倉隔之以板, 傍容小弄[66], 以便出入. 中置一榻, 一小几. 小厨上以板承之, 可置書卷, 筆砚之屬. 榻下可置衣厢, 虎子[67]之屬. 幔[68]以板, 不以篷簟[69], 兩傍不用欄楯[70], 以布絹作帳, 用蔽東西日色, 無日

---

56) 누선(樓船): 배 위에 누각이 있는 것을 '누선(樓船)'이라 한다. 한무제의 「추풍사(秋風辭)」에서 "누선을 띄워 분하를 건너려하네(泛樓船兮濟汾河.)"라고 하였다.【原註】
57) 방주(方舟): 두 개의 배가 서로 나란히 가는 것을 '방주(方舟)'라고 한다. 『이아(爾雅)』에서 "대부는 배를 나란히 해서 건넌다.(大夫方舟.)"라고 하였다.【原註】
58) 惟(유): 마땅하다. 들어맞다. ~이 되다.【역주】
59) 桌凳(탁등): 걸상. 등받이가 없는 의자.【역주】
60) 鎗(창): 술그릇.【역주】
61) 鼎彝(정이): 고대 종묘의 제기.【역주】
62) 盆玩(분완): 분재.【역주】
63) 僮僕(동복): 동(僮)은 동(童)과 같으며, 시중드는 어린 아이와 하인을 가리킨다. 도연명의 「귀거래사(歸去來辭)」에서 "어린 종이 환영해 주네.(童僕歡迎.)"라고 하였다.【原註】
64) 壺榼(호합): 술 주전자. 『설문해자』에서 "합(榼)은 술그릇이다.(榼, 酒器也.)"라고 하였다.【原註】
65) 茗鑪(명로): 차를 끓이는 화로.【原註】
66) 小弄(소롱): 작은 복도로, 사람이 통행할 수 있도록 하는 장소.【原註】
67) 虎子(호자): 변기로, 속칭 '변호(便壺)'라 한다. 『서경잡기(西京雜記)』에서 "한나라 때에 옥으로 호자를 만들었으며, 변기로 사용하였다.(漢朝以玉爲虎子, 以爲便器.)"라고 하였다.【原註】
68) 幔(만): 배 덮개.【역주】
69) 篷簟(봉점): 봉(篷)은 배 덮개이며, 대나무 껍질로 만든다. 점(簟)은 대자리이다.【原註】

則高卷, 卷以帶, 不以鈎. 他如樓船, 方舟諸式, 皆俗.

4. 작은 배(小船)

  작은 배는 길이가 1장(丈)이 넘고 폭은 3자 가량으로, 연못에 띄워 때때로 강 한 가운데서 노를 젓거나 때때로 버드나무 그늘진 굽은 물가에 매 놓아두고 낚싯대 잡으며 음풍농월(吟風弄月)71)한다. 남색 천으로 기다란 장막을 만들고 양쪽에 처마를 내어 앞쪽에 대나무 두 개로 기둥을 만들고, 뒤쪽에는 배꼬리에 묶어 두 군데에 못을 박으며, 동자 하나가 배를 젓는다.

四. 小船

  小船, 長丈余, 闊三尺許, 置于池塘72)中, 或時鼓枻73)中流. 或時繫於柳陰曲岸74), 執竿把釣75), 弄月吟風. 以藍布76)作一長幔. 兩邊走檐, 前以二竹爲柱. 後縛船尾77)釘兩圈處, 一童子刺78)之.

---

70) 欄楯(난순): 난간으로, 세로를 '난(欄)'이라 하고, 가로를 '순(楯)'이라 한다.【原註】
71) 음풍농월(弄月吟風): '맑은 바람에 읊조리고 밝은 달을 즐긴다.'는 뜻으로, 아름다운 자연의 경치를 시로 노래하며 즐긴다.【역주】
72) 池塘(지당): 연못. 비교적 작고 얕은 못.【역주】
73) 鼓枻(고설): 설(枻)은 고대에도 '즙(楫)'이라 불렸으며, 오늘날의 노이다. 고설(鼓枻)은 노를 저어 배를 움직이게 하는 것이다. 『초사(楚辭)』에서 "어부가 빙그레 웃으며 노를 저어 갔다.(漁夫莞然而笑, 鼓枻而去.)"라고 했으며, 설(枻)은 '예(栧)'로도 쓴다.【原註】
  * 초사(楚辭): 중국 초나라의 굴원(屈原)과 그 후인들의 사(辭)를 모은 책으로 16권이며 한나라 유향(劉向)이 편집하였다. 또는 이들이 지은 문체를 가리키기도 한다.【역주】
74) 曲岸(곡안): 굽은 언덕. 물가.【역주】
75) 把釣(파조): 낚싯대를 잡다.【역주】
76) 藍布(남포): 남색 무명천.【역주】

---

77) 船尾(선미): 뱃꼬리. 선미.【역주】
78) 刺(자):『운회(韻會)』에서 "자(刺)는 배를 젓는 것이다.(刺, 撐也.)"라고 했다.『사기·진평세가(史記·陳平世家)』에서 "진평은 이내 배를 저어 갔다.(平乃刺船而去.)"라고 하였다.【原註】
   * 진평(陳平, ?-B.C.178): 서한의 개국공신. 양무(陽武) 호유향[户牖鄕, 지금의 하남성 원양현(原陽縣)] 사람.【역주】

위치 (位置)¹⁾

    배치하는 방법에는 복잡한 것과 간단한 것이 다르고, 추울 때와 더울 때가 각각 다르며, 높은 집과 넓은 정자 및 밀실과 깊숙한 방에 각기 적당한 것이 있다. 가령 책과 청동기 같은 종류는 적당한 장소에 어울리게 배치해야 바야흐로 그림과 같아진다. 예찬(倪瓚)의 청비각(淸秘閣)²⁾에는 키가 큰 오동과 예스러운 바위 중간에 탁자 하나와 걸상 하나만으로 사람들에게 운치를 생각나게 하며, 참으로 몸과 마음을 모두 시원하게 해 준다. 그러므로 운치 있는 선비가 기거하는 곳은 문을 들어서면 바로 고아하고 속세를 떠난 정취가 있다. 만약 집 앞에서 닭을 기르고 돼지를 치면서 후원에서 꽃에 물을 주고 돌을 씻는다고 허풍을 치면, 바로 책상에 먼지가 가득 쌓이고 사방 벽이 흙담으로 도리어 적막한 분

---

1) 位置(위치): '안배하여 늘어놓는다.'는 의미이다.【原註】
2) 청비각(淸秘閣): 청비(淸秘)는 청비(淸閟)와 통한다. 누각의 이름으로 강소성 무석시(無錫市) 동쪽에 있으며, 지금은 저타사(祇陀寺)이다. 『명사 · 은일전(明史 · 隱逸傳)』에서 "예찬은 자(字)가 원진(元鎭)으로 무석(無錫) 사람이며, 집안에 재산이 많았고, 시에 정통하고 서화에 뛰어났으며, 거주하는 곳에 누각이 있어 '청비(淸閟)'라 하였는데, 그윽하고 속세와 떨어져있으며, 높다란 나무가 죽 벋어 울창하면서 수려하였으므로 '운림거사'라 자호하였다.(倪瓚, 字元鎭, 無錫人, 家雄貲, 工詩, 善書畵, 所居有閣曰淸閣, 幽迥絕塵, 高木修篁, 蔚然深秀, 故自號雲林居士.)"라고 하였다.【原註】

위기뿐인 것만 못하다. 이것이 권10「위치」의 취지이다.

位置

　位置之法, 繁簡不同, 寒暑各異, 高堂3)廣榭4), 曲房5)奧室6), 各有所宜, 即如
圖書鼎彝之屬, 亦順安設7)得所, 方如圖畵8). 雲林9)淸秘, 高梧古石中, 僅一几一
榻, 令人想見10)其風致, 眞令神骨俱冷. 故韻士11)所居, 入門便有一種高雅絶俗
之趣. 若使12)堂前養鷄牧豕, 而後庭侈言13)澆花洗石, 政14)不如凝塵15)滿案, 環
堵16)四壁, 猶有一種蕭寂17)氣味耳. 志「位置第十」

---

3) 高堂(고당): 높게 지은 집. 남의 집을 높여 이르는 말.【역주】
4) 廣榭(광사): 크고 넓은 정자(亭子).【역주】
5) 曲房(곡방): 밀실의 의미. 매승(枚乘)의 글에서 "밀실 같은 조용하고 한가로운 곳
　에서 마음대로 한다.(縱恣於曲房隱閑之中.)"라고 하였다.【原註】
　* 매승(枚乘, ?-B.C.140): 서한의 사부가(辭賦家). 자(字)는 숙(叔), 회음[淮陰, 지금
　의 강소성 회안(淮安)] 사람.【역주】
　* 縱恣(종자): 자기가 하고 싶은 대로 하다.【역주】
6) 奧室(오실): 역시 밀실의 의미이다.【原註】
7) 安設(안설): 설치하다.【역주】
8) 圖畵(도화): 그림. 지도.【역주】
9) 雲林(운림): 예찬(倪瓚)으로, 자는 원진(元鎭), 호는 운림(雲林)으로, 원나라 무석
　(無錫) 사람이다. 권5「고금의 우열」원주 참고.【原註】
10) 想見(상견): 무엇을 미루어 헤아리다. 누구를 그리워하다.【역주】
11) 韻士(운사): 풍류를 아는 사람.【역주】
12) 若使(약사): 만일 …하게 한다면. 가령 …한다면.【역주】
13) 侈言(치언): 허풍을 치다.【역주】
14) 政(정): '정(正)'과 같은 뜻이다.【原註】
15) 凝塵(응진): '먼지가 쌓였다.'는 의미이다.【原註】
16) 環堵(환도): 『예기·유행(儒行)』에서 "선비가 1무(畝)의 담과 작은 담으로 둘러친
　집이 있으면(儒有一畝之宮, 環堵之室.)"이라고 하였으며, 주(注)에서 "담은 길이가
　열 자이고 높이는 1자이로 둘러쳐 있으며, 하나의 담이 방장(方丈)이므로, '담으로
　두른 거실'이라고 한다.(堵長一丈, 高一尺而環, 一堵爲方丈, 故曰環堵之室.)"라고
　하였다.【原註】
　* 一畝(일무): 667평방미터. 좁다는 의미.【역주】
　* 환도(环堵): 사면이 흙 담. 거실이 누추하고 빈한하다.【역주】
　* 방장(方丈): 한 벽의 길이가 1장(10자)인 작은 방.【역주】
17) 蕭寂(소적): '소슬하고 한적하다.'는 의미이다.【原註】

1. 좌궤(坐几)

천연궤(天然几)[18] 하나는 거실 중간 좌측에 동향(東向)으로 배치하며, 창의 난간에 바싹 붙여 바람과 햇살을 받아서는 안 된다. 궤의 위에는 오래된 벼루 하나·필통 하나·필첨(筆觇)[19] 하나·수중승(水中丞)[20] 하나·연산(研山)[21] 하나를 둔다. 옛사람이 벼루를 두면 모두 좌측에 있어 먹빛에 눈이 부시지 않고 또 등불 아래 더 적당하며, 서척(書尺)[22]과 진지(鎭紙)[23]는 각각 하나씩 두어 때때로 닦아 비칠 정도로 반

---

18) 천연궤(天然几): 네 다리가 달린 좁고 기다란 진열용 탁자.【역주】
19) 필첨(筆觇): 붓을 시험해보는 도구이며, 권7 필첨(筆觇)의 원주 참고.【原註】
20) 수중승(水中丞): 수우(水盂)이며, 물을 담는 문방구. 임홍(林洪)의 『문방도찬(文房圖贊)』에서 수우(水盂)를 '수중승(水中丞)'이라 했다. '수승(水丞)'이라고도 한다. 권7 「수중승(水中丞)」의 원주 참고.【原註】
21) 연산(研山): 『준생팔전(遵生八箋)』에서 "연산은 미불(米芾)로 부터 시작하였으며, 남당시기의 보배로운 수석으로 만들어졌는데, 『철경록(輟耕錄)』에 그림이 실려, 후대에 모방하였다.(研山始自米南宮, 以南唐寶石爲之, 圖載輟耕錄, 後即效之.)"라고 했다. 나머지는 권3 「품석(品石)」의 원주 참고【原註】
22) 서척(書尺): 척(尺)은 '계척(界尺)'이다. 『국로담원(國老談苑)』에서 "태종이 조회에서 물러나 일찍이 측백나무로 계척을 만들었고 길이는 여러 마디인데, '격필간(隔筆簡)'이라고 하며, 매번 임금이 시를 짓거나 편지를 쓸 때 서척을 사용하여 종이를 눌러서 사용하였다.(太宗退朝, 嘗以柏爲界尺, 長數寸, 謂之隔筆簡, 每御製或飛宸翰, 則用以鎭所臨之紙.)"라고 하였다. 명 주지번(朱之蕃)의 「서척시(書尺詩)」에서 "문인 모임에서는 몸을 곧게 하고, 높은 서재에서는 교서랑과 함께 하네. 앉아서는 흩어진 책을 누르는데 도움이 되고, 바람이 찢어진 책을 움직이면 서척을 기다리네.(文林裁成體直方, 高齋時伴校書郎. 坐攤散帙資彈壓, 風動殘編待主張.)"라고 하였다.【原註】
   * 국로담원(國老談苑): 2권. 이문군옥(夷門君玉) 편찬. 송태조와 태종 및 진종(眞宗) 3대 시기의 사건을 기록하였다.【역주】
   * 주지번(朱之蕃, ?-1624): 명나라 대신이며 서화가. 자(字)는 원승(元升) 또는 원개(元介)이며, 호는 난우(蘭隅)와 정각주인(定覺主人). 조선에 사신으로 왔었다.【역주】
   * 계척(界尺): 괘선을 긋는 데 사용하는 자.【역주】
   * 신한(宸翰): 임금이 손수 쓴 편지.【역주】
23) 진지(鎭紙): 권7 진지(鎭紙)의 원주 참고.【原註】

짝이면 아름답다.

一. 坐几

天然几一, 設於室中左偏東向, 不可迫近²⁴⁾窓檻²⁵⁾, 以逼風日. 几上置舊研²⁶⁾
一, 筆筒一, 筆觇一, 水中丞一, 研山一. 古人置研, 俱在左, 以墨光不閃眼, 且於
燈下更宜, 書尺²⁷⁾鎭紙各一, 時時拂拭²⁸⁾, 使其光可鑒, 乃佳.

2. 좌구(坐具)

상죽탑(湘竹榻)²⁹⁾과 선의(禪椅)³⁰⁾는 모두 앉을 만하며, 겨울에는 오

---

24) 迫近(박근): 바싹 대다.【역주】
25) 窓檻(창함): 난간.【역주】
26) 舊研(구연): 구연(舊硯, 오래된 벼루)과 통한다.【原註】
27) 書尺(서척): 척(尺)은 '계척(界尺)'이다. 『국로담원(國老談苑)』에서 "태종이 조회에
   서 물러나 일찍이 측백나무로 계척을 만들었고 길이는 여러 마디인데, '격필간(隔
   筆簡)'이라고 하며, 매번 임금이 시를 짓거나 편지를 쓸 때 서척을 사용하여 종이
   를 눌러서 사용하였다.(太宗退朝, 嘗以柏爲界尺, 長數寸, 謂之隔筆簡, 每御製或飛
   宸翰, 則用以鎭所臨之紙.)"라고 하였다. 명 주지번(朱之蕃)의 「서척시(書尺詩)」에
   서 "문인 모임에서는 몸을 곧게 하고, 높은 서재에서는 교서랑과 함께 하네. 앉아
   서는 흩어진 책을 누르는데 도움이 되고, 바람이 찢어진 책을 움직이면 서척을
   기다리네.(文林裁成體直方, 高齋時伴校書郎. 坐攤散帙資彈壓, 風動殘編待主張.)"
   라고 하였다.【原註】
   * 국로담원(國老談苑): 2권. 이문군옥(夷門君玉) 편찬. 송태조와 태종 및 진종(眞
     宗) 3대 시기의 사건을 기록하였다.【역주】
   * 주지번(朱之蕃, ?-1624): 명나라 대신이며 서화가. 자(字)는 원승(元升) 또는 원
     개(元介)이며, 호는 난우(蘭隅)와 정각주인(定覺主人). 조선에 사신으로 왔었다.
     【역주】
   * 계척(界尺): 괘선을 긋는 데 사용하는 자.【역주】
   * 宸翰(신한): 임금이 손수 쓴 편지.【역주】
28) 拂拭(불식): 먼지를 떨고 훔치다. 닦다.【역주】
29) 상죽탑(湘竹榻): 상비죽(湘妃竹, 반점이 있는 대나무)으로 만든 평상.【原註】
30) 선의(禪椅): 권6 선의(禪椅)의 원주 참고.【原註】

래된 비단으로 방석을 만들거나 호랑이 가죽을 설치하면 모두 좋다.

二. 坐具

湘竹榻及禪椅皆可坐, 冬月以古錦制褥, 或設皐比31), 俱可.

3. 의자(椅)·평상(榻)·병풍(屛)·시렁(架)

서재에는 의자 4개와 평상 1개만 둘 수 있고, 기타 낡은 불상대좌·짧은 평상·낮은 탁자·벽에 배치하는 탁자 종류는 많이 설치해도 무방하다. 그러나, 벽에 기대어 여러 개의 의자를 나란히 배치하는 것은 피해야 하고, 병풍은 한 쪽에만 배치해야 하며, 서가와 장롱에 모두 도서를 진열해야 하지만 너무 복잡해서 서점 속에 있는 것처럼 해서는 안 된다.

三. 椅榻屛架

齋中僅可置四椅一榻, 他如古順彌座32), 短榻, 矮几, 壁几33)之類, 不妨多設,

---

31) 皐比(고비): 호랑이 가죽이다. 『좌전』에서 "범 가죽을 뒤집어쓰고 앞서 적을 공격했다.(蒙皐比而先犯之.)"라고 하였다.【原註】
32) 古須彌座(고수미좌): 수미좌(須彌座)는 불상을 받치는 좌대를 가리킨다. 명청시대 이래로 불상·가구·감실(龕室)·단(壇)·대(臺)·탑·당(幢) 및 진귀한 건축물에는 모두 수미좌를 응용하였다. 기타 골동·연산(硯山)·화지(花池) 등도 역시 수미좌를 이용하여 받쳤다.【原註】
  * 수미좌(須彌座): 금강좌(金剛座)와 수미단(須彌壇)이라고도 하며, 인도에서 유래하여 불상과 보살상을 안치하는 좌대. 고급 건축에도 사용되어 벽돌이나 돌을 쌓아 만들고, 궁정전과 묘우(廟宇) 등에 설치한다.【역주】
  * 감실(龕室): 석굴과 고분 등의 벽 가운데를 깊이 파서 석불을 안치하거나, 묘의 주인공의 초상을 그려 놓은 곳도 역시 감실이다. 석굴암에는 10개의 감실을 파서 불상을 안치하였다. 천주교에서도 성당 안에 성체를 담은 성합(聖盒)을 넣어둔 곳을 '감실'이라고 한다. 유교에서는 사당 안에 신주(위패)를 모셔 두는 곳을

忌靠壁平設數椅, 屛風僅可置一面, 書架及櫥34)俱列以置圖史35), 然亦不宜太
雜, 如書肆中.

4. 그림 걸기(懸畫)36)

그림을 걸려면 높아야 적당하고 서재에는 벽 위에 족자 하나만 걸 수
있으며, 만약 두 벽에 걸어 좌우가 대칭되면 가장 저속하다. 기다란 그
림은 높은 곳에 걸어야 하며, 애화죽(挨畫竹)37)으로 구부려 걸어서는
안 된다. 그림 그리는 탁자에 괴석이나 제철 꽃과 분재(盆景)과 같은
종류는 놓을 수 있지만, 주홍색을 칠한 선반은 피해야 한다. 대청 중앙
에는 커다란 가로 그림을 걸어야 적당하며, 서재 중앙에는 작은 산수화
나 화조도(花鳥圖)를 걸어야 마땅하다. 족자·부채 그림·두방(斗方)38)
·괘병(挂屛)39) 같은 종류는 모두 고상하지 못 하다. 그림은 주위 환경
과 관계가 없다는 그 말은 오류이다.

　　'감실'이라 한다.【역주】
33) 壁几(벽궤): 벽(壁)은 벽(壁)의 오자로 추측된다. 벽(壁)은 원형이므로, 원형의 궤
　　나 두 개의 반월형 궤이며, 지금도 여전히 사용하는 경우가 있다.【原註】
34) 櫥(주): 장롱. 궤짝.【역주】
35) 圖史(도사): 도서(圖書, 책)와 역사 서적.【역주】
36) 懸畫(현화): 그림을 걸다.【原註】
37) 애화죽(挨畫竹): 매우 긴 그림은 걸 때에 가는 대나무를 가로로 설치하고 그림의
　　한 단락을 그 위에 구부려서 걸 경우에 사용하는 가는 대나무를 '애화죽'이라 하며,
　　'화죽(畫竹)'이라고도 한다.【原註】
38) 두방(斗方): 서화에 사용하는 용지로, 종류가 모두 정사각형이므로 이렇게 이름
　　붙였다.【原註】
　　* 두방(斗方): 1~2자 크기의 정사각형 그림.【역주】
39) 괘병(挂屛): 걸 수 있도록 한 폭씩 표구한 병풍형태의 서화.【역주】

四. 懸畵

　懸畵宜高, 齋中僅可置一軸於上, 若懸兩壁及左石對例, 最俗. 長畵可挂高壁, 不可用挨畵竹曲挂. 畵卓可置奇石, 或時花盆景之屬, 忌置朱紅漆等架. 堂中宜挂大幅橫披, 齋中宜小景花鳥. 若單條[40]扇面[41]斗方挂屛之類, 俱不雅觀. 畵不對景, 其言亦謬.

5. 항아리 배치(置鑪)[42]

　일좌궤(日坐几)[43] 위에 사각형의 커다란 왜대궤(倭臺几)[44] 하나를 놓고, 그 위에 향로 하나를 놓는다. 향합 큰 것 하나에는 생향(生香)[45]과

---

40) 單條(단조): 족자.【역주】
41) 扇面(선면): 부채형태의 그림. 부채에 그린 그림.【역주】
42) 鑪(노): 향로.【역주】
43) 일좌궤(日坐几): 항상 앉아서 기대는 탁자로 추정된다. 안(案, 지금 책상으로 속칭한다)은 『상서·고명(尙書·顧命)』에서 "옥궤에 기대다.(憑玉几.)"라고 하였다. 『설문해자』에서 "궤는 걸터앉는 것이다.(几, 踞坐也.)"라고 하였다. 서착(徐錯)의 주(注)에서 "사람이 기대어 앉는 것이다.(人所憑坐也.)"라고 하였다. 옛날 사람들은 바닥에 방석을 깔고 앉았으며, 피곤하면 궤에 기대거나 궤를 치우고 누웠다. 궤장(几杖)을 하사하여 노인을 공경하는 예를 보였다. 『사기·문제기(文帝紀)』에서 "오왕(吳王)이 병이라 속이고 조회에 참여하지 않아, 궤장(几杖)을 하사하여 평안토록 하였다.(吳王詐病不朝, 賜几杖以安之.)"라고 하였다. 『옥편(玉篇)』에서 "궤는 책상이며, '궤(机)'라고 도 한다.(几案也, 亦作机.)"라고 하였다. 『좌전·소오년(昭五年)』에서 "궤가 설치되어 있으나 기대지 않는다.(設机而不倚.)"라고 하였다. 구양수(歐陽脩)의 「독서(讀書)」시에서 "지극하구나! 천하의 즐거움이여! 온종일 책상에 있도다.(至哉天下樂, 終日在書案.)"라고 하였다.【原註】
　＊ 궤장(几杖): 고대에 임금이 국가에 공이 많은 늙은 신하에게 주는 안석(案席)과 지팡이.【역주】
44) 왜대궤(倭臺几): 탁자의 위에 놓는 일본식 작은 궤로, 기물을 진열하는데 사용한다.【原註】
45) 생향(生香): 향의 숙성 상태에 따라 생향과 숙향(熟香)으로 나뉜다. 생향(生香)은 살아 있는 향나무의 체내에 있는 향을 가리키며, '생결(生結)'이나 '활향(活香)'이라고도 한다.【역주】

숙향(熟香)46)을 넣어두고, 작은 향합 두 개에는 침향과 향병(香餠)47)과 같은 종류를 넣으며, 젓가락을 담는 병 하나를 둔다. 서재 내부에 향로 두 개를 두어서는 안 되고, 그림 가까이에 놓은 탁자 위에 두어서는 안 되며, 병 및 합과 대칭으로 진열해서는 안 된다. 여름에는 도자기 향로를 사용해야 적당하고, 겨울에는 청동 향로를 사용한다.

五. 置鑪

於日坐几上置倭臺几方大者一, 上置鑪一. 香盒大者一, 置生熟香, 小者二, 置沈香, 香餠之類, 筯瓶48)一. 齋中不可用二鑪, 不可置于挨畫桌49)上, 及瓶盒對列. 夏月宜用磁鑪, 冬月用銅鑪.

6. 화병의 배치(置瓶)

화병의 양식에 따라 크고 작은 낮은 탁자 위에 놓으며, 봄과 겨울에는 청동제품을 사용하고 여름과 가을에는 도자기 제품을 사용한다. 대청에는 커야 마땅하고 서재에는 작아야 적당하고, 청동제품과 도자기 제품이 좋고 금은제품은 저속하며, 고리가 달린 것은 피하고 쌍을 이루는 것을 피한다. 꽃은 성기고 교묘하게 꽂아야 하며 번잡하게 꽂지 않아야 한다. 만약 가지 하나를 꽂으려면 기이하고 고풍스런 가지를 선택해야 하며, 가지가 두 개이면 높낮이를 조화시켜 합쳐서 꽂아야 하고, 또한

---

46) 숙향(熟香): 향나무의 체내에서 떨어지거나 죽은 향나무의 체내에 붙어 있는 향을 '숙향(熟香)'이나 '숙결(熟結)'이나 '사향(死香)'이라 한다.【역주】
47) 향병(香餠): 향료(香料)를 작은 떡 모양으로 만든 것.【역주】
48) 筯瓶(저병): 젓가락을 담는 병.【原註】
49) 挨畫桌(애화탁): 걸어놓은 그림에 가까이 있는 탁자.【原註】

한두 종류에 그쳐야지 너무 많으면 바로 술집과 같아진다. 오직 가을꽃을 작은 화병에 꽂는 것은 논하지 않는다. 꽃이 있으면 창문을 닫고 향을 피워서는 안 되는데 연기가 닿으면 바로 시들기 때문으로, 특히 수선화가 심하다. 또한 그림이 있는 탁자 위에 두어서는 안 된다.

六. 置瓶

隨瓶制50)置大小倭几之上, 春冬用銅, 秋夏用磁. 堂室51)宜大, 書室宜小, 貴銅瓦, 賤金銀, 忌有環, 忌成對. 花宜瘦巧, 不宜繁雜, 若插一枝, 須擇枝柯奇古, 二枝須高下合插, 亦止可一二種, 過多便如酒肆. 惟秋花插小瓶中不論. 供花不可廢窗尺焚香, 烟觸即萎, 水仙尤甚, 亦不可供於畫卓上.

7. 작은 방(小室)

작은 방에는 탁자와 의자를 너무 많이 놓지 말아야 하지만, 옛날에 만든 폭이 좁은 책상 하나를 선택하여 중앙에 두고, 그 위에 붓과 벼루 · 향합 · 훈로(薰爐)와 같은 종류를 진열하면 작으면서도 우아하다. 별도로 돌로 만든 작은 탁자 하나를 설치하여 찻사발과 다구(茶具)를 둔다. 작은 평상 하나를 두어 눕고 앉는데 사용하며, 그림은 걸 필요는 없다. 고풍스런 괴석을 두거나 작은 불주(佛櫥)52)에 도금한 작은 불상을 두어도 좋다.

---

50) 瓶制(병제): 화병의 양식을 가리키는 말이다.【原註】
51) 堂室(당실): 한 울타리 안에 있는 여러 채의 집과 방.【역주】
52) 불주(佛櫥): 불당에서 사용하는 농.【역주】

七. 小室

小室內几榻俱不宜多置, 但取古制狹邊書几53)一, 置於中, 上設筆硯香盒薰鑪
之屬, 俱小而雅. 別設石小几一, 以置茗甌54)茶具. 小榻一, 以供偃卧55)趺坐56),
不必挂畵. 或置古奇石, 或以小佛櫥供鎏金57)小佛於上, 亦可.

8. 침실(卧室)

작은 탁자와 천장널은 비록 저속하지만 침실은 건조하게 하고, 탁자
와 천장널을 사용해도 되지만 채색화와 유칠(油漆)58)은 안 될 뿐이다.
남쪽으로 향해 침대 하나를 배치하고, 침대 뒤에는 별도로 반 칸 정도를
남겨 사람이 다니지 않는 곳에 훈롱(薰籠)59) · 옷걸이 · 세면도구 · 화장

---

53) 書几(서궤): 책상.【역주】
54) 茗甌(명구): 다구(茶甌, 차 사발)이다. 구(甌)는 바로 우(盂, 사발)로, 차를 마시는
    그릇을 말한다.【原註】
55) 偃卧(언와): 반듯하게 눕는다는 의미이다. 엎드리는 것은 '부(仆)'라고 하고, 반듯
    하게 눕는 것은 '언(偃)'이라 한다. 『시경 · 소아(小雅)』에서 "혹은 침상에 누워 쉰
    다.(或息偃在床.)"라고 하였다.【原註】
56) 趺坐(부좌): 부(趺)는 부(跗)와 같다. 책상다리하고 앉는 것을 '부좌(趺坐)'라 하며,
    속칭 '반좌(盤坐)'라 한다. 왕유(王維)의 시에서 "부드러운 풀에 앉네.(軟草乘趺
    坐.)"라고 하였다.【原註】
57) 鎏金(유금): 오늘날의 도금(鍍金)으로 추정된다. 권5 「표축(標軸)」의 원주 참고.
    【原註】
    * 鎏金(유금): 금을 수은에 녹여 칠하고 열을 가해 부착시키는 아말감도금법과
      금분에 아교를 섞어 칠하는 금칠기법이 있다.【역주】
58) 유칠(油漆): 기름칠과 옻칠.【역주】
59) 훈롱(薰籠): 훈(薰)은 훈(熏) 및 훈(燻)과 같다. 조롱으로 훈로(熏鑪)를 덮은 것을
    '훈롱(熏籠)'이나 '훈롱(薰籠)'이라 한다. 『동궁구사(東宮舊事)』에서 "태자가 태자
    비를 들이는데 칠을 하고 문양을 그린 훈롱 두 개 · 큰 이불에 사용하는 훈롱 세
    개 · 옷에 사용하는 훈롱 세 개가 있었다.(太子納妃, 有漆畵薰籠二, 大被薰籠三,
    衣薰籠三.)"라고 하였다. 당 왕건(王建)의 시에서 "은으로 만든 훈롱 바닥에 불이
    활활.(銀薰籠底火霏霏.)"이라고 하였다.【原註】

상자·서등(書燈)60) 종류를 배치한다. 침대 앞에는 작은 탁자 하나만 놓고 어떤 물건도 두지 않으며, 작은 정사각형 걸상 두 개와 작은 장롱 하나에는 향약(香藥)과 완구(玩具)를 둔다. 방의 내부는 정결하고 우아해야 하는데, 일단 현란하고 화려해서 바로 규방에 있는 것처럼 되면 은자가 구름 속에서 잠을 자고 달 아래 꿈을 꾸기에 적당하지 않을 것이다. 특히 벽에 구멍하나를 파서 벽상(壁床)61)을 설치하여 밤에 침대를 나란히 하고 지난 이야기를 할 수 있도록 하며, 그 아래에는 서랍을 이용해 버선을 넣어둔다. 정원에도 꽃과 나무를 많이 심지 말아야 하고, 단지 특이한 종류로 매우 진귀한 것을 선택하여 중앙에 한 그루 배치하여 영벽(靈璧)62)과 영석(英石)63)으로 조화시킨다.

八. 卧室

地屛64)天花板65)雖俗, 然卧室取乾燥, 用之亦可, 第不可彩畫及油漆耳. 面南設卧榻66)一, 榻後別留半室, 人所不至, 以置薰籠衣架67)盥匜68)廂盦69)書燈70)之

---

60) 서등(書燈): 책을 읽을 때 사용하는 등불.【역주】
61) 벽상(壁床): 벽에 구멍을 파서 만든 침대를 '벽상(壁床)'이라 한다.【原註】
62) 영벽(靈璧): 안휘성 영벽현(靈璧縣)에서 나는 유명한 수석.【역주】
63) 영석(英石): 광동성 영덕현(英德縣)에서 나는 돌.【역주】
64) 地屛(지병): 바닥. 바닥에서 사용하는 것으로, 작은 탁자와 같은 것은 사방에서 모아 설치하면 네모난 벽돌을 깐 지면에 적당하며, 겨울에는 사용하고 여름에는 사용하지 않는데, '지병(地屛)'이라고도 한다.【原註】
65) 天花板(천화판): 천장널.【역주】
66) 卧榻(와탑): 침대.【역주】
67) 衣架(의가): 옷걸이.【역주】
68) 盥匜(관이): 고대에 세수하는 그릇. 이(匜)는 다리미와 같은 모양이다.【原註】
   * 이(匜): 이(匜)로는 물을 따라서 씻고, 반(盤)으로는 씻고 난 물을 받아둔다. 따라서 이와 반은 한 조를 이루는 세면용구이다. 반이(盤匜)는 서주(西周, B.C.1111?-B.C.771) 중기 혹은 말기에서 전국시대(B.C.475-B.C.221)에 이르는 시기의 무덤에서 종종 함께 출토된다. 동으로 만든 이(匜)의 형태는 굉(觥, 한쪽이 따르거나 마시기 좋도록 약간 튀어나온 형태의 고대 술잔)과 흡사하다. 굉은

屬. 榻前僅置一小几, 不設一物, 小方机二, 小櫥一, 以置香藥玩器. 室中精潔雅素, 一涉絢麗, 便如閨閣中, 非幽人眠雲[71]夢月[72]所宜矣. 更須穴壁一, 貼[73]爲壁床, 以供連床夜話[74], 下用抽替[75], 以置履袜[76]. 庭中亦不順多植花木, 第取異種宜秘惜[77]者, 置一株於中, 更以靈璧英石伴之.

뚜껑이 있는데 비해, 이는 일반적으로 뚜껑이 없다.【역주】

69) 厢奩(상렴): 화장품 상자.【역주】

70) 書燈(서등): 글을 읽기 위해 켜는 등불.【역주】

71) 眠雲(면운): '산에서 산다.'는 의미이다. 당 유우석(劉禹錫)의 「시다가(試茶歌)」에서 "화유의 청량한 맛을 알고자 한다면, 반드시 구름에서 잠을 자고 돌을 먹는 사람이어야 하네.(欲知花乳淸泠味, 須是眠雲飯石人.)"라고 하였다.【原註】
   * 화유(花乳): 차를 끓일 때 수면 위에 떠오른 포말. '수화(水花)'라고도 한다.【역주】

72) 夢月(몽월): 당 이백(李白)의 「몽유천모음유별(夢游天姥吟留別)」에서 "나는 그래서 꿈에 오와 월에서 놀아 보고자, 하룻밤 사이 달 밝은 경호(鏡湖)를 건넜네.(我欲因之夢吳越, 一夜飛渡鏡湖月.)"라고 했다.【原註】

73) 貼(첩): '바싹 가까이 대다.'의 의미이다. 『증운(增韻)』에서 "첩(貼)은 가까이 하다, 붙이다.(貼, 依附也, 粘置也.)"라고 히였다.【原註】

74) 連床夜話(연상야화): '침대를 나란히 하고 지난 이야기를 하다.'는 의미이다. 송 주희(朱熹)의 시에서 "통쾌하게 유람하며 아침에 옷을 갈아입고, 밤에 침대를 나란히 해서 기묘한 이야기를 했네.(勝游朝挽袂, 妙語夜連床.)"라고 하였다.【原註】
   * 주희 시의 제목은 「남헌에서 회포가 있어 백숭택에게 드리는 2수(有懷南軒呈伯崇擇之二首)」이며, 원주에서 둘째구를 '묘우(妙雨)'라고 하였으나 '묘어(妙語)'의 오기이므로 수정하였다.

75) 抽替(추체): 서랍은 본래 '추체(抽替)'라고 한다. 『계신잡지(癸辛雜志)』에서 "이인보(李仁甫)가 『속자치통감장편(續資治通鑑長編)』을 지었는데, 12칸짜리 나무 장롱을 만들고 장롱마다 서랍 12칸을 만들어 서랍마다 갑을(甲乙)의 순서로 번호를 기록하였다.(李仁甫爲長編, 作木厨十二格, 每厨作抽替十二格, 每替以甲乙志之.)"라고 하였다.【原註】
   * 이인보(李仁甫): 북송의 학자 이도(李燾, 1115-1184), 자(字)는 인보(仁甫)이고 호는 손암(巽岩)이다.
   * 속자치통감장편(續資治通鑑長編): 980권. 송태조부터 흠종(欽宗)까지 북송 9대 168년의 역사를 기록한 편년체 사서. 이도가 40년에 걸쳐 편찬하였다.【역주】

76) 履袜(이말): 버선.【역주】

77) 秘惜(비석): '공개를 원하지 않아서 더욱 진귀하고 사랑한다.'는 의미이다.【原註】

9. 정사(亭榭)78)

정사(亭榭)는 비바람을 가리지 못하므로 좋은 물건을 사용해서는 안 되며, 저속한 것은 또 참을 수가 없고, 칠이 오래되고 면이 네모나고 다리가 굵고 예스러우며 소박하고 자연스러운 것을 배치한다. 노천의 좌석은 낮고 평평한 태호석을 사방에 흩어 놓아야 적당하고, 돌 의자와 도자기 의자의 종류는 모두 사용할 수 없다. 특히 관부에서 만든 벽돌을 윗면에 설치한 주홍색 의자는 사용할 수 없다.

九. 亭榭

亭榭不蔽風雨, 故不可用佳器, 俗者又不可耐, 須得舊漆, 方面, 粗足, 古朴自然者置之. 露坐, 宜湖石79)平矮者, 散置四傍, 其石墩80), 瓦墩81)之屬, 俱置不用, 尤不可用朱架架官磚82)於上.

10. 넓은 방(敞室)83)

긴 여름에는 방이 널찍해야 하므로, 창문과 난간을 모두 없애고 앞에는 오동나무 뒤에는 대나무로 햇빛이 보이지 않게 한다. 매우 길고 커다란 나무로 만든 궤를 정중앙에 진열하고 양 옆에 등받이가 없는 기다란

---

78) 정사(亭榭): 정(亭)은 평면으로 원형이거나 정방의 다각형으로 지어진 건축물이다. 사(榭)는 평면에 직사각형으로 물 옆에 설치하는 건축물이다.【原註】
79) 湖石(호석): 본문에서는 태호(太湖)에서 산출되는 태호석(太湖石)을 말한다.【역주】
80) 墩(돈): 걸상.【역주】
81) 瓦墩(와돈): 질그릇 재질로 만든 북처럼 둥글게 생긴 의자.【역주】
82) 官磚(관전): 명대 관부의 가마에서 만든 벽돌. 권2「분완(盆玩)」의 원주 참고.【原註】
83) 敞室(창실): 넓은 방.【역주】

평상을 각각 하나씩 배치하며, 그림은 걸 필요가 없는데 대개 여름에 쉽게 건조되어 갈라지기 때문이다. 또한 뒷벽이 뚫려 그림을 걸기에 마땅한 곳도 없다. 북쪽 창문에 반죽으로 만든 평상을 두고 그 위에 대자리를 깔면 높이 누울 수 있다. 탁자 위에 큰 벼루 하나·푸르게 녹이 슨 물동이 하나·준이(尊彝)[84]와 같은 종류는 모두 큰 것을 선택한다. 건란(建蘭) 화분 한두 개를 궤안의 측면에 둔다. 늙은 나무가 있는 기이한 봉우리와 흰 돌에 맑은 물이 흐르는 분경(盆景)은 많이 늘어놔도 무방하다. 반죽 주렴을 사방에 늘어트리고 바라보면 청량한 세계에 들어와 있는 듯하다.

十. 敞室

長夏宜敞室, 盡去窗檻[85], 前梧後竹, 不見日色. 列木几極長大者於正中, 兩傍置長榻無屛者各一, 不必挂畵, 盖佳畵夏日易燥, 且後壁洞開[86], 亦無處宜懸挂也. 北窗設湘竹榻, 置簟[87]於上, 可以高臥. 几上大硯一, 青綠水盆一, 尊彝之屬, 俱取大者. 置建蘭[88]一二盆於几案之側, 奇峰古樹, 清泉[89]白石, 不妨多列. 湘簾[90]四垂, 望之如入清涼界[91]中.

---

84) 준이(尊彝): 고대 예기(禮器)로 육준(六尊)과 육이(六彝)가 있다. 육준에는 희준(犧尊)·상준(象尊)·착준(著尊)·호준(壺尊)·대준(大尊)·산준(山尊)이 있다. 육이에는 계이(鷄彝)·조이(鳥彝)·황이(黃彝)·호이(虎彝)·유이(蜼彝)·가이(斝彝)가 있다. 【原註】
  * 준이(尊彝): 종묘의 제기.【역주】
85) 窗檻(창함): 창문과 난간.【역주】
86) 洞開(동개): 개방하다. 뚫리다.【역주】
87) 簟(점): 대나무 자리. 권6 「궤탑(几榻)」의 원주 참고.【原註】
88) 建蘭(건란): 권2 「난(蘭)」의 원주 참고.【原註】
89) 清泉(청천): 맑디맑은 샘물. 벼루의 다른 이름. 벼루.【역주】
90) 湘簾(상렴): 상비죽이나 반죽(斑竹)으로 만든 주렴이다. 조맹부(趙孟頫)의 시에 "상비죽 주렴에는 물결문양이 성글게 짜여 있네.(湘簾疏織浪紋稀.)"라고 하였다. 【原註】
  * 조맹부 시의 제목은 「즉사삼절(卽事三絶)」이다.【역주】

11. 불실(佛室)[92]

불당 안에는 오사장불(烏絲藏佛)[93] 한 구를 모시며, 도금(鍍金)이 매우 두껍고 자비로운 얼굴에 자태가 단정하며 장엄한 모습을 모두 갖춘 것이 상급이다. 송원시대의 면사포를 쓰지 않은 관음보살상은 모두 좋으며, 예스럽게 칠한 불주(佛橱)를 사용하여 진열한다. 향상(香像)[94] · 당나라 불상 및 나란히 진열한 삼존(三尊)[95] · 제천(諸天)[96]의 접인불

91) 淸凉界(청량계): 불교용어로 '청량한 세계'이다. 여기서는 시원하고 상쾌한 경지를 가리킨다.【原註】

92) 불실(佛室): 불당(佛堂). 부처를 모셔 놓은 대청이나 건물.【역주】

93) 오사장불(烏絲藏佛): 티베트에서 생산되는 금불이다. 『명사 · 서역삼전 · 오사장대보법왕전(明史 · 西域三傳 · 烏斯藏大寶法王傳)』에서 "오사장은 운남 서쪽 변방의 외부에 있으며, 운남 여강부(麗江府)에서 천여리를 가고, 사천 마호부(馬湖府)에서 천 오백여리를 간다. 홍무 초기에 지휘사사(揮揮使司) 둘을 두어 '타감(朶甘)'이라 하고 '오사장(烏斯藏)'이라 한다.(烏斯藏在雲南西徼外, 去雲南麗江府千餘里, 四川馬湖府千五百餘里. 洪武初, 設指揮使司二, 曰朶甘, 曰烏斯藏.)"라고 하였다.【原註】
   * 여강(麗江): 운남성 북서부에 위치한 유명한 관광도시이다. 금사강(金沙江) 중류에 자리 잡고 있으며, 청장고원(靑藏高原) 및 운귀고원(雲貴高原)에 인접해 있다.【역주】

94) 향상(香像): 현겁(賢劫) 16존의 하나로, 금강계(金剛界) 외원(外院) 방단(方壇)에 기거하는데, 남방 네 존자 중의 으뜸으로, 밀교에서는 '대력금강(大力金剛)'이나 '호계금강(護戒金剛)'이라 한다.【原註】
   * 현겁(賢劫): 현재의 1대겁(大劫)은 세계가 형성되어[成] 상태를 유지하다가[住] 변화하기 시작해서[異] 무너지는[滅] 네 단계의 겁으로 이루어져 있으며, 그 1대겁을 현겁이라 한다. 하나의 겁이 335,960,000년이므로, 1대겁은 1,343,840,000년이다.【역주】

95) 삼존(三尊): 불교용어로 '삼성(三聖)'이라고도 하며, 석가삼존(釋迦三尊)과 약사삼존(藥師三尊) 및 서방삼존(西方三尊) 등이 있다. 석가삼존은 석가모니와 문수보살(文殊菩薩) 및 보현보살(普覽菩薩)이고, 약사삼존은 약사불(藥師佛)와 일광불(日光佛) 및 월광불(月光佛)이다. 서방삼존은 미타불(彌陀佛)와 관음보살(觀音菩薩) 및 세지보살(勢至菩薩)이다. 지금은 석가삼존을 가리킨다.【原註】

96) 제천(諸天): 불교용어. 불경에 "삼계에는 28천이 있으며, '제천(諸天)'이라 한다. 천(天)이라는 것은 맑고 순결하며 가장 높고 가장 존귀한 것으로, 바로 신계(神界)의 위치를 말하며, 위에 있어 푸른 하늘과는 다른 것이다.(三界二十八天, 稱爲'諸天. 天者, 言其淸净光潔, 最勝最尊, 乃神界之位, 蒼蒼在上之天不同.)"라고 하였다.

(接引佛)97) 등의 불상과 같은 것은 '일당(一堂)'이라 하며, 또한 주홍색 장롱과 작은 나무 장롱 등은 모두 승려의 거처에서 사용하고 거사(居士)에게는 적당하지 않다. 커다란 소나무가 자란 석굴의 아래에서 구한 예스러운 석불상이 가장 아름답다. 책상머리에 오래된 도자기 정병(淨瓶)98)으로 꽃을 바치고, 정완(淨碗)99)에 물을 따르며, 돌로 만든 향로에서 향을 태우고, 밤에는 석등으로 밝힌다. 종(鍾)100) · 경(磬)101) · 번(幡)102) · 당(幢)103) · 궤(几) · 평상 종류는 차례대로 배열하며 모두 정교한 것을 경계한다. 종과 경은 더욱 더 나란히 진열해서는 안 된다. 예스러운 일본식 칠을 한 경상(經廂)104)을 이용하여 불경을 넣는다. 정원에는 시

【原註】

97) 접인불(接引佛): 불가에 접인불(接引佛)이 있으며, 사람을 응접하고 인도하여 불도에 들어가게 한다. 『관무량수경(觀無量壽經)』에서 "이 보배로운 손으로 중생을 인도한다.(以此寶手, 接引衆生.)"라고 하였다.【原註】

  * 관무량수경(觀無量壽經): 『아미타경(阿彌陀經)』 및 『무량수경(無量壽經)』과 함께 정토삼부경(淨土三部經)에 속하는 불경의 하나. 남조 송 강량야사(畺良耶舍) 번역.【역주】

98) 정병(淨瓶): 범어로는 '군지(軍持)'라고 하며, 불가에서는 손을 씻는 데 사용한다. '조병(澡瓶)'이라고도 한다.【原註】

  * 군지(軍持): 산스크리트어로 kundikā, 영어로 kendy. 승려가 사용하는 물병.【역주】

99) 정완(淨碗): 불전에 맑은 물을 공양하는 그릇을 '정완(淨碗)'이라 한다.【原註】

100) 종(鍾): 고대 악기. 동으로 주조하여 속이 비어, 때리면 소리가 나는 것.【原註】

101) 경(磬): 고대의 악기로 옥이나 돌로 만들며, 모양은 구(矩, 곱자. 'ㄱ'자 모양)와 같은데, 넓으면서 짧은 한 끝을 '고(股)'라 하며, 좁고 긴 한 끝을 '고(鼓)'라고 한다. 『고공기(考工記)』 경씨(磬氏)에서 "고(股)는 두 번이고, 고(鼓)는 세 번이다.(股爲二, 鼓爲三.)"라고 하였으며, 주(注)에서 정현(鄭玄)이 "고(股)는 경(磬)의 위쪽 큰 것이고, 고(鼓)는 그 아래 작은 것으로 타격을 받는 것이다.(股, 磬之上大者, 鼓, 其下小者所當擊者也.)"라고 했다. 『국어(國語)』에서 "집이 마치 경쇠를 매단 것과 같다.(室如懸磬.)"라고 하였다. 불가의 경(磬)은 동을 주조하여 만들며, 사발의 모양이다. 『박고록(博古錄)』에서 "오늘날이 경(磬)은 옥도 아니고 돌도 아니며 바로 금속을 주조하여 만든다.(今玆之磬, 非玉非石, 乃范金而爲之.)"라고 하였다.【原註】

102) 幡(번): 권1「불당(佛堂)」의 원주 참고.【原註】

103) 당(幢): 권1「불당(佛堂)」의 원주 참고.【原註】

식대(施食臺)105) 하나와 번간(幡竿)106) 하나를 설치하고 아래에는 오래된 석련좌(石蓮座)107)의 석당(石幢)108) 하나를 사용한다. 석당 아래에는 풀꽃 여러 가지를 섞어 심고 돌은 반드시 예스러운 양식이어야 하는데, 그렇지 않으면 물로 침식시킨다.

十一. 佛室

佛室內供烏絲藏佛一尊, 以109)金鏒甚厚, 慈容端整, 妙相110)具足111)者爲上,

---

104) 경상(經厢): 경전을 보관하는 상자이다.【原註】
105) 시식대(施食臺): 음식을 보시하는 대. 불교의 고사에 아귀(餓鬼)에게 음식을 보시하는 이야기가 있다. 『정이기(旌異記)』에 "최공도(崔公度)는 자(字)가 백양(伯陽)으로, 어려서부터 먹을 것을 나누어 주었는데, 항상 존승다라니경(尊勝陀羅尼經)이 쓰인 황색 깃발을 두루 음식의 위에 꽂았으며, 추위나 더우나 멈추지 않았다.(崔公度字伯陽, 自少施食, 常以尊勝黃旛徧挿食上, 寒暑不廢.)"라고 하였다.【原註】
   * 원주에 나오는 『정이기(旌異記)』는 송대의 사외생활과 종교문화와 윤리도덕 및 민속을 기록한 남송 문학가 홍매(洪邁, 1123-1202)의 『이견지(夷堅志)』의 오기이다. 자(字)가 백양(伯陽)인 주인공 최공도(崔公度)는 남송의 시인이므로, 수나라 후백(侯白, ?-?)의 저술인 『정이기(旌異記)』와 시기가 맞지 않는다.【역주】
   * 존승다라니경(尊勝陀羅尼經): 삶을 이롭게 하고 죽은 이를 제도하는 공덕이 있다는 불경으로 주문의 형태로 외우면서 기원한다.【역주】
106) 번간(幡竿): 깃대를 거는 막대. 번간은 나무나 대나무로 만든다.【原註】
107) 석련좌(石蓮座): 돌 받침대에 연화를 새긴 것을 '석련좌(石蓮座)'라 한다.【原註】
108) 석당(石幢): 돌로 만든 경당(經幢). 돌을 깎아 기둥을 만들고, 그 위에 불명(佛名)이나 불경과 주문을 새긴 것을 '경당(經幢)'이라 한다.【原註】
   * 불명(佛名): 불법에 귀의한 남녀 신자에게 붙이는 이름. 여러 부처의 이름. 삼세제불(三世諸佛)의 이름을 불러 그 해에 지은 죄를 참회하고 없애 줄 것을 비는 법회.【역주】
109) 金鏒(금삼): 『박물요람(博物要覽)』에서 "삼금(鏒金): 금을 녹여 금니로 만들어 네 번 칠하고 불에 구우면 붉게 되는데, 쓰는 바가 적지 않으니 어찌 민간에서 흉내 낼 수 있겠는가?(鏒金, 以金鑠爲泥, 數四塗抹, 火炙成赤, 所費不貲, 豈民間所能彷佛.)"라고 하였다.【原註】
   * 삼금(鏒金): 금니(金泥)를 기물의 표면에 부착하여 장식하는 공예의 일종.【역주】
110) 妙相(묘상): 장엄한 모습. 양간문제(梁簡文帝)의 글에서 "이 장엄한 모습이 강림하여, 여러 부처의 신통력을 기다리네.(降妓妙相, 等諸佛力.)"라고 하였다.【原註】
111) 具足(구족): 빠짐없이 두루 갖추다.【역주】

或宋, 元脫紗大士像112)俱可, 用古漆佛櫥; 若香像唐像113)及三尊幷列, 接引諸
天等像, 號曰一堂, 幷朱紅小木等櫥, 皆僧寮114)所供, 非居士115)所宜也. 長松石
洞之下, 得古石像最佳; 案頭以舊磁淨瓶獻花, 淨碗酌水, 石鼎爇116)印香117), 夜
燃石燈, 其鍾磬, 幡, 幢, 几, 榻之類, 次第鋪設, 俱戒纖巧118). 鐘, 磬尤不可幷列.

---

112) 脫紗大士像(탈사대사상): 면사포를 쓰지 않은 관음보살상. 관음보살은 또 '관음
　　대사(觀音大士)'라고 한다.【原註】
　　* 관음보살: 자비로써 중생을 구제하는 보살. '관세음자재보살(觀世音自在菩薩)'
　　　이라고도 한다. 당나라 시기에는 태종 이세민(李世民)의 이름을 피휘하여 '세
　　　(世)'자를 생략하고 '관음'이라 하였다. 한반도에서는 삼국시대 말기부터 관음
　　　신앙이 유행하기 시작하였고, 십일면관음과 수월관음 및 천수관음 신앙이 가
　　　장 많았고, 고려시대의 수월관음도가 유명하다. 관음보살은 관음전이나 원통
　　　전(圓通殿)에 모셔져 있다.【역주】
113) 唐像(당상): 연구가 필요하다.【原註】
　　* 唐像(당상): 당나라 불상으로 풀이하였다.【역주】
114) 僧寮(승료): 승사(僧舍), 승려가 거주하는 집.【原註】
115) 居士(거사): 불교를 믿는 선비를 '거사(居士)'라 한다. 『유마경(維摩經)』의 소(疏)
　　에서 "거사는 두 부류가 있다. 재산을 널리 축적하여 재물을 가지고 있는 사람은
　　'거사(居士)'라 하며, 집에서 수도하여 집에서 머무는 도사를 '거사'라 한다.(居士
　　有二. 廣積資財, 居財之士, 名爲居士; 在家修道, 居家道士, 名爲居士.)"라고 하였
　　다. 또 "양나라 완효서(阮孝緒)가 어렸을 때, 도랑을 뚫고 산을 쌓는 것을 낙으로
　　삼았는데, 약관이 되어 아버지를 보고 '영해(瀛海)에서 적송자(赤松子)의 자취를
　　찾고, 궁곡(穹谷)에서 허유(許由)를 추종하고 싶습니다.'라고 말했다. 한 집에서
　　함께 기거하는 가족과 친구를 '거사'라고 불렀다.(梁阮孝緒兒時, 以穿渠築山爲樂,
　　冠而見父曰, 願迹赤松子於瀛海, 追許由於穹谷. 屛居一室, 家人親友, 呼爲居士.)"
　　라고 하였다.【原註】
　　* 완효서(阮孝緒, 479-536): 남조 양나라의 목록학자. 자(字)는 사종(士宗), 위씨
　　　(尉氏, 하남성 위씨) 사람.【역주】
　　* 영해(瀛海): 넓고 큰 바다.【역주】
　　* 적송자(赤松子): 신농시기(神農時期)의 우사(雨師)로 수정(水晶)을 먹었고, 불
　　　속에 있어도 타지 않았다고 하며, 곤륜산에 가서 서왕모의 석실에서 쉬었다는
　　　신선.【역주】
　　* 궁곡(穹谷): 깊은 계곡.【역주】
　　* 허유(許由, ?-?): 요순시대의 현인으로 요임금이 양위하려고 하자, 그 말을 듣고
　　　영수(潁水)에 귀를 씻었다고 한다.【역주】
116) 爇(설): 불사르다.【역주】
117) 印香(인향): 향 가루를 틀을 사용하여 글자의 모양이나 꽃문양으로 만들어 한
　　끝에서 불을 붙여 태우는 것을 '인향(印香)'이라 한다.【原註】

用古倭漆經厢, 以盛梵典119). 庭中列施食臺一, 幡竿一, 下用古石蓮座石幢一,
幢下植雜草花數種, 石順古制, 不則亦以水蝕120)之.

118) 纖巧(섬교): 섬세하고 정교하다.【역주】
119) 梵典(범전): 불경이다.【原註】
120) 水蝕(수식): 빗물이나 하천의 흐르는 물 또는 바다의 파도에 표면이 침식되는
    현상.【역주】

채소와 과일 (蔬果)¹⁾

전문(田文)²⁾의 식객은 상객(上客)³⁾이 고기를 먹고 중객(中客)은 생선
을 먹으며 하객(下客)은 채소를 먹었는데, 이것이 천고에 걸쳐 세력과
이익을 쫓는 풍토를 열어젖힌 시조이다. 우리는 영지에 대해 이야기하
고 계수나무에 대해 토론하지만, 이미 국화와 창출(蒼朮)⁴⁾을 먹고 화초

---

1) 蔬果(소과): 모든 풀 종류에서 각 부분을 먹을 수 있는 것을 '소(蔬)'나 '채소(菜蔬)'
라고 하며, 관련 학문을 '소채원예학(蔬菜園藝學)'이나 '소채재배학(蔬菜栽培學)'이
라 한다. 초목과 과실 가운데 먹을 수 있는 것을 '과(果)'나 '과품(果品)' 및 '과물(果
物)'이라 하며, 그 학문을 '과수원예학(果樹園藝學)'이나 과수재배학(果樹栽培學)'
이라 하다.【原註】

2) 전문(田文): 전국시대 제(齊)나라 사람. 『사기·맹상군전(孟嘗君傳)』에서 "정곽군
(靖郭君) 전영(田嬰)의 아들로 이름을 '문(文)'이며, 제나라에서 재상을 하였고, 설
(薛) 지역에 봉해져 '맹상군'이라 하였으며, 어진 선비를 길러 식객(食客) 수천 명
이었다.(靖郭君, 田嬰子, 名文, 相齊, 封於薛, 號'孟嘗君', 養賢士, 食客數千人.)"라
고 하였다.【原註】

3) 상객(上客)·중객(中客)·하객(下客):『전국책 ·제책(戰國策·齊策)에 대한 송
포표(鮑彪)의 보주(補注)에 보면, "「열사전(列士傳)」에 맹상군의 주방에는 세 줄이
있는데, 상객은 고기를 먹고, 중객은 생선을 먹으며, 하객은 채소를 먹는다.(列士
傳, 孟嘗君廚有三列, 上客食肉, 中客食魚, 下客食菜.)"라고 하였다.【原註】

   * 포표(鮑彪, ?-?): 남송의 학자. 자(字)는 문호(文虎), 용천(龍泉, 지금의 절강성)
   사람. 『전국책주(战国策注)』 10권을 저술하였다.

   * 열사전(列士傳): 알 수 없다.【역주】

4) 창출(蒼朮): 국화과에 속하는 여러해살이 초본식물인 삽주(Atractylodes japonica
KOIDZ. et. KITAGAWA)·남창출(A. lancea DC.)·북창출(A. chinensis KOIDZ.)

를 씹을 수는 없다. 바로 술과 고기를 쌓아 놓고 먹도록 제공하는 것은 진실로 우리 유학자의 평소 생활을 더럽힌다고 말할 수 있다. 옛날 사람들은 개구리밥과 쑥을 바칠 수가 있었고, 채소와 죽순을 드릴 수가 있었다. 산과 들에서 나는 채소를 살펴 미리 많이 비축해 놓아야 기나긴 낮에 고상한 이야기를 하고 한가한 밤에 조촐하게 마시는 데 사용할 수 있었다. 또 술그릇과 합은 모두 고아하고 정결해야 하며, 시장에서 고기와 술을 파는 분위기와 조금도 관련되어서는 안 된다. 또 좋은 술과 말린 사슴고기나 여지(荔枝)와 같은 종류의 산해진미를 많이 저장해야만, 입과 눈을 즐겁게 할 수가 있어 특별하게 별미를 맛보고 군침을 흘리지 않을 수 있다.

蔬果

田文坐客[5], 上客食肉, 中客食魚, 下客食菜, 此便開千古勢利[6]之組. 吾曹[7]談芝[8]討桂[9], 旣不能餌菊朮[10], 啖花草[11]; 乃層酒[12]累肉[13], 以供口食, 眞可謂穢

의 뿌리줄기로 만든 약재.【역주】
5) 坐客(좌객): 자리에 앉아 있는 손님을 말한다. 『위지 · 여포전(魏志 · 呂布傳)』의 주(注)에서 "여포가 급하게 포박하면서 유비에게 '현덕! 경은 자리에 앉아있고 내가 포로를 잡았으니, 말 한 마디로 서로 늘어질 수 없지 않겠는가?(布縛急, 謂劉備曰, 玄德, 卿爲坐客, 我爲執虜, 不能一言以相寬乎.)"라고 하였다.【原註】
6) 勢利(세리): 세력과 권리를 아울러 이르는 말이다.【역주】
7) 吾曹(오조): 우리. 우리들.【역주】
8) 談芝(담지): 『남사 · 저백옥전(南史 · 褚伯玉傳)』에서 "저선생(저백옥)이 흰 구름을 따라 노닌 것이 오래되었습니다. 근래 일부러 이곳에 와서 밤낮으로 위로하려 들었습니다. 영지와 계수나무에 대해 토론하거나 벽라를 찾아가는 것과 비교하면, 이미 안개 자욱한 경치를 엿보고 창주(滄洲)에 다가간 것과 같습니다.(王僧達答丘珍孫書曰, 褚先生從白雲遊, 舊矣. 近故要其來此, 冀慰日夜, 比談討芝桂, 借訪薜蘿, 若已窺烟波, 臨滄洲矣.)"라고 하였다. 지(芝, Ganoderma luciduma)는 균류로, '영지(靈芝)' · '자지(紫芝)' · '목지(木芝)'라고도 하며, 고목(枯木)에 기생한다. 『본초강목(本草綱目)』에 따르면, 청색 · 적색 · 황색 · 백색 · 자주색의 6가지 색이 있으며, 고대에는 '상서로운 풀로 먹으면 신선이 된다고 여겼으므로 '영지(靈芝)'라고

했다. 그 모양은 손잡이 위에 삿갓이 돋아난 것과 같고, 재질이 단단하고 썩지 않는다. 삿갓은 흑갈색을 띠고 구름무늬가 둘러싸고 있으며, 뒷면은 흰색이나 황갈색이고, 손잡이도 광택이 나서 칠을 한 것과 같다. 다공균과(多孔菌科)에 속한다.【原註】

* 저백옥(褚伯玉, ?-?): 남조시기의 서백산(西白山)에 살았던 은자. 자(字)는 원거(元璩), 오군(吳郡) 전당(錢唐, 지금의 항주) 사람.
* 왕승달(王僧達, 423-458): 남조 송나라 문학가. 낭야(琅邪) 임기(臨沂, 지금 산동성에 속함) 사람.【역주】
* 벽라(薜蘿): 벽려(薜荔)와 여라(女蘿). 산야의 수풀이나 집의 벽에 자란다.【역주】
* 창주(滄洲): 물가. 은자의 거처.【역주】

9) 討桂(토계): 위의 원주를 보라. 계(桂, Cinnamomum cassia)는 또 침(梫)·육계(肉桂)·모계(牡桂)라고도 하며, 상록교목(常綠喬木)으로, 잎은 피침형(披針形, 대나무 잎처럼 가늘고 길며 끝이 뾰족한 모양)이고, 꽃은 작고 황색이다. 잎과 나무껍질에 모두 향기가 있으며, 나무껍질이 두꺼운 것을 '육계(肉桂)'라 하여 약용으로 쓰이고, 껍질이 얇은 것은 '계피(桂皮)'라고 하며 팔각회향(八角茴香)과 함께 조미료로 사용된다. 장과(樟科)에 속한다.【原註】

* 팔각회향(八角茴香): 붓순나무과에 속하는 활엽 관목. 높이 3-5미터의 상록수이며, 긴 타원형의 잎은 어긋나고 딱딱하다. 3-4월에 녹색을 띤 흰 꽃이 잎겨드랑이에서 피는데 열매에는 독성이 있다. 제주도·진도·완도 및 일본·타이완·중국 등지에 분포한다. 학명은 Illicium religiosum이다.【역주】

10) 餌菊朮(이국출): 『신선전(神仙傳)』에서 "강풍자(康風子)는 감국화와 오동 열매를 먹고 후에 신선이 되어 사라졌다.(康風子服甘菊花桐實, 後仙去.)"라고 했으며, 또 "진자황(陳子皇)은 창출을 먹는 요법을 얻고 그것을 먹고 신선이 되었다.(陳子皇得餌朮要方, 服之得仙去.)"라고 하였다. 감국(甘菊)은 범촌(范村)의 『국보(菊譜)』에서 "감국은 일명 가국(家菊)으로, 인가에서 심어 채소로 먹는다.(甘菊一名家菊, 人家種以供蔬茹.)"라고 하였다. 속칭 '국화채(菊花菜)'라고 하며, 남경에서는 '국화뇌(菊花腦)'라 한다. 국과(菊科)에 속한다. 출(朮)은 본래 출(茶)이다. 도굉진(陶宏晋)은 출(朮)을 백출(白朮)과 창출(蒼朮) 두 종류로 나누었다. 창출(蒼朮, Atractylodes lancea)은 모출(茅朮)·산계(山薊)·산정(山精)·남창출(南蒼朮)·적출(赤朮)이라고도 하며, 산과 들에서 자라는 다년생초본으로, 줄기 아래 부분은 목질이고 잎은 타원형으로 세 갈래로 갈라지거나 복엽(복엽)이고, 가을에 흰색이나 담홍색의 꽃이 핀다. 봄에는 구근(舊根)에서 새싹이 나며 어린 싹을 뜯어 먹고, 뿌리는 비대한데 캐서 말리면 식용과 약용 그리고 연기로 모기를 죽이는 데 사용하고, 아울러 향료(香科)로도 사용한다. 백출(白朮, A.macrocephala)의 효용도 동일하다. 혜강(嵇康)은 "도인이 남긴 말을 들었는데, 창출과 황정(黃精)을 먹으면 오늘날 사람이 장수한다.(聞道人遺言, 餌術黃精, 今人久壽.)"라고 하였다.【原註】

* 강풍자(康風子): 신선전에 나오는 국화를 먹고 신선이 되었다는 인물.【역주】
* 진자황(陳子皇): 신선전에 나오는 창출을 먹고 신선이 되었다는 인물.【역주】

吾素業14), 古人蘋蘩可薦15), 蔬笋可羞16), 顧山肴野蔌17), 須多豫蓄, 以供長日

* 범촌(范村)의 『국보(菊譜)』: 1권. 송나라 문학가이자 명신인 범성대(范成大, 1126-1193)가 자신이 살던 범촌의 국화를 수록한 저서.【역주】

* 황정(黃精): 학명은 Polygonatum sibiricum. 계두황정(鷄頭黃精)·황계채(黃鷄菜)·필관채(筆管菜)라고도 하는 약용식물.【역주】

11) 啖花草(담화초):『당서·은일전(唐書·隱逸傳)』에서 "왕희이(王希夷)는 등(滕) 사람으로, 연주[兗州, 지금의 산동성 제녕시(濟寧市) 연주구] 저래(徂徠)에 살며 유원박(劉元博)과 우정이 깊었는데,『주역』과『노자』를 읽고 소나무와 잣나무의 잎 및 여러 꽃을 먹어 나이 70여 살에도 근력이 부드럽고 강하였다.(王希夷, 滕人, 居兗州徂徠, 與劉元博友善, 讀周易老子, 餌松柏葉雜花, 年七十餘, 筋力柔强.)"라고 하였다.【原註】

* 왕희이(王希夷, 637-733): 당나라 은자, 도사를 따라 수련하였다. 서주(徐州) 등현[滕縣, 지금의 산동성 등주(滕州)] 사람.【역주】

* 유원박(劉元博, ?-?): 조래산(徂徠山)에서 거주하던 당 현종시기에 활동한 도사. 왕희이와 교류하였다.【역주】

12) 層酒(층주) : 층(層)은 '쌓는다'는 의미이다.『육도(六韜)』에서 "지게미를 쌓아 언덕이 되고, 술로 연못을 만들었다.(積糟爲丘, 以酒爲池.)"라고 하였다. 양웅(揚雄)의 「축빈부(逐貧賦)」에서 "술이 흘러 연못이 되고, 쌓여진 고기는 안주가 되었네.(流酒爲池, 積肉爲崤.)"라고 하였다.【原註】

13) 累肉(누육): 누(累)도 '쌓는다'는 의미이다.『한서·장건전(漢書·張騫傳)』에서 "상을 하사하고, 주지육림을 베풀어, 지금 외국의 손님들에게 각각의 장고에 쌓여 있는 재화를 구경시켜 한나라의 광대함을 보여 놀라게 만들고자 하였다.(行賞賜, 酒池肉林, 今外國客遍觀名倉庫府藏之積, 欲以見漢廣大, 傾駭之.)"라고 하였다.【原註】

14) 素業(소업): 유학자의 평소 생활을 말한다.『진서·육납전(晋書·陸納傳)』에서 "사안이 육납이 있는 곳에 도달했는데, 오직 다과밖에 없었다. 형의 아들 俶이 겨우 진수성찬을 차렸다. 손님이 떠나고 육납은 크게 화를 내며 '너는 아비와 숙부에게 도움이 될 수 없구나, 내 유생의 삶을 더럽히다니.(謝安至納所, 設惟茶果而已. 兄子俶, 遂陳盛饌. 客罷, 納大怒曰, 汝不能光益父叔, 乃复穢我素業耶.'"라고 하였다.【原註】

* 육납(陸納, ?-?): 군사가. 자(字)는 조언(祖言), 오현(吳縣, 지금의 소주) 사람.【역주】

* 여(汝): 너. 2인칭 대명사로 대등한 사이나 손아랫사람에게 쓰인다.【역주】

15) 蘋蘩可薦(빈번가천):『좌전·은삼년(隱三年)』에서 "변변치 못한 음식,……, 귀신에게 올리면, 왕공은 천신한다.(蘋蘩蘊藻之菜,……可薦於鬼神, 可羞於王公.)"라고 하였다. 빈(蘋, Marsilea quadrifolia)은 이름이『이아(爾雅)』에 보이며, '부채(芣菜)'라고도 한다. 다년생 수생초본식물(水生草本植物)로 줄기가 연하면서 가늘고 길며, 잎은 잎자루 꼭대기 끝에서 돌아가며 작은 잎 4개나 난다. 여름과 가을의 교차시기에 잎자루 아래에 작은 가지가 옆으로 돌아나 주머니 모양이 두 세 개 자라나고, 포자(孢子)가 그 안에서 자란다. 빈과(蘋科)에 속한다. 번(蘩, Artemisia stel-

清談, 閑宵小飲18). 又如酒鎗19)血合20), 皆須古雅精潔, 不可毫涉市販屠沽21)氣.
又當多藏名酒, 及山珍海錯22), 如鹿脯23), 荔枝之屬, 庶令可口悦目, 不特動指24)

---

leriana)은 이름이 『이아(爾雅)』에 보이며, 백호[白蒿,『신농본초경(神農本草經)』과
『명의별록(名醫別錄)』, 파호(皤蒿『尔雅』]로서, 위호(萎蒿)로 추측된다[남경에서는
'로호(蘆蒿)'나 '여호(藜蒿)'라 한다]. 산의 연못과 시내에서 나고, 잎은 가는 쑥과
비슷하며 표면에 하얀 털이 있고, 어린 뿌리는 먹을 수 있다. 국과(菊科)에 속한다.
【原註】

  * 빈번(蘋蘩): 개구리밥과 흰 산쑥. 변변하지 못한 제수(祭需)를 비유.【역주】

16) 蔬笋可羞(소순가수): 소(蔬)는 채소이다. 순(笋)은 죽순(竹笋)이다. 『시경 · 대아 ·
한혁(詩經 · 大雅 · 韓奕)』에서 "그 나물은 무엇인가? 죽순과 부들이네.(其蔌維何,
維笋及蒲.)"라고 하였다. 『모전(毛傳)』에서 "속(蔌)은 채소반찬이다.(蔌, 菜殽也.)"
라고 하였다.【原註】

  * 소순(蔬笋): 채소와 죽순. 일반적으로 승려들이 먹는 음식으로, 이와 같은 분위
기를 '소순기(蔬笋氣)'라고 한다.【역주】

17) 山肴野蔌(산효야속): 들의 맛과 야채이다. 구양수의 「취옹정기(醉翁亭記)」에서
"산나물 안주와 들나물을 잡다하게 앞에 벌여 놓았다.(山肴野蔌, 雜然而前陳.)"라
고 하였다.【原註】

18) 小飲(소음): 작은 술자리. 적게 마시다.【역주】

19) 酒鎗(주쟁): '주당(酒鐺)'이라고도 하며, 술을 데우는 세 발 달린 그릇이다. 『남사 ·
하점전(南史 · 何點傳)』에서 "하점과 혜강(嵇康)에게 술잔을, 서경산(徐景山)에게
주쟁을 주었다.(遺點稽叔夜酒杯, 徐景山酒鎗.)"라고 하였다.【原註】

  * 하점(何點): 남조 양나라 관리. 자(字)는 자석(子晳).【역주】

  * 서경산(徐景山): 서막(徐邈, 172-249). 삼국 시대 위나라의 정치가. 자(字)가 경
산(景山)이다.【역주】

20) 皿合(명합): 명(皿)은 음식 용기이다. 『설문해자』에서 "합(合)과 합(盒)은 통하며,
쟁반에 속한다.(合與盒通, 盤屬.)"라고 하였다. 지금 물건을 담아 두는 용기로 바
닥과 뚜껑이 서로 들어맞는 것을 '합(盒)'이라 한다.【原註】

21) 屠沽(도고): 도(屠)는 도살하는 사람으로 백정을 말한다. 고(沽)는 술을 파는 것을
말하며, 술집이다. 『회남자 · 설목(淮南子 · 說木)』에서 "그러나 술을 팔고 고기를
팔아서, 푸줏간과 술집에서 벗어나지 않았다.(然酤酒買肉, 不出屠沽之家.)"라고
하였다. 『후한서 · 예형전(後漢書 · 禰衡傳)』에서 "내가 어찌 고기나 죽이고 술이
나 파는 사람일 수 있겠는가?(吾焉能從屠沽兒耶.)"라고 하였다. 고대에는 천한 직
업을 의미했다.【原註】

22) 山珍海錯(산진해착): 여덟 가지 진귀한 음식은 대부분 산과 들에서 나는 물질이며,
또 아주 진귀하고 특이한 물질은 구하기 어려우므로 '산진(山珍)'이라 한다. 해착
(海錯)은 바다에서 나는 식재료가 마구 섞여 맛이 하나가 아닌 것을 말한다. 『상
서 · 우공(尙書 · 禹貢)』에서 "바다에서 나는 음식물은 맛이 섞여 있다.(海味惟錯.)"

流涎25)而已. 志『蔬果第十一』.

1. 앵두(櫻桃)26)

앵두는 옛날에 '설도(楔桃)'라 했으며, 일명 '주도(朱桃)이고 또는 '영도(英桃)'라고 한다. 또 새가 먹기 때문에 『예기』에서 '함도(含桃)'라고도 했는데, 하얀 쟁반에 담으면 색과 맛이 절묘하다. 남경의 기원(妓院)에 영도포(英桃脯)27)가 있는데, 속에 장미꽃잎을 하나 넣은 것으로 맛은

라고 하였다. 후에 바다에서 나는 음식물을 '해착(海錯)'이라 하였다. 위응물(韋應物)의 시에 "산해진미는 담벼락에 버렸다.(山珍海錯棄藩籬.)"라고 하였다.【原註】
* 위응물 시의 제목은 「장안의 길(長安道)」이다.【역주】

23) 鹿脯(녹포): 말린 사슴고기.【原註】

24) 動指(동지): 『좌전』에서 "자송(子宋, 춘추전국시대 정나라 대부)과 자가(子家)가 함께 궁에 들어가는데 송의 식지가 떨렸다. 송이 이를 자가에게 보이면서 말했다. "지난번에도 식지가 움직여 별미를 먹었는데 오늘도 별미를 먹게 될 것이 틀림없소."(子公之食指動, 以示子家, 曰他日我爲此, 必嘗異味.)"라고 하였다. 식지가 움직였다는 것은 특이한 맛을 맛볼 수 있는 것을 의미한다.【原註】
* 자가(子家, ?-B.C.599): 춘추시대 정나라의 대신 정귀생(鄭歸生), 자(字)는 자가(子家).【역주】
* 식지동(食指動): 식지가 움직이다. 몹시 허기가 져서 음식을 먹고 싶은 생각이 간절할 때 쓰는 말이다. 구미가 당기거나 야심을 품었을 때도 사용한다.【역주】

25) 流涎(유연): 군침을 흘러 식욕이 이미 일어났다는 것을 나타낸다. 위문제(魏文帝)의 「조군의(詔群醫)」에서 "포도를 빚어 술을 만들었으며,……그것을 말만해도 이미 군침을 흘리고 침을 삼키는데, 하물며 직접 먹는 것이야!(蒲萄釀以爲酒,……道之固已流涎咽唾, 況親食之.)"라고 하였다. 두보(杜甫)의 「음중팔선가(飮中八仙歌)」에서 "길에서 술을 실은 수레를 만나면 입에서 침을 흘렸네.(道逢鞠車口流涎.)"라고 하였다.【原註】

26) 櫻桃(앵도): 앵도(櫻桃, Prunus pseudocerasus)는 '설도[楔桃, 『광아(廣雅)』]'·'주도[朱桃, 『군방보(群芳譜)』]'·'영도[英桃, 『박물지(博物志)』]'·'함도[含桃, 『예기』]'라고도 한다. 낙엽교목으로, 꽃은 흰색이면서 홍색을 띠며, 열매는 공 모양으로 익으면 붉은 색이고, 품종이 매우 다양하다. 장미과(薔薇科)에 속한다.【原註】

27) 영도포(英桃脯): 말린 앵두. 남경 현무호(玄武湖)는 옛날에 앵두의 산지로 유명했다.【原註】

매우 좋은데 가격이 너무 비싸다.

一. 櫻桃

櫻桃古名楔桃, 一名朱桃, 一名英桃, 又爲鳥所含[28], 故禮稱含桃[29], 盛以白盤, 色味俱絶. 南都[30]曲中[31]有英桃脯, 中置政瑰瓣[32]一味, 亦甚佳, 价甚貴.

---

28) 爲鳥所含(위조소함): 『예기‧월령(月令)』에서 "함도를 드리는데, 먼저 종묘에 바친다.(羞以含桃, 先薦寢廟.)"라고 하였다. 『설문해자』에서 "앵도(鸚桃)는 꾀꼬리가 먹는 음식이므로 또 '함도'라 한다.(鸚桃, 鸚鳥所含食, 故又曰含桃.)"라고 하였다. 【역주】
29) 禮稱含桃(예칭함도): '예(禮)'는 『예기(禮記)』로 책이름이며, 『소대기(小戴記)』라고도 하는데, 한나라 대성(戴聖)이 기록하였다. 함도는 위의 주에 보인다.【原註】
   * 대성(戴聖, ?-?): 서한의 학자로 한대 금문경학(今文經學)의 창시자로 '소대(小戴)'라고도 한다. 자(字)는 차군(次君). 위군(魏郡) 척구[斥丘, 지금의 하북성 성안(成安)] 사람.【역주】
30) 南都(남도): 지금의 강소성 남경시. 명 성조(成祖)가 경성을 북으로 천도한 뒤, 남경에도 육부(六部)를 설치하여 남과 북의 두 서울이 모두 중요하다는 의지를 보였으며, 당시 사람들이 남경을 '남도(南都)'라 했다.【原註】
31) 曲中(곡중): 명대 관기(官妓) 모여 사는 곳. 여회(余懷)의 『판교잡기(板橋雜記)』에서 "옛날 기원(妓院)은 사람들이 '곡중(曲中)'이라 했으며, 정문은 무정교(武定橋)를 마주하고, 후문은 초고가(鈔庫街)에 있으며, 장판교(長板橋)는 기원 밖 수십 보에 있다. 취봉사(鷲峰寺)가 서쪽에서 다가오고, 중산동화원(中山東花園)이 그 앞까지 뻗어있으며, 진회하(秦淮河)와 주작교(朱雀橋)가 그 뒤를 둘러싸고 있다. (舊院, 人稱曲中, 前門對武定橋, 後門在鈔庫街, 長板橋在院墻外數十步, 鷲峰寺西來之, 中山東花園(今南京市 白鷺洲公園)亘其前, 秦淮朱雀橋繞其後.)"라고 하였다. 【原註】
   * 여회(余懷, 1616-1696): 청나라 문학가. 자(字)는 담심(澹心)이나 무회(無怀), 호는 만옹(曼翁)‧광하(廣霞)‧호산외사(壺山外史)‧한철도인(寒鐵道人)‧만지노인(鬢持老人). 복건성 포전(莆田) 황석(黃石) 사람. 남경에 거주하였다.【역주】
   * 판교잡기(板橋雜記): 3권. 기원의 일을 기록하였으며, 강희 32년(1693)에 완성되었다.【역주】
   * 무정교(武定橋): 남경시 진회구(秦淮區) 진회하(秦淮河)에 있는 다리.【역주】
   * 취봉사(鷲峰寺): 남경시 진회구 백로주공원(白鷺洲公園)에 있는 사찰.【역주】
32) 瑰瓣(괴판): 장미꽃잎.【역주】

2. 복숭아(桃)33) · 자두(李)34) · 매실(梅)35) · 살구(杏)36)

복숭아는 쉽게 자라므로 속담에 '백두종도(白頭種桃)'37)라고 했다. 그 종류로는 편도(匾桃)38) · 흑도(黑桃)39) · 금도(金桃)40) · 응취(鷹嘴)41) ·

---

33) 桃(도): 복숭아(Prunus persica)는 낙엽 소교목(小喬木)으로, 잎은 기다란 타원형에 피침형(披針形)이다. 봄에 꽃이 피며 홑꽃잎의 것은 담홍색이며 겹꽃잎의 것은 홍색 · 자주색 · 주홍색 · 백색 등으로 다르고, 관상용이다. 과실의 겉면에 털이 있고, 익으면 홍색과 황색이 되며 맛은 품종에 따라 각각 다르고 품종이 매우 많다. 【原註】

34) 李(이): 자두(李, Prunus salicina)는 '이수[李樹,『군방보(群芳譜)』]'와 '이화[李花,『화경(花鏡)』]'라고도 하며, 낙엽 소교목(小喬木)이다. 잎이 긴 계란형이나 넓은 피침형이며, 봄에 흰색의 꽃이 피고, 과일은 공 모양으로 처음에 녹색이다가 익으며 청색 · 황색 · 홍색 · 자주색 등으로 각기 다르고, 맛은 달고 시고 쓰고 떫고 각각 달라 품종에 따라 다르다. 장미과(薔薇科)에 속한다.【原註】

35) 梅(매): 매화(梅, Prunus mume)는 '매수(梅樹)'라고도 하며, 낙엽교목(落葉喬木)으로, 잎은 넓은 타원형이나 계란형이다. 이른 봄에 잎보다 앞서 꽃이 피며 색은 흰색 · 홍색 · 담홍색으로 다르고, 향기가 매우 강렬하며 겹꽃잎의 것이 있다. 과실은 원형으로, 익을 때 황색이면서 붉은 색을 띠고 맛이 시다. 장미과(薔薇科)에 속한다.【原註】

36) 杏(행): 살구(杏, Prunus armeniaca)는 '행수[杏樹,『구황본초(救荒本草)』]' · '문행[文杏,『서경잡기(西京雜記)』]' · '금행[金杏,『도경본초(圖經本草)』]' · '첨매[甜梅,『명의별록(名醫別錄)』]'라고도 한다. 낙엽교목이며, 잎은 넓은 타원형이나 계란형으로 끝이 뾰족하고, 봄에 담홍색의 꽃이 피며 열매는 원형으로, 익을 때 등황색(橙黃色, 오렌지색)을 띠며 맛이 달아 먹을 수 있다. 장미과(薔薇科)에 속한다.【原註】
    * 구황본초(救荒本草): 구황(救荒)을 목적으로 한 농학과 식물학 서적. 명나라 주원장의 다섯째 아들 주정왕(周定王) 주숙(朱橚, 1360-1425)의 저서.【역주】

37) 백두종도(白頭種桃):『비아(埤雅)』에서 "속담에 '백두종도'라고 한다.(諺云白頭種桃.)"라고 했다. 나무 열매가 빨리 열린다는 말이다.『종예필용(種藝必用)』에서 "과일 가운데 쉽게 자라는 것은 복숭아만 한 것이 없고, 열매 열리는 게 늦은 것은 귤 만한 것이 없다. 속담에 '머리에 눈썹과 수염이 있으면 복숭아를 심는 게 좋고, 서서 무릎을 구부리지 못하면 귤을 심는 게 좋다.'고 했다.(果中易生者, 莫如桃, 而結實遲者莫如橘. 諺云, 頭有二毛好種桃, 立不踰膝好種橘.)"라고 하였다. 복숭아는 기다릴 수 있지만, 귤은 기다릴 수 없다는 말이다.【原註】
    * 종예필용(種藝必用): 농학 서적. 남송의 학자 오찬(吳欑, ?-?)이 지은『종예필용』170조와 원나라 장복(張福, ?-1280)이 지은『종예필용보유』72조.【역주】

38) 변도(匾桃): '편도(扁桃, Prunus communis)'라고도 한다.『남월필기(南越筆記)』에서 "변도는 복숭아와 같지만 납작하여 '편도'라고 하며, 크기는 오리 알만하고, 색

탈핵반도(脫核蟠桃)⁴²⁾가 있으며, 꿀로 조리면 맛이 매우 좋다. 자두 품
종은 복숭아의 아래에 있으며, 분청(粉青)⁴³⁾과 황고(黃姑)⁴⁴⁾ 두 종류가

       은 청황색으로 맛은 시면서 조금 달다.(匾桃如桃而匾, 一曰偏桃, 大若鴨卵, 色青
       黃, 味酸, 微甜.)"라고 하였다.【原註】
     * 편도: 한자로는 편도(扁桃)라고 한다. 터키 원산이고 4,000년 전부터 재배하였으
       며 복숭아와 비슷하게 생겼다. 건조한 곳에서 자란다. 과육이 얇고 익으면 갈라
       져서 복숭아처럼 먹을 수 없으나 안에 들어 있는 씨앗을 식용한다.【역주】
39) 흑도(黑桃): 일명 '화기과(花奇果)'로, 껍질이 짙은 자주색이며, '자두'로 추정되고,
    재배하는 복숭아 품종이다. 『물리소지(物理小識)』에서 "껍질이 검고 살이 기름져
    서 '흑도'라 한다.(皮黑肉脂曰黑桃.)"라고 하였다. 『화경(花鏡)』에서 "흑도는 꽃이
    검은 자주색으로 검은 해바라기와 비슷하며, 심기는 쉬우나 수확하기가 어렵다.
    (黑桃花色紫黑, 似黑葵, 亦易種難得者.)"라고 하였다.【原註】
40) 금도(金桃): 황육도(黃肉桃) 계열 품종의 하나로, 과육이 황금색이므로 '황도(黃
    桃)'라고도 한다. 『물리소지』에서 "금도는 금색이며 표면에 주홍색 점이 있다.(金
    桃金色, 上有朱點.)"라고 하였다. 『화경』에서 "금도는 태원(太原)에서 나며 형태가
    길고 색은 황색으로, 감으로 접붙이면 마침내 금색이 된다.(金桃山太原, 形長色黃,
    以柿接之, 遂成金色.)"라고 하였다. 『본초연의(本草衍義)』에서 "태원에는 금도가
    있는데, 색이 짙은 황색이며, 서경(西京, 지금의 서안지)에는 곤륜도(昆侖桃)가 있
    는데 살이 짙은 자홍색이다. 이 두 종류는 매우 달다.(太原有金桃, 色深黃, 西京有
    昆侖桃, 肉深紫紅色, 此二種尤甘.)"라고 하였다. 오늘날 섬서·감숙·운남 등의 성
    (省)에서 모두 황육도가 생산된다.【原註】
     * 본초연의(本草衍義): 북송의 약물학자 구종석(寇宗奭, ?-?)이 1116년에 편찬한
       의서.【역주】
41) 응취(鷹嘴): 응취도(鷹嘴桃)도 황육도 계열 품종 가운데 하나로, 화북지역 조생종
    복숭아 가운데 주요품종이다. 과실은 긴 원형으로 끝 부분이 매 부리와 같이 튀어
    나왔으므로 응취도라 하였다. 과육은 모두 황색이며 즙이 적고 씨가 잘 분리된다.
    『화경』에서 "응취도는 꽃이 홍색이고 열매도 6월에 익으며 매 부리 형상과 같이
    뾰족하다.(鷹嘴桃花紅, 實亦在六月熟, 有尖如鷹嘴狀.)"라고 하였다.【原註】
42) 탈핵반도(脫核蟠桃): 반도(蟠桃, Prunus persica var. compressa)는 가운데 씨가 반
    정도 분리되는 것을 '조선도(早蟬桃)'라고 하고, 과일 껍질은 황색으로 약간 붉은
    노을이 있으며, 과육은 백색으로 강소성 태창(太倉)에서 산출되는데, 아마 이 품종
    을 가리킬 것이다.【原註】
43) 분청(粉青): 청피리[青皮李,『본초강목(本草綱目)』]로 추측된다. 과일 껍질은 청록
    색에 하얀 분이 덮여 있으며, 자두 품종 가운데 하나이다.【原註】
44) 황고(黃姑): 황과리(黃果李)로 '황리[黃李,『본초강목(本草綱目)』]'라고도 하며, 과
    실이 둥글면서 단정하다. 과일 껍질은 황록색이며 껍질에 백색의 과분(果粉)이
    있고, 홍색의 과육을 투과하여 옅은 홍색이 나타나며, 과육은 선홍색이으로, 자두

있고, 또 다른 한 종류가 있어 '가경자(嘉慶子)'45)라고 하는데, 맛이 조금 시다. 북방 사람은 매화와 살구를 구분하지 못하며, 익었을 때 비로소 구별할 수 있다. 매화를 살구에 접붙여서 자라난 것을 행매(杏梅)46)라고 하며, 또 소매(消梅)47)가 있어 입에 넣으면 바로 녹고 이상하게 아삭거리면서 맛이 좋다. 비록 과일 가운데 평범한 품종이지만 도리어 잠잘 때 갈증을 멈추게 하여 또 나름대로 운치가 있다.

二. 桃李梅杏

桃易生, 故諺云, 白頭種桃. 其種有匾桃黑桃金桃鷹嘴脫核蟠桃, 以蜜煮之, 味極美. 李品在桃下, 有粉青黃姑二種, 別有一種, 曰嘉慶子, 味微酸. 北人不辨梅杏, 熟時乃別. 梅接杏而生者, 曰杏梅, 又有消梅, 入口即化, 脆美異常, 雖果中凡

품종의 하나이다.【原註】

45) 가경자(嘉慶子): '가경리(嘉慶李)'라고도 하며, 과실이 납작한 원형이면서 약간 삐뚤다. 과일 껍질은 옅은 녹색이며 껍질에 백색 과분(果粉)이 나타난다. 과육은 홍색이며 맛이 감미롭고, 자두 가운데 늦게 익는 품종이다. 명칭이 위술(韋述)의『서경기(西京記)』에 보인다.『소주부지(蘇州府志)』에서 "바깥은 벽색(碧色, 짙 푸른색)이고 안은 홍색인 것을 '가경자'라 한다.(外碧内紅者曰嘉慶子.)"라고 하였다.【原註】

* 위술(韋述, ?-757): 당나라 관리이자 저명한 사학가. 경조(京兆) 만년(萬年) 사람.【역주】

* 서경기(西京記): 5권.『동서경기(東西京記)』나『양경기(兩京記)』라고도 하며 위술이 지은 지리서.【역주】

46) 행매(杏梅): '학정매(鶴頂梅,『농포전서(農圃全書)』]'라고도 하며, 잎이 작고 가지가 암홍색이며, 꽃은 소수가 홍색이나 옅은 홍색이고 과실은 갈색 반점이 있는 등황색으로 맛이 살구와 비슷하면서 시고, 매실의 변종 가운데 하나이다. 학명은 Prumus mume var. bungo이다. 일본어 분고(豊後, ぶんご)를 음역한 것으로, 일본에서는 행매를 '분고우메(豊後梅, ぶんごうめ)'라 한다.【原註】

47) 소매(消梅): 소매(消梅, Prumus mume var. microcarpa)는 '소매(小梅)'와 '조매[早梅,『군방보(群芳譜)』]'라고도 한다. 가지가 가늘고 꽃받침은 녹자색이며, 과실은 작은 원형이다. 범성대(范成大)의『매보(梅譜)』에서 "소매는 과실이 원형으로 아삭거리며, 즙이 많고 찌꺼기가 없어 생으로 먹을 수 있으며, 조리해서 먹을 수가 없다.(消梅實圓鬆脆, 多液無滓, 惟可生噉, 不可前造.)"라고 하였다.【原註】

品, 然却睡止渴48), 亦自有致.

3. 굴(橘)49) · 등자(橙)50)

굴은 '목노(木奴)'51)로, 먹을 것을 제공해 줄 뿐 아니라 이익도 얻을

---

48) 止渴(지갈): 갈증이 그치다. 목마름을 그치게 하다.【역주】

49) 굴(橘): 굴(Citrus reticulate)은 상록 소교목으로 가지는 가늘고 가시가 있다. 잎은 좁고 뾰족하며 꽃은 흰색이다. 과실은 작고 약간 납작하며, 껍질은 등황색이나 미홍색(米紅色)이며, 껍질이 두껍고 연해 쉽게 벗겨지고, 굴의 속과 껍질 사이의 섬유질이 비교적 적다. 운향과(芸香科)에 속한다. 『강남통지 · 오현산물(江南通志 · 吳縣物産)』에서 "녹굴(綠橘) · 밀굴(蜜橘) · 당남굴(塘南橘) · 주굴(朱橘) · 여주굴(汝州橘) · 양굴(襄橘) · 편굴(扁橘) · 탈화굴(脫花橘) · 칠설홍(漆碟紅).(綠橘, 蜜橘, 塘南橘, 朱橘, 汝州橘, 襄橘, 扁橘, 脫花橘, 漆碟紅.)"이라 하였다.【原註】
   * 굴: 상록이며 키는 3~6m로 탱자 나뭇잎과 같고 가시가 줄기사이에 돋아 있으며 초여름(5월 중하순)에 흰 꽃이 핀다. 6~7월에 열매가 열리고 겨울에 노랗게 과실이 익는다. 상록이며 아열대성인 작은 교목으로서 원산지는 인도에서 중국 중남부에 이르는 아시아 대륙의 동남부와 그 주변의 섬들로 추정된다.【역주】

50) 橙(등): 등(橙, Citrus junos)은 '향등(香橙)'과 '등자(橙子)'라고도 하며, 상록 소교목이고, 가지가 가늘며 가시가 있다. 잎은 타원형이고 꽃이 백색이며 과실은 납작한 원형이다. 과일 껍질이 등황색이며 거칠면서 주름져 까기 쉽다. 과육과 과즙은 모두 옅은 황색이며 맛이 시다. 운향과(芸香科)에 속한다.【原註】
   * 橙(등): 오렌지. 모양이 둥글고 주황빛이며 껍질이 두껍고 즙이 많다. 인도 원산으로서 히말라야를 거쳐 중국으로 전해져 중국 품종이 되었고, 15세기에 포르투갈로 들어가 발렌시아 오렌지로 퍼져나갔다. 브라질에 전해진 것은 아메리카 대륙으로 퍼져나가 네이블오렌지가 되었다.【역주】

51) 목노(木奴): 감귤(柑橘)의 다른 이름이다. 『수경 · 원수주(水經 · 沅水注)』에서 "용양현(龍陽縣)의 신주(汎州)는 길이가 20리로, 오나라 단양태수(丹陽太守) 이형(李衡)이 그곳에 감귤을 심었는데, 죽을 때 그의 아들에게 훈계하여 '우리 고을에 목노 천 그루가 있으니 먹을 것과 입을 것을 책임지지 않아도 매년 비단 천 필 값을 할 것이다. 오나라 말기에 이형의 감귤이 익어 매년 비단 천 필 값이 되었다.(龍陽縣之汎州, 長二十里, 吳丹陽太守李衡, 植柑子其上, 臨死, 敕其子曰, 吾州里有木奴千頭, 不責衣食, 歲絹千匹. 吳末, 衡柑成, 歲絹千匹.)"라고 하였다.【原註】
   * 용양현(龍陽縣): 지금의 호남성 한수(漢壽)에 속하는 지역.【역주】
   * 이형(李衡, ?-?): 삼국시대 오나라의 관리로 자(字)는 숙평(叔平).【역주】

수가 있다. 녹귤(綠橘)⁵²⁾·금귤(金橘)⁵³⁾·밀귤(蜜橘)⁵⁴⁾·변귤(匾橘)⁵⁵⁾

---

52) 녹귤(綠橘): 복귤(福橘, Citrus tangrina)은 일명 '녹귤(綠橘)'이다. 과실은 납작한
원형으로 선명한 붉은 오렌지색이며, 이름이 『오군지(吳郡志)』에 보인다. 『귤록
(橘錄)』에서 "귤은 타 지역 귤보다 조금 작고, 색은 감벽색으로 보기 좋으며, 서리
가 내리지 않아도 먹을 수 있으며 맛이 매우 진귀하다. 가지 사이에 남겨 두어도
색이 전혀 변하지 않아. 한 겨울에 따도 새 것처럼 싱싱하다.(橘比他橘微小, 色紺
碧可愛, 不待霜, 食之, 味已珍. 色不盡變, 隆冬采之, 生意如新.)"라고 하였다. 범성
대(范成大)의 "손수 복귤을 심留之枝間, 어 10년이 지나도 꽃이 피지 않아 지은
시(手植福橘十年不花詩)"는 이것을 가리킨다. 『오군지(吳郡志)』에서 "녹귤(綠橘)
은 동정동산(洞庭東山)과 동정서산(洞庭西山)에서 생산되며, 일반적인 귤보다 특
별히 크고, 서리가 내리지 않으며 짙은 녹색이고 배꼽 사이가 먼저 노랗게 되면
맛이 다 들어 먹어도 되므로 '녹귤(綠橘)'이라 한다.(綠橘出洞庭東西山, 比常橘特
大, 未霜深綠色, 臍間一點先黃, 味已全, 可噉, 故名綠橘.)"라고 하였다.【原註】
* 귤록(橘錄): 3권. 남송의 학자 한언직(韓彦直, 1131-?)이 저술한 중국 최초의 귤
전문서로 『영가귤록(永嘉橘錄)』이나 『귤보(橘譜)』라고도 한다.【역주】
* 감벽색(紺碧色): 검은 빛을 띠는 청색.【역주】

53) 금귤(金橘): 금귤(金橘, C. microcarpa)은 '사계귤[四季橘, 『군방보(郡芳譜)』]'와 '월
귤(月橘)'이라고도 하며, 상록관목이나 교목으로, 꽃이 작고 백색이다. 과실은 납
작한 원형이고, 과일 껍질은 주홍색이나 황금색이다. 과즙은 등황색이며 맛이 시
어서 먹지 못 하고, 보통 금귤병(金橘餠)이나 분재용으로 한다. 『북서포옹록(北墅
抱瓮錄)』에서 "금귤은 탄환보다 작고, 밀감보다 많이 시며, 그것을 쪼개면 향이
매우 강렬하다.(金橘小於彈丸, 酸多於甘, 擘之, 香雾甚烈.)"라고 했는데, 바로 원
금감(圓金柑, Fortunella japonica)을 가리켜 말하였다.【原註】
* 금귤병(金橘餠): 강서성 무주(撫州) 금계현(金溪縣)의 특산물로, 명나라 말기에
출현하였다. 금귤을 꿀과 섞어 만든 작은 떡 모양의 음식.【역주】
* 원금감(圓金柑, Fortunella japonica): 둥근 금감. 속칭 낑깡. 영어로 Kumquat.【역주】

54) 밀귤(蜜橘): 밀귤은 작고 껍질이 얇으면서 달고 황색이며 유귤(乳橘) 품종의 하나
로서, 절강성 앙주 당서(塘栖)에서도 산출된다. 『항주부지(杭州府志)』에서 "밀귤
(蜜橘)은 인화(仁和)와 당서(塘栖)에서 산출되며, 배꼽이 있고 씨가 없으며, 맛은
매우 달지만, 나무가 추위를 두려워하여 매번 얼어 죽으므로 매우 적다.(蜜橘仁和
塘栖所産, 有臍無核, 味極甜, 但樹畏寒, 每凍死, 故絶少.)"라고 하였다. 『구강일지
(甌江逸志)』에서 "영가(永嘉)의 귤은 절서(浙西)의 밀귤(蜜橘)과 비슷하고 그 맛이
매우 감미로우며, 씨가 없는 것이 상등품으로 『광흥기(廣興記)』에서 말한 '유귤(乳
橘)'이 바로 이것이다.(按永嘉之橘, 與浙西之蜜橘相似, 其味甘美, 以無核者爲上,
廣興記所云, 乳橘即此也.)"라고 하였다. 밀귤(蜜橘)과 유귤(乳橘)은 같은 품종이
다.【原註】
* 구강일지(甌江逸志): 1권. 청 노대여(勞大輿)가 편찬한 온주(溫州) 지역의 옛이
야기와 산천의 물산을 기록한 저서.【역주】

등 여러 종류가 있고, 모두 동정(洞庭)56)에서 산출된다. 별도로 복건 지역의 것보다 작고 색과 맛이 모두 비슷하며 '칠설홍(漆碟紅)'57)이라고 하는 품종이 있어 더욱 맛있다. 구주(衢州)에서 산출되는 것은 껍질이 얇고 맛도 있지만 많이 구할 수가 없다. 산중의 사람들은 익지 않고 땅에 떨어진 것으로 약귤(藥橘)58)을 만들며, 소금에 절인 것이 비교적 훌륭하다. 황등(黃橙)59)은 회에 조미를 할 수 있는데, 바로 옛사람들이 말

---

* 절서(浙西): 양절서로(兩浙西路)의 약칭으로 강소성의 소남지구(蘇南地區)를 포함. 현재의 절서는 절강성 서부.【역주】
* 광흥기(廣興記): 청대의 육응양(陸應陽, ?-?)이 1686년에 완성한 지리서.【역주】
55) 변귤(匾橘): '관피귤(寬皮橘)'이라고도 하며, 평귤(平橘)로 추정된다.『오군지(吳郡志)』에서 "또 평귤(平橘)이 있으며, 녹귤(綠橘)보다 조금 작고, 순황색이 되어야 바야흐로 먹을 수 있으므로 품종이 조금 떨어지지만, 이 품종은 바로 약에 들어간다. 지금 시장에서 귤껍질을 파는데, 대부분 감피(柑皮, 귤 껍질)와 영가(永嘉)의 편귤피(扁橘皮)를 섞으므로, 관찰하지 않으면 안 된다.(又有平橘, 比綠橘差小, 純黃方可噉, 故品稍下, 而其品正入藥. 今市賣橘皮, 多雜以柑皮, 及永嘉扁橘皮, 不可不察.)"라고 하였다. 장자(張鎡)의『종화법(種花法)』에서 "2월 상순에 자소(紫笑)·면등(綿橙)·변귤(匾橘)을 접붙일 수 있다.(二月上旬可接紫笑綿橙匾橘.)"라고 하였다.【原註】
* 장자(張鎡, 1153-1221?): 남송 문학가. 원래의 자(字)는 시가(時可), 고친 자는 공보(功甫), 호는 약재(約齋). 종화법(種花法): 내용은 알 수 없다.【역주】
56) 동정(洞庭): 소주(蘇州) 태호(太湖) 안의 동정동산(洞庭東山)과 동정서산으로, 소주 사람들은 동산(東山)과 서산(西山)으로 통칭한다.【原註】
57) 칠설홍(漆碟紅):『치부전서(致富全書)』에서 "동정산에 '칠설홍'이 있다.(洞庭山有'漆碟紅'.)"라고 하였다. 복귤(福橘)의 일종이거나 복귤(福橘)을 파종하여 변이가 일어나 형성된 것으로 추정된다. 지금의 절강성 구주(衢州)에 아직도 소량 재배되고 있으며, '혈설홍(血碟紅)'이라는 것이 바로 이 종류이다. 지금의 동정(洞庭) 귤 가운데 이러한 이름은 없다.【原註】
58) 약귤(藥橘):『귤록(橘錄)』에서 "고향 사람들이 설탕으로 귤을 고았는데, 그것을 '약귤'이라 한다.(鄕人用糖熬橘者, 謂之'藥橘'.)"라고 하였다.【原註】
59) 황등(黃橙): 남경 중산식물원(中山植物園)의『태호동정산과수조사(太湖洞庭山果樹調查)』에서 "동정산 등자(C. junos)에는 청광등(靑光橙)·청향등(靑香橙)·황통등(黃統橙) 3종이 있다.(洞庭山橙子(C. junos)中有靑光橙, 靑香橙, 黃統橙等三種.)"라고 하였다. '황등(黃橙)'은 황통등(黃統橙)을 가리키는 것으로 추정된다.『단도현지·물산(丹徒縣志·物産)』에서 "황등·녹등·취등(脆橙)은 먹을 수 있다.(黃橙, 綠橙, 脆橙, 可食.)"라고 하였다.『전당시화(全唐詩話)』에서 "장적(張籍)

한 '금제(金虀)[60]'이다. 네모진 조각으로 조리하면 모두 '저속한 맛'이라고 한다.

三. 橘橙

橘爲木奴, 既可供食, 又可獲利. 有綠橘金橘蜜橘匾橘數種, 皆出自洞庭. 別有一種小于閩中, 而色味俱相似, 名漆碟紅者, 更佳出衢州者[61]皮薄亦美, 然不多得. 山中人更以落地未成實者, 制爲藥橘, 醎[62]者較勝. 黃橙堁調膾[63], 古人所謂金虀. 若法製丁片, 皆稱俗味.

의 시에서 '산길에 황등이 익어가고'라고 하였으며, 이것은 섬현(剡縣)의 풍미로서, 등자가 섬현에서 특히 유명하다.(張籍詩, 山路黃橙熟, 此剡中風味也, 橙惟剡尤名.)"라고 하였다.【原註】

* 전당시화(全唐詩話): 10권. 송나라 시인이자 장서가 우무(尤袤, 1127-1202)가 지은 시에 관한 이야기를 모은 저서.【역주】

60) 金虀(금제):『남부연화기(南部烟花記)』에서 "남쪽 사람들의 생선회는 가늘고 길게 잘라 등자와 비벼서 金虀玉膾라고 부른다.(南人魚膾, 細縷金橙拌之, 號爲金虀玉膾.)"라고 했다.【原註】

* 남부연화기(南部烟花記): 1권. 당나라 학자 풍지(馮贄, ?-?)가 기록한 수나라와 남조(南朝) 궁중의 이야기.【역주】

61) 出衢州者(출구주자): 주귤(朱橘, Citrus erythrosa)은 '구주귤(衢州橘)'이라고도 한다. 소주(蘇州)에서는 또 '요홍(了紅)'·'조홍(早紅)'·'주귤(朱橘)'·'대홍포(大紅袍)'라고 한다. 절강성 구주(衢州)에서는 '대홍(大紅)'과 '이홍(二紅)'이라 한다. 상록 소교목이며, 과실이 납작한 원형이나 원형이고, 끝 부분이 오목하게 들어가 유두와 같은 돌기가 있다. 과일 껍질은 미홍색이고 거칠면서 주름이 있으며, 과육은 붉은 오렌지색이고 과즙은 오렌지색이다. 10월 하순에 익으며, 과즙이 많고 맛이 달다.『군방보(群芳譜)』에서 "주귤은 열매가 작고 적색으로 크지 않다.(朱橘實小, 赤色不大.)"라고 하였으며, 대체로 이것을 가리킨다.【原註】

62) 醎(함): 함(鹹, 짜다, 쓰다)과 같으며, 본래 함(醎, 짜다)이다.【原註】

63) 調膾(조회): 회(膾)는『석명·석음식(釋名·釋飲食)』에서 "회(膾)는 회(會)이다. 고기를 얇게 저며 흩으며, 붉은 것과 흰 것을 나누어 다르게 자르고, 끝나면 바로 합친다.(膾, 會也. 細切肉令散, 分其赤白, 異切之, 已乃會合和之也)"라고 하였다.【原註】

* 회(膾): 얇게 저민 날고기.【역주】

4. 감(柑)[64]

동정(洞庭)에서 산출되는 감귤은 맛이 매우 좋으며, 신장(新莊)[65]에서 산출되는 것은 즙이 없어 칼로 잘라서 먹는다. 특히 껍질이 두꺼운 품종이 있는데 '밀라감(蜜羅柑)'[66]이라 하며, 역시 맛있다. 작은 것은 '금감(金柑)'[67]이라 하며, 둥근 것은 '금두(金豆)'[68]라 한다.

---

64) 감(柑): 학명이 귤과 같고, '감귤(柑橘)'로 통칭하기도 하며, 상록 소교목이나 관목(灌木)이다. 보통은 가시가 없으며, 잎은 긴 타원형이고 꽃은 백색이다. 과실은 조금 크고 원형이거나 약간 납작하며, 껍질은 황색으로 거칠며 두껍고 약간 딱딱하지만 쉽게 벗겨진다. 과즙은 황색이며 약간 신맛을 띤다. 운향과(芸香科)에 속한다. 『오군지(吳郡志)』에서 "진감(眞柑)은 동정동산과 동정서산에서 나온다. 감은 비록 귤의 종류이지만 품격이 특히 높고 꽃다운 향이 매우 뛰어나 천하제일이다. 절동과 강서 및 촉양주에 모두 감이 있어 향기와 품격이 모두 동정에서 나는 것보다 하품이다. 현시인들이 매우 진귀하게 여긴다.(眞柑出洞庭東西山, 柑雖橘類, 而其品特高, 芳香超勝, 爲天下第一. 浙東, 江西及蜀梁州皆有柑, 香氣標格, 皆出洞庭下, 土人甚珍貴之.)"라고 하였다.【原註】
  * 표격(標格): 품격, 기품, 풍격.【역주】
65) 신장(新莊): 강소성 오현(吳縣)의 지명이다.【原註】
66) 밀라감(蜜羅柑):『서안현지(西安縣志)』에서 "밀라감은 향이 좋고 껍질과 속을 모두 먹을 수 있다.(蜜羅柑香美, 皮瓤皆可食.)"라고 하였다. 『식물명실도고(植物名實圖考)』에서 "밀라(蜜羅)는 밀용(蜜筩)으로, 복건지역과 광동 남안(南安)에서 생산되며 시안(施安)에도 있다. 불수감(佛手柑)과 같은 종류이지만 손가락 모양이 없다.(蜜羅即蜜筩, 生閩廣南安, 施安亦有之. 與佛手柑同類, 無指爪.)"라고 하였다. 『공주부지(贛州府志)』에서 "밀라의 형태는 불수(佛手)와 같고, 익지 않았을 때는 녹색이며 익었을 때는 황색이고, 과육은 백색으로 씨가 없고 맛이 달다.(蜜羅形如佛手, 生綠, 熟黃, 肉白, 無子, 味甘.)"라고 하였다. 학명은 Citrus poonensis이다. 『해양현지(海陽縣志)』에서 '밀통감(蜜桶柑)'이라 하였다. 향연(香櫞)도 '밀라감(蜜羅柑)'이라 한다. 『사남부지(思南府志)』에 서 "향연은 밀라감(蜜羅柑)으로 향기가 있고 과육이 두꺼우며, 차를 끓이거나 술을 담기에 모두 적당하다.(香櫞即蜜羅柑, 氣芬肉厚, 點茶釀酒均宜.)"라고 하였다.【原註】
  * 지조(指爪): 불수감에서 손가락 모양으로 나와 있는 부분.【역주】
67) 금감(金柑): '금탄(金彈, Fortunella crassifolia)'이라고도 하며, 상록 소교목이나 관목이다. 잎은 피침형이나 계란모양 피침형이며, 꽃은 백색이다. 과실은 뒤집어진 알 모양이며 익을 때 황금색이 나타난다. 과즙은 적고 맛이 달며 향기가 있다. 운향과(芸香科)에 속한다.【原註】

四. 柑

柑出洞庭者, 味極甘, 出新莊者, 無汁, 以刀剖而食之. 更有一種粗皮, 名蜜羅柑者, 亦美. 小者曰金柑, 圓者曰金豆.

5. 향연(香櫞)[69]

향연은 크기가 술잔과 사발만하고, 향기가 강렬하여 오(吳) 지역 사람이 가장 좋아한다. 도자기 쟁반에 담으며, 그 속을 꺼내어 하얀 사탕으

---

* 금감(金柑): '금귤(金橘)'이라고도 한다. 중국 원산이며 남부지방에서 과수로 심는다. 높이 4m 정도이며 가지와 잎이 무성하고 가시는 없다. 열매는 길이 2.5~3cm이고 오렌지색으로 익는다. 관상용으로 보급되었으나 현재는 식용한다. 열매가 둥글고 나무가 금감보다 작은 것을 '둥근 금감(F.japonica Swingle)'이라고 한다.【역주】

68) 금두(金豆): '산금감(山金柑)'과 '산금귤[山金橘, 한언직(韓彦直)의 『귤록(橘錄)』, Fortunella hindsii)'라고도 하며, 상록 관목이다. 짧은 가시가 있고 잎은 계란모양의 타원형이며 앞부분이 뾰족하면서 둥글다. 꽃은 백색이고 과실은 원형으로 크기가 황두(黃豆)만 하다. 과즙이 적고 거의 과육이 없어 과실은 먹을 수 없다. 운향과(芸香科)에 속한다.【原註】

69) 향연(香櫞): 고대 문헌에 향연(香櫞, Citrus medica)은 항상 향원(香圓, C. wilsonii)과 혼동되고 있지만, 소주(蘇州)에서 생산되는 것은 사실 향원(香圓)으로 향연(香櫞)이 아니며, 품종에는 대략 조피향원(粗皮香圓)·나피향원(癩皮香圓)·세피향원(細皮香圓)의 3종이 있다. 조피향원은 바로 『오군지(吳郡志)』에서 언급한 향연(香櫞)으로, 소주 동정산(洞庭山) 이외에 절강성 항주(杭州)에도 분포되어 있다. 나피향원은 동정산에서만 생산되며, 세피향원은 호남성·호북성·안휘성 등에 넓게 분포되어 있으며, 절강성에서도 소량 재배된다.【原註】

* 시트론: 인도 북부 원산이며 동남아시아에서 오랫동안 재배하였다. 감귤 중에서 가장 오래된 과일이며 B.C. 4세기부터 유럽에 알려졌다. 높이 약 3.5m이고, 가지에 가시가 있다. 잎은 크고 넓은 타원 모양이며 연한 녹색이다. 꽃은 자줏빛을 띤 흰색이며 레몬과 비슷한 열매가 달리는데, 향기가 있고 빛깔은 노르스름한 녹색이다. 껍질은 두껍고 딱딱하며 우툴두툴하다. 과육은 단단하고 신맛과 단맛이 난다. 열매의 쓴맛을 없앤 뒤 설탕에 절여서 만든 식품을 판매하기도 한다.【역주】

로 버무려 먹고, 또 탕을 끓일 수도 있는데 해장할 수가 있다. 또 껍질이
좀 거칠고 두꺼운 것이 있는데 향은 더 진하다.

五. 香櫞

香櫞大如杯盂, 香氣馥烈, 吳人最尚. 以磁盆盛供, 取其瓤, 拌以白糖, 亦可作
湯, 除酒渴. 又有一種皮稍粗厚者, 香更勝.

6. 비파(枇杷)[70]

비파는 씨가 하나인 것이 좋고, 뿌리와 잎이 모두 사랑스러운데, 일명
'관동화(款冬花)'[71]라고 한다. 과일 찬합에 넣어 두며, 색은 황금과 같고

---

70) 비파(枇杷): 비파(枇杷, Eriobotrya japonica)는 상록 소교목으로 잎이 타원형이며,
   9-10월에 꽃이 피고 향기가 있다. 과실은 다음해 4월에서 6월 사이에 익는다. 과실
   은 원형·타원형·납작한 원형 등으로 각기 다르다. 과일 껍질은 등황색이나 옅은
   황색이다. 과육은 홍색과 백색의 두 종류가 있는데, 등황색인 것은 '홍사비파(紅沙
   枇杷)'라 하고, 백색인 것은 '백사비파(白紗枇杷)'라고 한다. 동정비파의 재배품종
   은 많게는 19개 종류의 계보가 있으며, 백사(白沙)를 주로 재배한다.【原註】
71) 관동화(款冬花):『본초강목』과『식물명실도고』에서 '관동화(款冬花)'라 한 것은 사
   실 관동(款冬, Tussilago farfara)으로 다년생 초본으로, 잎이 크고 둥근 콩팥 모양
   이며, 잎자루는 길고, 꽃은 백색으로 꽃봉오리가 추운 겨울에도 비로소 돋아나므
   로 이렇게 이름 붙였다. 국과(菊科)에 속한다.『본초연의(本草衍義)』에서 "수많은
   꽃 중에 유일하게 이 꽃만 얼음과 눈을 돌아보지 않고 가장 먼저 봄을 맞는다.
   세상에서 또 '첨동(鉆凍)'이라 한다.(百花中惟此, 不顧冰雪, 最先春也. 世又謂之鉆
   凍.)"라고 하였다.『안길주지(安吉州志)』에서 "비파는 꽃이 관동화로, 씨가 하나인
   것이 아름답다.(枇杷, 花即款冬花, 獨核者佳.)"라고 하였다.『북서포옹록(北墅抱
   瓮錄)』에서 "비파는 그 꽃을 대부분 관동으로 여기지만 틀린 것이다.(枇杷, 其花多
   爲款冬, 非也.)"라고 하였다.『본초도경(本草圖經)』에서 "관동은 바로『이아(爾
   雅)』에서 '토계(菟奚)'라고 하였으며, 과동(顆凍)은 얼음과 눈에서 나고, 가지와 줄
   기가 크지 않다. 관동(款凍)과 비파(枇杷)는 모두 겨울이 닥쳐 꽃이 피므로 하나로
   와전되었을 뿐이다.(款冬乃尔雅所謂'菟奚', 顆凍生冰雪中, 枝莖不大. 款冬, 枇杷,
   皆臨冬而花, 故訛爲一耳.)"라고 하였다.【原註】

맛이 매우 좋다.

六. 枇杷

枇杷獨核者佳, 株葉皆可愛, 一名款冬花, 蔫[72]之果奩[73], 色如黃金, 味絶美.

7. 양매(楊梅)[74]

양매는 오(吳) 지역에서 가장 좋은 과일로, 여지(荔枝)와 함께 막상막
하의 명성을 높이 날리고 있는데, 광복산(光福山)[75]에서 나는 것이 가
장 좋다. 그 지역 사람들은 검은 그릇에 담는데 색이 옻칠과 같으며,
1근에 겨우 20가지뿐으로 정말 기이한 맛이다. 여름에 산출되어 먼 곳

---

* 관동화(款凍花): 관동화는 겨울 동안에 죽지 않고 지내다가 꽁꽁 언 초원에서
싹을 틔우며 얼음을 가르고 나오기 때문에 '과동(顆凍)'이라 히였는데, '관동(款
冬)'이나 '관동(款凍)'으로 와전되었다 한다. 관(款)은 '지낸다'는 의미로 겨울을
지내고 꽃을 피운다는 뜻이다. 또한 얼음과 눈을 뚫고 가장 먼저 봄을 알린다하
여 '찬동(鑽凍)'이라고도 하였다.【역주】
72) 蔫(언): 풀이나 꽃 따위가 시들다.【역주】
73) 奩(렴): 상자.【역주】
74) 양매(楊梅): 양매(楊梅, Myrica rubra)는 상록 소교목으로, 잎은 가죽재질이고 거꾸
로 된 계란 모양의 긴 타원형이다. 꽃은 암수가 다른 나무에서 피고, 씨와 과실은
공 모양이다. 과일 껍질은 암홍색이고 맛이 달면서 약간 신맛을 띠며 먹을 수
있다. 양매과(楊梅科)에 속한다. 남경 중산식물원의 조사에 따르면 소주(蘇州) 동
정산(洞庭山)에서 재배하는 양매의 품종이 20여 종에 달한다고 한다.【原註】
* 소귀나무: 학명은 Myrica rubra S, et Z.이다. 난대지역에서만 자라는 난대수종이
며 높이 10m까지 자란다. 나무껍질은 회색으로 작은 가지에 털이 약간 있다.
꽃은 4월에 피고 열매는 6~7월에 암적색으로 익는다. 열매는 먹을 수 있고,
수피는 염색용으로 이용한다.【역주】
75) 광복산(光福山): 산 이름으로, 소주(蘇州) 서쪽 교외의 등위산(鄧尉山)과 연결되어
있다. 광복진(光福鎭)은 산 아래에 있으며 서쪽으로 태호(太湖)와 닿아 있다.【原
註】

으로 보낼 수가 없으므로, 오 지역의 호사가들은 빠른 거룻배와 우편으로 구하거나 배에 가서 사 먹는다. 다른 산에서 나는 것은 맛이 시고 색도 자줏빛이 아니다. 소주(燒酒)[76]에 담가 놓으면 색은 변하지 않고 맛은 담백해지고, 꿀에 재 놓은 것은 색과 맛 모두 나쁘다.

七. 楊梅

楊梅吳中佳果, 與荔枝幷擅高名, 名不相下, 出光福山中者, 最美. 彼中[77]人以漆[78]盤盛之, 色與漆等, 一斤僅二十枚[79], 眞奇味也. 生當暑中, 不堪涉遠, 吳中好事家或以輕橈[80]郵置[81], 或買舟就食, 出他山者味酸, 色亦不紫. 有以燒酒寖者, 色不變, 而味淡, 蜜漬[82]者, 色味俱惡.

8. 포도(葡萄)[83]

포도는 자주색과 백색의 두 종류가 있다. 백색인 것은 '수정도(水晶

---

76) 소주(燒酒): 발효된 곡류나 고구마 등을 증류해서 만든 맑고 투명한 술. 국내에서 판매하는 희석식 소주와는 다른 증류주이다.【역주】
77) 彼中(피중): 그 곳. 여기서는 오 지역을 가리킨다.【역주】
78) 漆(칠): 옻칠. 옻칠을 하다. 검은색.【역주】
79) 枚(매) : 단위. 줄기.【역주】
80) 輕橈(경요): 쾌속정.【原註】
81) 郵置(우치): '치우(置郵)'라고도 한다. 『광아(廣雅)』에서 "우(郵)는 역(驛)이다. 치(置)도 역(驛)이다. 말이 차례로 전하는 것을 '치(置)'라 하고, 걸어서 차례로 전하는 것을 '우(郵)'라 한다.(郵, 驛也. 置, 亦驛也. 馬遞曰置, 步遞曰郵.)"라고 하였다. 전달해준다는 의미이다. 『논어』에서 "치우(置郵)보다 빠르게 명령을 전달하다.(速於置郵而傳命.)"라고 하였다.【原註】
82) 漬(지): 재놓다. 담그다.【역주】
83) 포도(葡萄): 포도(葡萄, Vitis vinifera)는 포도[葡陶,『한서(漢書)』]나 포도[葡萄,『치부전서(致富全書)』]라고도 하며, 낙엽 등본(藤本)이다. 잎은 세 장에서 다섯 장으로 나뉘며, 줄기는 길다. 과실은 항상 타원형 혹은 원형에 가까우며, 익으면 자색 혹은 녹색을 띠고 품종이 매우 많다. 이름이 『본초강목(本草綱目)』에 보이며, 포도

萄)'84)라고 하고 맛은 자주색 포도 보다 조금 떨어진다.

八. 葡萄

葡萄有紫, 白二種, 白者曰水晶萄, 味差亞於紫85).

9. 여지(荔枝)86)

여지는 오 지역에서 생산되진 않지만 과일 중에 이름난 품종으로, 사
람들이 모두 좋아한다. '홍진일기(紅塵一騎)87)는 사리를 아는 사람이 아

과(葡萄科)에 속한다.【原註】

* 포도: 한국에는 고려시대에 중국에서 들여온 것으로 추측되며『조선왕조실록』
  등에도 포도에 관한 기록이 실려 있다. 그러나 본격적인 재배는 1906년 서울
  뚝섬에 원예모범장을 설립하면서 시작되었다. 크게 유럽종·미국종·교배종으
  로 나뉜다. 한국에서는 주로 추위와 병충해에 강한 미국종과 교배종을 심는데,
  대부분 교배종을 재배한다. 대표적인 품종이 서봉인데, 송이가 크고 씨가 적으
  며 단맛도 풍부하다.【역주】

84) 수정도(水晶萄): 수정포도(水晶葡萄)이다.『본초강목(本草綱目)』에서 "흰 것은 '수정
   포도'라고 하며, 포도 품종이다.(白者名水晶葡萄, 爲葡萄品種.)"라고 하였다.【原註】

85) 紫(자): 자주색 포도(紫葡萄)이다.『본초강목(本草綱目)』에서 "검은 것은 '자포도'
   라 하며, 포도품종이다.(黑者名紫葡萄, 爲葡萄品種.)"라고 하였다.【原註】

86) 여지(荔枝): 여지(荔枝, Litchi chinensis)는 상록교목이며 깃털모양의 겹잎으로, 작
   은 잎은 가죽 재질이고 피침형(披針形)이다. 꽃은 녹색과 백색 혹은 담황색이고,
   과실은 처음 날 때 소나무 구슬과 같으며, 껍질은 생선비늘 조각이 덮여 있고 주름
   이 있는데, 처음에는 녹색이고 익을 때 자홍색으로 변한다. 과육은 옥처럼 엷은
   백색이며, 맛이 매우 감미롭고, 품종이 매우 많다. 무환자과(無患子科)에 속한다.
   【原註】

87) 紅塵一騎(홍진일기):『당서·후비전(唐書·後妃傳)』에서 "양귀비는 여지를 먹는데
   반드시 싱싱한 좋은 것이어야 했다. 바로 말을 타고 보내어, 수 천 리를 달려와
   좋은 맛이 변하지 않고 수도에 다다른다.(貴妃楊氏, 嗜荔枝, 必欲生致之, 乃置騎傳
   送, 走數千里, 味美變, 已至京師.)"라고 하였다. 두목(杜牧)의 시「화청관(華淸官)」
   에서 "장안을 돌아보니 수를 놓은 듯한 언덕, 산 정상의 천 개 문이 차례대로 열리네.
   기마 한 필의 먼지에 양귀비가 웃지만, 여지가 온 걸 아는 이가 없다네.(長安回望繡

니면 말할 수가 없다. 오 지역에는 꿀에 절인 것이 있으며, 색도 희지만 껍질은 이미 물크러져 '붉은 비단에 백옥 피부'라고 하는데, 역시 소문과 상상일 뿐이다. 용안(龍眼)[88]은 '여지노(荔枝奴)'[89]라 하는데, 향과 맛이 여지에 미치지 못하고 종류가 매우 적지만 가격은 오히려 더 비싸다.

九. 荔枝

荔枝雖非吳地所種, 然果中名裔, 人所供愛, 紅塵一騎, 不可謂非解事[90]人. 彼中有蜜漬者, 色亦白, 第壳[91]已殷[92], 所謂紅繡白玉肤[93], 亦在流想[94]間而已. 龍眼稱荔枝奴, 香味不及, 種類頗少, 价乃更貴.

成堆, 山頂千門次第開. 一騎紅塵妃子笑, 無人知是荔枝來.)"라고 하였다.【原註】

* 양귀비: 27세에 정식으로 당현종의 귀비로 책봉되었으며, 남방 특산의 여지를 좋아하자, 그 뜻에 영합하려는 지방관이 말을 이용하여 신선한 과일을 장안까지 바쳤다고 한다.【역주】

88) 용안(龍眼): 용안(龍眼, Euphoria lingan)은 상록교목이며, 잎은 깃털 모양의 겹잎이고 작은 잎은 가죽 재질이며 피침형 혹은 긴 타원형이다. 꽃은 황백색이며 기이한 향이 난다. 과실은 공 모양이고 껍질은 갈색 혹은 자주색을 띠며, 과육은 부드럽고 과즙이 많다. 맛을 매우 달고 맛있으며 품종이 매우 많다. 무환자과(無患子科)에 속한다.【原註】

89) 荔枝奴(여지노): 『남방초목상(南方草本狀)』에서 "여지과(荔枝過)는 바로 용안이 익은 것이므로, '여지노'라고 했다.(荔枝過即龍眼熟, 故謂之荔枝奴.)"라고 하였다. 『도경본초(圖經本草)』와 『광동신어(廣東新語)』에서는 '여노(荔奴)'라고 하였다.【原註】

90) 解事(해사): 일을 이해한다는 의미이다. 『남사·여법량전(南史·茹法亮傳)』에서 "법량은 일을 잘 이해하여 바로 피하였으며, 받들어 봉양하는데 뛰어났다.(法亮便僻解事, 善于承奉.)"라고 하였다. 두보의 시에서 "어린 아들이 애써 사리를 알아, 짐짓 쓴 오얏을 달라고 해서 먹네.(小兒强解事, 故索苦李餐.)"라고 하였다.【原註】

91) 壳(각): 껍질.【역주】

92) 殷(은): 검붉다. 검다.【역주】

93) 紅繡白玉肤(홍수백옥부): 소식(蘇軾)의 시 「4월 11일에 처음 여지를 먹고(四月十一日初食荔枝)」에서 "해산 신선의 진홍색 비단 옷, 붉은 비단 속에 백옥의 피부.(海山仙人絳羅襦, 紅紗中丹白玉肤.)라고 하였다. 여지가 붉게 빛나고 속은 하얗다는 말이다.【原註】

94) 流想(유상): 전파와 상상(想像)을 가리킨다.【原註】

10. 대추(棗)[95]

대추는 종류가 대단히 많고, 씨가 작고 색이 붉은 것이 맛이 매우 좋다. 금릉(金陵)[96]에서 나오는 말린 대추와 절강에서 나는 남조(南棗)[97]

95) 棗(조): 대추(Zizyphus jujuba)로, 落葉小喬木或灌木이며 가지에 긴 가시가 있고 잎은 타원형 혹은 원형이다. 꽃은 작고 담황색이며 과실은 난형 혹은 긴 타원형이다. 익은 후에는 암적색 혹은 흑갈색이며 과육은 달고 식용가능하다. 鼠李科에 속한다.【原註】

  * 대추: 棗(조) 또는 木蜜(목밀)이라고도 한다. 표면은 적갈색이며 타원형이고 길이 1.5~2.5cm에 달하며 빨갛게 익으면 단맛이 있다. 과실은 생식할 뿐 아니라 채취한 후 푹 말려 乾果로서 과자·요리 및 약용으로 쓰인다. 대추는 생활속에서 가공하여 대추술, 대추차, 대추식초, 대추죽 등으로도 활용한다. 가공품으로서의 꿀대추는 중국·일본·유럽에서도 호평을 받고 있다. 한방에서는 이뇨·강장·완화제로 쓰인다. 한국에서는 충청북도 보은(報恩) 대추가 유명하다.【역주】

96) 금릉(金陵): 지금의 강소성 남경시와 강녕현(江寧縣) 지역이다. 전국시기 초(楚)나라에서는 '금릉읍(金陵色)'이라 했고, 당 무덕(武德) 3년(620)에는 강녕(江寧)에서 귀화(歸化)라고 바꿨으며, 8년(625)에는 귀화에서 금릉(金陵)으로 바꿨다. 9년(626)에는 금릉을 '백하(白下)'라고 바꿨고 오대 양오(楊吳) 시기에는 금릉부(金陵府)를 설치했다. 『강녕부지(江寧府志)』에서 "요방문의 대추는 길이가 2촌정도 되며, 피와 같이 붉거나 청황색과 주홍색이 섞여 있어 알록달록한 것이 보기 좋다. 속은 눈처럼 하얗고 맛은 꿀보다 달며 과실은 아삭거리고 성기다. 땅에 떨어지면 부스러지는데, 여가산(呂家山)의 사방 10무가 그렇고, 다른 곳은 그렇지 않다.(姚坊門棗, 長可二寸許, 肤赤如血, 或青黃與朱錯, 驳犖可愛, 瓤白逾珂雪, 味甘于蜜, 實脆而松, 堕地輒碎, 惟呂家山方幅十余畝爲然, 他地即不尔.)"라고 하였다. 『화경(花鏡)』에서 "혹자는 강우(江宇)의 요방조(窑坊棗)와 교조(胶棗)는 껍질과 씨가 없어 사람들이 대부분 그것을 중시한다.(或曰江宇窑坊棗與胶棗, 無皮核而人多重之.)"라고 하였다.【原註】

97) 남조(南棗): 남조는 절강성 의오(義烏)와 동양(東陽) 등에서 생산되며, 말리고 쬐기를 병행하여 만든 제품이다. 의오의 큰 대추는 과실이 원통형이며 표면이 녹황색이다. 익으면 표면이 갈색이 되고 과육이 백색이며, 성기고 과즙이 적으며, 맛이 단 것이 좋은 것이다. 물론 남조(南棗)와 밀조(蜜棗)가 좋다. 가경시기(嘉慶時期)의 『의오현지(義烏縣志)』에서 "마을에서 생산되어 '남조'라고 하는 것은 과실이 크고 씨가 가늘다.(邑所産呼南棗, 實大而核細.)"라고 하였다. 『절강통지(浙江通志)』와 『금화부지(金華府志)』에서 "남조는 동양에서 나는데 찻집에서 가장 유명하다.(南棗出東陽茶場最有名.)"라고 하였다. 『동양현지(東陽縣志)』에서 "옛날에 찻집에 나오는 것이 좋은 것으로 주먹 만한 크기가 있다고 전한다. 씨는 기장처럼 뾰족하

는 모두 매우 진귀하다.

十. 棗

棗類極多, 小核色赤者, 味極美. 棗脯[98]出金陵, 南棗出浙中者, 俱貴甚.

11. 배(生梨)[99]

배는 두 종류가 있는데, 꽃잎이 둥글고 펴진 것은 열매가 달고 이지러지고 주름진 것은 열매가 시어서 역시 쉽게 구분된다. 산동성에서 나오는 크기가 참외만한 것이 있으며, 맛이 매우 아삭거려 입에 넣으면 바로 녹고 가래 제거에 효능이 있다.

고 가늘며 쪼개면 바로 떨어진다. 꿀처럼 달고 향기로우며 아삭거려서 경성에서는 널리 알려져 있다.……지금의 찻집에서는 점차 줄어드는데 동남쪽의 여러 마을에서 널리 심고 있지만 좋고 나쁜 것의 차이가 있다.(舊以茶場所出爲佳, 相傳其大如拳, 其核尖細如黍, 決之卽脫, 其甜如蜜, 香而且脆, 以此京師皆盛傳之.……今茶場漸少, 惟東南諸鄕卓于地植之頗廣, 优劣不一.)"라고 하였다. 『함사·물성지(函史·物性志)』에서 "남조는 절강의 포강(浦江)에서 생산된다.(南棗出浙之浦江.)"라고 하였다. 『화경(花鏡)』에서 "절강성 금릉과 구주 및 소흥에서 남조가 산출되며, 오직 포강의 것이 밀운조(密雲棗)처럼 달고 아삭하지만 모양이 길고 크며, 밀운조는 비록 작지만 씨가 작고 과육이 달다.(浙之金衢, 紹出南棗, 獨浦江甘膩似密雲棗, 而形長大, 密雲雖小而核細肉甜.)"라고 하였다.【原註】
98) 棗脯(조포): 포(脯)는 고기를 만든 것으로 해석한다. 과일을 말린 것을 속칭 '과포(果脯)'라고 한다. 조포(棗脯)는 바로 대추를 말린 것이다. 남경 요화문[堯化門, 『강녕부지(江寧府志)』에서는 '요방문(姚坊門)'이라고 하였다.]일대가 대추의 원산지이다. 그래서 '요자(堯棗)'나 '아동(牙棗)'이라고 하며, 지금의 태평문(太平門) 밖에 조림(棗林)이 있다. 지금은 대추포가 생산되지 않는다.【原註】
99) 생리(生梨): 소주와 상해 일대에는 일반적으로 배나무의 열매(Pyurs spp.)를 '생리(生梨)'라고 한다. 『사물시원(事物始原)』에서 "출동(出東)에서는 수리(水梨)가 나고, 선주(宣州)에서는 설리(雪梨)가 나며, 강서와 절강에서는 수리(酥梨)가, 경성 가까운 곳에서는 자매리(紫煤梨)와 감당리(甘棠梨)가 난다.(出東出水梨, 宣州産雪梨, 江, 浙産酥梨, 近京出紫煤梨, 甘棠梨.)"라고 하였다.【原註】

十一. 生梨

梨有兩種100), 花瓣圓而舒者, 其果甘, 缺而皺者, 其果酸, 亦易辨. 出山東, 有
大如瓜者101), 味絶脆, 入口卽化, 能消痰疾.

12. 밤(栗)102)

두보(杜甫)가 촉 지역에 살 때 밤을 따서 자급했으며, 산에 사는 사람

---

100) 梨有兩種(이유량충):『군방보(群芳譜)』에서 "북쪽 지역 도처에 있으며, 남쪽에는
유일하게 선성(宣城)이 적당하다. 두 종류가 있으며, 꽃잎이 둥글면서 펴진 것은
과실이 달고, 이지러지고 주름이 있는 것은 맛이 시다.(北地處處有之, 南方惟宣
城爲宜. 有二種, 瓣圓而舒者果甘, 缺而皺者味酸.)"라고 하였다.『승엄외집(升庵
外集)』에서 "배꽃에는 두 종류가 있으며, 둥글면서 펴진 것은 과실이 반드시 달
고, 이지러지고 주름이 있는 것을 맛이 시다.(梨花二種瓣圓而舒者, 其果必甘, 缺
而皺者果必酸.)"라고 하였다.【原註】

101) 出山東有大如瓜者(출산동유대여과자): 백리(白梨, P.bretschneideri) 가운데 압리
[鴨梨, 압아리(鴨兒梨)와 아리(雅梨)]・치리[茌梨, 채앙리(菜陽梨)와 자리(慈梨)]
의 두 종류가 품질이 가장 좋다. 그중 특히 압리가 그러하며, 큰 것은 모두 가로
X세로X 직경이 9X2.8X3mm에 무게는 320으로, 육질은 순백색이며 거의 모래
입자가 없고 아삭거리며 연하고 과즙이 많으며, 맛은 감미로우면서 향기가 나므
로 "산동성에서 나온 것으로 크기가 참외와 같고 맛이 매우 아삭거려 입에 넣으
면 바로 녹는다.(出山東, 大如瓜者, 味絶脆, 入口卽化.)"라고 한 것은 배를 가리키
는 듯 하다.『태평어람(太平御覽)』에서 "함소리(含消梨)가 있는데, 무게가 6근으
로 금원(禁苑)에는 없다. 나무에서 떨어지면 모두 물처럼 흩어진다.(有含消梨,
重六斤, 禁苑所無也. 從樹投地, 盡散爲水焉.)"라고 하였다.【原註】

102) 栗(율): 밤(Castanea mollissima)은 낙엽 교목이며, 잎은 타원형이나 긴 타원형이
고, 모양은 피침형이다. 알밤(가시가 있는 공)은 원형 혹은 편원형이며 표면에는
가시가 빼곡하게 나 있다. 과일 껍질은 담갈색 혹은 짙은 갈색이다. 과육은 황백
색이며 맛은 달다. 품종이 매우 많고 壳斗科이다.【原註】
 * 밤: 율자(栗子)라고도 한다. 지름 2.5~4㎝로 짙은 갈색으로 익는다. 아시아・
유럽・북아메리카・북부아프리카 등이 원산지로서 한국밤・일본밤・중국밤・
미국밤・유럽밤 등이 있다. 한국에서 재배하는 품종은 재래종 가운데 우량종
과 일본밤을 개량한 품종이다. 한국밤은 서양밤에 비해 육질이 좋고 단맛이
강해서 우수한 종으로 꼽힌다. 주로 중・남부지방에서 생산하며 8월 하순~10

이 굶주림을 벗어나는데 이보다 좋은 것은 없다. 오 지역의 여러 산에서 나는 밤은 매우 작으며, 바람에 말리면 맛이 더 좋다. 오흥(吳興)103)에서 나는 것은 시냇물에서 나와 상하기 쉽지만, 구워 익히면 아주 맛있다. 감람(橄欖)104)과 같이 먹으면 '매화포(梅花脯)'라고 하며, 맛이 매화 향이 난다고 하지만 실제로 다 그런 것은 아니다.

十二. 栗

杜甫寓蜀, 采栗自給105), 山家御窮, 莫此爲愈. 出吳中諸山者106)絶小, 風干,

월 중순에 수확한다. 탄수화물·단백질·기타지방·칼슘·비타민(A·B·C) 등이 풍부하여 발육과 성장에 좋다. 특히 비타민C가 많이 들어 있어 피부미용과 피로회복·감기예방 등에 효능이 있으며 생밤은 비타민C 성분이 알코올의 산화를 도와 주어 술안주로 좋다. 당분에는 위장 기능을 강화하는 효소가 들어 있으며 성인병 예방과 신장 보호에도 효과가 있다. 날로 먹거나 삶아서 먹는데, 수분이 13% 정도 되도록 말리면 당도가 더 높아진다. 꿀·설탕에 조리거나 가루를 내어 죽·이유식을 만들어 먹고 통조림·술·차 등으로 가공하여 먹는다. 각종 과자와 빵·떡 등의 재료로도 쓰이며, 유럽 밤과자인 마롱글라세 (marrons glaces)가 유명하다.【역주】

103) 오흥(吳興): 절강성 북부에 있는 도시. '호주(湖州)'라고도 한다. 항주(杭州)에서 북쪽으로 65km 떨어져 있으며, 태호(太湖) 남쪽 기슭에서 가깝다. 【역주】

104) 감람(橄欖): 감람(Canarium album)은 백람(白欖)·녹람(綠欖),『개보본초(開寶本草)』]·총과(靑果,『(본초습유(本草拾遺)』]·간과(諫果,『영표녹이(嶺表錄異)』] 등으로 불리며, 상록교목이다. 잎은 여러 개의 깃털 모양이며 겹잎이고, 작은 잎에 긴 타원형의 피침형이다. 꽃은 백황색이고, 과실은 타원형인데, 처음에는 황색이고 나중에 백색으로 변한다. 맛이 떫지만 향기롭다. 감람과(橄欖科)에 속한다. 【原註】

105) 杜甫寓蜀, 采栗自給(두보우촉, 채률자급):『두공부집(杜工部集)』의 「건원연간에 동곡현에 붙어살며 지은 노래 7수(乾元中寓居同谷縣作歌七首)」에서 "'원숭이를 따라 도토리와 밤을 줍고(拾橡栗隨狙公)'의 구가주(九家注)에서 "신사(新史)의 말에 따르면 두보가 동곡에 살며 도토리를 주워 자급했으며 굶는 자식이 있었다.(按新史言甫居同谷, 拾橡自給, 兒女有餓者.)'"라고 하였다. 『시전명물집현(詩傳名物集賢)』에서 심존중(沈存中)은 장자(莊子)가 '모(芧)'자를 덧붙여 '모율(茅栗)'이라고 했다. '모(芧)' 역시 '도토리'나 '상수리'라고 한 것에 따라 상수리나무 (Quercus acutissima)의 열매로 모율(茅栗)은 아니다.【原註】

味更美. 出吳興者, 從溪水[107]中出, 易壞, 煨熟乃佳. 與橄欖同食, 名爲梅花脯,
謂其口味作梅花香[108], 然實不盡然也.

13. 은행(銀杏)[110]

　　은행은 잎이 오리발과 같으므로 '압각자(鴨脚子)'[110]라고 하며, 수컷
은 모서리가 세 개이고 암컷은 모서리가 두 개이다. 원포(園圃[111])에 사
이사이 심으면 열매가 충분히 먹기에는 부족하지만 신록이 피어날 때

---

106) 出吳中諸山者(출오중제산자): 동정산(洞庭山)에서 생산하는 밤은 남경 중산식물
　　원(中山植物園)의 조사에 따르면 품종이 모두 11개로, 그중에 '구가종[九家種, 괴
　　율(魁栗)]'이 주요 품종으로 인기가 가장 좋다.【原註】
107) 溪水(계수): 시냇물.【역주】
108) 매화향(梅花香):『화경(花鏡)』에서 "혹은 감람과 같이 먹는다고 말하는데 매화의
　　향기와 맛이 좋고 감람처럼 찌끼가 없다고 말할 수 있다.(或云與橄欖同食, 能作
　　梅花香味而橄欖無渣.)"라고 하였다.【原註】
109) 은행(銀杏):『군방보(群芳譜)』에서 "은행은 일명 백과(白果)이며 '압각자(鴨脚子)'
　　라고도 한다.(銀杏一名白果, 一名鴨脚子.)"라고 하였다.『본초강목』에서 "잎이 오
　　리발과 같아 생긴 이름이다. 송나라 초기에 조공을 시작하고 '은행'으로 바꾸어
　　불렀다. 모습이 살구와 비슷하고 씨가 흰색이다. 지금은 '백과'라고 부른다.(葉似
　　鴨脚, 因以名. 宋初, 始入貢, 改呼銀杏, 因其形似杏而核白色也. 今名白果.)"라고
　　하였다. 은행(Ginkgo biloba)은 낙엽 대교목이고 잎은 쥘부채 형상으로 두 갈래
　　로 나뉘어져 있다. 꽃은 자웅이 다른 나무에서 피며 열매가 과일모양이다. 열매
　　가 익을 때 황색이며 내부는 딱딱하고 백색으로, 이 때문에 붙여진 이름이다.
　　품종이 매우 많다.『태호비고(太湖備考)』에서 "동정산 은행은 원주(圓珠)와 불수
　　(佛手) 두 종류가 있다. 현재 대불수(大佛手)·소불수(小佛手)·동정황(洞庭皇)
　　·대원주(大圓珠)·소원주(小圓珠) 등의 6-7개 품종이 있다.(洞庭山銀杏, 有圓珠,
　　佛手兩種, 現有大佛手小佛手洞庭皇大圓珠小圓珠等六, 七個品種.)"라고 하였다.
　　은행과(銀杏科)에 속한다.【原註】
110) 압각자(鴨脚子):『본초강목(本草綱目)』에서 "은행잎이 오리발과 비슷해 붙여진
　　이름이다.(銀杏葉似鴨脚因名.)"라고 하였다.『화경(花鏡)』에서 "은행은 '압각자'
　　라고도 하는데, 그 잎이 오리발과 비슷하다.(銀杏一名鴨脚子, 以其葉似鴨脚也.)"
　　라고 하였다.【原註】
111) 원포(園圃): 채소나 과실나무 따위를 심는 뒤란이나 밭이다.【역주】

잎이 가장 사랑스럽다. 오 지역의 여러 사찰에 있는 아름드리나무는 가지와 잎이 무성하고 높이 솟아 있어 가장 좋은 나무이다.

十三. 銀杏

銀杏葉如鴨脚, 故名鴨脚子, 雄者三棱, 雌者二棱, 園圃間植之, 雖所出不足充用, 然新綠時, 葉最可愛. 吳中諸刹, 多有合抱者, 扶疏[112]喬挺, 最稱佳樹.

14. 감(柿)[114]

감은 일곱 가지 빼어난 점이 있다. 하나는 장수하는 것, 둘은 그늘이 많은 것, 셋은 새둥지가 없는 것, 넷은 벌레가 없는 것, 다섯은 서리 내린 잎이 아름다운 것, 여섯은 열매가 좋은 것, 일곱은 낙엽이 기름지고 큰 것이다. 별도로 한 종류가 있어 '등시(燈柿)'라고 하며, 작고 씨가 없으며 맛이 더 좋다. 감은 세 번 접붙이면 씨가 다 없어진다고 하는데, 과연 그런지는 모르겠다.

十四. 柿

柿有七絶: 一壽, 二多陰, 三無鳥巢, 四無虫, 五霜葉可愛, 六嘉實, 七落葉肥大.

---

112) 扶疏(부소): 가지와 잎이 무성한 모양을 말한다. 『한비자 · 양권(韓非子 · 楊權)』에서 "자주 그 나무를 헤쳐, 가지와 나무가 무성해지지 않도록 하였다.(數披其木, 毋使枝葉扶疏.)"라고 하였다. 간혹 '어지럽게 흩어지는 모양인 파사(婆娑)와 같이 쓰여 '춤추다'로 해석한다. 『회남자 · 수무(淮南子 · 脩務)』에서 "가지를 쥐고 돌면서 춤을 추다.(援豐條, 舞扶疏.)"라고 했으며, 『시경 · 진풍 · 동문지분(詩經 · 陳風 · 東門之枌)』에서 "그 아래에서 빙글빙글 돌다.(婆娑其下)"라고 하였다.【原註】
113) 柿(시): 감(Dispyros kaki)은 낙엽 교목이며 잎은 도립한 알 모양의 넓은 타원형이다. 꽃은 황백색이고 과실은 계란형이나 납작한 구형이며, 익을 때 홍색이나 등황색이 된다. 품종이 매우 많고 시과(柿科)에 속한다.【原註】

別有一種, 名燈柿114), 小而無核, 味更美. 或謂柿接三次, 則全無核, 未知果否.

15. 사과(花紅)116)

화홍은 서북 지방에서 능금이라고 하고, 가정에서는 포(脯)를 만드는
데, 지금의 빈파과(蘋婆果)116)이다. 날 것이 더 좋아 맛이 있을 뿐만 아
니라 또 맑은 향기가 있다. 오 지역에서는 '화홍'이라 하며, 일명 '임금
(林禽)'117) 또는 '내금(來禽)'이라 하며, 능금과 비슷하면서 작고 꽃도 볼

---

114) 등시(燈柿): 등롱시(燈籠柿)로, 소주(蘇州)의 현지 명칭이다. 동정산(洞庭山)에
    현존하는 가장 좋은 품종으로, 열매는 납작한 원형이며 크고 등홍색으로 무게가
    121g이다. 씨는 매우 작거나 없으며, '동분시(銅盆柿)'라고도 한다.【原註】
115) 花紅(화홍): 화홍(花紅, Malus asiatica)은 '사과[沙果, 『군방보(群芳譜)』]'·'빈파
    [頻婆, 『군방보』]'·'목금[木檎, 『개보본초(開寶本草)』]'·'내금[來禽, 『군방보』]'·
    '문림랑과[文林郞果, 『본초강목(本草綱目)』]'·'내자[柰子(서북지방)]'·'밀과[蜜果
    (섭서)]'·'빈자[擯子(하북)]'·'동과[冬果(산동)]'·'사과자[沙果子(산동)]'라고도 한
    다. 낙엽 소교목으로 항상 관목 형태를 드러내고, 잎은 계란형이나 타원형이고,
    꽃은 담홍색이다. 과실은 원형에 가깝고 익을 때 황색 또는 홍색이 나타나며,
    형태가 사과와 비슷하면서 작고, 과육이 바삭거리며 달다. 장미과(薔薇科)에 속
    한다.【原註】
  * 사과: 원산지는 발칸반도로 알려져 있다. 한국에서는 예로부터 재래종인 능금
    을 재배하였으며, 고려 의종(1083~1105)때 쓰여진『계림유사(鷄林類事)』에 '임
    금'으로 기술되어 있는 것이 최초의 기록이다. 18세기 초부터 재배가 성행하였
    다. 1884년 무렵에는 선교사들이 외국 품종을 들여와 관상수로 심었고, 1901년
    에 윤병수(尹秉秀)가 원산 부근에 과수원을 만들어 국광과 홍옥 등을 재배하였
    으며, 1906년 농공상부가 뚝섬에 원예모범장을 설치하여 각 국의 과수 품종을
    도입, 품종비교 및 재배시험을 수행하며 과수재배의 기초를 확립하였다. 1991
    년 말에 대구사과연구소를 신설하여 사과연구를 전담하도록 하였다. 사과는
    수확시기에 따라 조생종, 중생종, 만생종으로 나뉜다.【역주】
116) 빈파과(蘋婆果):『학포잡소(學圃雜疏)』에서 "북쪽의 빈파과는 바로 화홍 품종의
    변종이다.(北方之頻婆果, 即花紅一種之變也.)"라고 하였다.【原註】
117) 林檎(임금):『화경(花鏡)』에서 "임금(林檎)은 일명 '뇌금(耒禽)'이고 일명 '냉금단
    (冷金丹)'이며, 바로 능금의 종류이다.(林檎一名耒禽, 一名冷金丹, 即柰之類也.)"
    라고 하였다. 2월에 분홍색의 꽃이 피어 서부(西府) 비슷하지만, 꽃은 6갈래로

만 하다.

十五. 花紅

花紅西北稱柰, 家以爲脯[118], 即今之蘋婆果是也. 生者較勝, 不特味美, 亦有清香. 吳中稱花紅, 一名林禽, 又名來禽, 似柰[119]而小, 花亦可觀.

16. 마름(菱)[120]

뿔이 두 개인 것은 '마름'이고 뿔이 네 개인 것은 '세발 마름'이며, 오

나오고, 열매는 둥글면서 맛이 달지만, 능금의 열매가 길고 맛이 조금 쓴 것과 같지 않아 열매가 향기롭고 달아 먹기에 좋다.【原註】

118) 西北稱柰, 家以爲脯(서북칭내, 가이위포):『광지(廣志)』에서 "서쪽의 예를 들어 보면, 능금이 많이 나는데 가정에 수 천 개를 포로 만들어, 마치 대추와 밤을 보관하는 것과 같이 비축해 둔다. 능금 즙이 검은 색이면 바야흐로 갱을 만들어 된장으로 사용한다.(西方例多柰, 家以爲脯, 數十百斛, 以爲蓄積, 如收藏棗栗, 若柰汁黑, 其方作羹, 以爲豉用也.)"라고 하였다.【原註】

119) 柰(내): 고대의 능금은 현대의 면평과(綿苹果, Malus pumila var. astracanica)를 가리키는 것으로, 장미과에 속한다.『화경(花鏡)』에서 "능금은 일명 '평파(苹婆)'이며, 강남에 있지만 북쪽 땅에 가장 많다. 임금(林檎)과 같은 종류로 백색 · 적색 · 청색 세 가지 색이 있다.(柰一名苹婆, 江南雖有, 而北地最多, 與林檎同類, 有白赤青三色.)"라고 하였다.『물리소지(物理小識)』에서 "능금은 홍색 · 황색 · 백색이 있고, 북쪽에서는 '자빈(刺賓)'이라 부른다. 진자량(陳子良)이 크고 긴 것은 '능금'이라 하고, 둥근 것은 '임리(林檎)'라 하는데 일명 '뇌금(耒檎)'이고 속명은 '화홍(花紅)'으로, 붉은 것이 많으면 '해홍(海紅)'이라 한다. 빈파과(頻婆果)는 화홍과 비슷하나 크다.(柰有紅黃白, 北方呼刺賓. 陳子良曰, 大長者曰柰, 圓者曰林檎, 一名耒檎, 俗名花紅. 紅多曰海紅. 頻婆果似花紅而大.)"라고 하였다.【原註】

120) 菱(능): 능(菱, Trapa bicornis)은 능(菱)이나 기(芰)라 하고, 속칭 '가릉(家菱)'이다. 옛사람들은 대부분 구분을 하지 못하였다. 오안빈(伍安貧)의「무릉기(武陵記)」에서 "처음에 뿔이 세 개인 것과 뿔이 네 개인 것이 기(芰)이고, 뿔이 두 개인 것이 능(菱)이다.(始以三角, 四角爲芰, 二角爲菱.)"라고 하였다. 일년생 수생초본 식물이며 잎은 삼각형이고 꽃은 백색이다. 과실은 견폐과(堅廢果)이며 뿌리 모양으로 돌출되어 있고, 뿔이 두 개인 것과 뿔이 네 개인 것으로 나뉘어져 있다.

지역의 호수와 민가의 연못에 모두 심는다. 청색과 홍색의 두 종류가 있으며, 붉은 것이 가장 빠른 것으로 '수홍릉(水紅菱)'이라 하고, 조금 늦으면서 큰 것은 '안래홍(雁來紅)'이라 한다. 청색의 것은 '앵가청(鶯哥青)'이라 하고, 청색이면서 큰 것은 '혼돈릉(餛飩菱)'이라 하는데 맛이 가장 뛰어나다. 가장 작은 것은 '야릉(野菱)'[121]이라 한다. 또 백사각(白沙角)이 있는데, 모두 가을이 와야 맛이 있으며 편두(扁豆)[122]와 함께 천거할 수 있다.

十六. 菱

兩角爲菱, 四角爲芰, 吳中湖泖[123]及人家池皆種之. 有青紅二種: 紅者最早, 名水紅菱, 稍遲而大者, 曰雁來紅. 青者曰鶯哥青, 青而大者, 曰餛飩菱, 味最勝. 最小者曰野菱. 又有白沙角, 皆秋來美味, 堪與扁豆幷薦.

씨는 식용이 가능하며 기실[芰實, 『명의별로(名醫別錄)』]'이라고도 한다. 속칭 '능각(菱角)'이며 기과(芰科)에 속한다.【原註】

121) 야릉(野菱): 마름(Trapa maximowiczii)은 바로 세발 마름芰, 三角菱, 四角菱에 속한다. 1년생 水生草本으로, 잎과 과실이 모두 약간 작고, 과실은 사각이다. 芰科에 속한다.【原註】

122) 편두(扁豆): 콩과에 속한 덩굴 풀. 남아메리카 열대 원산의 여러해살이풀이나 우리나라에서는 한해살이풀이다. 잎은 세 개의 작은 잎으로 구성되며 잎자루가 길다.【역주】

123) 湖泖(호묘): 호(湖)는 『서경·우공소(書經·禹貢疏)』에서 "큰 저수지에 물을 비축하며, 남방에서는 '호(湖)'라 이름한다.(大澤畜水, 南方名之曰湖.)"라고 하였다. 묘(泖)는 『춘저기문(春渚紀聞)』에서 "강서 사람은 물이 멈추어 흐르지 않는 것을 지목하여 '묘(泖)'라 한다.(江左人, 目水之停滀不湍者爲泖.)"라고 하였다. 상해시 송강현(松江縣) 서쪽에 묘호(泖湖)가 있으며, 상중하로 나뉘어 있어 '삼묘(三泖)'라고 한다.【原註】

17. 가시연(芡)124)

가시연꽃은 낮에 피었다가 밤에 오므라들고, 가을이 되면 조는 닭 머리와 같은 방을 만든다. 열매가 그 안에 들어 있으므로 '계두(鷄頭)'라 속칭한다. 갱검(秔芡)과 나검(穤芡)의 두 종류가 있으며, 크기가 작은 용안만한 것이 맛이 가장 좋고 먹으면 사람에게 유익하다. 껍질을 벗겨서 알맹이를 설탕과 섞어 빻아서 떡이나 죽을 만들면 그 맛이 모두 사라진다.

十七. 芡

芡花晝展宵合, 至秋作房125)如鷄頭, 實藏其中, 故俗名鷄豆. 有秔穤二種, 有大如小龍眼者, 味最佳, 食之益人. 若剝肉和糖, 擣爲糕糜, 眞味盡失.

---

124) 芡(검): 가시연(Euryale ferox)은 '계두(鷄頭)'·'안두(雁頭)'·'홍두(鴻頭)' 등으로 불리며, 일년생 수생식물로, 줄기와 잎에 모두 가시가 있다. 잎은 원형이며 크고 물 위에 떠 있다. 꽃은 자색이며 낮에 피었다가 밤에 오므라든다. 꽃이 지면 가시 달린 공 모양으로 자라나, 안에 여러 개의 씨를 키운다. 이것은 바로 '검실(芡實)'이라 하고, 속칭 '계두(鷄豆)'나 '계두과(鷄頭果)'라 하며 먹을 수 있다. 면련과(眠蓮科)에 속한다.【原註】
* 가시연: 한해살이로 부엽식물(浮葉植物)이다. 수면 위로 드러난 잎은 둥근 쟁반 모양으로 직경 2m까지 성장하고, 앞면은 광택이 나고 주름이 지면서 마치 악어의 등 비늘처럼 보인다. 잎은 차례로 자라나며, 보통 10장 때부터 둥근 방패모양이 되고, 예리한 가시도 함께 생겨난다. 꽃은 7~8월에 화려한 자색으로 피고, 열매는 주로 물속 폐쇄화에서 만들어지고, 직경 1cm 정도의 구슬모양 물 열매이다.【역주】
125) 作房(작방): 잠자다.【역주】

18. 수박(西瓜)[126]

수박은 맛이 달며 옛사람들은 물속에 담가 둔 오얏과 같다고 생각했는데, 다만 채소에 속하지 않을 뿐이다. 긴 여름에 갈증을 없애 주는데 가장 없어서는 안 되며, 또 더위를 식혀 줄 수 있다.

十八. 西瓜

西瓜味甘, 古人與沈李[127]幷埒[128], 不僅蔬屬而已. 長夏消渴吻, 最不可少, 且能解暑毒.

19. 오가피(五加皮)[129]

오가피는 오랫동안 복용하면 몸이 가벼워지고 눈이 밝아진다. 오 지

---

126) 西瓜(서과): 수박(Citrullus vulgaris)은 일명 '한과(寒瓜)'이며, 일년생 초본등(草本藤)으로 꽃이 황색이다. 과실은 원형 혹은 타원형이며, 과즙이 많고 달다. 품종이 매우 많고 호로과(葫蘆科)에 속한다.【原註】
　　* 수박: 서과(西瓜)・수과(水瓜)・한과(寒瓜)・시과(時瓜)라고도 한다. 아프리카 원산으로 고대 이집트 시대부터 재배되었다고 하며, 각지에 분포된 것은 약 500년 전이라고 한다. 한국에는 조선시대『연산군일기』(1507)에 수박의 재배에 대한 기록이 나타난 것으로 보아 그 이전에 들어온 것이 분명하다. 꽃말은 '큰 마음'이다.【역주】
127) 沈李(침리):『문선・위문제여오질서(文選・魏文帝與吳質書)』에서 "제천에서 먹는 달디 단 수박은 차가운 물에 빨간 오얏을 담가 놓은 것 같다.(浮甘瓜於齊泉, 沈朱李於寒水.)"라고 하였다. 후에 사람들은 글 속에 매번 '부과침리(浮瓜沈李)'의 네 글자를 인용해 더운 날의 행락을 표현했다.【原註】
128) 幷埒(병랄): '서로 같다'는 의미이다.【原註】
129) 오가피(五加皮): '오가피'라는 이름은『증류본초도경(證類本草圖經)』・『본초연의(本草衍義)』・『신농본초경(神農本草經)』등에 보이며, '오가(五加)'의 또 다른 이름이다. 오가(五加, Acanthopanax spinosum)는 오가(五佳)・금염(金鹽)・백자(白刺)・목골(木骨)・추풍사(追風使) 등으로도 불리며, 낙엽 소교목이다. 줄기에는

역 사람들은 이른 봄 새싹을 따서 불에 쬐어 말려 차를 끓이며, 청아한 향이 매우 진하고 맛도 대단히 좋다. 또 술을 담글 수 있으며, 마시면 수명을 연장할 수 있다.

十九. 五加皮

五加皮久腹輕身明目. 吳人於早春采取其芽, 焙[130]乾點茶[131], 淸香特甚, 味亦絶美. 亦可作酒, 服之延年[132].

20. 백편두(白扁豆)

편두는 순백색의 것이 맛이 좋으며, 비위를 보강해주어 약에 넣는다. 가을이 깊어 울타리에 떨어지도록 많이 심어서 뜯어 먹도록 충당하고, 말린 것도 2-30말을 거두면 한 해의 수요에 충분하다.

二十. 白扁豆[133]

扁豆純白者味美, 补脾入藥[134]. 秋深籬落, 當多種以供采食, 乾者亦須收數

가시가 있고, 잎은 손바닥 모양에 겹잎이며, 꽃은 작고 백색 혹은 녹황색을 띤다. 새로 나는 새싹으로 차를 만들고, 나무껍질은 술을 담그면 황금색이 되는데 '오가피주'라고 한다. 오가과(吾加科)에 속한다. 【原註】

* 오가피: 학명은 아칸토파낙스(acanthopanax). 아칸토는 '가시나무, 파낙스는 '만병을 치료한다'는 뜻이다. 오가피는 인삼과 같은 두릅나무과에 속하는 낙엽 활엽관목으로, 오갈피라고도 하며 우리나라와 중국, 러시아에서도 생산된다. 【역주】

130) 焙(배): 불에 볶다. 【역주】
131) 點茶(점차): 지금의 포차(泡茶)나 절차(沏茶)와 같다.【原註】
132) 延年(연년): 수명을 더 연장한다.【역주】
133) 백편두(白扁豆): 편두(Dolichos lablab)는 '변두(藊豆)'와 '작두(鵲豆)'로도 불리며, 일년생 초본으로, 줄기가 넝쿨모양으로 다른 것을 둘둘 만다. 꽃은 자색 혹은

斛, 以足一歲之需.

21. 버섯(菌)[136]

버섯은 비온 뒤 온 산과 들에 나고 봄에 더 무성하지만 경칩 이후 벌레와 뱀이 나오기 시작하면 독이 있는 것이 가장 많아지는데, 산사람은 저절로 잘 구분할 수 있다. 가을 버섯 맛은 조금 떨어져 불로 말려 차를 끓일 수 있으며 가격도 비싸다.

백색이며, 주머니는 낫 모양으로 편평하고, 자색과 백색으로 나뉜다. 씨앗도 자색과 백색 두 가지 색인데, 자색은 '자편두(紫扁豆)'라 하고 백색은 '백편두(白扁豆)'라 한다. 백편두는 소백편(小白扁)과 대백편(大白扁)의 두 종류로 나뉘고, 식용이나 약용할 수 있다. 두과(豆科)에 속한다. 【原註】

134) 補脾入藥(보비입약):『군방보(群芳譜)』에서 "콩이 우툴두툴하게 둥글고 색이 하얀 것은 약으로 먹을 수 있다. 살짝 볶아서 사용하며, 약간 따스하면 독이 없어, 속을 온화하게 하여 기를 밑으로 내리고, 더위를 없애고, 비장과 위장을 따뜻하게 하고, 습열을 제거하고, 해갈과 숙취를 해소하며, 복어의 독과 초목의 모든 독을 해독한다.(惟豆粗圓而色白者, 可入藥. 微炒用, 氣薇甘, 微温無毒, 和中下氣, 消暑, 暖脾胃, 除濕熱, 止消渴, 解酒毒, 河豚魚毒, 及一切草木毒.)"라고 하였다. 【原註】

135) 菌(균): 진균류 가운데 식용할 수 있으며, '고(菰)'나 '고(菇)'라고도 한다. 그 종류는 향인[香菌, 향고(香菰)]·송인[松菌, 송고(松菰)]·은이[銀耳, 백목이(白木耳)]·금이[金耳, 황목이(黃木耳)]·흑이[黑耳, 흑목이(黑木耳)]·초고(草菰)·구마(口蘑)·뇌인(雷菌) 등 너무 많아 모두 열거 할 수 없다. 봄에 습도가 높으면 더 빨리 번식하다. 【原註】

* 버섯: 갑자기 나타났다가 쉽게 사라지므로 고대인은 땅을 비옥하게 하는 '대지의 음식물(the provender of mother earth)'이나 '요정의 화신'으로 생각하여, 수많은 전설이 남아 있다. 고대 그리스와 로마인들은 버섯의 맛을 즐겨 '신의 식품(the food of the gods)'이라고 극찬하였다고 하며, 중국인들은 부로장생의 영약으로 귀하게 취급하였다. 『삼국사기』에 의하면 신라 성덕왕 시대에 이미 목균(木菌)과 지상균(地上菌)을 사용한 사적을 찾아볼 수 있고, 『세종실록』에 따르면 세종대왕 시대에 식용버섯으로 송이·표고·진이(眞耳)·조족이(鳥足耳), 약용버섯으로 복령과 복신(茯神)의 주산지까지 기록하고 있는 것으로 보아, 아주 오래 전부터 버섯을 많이 이용하였음을 알 수 있다. 【역주】

二十一. 菌

菌, 雨後彌山遍野, 春時尤盛, 然蟄後[136]蟲蛇始出, 有毒者最多, 山中人自能
辨之. 秋菌味稍薄, 以火焙乾, 可點茶, 價亦貴.

22. 표주박(瓟)[137]

표주박의 종류는 하나가 아니다. 시인이 선택하여 물을 뜨는 것 이외
에 따서 삶으면 산사람에게 일종의 좋은 맛이지만, 지위가 있는 자들과
더불어 말할 수 없을 뿐이다.

二十二. 瓟

瓟類不一, 詩人所取, 抱甕[138]之餘, 采之烹之, 亦山家一種佳味, 第不可與肉

---

136) 蟄後(칩후): 경칩 이후.【原註】
137) 瓟(호): 표주박(Lagenaria siceraria)은 '호로(葫蘆)'·'호로(壺蘆)'·'야개화(夜開花)'
   등으로 불리며, 일년생 만생식물(蔓性植物)이다. 꽃은 백색이며 열매 모양은 품
   종에 따라 다르다. 과실이 긴 원통형이라서 '호자(瓟子)'나 '호자(葫子, Lagenaria
   siceraria var. hispida)'라고 한다. 과실 아래 부분은 원통모양이고, 윗부분은 가늘
   고 길며 목이 있는 것은 '장병호로(長柄葫蘆, Lagenaria siceraria var. caugourda)'
   라고 한다. 과실은 납작한 원형으로 '호로(葫蘆)'나 '포과(匏瓜, Lagenaria siceraria
   var. clavata)'라고 한다. 과실의 아랫부분이 크고 윗부분이 좀 작고, 중간 부분은
   가는데, 그래서 '요호로(腰葫蘆, Lagenaria siceraria var. gourda)'라고 한다. 연할
   때 식용할 수 있다. 과실 형태는 허리 부분이 가늘고 작으며, 장난감을 만들기도
   해서 '소호로(小葫蘆, Lagenaria siceraria var. microcarpa)'나 '관상호로(觀賞腰葫
   蘆)'라고도 한다. 모두 호로과에 속한다.【原註】
138) 抱甕(포옹): 급수(汲水)로 해석한다. 『장자·천지(莊子·天地)』에서 "공자의 제자
   자공이 남쪽 초나라를 유람하고 진나라에 돌아와 다시 한음을 지났다. 한 노인이
   막 채소밭을 가꾸려고 수로를 파러 우물에 들어가 동이로 꺼내 붓는데, 애를 많
   이 써도 성공하지 못 하는 것을 보았다.(子貢南游于楚, 反於晋, 過漢陰, 見一丈
   人, 方將爲圃畦, 鑿隧而入井, 抱甕而出灌, 搰搰然用力甚多, 而見功寡.)"라고 하였
   다.【原註】

食者[139]道耳.

23. 가지(茄子)[140]

가지는 '낙소'라고 하고 또 '곤륜자과'라고도 하는데, 비름 옆에 심어 같이 물을 주면 가지와 비름이 모두 무성하게 자라며 신선한 것은 매우 맛있다. 채준(蔡撙)은 오흥태수로 집 앞에 백비름과 자색 가지를 심고 일상 음식으로 삼았다. 태수 같은 귀한 사람도 그러 할진데, 우리 같은 이들이 어찌 이런 맛을 모르겠는가?

二十三. 茄子

茄子一名落酥, 又名昆侖紫瓜, 種覓[141]其傍, 同澆灌之, 茄, 莧俱茂, 新采者味

---

139) 肉食者(육식자):『좌전』에서 "지위가 높은 사람들이 생각할 것인데, 또 어찌 간섭하는가?(肉食者謨之, 又何間焉.)"라고 하였다. 주(注)에서 "고기를 먹으면 지위가 있는 것이다.(肉食, 在位者.)"라고 하였다.【原註】

140) 茄子(가자): 가지(Solanum melongena)는 '가지(茄子)' · '낙소(落蘇)' · '곤륜과(昆侖瓜)' · '초별갑(草鼈甲)' 등으로 불리고, 일년생 목질식물이며, 꽃은 자색이고 과실은 크다. 일반적으로 난원형(卵圓形) · 원형 · 장조형(長條形)이며 짙은 자주색 · 자주색 · 백색 · 녹색이다. 채소로 쓸 수 있고 가과(茄科)에 속한다.【原註】
   * 가지: 온대에서는 한해살이풀이나 열대에서는 여러해살이풀이다. 인도 원산이며, 열대에서 온대에 걸쳐 재배한다. 높이는 60~100cm로, 식물 전체에 별 모양의 회색털이 나고 가시가 나기도 한다. 줄기는 검은 빛이 도는 짙은 보라색이다. 꽃은 6~9월에 피고, 여러 송이의 연보라색 꽃이 핀다. 열매의 모양은 달걀 모양 · 공 모양 · 긴 모양 등 품종에 따라 다양하며 한국에서는 주로 긴 모양의 긴가지를 재배한다. 동아시아에는 5~6세기에 전파되었다. 중국 송나라의『본초연의(本草衍義)』에서 "신라에 일종의 가지가 나는데, 모양이 달걀 비슷하고 엷은 자색에 광택이 나며, 꼭지가 길고 맛이 단데 지금 중국에 널리 퍼졌다"라고 기록되어 있는 것으로 보아 한국에서는 신라시대부터 재배되었음을 알 수 있다. 유럽에는 13세기에 전해졌으나 동아시아처럼 식용으로 활발하게 재배되지는 않았다.【역주】

絶美. 蔡撙[142]爲吳興守[143], 齋前種白莧, 紫茄, 以爲常饍[144], 五馬[145]貴人, 猶能如此, 吾輩安可無此一種味也?

24. 토란(芋)[146]

옛사람들은 토란으로 집을 일으켰다. "토란을 구워 익히면, 천자가

141) 莧(현): 비름(Amaranthus gamgeticus)은 莧菜라고도 하며, 一年生 草本이다. 잎은 홍색과 청색 두 종류이며 채소로 사용된다. 꽃은 가늘고 작으며 녹황색이며 莧科에 속한다.【原註】
   * 비름: 현채·비듬나물·새비름이라고도 한다. 길가나 밭에서 자란다. 인도 원산으로 높이 1m 정도이고 굵은 가지가 뻗는다. 잎은 어긋나고 삼각형 또는 사각형의 넓은 달걀 모양으로 가장자리가 밋밋하며 길이 4~12cm, 나비 2~7cm이다. 잎의 양면에는 털이 없으며 잎자루가 있다. 꽃은 양성화로 7월경 잎겨드랑이에 모여 달리고 전체가 원추꽃차례를 이룬다. 원줄기 끝에 달린 꽃이삭은 길게 발달한다. 포는 달걀 모양으로 끝에 가시 같은 까끄라기가 있고 꽃받침보다 짧다. 수술은 3개, 암술은 1개이며 암술대는 3개로 갈라진다. 열매는 타원형으로 꽃받침보다 짧고 옆으로 갈라져서 종자가 나온다. 뿌리는 해열·해독·최유·소종 등에 쓴다. 타이완·중국·말레이시아 등지에서는 여름채소로 가꾸며 한국에서는 들에서 자라는 어린 순을 나물로 한다.【역주】
142) 蔡撙(채준):『남사·채준전(南史·蔡撙傳)』에서 "채준은 오흥태수(吳興太守)로, 군의 우물물을 마시지 않았고, 집 앞에 직접 백현(白莧)과 자가(紫茄)를 심어 먹었다.(撙爲吳興太守, 不飮郡井, 齋前自種白莧 , 紫茄, 以爲常餌.)"라고 하였다.【原註】
143) 吳興守(오흥수): 오흥태수(吳興太守)이다. 오흥은 지금의 절강성 오흥현이며, 태수는 지금의 한 지구를 담당하는 관리다.【原註】
144) 常饍(상선): 일상적인 음식.【原註】
145) 五馬(오마): 세상에서는 태수를 '오마(五馬)'라고 한다.『한관의(漢官儀)』에서 "4마리 말이 수레를 끄는 것이 상례이다. 태수가 출타할 때만 말 한 마리를 더하니, '오마'라고 부른다.(四馬載車, 此常禮也. 惟太守出, 則增一馬, 故稱五馬.)"라고 하였다.【原註】
146) 芋(우): 토란(Colocasia esculenta)은 큰 것을 '우두(芋頭)', 작은 것을 '우내(芋奶)'나 '우묘(芋苗)'라고 하며, 다년생 초본으로 품종이 매우 많다.『본초강목(本草綱目)』에서 "소공(蘇恭)이 '토란은 6종류가 있는데, 청우(靑芋)·자우(紫芋)·진우(眞芋)·백우(白芋)·연성우(連禪芋)·야우(野芋)이다.(蘇恭曰, 芋有六種, 靑芋紫芋眞芋白芋連禪芋野芋也.)"라고 하였다. 덩어리로 된 줄기엔 다량의 전분이 함유되어 있고 식용으로 쓸 수 있다. 천남성과(天南星科)에 속한다.【原註】

나만 못하네."라는 말은 바로 천자의 즐거움과 견준다는 의미이다. 그
말이 진실로 지나치지만 겨울밤에 화로를 껴안고 있으면, 이것이 진정
참된 맛으로, '토지(土芝)'라는 별명이 진실로 헛되지 않을 것이다.

二十四. 芋

古人以蹲鴟起家[147], 所謂煨[148]得芋頭熟, 天子不如吾[149], 直以爲南面之樂,
其言誠過, 然寒夜拥鑪, 此實直味, 別名土芝, 信不虛矣.

25. 줄(茭白)[150]

줄은 옛날에 '조호(雕胡)'[151]라고 했다. 성질이 특히 물에 잘 맞아 해

---

* 토란: '토련(土蓮)'이라고도 한다. 열대 아시아 원산이며 채소로 널리 재배하고
있다. 땅속부분의 알줄기를 식용한다. 고온성 식물로서 중부 이북지방에서는
재배하기 어렵다. 한국·인노·인도네시아 등지에 분포한다.【역주】

147) 蹲鴟起家(준치기가): 준치(蹲鴟)는 토란이다. 『사기·화식열전(史記·貨殖列傳)』
에서 "탁씨는 '이 땅이 좁고 척박한데, 내가 듣기로 문산 아래는 비옥하고 토란이
있어 굶어 죽지 않는다.'고 했다. 민공이 저자에서 장사하기 쉬워, 바로 멀리 이사
가기를 원해 임공에 이르러 크게 기뻐하였다. 바로 철광산에서 기물을 주조하
여,……하인 천명이 되도록 부자가 되어, 전답과 사냥하는 즐거움이 임금에 비길
만하였다.(卓氏曰此地狭薄, 吾聞汶山之下, 沃野下有蹲鴟, 至死不餓. 民工於市,
易賈, 乃求遠遷, 致之臨邛, 大喜. 卽鐵山鼓鑄,……富至僮千人, 田池射獵之樂, 擬
於人君.)"라고 하였다.【原註】

148) 煨(외): 굽다.【역주】

149) 煨得芋頭熟, 天子不如吾(외득우두숙, 천자불여오): 임홍(林洪)의 『산가청공(山家
清供)』에서 "산에 사는 사람(居山人)」시: '깊은 밤 화롯불 하나, 온 가족이 둥그
렇게 앉았네. 토란이 막 익을 때, 천자가 나만 못하다네.'(「居山人」詩에 '深夜一炉
火, 渾家團圓坐. 芋頭時正熟, 天子不如我.')"라고 하였다.【原註】

150) 茭白(교백): 『군방보(群芳譜)』에 이름이 보이고, '고(菰, Zizania caduciflora)'라는
다른 이름이 있으며 '고채(菰菜)'나 '교과(茭瓜)'라고도 한다. 다년생 수생식물로,
잎은 가늘고 뾰족하며 봄에 새싹이 나서 순이 되므로 또 '교순[茭笋, 『구황본초
(救荒本草)』]'라고 한다. 봄과 여름 사이에 꽃이 피고 열매를 맺는다. 종자는 '조

마다 이동하여 중심이 검어지지 않고, 연못에도 많이 심어서 정원 옆에
빠진 것을 보충해야 마땅하다.

二十五. 茭白

  茭白, 古稱雕胡, 性尤宜水, 逐年[152]移之, 則心不黑[153], 池塘中亦宜多植, 以
左灌園所缺.

26. 산약(山藥)[155]

  산약의 본래 이름은 서약(薯藥)다. 누동(婁東)[155] 악왕시(岳王市)[156]

    호미(雕胡米)'나 '교미[茭米, 『군방보(群芳譜)』]'라고 한다. 모두 식용가능하며 화
    본과(禾本科)에 속한다. 야생 교백은 속칭 '교아채(茭兒菜)'라 하며 남경 현무호
    (玄武湖)에서 많이 생산된다.【原註】
    * 줄: 강이나 하천, 물웅덩이 주변에 자라는 여러해살이풀이다. 줄기는 곧게 자라
      며 높이 80-200cm이다. 꽃은 8-9월에 핀다. 줄기와 뿌리줄기를 먹을 수 있다.
      우리나라 전역에 자생한다. 아시아에 넓게 분포한다.【역주】
  151) 조호(雕胡): '조호(雕胡)'와 통하며, 바로 고미(菰米)이고 또 '안호(安胡)'라고 한
      다.『광아·석초(廣雅·釋草)』에서 "고(菰)는 장(蔣)이고, 그 열매를 '조호(雕胡)'
      라고 한다.(菰, 蔣也, 其米謂之雕胡.)"라고 하였다.【原註】
  152) 逐年(축년): 해마다. 매년.【역주】
  153) 黑(흑): 교백의 꽃줄기에 고흑수균(菰黑穗菌)이 기생한 뒤에, 조직이 팽창해서
      검은 점이 나타난다.【原註】
  154) 산약(山藥): 산약(Dioscorea opposita)의 이름은『본초경(本草經)』에 보인다. 당대
      종(唐代宗) 이예(李豫)의 이름을 피휘하여 여(蕷)를 약(藥)으로 고쳐 '서약(薯藥)'
      이라 하였다. 후에 송영종(宋英宗) 조서(趙曙)를 피휘하여 또 서(薯)를 산(山)으로
      고쳐 '산약(山藥)'이라 했다. 다년생 만성초본(蔓性草本)이며, 엽액(葉腋)에 여분
      의 잎이 나오고, 꽃은 작으며 담황색이다. 과실에는 날개 같은 것이 3개가 나며,
      과육이 많은 덩어리 뿌리가 있어 식용한다. 야생과 재배 두 가지 종류가 있는데,
      야생하는 것은 '야산약(野山藥, Dioscorea batatas)'이라 하고, 재배하는 것은 '가산
      약(家山藥)'이라 한다.『본초강목(本草綱目)』에서 "산약은 약으로 쓰는데, 야생하
      는 것이 좋으며, 식용으로 쓸 때는 집에서 재배하는 것이 좋다.(薯蕷入藥, 野生者
      爲勝, 供饌則家栽者爲良.)"라고 하였다. 서여과(薯蕷科)에 속한다.【原註】

에서 나온 것은 크기가 팔뚝만하여 정말로 천공장(天公掌)[157]보다 못하지 않으며, 반드시 일상 식용으로 선택해야 한다. 여름에 씨앗을 맺지만 먹을 수는 없다. 향우(香芋)[158] · 오우(烏芋)[159] · 부자(鳧茨)[160]와 같은

---

155) 누동(婁東): 루강의 동쪽으로 지금의 강소성 태창현(太倉縣)이다.【原註】

156) 악왕시(岳王市): 강소성 태창에 있는 도시이다.【역주】

157) 천공장(天公掌): 집산약으로, 편근종(扁根種)이며 '불장저(佛掌藷)'나 '각판서(脚板薯)'라고 한다. 천공장은 불장저의 소주(蘇州) 사투리로 추측된다.【原註】

158) 향우(香芋): 산약의 둥글고 긴 근종으로 다년생 만성초본이다. 엽액에는 여령자가 나오고, 꽃은 작고 담황색이다. 덩어리 뿌리는 공 모양으로, 마치 작은 토란과 같고, 껍질은 황색이며 속은 흰색이다. 익힌 후에 향이 나며 서여과에 속한다. 『농정전서(農政全書)』에서 "향우는 마치 콩처럼 생겼고 맛이 달고 좋다.(香芋形如上豆, 味甘美.)"라고 하였다. 『북서포옹록(北墅抱甕錄)』에서 "소향암(蔬香庵) 앞에 오이과 콩 시렁이 가로세로로 짠 듯이 있으며, 향우도 그곳에서 푸르게 뻗어 있고, 겨울이 오면 흙을 파서 토란을 캐서 구워 먹으면 진실로 좋으며, 달고 기름지기가 산약에 미치지 못하지만, 향기는 산약이 따라갈 수가 없다.(蔬香庵前, 瓜棚豆架, 縱橫如織, 香芋亦綠蔓其中, 冬來劚土取芋, 炊食良佳, 其甘潤不及山芋, 其香則非山藥所能望也.)"라고 하였다. 향우의 덩어리 뿌리털은 황독(黃獨, Dioscorea bulbifera)만큼 많지 않다. 학명은 미상이다.【原註】

159) 오우(烏芋): 『명의별록(名醫別錄)』 · 『본초연의(本草衍義)』 · 『본초강목(本草綱目)』 · 『군방보(群芳譜)』 등에서 모두 오우(烏芋)와 부자(鳧茨)가 발제(茡薺)나 발제(勃臍)와 같다고 하였다. 『오현지(吳縣志)』에서 "자고(慈菇)는 옛날 부의 각 현지(縣志)에 자고(茨菇)와 더불어 있고, 『본초강목』에서는 '오우(烏芋)'라고 되어 있지만 틀리다.(慈菇, 舊府, 縣志相沿作茨菇, 又引本草爲烏芋, 非.)"라고 하였다. 『식물명실도고(植物名實圖考)』에서 "오우는 『별록(別錄)』에서 '중품은 자고(慈菇)이며, 또 발제(勃臍)라 한다.'라고 하였다. 『이아(爾雅)』에서 '작약과 부자(鳧茨)'라 한 것이 이것이다. 여러 사람들이 오우(烏芋)로 잘 못 알고 있다.(烏芋, 別錄. 中品, 即慈菇, 又謂勃臍. 爾雅: 芍鳧茨即此. 諸家多誤以爲烏芋.)"라고 하였다. 바로 오우(烏芋)는 자고(慈菇)와 발제(勃臍)이며, 문헌기록마다 각각 다르다. 『장물지』에서는 오우로 자고를 대신했으며, 옛날 소주부와 현(縣)의 각 지(志)를 연용한 듯하다.【原註】

160) 부자(鳧茨): '발제(勃臍)'나 '발제(茡薺, Eleocharis thberosa)'라고 하며, '오자(烏茈)'라고도 한다. 못과 논에 사는 다년생초본으로, 땅 위 줄기는 녹색이고 원형의 대롱 형상이다. 땅 속 줄기는 공 모양이며, 자고(慈菇)와 같이 납작하고 작으며 흑색을 띤다. 겨울에 캐서 식용에 쓰며, 맛이 밤이나 배와 같이 달다. 상해와 소주 일대에서는 '지율(地栗)'이나 '지리(地梨)'라고 한다. 사초과(莎草科)에 속한다.【原註】

부류는 모두 좋은 품종이 아니다. 오우(烏芋)가 자고(茨菰)[161]이며, 부자가 '지율(地栗)'이다.

二十六. 山藥

山藥本名薯藥, 出婺東岳王市者, 大如臂[162], 眞不減天公掌, 定當取作常供. 夏取其子[163], 不堪食. 至如香芋烏芋鳧茨之屬, 皆非佳品. 烏芋卽茨菰, 鳧茨卽地栗.

27. 무(蘿蔔) · 순무(蕪菁)

무는 '토수(土酥)'라 하며, 무청(蕪菁)[164]은 '육리(六利)'라고 하는데

---

161) 자고(茨菰): 자고(Sagittaria sagittifolia)는 '자고(茨菰)' · '자고(藉姑)' · '백지율(白地栗)' 등으로도 불린다. 다년생초본이며, 한 여름에 땅 속에 있는 줄기에서 가지가 나고, 잎은 창이나 화살 모양이고, 가을에 흰 꽃이 핀다. 공 모양의 줄기는 겨울에 캐며 익혀서 식용한다. 택사과(澤瀉科)에 속한다.【原註】

162) 大如臂(대여비): 집산약으로, 장근종(長根種)이며 거칠고 가는 것이 다르다. 예를 들어 산동 제남의 장산약(長山藥)과 강소성 비현(邳縣)의 우퇴산약(牛腿山藥) 등이 여기에 속한다.【原註】

163) 子(자): 바로 여령자(余零子)이며, 속칭 '산약자(山藥子)'이고, 엽액(葉腋)에서 나온다. 『본초강목(本草綱目)』에서 "영여자는 산약 줄기 위에서 나오는 열매로, 길이와 둥글기가 다르다. 껍질은 황색이고 속은 흰색이다. 익혀서 껍질을 벗기고 먹는다. 서리가 내린 후에 수확하며, 여름에는 먹지 않는다.(零余子, 山藥藤上所結子也, 長圓不一, 皮黃肉白. 可煮熟去皮食之, 惟在霜後收之, 夏不堪食.)"라고 하였다.【原註】

164) 무청(蕪菁): 무청(蕪菁, Brassica rapa)은 '만청(蔓菁)' · '구숭근(九菘根)' · '제갈채(諸葛菜)' 등으로도 불리며, 일년 혹은 이년생초본으로, 잎이 크고 숟가락처럼 생겼으며 약간 잘려져 있다. 봄에 노란 꽃이 피며, 뿌리는 솔이 많고 편원형 혹은 약간 길고 식용 가능하다. 십자화과에 속한다.【原註】

* 순무: 유럽 원산이며 중국으로부터 도래되었다. 뿌리의 크기나 모양은 품종에 따라 다르며, 모양은 대개 팽이 모양의 둥근형이다. 빛깔도 대부분 흰색이지만 겉에만 자줏빛을 띤 붉은색인 것, 속까지 자줏빛을 띤 붉은색인 것이 있다.

모두 맛있다. 기타 청색과 백색의 배추(菘)¹⁶⁵⁾ · 순채(蓴)¹⁶⁶⁾ · 미나리
(芹)¹⁶⁷⁾ · 고사리(薇)¹⁶⁸⁾ · 고사리(蕨)¹⁶⁹⁾의 부류는 모두 정원사에 많이

뿌리가 자줏빛을 띤 붉은색인 것을 '붉은 순무'라고 한다.【역주】
165) 菘(숭): 숭(菘)은 배추(Brassica spp.)로, 열매가 공 모양으로 맺는 배추와 아닌
   것의 두 가지 종류가 있다. 공 모양으로 열매를 맺지 않는 배추 가운데 잎 색깔
   때문에 청채[青菜, 소백채(小白菜), Brassica chinensis]와 탑채(塌菜, Brassica
   narinosa)의 두 종류로 나뉜다. 표아채[瓢兒菜, 마채(馬菜)]와 상해탑라채[上海塔
   棵菜, 마숭채(馬菘菜)] 모두 탑채(塌菜) 가운데 가장 좋은 품종으로, 공 모양의
   열매를 맺는 배추이다. 황아채(黃芽菜, Brassica pekinensis)는 유명한 품종으로
   일년생 혹은 이년생 초본이며, 봄에 노란 꽃이 피고 열매는 겨자와 같다. 중국의
   중요한 채소로, 십자화과에 속한다.【原註】
166) 蓴(순): 순채(Brassica schreberi)는 '순채(蓴菜)' · '수규(水葵)' · '노규(露葵)' 등으로
   불리며, 다년수생초본이다. 부드러운 줄기와 잎에는 점액이 있으며 잎은 방패모
   양이다. 여름에 적갈색 꽃이 피고 봄여름 사이에 연한 잎은 식용할 수 있다. 속칭
   '순채(蓴菜)'라 하며, 강서와 절강 사람이 많이 좋아한다. 항주 서호(西湖)에서
   많이 나며, 소산(蕭山)과 상호(湘湖)의 생산량이 가장 많다. 수련과(睡蓮科)에 속
   한다.【原註】
   * 순채: '부규'나 '순나물'이라고도 한다. 중국 원산이다. 연못에서 자라지만 옛날
   에는 잎과 싹을 먹기 위해 논에 재배하기도 하였다. 우무 같은 점질로 싸인
   어린 순을 식용한다. 동이시아 · 인도 · 오스트레일리아 · 서아프리카 · 북아메
   리카 등지에 분포한다.【역주】
167) 芹(근): 근은 수근(水芹)과 한근(旱芹)으로 나뉜다. 수근(水芹, Qenanthe stol-
   onifera)에는 수근(水斳)과 수영(水英)이 있으며, 물속에서 산다. 다년생초본이며
   특이한 향이 나고, 잎은 두 줄의 깃털 모양으로 겹잎이며, 여름에 하얀 작은 꽃이
   핀다. 연한 줄기와 잎은 모두 식용이 가능하다. 한근(旱芹, Apium graveolenos)은
   '청근(靑芹)'이라 하며, 평지에서 나고 형태가 수근(水芹)과 비슷하다. 흙을 뒤집
   어 무르게 한 뒤에 더욱 부드럽고 사랑스럽게 된다. 산형과(傘形科)에 속한다.
   【原註】
168) 薇(미): 미(薇)는 자기[紫萁, 수골채(水骨菜), Osmunda japonica]의 혼칭이다. 고
   사리류 다년생초본식물이며, 땅 위에 줄기가 없고, 잎은 땅 밑에 산다. 부드러운
   잎은 식용가능하고 자기과(紫萁科)에 속한다.【原註】
   * 고사리: 고사리는 하나의 종(species)을 지칭하는 말이 아니라, 약 10여 가지의
   종이 속하는 속(genus)을 가리키는 말이다. 세계적으로 가장 널리 펴져 있는
   양치류(fern)로써 남극대륙이나 사막과 같이 너무 춥거나 더운 지방을 제외한
   모든 대륙에서 볼 수 있다. 다년생 식물로써 겨울에는 잎이 떨어진다. 뿌리줄
   기(rhizome)가 1m 이상을 땅 속에서 자라면서 곳곳에 잎을 뻗는다.【역주】
169) 蕨(궐): 고사리(Pteridium aquilium)는 '여의채(如意菜)'라고도 한다. 다년생식물

심게 해서 소찬(素饌)으로 제공해야 하지만, 이것으로 시장에서 영리를 도모해서는 안 되는데 채소장수가 되기 때문이다.

二十七. 蘿蔔蕪菁

蘿蔔[170]一名土酥, 蕪菁一名六利, 皆佳味也. 他如烏白二菘蓴芹薇蕨之屬, 皆當命園丁[171]多種, 以供伊蒲[172], 第不可以此市利[173], 爲賣菜傭耳[174].

이고, 줄기는 땅 위를 기듯이 자라고, 곳에 따라 잎이 나기는 하지만 잎은 깃털 모양이고 겹잎이다. 연한 싹은 식용가능하다. 땅 속에 줄기가 있는 것에서 전분을 캘 수 있으며 '궐분(蕨粉)'이라 하고, 봉미궐과[鳳尾蕨科, 수룡골과(水龍骨科)]에 속한다.【原註】

170) 蘿蔔(라복): '래복(萊菔)'·'로복(蘆菔, Raphanus sativus)'·'토수(土酥)'·'자화숭(紫花菘)' 등으로 불리며, 다년생초본으로 뿌리가 원주형이고 백색이며 비대하고 살이 많다. 잎은 크고 깃털 모양으로 찢어져 있다. 봄에 담자색 혹은 백색 꽃이 피며, 과실이 가늘고 길다. 뿌리와 잎 모두 식용가능하다. 십자화과(十字花科)에 속한다.【原註】
   * 무: 무는 배추·고추와 함께 3대 채소다. 원산지에 대해서는 지중해 연안이라는 설, 중앙아시아와 중국이라는 설, 중앙아시아와 인도 및 서남아시아라는 설 등이 있다. 이집트의 피라미드 비문(碑文)에 이름이 있는 것으로 보아, 그 재배 시기는 상당히 오랜 듯하다. 중국에서는 B.C.400년부터 재배되었다. 한국에서도 삼국시대부터 재배되었던 듯하나, 문헌상으로는 고려시대에 중요한 채소로 취급된 기록이 있다.【역주】
171) 園丁(원정): 정원사.【역주】
172) 伊蒲(이포): 바로 '우바새의 반찬'으로 '소찬(素饌)'이라고도 한다. 지금은 '소채(素菜)'라 한다. 『후한서·초왕영전(後漢書·楚王英傳)』에서 "우바새 상문의 성찬을 돕다.(以助伊蒲塞桑門之盛饌.)"라고 하였다. 주(注)에서 이포새(伊蒲塞)는 바로 '대바새(大婆塞)'라고 했다. 『열반경(涅槃經)』에서 "불교에 귀의한 사람은 '진(眞)'이라 하며 '우바새(優婆塞)'라고 한다.(歸依于佛者曰眞, 名優婆塞.)"라고 하였다. 생각건대 '불교도의 의미'이다.【原註】
   * 우바새: 오계(五戒)를 받은 재가의 남자 신자를 말한다. 혹은 불교자체를 말하기도 한다. '근사남(近事男)'·'우포새(優蒲塞)'·'우바새(優婆塞)'·'청신사(淸信士)'라고도 한다.【역주】
173) 市利(시리): '영리를 꾀하다.'는 의미이다. 『국어(國語)』에서 "시장에서 이익을 다툰다.(爭利於市.)"라고 하였다.【原註】
174) 賣菜傭(매채용): 채소를 파는 사람은 옛날에 '비천하다'는 의미를 지녔다. 『후한서·주우전(後漢書·周紆傳)』에서 "주우가 낙양령을 방문하여, 수레에서 내려

먼저 성과 이름을 물었는데, 관리가 여러 번 지방의 강짜를 부리며 응대하자 노하여 '본래 임금의 친척에 대하여 물었는데, 어찌 이 같은 채소 파는 품팔이 따위를 알 수 있겠는가.'라고 하였다.(周紆拜洛陽令, 下車先問大姓主名, 吏數閭里豪强以對, 怒曰, 本問貴戚, 豈能知此賣菜傭乎.)"라고 하였다.【原註】
* 귀척(貴戚): 임금의 친척.【역주】

권12

향1)과 차2) (香茗)3)

향과 차를 사용하면 그 이로움이 가장 풍부하다. 세속에서 벗어나 은

---

1) 향: 향은 향기가 많은 수지(樹脂)·나무조각·나뭇잎·풀잎 등으로 만들어 불에 태워 향기를 피우는 물건이다. 서한시기 이전에는 향기가 나는 풀을 직접 태워 연기가 많이 났으며, 서한 무제시기(B.C.141-B.C.87)에 용뇌향(龍腦香)과 소합향(蘇合香) 등이 수입되어 향로에 숯불을 이용하여 피웠다. 이후 불교가 전래되고 여러 향료가 수입되면서 민간에 널리 보급되어 수당시대 이후로 분향(焚香)이 대중화되었다.
한반도에는『삼국사기』권4「신라본기」에서 "처음 눌지왕(訥祇王, 재위 417-458) 시기에, 승려 묵호자(墨胡子)가 고구려에서 일선군(一善郡, 경상북도)에 이르렀다. 군의 사람 모례(毛禮)가 집안에 굴을 만들어 편안하게 모셨다. 당시 양(梁)나라에서 사신을 보내어 의복과 향기로운 물질을 하사했는데, 왕과 신하가 그 향의 이름과 용도를 몰라 사람에게 향을 주고 두루 물어보도록 했다. 묵호자가 보고 그 명목을 설명하고 '이것을 태우면 향기가 매우 진하며 신성(神聖)에 정성이 닿을 것입니다. 신성은 삼보(三寶)보다 지나친 것이 없는데, 첫째는 부처이고 둘째는 달마이며 셋째는 승려입니다. 이것을 정성스럽게 피우고 소원을 빌면 반드시 영험하게 응답할 것입니다.'라고 하였다. 당시에 공주의 병이 심하였는데, 왕이 묵호자에게 향을 피우고 서원을 드리게 하였으며, 공주의 병이 바로 나았다.(初, 訥祇王時, 沙門墨胡子自高句麗至一善郡. 郡人毛禮於家中作窟室安置. 於時梁遣使賜衣着香物, 君臣不知其香名與其所用, 遣人賷香徧問. 墨胡子見之, 稱其名目曰, 此焚之則香氣芬馥, 所以達誠於神聖. 所謂神聖未有過於三寶, 一曰佛陁, 二曰達摩, 三曰僧伽. 苦燒此發願, 則必有靈應. 時, 王女病革, 王使胡子焚香表誓, 王女之病尋愈.)" 라고 하였으며, 향에 관한 최초의 기록이다.【역주】

2) 차: 차는 학명이 Camellia sinensis (L.) O. Ktze.인 차나무의 잎을 가공하여 만들며, 갈아서 분말상태로 물에 타서 마시거나 뜨거운 물로 잎을 우려내어 마신다. 발효 상태에 따라 미발효차[녹차, 용정차(龍井茶)와 벽라춘(碧羅春) 등]·반발효차[백차

(白茶)·철관음(鐵觀音)·오룡차(烏龍茶) 등]·완전발효차[홍차(紅茶)]·후발효차
[後醱酵茶, 장기간에 걸쳐 발효시키는 차인 흑차(黑茶), 즉 보이차(普洱茶)]로 구분
한다. 현대의 차(茶)를 가리키는 명칭이 고대에는 천타(荈詫)·설(蔎)·도초(茶
草)·선(選)·과로목(瓜蘆木)·천(荈)·고로(皋蘆)·명(茗) 등으로 매우 다양하게
사용되었으며, 당나라 육우가 『다경』에서 '다(茶)'자를 사용한 이후로 '다(茶)'자를
널리 사용하게 되었다.

음다(飮茶)의 기원에 관해서는 『신농본초경(神農本草經)』의 "신농씨가 온갖 풀을
맛보다가 매일 72가지 독을 만났으나 荼(도, 즉 차)를 구해 독을 해소하였다.(神農
嘗百草, 日遇七十二毒, 得荼而解之.)"라는 기록에 근거하여 상고시대의 신농씨에
서 기원했다고도 하며, 또 주나라·진한시기·삼국시대 등 여러 주장이 있지만,
이는 현재 차를 의미하는 글자에 '荼(도)'자가 많이 사용되었기 때문이다. 『신농본
초경(神農本草經)』이 춘추전국시대나 한대에 저술되었으므로, 늦어도 이 시기에
는 荼(도) 즉 차를 마시기 시작했다. 『삼국지』 권65 「위요전(韋曜傳)」의 "또는 은
밀하게 다천(茶荈, 즉 차)을 하사하여 술을 대신하였다.(或密賜茶荈以當酒.)"라는
기록에 따르면, 삼국시대에는 이미 궁정의 고급 음료로 사용되고 있었고, 서진
이후에 보통 음료로 널리 사용되었다.

육우의 『다경』에 병차(餠茶, 찻잎을 틀에 눌러 찍어 호떡처럼 둥그스름한 형태로
만든 것)를 만드는 방법이 기록되어 있으므로, 병차와 산차(散茶, 눌러 성형하지
않은 찻잎)가 당대까지는 함께 사용되었다. 송대에 황실에서는 단차(團茶, 찻잎을
찧어서 틀에 넣고 눌러 일정한 모양으로 만든 병차의 일종)를 중시하였으나, 단차
의 가격이 너무 높아서 일반에서는 산차를 주로 사용하였다. 명 홍무 24년(1391)
에 황실에 바치는 차로 단차를 폐지하고 산차를 바치도록 하여 단차가 거의 명맥
이 사라지게 되었다. 현재는 보이차 종류가 병차로 제작된다.

서한 감로연간(甘露年間, B.C.53-B.C.50)에 사천성 명산현(名山縣) 사람 오리진
(吳理眞, ?-?, 도가의 인물)이 사천성 아안시(雅安市) 몽정산(蒙頂山)에 차나무 7그
루를 심은 것이 인공 재배의 시초라고 한다.

한반도에는 『삼국사기』 권10 「흥덕왕(興德王)」 조목의 "흥덕왕 3년(828) 겨울 12
월에, 사신을 파견하여 당나라에 들어가 조공을 하였다. 당나라 문종(文宗, 재위
827-840)이 인덕전(麟德殿)으로 불러 만났으며, 차등을 두어 연회를 베풀고 물품
을 하사하였다. 당에 들어갔다가 돌아온 사신 대렴(大廉, ?-?)이 차의 종자를 가지
고 왔으며, 흥덕왕이 지리산에 심도록 시켰다. 차는 선덕여왕(재위 632-647)부터
존재했으며, 이 시기에 이르러 융성하게 되었다.(三年冬十二月, 遣使入唐朝貢. 文
宗召對于麟德殿, 宴賜有差. 入唐廻使大廉持茶種子來, 王使植地理山. 茶自善德王
有之, 至於此盛焉.)"라는 기록에 따르면, 선덕여왕시기에 이미 차를 마셨고, 흥덕
왕시기에 차나무가 전래되었다.【역주】

3) 香茗(향명): 명(茗)은 차(茶)와 같은 의미이다. 『이아』 곽박의 주(注)에서 "나무는
치자나무처럼 작고, 겨울이 되면 잎을 국을 끓여 먹을 수 있다. 지금에는 일찍
채취한 것은 '차(茶)'이고 늦게 채취한 것은 '명(茗)'이며 '천(荈)'이라고도 하는데,

거하거나, 앉아서 도덕(道德)⁴⁾을 이야기할 때, 마음을 맑게 하고 정신을
기쁘게 할 수 있다. 아침과 저녁에 흥미가 전혀 없을 때, 가슴이 탁 트이
고 소리 내어 노래 부르게 할 수 있다. 맑은 날 창가에서 탁본을 감상하
거나 주미(塵尾)⁵⁾를 휘두르며 한가로이 시를 읊거나 등불을 숨긴 채 밤
에 독서할 때에 잠을 멀리 쫓을 수 있다. 시녀나 기녀와 은밀하게 사사

사천 사람들은 '고차(苦茶)'라고 한다.(樹小如梔子, 冬至, 葉可煮羹食. 今時, 早取
爲茶, 晚取爲茗, 或曰荈, 蜀人名之苦茶.)"라고 하였다.
『본초강목 · 목부(木部)』에서 "늦게 딴 차는 맛이 쓰고, 일찍 딴 차는 맛이 달고
쓴데, 약간 차며 독이 없다.(茗苦, 茶味甘苦, 微寒, 無毒.)"라고 하였다.
『다릉도경(茶陵圖經)』에서 "다릉은 이른바 구릉과 계곡에서 나는 차이다.(茶陵者,
所謂陵谷生茶茗焉.)"라고 하였다.
육우의 『다경(茶經)』에서 "첫째는 '다(茶)'라 하고, 둘째는 '가(檟)'라 하며, 셋째는
'설(蔎)'이라 하고 넷째는 '명(茗)'이라 하며, 다섯째는 '천(荈)'이라 한다.(一曰茶,
二曰檟 三曰蔎 ,四曰茗, 五曰荈.)"라고 하였다. 채취한 시기의 빠르고 늦는 것에
따라서 구분하였다.【原註】
* 다릉도경(茶陵圖經): 육우의 『다경 · 칠지사(七之事)』에 인용된 서적으로 자세
한 사항을 알 수 없으며, 지금의 호남성 다릉현(茶陵縣)의 차에 관한 기록으로
추정된다.【역주】
* 원나라 농학자 왕정(王禎, 1271-1368)의 『농정전서(農政全書)』 권39 「종식 · 잡
종상 · 차(種植 · 雜種上 · 茶)」에서 "일찍 채취한 것은 '차(茶)'라 하고, 그 다음을
'가(檟)'라 하며, 또 그 다음은 '설(蔎)'이라 하고, 늦게 딴 것을 '명(茗)'이라 하며,
천(荈)에 이르면 늙은 이파리이다. 대개 일찍 딴 것을 귀하게 여긴다. 육경(六經)
에는 차(茶)자가 없는데, 대체로 도(茶)가 바로 차(茶)이다.(早采曰茶, 次曰檟,
又其次曰蔎, 晚曰茗, 至荈則老葉矣. 蓋以早爲貴也. 六經中無茶, 蓋茶卽茶也.)"
라고 하였다.【역주】
* 육경(六經): 6부의 유가경전으로 『시경』 · 『서경』 · 『예기』 · 『악경』 · 『주역』 ·
『춘추』를 가리킨다.【역주】
4) 도덕(道德): 『예기 · 곡례(曲禮)』에서 "도덕과 인의는 예의가 아니면 이루어지지
않는다.(道德仁義, 非禮不成.)"라고 하였으며, 정현(鄭玄)의 주(注)에서 "도(道)는
만물에 통달한 것을 말하고, 덕(德)은 이치에 맞는 것을 말한다.(道者, 通物之名,
德者, 得理之稱.)"라고 하였다. 지금은 사람마다 준수해야하는 정확한 원리와 법
칙 및 고상한 행위를 '도덕'이라 한다. 여기서는 '현묘한 도리를 담론하는 것'을
가리킨다.【原註】
5) 주미(塵尾): 위진 청담가(清談家)들이 먼지를 피하고 더위를 쫓으며 신분을 드러
내기 위해 사용하던 현대의 부채와 비슷하게 생긴 도구.【역주】

로운 이야기를 할 때, 감정과 의지를 북돋을 수 있다. 비오는 날 창을 닫고 앉아있거나 식사를 하고 산보할 때에 적막함을 해소하고 번뇌를 제거할 수 있다. 연회에서 취한 손님의 정신을 일깨우거나 낡은 창가에서 밤에 이야기하거나 텅 빈 누각에서 길게 휘파람불거나 거문고를 손으로 연주하거나 할 때에 더 기뻐지게 하고 갈증을 해소할 수 있다. 품격이 가장 우수한 것은 침향(沈香)6)과 개차(岕茶)7)가 첫째이지만, 향을

---

6) 침향(沈香): 권5 「표축(檦軸)」의 원주 참고. 【原註】

7) 개차(岕茶): 절강 장흥(長興)과 강소 의흥(宜興) 일대에서 산출되는 차를 '개차(岕茶)'라고 하며, 양선차(陽羡茶)를 '나개(羅岕)'라고 속칭한다.
『고반여사 · 다전(茶箋)』에서 "양선차는 '나개(羅岕)'라고 속칭하며, 절강의 장흥에서 나는 것이 훌륭하고, 형계(荊溪, 즉 의흥)의 것은 조금 아래인데, 찻잎이 가는 것은 그 값이 두 배이다.(陽羡俗名羅岕, 浙之長興者佳, 荊溪稍下, 細者其價兩倍.)"라고 하였다.
허차서(許次紵)의 『다소(茶疏)』에서 "근래 숭상하는 것은 장흥의 나개이며, 옛날의 고저자순(顧渚紫笋)으로 추정된다. 나개는 원래 여러 곳에서 산출되며, 지금은 동산(洞山, 의흥)의 것이 가장 우수하다.(近日所尙者爲長興之羅岕, 疑卽古顧渚紫笋. 羅岕故有數處, 今有洞山最佳.)"라고 하였다.
명 풍가빈(馮可賓)에게 『개차전(岕茶箋)』이 있으며, 웅명우(熊明遇)에게 『나개차기(羅岕茶記)』가 있다. 【原註】
* 개차(岕茶): 의흥의 서남부와 장흥의 북부 사이에 '명령(茗嶺, 의미는 차의 산)' 또는 '포도령(葡萄嶺)' 또는 '시험산(試驗山)'이라 하는 천목산맥(天目山脈)에 속하는 산이 있으며, 최고봉은 황탑정(黃塔頂)으로 해발 611.5m이다. 岕(개)는 두 산 사이의 넓은 지역을 가리키며, 명령(茗嶺)의 이러한 지역에서 자라난 찻잎으로 만든 차를 '개차(岕茶)'라 한다. 의흥에서 산출되는 차를 당대에는 '양선차'라 했으며, 명청시기에는 '개차'라고 했으나, 제작법이 복잡하여 개차는 실전되었다. 현재 녹차 종류인 양선차는 의흥의 당공산(唐貢山), 다산(茶山) · 남악사(南岳寺) · 이묵산(離墨山) · 명령(茗嶺) 등지에서 산출되며, 명청시기의 개차와 다른 차이다. 【역주】
* 허차서(許次紵, 1549-1604?): 자(字)는 연명(然明). 명대 말기의 다인(茶人)이자 학자. 『다소(茶疏)』의 저자로 유명하다. 【역주】
『다소(茶疏)』: 1권, 39조목. 찻잎을 따고 저장하며 끓이는 방법을 자세하게 기록하였다. 【역주】
* 나개(羅岕): 절강성 호주시(湖州市) 장흥현(長興縣) 백현향(白峴鄕) 나개촌(羅岕村)은 당나라 말기의 시인 나은(羅隱, 833-909)이 여기에 은거하여 '나개(羅岕)'라 하였다고 하며, 여기서 나는 차를 '나개차'라 한다. 【역주】

피우고 차를 끓이는 데 법도가 있으므로, 반드시 정부(貞夫)8)와 운치
있는 선비라야 전문적으로 연구할 수 있을 뿐이다.

香茗

香茗之用, 其利最溥. 物外9)高隱, 坐語道德, 可以淸心悅神. 初陽10)薄暝11),

---

* 고저자순(顧渚紫筍): 차 싹이 약간 자주색을 띠고, 어린잎의 뒷면이 죽순껍질과
  같이 말려있어 이렇게 이름 붙였다. 절강성 호주시(湖州市) 장흥현(長興縣) 수
  구향(水口鄕) 고저산(顧渚山) 일대에서 산출되며, 당나라 광덕연간(廣德年間,
  763-764)에 진상되기 시작하여 정식으로 공차(貢茶)가 되었다. 육우가 '차 가운
  데 제일'로 평가하였다.【역주】
* 풍가빈(馮可賓, ?-?): 명말청초의 관리이자 은자. 1642년을 전후하여 호주(湖州)
  에서 관리를 할 때, 개차(岕茶)에 관해 11조목에 걸쳐 상세하게 논술한 『개차전
  (岕茶箋)』1권을 저술하였다.【역주】
* 웅명우(熊明遇, 1580-1650): 명나라의 관리로 1601년에 진사가 되어, 장흥지현
  (長興知縣)을 역임했으며, 1608년을 전후하여 개차에 관해 7조목에 걸쳐 기술한
  『나개차기(羅岕茶記)』1권을 저술하였다.【역주】
8) 정부(貞夫): '정인(貞人)'과 의미가 같으며 올바름을 지키는 사람을 가리킨다. 『포
   박자』에서 "이해득실에 절조를 바꾸지 않으며, 욕심을 낼만한 것에 의지를 굽히지
   않는 사람이 정인(貞人)이다.(不改操於得失, 不傾志於可欲者, 貞人也.)"라고 하였
   다.【原註】
   * 정부(貞夫): 지조와 절개를 견고하게 지키고 방정한 사람.【역주】
9) 物外(물외): '세외(世外)'와 같으며, 인간사에 관여하지 않는 것을 말한다. 『당서·
   원덕수전(唐書·元德秀傳)』에서 "이리하여 산모퉁이에 오두막을 지어 거문고를
   타고 독서하며 즐겁기 그지없이 세속의 밖으로 은거하였다.(乃結廬山阿, 彈琴讀
   書, 陶陶然遺身物外.)"라고 하였다.【原註】
   * 원덕수(元德秀. 695?-754?): 당나라 시인. 자(字)는 자지(紫芝), 하남 낙양 사람.
     본래 선비족으로 성이 탁발(拓拔)이었으나, 원(元)으로 바꾸었다.【역주】
10) 初陽(초양): 신희(晨曦, 아침 햇살) 및 초일(初日, 아침 해)과 같은 의미이다. 온정
    균(溫庭筠)의 시에서 "아침 해가 낡은 사찰에 비추고, 자던 새는 차가운 숲에서
    일어나네.(初陽到古寺, 宿鳥起寒林.)"라고 하였다. 항주 서호 갈령(葛嶺)에 초양대
    (初陽臺)가 있다.【原註】
    * 온정균 시의 제목은 「정견사(正見寺)에서 새벽에 생공과 이별하며(正見寺曉別
      生公)」이다.【역주】
11) 薄暝(박명): 박모(薄暮, 해질 녘) 및 방만(傍晚, 황혼)과 같은 의미이다. 『집운(集
    韻)』에서 "명(暝)과 명(冥)은 같은 글자이다.(暝冥同字.)"라고 하였으며, 주(注)에

興味蕭騷12), 可以暢懷13)舒嘯14). 晴窓搨帖15), 揮麈16)閒吟, 篝燈17)夜讀, 可以遠辟18)睡魔. 青衣19)紅袖20), 密語談私, 可以助情熱意21). 坐雨閉牕, 飯餘散步,

---

서 "저녁이다.(夕也.)"라고 하였다. 송기(宋祁, 998-1061. 북송 문학가)의 시「해당(海棠)」에서 "해질 녘엔 노을이 붉게 물들고, 새벽에는 이슬이 선명하네.(薄暝霞烘爛, 平明露濯鮮.)"라고 하였다.【原註】

12) 蕭騷(소소): '소조(蕭條, 적막하다)'라는 의미이다. 왕안석의 시에서 "고향으로 돌아가는 꿈이 쓸쓸하네.(歸夢得蕭騷.)"라고 하였다.【原註】
   * 왕안석 시의 제목은「강남(江南)」이다.【역주】
13) 暢懷(창회): 가슴속이 확 트이다.【原註】
14) 舒嘯(서소): 소리를 내어 노래하다. 도연명의「귀거래사(歸去來辭)」에서 "동쪽 언덕에 올라 소리 내어 노래하네.(登東皐以舒嘯.)"라고 하였다.【原註】
15) 搨帖(탑첩): 고대의 비석을 탁본한 서화첩을 '탑첩(搨帖)'이라 한다.『서영택록(書影擇錄)』에서 "서예에는 4종류가 있으며 '임(臨)'이라 하고 '모(摹)'라 하고 '향탑(嚮搨)'이라 하고 '경황(硬黃)'이라 한다. 향탑은 어두운 방에 앉아서 밝은 대낮과 같은 텅 빈 창에 대고 모범이 되는 서예 위에 종이를 걸어서 비치는 것을 선택하는 것으로, 투사되어 잘 보이도록 한다. 법서(法書, 모범이 되는 작품)가 오래되고 비단의 색이 어둡게 가라앉아있으므로, 이렇게 하지 않으면 선명하게 보이지 않는다.(書有四種, 曰臨, 曰摹, 曰嚮搨, 曰硬黃, 嚮搨者, 坐暗室中, 空窓如晝天, 懸紙於法書, 映而取之, 欲其透射必見. 以法書故, 縑色沈暗, 非此不澈也.)"라고 하였다. '탑(搨)'이라는 것은 '향탑(嚮搨)'을 가리켜 말한 것으로 생각된다.【原註】
   * 서영택록(書影擇錄): 1권. 명말청초의 문학가이자 전각가인 주량공(周亮工, 1612-1672)이 서예와 전각에 관하여 저술한 이론서.【역주】
   * 향탑(嚮搨): 고대 서화작품을 복제하는 방법. 창에 서화를 대고 얇은 종이를 그 위에 덮어 비치는 윤곽선을 묘사한 다음. 다시 윤곽선의 내부를 메워 칠하여 완성한다.【역주】
16) 揮麈(휘주): 권6「단탑(短榻)」의 원주 참고.【原註】
17) 篝燈(구등): '삼태기로 등불을 가린다'는 의미이다.『송사·진팽년전(陳彭年傳)』에서 "진팽년이 학문을 좋아하였으나, 모친이 그가 밤에 독서하는 것을 금지하였으므로, 진팽년은 밀실에서 등불을 삼태기로 가려 모친이 알지 못하도록 했다.(彭年好學, 母禁其夜讀, 彭年篝燈密室, 不令母知.)"라고 하였다.【原註】
   * 진팽년(陳彭年, 961-1017): 북송의 대신·문학가·음운학자. 자(字)는 영년(永年)으로, 운서인『대송중수광운(大宋重修廣韻)』의 편찬을 주관하였다.【역주】
18) 遠辟(원벽): 원피(遠避, 멀리 피하다)와 통한다.【原註】
19) 青衣(청의): 고대에 청의(青衣, 청색의 옷)는 천한 사람의 옷이었으므로 비녀를 '청의'라고 하였다. 백거이의 시「게으르게 살며(嬾放)」에서 "비녀가 동이 튼다고 알려주고, 일어나 세수하라 나를 부르네.(青衣報平旦, 呼我起盥櫛.)"라고 하였다.【原註】
20) 紅袖(홍수): 노래하는 여인이나 집안의 기생을 가리킨다. 장화(張華, 232-300. 서

可以遣寂22)除煩. 醉筵醒客, 夜語蓬窗23), 長嘯空樓, 冰弦24)憂指25), 可以佐歡
解渴. 品之最優者, 以沈香岕茶爲首, 第焚煮有法, 必貞夫韻士26)乃能究心27)耳.
志香茗第十二

1. 가남향(伽南香)28)

가남향은 일명 '기람(奇藍)'으로 또 '기남(琪〈㛅〉)'이라고도 하며 당결

진 문학가)의 「백저무가(白紵舞歌)」에서 "비단 옷이 천천히 회전하니 붉은 소매가
날리고, 맑은 노래 울려 퍼져 화려한 대들보를 감싸네.(羅袿徐轉紅袖揚, 清歌流嚮
繞鳳梁.)"라고 하였다.【原註】
* 봉량(鳳梁): 봉황 무늬로 화려하게 장식한 대들보.【역주】
21) 熱意(열의): '더 깊이 사랑하고 연모한다'는 의미.【原註】
22) 遣寂(견적): 적막함을 해소하다.【역주】
23) 蓬窗(봉창): 낡고 부서진 창문.【역주】
24) 冰弦(빙현): 『태진외전(太眞外傳)』에서 "개원연간에 환관 백수정(白秀貞)이 촉에
서 돌아와 비파를 구해 바쳤는데, 현은 바로 구미국(拘彌國)에서 바친 것으로 빙잠
에서 뽑은 푸른 실로 만들었다.(開元中, 中官白秀貞自蜀回, 得琵琶以獻, 弦乃拘彌
國所貢, 綠氷蠶絲也.)"라고 하였다.【原註】
* 태진외전(太眞外傳): 즉 북송의 문학가 악사(樂史, 930-1007)가 양비귀에 관한
기록한 소설 『양태진외전(楊太眞外傳)』.【역주】
* 구미국(拘彌國): 지금의 신강성 위구르자치구 우전현(于田縣) 극리아하(克里雅
河)의 동쪽에 있던 고대 국가.【역주】
* 빙잠(氷蠶): 전설의 누에. 『습유기(拾遺記)』에서 "원교산(員嶠山)에……빙잠이
있는데, 길이 7치에 검은 색으로 뿔이 있고 비늘이 있다. 서리와 눈으로 덮인
뒤에 누에고치를 만들며 길이는 1자이고 색은 오색이다. 짜서 무늬 있는 비단을
만들며, 물에 들어가도 젖지 않고, 불에 던져 오래 지나도 타지 않는다.(員嶠
山……有氷蠶, 長七寸, 黑色, 有角, 有鱗. 以霜雪覆之, 然後作繭, 長一尺, 其色五
彩. 織爲文錦, 入水不濡, 以之投火, 經宿不燎.)"라고 하였다.【역주】
* 원교산(員嶠山): '환구(環丘)'라고도 하며, 꼭대기에 주위가 천리에 이르는 사각
형의 호수가 있다는 산으로, 『습유기(拾遺記)』에 나온다.【역주】
25) 憂指(알지): 손가락으로 치다. 즉 '손으로 연주한다'는 의미.【原註】
26) 韻士(운사): 운인(韻人) 및 운객(韻客)과 같은 의미이며, 풍아한 사람이나 시인과
작가 등 운치가 있고 우아한 사람이다.【原註】
27) 究心(구심): 전심전력으로 연구하다.【역주】

(糖結)29)과 금사(金絲)30)의 두 종류가 있다. 당결은 표면이 칠처럼 검고 옥처럼 단단하며, 톱으로 자르면 표면에 당분과 같은 기름이 있는 것이 가장 귀중하고, 금사의 색이 누렇고 표면에 황금과 같은 선이 있는 것이 그 다음이다. 이 향은 태울 수가 없으며, 태우면 미미하게 비린내가 난

---

28) 가남향(伽南香): 가남향(伽南香)은 용수(榕樹, Ficus retusa)의 목재가 세월이 오래 지나서 변한 것으로, '기남향(奇南香)'이라고도 하며, 해남의 여러 산에서 산출되는데, 향나무가 또 불개미에 의해 구멍이 뚫리고 개미가 또 석밀(石蜜, 석청)을 먹으며, 이러한 것이 물속에 잠겨 세월이 오래 지나면 생성된다. 향이 생성되었으나 아직 변화되지 않은 것은 '생결(生結, 생나무 향)'이라 하고, 나무가 죽지 않고 생성된 것은 '당결(糖結)'이라 한다. 또 색이 청둥오리의 머리처럼 푸른 것은 '녹결(綠結)'이라 한다. 손톱으로 누르면 흔적이 생기고 손톱을 떼면 흔적이 사라지는 것은 '유결(油結)'이라 하며, 가남향 가운데 최상품이다. 목재의 특성이 많으면서 향기가 적은 것은 '호반금사결(虎斑金絲結)'이라 하며, 일반적으로 사용하는 염주는 모두 이 종류이다.【原註】

* 가남향(伽南香): '기남(奇楠)'이라고도 하며 범어의 음역으로 '다가라(多伽羅)'・'가람(伽藍)'・'가남(伽南)'・'기남(棋楠)'・'기남(琪楠)'・'기람(奇藍)'이라고도 한다. 형성원인은 일반 침향과 기본적으로 동일하며, 성질과 형상 및 특징이 많은 차이가 난다. 일반적으로 침향 가운데 극상품으로, 침향목에 존재하는 공동에 야생 개미나 벌이 살며 가종 분비물진과 결합하여 청성된 수지로, 수지의 함량이 매우 높아 물에 가라앉는 것도 있으나 대부분 물에 가라앉지 않으며, 일반 침향과 비교하여 더 부드럽고, 침향 가운데 극히 일부분만 가남향에 해당된다.【역주】

* 용수(榕樹, Ficus retusa): 뽕과에 속하며 30m까지 자라는 상록 대교목. 중국 복건과 광동 및 운남 등지에서 자란다. 기근(氣根, 공기뿌리)와 잎 및 나무껍질을 약재로 사용한다. 『박물요람』에서 "기남향(奇南香)은 또 천년 묵은 용수의 위에서 생기므로 '기생향(寄生香)'이라고 한다.(奇南香亦生於千年榕樹之上, 故名寄生香.)"라고 하였다.【역주】

29) 당결(糖結): 동남아의 베트남과 미얀마 및 라오스에서 습관적으로 기남향의 외형을 보고 밀결(密結)・당결(糖結)・철결(鐵結)로 분류한다. 밀결은 최상품으로 전체적으로 무르며 수지는 밀랍 형태이고 색은 짙은 갈색이다. 당결은 밀결보다 크기가 크며 부드럽고 딱딱한 두 종류가 있으며, 밀결보다 조금 단단하고 표면이 매끄럽다. 철결은 더 딱딱하며 색이 흑색으로 치우친다.【역주】

30) 금사(金絲): 즉 금사결(金絲結)이다. 『준생팔전』에서 "기남향(棋楠香)에 당결(糖結)이 있고 금사결(金絲結)이 있다. 금사는 색이 황색으로 표면에 선 무늬가 있는데 금사(金絲, 금실)와 같다.(棋楠香有糖結, 有金絲結. 金絲者惟色黃, 上有緒, 若金絲.)"라고 하였다.【原註】

다. 큰 것은 무게가 15-16근으로, 조각하여 장식한 쟁반에 담으면 온 집에 모두 향기가 풍기므로, 진실로 기이한 물건이다. 작은 것은 선추(扇墜)[31]와 염주를 만들며, 여름에 착용하면 더러운 냄새를 피할 수가 있다. 일상생활에서 주석으로 만든 합에 꿀을 담아 양생하는데, 이층으로 만들어 아래 칸에는 꿀을 두고 위 칸에 몇 개의 구멍을 뚫는다. 크기는 용안(龍眼)[32]만하게 하여, 향을 꿀의 냄새와 서로 통하게 두면 오래 되어도 시들지 않는다. 침향 등의 향도 그렇게 한다.

一. 伽南香

伽南, 一名奇藍, 又名琪〈瑞〉, 有糖結金絲二種. 糖結面黑若漆, 堅若玉, 鋸開, 上有油若糖者最貴. 金絲色黃, 上有線若金者次之. 此香不可焚, 焚之微有饘氣. 大者有重十五六斤, 以雕盤承之, 滿室皆香, 眞爲奇物. 小者以製扇墜數珠[33], 夏月佩之可以辟穢. 居常以錫合[34]盛蜜養之, 合分二格, 下格置蜜, 上格穿數孔, 如龍眼大, 置香使蜜氣上通, 則經久不枯. 沈水[35]等香亦然.

---

31) 선추(扇墜): 권7「선추(扇墜)」의 원주 참고.【原註】
32) 용안(龍眼): longan. '계원(桂圓)'이나 '익지(益智)'라고도 하며, 직경 1.5-2.5cm 크기 공 모양의 열매로, 갈색의 껍질 속에 흰색의 과육이 있고 검은 색의 둥근 씨가 있으며, 여지(荔枝, litchi)와 비슷한 과일.【역주】
33) 數珠(수주): 염주. 권6「선의(禪椅)」의 원주 참고.【原註】
34) 錫合(석합): 주석으로 만든 합.【原註】
35) 침수(沈水): 침향(沈香)이다. 속향(速香)에도 물에 가라앉는 것이 있다. 권5「표축(標軸)」의 원주 참고. 『박물요람』에서 "침향은 천축국(天竺國, 인도)과 해남성(海南省)·교주(交州, 베트남)·광주(廣州, 광동성)·경애(瓊崖, 중국 해남도) 등의 여러 곳에서 산출되며, 목재는 춘(椿, 참죽나무)이나 거(欅, 느티나무)와 유사한데 마디가 많다. 목재를 채취하여 먼저 나무뿌리를 잘라내며, 여러 해가 지나면 껍질과 줄기가 모두 썩는데, 썩지 않은 중심부분과 마디가 바로 향료이다. 가느다란 가지 모양이 빼곡한 것은 청계향(靑桂香)이고, 검으면서 물에 가라앉는 것은 침향이며, 반쯤 가라앉고 반쯤 뜨는 것은 계골향(鷄骨香)이고, 가장 굵은 것은 종향(棧香)이다. 정위(丁謂)가 해남도(海南島)에 있을 때 『천향전(天香傳)』을 지어 '향은 모두 24가지 형상이며, 모두 하나의 나무에서 나온다.'라고 했다.(沈香産天竺國及海南交廣州瓊崖諸處, 其樹類椿欅, 多節. 取之, 先斷其木根, 積年皮干具朽, 心與節

2. 용연향(龍涎香)36)

수마트라섬에 용연서(龍涎嶼)37)가 있어 여러 용이 그 위에 얽혀 누워

不壞者乃香也. 細枝緊實者爲靑桂香, 黑而沈水者爲沈香, 半沈半浮者爲鷄骨香, 最粗者爲樒香. 丁謂在海南作天香傳)云, 香凡二十四狀, 皆出於一木.)"라고 하였다. 【原註】

* 정위(丁謂, 966-1037): 북송 시기의 저명한 간신. 자(字)는 위지(謂之).【역주】
* 천향전(天香傳): 1권. 송 인종 건흥원년(乾興元年, 1022)부터 천성(天聖) 3년 (1025) 사이, 정위가 해남도에 좌천되어 있을 때 지었다. 중국에서 향을 사용한 역사 · 향의 산지 · 향재의 우열 등을 기술하였으며, 해남도에서 산출되는 침향의 위치를 정립하여 후대에 많은 영향을 미쳤다.【역주】

36) 용연향(龍涎香): 『송사 · 예지(禮志)』에서 "소흥 7년(1137), 삼불제국(三佛齊國)에서 남주(南珠, 진주) · 상아 · 용연향 · 유리 · 향약(香藥, 약재가 되는 향료)를 바쳤다.(紹興七年, 三佛齊國進貢南珠象齒龍涎珊瑚琉璃香藥.)"라고 하였다.
『패사회편(稗史匯編)』에서 "여러 향 가운데 용연향이 가장 귀하며, 대식국(大食國, 아라비아)에서 산출된다.(諸香龍涎最貴, 出大食國.)"라고 하였다.
『천하국국이병서(天下郡國利病書)』에서 "생각건대 용연향은 수마트라에서 산출되며, 서쪽에 용연서(龍涎嶼)가 있는데, 치남무리(峙南巫里)라는 큰 바다에 있으며, 여러 용이 그 위에서 서로 싸우면서 침을 남긴다. 그 나라 사람들이 나무로 만든 배를 몰아 엿보다 채취하는데, 배는 용의 모양으로 해면에 떠 있고 사람이 그 속에 잠복하여 바람을 따라 오르내리며, 옆에서는 노를 사용하는데, 용이 사람을 만나도 잡아먹지 않는다. 1근(약 600g)마다 그 나라의 금전 192냥으로, 중국 동전 9천문(동전 9천개, 은 9냥)에 해당한다.(按龍涎香出蘇門答剌國, 西有龍涎嶼, 峙南巫里大洋之中, 群龍交戰其上, 遺涎焉. 國人駕木舟伺采之, 舟如龍形, 浮海面, 人伏其中, 隨風上下, 傍亦用槳, 龍若遇人, 亦不吞也. 每一斤値其國金錢一百九十二, 放準中國銅錢九千文.)"라고 하였다.
생각건대 용연향은 '아말향(阿末香)'이라고도 하며, 바로 말향경(抹香鯨, 향유고래) 장내의 분비물로 향료의 일종이다.【原註】

* 용연향(龍涎香): 향유고래의 장에서 생성되는 물질로, 정확한 생성원인은 아직 알 수 없으며, 신선한 상태에서는 냄새가 별로 좋지 않지만, 대기 중에 노출되어 딱딱하게 굳어지면 좋은 향기가 난다. 약재로 사용한다.【역주】
* 삼불제국(三佛齊國): 지금의 수마트라섬의 항구 팔렘방(Palembang) 부근에 있던 고대 국가의 하나로, 7세기에 중국에 조공을 시작하였으며, 지리적인 위치를 이용하여 향료무역의 중심이 되었다.【역주】
* 패사회편(稗史匯編): 175권. 명나라 문헌 학자이자 장서가 왕기(王圻, 1530-1615)가 편찬한 백과전서류의 서적.【역주】
* 천하국국이병서(天下郡國利病書): 120권. 명말청초의 대학자 고염무(顧炎武,

있는데, 용이 흘린 침이 물에 들어가며 이것을 채취하여 향료로 한다. 물에 뜨는 것이 상등품이고, 모래에 스며든 것은 그 다음이다. 물고기가 먹어서 배 속에 있는 것을 끄집어내어 말[38]과 같은 것은 또 그 다음으로, 그 나라에서도 매우 진귀하다.

二. 龍涎香

蘇門荅剌[39]國有龍涎嶼, 群龍交臥其上, 遺沫入水, 取以爲香. 浮水爲上, 滲沙者次之. 魚食腹中, 刺出如斗者又次之, 彼國亦甚珍貴.

3. 침향(沈香)[40]

침향은 재질이 무거우며, 쪼갰을 때 먹색과 같은 것이 좋고 물에 가라앉지 않지만, 좋은 속향(速香)[41]도 가라앉을 수 있다. 격화(隔火)[42]를

1613-1682)가 명나라 각 지역의 사회·정치·경제 상황을 기록한 지리서.【역주】
37) 용연서(龍涎嶼):『설문해자』에서 "서(嶼)는 섬이다.(嶼, 島也.)"라고 하였다. 수마트라에 속하는 용연향이 산출되는 작은 섬.【原註】
  * 용연서(龍涎嶼): 구체적인 위치에 대하여 수마트라 북부 아체(Aceh) 해역의 'Pulau Breueh섬'이나 'Rondo섬'이라는 두 가지 설이 있다.【역주】
38) 말: 곡식의 부피를 재는 도구로, 목재로 만들며 모양은 육면체나 원통형이고, 명대의 1말은 약 10liter이다. 발견되는 용연향 덩어리는 둥그스름한 돌덩이와 비슷한 모양이 대부분이다.【역주】
39) 蘇門荅剌(소문답랄): 지금의 인도네시아 수마트라섬.【原註】
40) 침향(沈香): 권5「표축(標軸)」의 원주 참고.【原註】
41) 속향(速香): 향의 일종으로 황숙향(黃熟香)이다.『본초강목·침향(沈香)』에서 "향의 등급은 모두 3등급으로, '침향(沈香, 가라앉는 향)'이라 하고, '잔향(棧香, 반쯤 가라앉는 향)'이라 하며, '황숙향(黃熟香, 가라앉지 않는 향)'이라 한다.……황숙향은 바로 향 가운데 가벼운 것으로, 습관적으로 속향(速香)으로 오인하는 것이리라.(香之等凡三, 曰沈, 曰棧, 曰黃熟是也.……其黃熟香, 即香之輕虛者, 俗訛爲速香是矣.)"라고 하였다. 황숙향은 흙에 오랫동안 매장된 채 숙성되어 형성된 황색의 숙향(熟香)으로, 흙처럼 부드러워 만지면 쉽게 부스러진다. 목질의 섬유부분이 대

사용하여 태우며, 그슬린 것을 채취하여 별도로 하나의 그릇에 놓고 태워 의복과 침구에 향기가 스미게 한다. 용봉을 얕게 조각한 가정시기의 것을 보았는데, 크기는 2치 정도로서 초단(醮壇)43)에서 사용하는 물건일 것으로, 이러한 것은 감상에만 사용할 수 있다.

三. 沈香

沈香質重, 劈開如墨色者佳, 不在沈水, 好速亦能沈. 以隔火炙過, 取焦者別置一器, 焚以熏衣被. 曾見世廟44)有水磨45)雕刻龍鳳者, 大二寸許, 蓋醮壇中物, 此僅可供玩.

부분 탈락되고 벌집모양의 수지(樹脂) 조직만 남아있는 향이다.【역주】

42) 격화(隔火): 향로에서 불을 덮어 화력을 조절하는 데 사용하는 도구. 권7 「격화(隔火)」의 원주 참고.【역주】

43) 초단(醮壇): 도사가 제단을 설치하여 기도하는 장소를 '초단(醮壇)'이라 한다. 여기서는 명나라 세종(世宗, 가정황제)이 도교를 좋아하여 설치한 초단을 가리킨다.【原註】

  * 『명사·식화6·소조(明史·食貨六·燒造)』에서 "가정 37년(1558), 관리를 강서(즉 경덕진)에 파견하여 내전(內殿, 황궁 내의 황제가 정무를 보는 대전) 초단(醮壇)의 자기 3만점을 제작하였다.(三十七年, 遣官之江西, 造內殿醮壇瓷器三萬.)"라고 하였다.【역주】

44) 세묘(世廟): 명나라 사람이 부르는 명나라 세종[世宗, 즉 주후총(朱厚熜, 1507-1567)으로, 연호는 가정(嘉靖, 1522-1566)이다.【原註】

45) 水磨(수마): 옅은 부조기법으로 조각하다. 명나라 금릉파(金陵派, 얕은 부조와 간결한 조각을 위주로 하는 대나무 조각 유파) 대나무 조각의 명인 복중겸(濮仲謙, 1582-?)이 천부조(淺浮彫, 얕게 조각하는 부조)를 사용하여 유명하였으며, 복중겸의 작품을 '수마죽기(水磨竹器)'라 하였다. 안휘성 귀지(貴池) 출신의 청나라 초기 학자 유란[劉鑾, 본명은 정란(廷鑾), 자(字)는 덕여(德輿) 또는 여부(輿父), 호는 매근(梅根)]이 명대말기의 고사와 기물 등을 기록한 필기 『오석호(五石瓠)』(6권)에서 "소주 복중겸의 부챗살·술잔·필통·비각(臂擱) 종류와 같은 수마죽기(水磨竹器)는 한 시대에 절묘하였다.(蘇州濮仲謙水磨竹器, 如扇骨酒杯筆筒臂擱之類, 妙絶一時.)"라고 하였다.【역주】

4. 편속향(片速香)46)

편속향은 '즉어편(鯽魚片)'이라 속칭하며, 꿩과 같은 무늬가 있는 것이 좋고 무거우며 속이 찬 것이 훌륭하다. 가치는 그리 높지 않은데, 위조한 것이 있으므로 잘 판별해야 한다.

四. 片速香

片速香, 俗名鯽魚片, 雉鷄斑者佳, 以重實爲美, 價不甚高, 有僞爲者, 當辨.

5. 암팔향(唵叭香)47)

암팔향은 농도가 진하여 옷소매에 스며들면 하루가 지나도 흩어지지 않으나 단독으로 사용하기에는 적당하지 않으며, 침향과 함께 태워야 하는데, 일명 '흑향(黑香)'이라고 한다. 부드럽고 색이 밝으며 손가락으

---

46) 편속향(片速香): 『고반여사』 권3 「향전」에서 "편속향은 속명이 '즉어편(鯽魚片)'으로, 꿩의 몸통에 있는 것과 같은 반점이 있는 것이 훌륭하고, 위조한 것이 있으며, 역시 무겁고 속이 가득 찬 것이 좋다.(片速香, 俗名鯽魚香, 雉鷄斑者佳, 有僞爲者, 亦以重實爲美.)"라고 하였다.【原註】
  * 편속향(片速香): 정확히 무엇인지 알 수가 없지만, '편(片, 쪼가리)'과 '즉어(鯽魚, 붕어)'라는 용어로 유추하면, 납작한 조각의 속향(速香)으로 추정된다.【역주】
47) 암팔향(唵叭香): 『고반여사』 권3 「향전」에서 "암팔향은 일명 '흑향(黑香)'으로 부드럽고 색이 밝은 것이 우수하며, 손가락으로 이겨 공 모양으로 만들 수 있는 것이 매우 오묘하고, 경성에만 있다.(唵叭香一名黑香, 以軟淨色明者爲佳, 手指可撚爲丸者, 妙甚, 惟都中有之.)"라고 하였다.【原註】
  * 암팔향(唵叭香): '암파향(唵吧香)'이나 '담팔향(膽八香)'이라고도 하며, 담팔수(膽八樹)의 과실에서 기름을 짜 만들며, 나쁜 냄새를 없앨 수 있다.【역주】
  * 담팔수(膽八樹): '산두영(山杜英)'이라고도 하며, 학명은 Elaeocarpus sylvestris로, 상록 활엽교목이다. 껍질은 염료로 사용하고, 씨의 기름은 비누와 윤활유를 만들며, 뿌리는 약재로 사용한다.【역주】

로 개어 공 모양으로 만들 수 있는 것이 오묘하다. 경성에 암팔병(唵叭餠)이 있는데, 별도로 다른 향과 배합한 것으로 그리 훌륭하지 못하다.

五. 唵叭香

唵叭香膩甚, 着衣袂可經日不散, 然不宜獨用, 當同沈水共焚之, 一名黑香. 以軟淨色明, 手指可撚爲丸者爲妙. 都中有唵叭餠, 別以他香和之, 不甚佳.

6. 각향(角香)48)

각향은 속명이 아향(雅香)으로, 표면에 검은 색이 있으면서 황색의 무늬가 수직으로 투과한 것이 황숙(黃熟)이고, 순백색으로 건조되지 않은 것은 생향(生香)49)이다. 이것은 모두 일상적으로 사용하는 물건이므로, 우수한 것을 찾아야 한다. 다만 격화(隔火)를 사용할 필요가 없이 역시 향로 속에 살짝 놓아야, 서서히 향기가 조금씩 풍겨 나오고 불에 타는 냄새가 발생하지 않는다.

六. 角香

角香俗名牙香, 以面有黑爛色, 黃紋直透者爲黃熟, 純白不烘焙者爲生香, 此皆

---

48) 각향(角香):『고반여사』권3「향전」에서 "속명은 '아향(雅香)'으로, 표면에 검은 빛이 있는 것은 철면(鐵面)이며, 순백색으로 건조되지 않은 것은 생향(生香)인데, 생향의 향기가 매우 오묘하며, 광동과 광서에서 가격도 싸지 않다.(俗名雅香, 以面有黑爛色者爲鐵面, 純白不烘焙者爲生香, 其生香之味妙甚, 在廣中價亦不輕.)"라고 하였다.

* 각향(角香): 향각(香角). 침향의 한 종류.【역주】

49) 생향(生香): 살아 있는 향나무의 체내에 있는 향을 가리키며, '생결(生結)'이나 '활향(活香)'이라고도 한다. 향나무의 체내에서 떨어지거나 죽은 향나무의 체내에 붙어 있는 향을 '숙향(熟香)'이나 '숙결(熟結)'이나 '사향(死香)'이라 한다.【역주】

常用之物, 當覓佳者. 但既不用隔火, 亦須輕置鑪中, 庶香氣微出, 不作煙火氣.

7. 첨향(甜香)50)

첨향은 선덕연간(1426-1435)의 제품이 향기가 맑고 멀리 가며 맛이 그윽하여 사랑스러운데, 옻칠처럼 검은 색의 단지로 백색의 굽 면에 단지를 구워 만든 연도가 쓰여 있으며 주석으로 단지의 뚜껑을 덮은 것이 제일 훌륭하다. 부용(芙蓉)과 매화(梅花)51)는 모두 그것을 계승한 제품

---

50) 첨향(甜香):『고반여사』권3「향전」에서 "오직 선덕연간의 제품이 맑고 멀리 가며 향이 그윽하여 사랑스럽다. 연시(燕市, 북경)에 있는 제품은 항아리가 옻칠처럼 검으며 백색의 굽의 표면에 구워 만든 연도가 있고 단지마다 2-3근이 담겨있다. 주석으로 단지의 뚜껑을 덮은 것이 있는데, 항아리 하나에 1근이 담긴 것이 바야 흐로 진품이다.(惟宣德年製, 淸遠味幽可愛. 燕市中貨者, 壜黑如漆, 白底上有燒造 年月, 每壜二三斤. 有錫罩蓋壜子, 一斤一壜, 方眞.)"라고 하였다.【原註】

51) 부용(芙蓉)과 매화(梅花): 부용(芙蓉)과 매화(梅花)는 모두 향의 이름이다.
『고반여사』에서 "부용향은 경성(북경)의 유학(劉鶴)이 만든 것이 오묘하다.(芙蓉 香, 京師劉鶴制, 妙.)"라고 하였다.『준생팔전·향방(香方)』에 부용향방(芙蓉香方) 이 나열되어 있다.
홍추(洪芻)의『향보(香譜)』에서 "매화향의 주(注): 감송(甘松)과 영릉향(零陵香) 각 1냥·단향(檀香)과 회향(茴香) 각 반냥·정향(丁香) 100매·용뇌(龍腦) 약간을 고운 가루로 만들어 정제한 꿀과 잘 섞으며, 건조된 정도가 적당해야 한다.(梅花香 注. 甘松零陵香各一兩, 檀香茴香各半兩, 丁香一百枚, 龍腦少許, 爲細末, 煉蜜令合 和之, 乾濕得中用.)"라고 하였다.【原註】
  * 유학(劉鶴, ?-?): 명나라의 저명한 향 제조가로 월린(月麟)·취선(聚仙)·침속(沈 速) 등의 안식향을 제조했으며 용계향(龍桂香)·부용향(芙蓉香)·난각향(暖閣 香)도 제조했다고 한다.【역주】
  * 홍추(洪芻, ?-?): 북송의 관리로 자(字)는 구부(駒父). 강서성 남창(南昌) 사람. 현존하는 북송 최초의 향에 관한 전문 서적인『향보(香譜)』를 저술했다고 한다. 【역주】
  * 향보(香譜): 1권본과 2권본이 있다. 북송 관리 홍추의 저작이라 하지만, 작자에 관해 이설이 있다. 역대에 향을 사용한 역사·향을 사용하는 방법·각종 향을 배합하는 법 등을 수록하였다.【역주】
  * 감송(甘松): 패장과(敗醬科, Valerianaceae. 마타리과) 식물인 약초. 뿌리를 약재

으로, 근래 경성에서 제조한 것도 훌륭하다.

七. 甜香

甜香, 宣德52)年製, 淸遠味幽可愛, 黑黵如漆, 白底上有燒造年月, 有錫罩蓋罐子者, 絶佳. 芙蓉梅花, 皆其遺製, 近京師53)製者亦佳.

8. 황향병(黃香餅)·흑향병(黑香餅)54)

황향병과 흑향병은 공순후(恭順侯)55) 가문에서 제조하여 크기가 동

　로 사용한다.【역주】
* 영릉향(零陵香): '훈초(薰草)'나 '혜초(蕙草)'라고도 한다. 봄맞이꽃과 식물로 줄기를 베어 말려 약재로 쓴다.【역주】
* 단향(檀香): 단향과 식물 단향(Santalum album L.)의 심재(心材). 약재로 사용한다.【역주】
* 회향(茴香): 하명은 Foeniculum vulgare Gaertner로 '가유초(加音草)'·'야회향(野茴香)'·'소회향(小茴香)'·'토회향(土茴香)'이라고도 하며, 미나리과의 식물로 씨를 약재로 쓴다.【역주】
* 정향(丁香): 라일락과 비슷한 꽃이 피는 활엽수로, 꽃을 향료나 약재로 쓴다. 학명은 Syzygiumaromaticum이다.【역주】
* 용뇌(龍腦): 용뇌향과에 속하는 교목의 목질부위에 있는 수지(樹脂)를 가공하여 얻은 결정체이며, 약재로 사용한다.【역주】
52) 宣德(선덕): 권7「향연반(香緣盤)」의 원주 참고.【原註】
53) 京師(경사): 명 성조 영락 19년(1421)에 북경으로 천도하였으며, 후에 '응천부(應天府)'를 '남경(南京)'으로 고쳤다.【原註】
54) 황향병(黃香餅)과 흑향병(黑香餅):『고반여사』권3「향전」에서 "황향병은 왕진(王鎭)이 동원(東院)에 거주하며 제조하였으며 거무침침한 색에 문양이 없는 것이 훌륭하다. 위조한 것은 색이 누렇고, 극히 열악하다. 흑향병은 유학(劉鶴)이 만든 2전(6.25g)에 1냥짜리가 훌륭하며, 전문(前門) 밖의 이씨가 만든 여러 가지 교묘한 무늬를 찍은 것도 오묘하다.(黃香餅, 王鎭住東院所製, 黑沈色無花紋者佳. 其僞者色黃, 惡極. 黑香餅, 劉鶴二錢一兩者佳, 前門外李家, 印各色花巧者亦妙.)"라고 하였다.【原註】
* 향병(香餅): 향료를 뭉쳐 호떡처럼 둥글게 만든 것으로 '향탄(香炭)'이나 '향매(香

전과 같은 것이 매우 오묘하다. 향 가게에서 제조하여 작은 것과 여러 가지 교묘한 문양을 찍은 것은 모두 사용할 수 있으나, 그윽한 서재에 적당하지 않고 규방에 두어야 마땅하다.

八. 黄黑香餅

黃黑香餅, 恭順侯家所造, 大如錢者, 妙甚. 香肆所製, 小者及印各色花巧者, 皆可用, 然非幽齋所宜, 宜以置閨閣.

9. 안식향(安息香)56)

안식향은 경성에 여러 종류가 있으며 통틀어 '안식(安息)'57)이라 하

煤)'라고도 하며, 황색이면 '황향병'이라하고, 흑색이면 '흑향병'이라 한다. 황향병은 침속향·단향·정향·암팔향·소합유(蘇合油) 등을 배합하여 틀에 넣어 찍어 떡 모양을 만든 것으로 황색을 띤다. 흑향병은 사향·백급(白芨)·소합유·감람유·꿀 등을 배합하여 틀에 넣어 찍어 만든 흑색을 띠는 향 덩어리이다.【역주】

* 전문(前門): 북경시 천안문 앞에 있는 정양문(正陽門)으로 명나라 정통 4년(1439)에 건설되었으며, 용거(龍車, 황제의 수레)와 봉연(鳳輦, 황제의 가마)이 통행하는 문.【역주】

55) 공순후(恭順侯): 『명사·공신표(功臣表)』에서 "오극충(吳克忠, ?-?. 몽고족)이 영락 16년(1418) 2월에 세습하여 공순백(恭順伯)에 봉해졌으며, 홍희원년(1425)에 진급하여 후(侯)에 봉해지고 세습되었다. 가정 27년(1548) 2월에 오계작(吳繼爵, ?-?)이 계승하였으며, 만력 27년(1599) 11월에 오여음(吳汝蔭, ?-?)이 계승하였고, 숭정 4년(1641)에 오유업(吳維業, ?-?)이 계승하였다.(吳克忠, 永樂十六年二月, 襲封恭順伯, 洪熙元年, 進封侯, 世襲. 嘉靖二十七年二月, 繼爵襲, 萬曆二十七年十一月, 汝蔭襲, 崇禎四年, 維業襲.)"라고 하였다.【原註】

56) 안식향(安息香): 『고반여사』 권3 「향전」에서 "안식향은 경성에 여러 종류가 있으며, 통틀어 '안식향'이라 한다. 가장 좋은 것은 유학(劉鶴)이 제조한 월린향(月麟香)·취선향(聚仙香)·침속향(沈速香)의 3종이며, 백화향(百花香)은 하등품이다. (安息香, 都中有數種, 總名安息香. 其最佳者, 劉鶴所製月麟香聚仙香沈速香三種, 百花香卽下矣.)"라고 하였다. '월린(月麟)'은 '월린(越隣)'이라고도 쓴다.

고, 월린(月麟)·취선(聚仙)·침속(沈速)이 상등품이다. 침속(沈速)에는
두 가지 재료가 들어간 것이 있으며, 극히 훌륭하다. 황실 창고에 별도
로 용괘향(龍掛香)[58]이 있으며 거꾸로 매달아 놓고 태우는데, 향꽂이가

『준생팔전』에 '취선향방(聚仙香方)'과 '침속향방(沈速香方)'이 열거되어 있다. 나무
종류인 안식향(安息香, Styrax benzoin)은 '벽사수(辟邪樹)'라고도 하며, 낙엽교목
으로 꽃은 홍색이며 줄기 부분에서 수지를 분비하는데, 건조된 뒤에는 역시 '안식
향'이라 한다. 야말리과(野茉莉科, Styracaceae. 때죽나무과)에 속한다.【原註】
* 안식향(安息香): 페르시아어 mukul과 아라비아어 aflatoon의 음역으로, 원산지
  가 지금의 이란지역에 있었던 안식국과 그 일대이므로 이러한 이름이 붙었다.
  안식향과의 식물 백화수[白花樹, Styrax tonkinensis(Pierre) Craib ex Hart.]의 수
  지를 건조한 것으로 과립 형태이며, 상온에서는 단단하지만 가열하면 부드러워
  진다. 향기가 강하며 맛은 약간 시다.【역주】
* 향방(香方): 여러 가지 향료를 배합하여 각종 향을 제조하는 방법.【역주】
57) 안식(安息): 이란 지방의 고대 왕국으로, 건국한 왕 아르사케스(Arsacēs, 재위
    B.C.250-B.C.211)로 인하여 이러한 명칭이 붙었으며, 일찍이 이란의 전부와 기타
    각 지역을 통치하였던 고대의 대국이다.【原註】
    * 안식(安息): 현재 이란의 호라산(Khorasan) 지역. 안식국은 아르사케스가 건립
      한 파르티아(Parthia)제국(B.C.247-A.D.224)으로, '아르사크 왕조(Arsacid)'라고
      도 한다.【역주】
58) 용괘향(龍掛香): 『준생팔전』의 「연한청상전·일용제품향목(日用諸品香目)」에서
    "용괘향에는 황색과 백색의 두 품종이 있는데, 검은 것이 가격이 높고, 오직 황실
    창고의 것이 우수하며, 유학(劉鶴)이 제조한 것도 기이하다.(龍掛香有黃白二品,
    黑者價高, 惟內府者佳, 劉鶴所製亦奇.)"라고 하였다. 『고반여사』의 기록도 동일하
    다.【原註】
    * 용괘향(龍掛香): 여러 향료를 배합하여 용처럼 구불구불하게 만든 선향(線香)의
      일종으로 매달아 놓고 피우는 향. 이시진의 『본초강목』 권14 「선향(線香)」에서
      "지금 사람이 향을 배합하는 방법은 매우 많으며, 선향(線香)만이 창과(瘡科, 피
      부과)에 사용할 수 있다. 그 재료는 서로 양이 다른 양을 더하거나 줄이는데,
      대체로 백지(白芷)·궁궁(芎藭)·독활(獨活, 두릅나뭇과 약초)·감송(甘松, 향
      초의 일종)·삼내(三柰, 생강과 식물)·정향(丁香)·곽향(藿香, 꿀풀과 약초)·
      고본(藁本, 미나리과 식물)·고량강(高良姜, 생강과 식물)·각회향(角茴香, 양귀
      비과 식물)·연교(連喬, 즉 연교(連翹), 개나리]·대황(大黃, 마디풀과 약초)·황
      금(黃芩, 골무꽃)·백목(柏木, 잣나무)·두루향(兜婁香, 향초의 일종) 분말 등의
      종류를 가루로 만들며, 느릅나무껍질의 가루를 배합하여 결합시키는 약을 제조
      해서 가느다란 대나무 조각에 붙여서 선향을 만드는데, 만들어진 막대기가 실과
      같다. 또 사물의 모양이나 글자의 형태로 이리저리 구부려 철사나 구리철사로

매우 완상할만하다. 난향(蘭香)59) · 만춘(萬春)60) · 백화(百花)61) 등과 같은 것은 모두 사용할 수 없다.

九. 安息香

安息香, 都中有數種, 總名安息, 月麟聚仙沈速爲上. 沈速有雙料者, 極佳. 內府別有龍掛香, 倒掛焚之, 其架甚可玩. 若蘭香萬春百花等, 皆不堪用.

10. 난각(暖閣)62) · 운향(芸香)63)

난각에는 황색과 흑색의 두 종류가 있다. 운향 가운데 단속(短束)64)

매단 것은 '용괘향'이라 한다.(今人合香之法甚多, 唯線香可入瘡科用. 其料加減不等, 大抵多用白芷芎藭獨活甘松三奈丁香藿香藁本高良姜角茴香連喬大黃黃芩柏木兜婁香之類爲末, 以楡皮麵作糊和劑, 以唧筆成線香, 成條如線也. 亦或盤成物象字形, 用鐵銅絲懸者, 名龍掛香.)"라고 하였다.【역주】

59) 난향(蘭香):『준생팔전』에서 "어자란(魚子蘭, 금속란)을 사용하여 쪄서 말린 속향(速香)과 아향(雅香, 침향의 일종)의 덩어리가 우수하며, 근래에 말향(末香, 가루향)을 대나무로 찐 것은 매우 열악하다.(以魚子蘭蒸低速香牙香塊者佳, 近以末香滾竹棍蒸者, 惡甚.)"라고 하였다. 『고반여사』의 기록도 동일하다.【原註】

60) 만춘(萬春):『준생팔전』에서 "만생향(萬生香)은 황실 창고의 향이다.(萬生香, 內府香.)"라고 하였다.
『고반여사』에서 "만춘향은 황실 창고의 것이 우수하다.(萬春香, 內府者佳.)"라고 하였다.【原註】

61) 백화(百花): 향의 이름. 본권 「안식향」의 원주 참고.【原註】

62) 난각(暖閣):『고반여사』권3 「향전」에서 "난각은 황색과 흑색의 두 종류가 있으며, 유학(劉鶴)이 만든 것이 우수하다. 흑운향, 하남의 단속(短束)은 개봉성 주왕부(周王府)의 것이 우수하다.(暖閣, 有黃黑二種, 劉鶴製佳. 黑芸香, 河南短束城上王府者佳.)"라고 하였다. 『준생팔전』의 기술도 대략 동일하다.【原註】

63) 운향(芸香): 운향(芸香, Ruta graveollens)은 다년생 식물로, 하부가 목질이며 꽃은 황록색이고, 식물 전체의 향기가 매우 강렬하며, 즙에 여러 향을 섞어 태우면 옷에 향기를 스미게 하고 습기를 없앨 수 있다. 운향과(芸香科)에 속한다.
『준생팔전』에서 "하남의 흑운향, 단속(短束)은 개봉성(開封城) 주왕부(周王府)의 것이 훌륭하다.(河南黑芸香, 短束城上王府者佳.)"라고 하였다.【原註】

은 주부(周府)65)에서 나오는 것이 우수하지만, 겨우 종류를 갖출 뿐으로 사용할 수는 없다.

十. 暖閣芸香

暖閣, 有黃黑二種. 芸香, 短束出周府者佳, 然僅以備種類, 不堪用也.

11. 창술(蒼術)66)

창술은 새해 초와 장마로 몹시 무더울 때 가끔 하나 피워야 하며, 구용(句容)67) 모산(茅山)68)에서 산출되는데, 줄기가 가는 것이 우수하다. 진짜는 역시 구하기 어렵다.

---

64) 단속(短束): 운향의 한 종류.【역주】
65) 주부(周府): 즉 주왕부(周王府). 『명사 · 제왕전(諸王傳)』에서 "주정왕(周定王) 주숙(朱橚, 1361-1425)은 태조 홍무제의 다섯째 아들로, 홍무 3년(1370)에 오왕(吳王)에 봉해지고, 홍무 11년(1378)에 주왕(周王)으로 고쳐 봉해졌으며, 14년(1381)에 개봉에 봉해졌는데, 바로 송나라 고궁의 지역을 왕부로 삼았다.(周定王橚, 太祖第五子, 洪武三年封吳王, 十一年改封周王, 十四年就封開封, 卽宋故宮地爲府.)"라고 하였다.【原註】
66) 창술(蒼術): 창술(蒼術)도 향의 이름이다. 『고반여사』 권3 「향전」에서 "창술은 구용현(句容縣) 모산(茅山)에서 산출되며, 고양이 똥처럼 가는 것이 우수하다.(蒼術, 句容茅山産, 細梗如猫糞者佳.)"라고 하였다. 『준생팔전』과 『고반여사』의 기술도 모두 동일하다. 나머지는 권11 「소과(蔬果)」의 원주 참고.【原註】
67) 구용(句容): 지금의 강소성 구용시(句容市).【原註】
68) 모산(茅山): 강소성 구용시(句容市)와 금단시(金壇市)의 경계에 위치하며, 최고봉의 높이 372.5m. 도교의 성지로 상청파[上淸派], 『상청경(上淸經)』수련하고 전파하는 도교의 분파로, 창시자는 양나라 도사 도홍경(陶弘景)]의 발원지이며, '제팔동천(第八洞天)'으로 불린다.【역주】

十一. 蒼朮

蒼朮, 歲時及梅雨鬱蒸, 當間一焚之, 出句容茅山, 細梗者佳, 眞者亦艱得.

12. 다품(茶品)[69]

고금에 걸쳐 차에 관한 일을 평론한 사람이 무려 수십 명으로, 육우(陸羽)[70]의 『다경(茶經)』[71]과 채양(蔡襄)[72]의 『다록(茶錄)』[73]은 더할 나위 없이 훌륭하다고 할 수 있지만, 그 당시의 방법은 세밀하게 차를 갈아서 단차(團茶)[74]로 만들거나 토막으로 만들었다. 그러므로, 명칭에

---

69) 다품(茶品): 차의 품종을 말한다.【原註】

70) 육우(陸羽, 733-804): 자(字)는 홍점(鴻漸), 경릉[竟陵, 지금의 호북성 천문(天門)] 사람. 또 일명 '질(疾)'이고 자(字)가 계자(季疵)이다. 호는 경릉자(竟陵子)·상저옹(桑苧翁)·동강자(東岡子)·다산어사(茶山御史). 당나라의 저명한 차 연구가로 '다선(茶仙)'·'다성(茶聖)'·'다신(茶神)'으로 받들어진다. 상원원년(上元元年, 760), 강남 각지에 머물며 세계 최초의 차 전문서인『다경(茶經)』3권 10편을 저술하였다.【역주】

71) 다경(茶經): 상중하 3권 10편 약 7,000자. 육우가 760년에 완성하여, 780년 무렵에 세상에 알려졌으며, 세계 최초의 차 전문서이다. 역대 찻잎에 관한 자료를 수집하고 직접 조사한 내용을 모아 당나라까지 차의 역사·산지·효능·재배·채취와 제조·끓이는 법·마시는 법 등에 관하여 모두 설명하였다.【역주】

72) 채양(蔡襄, 1012-1067): 북송의 저명한 서예가·정치가·차 연구가. 자(字)는 군모(君謨), 선유현[仙游縣, 지금의 복건성 풍정진(楓亭鎭) 청택정(青澤亭)] 사람. 차 전문서『다록(茶錄)』1권과 세계 최초의 과수분류학(果樹分類學) 전문서적인 여지에 관한 전문서『여지보(荔枝譜)』1권을 썼다. 문집에『채충혜공전집(蔡忠惠公全集)』이 있다.【역주】

73) 다록(茶錄): 1권, 상하 2편. 채양(蔡襄)이 송나라 황우연간(皇祐年間, 1049-1053)에 저술한 차 전문서. 상편에서는 찻물의 품질과 끓여 마시는 방법을 주로 논술하고, 하편에서는 9조목에 걸쳐 다구(茶具)에 관하여 논술하였다. 육우의『다경(茶經)』이후 가장 영향력이 큰 차 전문서이다.【역주】

74) 단차(團茶): 송대에 생산되었으며, 찻잎을 찧어서 틀에 넣고 눌러 일정한 모양으로 만든 다병(茶餠, 떡차)의 일종으로, 정위(丁謂, 966-1037. 북송의 대신)가 복건에서 관리를 할 때에 처음으로 만들어 궁정용으로 바쳤다. 단차의 표면에 용과 봉황

용봉단(龍鳳團)75) · 소룡단(小龍團)76) · 밀운룡(密雲龍)77) · 서운상룡(瑞

무늬를 찍었으므로, 반룡(盤龍)이 찍힌 것은 '용단(龍團)' · '용다(龍茶)' · '반룡다(盤龍茶)' · '용배(龍焙)' · '소룡단(小龍團)'이라 하고, 봉이 찍힌 것은 '봉단(鳳團)' · '봉병(鳳餠)' · '소봉단(小鳳團)'이라 하였다. 최초에는 향료를 첨가하기도 하였으나, 후에는 찻잎만으로 만들게 되었다. 단차는 요즘처럼 끓는 물에 우려서 마시지 않고, 가루로 만들어 끓인 물에 직접 넣어 마셨다.【역주】

75) 용봉단(龍鳳團):『다동보(茶董補)』에서 "송나라 태평흥국 2년(977), 처음으로 용봉모(龍鳳模)를 만들어 놓고 관리를 보내어 북원에서 용봉단차를 만들어 백성들이 마시는 것과 구별시켰다.……진종(眞宗, 재위 997-1022) 함평연간(咸平年間, 998-1003)에 정위(丁謂)가 복건전운사(福建轉運使)가 되어 황실용 차를 감독하여 용봉단을 진상하였으며, 비로소『다록(茶錄)』에 실렸다.(宋太平興國二年, 始置龍鳳模, 遣使卽北苑團龍鳳焙, 以別庶飮.……眞宗咸平中, 丁謂爲福建漕, 監御茶, 進龍鳳團, 始載之茶錄.)"라고 하였다.【原註】
   * 용봉모(龍鳳模): 단차(團茶)로 만드는 용과 봉황의 무늬가 새겨져 있는 차틀.【역주】
   * 다동보(茶董補): 상하 2권. 명나라 학자 하수방(夏樹芳, ?-?)이 차에 관한 시구와 고사를 주로 기록한『다동(茶董)』2권을 편찬하였으며, 이것을 보충하여 명나라 서화가 진계유(陳繼儒, 1558-1639)가 1612년 무렵에 저술한 서적.【역주】
76) 소룡단(小龍團):『다동보』에서 "송나라 진종 함평연간(998-1003)에 정위가 복건전운사(福建轉運使)가 되어 황실용 차를 감독하여 용봉단을 진상하였다.……인종(仁宗, 재위 1022-1063) 경력연간(慶曆年間, 1041-1048)에 채양이 전운사가 되어 처음으로 소룡단으로 바꾸어 만들어 진상했으며, 해마다 연말에 바치도록 황제가 명령하여, 용봉단이 마침내 2등이 되었다.(眞宗咸平中, 丁謂爲福建漕, 監御茶, 進龍鳳團.……仁宗慶曆中, 蔡襄爲漕, 始改造小龍團以進, 旨令歲貢, 而龍鳳遂爲次矣.)"라고 하였다.【原註】
   * 소룡단(小龍團): 용무늬가 찍히고 품질이 극히 우수한 작은 단차. 채양이 처음 만들었으며 1개에 1냥 6전(약 45g)의 소형 단차. 구양수의 소설『귀전록(歸田錄)』에서 "차의 품질은 용봉단보다 귀한 것이 없으며, '소룡단'이라 하고, 모두 28개에 무게는 1근(약 600g)으로 가치는 황금 2냥이다. 그러나 황금은 가질 수가 있지만 차는 구할 수가 없었다. 일찍이 남쪽 교외에서 경건하게 제사를 드릴 때 중서성과 추밀원에 1개씩을 하사하여 4인이 나누었다. 궁의 사람은 왕왕 그 표면에 금으로 무늬를 새겼으며, 대체로 이처럼 귀중하였다. 소룡단이 나오고부터 용봉단은 마침내 2등이 되었다. 원풍연간(元豊年間, 1078-1085)에 밀운룡을 만들라는 교지가 있었으며, 밀운룡의 품질은 또 소룡단의 위에 놓았다.(茶之品莫貴於龍鳳, 謂之小團, 凡二十八片, 重一斤, 其價値金二兩. 然金可有, 而茶不可得. 嘗南郊致齋, 兩府共賜一餠, 四人分之. 宮人往往鏤金花其上, 蓋貴重如此. 自小團出, 而龍鳳遂爲次矣. 元豊間, 有旨造密雲龍, 其品又加於小團之上.)"라고 하였다.【역주】
   * 漕(조): 조사(漕司) 즉 수송을 담당하는 관리인 전운사(轉運使).【역주】

雲翔龍)78)이 있었으며, 선화연간(1119-1125)에 이르러 비로소 찻잎의
색깔이 흰 것을 귀중하게 여겼다79). 조운(漕運)을 담당한 신하인 정가

---

77) 밀운룡(密雲龍): 『다동보』에서 "신종(神宗, 재위 1067-1085) 원풍연간(1078-1085)
에 밀운룡을 만들라는 황제의 명이 있었으며, 품질은 또 소룡단의 위에 놓았다.(神
宗元豊間, 有旨造密雲龍, 其品又加於小龍團之上.)"라고 하였다.【原註】
* 밀운룡(密雲龍): 남송 문학가 채조(蔡絛, ?-?)의 필기 『철위산총담(鐵圍山叢談)』
권6에서 "밀운룡은 구름무늬가 세밀하여 더욱 소룡단보다 정교하고 뛰어났다.
(密雲龍者, 其雲紋細密, 更精絶於小龍團也.)"라고 하였다. 송 섭몽득의 필기 『석
림연어(石林燕語)』권8에서 "희녕연간(1068-1077)에 가청(賈靑, ?-?)이 복건전운
사가 되었으며(희녕 4년, 1071), 또 소룡단 가운데 정품을 선택하여 밀운룡을
만들었는데, 20개를 1근으로 하여 두개의 주머니에 담아 '쌍각단차(雙角團茶)'라
하였다.(熙寧中, 賈靑爲福建轉運使, 又取小團之精者爲密雲龍, 以二十餅爲斤而
雙袋, 謂之雙角團茶.)"라고 하였다.【역주】
78) 서운상룡(瑞雲翔龍): 『다동보』에서 "철종(哲宗, 재위 1085-1100) 소성연간(紹聖年
間, 1094-1098)에 또 서운상룡으로 바꾸었다.(哲宗紹聖中, 又改爲瑞雲翔龍.)"라고
하였다.
『북원다록(北苑茶錄)』에서 "세색(細色) 제4등, 서운상룡은 소아(小芽)로 만들고
12잔의 물을 부어 갈며, 9일 동안 건조시키고, 정공(正貢) 108근(약 65kg)이다.(細
色第四綱, 瑞雲翔龍, 小芽, 十二水, 九宿火, 正貢一百八斤.)"라고 하였다.【原註】
* 북원다록(北苑茶錄): 3권. 『건안다록(建安茶錄)』이라고도 하며 북송 대신 정위
(丁謂, 966-1037)가 공차(貢茶)를 제조하는 방법을 기록한 서적으로 약 999년에
완성되었으나, 지금은 산일 되었다.【역주】
* 세색(細色): 세밀하게 제조한 고급 제품. 거칠게 제조한 하급 제품은 '추색(麤色)'
이라 한다. 세색의 차는 황제 전용이며, 추색의 차는 황제가 근신에게 하사하였
다.【역주】
* 소아(小芽): 막 돋아난 차 싹으로 모양이 작설(雀舌, 참새의 혀)이나 응조(鷹爪,
매의 발톱)와 같은 것.【역주】
* 정공(正貢): '주공(主貢)'이라고도 하며, 황실에서 천지의 제사와 종묘에 사용하
는 가장 좋은 차를 공물로 바치는 것으로, 정공으로 바친 차를 '정공차(正貢茶)'
라 한다. 정공차의 다음 등급으로서, 황제가 마시고 황실에서 사용하며 대신에
게 하사하는 차를 바치는 것을 '부공(副貢)'이나 '배공(陪貢)'이라 하며, 이러한
차를 '부공차(副貢茶)'나 '배공차(陪貢茶)'나 '배차(陪茶)'라 한다.【역주】
79) 찻잎의 색깔이 흰 것을 귀중하게 여겼다(白者爲貴): 『다동보(茶董補)』에서 "휘종
대관연간(1107-1110) 초기, 새로 『다론(茶論)』20편을 지었으며, 백차(白茶)를 한
종류로 삼아서, 다른 차와 구분하였다. 차의 가지는 무성하게 자라고 잎은 얇고
윤택한데, 절벽과 수풀 사이에 우연히 자라나므로, 인력으로 유치할 수 있는 것
이 아니다. 정배(正焙)가 있는 것은 4-5집에 불과하며, 만든 것도 1-2개의 다과(茶

간(鄭可簡)[80]이 처음으로 은사빙아(銀絲冰芽)[81]를 창조하였는데, 채취

鎊)에 그친다. 천배(淺焙)에도 있으나, 품격이 미치지 못하며, 이리하여 백차가 마침내 제일이 되었다.(徽宗大觀初, 親制茶論二十篇, 以白茶爲一種, 與他茶不同. 其條敷闡, 其葉瑩薄, 崖林之間, 偶然出生, 非人力可致. 正焙之, 有者不過四五家, 所造止於一二鎊而已. 淺焙亦有之, 但品格不及, 於是白茶遂爲第一.)"라고 하였다.
【原註】

* 백차(白茶): 미발효차에 속한다. 찻잎을 따서 살청(殺靑, 찻잎을 고온에서 볶는 것)이나 유념(揉捻, 볶은 찻잎을 주물럭거리는 것) 과정을 거치지 않고, 햇볕에 말리거나 약한 불에 건조시켜 가공한 차로, 차 싹을 주로 사용하여 백호(白毫, 솜털)가 보송보송하여 눈처럼 희게 보이므로 '백차'라 한다. 현재 주요 산지는 복건 복정(福鼎)·정화(政和)·송계(松溪)·건양(建陽)과 운남 경곡(景谷) 및 절강 안길현(安吉縣) 등이다.【역주】
* 다론(茶論): 20편. 『대관다론(大觀茶論)』이라고도 한다. 송 휘종 조길(趙佶, 1082-1135)이 저술한 차에 관한 전문서로 1107년에 완성되었다. 열기로 쪄서 만드는 단차의 산지·채취와 제조·끓여서 시음하기·품질·투차풍속(鬪茶風俗) 등을 자세히 기술하였다.【역주】
* 정배(正焙), 천배(淺焙): 관부에서 설치한 차를 채취하여 제조하는 장소인 관배(官焙)는 조정에서 임명된 관리가 관리하고, 공차를 제조하여 바치는 일을 담당하였다. 송대의 관배(正焙)는 건안(建安) 봉황산(鳳凰山)에 있었으며, 용배(龍焙)·정배(正焙)·내배(內焙)·외배(外焙)·천배(淺焙)의 구분이 있었다. 초기에는 용봉단차를 주로 제작하여 북원을 '용배'나 '정배'라 하였으며, 정배에서 비교적 멀리 떨어진 곳을 '외배'라 하였고, 정배에서 멀지 않으면서 산의 내부에 있는 곳을 '내배'나 '천배'라 하였다. 관배는 '부배(富焙)'나 '공배(貢焙)'라고도 하며, 개인의 경우에는 '사배(私焙)'라 한다.
  남송 문학가 채조(蔡絛, ?-?)의 필기 『철위산총담(鐵圍山叢談)』에서 "건계(建溪, 건안을 통과하는 하천)의 용차(龍茶)는 강남의 이후주(李後主, 남당의 마지막 황제)에게서 시작되었다. '북원용배(北苑龍焙)'라는 것은 산의 중간에 있으며, 그 주위가 여러 찻잎의 산생지이다. 이 산에서 나는 것을 '정배(正焙)'라 한다. 산의 외부에서 산출되는 한 종류는 '외배(外焙)'라 한다. 정배와 외배의 차 빛깔과 향기는 반드시 크게 차이가 난다.(建溪龍茶, 始江南李氏. 號北苑龍焙者, 在一山之中間, 其周遭則諸葉地也. 居是山, 號正焙. 一出是山之外, 則曰外焙. 正焙外焙色香必迥殊.)"라고 하였다.【역주】
80) 정가간(鄭可簡): 송나라 사람. 『선화북원공차록(宣和北苑貢茶錄)』에서 "선화 경자년(1120), 조운을 담당하는 신하 정가간(鄭可簡)이 처음으로 은사빙아(銀絲冰芽)를 창조하였다. 대개 이미 잘 골라낸 차 싹에서 다시 골라내어 중심에 있는 하나만 선택하여 진귀한 그릇에 담겨 있는 맑은 물에 씻었으며, 말끔하고 윤기가 나서 은사(銀絲, 은실)와 같았다. 사각형의 1치 크기로 새 다과(茶鎊, 차틀에 넣고 찍어 만든 차 덩어리)를 만들었는데, 작은 용무늬가 그 위에서 꿈틀거렸으며, '용국승설

(龍國勝雪)'이라 하였다. 용뇌 등의 여러 향료를 제거하여 마침내 여러 차의 으뜸
이 되었다.(宣和庚子歲, 漕臣鄭公可簡始創爲銀絲氷芽. 蓋將已揀熟芽再剔去, 只取
其心一縷, 用珍器貯淸泉漬之, 光明瑩潔, 若銀絲然. 其製方寸新銙, 有小龍婉蜒其
上, 號龍國勝雪. 去龍腦諸香, 遂爲諸茶之冠.)"라고 하였다.
『사포집문(渣浦輯聞)』에서 "정가문[鄭可聞, '문(聞)'은 '문(聾)'으로도 쓰며 고대의
'문(聞)'자이다]이 공차를 진상하여 공이 쌓여 우문전수찬(右文殿修撰)으로 승진하
고 복건로전운사(福建路轉運使)가 되었다. 조카 정천리(鄭千里)가 산골에서 주초
(朱草)를 찾았는데, 정가문이 자신의 아들 정대간(鄭待間)에게 황실에 진상토록
하여, 역시 이 일로 관직을 얻었다. 호사가가 시를 지어 '아버지는 차가 흰색이어
서 귀해졌고, 아들은 풀이 붉어서 영화롭게 되었네.'라고 하였다.[鄭可聞(聞亦作
聾, 古聞字)以貢茶進用, 累官右文殿修撰, 福建路轉運使. 其侄千里, 於山谷間得朱
草, 可聞令其子待間進之, 亦因此得官. 好事者詩云, 父貴因茶白, 兒榮爲草朱.]"라고
하였다. 『초계어은총화(苕溪漁隱叢話)』에서 "선화연간에 정가간(鄭可簡)이 차를
바쳐 추천 임용되었다.(至宣和間鄭可簡以貢茶進用.)"라고 하였다. 누구인지 알 수
없으며, 연구가 필요하다.【原註】
* 정가간(鄭可簡):『잠확유서(潛確類書)』에는 '가문(可聞)'으로 되어 있고,『설부
  (說部)』에는 '정가문(鄭可間)'으로 되어 있다.【原註】
* 선화북원공차록(宣和北苑貢茶錄): 1권. 송나라 학자 웅번(熊蕃, ?-?)이 복건성
  건안(建安)의 다원(茶園)에서 차를 만들어 공물로 바치는 법식을 서술한 차 전
  문서. 순희연간(淳熙年間, 1174-1189)에 아들 웅극(熊克, 1132-1204)이 간행했으
  며, 도판 38장이 있다.【역주】
* 잠확유서(潛確類書): 120권. 명나라 학자 진인석(陳仁錫, 1581-1636)이 편찬한
  선진시기부터 명나라까지의 각종 내용을 수록한 백과전서류의 서적.【역주】
* 사포집문(渣浦輯聞): 2권. 청나라 관리 사사율(査嗣瑮, 1652-1733)이 여러 사람
  의 볼만한 자료를 초록하여 정리한 필기.【역주】
* 주초(朱草): 전설의 홍색을 띠는 상서로운 풀로, 왕이 덕이 많으면 이 풀이 자라
  난다고 한다. '주영(朱英)'·'적초(赤草)'·'정경(頳莖)'이라고도 한다.【역주】
* 초계어은총화(苕溪漁隱叢話): 100권. 남송 학자 호자(胡仔, ?-?)가 편찬한 시화
  집(詩話集, 시 비평이론이나 관련 고사를 수록)으로, 1148년에 전집(前集)이 완
  성되고 1167년에 후집(後集)이 완성되었다.【역주】
81) 은사빙아(銀絲冰芽): '은사수아(銀絲水芽)'라고도 한다. 조여려(趙汝礪)의『북원별
  록』「간다(揀茶, 찻잎 고르기)」조목에서 "찻잎에는 소아(小芽, 작은 차 싹)가 있고
  중아(中芽, 중간 크기 차 싹)가 있고 자아(紫芽, 자주색 차 싹)가 있고 백합(白合)
  이 있고 오체(烏蒂)가 있는데, 이것은 분별하지 않으면 안 된다. 소아는 매의 발톱
  처럼 작으며, 처음에 용단승설과 백차를 만들었는데, 차 싹을 먼저 덖어 물이 담긴
  동이에 넣고 가장 좋은 것을 골라 선택하며, 겨우 바늘처럼 작아 '수아(水芽)'라
  한다. 이것은 소아 가운데 가장 좋은 것이다. 중아는 옛날에 '일창일기(一槍一旗)'
  라고 하는 것이다. 자아는 잎이 자주색의 것이다. 백합은 바로 소아 가운데 두

한 차에서 이파리를 제거하고 다심(茶芯, 어린 차 싹의 중심부분)을 선택하여 맑은 샘물에 담갔다. 용뇌(龍腦)와 여러 향료를 제거하였고, 새로 눌러 만든 다병(茶餠)에는 작은 용이 그 위에서 꿈틀거려 '용단승설(龍團勝雪)'[82]이라 하였고, 그 당시(송나라)에는 변경할 수 없는 법도로

개의 잎이 감싸서 자라난 것이다. 오체는 찻잎의 꼭지이다. 대개 차는 수아가 상등품이고 소아는 그 다음이며 중아는 또 그 다음이고 자아와 백합 및 오체는 모두 선택하지 않는다.(茶有小芽, 有中芽, 有紫芽, 有白合, 有烏蔕, 此不可不辨. 小芽者, 其小如鷹爪, 初造龍團勝白茶, 以其芽先次蒸熟, 置水盆中, 剔取其精英, 僅如針小, 謂之水芽. 是小芽中之最精者也. 中芽, 古謂之一槍一旗是也. 紫芽, 葉之紫者是也. 白合乃小芽有兩葉抱而生者是也. 烏蔕茶之蔕頭是也. 凡茶以水芽爲上, 小芽次之, 中芽又次之, 紫芽白合烏蔕, 皆所在不取.)"라고 하였다. 자아(紫芽)는 자주색의 찻잎으로 황실용 차를 만들 때에는 버리고 사용하지 않았다. 중아(中芽)는 일기일창(一旗一槍) 즉 일엽일아(一葉一芽), 차나무의 새로 돋아난 끝부분에서 딴 잎이 하나 달린 차 싹를 가리킨다. 소아(小芽)는 막 자라난 차 싹으로 모양이 작설(雀舌)이나 응조(鷹爪)와 같으며, 소아 가운데 가장 좋아 바늘처럼 가는 것이다. '은사수아(銀絲水芽)'는 바늘처럼 가는 제일 좋은 차 싹을 가리킨다.【역주】

* 일창일기(一槍一旗): 일기일창(一旗一槍). 차 싹 하나(一槍)에 이파리 하나(一旗)가 붙어 있는 일아일엽(一芽一葉)을 가리킨다. 송 웅번(熊藩)의 『선화북원공차록』에서 "무릇 차 싹은 여러 등급으로 가장 좋은 것은 '소아(小芽)'라 하는데, 작설(雀舌)과 응조(鷹爪)와 같이 차 싹이 단단하고 곧으며 가늘고 뾰족하므로 '아차(芽茶)'라 한다. 그 다음은 '중아(中芽)'라 하는데, 바로 차 싹 하나에 이파리 하나가 붙은 것으로 '일창일기(一鎗兩旗)'라고 한다. 그 다음은 '자아(紫芽)'라 하는데, 차 싹 하나에 이파리 두 개가 붙은 것으로 '일창양기(一鎗兩旗)'라고 한다. 이파리가 세 개나 네 개가 붙는 것은 점점 늙어가는 것이다.(凡茶芽數品, 最上曰小芽, 如雀舌鷹爪, 以其勁直纖銳, 故號芽茶. 次曰中芽, 乃一芽帶一葉者, 號一鎗一旗. 次曰紫芽, 其一芽帶兩葉者, 號一鎗兩旗. 其帶三葉四葉皆漸老矣.)"라고 하였다.【역주】

82) 용단승설(龍團勝雪): 『다동보(茶董補)』에서 "또 사각형 1치 크기 작은 다과(茶銙)를 만들었는데, 작은 용 무늬가 표면에 꿈틀거려 '용단승설(龍團勝雪)'이라 하였다.……대체로 차의 오묘함은 용단승설에 이르러 절정에 이르렀다. 모두 합하여 으뜸이 되었으나, 백차(白茶)의 아래에 있는 것은 백차는 황상이 좋아하는 것이기 때문이다.(又製有方寸小銙, 有小龍婉蜒其上, 號龍團勝雪.……蓋茶之妙, 至勝雪極矣. 合爲首冠, 然在白茶之下者, 白茶, 上所好也.)"라고 하였다.
『북원별록』에서 "세색(細色) 제8등, 용단승설, 빙아(氷芽), 즉 수아(水芽)로 만들었고 16잔의 물을 부어 갈며, 12일 건조시키고, 정공은 30개이고 보충하여 30개를 더했으며, 60개를 새로 만들어 더하였다.(細色第八綱. 龍團勝雪, 氷芽, 十六水, 十

여겼다. 그러나 명나라에서 숭상하는 것은 또 이와 같지 않으며 차를 끓여 시음하는 방법도 이전 사람과 다르지만, 매우 간편하고 자연스러운 운치가 모두 갖추어져 있으므로 차의 참 맛을 다했다고 할 것이다. 세다(洗茶)[83]와 후탕(候湯)[84] 및 다구의 선택에는 모두 각각 법칙이 있

二宿火, 正貢三十銙, 續添三十銙, 創添六十銙.)"라고 하였다.
『건안지(建安志)』에 따르면 "용단승설은 16잔의 물을 사용하고, 12일 건조시키며,……용단승설은 경칩(驚蟄, 3월 5일 무렵) 뒤에 찻잎을 채취해서 만든다.(龍團勝雪, 用十六水, 十二宿火,……勝雪系驚蟄後采造.)"라고 하였다.【原註】
* 용단승설(龍團勝雪): '용원승설(龍園勝雪)'이라고도 한다. 바늘처럼 가는 수아(水芽)로 만들고 단차의 표면에 용무늬가 찍혀 있으며, 찻잎이 하얀 빛깔로 최고급에 속하는 공차의 일종. 태평흥국 2년(997)부터 선화 2년(1120)에 이르는 140여 년 동안, 북원 공차의 최고급품은 차례대로 바뀌었다. 대룡단이 소룡단으로, 소룡단은 밀운룡으로, 밀운룡은 서운상룡으로, 서운상룡은 백차(白茶)로 바뀌었으며, 마지막으로 용단승설이 진상되었다.【역주】
* 건안지(建安志): 20권. 남송의 학자로 건안 출신의 임광[林光, 자(字)는 자휘(子輝)]이 편찬한 건안 지방지.【역주】
83) 세다(洗茶): 차에 있는 먼지를 씻어낸다는 의미.【原註】
* 세다(洗茶): 명 풍가빈의 『개차전 · 논팽차(論烹茶)』에서 "먼저 상등품의 샘물로 차 끓이는 도구를 세척하며, 말끔하여 때가 없도록 한다. 그 다음에 뜨거운 물로 찻잎을 세척하며, 물이 너무 뜨거워서는 안 되는데, 뜨거우면 단 번에 다 씻겨나가 남아 있는 맛이 없게 될 것이다. 대나무 젓가락으로 찻잎을 집어 세척기 속에서 물로 씻으며, 먼지 · 누렇게 시든 잎 · 늙은 줄기를 깨끗하게 제거하여, 손으로 집어 물기를 빼서 세척기 내에 놓고 뚜껑을 덮으며, 조금 뒤에 열어 보면 색은 푸르고 향기가 진한데, 신속하게 찻잎을 꺼내어 끓는 물을 붓는다. 여름에는 먼저 물을 부은 뒤에 차를 넣으며, 겨울에는 먼저 찻잎을 넣은 뒤에 물을 붓는다.(先以上品泉水滌烹器, 務鮮務潔. 次以熱水滌茶葉, 水不可太滾, 滾則一滌無餘味矣. 以竹箸夾茶於滌器中, 反復滌蕩, 去塵土黃葉老梗淨, 以手搦干, 置滌器內蓋定, 少刻開視, 色靑香烈, 急取沸水瀹之. 夏則先貯水而後入茶, 冬則先貯茶而後入水.)"라고 하였다. 현대에는 일반적으로 다호에 찻잎을 적당히 넣고 끓는 물을 부어 잠시 두었다가 물을 따라서 버리는 방식으로 세다(洗茶)를 진행한다.【역주】
84) 후탕(候湯): 물이 끓는 상황을 관찰하는 것. 장겸덕(張謙德)의 『다경(茶經)』에서 "채양(蔡襄)이 '차를 끓여 시음하는 방법에서 후탕이 가장 어렵다. 그러므로 차는 약한 불에 건조시키고, 활활 타는 불에 끓인다.'라고 하였다.(蔡君謨曰, 烹試之法, 候湯最難. 故茶須緩火炙, 活火煎.)"라고 하였다.【原註】
* 장겸덕(張謙德, ?-?): 명나라 서화소장가 · 장서가 · 문학가. 『청하서화방(淸河書

으로, 차라리 오부(烏府)⁸⁵⁾·운둔(雲屯)⁸⁶⁾·고절(苦節)⁸⁷⁾·건성(建城)⁸⁸⁾ 등의 조목으로 큰소리를 칠뿐이다.

十二. 茶品

古今論茶事者, 無慮數十家, 若鴻漸之經⁸⁹⁾, 君謨之録⁹⁰⁾, 可謂盡善, 然其時

　　畵舫)』·『명산장(名山藏)』·『진적목록(眞迹目錄)』·『사어보(砂魚譜)』 등을 저
　　술하였다.【역주】
　* 다경(茶經): 1598년 장겸덕이 편찬. 상중하 3편 약 2,000여자. 상편은 차를 감별
　　하는 법 8조목을, 중편은 차를 끓이고 저장하는 법 11조목을, 하편은 차 도구에
　　관한 9조목을 주로 논술하였다.【역주】
　* 緩火(완화): 文火(문화), 즉 약한 불. 活火(활화): 불꽃이 피어나는 활활 타는 불.
　　【역주】
85) 오부(烏府): 『다전(茶箋)』 「다구(茶具)」에서 "오부(烏府)는 숯을 담는 바구니이다.
　　(烏府, 盛炭籃.)"라고 하였다.【原註】
　* 다전(茶箋): 1권. 『고반여사』의 저자 도륭이 지은 차에 관한 전문서.【역주】
86) 운둔(雲屯): 『다전(茶箋)』에서 "운둔(雲屯)은 천부(泉缶)이다.(雲屯, 泉缶.)"라고
　　하였다.【原註】
　* 천부(泉缶): 차를 끓이는 샘물을 담는 도기 그릇.【역주】
87) 고절(苦節): 『다전(茶箋)』에서 "고절군(苦節君)은 상죽(湘竹)으로 만든 풍로(風爐)
　　이다.(苦節君, 湘竹風爐.)"라고 하였다.【原註】
　* 고절군(苦節君): 송대에 유행하던, 차를 끓일 때 사용하는 대나무를 이용하여
　　만든 작은 화로. 대나무를 엮어 사각형의 틀을 만들고, 내부에 고온에서 견디는
　　점토를 발라 만든 풍로(風爐). 매일 불에 타는 고통(苦)을 겪어도 절개가 있는
　　군자처럼 전혀 손상이 없다고 여겨 이러한 명칭이 붙었다.【역주】
　* 풍로(風爐): 하부에 바람이 들어가는 구멍을 만들어 불이 잘 타도록 만든 화로의
　　일종.【역주】
88) 건성(建城): 『다전(茶箋)』에서 "건성(建城)은 차를 저장하는 대나무로 만든 상자이
　　다.(建城, 藏茶箬籠.)"라고 하였다.【原註】
　　건성(建城): 대나무를 엮어 상자 모양을 만들고 내부에 대나무 잎을 깔아 차를
　　저장하는 용기로, 대나무가 주위를 성처럼 둘러쌌으므로 '건성(建城)'이라 하였다.
　　또는 건안(建安)이나 건주(建州)의 차 생산지에서 명칭이 유래하였다고도 한다.
　　【역주】
89) 鴻漸之經(홍점지경): 육우(陸羽)의 『다경(茶經)』을 말한다. 생각건대, 육우는 당나
　　라 경릉(竟陵, 지금의 호북성 천문시) 사람으로 자(字)는 홍점(鴻漸)이다. 상원연
　　간(上元年間, 674-676) 초기에 초계(苕溪, 절강성 호주시 소재)에 은거하여 '상저옹

法用熟碾91)爲丸92)爲挺93), 故所稱有龍鳳團小龍團密雲龍瑞雲翔龍, 至宣和94)

(桑苧翁)'이라 자호하였으며, 태상시(太常寺) 태축(太祝)에 임명되었으나 취임하지 않고 두문불출하며 저술하여, 전해오는 것에 『다경』 3권[『당서·육우전(陸羽傳)』에 보인다]이 있다.【原註】

90) 君謨之錄(군모지록): 채양(蔡襄)의 『다록(茶錄)』이다. 생각건대, 채양은 송나라 선유(仙遊, 지금의 복건성 선유현) 사람으로, 자(字)는 군모(君謨)이다. 천성연간(天聖年間, 1023-1032)에 진사가 되었으며, 여러 번 승진하여 지간원(知諫院, 간언하는 관리)이 되어 정색을 하고 바른 말을 했다. 사무에 정통하고 문장이 정밀하였으며, 작은 해서체와 초서에 뛰어나 당시의 제일이었다. 『다록』 1권[『송사·채양전(蔡襄傳)』에 보인다]을 저술하였다.【原註】

91) 熟碾(숙년): 『북원별록(北苑別錄)』에서 "차를 곱게 가는 도구는 나무로 절구 공이를 만들고 도기로 그릇을 만들어서 단차(團茶)를 부수어 물을 붓는데, 또한 모두 법칙이 있다. 상등품으로 승설(勝雪)과 백차(白茶)는 16잔의 물을 붓고, 하등품으로 잘 골라낸 찻잎의 물은 6잔이며, 소룡단(小龍團)은 4잔이고 대룡단(大龍團)은 2잔이며, 그 나머지는 모두 12잔이다. 12잔 이상부터는 하루에 단차 1개를 연마하여, 6잔 이하부터는 매일 3-7개의 단차를 연마하고, 물을 부을 때마다 연마하는데, 반드시 물이 건조되고 찻잎의 연마가 숙성된 뒤에 끝낸다.(研茶之具, 以柯爲杵, 以瓦爲盆, 分團酌水, 亦皆有數. 上而勝雪白茶, 以十六水, 下而揀茶之水六, 小龍團四, 大龍團二, 其餘皆以十二焉. 自十二水以上, 日研一團, 自六水而下, 日研三至七團, 每水研之, 必至水乾茶熟而後已.)"라고 하였다.【原註】

* 숙년(熟碾): '곱게 간다'는 의미이다.【역주】

* 북원별록(北苑別錄): 1권. 송나라 관리 조여려(趙汝礪, ?-?)가 복건로(福建路) 전운사(轉運使, 운송 담당 관리)를 할 때에 북원(北苑)의 공차원(貢茶院)에서 공차(貢茶, 황실용 차)를 만드는 모습을 상세하게 기록하였다. 스승인 웅번(熊蕃, ?-?)이 북원(北苑)의 공차(貢茶)에 관한 각종 사항을 직접 보고 기록하여 순희(淳熙) 9년(1182)에 출간한 『선화북원공차록(宣和北苑貢茶錄)』을 보충한 속집이며, 1186년에 완성되었다.【역주】

* 북원(北苑): 지금의 복건성 건구현(建甌縣) 봉황산(鳳凰山) 기슭에 있는 명차의 산지. 오대십국시기 민(閩)의 용계원년(龍啓元年, 933), 건안(建安) 길원리(吉苑里) 봉황산(鳳凰山)에 있는 다원(茶園, 차밭)의 주인 장정휘(張廷暉)가 전쟁이 빈번하여 다원을 경영하기 어렵게 되자, 30여리에 이르는 다원 전체를 민왕(閩王)에게 헌납하여 황실다원이 되었다. 다원이 민(閩)의 북부에 있으므로 '북원어다원(北苑御茶園)'이라 하였으며, 생산된 차를 '북원차(北苑茶)'라 하는데, 민(閩)과 남당(南唐)으로 진상하였다. 북송 태평흥국 2년(977)에 건안 봉황산에 조사행아(漕司行衙)를 설치하고 조신(漕臣, 조운을 담당하는 신하)을 파견하여 황실용 차의 제조를 감독하였다. 전성기에는 관부와 민간을 통틀어 1,336곳에서 차를 생산했다. 명 홍무 20년(1387)에 주원장이 명을 내려 용봉단차의 제조를 중지시키기까지, 오대부터 458년 동안 공차를 만들어 진상하였다.【역주】

間, 始以茶色白者爲貴. 漕臣95)鄭可簡始創爲銀絲冰芽, 以茶剔葉取心, 淸泉漬

---

* 장정휘(張廷暉, 924?-983?): 자(字)는 중광(仲光), 호는 삼공(三公). 송대에 민간
  에서 '다신(茶神)'으로 받들어졌으며, 남송 소흥연간(紹興年間, 1131-1162)에 다
  원을 바친 공적을 기려 '공리사(恭利祠)'라는 사당이 세워지고 벼슬이 하사되었
  다.【역주】
* 민왕(閩王): 왕심지(王審知, 862-925). 자(字) 신통(信通) 또는 상경(詳卿). 고시
  (固始, 하남성) 사람. 907년에 후량(後梁)의 태조(재위 907-912) 주온승(朱溫升,
  851-912)에 의해 민왕으로 봉해졌다.【역주】
* 간다(揀茶): 채취한 찻잎에서 찻잎의 모양·크기·빛깔이 거의 동일하도록 골라
  내는 작업.【역주】
92) 환(丸): 환(丸)은 단(團)으로, 용봉단(龍鳳團)이나 소룡단(小龍團) 등과 같은 것이
  다.【原註】
93) 정(挺): 정(挺)은 직조(直條, 곧은 막대 모양)이다.
  『의례·향음주례(鄕飮酒禮)』에서 "저며 말린 고기 다섯 토막을 바치고, 별도로 반
  토막을 그 위에 가로로 놓고 제사를 지낸다.(薦脯五挺, 橫祭於其上.)"라고 하였으
  며, 주(注)에서 "정(挺)은 직(膱, 말린 고기 토막)과 같다.(挺猶膱也.)"라고 하였다.
  『의례·향사례(鄕射禮)』에서 "반 토막 말린 고기로 제사를 지낸다. 말린 고기의
  길이는 1자 2치이다.(祭半膱. 膱長尺有二寸.)"라고 하였으며, 소(疏)에서 "채덕진
  (蔡德晉)이 '포는 토막으로 헤아리며, 포가 마르면 토막이 꼿꼿해진다.'라고 하였
  다.(蔡德晉云, 數脯以挺, 脯乾則挺直也.)"라고 하였다.【原註】
  * 채덕진(蔡德晉, ?-?): 청나라 관리. 자(字)는 인석(仁錫), 강소성 무석(無錫) 사람.
    『예기』에 정통하여 『예경본의(禮經本義)』 17권·『예전본의(禮傳本義)』 20권·
    『통례(通禮)』 50권 등을 저술하였다. 원주에서 '채덕진(蔡德晉)'을 '채덕음(蔡德
    音)'으로 오기하여, 수정하였다.【역주】
94) 宣和(선화): 권5 「분본(粉本)」의 원주 참고.【原註】
95) 조신(漕臣): 조운을 주관하는 사람을 '조신(漕臣)'이라 통칭한다. 『송사·직관지
  (職官志)』에서 "발운사(發運使)의 부관관은……차를 제조하고 화폐를 감독하는 정
  무를 겸하였다. 도전운사(都轉運使)·전운사(轉運使)·부사(副使)·판관(判官)은
  1개 로(路, 지금의 성과 비슷한 행정단위)의 재화와 세금 부과를 살펴 관장하였으
  며, 그 증감이 있고 없고를 조사하여 위에 바치는 것과 군현에서 소비할 것을 공급
  하였다.……희녕연간(1068-1077) 초기, 하동·하북·섬서 3개 로(路)의 조신(漕臣)
  에게 조서를 내려 역참의 수레를 타고 입조(入朝)하는 것을 허락하였다.(發運使副
  判官……兼製茶監泉寶之政. 都轉運使轉運使副使判官, 掌經度一路財賦, 而察其登
  耗有無, 以足上供及郡縣之費.…… 熙寧初, 詔河東河北陝西三路漕臣, 許乘傳赴
  闕.)"라고 하였다.【原註】
  * 登耗(등모): 증감(增減).【역주】
  * 乘傳(승전): 역참의 수레를 타다. 전(傳)은 역참의 말이 끄는 수레를 가리킨다.
    【역주】

之, 去龍腦諸香, 惟新胯96)小龍蜿蜒97)其上, 稱龍團勝雪, 當時以爲不更98)之法. 而吾朝99)所尙又不同, 其烹試100)之法, 亦與前人異, 然簡便異常, 天趣悉備, 可謂盡茶之眞味矣. 至於洗茶候湯擇器101), 皆各有法, 寧特侈言烏府雲屯苦節建城等目而已哉.

---

* 赴闕(부궐): 입조(入朝)하다. 황제를 알현하다.【역주】

96) 신과(新胯): 과(銙)는 '과(夸)'나 '과(胯)'라고도 쓰며, 차를 눌러 만드는 틀이다. 『북원별록』에서 "다과(茶銙, 찻잎을 틀에 넣고 눌러 찍어 일정한 모양으로 만든 것)에는 '동작(東作)'과 '서작(西作)'이라는 명칭이 있다. 대개 차가 절구에서 처음으로 나오면, 균일하게 하려고 이리저리 흔들며, 윤택하게 하려고 주물럭거린다. 그렇게 한 뒤에 틀에 넣고 다과(茶銙)로 만들어, 바로 대나무를 가지고 과황(過黃)한다. 사각형의 틀이 있고, 무늬가 있는 틀이 있는데, 커다란 용무늬와 작은 용무늬가 있으며, 종류가 상이하고 명칭도 다르다.……대개 불을 피우는 날짜의 많고 적음은 모두 차과(茶銙)의 두께를 보아야 한다. 다과(茶銙)가 두터운 것은 10일에서 15일의 불이 필요하고, 다병이 얇은 것은 7일·8일·9일에서 10일의 불이 필요하다. 불을 땐 날짜가 충분해진 뒤에 끓는 물의 위를 통과시켜 찻잎의 빛깔이 살아나게 한다.(茶銙有東作西作之號. 凡茶之初出硏盆, 蕩之欲其勻, 揉之欲其賦. 然後入圈製銙, 隨笪過黃. 有方銙, 有花銙, 有大龍小龍, 品色不同, 其名亦異.……凡火之數多寡, 皆視其茶之厚薄. 銙之厚者, 有十火至於十五火. 銙之薄者, 七八九火至十火. 火數旣足, 然後過湯上出色.)"라고 하였다.【原註】

* 동작(東作)과 서작(西作): 북원에 있는 네 개의 국(局)에서 차를 제조하다가 동국(東局)과 서국(西局)의 두 국으로 통합하였으며, 동국에서 만든 차를 '동작(東作)', 서국에서 만든 차를 '서작(西作)'이라 한다.【역주】

* 과황(過黃): 차틀에서 눌러 찍은 차병을 빼낸 뒤에, 이 다병(茶餠)에 구멍을 뚫어 다시 시루에 올려 건조시키는 과정을 가리키며, 화력 조절이 관건이다. 다병이 두꺼우면 10-15일 건조시키고, 다병이 얇으면 7-10일 건조시킨다.【역주】

97) 蜿蜒(완연): 구불구불 뻗어 있다.【역주】

98) 不更(불갱): '고칠 수 없다'는 의미.【原註】

99) 吾朝(오조): 그 당시의 명나라를 가리킨다.【原註】

100) 烹試(팽시): 팽다(烹茶, 차 끓이기)와 시다(試茶, 차맛의 품평). 차를 끓여 시음하다.【역주】

101) 擇器(택기): 다구를 선택하다.【原註】

13. 호구(虎丘)102) · 천지(天池)103)

호구차는 가장 정밀하고 절륜히다고 하여 친하의 으뜸이라 하지만, 애석하게도 많이 산출되지 않는다. 또 관부에서 점거하고 있어서 적막하게 산 속에 있는 집에서 한 단지나 두 단지를 얻으면 바로 기이한 물품이 되지만, 차 맛은 실제로 개차(岕茶)에 버금간다. 천지는 용지(龍池)104) 일대에서 산출되는 것이 우수하고, 남산(南山)105) 일대에서 산출

---

102) 호구(虎丘): 차의 이름으로 소주 호구산에서 산출된다. 호구는 일명 '해용산(海溶山)'으로 소주성 서북 7리에 있다. 『소주부지(蘇州府志)』에서 "호구산은 산의 면적이 여러 무(畝)이며 산출되는 차가 극히 훌륭하여, 끓이면 색이 희고 향기가 난초와 같다. 다만 해마다 채취하는 것이 2-30근에 불과하다.(虎丘山, 山地數畝, 産茶極佳, 烹之色白, 香氣如蘭. 但每歲所采, 不過二三十斤.)"라고 하였다.【原註】
103) 천지(天池): 차의 이름으로 소주 천지산(天池山)에서 산출된다. 『다전』에서 "천지차는 색이 푸르고 방향이 있어 선계의 식품이라고 할 수 있다.(天池青翠芳馨, 可稱仙品.)"라고 하였다.
　　　장겸덕의 『다경』에서 "차가 천하에서 산출되는 곳이 많으며, 고서(姑胥, 소주)의 호구와 천지 같은 것은……(茶之産於天下者多矣, 若姑胥之虎丘天池…….)"라고 하였다.
　　　『침중기(枕中記)』에서 "소주의 서쪽 경계에 화산(華山)이 있다.……산의 중턱 절벽에 연못이 있으며,……수십 길을 넘으므로 또 '천지산'이라 한다.(吳西界有華山.……山半有池在絶巘,……逾數十丈, 故又名天池山.)"라고 하였다.
　　　『사물감주(事物紺珠)』에서 "천지차는 소주 천지산에서 산출된다.(天池茶, 出蘇州天池山.)"라고 하였다.【原註】
　　* 천지산(天池山): 해발 169m. 소주시 서남 15km의 장서진(藏書鎭) 경내에 있으며, 꼭대기에 거석이 우뚝 솟아 연꽃잎과 비슷하여 '연화봉'이라 하며, 습관적으로 연화봉의 서북쪽 언덕을 '천지산'이라 하고, 동남쪽 언덕을 '화산(華山)' 또는 '화산(花山)'이라 한다. 천지산에서 산출되는 녹차를 '천지차'라 한다.【역주】
　　* 침중기(枕中記): 원주에서 인용한 『침중기(枕中記)』의 내용은 명나라 문학가 왕오(王鏊, 1450-1524)가 저술한 소주 지방지인 『고소지(姑蘇志)』 권8에 "노자 『침중기』에서 '소주의 서쪽 경계에 화산이 있는데 넘어가가 어렵다.'고 했으며, 이것으로 추정된다. 산의 중턱에 연못이 있는데, 절벽에 위치하며 가로로 산의 복부를 가로질러 수십 길을 넘으므로 또 '천지산'이라 한다.(老子枕中記云, 吳西界有華山, 可以度難, 疑即此也. 山半有池, 在絶巘, 橫浸山腹, 逾數十丈, 故又名天池山.)"라고 실려 있다. 노자 『침중기』는 어떤 책인지 알 수 없다.【역주】
104) 용지(龍池): 도광시기 『소주부지』에서 "화산의 동남은 연화봉의 뒤로 뻗어 나왔

되는 것이 가장 이르게 나오지만 미미하게 풀 맛을 띠고 있다.

十三. 虎丘天池

虎丘, 最號精絶, 爲天下冠, 惜不多産, 又爲官司所據, 寂寞山家, 得一壺兩壺, 便爲商品, 然其味實亞於岕. 天池, 出龍池一帶者佳, 出南山一帶者最早, 微帶草氣.

14. 개차(岕茶)106)

개차는 절강의 장흥(長興)107)에서 산출된 것이 우수하며 가격도 매우 높고 지금 가장 중요시하는 것으로, 형계(荊溪)108)는 조금 아래이다. 찻잎의 채취가 아주 가늘 필요가 없는데, 가늘면 싹이 처음으로 돋아서

<hr/>

으며, 지공동(支公洞)이 있고, 그 남쪽은 녹산(鹿山)으로……, 동남은 용지산(龍池山)이며, 지금은 '융지(隆池)'라 한다.(山之東南, 出蓮花峯背, 有支公洞, 其南爲鹿山……, 東南爲龍池山, 今名隆池.)"라고 하였다.【原註】

105) 남산(南山): 도광시기 『소주부지』에서 "탄산(彈山)은 현묘산(玄墓山)의 서쪽에 있으며, 가로로 5-6리를 벋어 있는데, 담산(潭山)의 남쪽 석루(石嶁)가 만봉대(萬峰臺)로, 아주 많은 바위가 점거하고 있다.……또 서남은 반리산(蟠蟎山)으로, '남산(南山)'이라 속칭한다.(彈山在玄墓山西, 橫亘五六里, 山南石樓爲萬峰臺, 所據極盛.……又西南爲蟠蟎山, 俗號南山.)"라고 하였다.【原註】

* 석루(石嶁): 소주시 오중구(吳中區) 서남부에 있는 담산(潭山, 252m)의 남쪽 등성이로, 남쪽은 태호(太湖)에 인접해 있다.【역주】

* 현묘산(玄墓山): 해발 231m. 등위산(鄧尉山)의 남쪽 봉우리로 소주시 광복진(光福鎭) 서남부에 있다.【역주】

* 남산(南山): 소주시 광복진(光福鎭)에 있으며, '반리산(蟠蟎山)'이라고도 하고, 마애석각이 많다.【역주】

106) 개차(岕茶): 본권 「향명(香茗)」의 원주 참고.【原註】

107) 장흥(長興): 지금의 절강성 장흥현.【原註】

108) 형계(荊溪): 형계는 강물의 이름으로, 지금의 강소성 의흥현 남쪽에 있으며, 형남산(荊南山)에 근접하여 이러한 이름이 붙었다. 여기서는 차의 이름으로 풀이하였다. 『고반여사』와 『다전』에서 "형계는 조금 등급이 아래이며, 찻잎이 가는 것은 그 가격이 두 배이다.(荊溪稍下, 細者其價兩倍.)"라고 하였다.【原註】

맛이 풍족하지 못하다. 아주 푸를 필요가 없는데, 푸르면 찻잎이 이미 늙어서 맛에 부드러움이 부족하다. 오직 잎자루가 나고 잎이 녹색이면서 둥글고 두터운 것이 상등품으로, 햇볕에 말려서는 안 되고 숯불에 쬐어 부채로 식혀 단지에 넓은 대나무 잎을 깔고 담아서 높은 곳에 저장한다. 대체로 차는 따스하고 건조한 것을 가장 좋아하며, 차갑고 습한 것을 꺼린다.

十四. 岕

岕, 浙之長興者佳, 價亦甚高, 今所最重, 荊溪稍下. 採茶不必太細, 細則芽初萌, 而味欠足. 不必太青, 青則茶已老, 而味欠嫩. 惟成梗蔕[109], 葉綠色而團厚者

---

109) 梗蔕(경체): 찻잎의 잎자루로 '다경(茶梗)'이라 속칭하며, 잎자루(葉柄)와 가지가 서로 연결된 부분이 꼭지(蔕)이다.
『다경』에서 "차는 남방의 아름다운 나무로, ……나무는 과로(瓜蘆)와 같고, 잎은 치자와 같으며, 꽃은 백장미와 같고, 열매는 종려와 같으며, 꼭지는 정향(丁香, 라일락과 유사한 꽃)과 같고, 뿌리는 호두와 같다.(茶者, 南方佳木……木如瓜蘆, 葉如梔子, 花如白薔薇, 實如栟櫚, 蔕如丁香, 根如胡桃.)"라고 하였다.
『대관다론』에서 "찻잎이 처음으로 싹이 트면 백합(白合)이 있으며, 그것을 따면 오체(烏蔕, 차 싹의 꼭지)가 있다. 백합을 제거하지 않으면 차 맛을 버리고, 오체를 제거하지 않으면 차색을 버린다.(茶之始芽萌, 則有白合, 其撮則有烏蔕. 白合不去, 害茶味, 烏蔕不去, 害茶色.)"라고 하였다.
『다동보』에서 "다경(茶梗)이 반 정도이면 차를 받은 물이 선명한 백색이다. 잎자루가 짧으면 찻물의 색이 황색이면서 연하다. 오체와 백합은 차의 커다란 병으로 오체를 제거하지 않으면 찻물의 색이 검은 빛을 띠는 황색이면서 나빠진다. 백합을 제거하지 않으면 맛이 쓰고 떫다.(茶梗半, 則受水鮮白. 葉柄短, 則色黃而泛. 烏蔕白合, 茶之大病, 不去烏蔕, 則色黃黑而惡. 不去白合, 則味苦澀.)"라고 하였다. 송자안(宋子安)의 『시다록(試茶錄)』의 주(注)에서 "엽경(葉梗, 잎자루)은 싹의 몸체로, 백합 부위를 제거하며, 차를 만드는 백성들은 차의 색과 맛이 모두 엽경(葉梗, 잎자루)에 있다고 여긴다.(梗爲芽之身, 除去白合處, 茶民以茶之色味俱在梗中.)"라고 하였다.【原註】
* 다경(茶梗): 찻잎의 잎자루, 즉 찻잎과 차나무의 연결 부위인 '엽경(葉梗, 잎자루)'이나 '엽병(葉柄, 잎자루)'으로, 윗부분은 잎과 이어지고, 아래 부분은 줄기와 이어진다.【역주】

爲上, 不宜以日晒, 炭火焙過, 扇冷, 以箬葉110)襯罌貯高處, 蓋茶最喜溫燥, 而忌冷濕也.

15. 육안(六安)111)

육안은 약품에 들어가야 마땅하지만, 잘 볶지 않으면 향기를 내지 못

---

* 과로(瓜蘆): 고로(皐蘆). 산다과(山茶科)에 속하는 상록관목으로 차나무와 비슷하며 가지가 굵다. 잎은 기다란 타원형으로 약재로 쓴다.【역주】
* 백합(白合), 오체(烏蔕): 차 싹 가운데 두 조각이 합쳐서 자라난 작은 잎. 송나라 사학자이자 과학자 요관(姚寬, 1104-1162)이 각종 전적의 차이를 고증한 『서계총어(西溪叢語)』에서 "용원승설(龍園勝雪, 즉 용단승설)과 백차(白茶) 두 종류는 '수아(水芽)'라 한다. 먼저 찐 다음에 찻잎을 골라낸다. 하나의 차 싹마다 먼저 바깥의 작은 잎 두 개를 제거하며, '오체(烏蔕)'라 한다. 또 그 다음에 두 개의 어린잎을 채취하는데, '백합(白合)'이라 한다.(唯龍園勝雪白茶二種, 謂之水芽. 先蒸後揀. 每一芽, 先去外兩小葉, 謂之烏蔕. 又次取兩嫩葉, 謂之白合.)"라고 하였다.【역주】
* 시다록(試茶錄):『동계시다록(東溪試茶錄)』. 북송 송자안(宋子安, ?-?)이 1064년을 전후하여 편찬하였으며, 정위(丁謂)의『북원다록(北苑茶錄)』과 채양(蔡襄)의『다록(茶錄)』에서 미진한 부분을 보충한 저술로, 약 3,000여자이다.【역주】
110) 箬葉(약엽): 약죽(箬竹)은 '종엽죽(棕葉竹)'이라고도 하며, 잎이 넓고 커서 물건을 포장하고 선봉(船篷, 배의 지붕)과 삿갓의 제조에 사용할 수 있다. 화본과나 죽아과(竹亞科, 대나무아과)에 속한다.【原註】
* 약죽(箬竹): 학명은 Indocalamus tessellatus (Munro) Keng f.이며, 화본과 약죽속(箬竹屬)에 속한다. 높이 0.75-2m, 직경 4-7.5cm의 작은 대나무이다.【역주】
111) 육안(六安):『다소(茶疏)』에서 "장강의 이북에서는 육안을 언급하지만, 육안은 바로 군의 이름이고, 사실은 곽산(霍山, 지금의 안휘성 곽산현)의 대촉산(大蜀山)에서 산출된다.……남방에서는 '때를 제거하고 체한 것을 없앨 수 있다.'고 하며, 또 사랑스러운 보배로 사용된다.(大江以北, 則稱六安, 然六安乃其郡名, 其實出霍山之大蜀山也.……南方謂能消垢膩, 去積滯, 亦共愛寶.)"라고 하였다.
도륭의『다전』에서 "천지와 육안은 품질이 역시 우수하며, 약에 넣으면 효과가 가장 좋다.(天池六安, 品亦佳, 入藥最效.)"라고 하였다.
『승암외집(升庵外集)』에서 "소현산(小峴山)은 육안주(六安州)에 있으며, 산출되는 차의 이름은 소현춘(小峴春) 즉 육안차이다.(小峴山在六安州, 出茶名小峴春, 卽六安茶也.)"라고 하였다.

육안은 지금의 안휘성 현의 명칭이다. 육안차는 곽산현에서 산출되며, 첫째는 예첨(蕊尖), 둘째는 공첨[貢尖, 즉 황첨(皇尖)], 셋째는 춘첨(春尖), 넷째는 세련지(細連枝), 다섯째는 백차(白茶), 솜털이 없는 것은 명차(明茶)이다.【原註】

* 육안차: 안휘성 육안시 대별산 일대에서 산출되는 녹차. 현재는 육안제편(六安提片, 곡우 이전에 채취한 찻잎으로 만든 차)·육안과편(六安瓜片, 곡우 이후에 채취한 찻잎으로 만든 차, 가장 일반적인 제품)·육안매편[六安梅片, 매우(梅雨, 즉 장마)로 접어들 무렵에 채취한 찻잎으로 만든 차]으로 구분한다.【역주】
* 다소(茶疏): 1권. 명나라 문학가 허차서(許次紓, 1549-1604)가 1597년에 편찬하였으며, 39조목에 걸쳐 찻잎을 따고 저장하며 끓이는 방법 등을 자세히 서술하였다.【역주】
* 대촉산(大蜀山): 안휘성 합비시(合肥市) 경내에 있는 284m의 산. 육안차의 산지는 대촉산이 아니라 안휘성 육안시(六安市) 곽산현 서남부에 있는 대별산(大別山)이며, 주봉 백마첨(白馬尖)의 높이는 해발 1,777m이다.【역주】
* 첨(尖): 차 싹이 뾰족하게 솟아나 이러한 용어를 사용하며 '아(牙)'라고도 한다.【역주】
* 예첨(蕊尖): 순아(純芽)나 일아(一芽), 즉 이파리가 없이 뾰족하게 솟아난 차 싹 하나.【역주】
* 공첨[貢尖, 즉 황첨(皇尖)]: 일아일엽(一芽一葉) 즉 차 싹 하나에 이파리 하나가 붙은 찻잎.【역주】
* 춘첨(春尖): 곡우(穀雨, 4월 20일 무렵) 이전에 채취한 찻잎. 문맥으로 보면 일아이엽(一芽二葉) 즉 차 싹 하나에 이파리가 두 개 붙은 찻잎에 해당한다.【역주】
* 세련지(細連枝): 일아삼엽(一芽三葉) 즉 차 싹 하나에 이파리 3개가 붙은 찻잎.【역주】
* 백차(白茶): 솜털이 있는 찻잎. 청나라 문학가 요범(姚范, 1702-1771)이 각종 서적에 실린 오류를 고증하여 기록한 필기『원순당필기(援鶉堂筆記)』(총 50권)에서 "찻잎에는 예첨·공첨·황첨 등의 명목이 있으며, 백차와 명차로 나누어지는데, 솜털이 있는 것은 굵거나 가늘거나를 막론하고 모두 '백차'라 하고, 솜털이 없는 것은 '명차'라 하며, 모두 늙은 찻잎이다.(茶葉有蕊尖貢尖皇尖等名目, 分白茶與明茶, 有毛者不論粗細皆曰白茶, 無毛者曰明茶, 皆老葉也.)"라고 하였다.【역주】
* 명차(明茶): 솜털이 없는 늙은 찻잎. 청명절(4월 5일 무렵)을 기준으로 이전에 딴 찻잎을 '명전차(明前茶)'라 하고 청명 이후에 딴 찻잎을 '명후차(明後茶)'라 한다.【역주】
* 원주에서 "육안차는 곽산현에서 산출되며,……명차(明茶)이다."라는 내용은 요범의『원순당필기』의 "육안차는 곽산에서 산출된다. 첫째는 예첨으로 액즙이 없다. 둘째는 공첨 즉 황첨이며, 황첨은 일기일창(一旗一槍)을 채취한다. 셋째는 객첨(客尖)이다. 넷째는 세련지이다. 다섯째는 백차이며, 솜털이 있으면 비록 굵어도 백차이고, 솜털이 없는 것으로 아주 가는 것이 명차이다.(六安茶産

하고 맛이 쓰다. 차의 본성은 진실로 우수하다.

十五. 六安

六安, 宜入藥品, 但不善炒, 不能發香而味苦, 茶之本性實佳.

16. 송라(松蘿)112)

열 몇 무(畝) 이외에는 모두 진정한 송라차가 아니며, 산중에도 겨우

自霍山. 第一蕊尖, 無汁. 第二貢尖, 卽皇尖, 皇尖只取一旗一槍. 第三客尖. 第四細連枝. 第五是白茶, 有毛者雖粗亦是白茶, 無毛者卽至細是明茶.)"라는 내용과 비슷하다.【역주】

* 객첨(客尖): 일아이엽(一芽二葉), 즉 차 싹에 이파리 두 개가 붙은 찻잎.【역주】
112) 송라(松蘿): 차의 이름으로, 안휘성 흡현(歙縣)에서 산출된다. 『다소(茶疏)』에서 "흡현의 송라차와 소주의 호구차는 향기가 진하며 함께 동렬에 있을 수 있다.(歙之松蘿, 吳之虎丘, 香氣穠鬱, 幷可雁行.)"라고 하였다. '송라(松羅)'라고도 한다. 『지소록(識小錄)』 권3에서 "휘군(徽郡, 흡현)에는 옛날에 차가 없었으나, 근래 송라차가 산출되어 가장 유행하고 있다. 이 차는 비구 대방(大方)에게서 시작되었으며, 대방은 호구산에 가장 오래 거주하며 찻잎을 따서 만드는 방법을 깨달았다. 그의 후예가 흡현의 송라에 암자를 짓고 여러 산의 차를 채취하여 송라에서 덖어 제조하였는데, 원근에서 다투어 구입하여 가격이 갑자기 치솟았다. 사람들이 이리하여 '송라차'라고 하였으나, 사실은 송라에서 산출된 것이 아니다. 이 차는 천지차와 비교하여 조금 거칠지만 냄새는 매우 향기롭고 맛은 매우 정갈한데, 그러나 호구에서는 둘째라 할 수 있고 첫째라 할 수 없다.(徽郡向無茶, 近出松蘿茶, 最爲時尙. 是茶始比丘大方. 大方居虎丘最久, 得采造法. 其後於徽之松蘿結庵, 采諸山茶於松蘿焙製, 遠近爭市, 價倏翔湧. 人因稱松蘿茶, 實非松蘿所出也. 是茶比天池稍粗, 而氣甚香, 味甚精, 然於虎丘能稱仲, 不能稱伯也.)"라고 하였다. 『휘주부지(徽州府志)』에서 "차가 송라에서 산출되지만 송라차는 또 극히 적다. 근래 차의 명칭 가운데, 고급에는 작설(雀舌)·연심(蓮心)·금아(金芽)가 있으며, 그 다음에 아하백(芽下白)이고 주림(走林)이고 나송(羅松)이고 연지(軟枝)이고 대방제(大方製)인데, 이름은 다양하지만 실제로는 모두 송라차의 종류이다. 『대청일통지(大淸一統志)』에 따르면 '송라는 소나무를 가지고 산의 이름을 붙였으며, 차로 이름 붙인 것이 아니다.'라고 하였다.(茶産於松蘿, 而松蘿茶乃絶小. 近

한두 집이 있는데, 덖는 법이 매우 정밀하다. 근래 산의 승려가 손으로 덖은 것이 있으며, 더욱 오묘하다. 진품은 동산(洞山)[113]의 아래이자 천지(天池[114])의 위에 위치하며, 신안(新安)[115] 사람이 가장 중요시한다.

世茶名, 細者有雀舌蓮心金芽, 次者爲芽下白, 爲走林, 爲羅松, 爲軟枝, 爲大方製, 名號多端, 實皆松蘿種也. 按大淸一統志云, 松蘿, 山以松名, 非以茶名也.)"라고 하였다.【原註】

* 송라차(松蘿茶): 녹차에 속하며, 명대 초기에 창조되었고, 황산시 휴녕현 북쪽의 송라산(松蘿山)에서 산출된다.【역주】
* 지소록(識小錄): 4권. 필사본. 명나라 말기의 수재(秀才) 서수비(徐樹조, ?-?)의 필기로 각종 사항을 잡다하게 기록하였다. 특히 진(晋)나라 양산백(梁山伯)과 축영대(祝英臺)의 애정 이야기에 관한 기록은 민속학자에게 널리 인용되고 있다.【역주】
* 대청일통지(大淸一統志): 청나라 정부에서 편찬한 지리총서로 3번에 걸쳐 이루어졌다. 강희 25년(1686)에 시작하여 건륭 8년(1743)에 완성된 강희판『대청일통지』342권, 건륭 29년(1764)에 시작하여 건륭 49년(1784)에 완성된 건륭판『대청일통지』500권, 가경 17년(1812)에 시작하여 도광 22년(1842)에 완성된『가경중수일통지(嘉慶重修一統志)』560권의 3종류이다.【역주】
113) 동산(洞山): 지명이며 차의 이름이다.『다전』에서 "여러 유명한 차는 만드는 법이 대부분 볶는 방법을 사용하는데, 오직 나개차(羅岕茶)는 잘 찌고 볶으면 맛이 진실로 함축적이어서 세상에서 다투어 진귀하게 여겼는데, 바로 고저차(顧渚茶)와 양선차(陽羨茶)로, 동산차(洞山茶)와 매우 가깝지만, 또 이것과 비슷하지 않다.(諸名茶, 法多用炒, 惟羅岕宜於蒸焙, 味眞溫藉, 世競珍之, 卽顧渚陽羨, 密邇洞山, 不復仿此.)"라고 하였다.【原註】
* 동산(洞山): 명말청초의 학자 주고기(周高起, ?-1645)의 개차에 관한 전문서『동산개차계(洞山岕茶系)』에 따르면, 명령(茗嶺)에는 개(岕, 산과 산사이의 넓은 지역)에 해당하는 지역이 88곳이며, 그 가운데 의흥의 동산(洞山)이 가장 좋은 곳이라 하였다. 동산에서 나는 차를 '동산차'라 한다.【역주】
* 고저차(顧渚茶): 절강성 호주시(湖州市) 장흥현 수구향(水口鄕) 고저촌(顧渚村)의 고저산(顧渚山, 해발 355m)에서 산출되는 녹차의 일종. 고저산에서 다성 육우가「고저산기(顧渚山記)」를 지었으며, 차밭을 설치하여 차를 연구하였다고 하여 차 문화의 발상지로 여겨진다.【역주】
114) 천지(天池): 지명이면서 차의 이름이다. 본권「호구(虎丘)와 천지(天池)」의 원주 참고.【原註】
115) 신안(新安): 한대 말기의 군(郡) 이름으로 진(晋)나라에서 개명하였으며, 옛 성터는 지금의 절강 순안현(淳安縣) 서쪽에 있다. 수나라 때 휴녕(休寧)으로 관청을 이전하였으며, 후에 또 흡현으로 이전하였다. 당나라 때 폐지되었다. 지금의 휴녕과 흡현 두 현의 경내로, 모두 안휘에 속한다.【原註】

남경의 기방(妓房)에서도 송라차를 숭상하며, 끓이기 편리하고 또 향기
가 강렬하기 때문이다.

十六. 松蘿

十數畝外, 皆非眞松蘿茶, 山中亦僅有一二家, 炒法[116]甚精. 近有山僧手焙
者, 更妙. 眞者在洞山之下天池之上, 新安人最重之. 南都曲中[117]亦尚此, 以易
於烹煮, 且香烈故耳.

17. 용정(龍井)[118]·천목(天目)[119]

용정차와 천목차는 산속이 일찍 추워지고 겨울이 오면 눈이 많으므

---

116) 炒法(초법): 볶는 방법. 재료를 예열된 용기 안에 넣고 가열하면서 저어주거나
뒤집어가며 일정한 정도에 이르도록 정제하는 방법. 차의 경우에는 '덖는다'라고
도 한다.【역주】
117) 南都曲中(남도곡중): 남경의 관기(官妓)가 모여 사는 장소. 권11 「앵도(櫻桃)」의
원주 참고.【原註】
118) 용정(龍井): 절강성 항주시 서호(西湖)에 있으며, 옛 명칭은 '용홍(龍泓)'으로 '용
천(龍泉)'이라고도 한다. 이 지역의 사자봉(獅子峰)에서 산출되는 차가 가장 훌륭
하여, 세상에서 '용정차(龍井茶)'라 한다.【原註】
* 용정차(龍井茶): 항주시 서호 용정촌(龍井村) 일대에서 산출되는 녹차. 서호
서쪽 옹가산(翁家山) 서북쪽 산기슭의 용정다촌(龍井茶村)에 있는 용정(龍井)
으로 말미암아 이렇게 이름 붙여졌다. 산지에 따라 서호용정(西湖龍井)·대불
용정(大佛龍井)·전당용정(錢塘龍井)·월주용정(越州龍井)의 4종으로 구분된
다.【역주】
119) 천목(天目): 천목산은 절강성 임안현(臨安縣) 서북에 있으며, 어잠(於潛)과 안길
(安吉)의 두 현과 접경으로 역시 차의 산지로 유명하다.【原註】
* 천목차(天目茶): 천목산에서 산출되는 녹차. 천목산은 진(晋)나라 시절부터 승
려가 많이 거주하여 차 문화가 발달하였으며, 다성(茶聖) 육우(陸羽)도 차를
찾아 천목산에 온 일이 있었다. 명대에는 천목운무차(天目雲霧茶)가 공품(貢
品)이 되기도 하였다. 또 차를 마시는 데 사용하는 흑유잔이 천목산 근처에서
제작되어 '천목잔(天目盞)'이라 불리며, 천목산에 유학을 왔던 일본 승려들이

로 차가 싹트는 것이 비교적 늦다. 채취하여 덖는 것을 알맞게 하면, 역시 천지차(天池茶)와 나란할 수 있다.

十七. 龍井天目

龍井天目, 山中早寒, 冬來多雪, 故茶之萌芽較晚, 採焙得法, 亦可與天池並.

18. 세다(洗茶)[120]

먼저 물을 끓여 조금 따스해 지기를 기다려 차를 씻어 먼지를 제거하여 정요(定窯) 완에 담는다. 식기를 기다려 차를 우리면 향기가 저절로 발산된다.

十八. 洗茶

先以滾湯, 俟少溫洗茶, 去其塵垢, 以定碗盛之, 俟冷點茶[121], 則香氣自發.

가지고 귀국하여 일본에서 흑유잔의 대명사가 되었다.【역주】

120) 세다(洗茶): 본권 「다품(茶品)」의 원주 참고.【原註】

121) 點茶(점다): 권2 「오동(梧桐)」의 원주와 권11 「오가피(五加皮)」의 원주 참고.【原註】
* 점다(點茶): 본래는 말차(末茶)를 마시는 방법이지만, 여기서는 산차(散茶)를 사용하고 있으므로, '차를 우린다'는 의미로 풀이하였다.
서한시대 이후로 차를 끓여 마시는 방법이 발전을 거듭하여 자다(煮茶) · 전다(煎茶) · 점다(點茶) · 촬포(撮泡)의 4가지 방법이 나타났다.
자다법(煮茶法)은 직접 찻잎을 솥이나 주전자에 넣고 물을 부어 끓여 마시는 방법이다. 당나라 이전에는 찻잎을 뜯어 소금 · 생강 · 계피 등을 함께 넣어 끓여 마셨다. 당나라 이후에는 말린 찻잎을 사용하였다. 중국의 소수민족이 지금도 사용하고 있다.
전다법(煎茶法)은 당나라에서 남송 말기까지 유행하였으며, 솥에 물을 넣고 끓인 다음, 여기에 갈아서 분말형태로 만든 차 가루를 넣어 마시는 방법이다. 육우의 『다경』에서 자세히 설명하였다.
점다법(點茶法)은 먼저 단차를 분쇄하여 만든 차 가루를 찻잔에 넣고, 그 다음

19. 후탕(候湯)[122]

물은 약한 불로 데우고 활활 타는 불로 끓이는데, 활활 타는 불은 불
꽃이 있는 숯불을 말한다. 처음 물방울이 물고기의 눈알과 같은 것은
일비(一沸)[123]이고, 솥의 가장자리에 샘물처럼 물방울이 솟아나는 것이
이비(二沸)[124]이며, 세차게 파도치며 물방울이 날리는 것이 삼비(三
沸)[125]이다. 땔감에 불을 피워 막 타올라 물과 솥이 막 뜨거워졌을 때에
신속하게 가져다가 바로 따르면 물의 정기가 아직 삭으러들지 않아 '어
리다' 하고, 물이 십비(十沸)[126]를 넘으면 끓은 물이 이미 물의 본성을
상실하여 '늙었다' 하라고 하는데, 모두 차향기가 나도록 할 수 없다.

에 끓는 물을 부어 다선(茶筅, 차 솔)으로 신속하게 휘저어 거품이 일게 하여
마시는 방법으로, 송원시기에 유행하다. 현대의 한국과 일본에서 말차를 마시
는 방법이다.
촬포법(撮泡法)은 명대에 시작되어 현재 가장 널리 사용되는 방법으로, 다호에
미리 가공한 찻잎을 넣고 끓는 물을 부어 우러난 물을 작은 찻잔에 따라 마시는
방법이다. 주원장이 홍무 24년(1391)에 공품의 단차를 산차(散茶)로 바꾸면서
촬포범이 점다법을 대체하여 널리 보급되게 되었다. 현재는 '포차(泡茶)'라고
한다.【역주】

122) 후탕(候湯): 본권 「다품」의 원주 참고.【原註】

123) 일비(一沸):『다경』에서 "물이 끓어 물고기의 눈알과 같은 물방울이 미미하게 퍼
지는 것이 일비이다.(沸如魚目微舒爲一沸.)"라고 하였다. 물이 막 끓어 때때로
포말이 뒤집어 지는 것을 말한다.【原註】
   * 현대 학자의 연구에 따르면, 일비(一沸)의 온도는 86-88도 정도라 한다.【역주】

124) 이비(二沸):『다경』에서 "솥의 가장자리가 샘물이 솟는 듯이 물방울이 이어지는
것이 이비이다.(緣池如湧泉連珠爲二沸.)"라고 하였다. 사방에서 물거품이 연속
하여 뒤집어지며 일어나는 것을 말한다.【原註】

125) 삼비(三沸):『다경』에서 "물결이 일렁이며 북처럼 소리가 나는 것이 삼비이다.
삼비 이상은 물이 늙어서 먹을 수가 없다.(騰波鼓浪爲三沸. 以上水老, 不可食
也.)"라고 하였다. 파도처럼 전체적으로 끓는 것을 말한다.【原註】

126) 십비(十沸): 오래 팔팔 끓인 물.【역주】

十九. 候湯

水, 緩火炙, 活火煎, 活火謂炭火之有焰者, 始如魚目爲一沸, 緣邊泉湧爲二沸, 奔濤127)濺沫128)爲三沸. 若薪火方交, 水釜纔熾, 急取旋傾, 水氣未消, 謂之嫩. 若水踰十沸, 湯已失性, 謂之老, 皆不能發茶香.

20. 다구 세척

다병(茶瓶)129)과 찻잔(茶盞)130)이 깨끗하지 않으면 모두 차 맛을 버

127) 奔濤(분도): 세찬 파도.【역주】

128) 濺沫(천말): 포말이 날리다.【역주】

129) 다병(茶瓶): 차를 끓일 때 사용하는 뜨거운 물을 담아 놓은 병으로 명대에 시작되었으며, '탕병(湯瓶)'이라 하였다. 명대 다병의 모양은 대부분 대나무 통의 형태로, 주석이나 납이나 동으로 만들었다. 탕병은 본권 「다로(茶罏)와 탕병(湯瓶)」 참고.【역주】

130) 茶盞(다잔): 『다록(茶錄)』에서 "찻물의 색이 하얗기 때문에 흑색의 잔이 적당하며, 건안(建安)에서 만든 것은 감흑색(紺黑色, 아주 검은색)에 무늬가 토끼털(兔毫)과 같으며, 잔이 약간 두터워 잔을 뜨겁게 달구면 오래 따스하면서 잘 식지 않으므로, 가장 요긴하게 사용한다. 다른 곳에서 산출되는 것은 얇거나 자주색이거나 모두 건잔에 미치지 못한다. 청백자 잔은 투차(鬪茶)를 시도하는 사람은 자연스레 사용하지 않는다.(茶色白, 宜黑盞, 建安所造者紺黑, 紋如兔毫, 其杯微厚, 熁之, 久熱難冷, 最爲要用. 出他處者, 或薄或色紫, 皆不及也. 其青白盞, 鬪試家自不用.)"라고 하였다.【原註】

* 토끼털(兔毫): 건요에서 제작된 지름 15cm정도 되는 흑유잔의 내면이나 외면에 방사상으로 나타나는 토끼털처럼 가는 선 무늬를 가리키며, 색에 따라 '금토호(金兔毫, 황금색 계통)'나 '은토호(銀兔毫, 백색 계통)'라고도 하며, 이러한 무늬가 있는 잔을 '토호잔(兎毫盞)'이라 한다.【역주】
* 투차(鬪茶): 차의 우열을 겨루는 놀이로 '투명(鬪茗)'이나 '명전(茗戰)'이라고도 하며, 당대에 시작되어 송대에 유행하였다. 차의 품질을 겨루는 투다품(鬪茶品) · 투차를 할 때 차와 관련된 시문을 짓거나 문답을 하는 투다령(鬪茶令) · 차를 찻잔에 따르는 기교를 겨루는 다백희(茶百戱) 등이 있었다.【역주】
* 青白盞(청백잔): 경덕진에서 송원시기에 많이 만들었으며, '영청자(影青瓷)'나 '청백자(青白瓷)'라 하는 푸른빛이 살짝 감도는 백자 잔. 투차에는 찻물의 색깔과 물이 닿았던 흔적을 비교하는 항목이 있으며, 흑색 바탕일 경우에 관찰하기

리므로, 먼저 세척해서 깨끗한 천으로 닦아 사용하도록 준비한다.

二十. 滌器131)

茶瓶茶盞不潔, 皆損茶味, 須先時洗滌, 淨布拭之以備用.

21. 다세(茶洗)132)

다세는 자사(紫砂)로 만들며, 완(碗)의 양식과 같이 만들고 상하 2층이다. 위층의 바닥에 몇 개의 구멍을 뚫어 차를 세척하면, 때가 모두 구멍으로 유출되어 가장 편리하다.

二十一. 茶洗

茶洗以砂133)爲之, 製如碗式, 上下二層. 上層底穿數孔, 用洗茶, 沙垢皆從孔

가 용이하지만, 백색 바탕일 경우에는 관찰이 거의 불가능하므로, 자연히 투차에는 백자 잔을 사용하지 않게 된다.【역주】
131) 滌器(척기): 다구(茶具)를 세척하다.【原註】
132) 다세(茶洗): 차를 세척하는 도구.【原註】
  * 다세(茶洗): 주고기(周高起)의 『양선명호계(陽羨名壺系)』에서 "다세는 양식이 납작한 단지와 같고, 단지의 가운데에 세발이 달린 단지를 하나 첨가하는데, 세발 단지의 바닥에는 작은 구멍이 있어, 물과 먼지를 거르기에 편리하다.(茶洗, 式如扁壺, 中加一盎鬲而細窺其底, 便過水漉沙.)"라고 하였다. 붓을 세척하는 그릇을 '필세(筆洗)'라 하듯이, 찻잎과 찻잔 및 다호 등을 세척하는 기구를 '다세'라 한다. 현대에는 원통형의 그릇이나 속이 빈 각종 형상으로 만들고, 평평한 윗면에 물이 빠져나가는 구멍을 여러 개 뚫은 양식의 '다해(茶海)'라는 기물이 주로 사용된다.【역주】
  * 양선명호계(陽羨茗壺系): 1권. 명말청초의 학자 주고기(周高起, ?-1654)가 의흥 자사호에 관하여 전문적으로 논술한 저서로 1640년 무렵에 완성되었다. 공춘과 시대빈 등 31명 민간의 자사 도공을 소개하고, 자사의 산지와 자사호를 만드는 지점 등을 기록하였다.【역주】

中流出, 最便.

22. 다로(茶鑪)[134] · 탕병(湯瓶)[135]

다로에는 강낭자(姜娘子)[136]가 주조한 동제 도철(饕餮)과 수면(獸面) 무늬의 화로 및 문양이 전혀 없는 것이 있으며, 동으로 세발솥이나 이(彝)처럼 주조한 것은 모두 사용할 수 있다. 탕병은 납으로 만든 것이 제일 좋고, 주석으로 만든 것이 그 다음이며, 동으로 만든 것은 사용할 수 없다. 형체가 죽통(竹筒)[137]과 같은 것이 열이 새지 않으면서 또 물을 따르기 쉽다. 도자기 병은 비록 뜨거운 김이 새어나가지 않으나, 쓰기에 적당치 않으며 우아하게 보이지도 않는다.

二十二. 茶鑪湯瓶

茶鑪, 有姜鑄[138]銅饕餮[139]獸面火鑪, 及純素[140]者, 有銅鑄如鼎彝者, 皆可

---

133) 砂(사): 본문의 내용을 보면 흙을 가지고 완 모양의 도자기를 만드는 것이므로, 다구의 제작에 많이 사용되는 의흥의 자사(紫砂)로 풀이하였다. 도자기를 만드는 점토나 고령토일 수도 있다.【역주】

134) 다로(茶鑪): 차를 끓일 때 사용하는 화로를 '다로(茶鑪)'라고 하며, '풍로(風鑪)'라고도 한다.【原註】

135) 탕병(湯瓶): 끓는 물을 담은 그릇을 '탕병'이라 하며, '다취(茶吹)'나 '요자(銚子)'라 속칭하고, '요자(鐐子)'라고도 한다.【原註】
  * 탕병(湯瓶): 현대에는 주둥이와 손잡이가 있으며 뚜껑이 달려 있어 주전자와 비슷한 모양의 기물을 '탕병'이라 하고, 본문의 대나무 통과 비슷한 모양의 탕병과는 형태가 다르다.【역주】

136) 강낭자(姜娘子): 송나라의 여류 청동기 주조 전문가.【역주】

137) 竹筒(죽통): 대나무 한 마디를 자른 모양. 둥근 기둥 모양.【역주】

138) 姜鑄(강주): 권7「향로」의 원주 참고.【原註】

139) 饕餮(도철): 권1「문(門)」의 원주 참고.【原註】

140) 純素(순소): 문양이 전혀 없는 것.【原註】

用. 湯瓶, 鉛者爲上, 錫者次之, 銅者不可用. 形如竹筒者, 既不漏火, 又易點注. 磁瓶141)雖不奪湯氣, 然不適用, 亦不雅觀.

23. 다호(茶壺)142) · 찻잔(茶盞)

다호는 자사로 만든 것이 상등품으로, 대체로 차향을 빼앗지 않고 또 쉰 맛이 없다. 공춘(供春)143)의 다호가 가장 귀중하지만, 모양이 우아하지 못하고 또 조금 작은 것이 없다. 시대빈(時大彬)144)이 만든 것은 또

---

141) 磁瓶(자병): 자(磁)는 자(瓷, 자기)와 통한다.【原註】
142) 다호(茶壺): 찻주전자. 차를 우려 따르는 손잡이와 주둥이가 있는 기물. 의흥의 자사호가 가장 유명하고 실용적이다.【역주】
143) 供春(공춘): 권2 「난(蘭)」의 원주 참고.【原註】
144) 시대빈(時大彬): 명대 의흥의 도공 가운데 저명한 사람.
  『양선명호계(陽羨茗壺系)』에서 "시대빈(1573-1648)은 호가 소산(少山)으로, 도기를 만드는 흙이나 여러 가지 강사토(礦砂土)로 여러 양식을 모두 갖추고, 여러 흙의 색도 모두 구비하여, 아름답게 꾸미려 힘쓰지 않았으나 소박하면서 우아하고 튼튼하며, 불가사의하게 오묘하였다. 처음에는 스스로 공춘을 모방하는 것에 손을 대어 커다란 다호의 제작을 즐겼다. 훗날에 누동[婁東, 지금의 강소성 태창(太倉)]을 유람하며 미공(眉公)이 낭아(琅玡, 산동성)와 태원(太原, 산서성)의 여러 사람들과 차를 품평하고 차를 시음한 학설을 듣고 바로 작은 다호를 제작하였는데,……앞뒤의 여러 유명 도공이 절대 따라갈 수 없었다.(時大彬, 號少山, 或陶土, 或雜礦砂土, 諸欵具足, 諸土色亦具足, 不務妍媚, 而樸雅堅栗, 妙不可思. 初, 自仿供春得手, 喜作大壺. 後遊婁東, 聞眉公與琅玡太原諸公品茶試茶之論, 乃作小壺,……前後諸名家, 并不能及.)"라고 하였다.
  『화방록(畵舫錄)』 권4 「신성북록 중(新城北錄中)」에서 "시대빈의 기예는 손잡이 위의 엄지손가락 흔적을 표식으로 삼는 것을 가리킨다.(彬技, 指以柄上拇痕爲标識.)"라고 하였다.【原註】
  * 강사토(礦砂): 요사(硇砂). 천연의 염화암모늄으로 구성된 광물로 검붉은 색을 띠며 약재로 사용된다. 시대빈은 자사호로 유명하므로, 여기서는 의흥 자사(紫砂)를 가리키는 것으로 추정된다. 의흥에서 산출되는 도토에는 여러 색이 있으며, 색에 따라 자니(紫泥, 자주색) · 녹니(綠泥, 녹색) · 홍니(紅泥, 홍색) · 백니(白泥, 백색) 등으로 구분한다.【역주】
  * 미공(眉公): 명나라 문학가이며 화가인 진계유(陳繼儒, 1558-1639)의 호.【역주】

너무 작으며, 물이 반 되(약 400ml) 들어가면서 형태가 고아하고 말끔한 것을 획득하여 가져다 차를 따르면 더욱 쓰기에 적당하다. 제량(提梁)145) · 와과(臥瓜)146) · 쌍도(雙桃)147) · 선면(扇面)148) · 팔릉세화(八棱細花)149) · 협석다체(夾錫茶替)150) · 청화백자(青花白瓷) 등의 여러 저속한 양식은 모두 사용할 수 없다. 주석호(朱錫壺)는 조량벽(趙良璧)151)의

---

* 화방록(畫舫錄):『양주화방록(揚州畫舫錄)』18권. 양주 일대의 정원과 기이한 경치 및 풍토와 인물에 관하여 기록한 필기로, 저자는 청나라 희곡작가 이두(李斗, 1749-1817).【역주】

145) 제량(提梁): 다호의 몸통 옆이 아니라, 몸통의 위부분에 'n'자처럼 달린 다리 모양의 손잡이. 여기서는 이러한 손잡이가 달린 다호 즉 '제량호(提梁壺)'를 가리킨다.【역주】

146) 와과(臥瓜): 누운 참외. 여기서는 몸통이 누워 있는 참외 모양의 다호를 가리킨다.【역주】

147) 쌍도(雙桃): 두 개의 복숭아. 여기서는 두 개의 복숭아 무늬가 장식된 다호를 가리킨다. 현대에는 뚜껑의 꼭지 부위를 두 개의 복숭아 형태로 만든 자사호를 가리킨다.【역주】

148) 선면(扇面): 부채. 여기서는 몸통의 모양이 쥘부채를 펼친 모양의 다호나 부채 무늬가 장식된 다호를 가리킨다.【역주】

149) 팔릉세화(八棱細花): 팔각형의 세밀한 문양. 여기서는 몸통이 팔각형에 세밀한 무늬가 있는 다호를 가리킨다.【역주】

150) 협석다체(夾錫茶替): 주석을 끼워 넣어 만든 다구. 청대 주석매(朱石梅, 1790?-1866?)가 사태석포호(砂胎錫包壺, 자사로 만들어 주석으로 감싸 장식한 다호)를 창조하였으므로, 그 이전에는 전체를 주석으로 만들거나 부분적으로 주석을 장식한 다호를 가리킨다. 다체(茶替)의 정확한 의미는 알 수 없으나, 문맥으로 보아 다구(茶具) 즉 다호(茶壺)로 풀이하였다.【역주】

151) 조량벽(趙良璧):『고불고록(觚不觚錄)』에서 "지금 소주의 육자강(陸子剛)이 제작한 옥 제품과 조량벽이 제작한 주석 제품은 모두 보통 가격과 비교하여 2배이며, 이 사람들 가운데 사대부와 교류하는 사람이 있게 되었다.(今吳中陸子剛之治玉, 趙良璧之治錫, 皆比常價再倍, 而其人至有與縉紳坐者.)"라고 하였다.
건륭시기『오현지(吳縣志)』에서 "조량벽은 가정시기에 주석호를 제작하여, 절묘한 기술로 칭송되었으며, 후인들 가운데 그의 이름을 사칭하는 사람이 많았다.(趙良璧, 嘉靖中, 鑄錫壺, 稱絶技, 後人多謬托其名.)"라고 하였다.【原註】
* 고불고록(觚不觚錄): 1권. 명나라 학자 왕세정(王世貞, 1526-1590)이 명대의 전장제도에 관해 전문적으로 기록한 저서.【역주】
* 육자강(陸子剛, ?-?): 명나라 가정-만력시기에 활약하였으며, 각종 옥의 제작

712
장물지

제품이 훌륭하지만 겨울에 쓰기에 적당하다. 근래 소주(蘇州) 귀무덕(歸懋德)[152])의 주석호와 가흥(嘉興) 황원길(黃元吉)[153])의 주석호는 가격이 모두 가장 높지만 제품이 작고 저속하며, 금은으로 만든 기물은 높은 품격에 들어가지 못한다. 선덕시기(宣德時期, 1426-1435)에는 첨족다잔(尖足茶盞)[154])이 있는데, 재료가 정갈하고 양식이 우아하며 재질이 두터워 잘 식지 않고 옥처럼 결백하여 찻물의 색을 시험할 수 있으므로, 찻잔 중에 제일이다. 가정시기(嘉靖時期, 1521-1566)에는 단잔(壇盞)[155])이 있으며, 내면에 '다(茶)'·'탕(湯)'·'과(果)'·'주(酒)'자가 있고 굽 표면

기법에 뛰어났던 옥 장인으로 강소성 태창(太倉) 사람. 평생 만든 작품의 숫자가 99개라는 설이 있다.【역주】

152) 귀무덕(歸懋德): 귀복초(歸復初, ?-?). 자(字)는 무덕(懋德), 소주 사람. 명 만력연간의 조량벽보다 조금 후대에 주석 제품을 잘 만들었던 장인. 그가 만든 주석호를 '귀호(歸壺)'라고 하며, 청 희곡작가 사곤(謝堃, 1784-1844)의 필기『금옥쇄쇄(金玉瑣碎)』에 따르면, 주석으로 다호의 몸통을 만들고 단목(檀木)으로 손잡이를 만들었으며, 옥으로 부리와 뚜껑의 꼭지를 만들었다고 하였다.【역주】

153) 황원길(黃元吉): 황상(黃裳, ?-?), 자(字)는 원길(元吉). 절강성 가흥 사람으로 주석으로 다구를 잘 만든 사람.【역주】

154) 첨족다잔(尖足茶盞): 굽이 뾰족한 찻잔. 굽 자체가 원추형으로 뾰족한 찻잔 크기의 기물이 중국 도자기에는 없으며, 고려청자 마상배(馬上杯)가 있다. 여기서는 영락과 선덕시기에 경덕진 어요창에서 제작하여 유행하였으며, 높이 6cm정도에 구경이 10cm정도이고, 굽의 내면에 계심(鷄心, 닭의 심장)처럼 원추형으로 살짝 볼록하게 튀어나와 '계심완(鷄心碗)'으로 불리는 기물을 가리키는 것으로 추정한다. 북경 고궁박물원에 영락청화계심완이 소장되어 있다. 현대에는 굽을 파내어 굽의 벽이 얇고 접지면이 둥그스름한 굽 즉 가장 일반적인 형태의 굽을 '첨족(尖足)'이라고도 하며, 보통은 '권족(圈足)'이라 한다. 밑 부분이 원추형으로 뾰족한 형태는 첨족이 아니라 '첨저(尖底)'라 한다.【역주】

155) 단잔(壇盞): 제단에서 사용하는 잔. 선덕시기의 백자 단잔에는 내면의 중심에 청화로 '단(壇)'자가 쓰인 잔이 있다. 대만 고궁박물원에 높이 5.4cm에 구경 10.7cm의 이러한 잔이 소장되어 있다. 가정시기의 단잔에는 내면의 중심에 '다(茶)'·'탕(湯)'·'과(果)'·'주(酒)' 등의 글자가 쓰여 있고 굽의 표면에는 '금록대초단용(金籙大醮壇用)'이라는 관지가 있었다. 가정황제는 도교를 맹신하여, 초제(醮祭, 도교의 제사의식)를 거행하며 단잔에 단약(丹藥)을 담아 마시며 장생불로를 기원했다고 한다.【역주】

에 '금록대초단용(金籙大醮壇用)'156) 등의 글자가 있는데, 역시 훌륭하다. 기타 정요 백자 등의 자기는 완상하는 기물로 소장하며, 일용에는 적당하지 않다. 대체로 점다(點茶)157)를 하려면 협잔(燴盞)158)을 하여 따스하게 해야 찻물의 표면에 하얀 거품이 모이는데, 옛날 도자기는 뜨거운 물로 데우면 쉽게 손상되므로 몰라서는 안 된다. 또 '최공요(崔公窯)'159)라 부르는 한 종류가 있는데, 조금 찻잔이 크며 과실을 놓을 수가

---

156) 금록대초단용(金籙大醮壇用): 금록대초(金籙大醮)는 '태상금록나천대초(太上金籙羅天大醮)'의 약칭으로, 제사를 지내는 신위(神位)가 1,200위에 달하는 도교에서 최고 단계에 속하는 제사 의식의 하나이다. '금록대초단용(金籙大醮壇用)'은 '태상금록나천대초'라는 제사를 초단(醮壇, 도사가 제사지내는 제단)에서 지낼 때에 사용하는 용도의 기물을 가리키며, 가정시기에 많이 제작되었다. 구경 6cm정도의 소형 기물이다.【역주】

157) 점다(點茶): 권2「오동」의 원주 참고. 『다록(茶錄)』「상편(上篇)」에서 "무릇 점다(點茶)를 하려면 먼저 잔을 데워 뜨겁게 해야 하며, 차가우면 차 가루가 떠오르지 않는다.(凡欲點茶, 須先燴盞令熱, 冷則茶不浮.)"라고 하였다.【原註】
   * 점다(點茶): 분쇄한 차 가루를 찻잔에 넣고 끓는 물을 부어 다선(茶筅, 차 솔)으로 신속하게 휘저어 거품이 일게 하여 마시는 방법으로, 송원시기에 유행하였으며, 현대의 말차를 마시는 방법이다.【역주】

158) 협잔(燴盞): 협(燴)의 음은 협(脅)이다. 『광운(廣韻)』에서 "불기운이 피어오른다.(火氣燴上.)"라고 하였다. 『집운(集韻)』에서 "불과 통하게 하는 것이다.(火通也.)"라고 하였다. 생각건대 협(燴)에는 탕(燙)의 의미가 포함되어 있으며, 지금 강소성 보응(寶應)과 고우(高郵) 일대에서는 여전히 '탕수(燙手, 손을 데이다)'를 '협수(燴手)'라고 한다.【原註】
   * 협잔(燴盞): 점다하기 전에 뜨거운 물을 부어 찻잔을 미리 따스하게 데우는 것.【역주】

159) 최공요(崔公窯): 『경덕진도록(景德鎭陶錄)』에서 "가경-융경(1522-1572) 사이의 사람으로 도자기를 잘 만들었으며, 선덕요와 성화요의 남겨진 법식을 많이 모방하여 자기를 제작해서, 당시에 뛰어나다고 평가되어 그가 만든 기물을 '최공요자(崔公窯瓷)'라고 하며, 사방으로 다투어 팔렸다. 여러 자기 가운데 잔은 선덕과 성화의 두 가마와 비교하여 조금 크지만, 정밀하고 우수하기는 동일하고, 나머지 청화자기와 채색자기의 무늬와 색깔은 모두 선덕요 및 성화요와 동일하여 민요의 으뜸이다.(嘉隆間人, 善治陶, 多仿宣成窯遺法製器, 當時以爲勝, 號其器曰崔公窯瓷, 四方爭售 諸器中惟盞或較宣成兩窯差大, 精好則一, 餘靑彩花色悉同, 爲民窯之冠.)"라고 하였다. 이름은 알 수 없다.【原註】
   * 최공요(崔公窯): 최공은 최국무(崔國懋, ?-?)이다. 명 융경-만력시기에 경덕진

714

장물지

있지만, 과실도 개암·잣·신선한 죽순·계두(鷄豆)[160]·연실(蓮實)[161]
처럼 차의 향기와 맛을 빼앗지 않는 것만 사용할 수 있을 뿐이다. 기타
귤·말리(茉莉)[162]·계화(桂花)와 같은 종류는 절대 사용할 수 없다.

二十三. 茶壺茶盞[163]

茶壺以砂者爲上, 蓋旣不奪香, 又無熟湯氣[164]. 供春最貴, 第形不雅, 亦無差
小者. 時大彬所製又太小, 若得受水半升, 而形製古潔者, 取以注茶, 更爲適用.
其提梁[165]臥瓜雙桃扇面八棱細花夾錫茶替靑花白地[166]諸俗式者, 俱不可用. 錫
壺有趙良璧者亦佳, 然宜冬月間用. 近時吳中歸錫[167], 嘉禾黃錫[168], 價皆最高,
然製小而俗, 金銀俱不入品. 宣廟[169]有尖足茶盞, 料精式雅, 質厚難冷, 潔白如
玉, 可試茶色, 盞中第一. 世廟[170]有壇盞, 中有茶湯果酒, 後有金籙大醮壇用等
字者, 亦佳. 他如白定等窯[171], 藏爲玩器, 不宜日用. 蓋點茶須熁盞令熱, 則茶面

에서 도자기를 잘 만들어 '최공'이라 존칭되었다.【역주】
160) 계두(鷄豆): 흠실미(芡實米)로, '계두과(鷄豆果)'라 속칭한다. 권11 「검(芡)」의 원
    주 참고.【原註】
161) 연실(蓮實): 연자(蓮子, 연밥). '연미(蓮米)'나 '연심(蓮心)'이라고도 한다.【原註】
162) 말리(茉莉): 말리화. 권2 「말리(茉莉)·소형(素馨)·야합(夜合)」의 원주 참고.【原註】
163) 茶盞(다잔): 본권 「다구의 세척」 원주 참고.【原註】
164) 熟湯氣(숙탕기): 쉰 맛.【역주】
165) 提梁(제량): 권7 「호두(糊斗)」의 원주 참고.【原註】
166) 靑花白地(청화백지): 백색 바탕에 청색의 무늬, 즉 청화백자. 여기서는 청화백자
    다호를 가리킨다.【역주】
167) 吳中歸錫(오중귀석): 오중(吳中)은 즉 소주. 귀석(歸錫)은 즉 귀무덕(歸懋德)의
    제품. 『양선명도록(陽羨名陶錄)』에서 "주석호는 황원길이 제일이고 귀무덕은 그
    다음이다.(錫注以黃元吉爲上, 歸懋德次之.)"라고 하였다.【原註】
    * 양선명도록(陽羨名陶錄): 2권. 청대 수집가 오건(吳騫, 1733-1813)이 의흥의 자
      사 기물을 전문적으로 소개한 저서.【역주】
168) 嘉禾黃錫(가화황석): 가화(嘉禾)는 지금의 절강성 가흥(嘉興). 황석(黃錫)은 황원
    길(黃元吉)의 제품.【原註】
169) 宣廟(선묘): 권7 「해론·동옥조각요기(海論銅玉雕刻窯器)」의 원주 참고.【原註】
170) 世廟(세묘): 본권 「침향」의 원주 참고.【原註】
171) 白定等窯(백정등요): 백정(白定)은 백색의 정요자기. 권2 「분완(盆玩)」의 원주 참

聚乳[172]), 舊窯器燴熱[173])則易損, 不可不知. 又有一種名崔公窯, 差大, 可置果實, 果亦僅可用榛[174])松[175])新笋[176])鷄豆蓮實不奪香味者. 他如柑橙[177])茉莉木樨[178])

고.【原註】

172) 聚乳(취유): 유화(乳花, 찻물의 표면에 피는 우유처럼 하얀 거품)가 모이다.【역주】

173) 燴熱(협열): 뜨거운 물로 잔을 데우는 것을 '협(燴)'이라 한다.【原註】

174) 榛(진): 진(榛, Corylus heterophylla. 개암)은 '진자(榛子, 개암)'라고도 하며, 열매의 모양이 밤과 같고, 씨는 식용할 수 있다. 화목과(樺木科)에 속한다. 육기(陸機, 261-303)의『시소(詩疏)』에서 "개암나무와 밤나무 종류. 그 한 종류는 껍질과 잎이 모두 밤과 같고 열매의 모양은 도토리와 같은데, 맛도 밤과 같아 이른바 '개암나무와 밤나무를 심고'라는 것이다. 그 한 종류는 가지와 잎이 목료(木蓼, 다래나무과에 속하는 낙엽 덩굴나무)와 같고, 한 길 높이로 자라며, 호두의 맛이 나고, 요동(遼東)과 상당(上黨, 지금의 산서성 장치시(長治市) 일대)에 풍부하다.(榛栗屬. 其一種皮葉皆如栗, 其子形如杼子, 味亦如栗, 所謂樹之榛栗者也. 其一種枝葉如木蓼, 生高丈餘, 作胡桃味, 遼東上黨皆饒.)"라고 하였다.【原註】

 * 개암: 자작나무과 개암나무속의 낙엽 활엽관목 개암나무의 열매로, 전래 동화 도깨비와 개암에 나오는 바로 그것이다. 개암나무는 산야에서 흔히 보이며 높이 1-2m까지 자라고, 9월에 딱딱한 껍질에 싸인 열매가 익는데, 식용할 수 있다.【역주】

 * 시소(詩疏): 2권. 원명은『모시초목조수충어소(毛詩诗草木鳥獸蟲魚疏)』.『시경』에 나오는 동식물을 설명한 저서로, 모두 175종의 동식물을 기록하였다.【역주】

 * 樹之榛栗(수지진율): 출처는『시경·용풍·정지방중(詩經·鄘風·定之方中)』.【역주】

175) 松(송): 해송(海松, Pinus koraiensis, 잣나무)과 화산송(華山松, Pinus armandii, 잣나무의 일종)의 씨로, 크며 맛이 좋아 식용할 수 있고, '송자(松子, 잣)'라고 속칭하며, 식품으로 만든 것에 송자당(松子糖)과 송자고(松子糕) 등이 있다. 송과(松科)에 속한다.
『격치총론(格致總論)』에서 "잣은 두 종류로 해송자(海松子)는 신라에서 산출되며 작은 밤과 같이 삼각형으로, 그 속의 씨는 맛이 좋아 동이(東夷)의 사람들이 먹으며, 과실로 충당한다. 운남의 잣은 파두(巴豆)와 비슷하며, 맛이 해송자에 미치지 못한다.(松子二種, 海松子生新羅, 如小栗三角, 其中仁美, 東夷食之, 當果. 雲南松子, 巴豆相似, 味不及也.)"라고 하였다.【原註】

 * 松(송): 일반적으로 소나무를 가리키지만, 여기서는 잣나무의 열매인 잣의 의미로 사용되었다.【역주】

 * 파두(巴豆): 학명은 Croton tiglium. 대극과(大戟科) 파두속(巴豆屬) 식물로 6-10m까지 자라는 상록교목인 파두나무의 건조시킨 열매. 중국 장강이남에서 자란다.【역주】

176) 新笋(신순): 신선한 죽순.【原註】

之類, 斷不可用.

24. 숯 고르기(擇炭)

차는 연기를 가장 싫어하므로 숯이 아니면 안 된다. 낙엽·가는 대나무 가지·나무 끝가지·솔방울 부류는 비록 우아하다고 하지만 실제로는 사용할 수 없다. 또 폭탄(暴炭)[179]과 고신(膏薪)[180] 같은 것은 짙은 연기가 방안을 덮으므로 더욱 차에 대하여 마귀가 된다. 숯은 장흥(長興)의 다산(茶山)[181]에서 산출된 것은 '금탄(金炭)'이라 하는데, 크기가 사용하기에 가장 적당하며 부화(麩火)[182]를 이용하여 불을 피워서 '차의 친구'라 할 수 있다.

二十四. 擇炭

湯最惡煙, 非炭不可. 落葉竹篠[183]樹梢松子[184]之類, 雖爲雅談, 實不可用. 又

---

177) 柑橙(감등): 귤 종류.【역주】
178) 목서(木樨): 계화. 권2「계(桂)」의 원주 참고.【原註】
179) 폭탄(暴炭): 숯을 만들 때 완전하게 연소되지 못한 것은 숯을 피울 때 항상 터지면서 연기가 난다.【原註】
180) 고신(膏薪): 땔나무 가운데 완전히 건조되지 않은 것은 연소될 때에 항상 진액이 흘러나오고 연기가 난다.【原註】
181) 다산(茶山): 절강성 장흥현 서북의 고저산(顧渚山). 이 산에서 나는 자순차(紫笋茶)는 당나라 대종(代宗, 재위 762-779)시기부터 공품이 되었다.【역주】
182) 부화(麩火): '부탄(麩炭)의 불'로 풀이한다. 땔나무가 타서 아직 숯이 되지 않은 것을 '부탄(麩炭)'이라 하며, 불을 피우기 가장 쉽다. 『다전』에서 "땔나무 속 부탄의 불, 타고 남은 허탄(虛炭).(柴中之麩火, 焚餘之虛炭.)"이라고 하였다.【原註】
183) 竹篠(죽조): 가는 대나무를 '조(篠)'라 한다. 죽조(竹篠)는 죽초(竹梢, 대나무 꼭대기 부분)와 죽지(竹枝, 대나무 곁가지)로 풀이할 수 있다. 『다전』에서 "바람에 말린 대나무 가지와 나무 잔가지(風乾之竹篠樹梢.)"라고 하였다.【原註】
184) 松子(송자): 여기서는 송과(松果, 솔방울)로 풀이한다.【原註】

如暴炭膏薪, 濃煙蔽室, 更爲茶魔. 炭以長興[185]茶山出者, 名金炭, 大小最適用, 以麩火引之, 可稱湯友.

185) 長興(장흥): 지금의 절강성 장흥현.【原註】

오소당(伍紹棠)의 발문(跋文)

　　오른 편1)의 『장물지(長物志)』12권은 명나라 문진형(文震亨)이 편찬하였다. 문진형의 자(字)는 계미(啓美)이고 장주(長洲)2) 사람으로, 문징명(文徵明)의 증손자이다. 숭정연간에 벼슬은 무영전(武英殿)3) 중서사인(中書舍人)4)으로 거문고를 잘 연주하는 것으로 황제를 모셨는데, 명나라가 망하자 순절(殉節)5)하였다. 서야공(徐埜公)6)의 『명화록(明畫錄)7)』에서 "문진형의 그림은 송원시기의 여러 명가를 조종으로 삼아 격조와 운치가 아울러 뛰어났다."라고 하였다. 『명시종(明詩綜)8)』을 살펴

---

1) 오른 편: 고대의 시책은 세로쓰기로, 오른편에서 글을 쓰기 시작하여 왼편으로 써 나가며, 발문은 책의 제일 뒤인 왼쪽 끝 부분에 있으므로, 이렇게 표현하였다.【역주】
2) 장주(長洲): 지금의 강소성 소주시.【역주】
3) 무영전(武英殿): 명대 초기에 건설된 궁전으로 ,북경 고궁의 오문(午門)을 지나 서쪽에 위치한다. 명대초기에는 여기서 황제가 한가로이 거주하거나 대신을 불러 만났으며, 대조(待詔)를 두어 화가를 근무시켰다.【역주】
4) 중서사인(中書舍人): 선진시기에 시작되었으며, 본래 제왕과 태자를 가까이 모시는 속관으로, 위진시기에는 중서성(中書省)에서 조서와 명령의 전달을 담당하였다. 명대에는 종7품으로 황제의 각종 문서를 쓰는 일을 담당하였다.【역주】
5) 순절(殉節): 죽음으로 절개를 지키다. 홍광원년(弘光元年, 1645), 청군이 소주를 점령하자 문진형은 양징호(陽澄湖, 소주 북부에 있는 호수)로 피신하였다. 청군이 체발령(剃髮令, 머리를 깎아 변발을 하도록 하는 명령)을 실시하자 강에 투신하였으며, 가족들이 구출하였으나, 6일 동안 단식하여 사망하였다.【역주】
6) 서야공(徐埜公): 서심(徐沁, ?-?)은 청나라 회계(會稽) 사람으로, 자(字)가 야공(埜公)이며, 『명화록(明畫錄)』을 저술하였다.【原註】
7) 명화록(明畫錄): 8권. 명나라 종실 주모인(朱謀堊, ?-?)의 『화사회요(畫史會要)』를 참고하고, 원말명초의 화가 하문언(夏文彦, ?-?)의 『도회보감(圖繪寶鑑)』을 모방하여, 종류를 나누어 시대에 따라 명대의 화가 870명의 전기를 기록하였다.【역주】
8) 명시종(明詩綜): 청 주이존(朱彝尊)이 편찬.【原註】
　* 명시종(明詩綜): 100권. 주이존이 수집하여 기록하고, 친구 왕삼(汪森, 1653-1726. 문학가)·주단(朱端, ?-?)·장대수(張大受, 1660-1723. 문학가) 등이 나누

보면 문진형의 시 2수가 수록되어 있으며 아울러 왕각사(王覺斯)9)의 말이 실려 있다. "담지(湛持)10)는 다른 사람이 참언(讒言)을 할까 근심하고 다른 사람이 비방을 할까 두려워하였으나, 문진형은 벼슬길에서 부침하고 시가를 소리 내어 읊으며 한가롭게 노닐어 세상에서 질투하는 사람이 없었으니, 처세에 진실로 도가 있었다."고 말하였다. 담지(湛持)는 바로 문진형의 형으로서, 장주(長洲) 출신으로 상국(相國)11)이 되었으며, 고령(顧苓)12)은 절대로 문진형이 순절한 일을 언급하지 않았다. 어찌 죽타(竹垞)13)가 또한 들은 사실을 살피지 않고 전했겠는가? 명나

어 정리하고 평가하였다. 홍무에서 숭정까지의 명나라 시인과 명이 망한 뒤의 유민과 순절한 대신까지 포함하여 3,400여명의 작품을 수록하였으며, 강희 44년(1705)에 간행되었다.【역주】

9) 왕각사(王覺斯): 왕탁(王鐸, 1592-1652)은 명나라 맹진(孟津, 지금의 하남성 맹진현) 사람으로, 자(字)는 각사(覺斯)이며, 천계연간(1621-1627)에 진사가 되었고, 여러 번 발탁되어 예부상서가 되었으며, 순치연간(順治年間, 1644-1661)에 청나라에 항복하여 관직이 예부상서에 이르렀고, 죽은 뒤의 시호는 문안(文安)이다. 시문에 정통하고 산수·난초와 대·매화와 바위를 잘 그렸으며, 겸하여 글씨를 잘 써『의산원첩(擬山園帖)』이 있는데, 여러 서체가 다 구비되어 있다.【原註】

* 의산원첩(擬山園帖): 10권. 순치 8년부터 16년(1651-1659) 사이, 왕택의 아들 왕무구(王無垢, ?-?. 서예가)가 왕택의 작품 103종을 모아 모각하여 간행하였다.【역주】

10) 담지(湛持): 문진형의 형 문진맹(文震孟, 1574-1636). (字)는 문계(文啓), 호는 담지(湛持), 시호는 문숙(文肅).【原註】

11) 상국(相國): 재상. 문진맹은 숭정 8년(1635) 7월에 예부좌시랑(禮部左侍郎, 정3품) 겸 동각대학사(東閣大學士, 정1품)에 임명되었다.【역주】

12) 고령(顧苓, 1609-1682): 자(字) 운미(雲美), 호 탁재거사(濁齋居士)·탑영원객(塔影園客). 명 남직예(南直隸) 소주부 사람. 명나라가 망한 뒤에 소주 호구산(虎丘山) 기슭에 탑영원을 짓고 은거하였다. 시문과 전각에 뛰어났다. 문집『탑영원집(塔影園集)』에「무영전 중서사인으로 사직한 문진형의 행장(武英殿中書舍人致仕文公行狀)」이 실려 있다.【역주】

13) 죽타(竹垞): 주이존(朱彝尊). 자(字)는 석창(錫鬯), 호는 죽타(竹垞), 절강 계수(季水, 지금의 절강성 가흥시) 사람. 명 숭정 2년(1629)에 태어나 청 강희 48년(1709)에 사망하였다. 포의로 박학홍사과(博學鴻詞科)에 합격하여 검토(檢討)에 임명되었다.【原註】

* 박학홍사과(博學鴻詞科): 당나라 개원연간에 시작된 과거의 일종으로, 청대에는

라 중엽에 천하가 태평하여 사대부들은 해박한 학식을 숭상하여 서예를
비평하고 그림을 품평하며, 차를 끓이고 향을 사르고 거문고를 연주하
고 수석을 선정하는 것과 같은 일에 하나도 정통하지 않음이 없었다.
그리고 그 당시의 시인묵객들도 모두 감별에 정통하고 품제(品題)[14]를
잘하여, 옥돈(玉敦)과 주반(珠盤)[15]이 회맹(會盟)의 제단을 눈부시게 비
추는 것과 같았다. 문진형의 이 책과 같은 것도 역시 탁월하여 전할 만
한 것이리라! 대체로 귀한 사람들의 풍류와 우아한 사람의 심오한 운치
가 모두 이 책에 드러나 있다. 오래지 않아 나라에 변고가 발생하여 상
전벽해가 되어, 이전의 이른바 '옥섭금제(玉躞金題)'[16]와 '기화이초(奇花

강희 17년(1678)과 건륭원년(1735)의 두 번에 걸쳐 북경에서 시행되었다.【역주】
* 검토(檢討): 명청시기 종7품의 관직으로, 한림원(翰林院)에 속하며 국사(國史)
  편찬을 담낭하였나.【역주】
14) 品題(품제): 시문과 서화 등에 대한 평론. 시문과 서화에 쓴 제발이나 평론.【역주】
15) 옥돈(玉敦)과 주반(珠盤): 옥돈(玉敦)은 옥으로 만들거나 옥을 장식한 돈(敦, 기장
  과 서를 담는 용기)이며, 주반(珠盤)은 주반(珠槃, 구슬을 장식한 나무로 만든 쟁
  반)으로, 모두 고대 제후가 피를 발라 맹세하는 삽혈(歃血) 의식을 치를 때에 사용
  하는 용기.【역주】
16) 玉躞金題(옥섭금제):『화품(畫品)』에서 "해악(海嶽, 미불의 호)의『서사(書史)』에
  서 '수당시기에 소장한 도서는 모두 금제(金題, 금니로 쓴 제목)·옥섭(玉躞, 족자
  의 옥으로 만든 축)·금담(錦贉, 서화 두루마리의 권두에 붙인 비단)·수치(繡褫,
  수놓은 비단으로 만든 표치(褾褫)이다. 금제는 그림의 첫머리이고, 옥섭은 축이
  다.'라고 하였다.(海嶽書史云, 隋唐藏書, 皆金題玉躞, 錦贉繡褫. 金題畫頭也. 玉躞
  軸心也.)"라고 하였다.
  포형(包衡)의『청상록(淸賞錄)』에서 "미불의『서사』에서 '수당시기에 소장한 도서
  는 모두 금제(金題)·옥섭(玉躞)·금담(錦贉)·수치(繡褫)이다. 금제는 그림의 첫
  머리이고, 옥섭은 축이다. 담(贉)은 권두에 붙인 비단으로, 사람들은 옥지표(玉池
  褾)라 하고, 겉면에 대나무 테를 첨가하고 눌러서 권두를 덮은 것을 표치(標褫)라
  한다.'라고 하였다.(米海嶽書史云, 隋唐藏書皆金題玉躞錦贉繡褫. 金題押頭也. 玉
  躞軸心也. 贉, 卷首貼綾, 人謂之玉池褾, 外加竹界而打撅其覆首曰標褫.)"라고 하였
  다.【原註】
  * 화품(畫品): 1권.『덕우재화품(德隅齋畫品)』. 북송 문학가 이채(李廌, 1059-
    1109)가 당나라 그림 4점·오대 그림 13점·송대 그림 5점을 품평한 내용. 이채
    의 자(字)는 방숙(方叔)이고 호가 덕우재이다.【역주】

異草)'라는 것이 초나라 사람의 횃불 하나[17]에 다 타버리게 제공되었을 뿐이었다. 오호라! 운수에는 평탄하기만 하여 기울지 않는 경우란 없고 사물에는 모이기만 하여 흩어지지 않는 경우란 없다. 내가 『장물지』를 교정하며, 정말로 맹상군(孟嘗君)[18]이 옹문자(雍門子)[19]의 거문고 연주를 듣고 눈물이 줄줄 흘러 옷깃을 적셔도 스스로 그칠 수가 없던 것과 같았다. 동치 갑술년(1874) 소한(小寒) 하루 전, 남해(南海)[20] 오소당(伍紹棠)[21]이 삼가 발문을 쓰다.

---

* 표치(裱褫): 표치(裱褙)나 표치(褾褙)로도 쓴다. 그림 뒷면의 상단에 붙인 그림의 천체를 감싸는 유색 비단이나 유색 종이로, 속칭 '포수(包首)'이다.【역주】
* 청상록(淸賞錄): 12권. 명나라 포형(包衡, ?-?)과 장익(張翼, ?-?)이 공동으로 편찬한 필기로, 만력시기에 간행되었다.【역주】

17) 초나라 사람의 횃불 하나: 두목(杜牧, 803-852?. 당나라 문학가)의 「아방궁부(阿房宮賦)」에서 "초나라 사람의 횃불 하나로, 가련하게 국토가 다 타버렸네.(楚人一炬, 可憐焦土.)"라고 하였다. 초나라 사람은 원래 항우(項羽, B.C.232-B.C.202)를 가리키지만, 여기서는 청나라 군대가 남하하여 지방이 전쟁의 재난을 만나, 건물이 텅 비고 소장품이 다 타서 재가 된 것을 비유하여 말하였다.【原註】

18) 맹상군(孟嘗君): 전국시대 제나라의 정치가 전문(田文, ? B.C.279). 전국시대 사공자의 일인이며, 『사기 · 맹상군열전(孟嘗君列傳)』에 따르면 식객이 3,000명에 이르렀다.【역주】

19) 옹문자(雍門子): 옹문자(雍門子, ?-?)는 전국시대 제(齊)나라 사람으로 이름은 주(周)이며, 옹문(雍門)에 거주하였으므로 이것으로 호를 삼아 '옹문자(雍門子)'나 '옹문자주(雍門子周)'라 하였다. 거문고를 잘 연주하여 일찍이 맹상군의 문객이 되었다.
『설원 · 선설(說苑 · 善說)』에서 "옹문자주가 거문고를 끌어당겨 노래하며, 천천히 궁현(宮弦)과 치현(徵弦)를 움직이고, 살며시 우현(羽弦)과 각현(角弦)을 튕기며 간절하게 마무리하여 곡을 끝냈다. 맹상군이 눈물을 마구 흘리고 흐느끼며 다가와 '선생이 연주한 거문고는 문(文, 맹상군 자신)으로 하여금 나라를 부수고 도시를 망친 사람과 같게 합니다.'라고 하였다.(雍門子周引琴而歌之, 徐動宮徵, 微揮羽角, 切終而成曲. 孟嘗君涕浪汗增, 欷而就之曰, 先生之鼓琴, 令文若破國亡邑之人也.)" 라고 하였다.【原註】
* 옹문(雍門): 춘추시대 제나라의 수도[지금의 산동성 임치(臨淄)]의 성문.【역주】
* 설원(說苑): 20권. 서한의 문학가 유향(劉向, B.C.77-B.C.6)이 춘추전국시대부터 한대까지의 고사를 모아 편찬한 소설집.【역주】

20) 남해(南海): 지금의 광동성 남해현(南海縣).【原註】

跋22)

　右長物志十二卷, 明文震亨撰. 震亨字啓美, 長洲人, 徵明之曾孫. 崇禎
中, 官武英殿中書舍人, 以善琴供奉, 明亡, 殉節死. 徐埜公明畫錄稱其畫
宗宋元諸家, 格韻兼勝. 考明詩綜錄啓美詩二首, 幷述王覺斯語, 言湛持憂
讒畏譏23), 而啓美浮沈金馬24), 吟詠徜徉25), 世無嫉者, 有其處世固有道
焉. 湛持卽啓美之兄, 長洲相國也, 顧26)絶不言其殉節事. 豈竹垞尙傳聞
未審歟. 有明中葉, 天下承平27), 士大夫以儒雅28)相尙, 若評書品畫, 瀹茗
焚香, 彈琴選石等事, 無一不精. 而當時騷人墨客, 亦皆工鑒別, 善品題,
玉敦珠盤, 輝映壇坫29), 若啓美此書, 亦庶幾卓卓30)可傳者. 蓋貴介31)風

---

21) 오소당(伍紹棠): 연구가 필요하다.【原註】
　* 오소당(伍紹棠, ?-?): 청대말기의 저명한 장서가이자 실업가로 이화양행(怡和洋
　　行, 양행은 외국인이 중국에 개설한 무역회사)을 경영하여 거부가 되어있던 오숭
　　요(伍崇曜 (1809?-1863)의 맏아들로, 흠사거인(欽賜擧人, 과거를 보지 않고 황
　　제가 예외적으로 수여하여 된 거인)이 되어 산동성 형부사랑중(刑部司郎中)을
　　역임했고, 화령(花翎, 공작의 깃털로 만든 모자에 꽂는 장식)을 상으로 착용할
　　수 있었다.【역주】
22) 跋(발):『미술총서(美術叢書)』판에는 오소당의 발문이 있다.【原註】
　* 미술총서(美術叢書): 4집 160책. 1911년부터 시작하여 1936년에 완성. 언론인
　　등실(鄧實, 1877-1951)과 화가 황빈홍(黃賓虹, 1865-1955)이 역대 미술에 관한
　　자료를 망라하여 편집한 총서.【역주】
23) 憂讒畏譏(우참외기): 다른 사람이 참언(讒言)을 할까 근심하고, 다른 사람이 비방
　　을 할까 두려워한다. 출처는 송나라 문학가 범중엄(范仲淹)의 「악양루기(岳陽樓
　　記)」.【역주】
24) 금마(金馬): 금마(金馬)는 한나라 궁궐 대문의 이름. 금마문은 환서문(宦署門)으
　　로, 문 옆에 청동 말이 있으므로 '금마문'이라 하였다. '부침금마(浮沈金馬)'는 '벼슬
　　살이에서 부침하다'로 풀이한다.【原註】
25) 徜徉(상양): 한가로이 거닐다.【역주】
26) 顧(고): 문진형의 행장을 쓴 고령(顧苓).【역주】
27) 承平(승평): 태평(泰平).【역주】
28) 유아(儒雅): 학식이 해박하다. 박학다식한 유학자 혹은 문인과 풍아한 선비.【역주】
29) 壇坫(단점): 회맹(會盟, 회합하여 맹약을 맺다)의 단(壇).【역주】
30) 卓卓(탁탁): 탁월하다.【역주】
31) 貴介(귀개): 귀인. 존귀하다.【역주】

流, 雅人深致, 均於此見之. 曾幾何時[32], 而國變滄桑, 向所謂玉躞金題, 奇花異卉者, 僅足供楚人一炬. 嗚呼. 運無平而不陂[33], 物無聚而不散[34]. 余校此書, 正如孟嘗君聞雍門子琴, 淚涔涔霑襟而不能自止也. 同治甲戌[35]小寒前一日, 南海伍紹棠謹跋.

---

32) 曾幾何時(증기하시): 시간이 얼마 지나지 않아. 오래지 않아.【역주】
33) 運無平而不陂(운무평이불피): 『역경』태괘(泰卦)의 효사(爻詞)에서 "평평하지 않으면 기울어지지 않으며, 가지 않으면 돌아오지 못한다.(無平不陂, 無往不復.)"라고 하였다.【역주】
34) 物無聚而不散(물무취이불산): 구양수의 「집고록목서(集古錄目序)」에서 "어떤 이가 나를 나무라며 '사물이 많아지면 그 형세가 모이기 어렵고, 모인 것이 오래되면 흩어지지 않는 것이 없는데, 하필 이것에 의기양양하는가?'라고 하였다.(或譏予曰, 物多則其勢難聚, 聚久而無不散, 何必區區於是哉.)"라고 하였다.【역주】
35) 同治甲戌(동치갑술): 동치(同治)는 청 목종(穆宗, 재위 1862-1874) 재순(載淳, 1856-1875)의 연호이다. 동치 갑술은 동치 13년(1874)이다.【原註】

부록 1. 문진형의 평생 사적과 관련 자료

1. 『탑영원집(塔影園集)1)』명 고령(顧苓)2) 저
「무영전 중서사인으로 사직한 문진형의 행장(行狀)3)」

홍광원년(弘光元年, 1644) 5월에 남경이 이미 함락되고, 6월에 청나라 군사가 지역을 침략하여 소주에 이르자, 무영전 중서사인으로 사직한 문진형은 양징호(陽澄湖)4) 근처로 피난하였으나, 피를 토하고 며칠 뒤에 사망하였다. 어린 아들 문과(文果)5)가 이미 장성해서 문진형을 동쪽 교외의 새로 만든 묘소에 장사지내려고 계획하여, 문진형의 먼 조카 고령(顧苓)에게 행석을 기록한 내용을 갖추어 당대의 위대한 선생에게 명문(銘文)을 요청할 것을 부탁하였다. 공(公)의 이름은 진형이며 자(字)는 계미(啓美)이다. 7대조 문정총(文定聰)6)은 무창(武昌)7)에서 홍무황제를 모시고 산기사인(散騎舍人)8)을 했으며, 절강(浙江)으로 장가를 가

---

1) 탑영원집(塔影園集): 4권. 고령의 문집.【역주】
2) 고령(顧苓, 1609-1682): 자(字) 운미(雲美), 호 탁재거사(濁齋居士)·탑영원객(塔影園客). 명 남직예(南直隷) 소주부 사람. 명나라가 망한 뒤에 소주 호구산(虎丘山) 기슭에 탑영원을 짓고 은거하였다. 시문과 전각에 뛰어났다.【역주】
3) 행장(行狀): 죽은 사람의 족보·생평·생졸연월·본관·업적 등을 기록한 문장으로, 죽은 사람의 문하나 친구들이 쓴다.【역주】
4) 양징호(陽澄湖): 소주시 동북부에 있는 호수.【역주】
5) 문과(文果): 자(字)는 원공(園公). 문진형의 둘째 아들. 명나라가 망한 뒤에 승려가 되어 '동규(同揆)'라 하였으며, 강희 22년(1683)에 광동 조경(肇慶) 정호산(鼎湖山)에 머물다가 말년에 운남으로 들어가 대리(大理) 문수사(文殊寺)에서 사망하였다. 저서에 『한계집(寒溪集)』이 있다.【역주】
6) 문정총(文定聰, 1365-1424): 호는 일재(逸齋). 홍무황제의 산기사인을 지냈으며, 아들 넷을 낳았다.【역주】
7) 무창(武昌): 지금의 호북성 무창시.【역주】

서 문혜(文惠)9)를 낳았다. 문혜는 절강에서 와서 장주(長洲, 지금의 소주)에 호적을 정하고 성화 을유년(1645)에 거인이 되고 내수교유(淶水教諭)10)를 지낸 문홍(文洪)11)을 낳았다. 문홍은 성화 임진년(1472)에 진사가 되어 온주지부(溫州知府)12)를 지낸 문림(文林)13)을 낳았다. 문림은 한림원대조(翰林院待詔) 문징명(文徵明)을 낳았으며, 세상에서 '형산선생(衡山先生)'이라 부르는 사람이다. 문징명은 국자감박사 문팽(文彭)을 낳았다. 문팽은 위휘부동지(衛輝府同知)14) 문원발(文元發)15)을 낳았다. 문원발은 예부상서와 동각대학사(東閣大學士)16)를 지낸 문숙공(文肅公) 문진맹(文震孟)과 문진형을 낳았다. 문진형은 만력 을유년(1585)에 태어났으며, 어려서 남달리 총명하였고 명문가에서 나고 자라서 문장과 서화로 멋지게 노닐며 천하를 바삐 돌아다녔다. 신유년(1621)에 제생(諸生)17)으로 남옹(南雍)18)을 졸업하고, 남경에 거주하였다. 그 다음

---

8) 산기사인(散騎舍人): 명대에 칼을 차고 황제를 가까이서 모시는 친위대.【역주】
9) 문혜(文惠, 1399—1468): 자(字)는 맹인(孟仁), 호는 존심노인(存心老人). 문정총의 둘째 아들. 소주 장성원(張聲遠)의 데릴사위가 되어 소주에 거주하였다.【역주】
10) 내수교유(淶水敎諭): 내수(淶水)는 지금의 하북성 보정시(保定市) 내수현. 교유(敎諭)는 학교 관직의 명칭으로 현학(縣學, 현의 학교)에서 문묘의 제사를 담당하고 생원을 교육하는 직책.【역주】
11) 문홍(文洪, 1426-1499): 자(字)는 공대(功大), 호는 희소(希素). 역학(易學)에 정통했으며 시문에 뛰어났고, 저서에 『괄낭집(括囊集)』과 『문래수유문(文淶水遺文)』 등이 있다.【역주】
12) 온주지부(溫州知府): 복건성 온주부의 수령.【역주】
13) 문림(文林, 1445-1499): 자(字)는 종유(宗儒). 1474년에 온주 영가현(永嘉縣)의 지현(知縣)이 되고, 1498년에 온주지부가 되어 현직에서 사망하였다. 관직에 있으며 청렴결백하여 백성들이 화개산(華蓋山)에 각금정(却金亭)을 세워 기념하였다.【역주】
14) 위휘부동지(衛輝府同知): 위휘부(衛輝府)는 지금의 하남성 위휘시. 동지(同知)는 지부(知府)의 부관으로 정5품이며, 부(府)마다 1-2명을 두었다.【역주】
15) 문원발(文元發, 1529-1605): 호는 상남(湘南). 시문과 서화로 유명했다.【역주】
16) 동각대학사(東閣大學士): 정1품. 자금성의 동각(東閣)에서 근무하며, 황제에게 권고하고 대신이 황제에게 올리는 문서를 점검하며 대신 답변하는 등의 직무를 수행하였다.【역주】

해(1622) 문숙공이 정시(廷對)19)에서 장원을 하자 마침내 강개하여 왕무공(王無功)20)의 말을 빌려 "인간세상의 명교(名敎)21)는 형이 관장할 것이다."라고 하였다. 천계 갑자년(1624)에 가을 과거시험에 응시하였으나 합격하지 못하자 바로 과거를 포기하였으며, 바른 소리를 하며 거리낌이 없었고, 기녀를 선발하고 음악을 연주하면서 매일 아름다운 산수에 노닐었다. 얼마 뒤에 역엄(逆閹)22)이 정권을 독점하고 천하의 어진 사대부를 체포하여 살해하는 옥사를 일으켜, 문진맹이 아침저녁으로 걱정에서 벗어나지 못하자, 문진형은 바로 고향으로 돌아가 문진맹을 모셨다. 숭정황제가 등극하여 문진맹을 조정으로 돌아오도록 소환하였으며, 또 문진형에게 벼슬을 권유하였으나 응하지 않았다. 병자년(1636)에 문진맹이 사망하였으며, 1년이 지나 출발하여 북으로 올라가 선인(選人)23)이 되어 농주(隴州)24)의 반자(半刺)25)에 임명되었다. 이보다 앞서 거문고와 서예로 명성이 대궐에 전해져 황제의 은혜를 입어 중서사인으로 특별히 바꿔 임명되어 서적을 교정하는 사무를 협조하여 처리

---

17) 제생(諸生): 시험을 통과하여 중앙·부(府)·주(州)·현(縣)의 각급 학교에 들어가 학습하는 생원(生員).【주역】
18) 남옹(南雍): 남경 국자감. 북경의 국자감은 '북옹(北雍)'이라 한다.【역주】
19) 정대(廷對): 정시(廷試). 황제가 직접 문제를 내어 궁궐에서 거행하는 시험.【역주】
20) 왕무공(王無功): 당나라 시인 왕적(王績, 589?-644). 자(字)는 무공(無功), 호는 동고자(東皋子), 고대 강주(絳州) 용문현[龍門縣, 지금의 산서성 만영현(萬榮縣)] 사람. 거문고를 잘 탔고, 술을 좋아하여 『주경(酒經)』과 『주보(酒譜)』를 지었다.【역주】
21) 명교(名敎): 명(名)은 명분, 교(敎)는 교화. 명교는 명분을 정해 천하를 교화하여, 사회질서를 유지하고 보호하는 것.【역주】
22) 역엄(逆閹): 권세를 농락하며 악행을 저지르는 환관. 여기서는 천계 말기 환관의 수령 위충현(魏忠賢, 1568-1627) 일당을 가리킨다.【역주】
23) 선인(選人): 선발을 기다리는 후보 관리.【역주】
24) 농주(隴州): 지금의 섬서성 보계시(寶鷄市) 서북에 있는 지명.【역주】
25) 반자(半刺): 주군(州郡) 장관의 아래에 배속되어 있는 관리로 장사(長史)·별가(別駕)·통판(通判) 등을 가리킨다.【역주】

하였으며, 벗들과 교제하면서 주고받는 말로 한 동안 매우 탄복시켰다.
3년이 지나 장포(漳浦)²⁶⁾ 출신의 황도주(黃道周)²⁷⁾가 사신(詞臣)²⁸⁾으로
의견을 제시하여 숭정황제의 분노를 촉발하였으며, 도당을 철저하게 조
사하자 말이 문진형에게 까지 미쳐 형부의 옥에 갇히게 되었다가, 오래
지나 복직되었다. 임오년(1642)에는 명을 받들어 계주(薊州)²⁹⁾에서 군
대를 위문하였으며, 휴가를 얻어 고향으로 돌아갔다. 갑신년(1644)에 조
정으로 돌아가려고 하였으나 3월 19일의 변고³⁰⁾가 발생하였다. 사건이
특별하게 일어나고 인정이 이리저리 얽히자, 고을의 사대부들이 모두
문진형에게 와서 이전의 사례를 물어보며 진퇴를 계획하였다. 황제³¹⁾가
남경에서 즉위하여 원래의 관직으로 문진형을 소환했으며, 널리 은혜를
베풀어 문진형의 생모 사씨(史氏)에게 유인(孺人)³²⁾의 봉호를 증정하였
다. 당시에 정권을 장악한 사람은 문진형과 시를 짓고 술을 마시던 옛날
의 교우로서 임무를 맡길 수가 없었으며, 문진형도 그들의 부하가 되려
고 하지 않아 점차 서로 용납될 수가 없어서 병을 핑계로 사직하려고
상소하여 명을 받들어 사직하였다. 산원(散員)³³⁾의 사직은 이전에는 없
었던 일이었다. 문진형은 키가 크고 자태가 수려하였으며, 품평에 뛰어

---

26) 장포(漳浦): 지금의 복건성 장포현.【역주】
27) 황도주(黃道周, 1585-1646): 명말의 학자·서화가·문학가·유학자. 자(字)는 유
   현(幼玄), 호는 석재(石齋). 복건성 장포(漳浦) 사람. 청나라에 대항하다가 실패하
   여 순국하였다.【역주】
28) 사신(詞臣): 문학으로 시종하는 신하.【역주】
29) 계주(薊州): 지금의 하북성 계현(薊縣).【역주】
30) 3월 19일의 변고: 갑신년(1644) 음력 3월 19일, 숭정황제가 북경 자금성 뒤 매산(煤山,
   지금의 경산(景山)]의 나무에 목을 매어 자살하여 명나라가 멸망한 사건.【역주】
31) 황제: 여기서는 남명(南明)의 복왕(福王) 주유숭(朱由崧, 1607-1646)을 가리킨다.
   1644-1645의 2년간 재위했으며, 연호는 홍광(弘光)이다.【역주】
32) 유인(孺人): 명청시기 7품 관리의 모친이나 부인에게 수여하는 존칭.【역주】
33) 산원(散員): 직책이 없는 관리.【역주】

나서, 가는 곳마다 반드시 거처가 밝고 말끔하며 진열을 잘 해 놓고 깨끗이 청소하여 향을 피웠다. 거주하는 향초타(香草垞)³⁴)는 수목이 아름답고 건물이 그윽하면서 우아하여 민간에서 '명승지'라 불렀다. 일찍이 서쪽 교외에 벽랑원(碧浪園)을 건설하고 남경에 수희당(水嬉堂)을 설치했는데, 모두 위치가 청결하여 사람이 그림 속에 있는 듯하였다. 사직하고 돌아와 동쪽 교외 물가 숲 아래에 대나무 울타리의 모옥을 지었으나 완성하지 못하고 죽었으며, 현재 그 지역은 새로 만든 묘소이다. 저서에 『향초선(香草選)』5권·『말릉시(秣陵詩)』·『대종쇄록(岱宗瑣錄)』·『무이잉구(武夷剩口)』·『금문집(金門集)』·『토실연(土室緣)』·『장물지(長物志)』·『대독전신(開讀傳信)』등이 간행되어 세상에 유통된다. 아직 간행되지 않은 것에는 『도시주(陶詩注)』와 『전거야어(前車野語)』가 있다. 기타 유고는 사라진 것이 매우 많다. 본처 왕씨는 고 징군(徵君)³⁵) 왕백곡(王百谷)³⁶)선생의 손녀로 아들 문동(文東)³⁷)을 낳았으며, 군(郡)의 제생(諸生)이다. 측실은 아들 문과(文果)를 낳았으며, 바로 승려 동규(同揆)로, 시와 그림에 뛰어나 세상에서 가문의 학풍을 지녔다고 하였다.

---

34) 향초타(香草垞): 소주시 고사항(高師巷)에 있던 문진형의 저택. 문징명의 정운관(停雲館) 맞은편에 있었으나 지금은 사라졌다.【역주】
35) 징군(徵君): 조정에서 불러도 나가지 않고 은거한 은사.【역주】
36) 왕백곡(王百谷): 왕치등(王稚登, 1535-1612). 자(字)는 백곡(百谷)·백곡(百穀)·백곡(伯穀), 호는 반계장자(半偈長者)·청양군(青羊君)·강장암주(廣長庵主). 소주에 거주했으며, 서예에 뛰어나 문징명을 스승으로 삼아 후기 오문파(吳門派)의 대표가 되었으며, 시에 뛰어나 문인 단체 남병사(南屛社)를 결성했다. 널리 친구를 사귀어 '협사(俠士)'로 불렸다.【역주】
37) 문동(文東, ?-?): 문진맹의 아들이나 생평을 알 수가 없다. 문진맹의 둘째 아들 문승(文乘)이 문진형의 뒤를 계승한 것으로 보면, 문동은 자식이 없이 요절한 것으로 추정된다.【역주】

1. 塔影園集 明 顧苓撰

武英殿中書舍人致仕文公行狀

弘光元年五月, 南都旣陷, 六月, 略地至蘇州, 武英殿中書舍人致仕文公, 辟地陽澄湖濱, 嘔血數日卒. 幼子果旣長, 謀葬公於東郊之新阡[38], 屬公之彌甥顧苓, 具狀以請銘於當世大人先生. 公諱震亨, 字啓美. 七世祖定總, 於武昌侍高皇帝爲散騎舍人, 贅浙江生惠. 惠自浙江來, 占籍長洲, 生成化乙酉舉人淶水敎諭洪. 洪生成化壬辰進士溫州知府林. 林生翰林院待詔徵明, 世所稱衡山先生者也. 徵明生國子監博士彭. 彭生衛輝府同知元發. 元發生禮部尙書東閣大學士文肅公震孟及公. 公生於萬曆乙酉, 少而穎異[39], 生長名門, 翰墨風流, 奔走天下. 辛酉以諸生卒業南雍, 流寓[40]白下[41]. 明年文肅公廷對第一, 遂慨然稱王無功語云, 人間名敎, 有兄尸[42]之矣. 天啓甲子, 試秋闈[43]不利, 卽棄科擧, 淸言作達, 選聲伎調絲竹, 日遊佳山水間. 尋値逆閹擅政, 捕天下賢士大夫殺之獄, 文肅公旦夕慮不免, 公乃歸故園侍文肅公. 怨皇帝登極, 召文肅公還朝, 或權公仕, 不應. 丙子文肅公薨, 逾年[44]脂車[45]而北, 就選人得隴州判州. 先是以琴書名達禁中, 蒙上特改中書舍人, 協理校正書籍事務, 交遊贈處[46], 傾動一時. 歷三年, 値漳浦黃道周, 以詞臣建言[47], 觸上怒, 窮治朋黨, 詞連及公, 下刑部獄, 久之復職. 壬午奉命勞軍[48]薊州, 給假歸里. 將以甲申還朝, 而有三月十九日之變. 事出非常, 人情旁午[49], 郡中士大夫皆就公問掌故, 謀進止焉. 皇帝卽位南京, 原官召公, 以覃

---

38) 新阡(신천): 신축한 묘도(墓道, 무덤 앞으로 난 길).【역주】
39) 穎異(영이): 남달리 총명하다.【역주】
40) 流寓(유우): 타향에 오래 머물러 정착하다.【역주】
41) 白下(백하): 남경의 별명.【역주】
42) 尸(시): 관장하다. 주재하다. 『시경·소남·채빈(詩經·召南·采蘋)』에서 "누가 주관하나? 아름답고 공경하는 여인이(誰其尸之, 有齊季女.)"라고 하였다.【역주】
43) 秋闈(추위): '추시(秋試)'라고도 하며, 가을 8월에 실시하는 향시. 봄 2월에 거행하는 회시(會試)는 '춘시(春試)'나 '춘위(春闈)'라 한다.【역주】
44) 逾年(유년): 해를 넘기다. 일 년이 지나다.【역주】
45) 脂車(지거): 수레 축에 기름을 칠하다. 출발준비를 하다.【역주】
46) 贈處(증처): 친구와 이별할 때 서로 증정하여 격려하는 말.【역주】
47) 建言(건언): 말이나 글로 의견을 제출하다.【역주】
48) 勞軍(노군): 군사를 위문하다.【역주】

恩⁵⁰⁾贈公生母史氏爲孺人. 時柄國者爲公詩酒舊遊, 不堪負荷, 公亦不爲之下. 漸不能容, 上疏引疾, 奉旨致仕. 散員致仕, 前此未有也. 公長身玉立, 善自標置⁵¹⁾, 所至必窗明几淨⁵²⁾, 掃地焚香. 所居香草垞, 樹木淸華, 房櫳窈窕, 闤闠⁵³⁾中稱名勝地. 曾於西郊構碧浪園, 南都置水嬉堂, 皆位置淸潔, 人在畫圖. 致仕歸, 於東郊水邊林下, 經營竹籬茅舍, 未就而卒, 今卽其地爲新阡矣. 所著有香草選五卷秣陵詩佾宗瑣錄武夷剩口金門集土室緣長物志開讀傳信諸刻行世. 未刻有陶詩注前車野語. 其他遺稿散佚甚多. 元配王氏, 故徵國王百谷先生女孫, 生子東, 郡諸生. 側室生子果(卽釋同揆), 能詩畫, 世其家學云.

2. 『열조시집(列朝詩集)』 청 전겸익(錢謙益)⁵⁴⁾ 편집

문진형은 자(字)가 계미(啓美)이며 문징명의 증손이고 동각대학사 문진맹의 아우이다. 풍채가 수려하였고, 시와 그림은 모두 가문의 풍격을 가지고 있다. 중서사인이 되어 무영전에서 근무했으며, 숭정황제가 거문고 2천개를 만들어 문진형에게 이름을 붙이도록 하였고⁵⁵⁾, 또 구변

---

49) 旁午(방오): 이리저리 얽히다.【역주】
50) 覃恩(담은): 널리 은택을 베풀다.【역주】
51) 標置(표치): 등급을 드러내고 위치를 평하여 결정하다.【역주】
52) 窗明几淨(창명궤정): 밝은 창과 깔끔한 작은 탁자. 방이 깨끗하고 밝으며 정갈하게 진열되어 있다.【역주】
53) 闤闠(환궤): 거리. 민간. 점포.【역주】
54) 전겸익(錢謙益, 1582-1664): 청대 초기 시단의 맹주였던 문학가. 자(字)는 수지(受之), 호는 목재(牧齋), 만년의 호는 몽수(蒙叟)와 동간노인(東澗老人). '우산선생(虞山先生)'이라 불렸다. 소주부 상숙현(常熟縣) 녹원(鹿苑) 해포(奚浦, 지금의 장가항시(張家港市) 녹원 계포) 사람.【역주】
55) 거문고 2천개를 만들어 문진형에게 이름을 붙이도록 하였고: 명말청초의 학자 굴대균(屈大均, 1630-1696)의 문집 『옹산문초(翁山文鈔)』에 실린 「어금기(御琴記)」에 "또 일찍이 동금(청동으로 만든 금) 200개를 제조하여 중서사인 문진형에게 각각의 찬송문을 짓도록 명하였다. 지금은 모두 전하지 않는다.(又嘗製銅琴二百張, 命中書文震亨各爲之贊. 今俱不傳矣.)"라고 하였다.【역주】

(九邊)56)의 요새를 그린 궁정 병풍의 제조를 감독시켰으며, 상을 받았다. 1년이 지나 고향으로 돌아가기를 요청하였으며, 난을 만나서 사망하였다.

2. 列朝詩集 淸 錢謙益編

文震亨, 字啓美, 待詔57)之曾孫, 閣學58)文起59)之弟也. 風姿韶秀60), 詩畵咸有家風. 爲中書舍人, 給事武英殿, 先帝制頌琴61)二千張, 命啓美爲之名, 又令監造御屛圖九邊阨塞, 有賞賚62). 逾年請告歸63), 遇亂而卒.

3. 『명시종(明詩綜)』64) 청 주이존(朱彛尊)65) 편집

소전(所傳)

문진형은 자(字)가 계미(啓美)이고 장주(長洲, 지금의 소주시) 사람으

---

56) 구변(九邊): '구진(九鎭)'이라고도 하며, 홍치연간에 북부 변경지역에 만리장성을 따라 설립한 9개의 군사적인 요충지로 요동진(遼東鎭)·계주진(薊州鎭)·선부진(宣府鎭)·대동진(大同鎭)·태원진(太原鎭)·연수진(延綏鎭)·영하진(寧夏鎭)·고원진(固原鎭)·감숙진(甘肅鎭)을 가리킨다.【역주】
57) 待詔(대조): 명청시기 한림원에 속한 관직으로 시문이나 서화나 각종 장기를 가지고 황제의 명을 기다리는 직책이며 종9품. 문징명이 한림원대조를 지내어 '문대조(文待詔)'라고도 한다.【역주】
58) 閣學(각학): 동각대학사(東閣大學士).【역주】
59) 文起(문기): 문진맹의 자(字).【역주】
60) 韶秀(소수): 아름답고 수려하다.【역주】
61) 頌琴(송금): 고대 거문고의 이름. 여기서는 거문고를 가리킨다.【역주】
62) 賞賚(상뢰): 상으로 물품을 하사하다.【역주】
63) 告歸(고귀): 관리가 늙어 고향으로 돌아간다고 보고하거나 휴가를 요청해서 집으로 돌아가다.【역주】
64) 명시종(明詩綜): 100권. 주이존(朱彛尊)과 그의 친구 왕삼(汪森)·주단(朱端)·장대수(張大受) 등이 권을 나누어 모아 비평한 명대의 시가집. 홍무부터 숭정까지의 시인과 명나라 멸망 이후의 유민 및 순국한 대신 등 3,400여명의 작품을 수록하였

로, 숭정시기에 관직은 무영전 중서사인이고, 『문생소초(文生小草)』가
있다.

시화(詩話)[66]

문진명은 재상(문진맹)의 동생으로 이름이 동림당(東林黨)[67]의 명부
에 걸려있는데, 뒤에 거문고를 잘 타는 것으로 숭정황제를 받들어 모셨
다. 문진형의 일생을 추적해보면, 복건에서는 주장보(周章甫)[68]가 문진
형을 위해 긴 시를 지었으며, 안휘에서는 완집지(阮集之)[69]가 시집의
서문을 썼다. 상서 왕각사(王覺斯)[70]가 말하여 "문진맹은 다른 사람이

다.【역주】

65) 주이존(朱彝尊, 1629-1709): 청나라 문학가·학자·장서가. 자(字)는 석창(錫鬯),
   호는 죽타(竹垞). 수수(秀水, 지금의 절강성 가흥시(嘉興市) 사람.【역주】
66) 시화(詩話): 시·시인·시파(詩派)를 평론하고 시인에 얽힌 고사를 기록한 저술.
   구양수의『육일시화(六一詩話)』가 정식으로 출현한 최초의 시화 서적이다.【역주】
67) 동림당(東林黨): 명나라 말기 강남 사대부가 중심이 된 정치 집단. 만력 32년
   (1604), 고헌성(顧憲成) 등이 송대에 세워졌던 동림서원(東林書院)을 수복하여 강
   의를 하였으며, 여기에 모인 인사들이 당시의 조정과 관리를 비평하여 각종 개혁
   을 주장하여 사회적으로 많은 지지를 받았으나, 환관을 중심으로 한 반대파인 엄
   당(閹黨)의 격렬한 반발을 불러일으켰다. 반대파에서 동림서원에서 강의를 한 인
   물과 이들의 관련자 및 지지자들을 통칭하여 '동림당'이라 하였다.【역주】
   * 고헌성(顧憲成, 1550-1612): 명나라 사상가이자 동림당의 영수. 자(字)는 숙시
     (叔時), 호는 경양(涇陽), 동림서원을 수복하여 '동림선생'이라 불리었다.【역주】
68) 주장보(周章甫): 주지기(周之夔, ?-?). 자(字)는 장보, 합현[合縣, 지금의 복건성 복
   주(福州)] 사람. 숭정 4년(1631)에 진사가 되었으며, 소주추관(蘇州推官)에 임명되
   었으나 권력자에게 거슬려, 사직하고 돌아가서 서화로 자급자족하였다.【역주】
69) 완집지(阮集之): 명나라 정치가이며 저명한 희곡작가 완대성(阮大鋮, 1587-1646).
   자(字)는 집지(集之), 호는 원해(圓海)·석소(石巢)·백자산초(百子山樵). 안휘 동
   성[桐城, 지금의 종양현(樅陽縣) 요산진(㠇山鎭)] 사람. 동림당이었다가 위충현
   에게 달라붙어 평민으로 강등되었으며, 남명에서 병부상서를 하다가 청나라에 투
   항하였다. 희곡『춘등미(春燈謎)』·『연자전(燕子箋)』·『쌍금방(雙金榜)』·『모니
   합(牟尼合)』을 '석소사종(石巢四種)'이라 한다.【역주】
70) 왕각사(王覺斯): 왕탁(王鐸, 1592-1652). 자(字)는 각사(覺斯), 맹진(孟津, 지금의
   하남성 맹진현) 사람. 청나라에 항복하여 관직이 예부상서에 이르렀고, 죽은 뒤의

참언(讒言)을 할까 근심하고, 다른 사람이 비방을 할까 두려워하였으나, 문진형은 벼슬길에서 부침하고 시가를 소리 내어 읊으며 한가롭게 노닐어 세상에서 질투하는 사람이 없었으니, 처세에 진실로 도가 있었다."라고 했다. 당시에 거문고로 함께 숭정황제를 모신 사람은 태상시승(太上寺丞) 운남의 양회옥(楊懷玉)71)과 회계(會稽)72)의 이이도(伊爾弨)73)가

시호는 문안(文安)이다. 시문과 서화에 뛰어났다.【역주】

71) 양회옥(楊懷玉): 굴대균(屈大均, 1630-1696)의 문집 『옹산문초(翁山文鈔)』에 실린 「어금기(御琴記)」에 "태상 양정경은 음률에 밝게 정통하였으며 특히 거문고에 뛰어났다. 선대는 유양선위사사(酉陽宣慰使司)로 대대로 전공이 있었다.……「요가(鐃歌, 군대 음악)」 10곡을 바치자, 황제가 그 곡조와 가사가 웅장하고 아름다워 위엄을 세우고 사기를 선양할 수 있다고 칭찬하며, 이로 말미암아 칙명을 받아 교묘[郊廟, 천지에 제사하는 교궁(郊宮)과 조상에 제사하는 종묘의 악장을 심사하여 결정하였다. 일찍이 편전(便殿)에서 거문고를 연주하였는데 태고시절의 음악 소리였다. 황제가 사양(師襄, 춘추시대 노나라의 악관)보다 뛰어나다고 칭찬하고 벼슬을 태상(太常)으로 하고 거문고 2대를 하사하였다. 갑신년(1644)에 경성을 지키지 못하게 되자, 태상은 하사 받은 거문고 2대를 안고 회음(淮陰, 지금의 강소성 회안시(淮安市)]으로 도망가 숨어 「서방(西方)」과 「풍목(風木)」의 2곡조를 지었는데, 「서방(西方)」은 임금을 그리워하고 「풍목(風木)」은 어버이를 그리워하였다. 한 번 튕기고 두 번 두드리자 애절한 소리와 괴로운 곡조에 듣는 사람이 눈물을 흘리지 않은 자가 없었다.(楊太常正經者, 通明音律, 尤善琴. 先世爲酉陽宣慰使司, 代有戰功.……上鐃歌十曲, 上嘉其聲詞雄麗, 可以建威揚武, 因敕審定郊廟樂章. 嘗奏琴便殿, 爲太古声. 上稱爲過於師襄, 而官以太常, 賜之琴二. 甲申京師不守, 太常抱二賜琴, 亡匿淮陰, 作爲西方風木二操, 西方思君, 風木思親. 一彈再鼓, 哀聲苦調, 聞者莫不流涕.)"라고 하였다.【역주】
청 왕사진(王士禎, 1634-1711)의 필기소설 『지북우담(池北偶談)』에서 "양태상 양회옥은 거문고를 가지고 회종(懷宗, 숭정황제)을 받들어 모셨으며, 관직은 태상승(太常丞)이다. 조대가 바뀐 뒤에 하사받은 거문고를 가지고 강남을 떠났으며, 문인들이 많이 시를 지어 주었으니, 송나라 말기의 왕수운(汪水雲)과 매우 비슷하였다.(楊太常楊懷玉者, 以琴供奉明懷宗, 官太常丞. 鼎革後, 携賜琴流轉吳越間, 文士多爲賦詩, 絶似宋末汪水雲也.)"라고 하였다.【역주】
* 왕수운(汪水雲): 남송말기의 문학가이자 궁정의 악사 왕원량(汪元量, 1241-1317?). 자(字)는 대유(大有), 호는 수운(水雲)·초광(楚狂)·강남권객(江南倦客). 전당(錢塘, 지금의 항주) 사람. 남송 도종(度宗, 재위 1264-1274)시기에 거문고를 잘 연주하여 황실에서 근무하였으며, 1276년에 임안(臨安)이 함락되자 북경으로 끌려갔다가, 1288년에 출가하여 도사가 되어 남으로 돌아와 각지를

있었다.

3. 明詩綜 淸 朱彛尊輯

小傳

文震亨, 字啓美, 長洲人, 崇禎中, 官武英殿中書舍人, 有文生小草.

詩話

啓美, 相君[74]介弟[75], 名挂黨人之籍, 後以善琴供奉思陵. 迹其生平, 於閫則

떠돌았다.【역주】

72) 회계(會稽): 지금의 절강성 소흥시.【역주】

73) 이이도(伊爾弢): 명말청초의 거문고 연주가 윤이도(尹爾韜, 1600?-1678?). 자(字)는 자지(紫芝), 호는 수화노인(袖花老人), 절강 산음[山陰, 지금의 소흥시(紹興市)] 사람. 거문고 연주가 왕본오(王本吾, ?-?)의 동문으로 학자 장대(張岱, 1597-1680?)·연주가 빔여란(范與蘭, ?-?)·연주가 하자란(何紫翔, ?-?)과 함께 거문고 음악 조직인 사사(絲社)를 결성하기도 했다. 무영전중서사인이 되어 내부에 소장된 고대 악보를 정리하였다.
문진형의 아들 문과(文果)의 시 「정호편, 자지 윤한림께 증정하여(鼎湖篇贈尹紫芝內翰)」의 서문에서 "틈적(闖賊, 이자성)이 방자하게 반역을 일으켜 열황제(烈皇帝, 숭정)이 사직을 위해 순국하시고, 여러 거문고를 잘 타는 사람은 모두 황궁내의 연못에 투신하였다. 윤한림은 황제가 제정한 새 곡족가 실전될까 두려워하여 차마 죽지 못하고 거문고를 안고 도주하였다. 남으로 돌아와 향초타에서 선공(문진형)을 만나 망국의 사건을 매우 자세하게 말하였다. 이로부터 39년 소식을 다시 듣지 못하였다. 계해년 가을, 내가 한계(寒溪)에 있는데, 윤한림이 갑자기 찾아와 서로 꿈속에서 보는 것 같았다. 승려가 되어 유유히 불도를 익히고자 하였다. 내가 마음이 아파 「정호편」을 지어 증정하였다.(迨闖賊肆逆, 烈皇帝殉社稷, 諸善琴者偕投內池. 內翰恐御制新譜失傳, 忍死抱琴而逃. 南歸謁先公於香草坨, 言亡國時事甚悉. 從此三十九年不復聞音耗矣. 癸亥秋, 余在寒溪, 內翰忽來, 相見如夢寐. 意欲筅染, 事餘學佛. 余傷之, 爲賦鼎湖篇以贈.)"라고 하였다. 여기에 따르면, 윤이도는 명나라가 망한 뒤인 1644-1645년 사이에 소주로 와서 문진형을 만났으며, 강희 22년(1683)에 광동 조경 정호산 한계(寒溪)로 문과(즉 승려 동규)를 찾아와 출가를 시도하였다. 저서에 『오음취법(五音取法)』·『오음확론(五音確論』·『원금정의(原琴正議)』·『심음주의(審音奏議)』 등이 있다.【역주】

74) 相君(상군): 재상의 존칭.【역주】

75) 介弟(개제): 타인의 동생에 대한 경칭이나 자기 아우에 대한 애칭.【역주】

周章甫爲賦長詩, 於皖則阮集之爲作詩序. 尙書王覺斯有言, 湛持[76]憂讒畏譏[77], 而啓美浮沈金馬, 吟詠徜徉[78], 世無娭者, 有其處世固有道焉. 當時以琴同入供奉者, 有太上寺丞雲南楊懷玉, 會稽伊爾廷.

4. 『명시기사(明詩紀事)』[79] 청 진전(陳田)[80] 편집

문진형은 자(字)가 계미(啓美)이고 장주(長洲) 사람이며, 동각대학사 문진맹의 아우로, 공생이고, 관직은 무영전중서사인이다. 나라가 망한 뒤에 물에 뛰어들어 죽었으며, 건륭연간에 '절민(節愍)'이라는 시호가 하사되었고, 『금문집(金門集)』이 있다.

4. 明詩紀事 淸 陳田編

文震亨, 字啓美, 長洲人, 大學士震孟弟, 貢生, 官武英殿中書舍人. 國變後投水死, 乾隆中賜諡節愍, 有金門集.

---

76) 담지(湛持): 문진형의 형 문진맹의 호가 담지(湛持)이다.【역주】
77) 憂讒畏譏(우참외기): 다른 사람이 참언(讒言)을 할까 근심하고, 다른 사람이 비방을 할까 두려워한다. 출처는 송나라 문학가 범중엄(范仲淹)의 「악양루기(岳陽樓記)」.【역주】
78) 徜徉(상양): 한가로이 거닐다.【역주】
79) 명시기사(明詩紀事): 187권. 청말의 학자 진전(陳田, 1849-1921)이 1883-1899의 17년에 걸려 탈고하였으며, 명 홍무에서 숭정까지의 시인과 반청인사 및 유민 4,000여명의 시를 수록한 시가집.【역주】
80) 진전(陳田, 1849-1921): 청말의 학자. 자(字)는 송산(松山), 호는 검령산초(黔靈山樵), 귀양[貴陽, 지금의 귀주성 귀주(貴州)] 사람. 청나라에서 관리를 지내다가, 청이 망한 뒤에는 북경에 머물며 명대 문장의 연구에 매진하였다.【역주】

5. 『명화록(明畫錄)』[81] 청 서심(徐沁)[82] 편집

문진형은 자(字)가 계미(啓美)로 문징명의 증손이며 동각대학사 문진맹의 아우이다. 시에 뛰어났고, 숭정연간에 관직은 중서사인으로 무영전에서 근무했으며, 산수를 그린 것은 송원시기 여러 명가를 겸비하여 격조와 운치가 모두 뛰어났다.

5. 明畫錄 清 徐沁編

文震亨, 字啓美, 長洲人, 徵明之曾孫, 閣學震孟弟也. 工詩, 崇禎間官中舍, 給事武英殿, 畫山水兼宗宋元諸家, 格韻兼勝.

6. 『역대화사회전(歷代畫史滙傳)』[83] 청 팽온찬(彭蘊璨)[84] 편집

문진형은 자(字)가 계미(啓美)이며, 문진맹의 증손으로, 천계 을축년(1625)에 은공(恩貢)이 되었고, 중서사인을 했으며, 서화는 모두 가문의 풍격을 가지고 있었다. 만력 을유년(1585)에 태어나 순치 을유년(1645)에 단식하여 죽으니, 나이 61세였다. 건륭 병신년(1776)에 '절민(節愍)'

---

81) 명화록(明畫錄): 8권. 명대 870여명 화가의 전기를 분야별로 시대에 따라 기록한 화사(畫史). 【역주】
82) 서심(徐沁, ?-?): 자(字)는 야공(野公), 호는 위우산인(委羽山人), 회계(지금의 소흥시) 사람. 명말청초에 활동하였다. 저서에 남송 애국시인 사고(謝翱, 1249-1295, 자(字)는 고우(皐羽)]의 연보인 『사고우연보(謝皐羽年譜)』가 있다.【역주】
83) 역대화사회전(歷代畫史滙傳): 72권, 부록 2권. '『역조화사전(歷朝畫史傳)』'이나 '『화사회전(畫史滙傳)』'이라고도 한다. 황제(黃帝, B.C.2717-B.C.2599)부터 청나라 가경-도광(1796-1850)시기까지의 화가 1,500여 명의 평전을 1,263종의 문헌자료에서 발췌하여 모아 기록한 역대 화가의 인명사전이다.【역주】
84) 팽온찬(彭蘊璨, ?-?): 자(字)는 낭봉(朗峰), 장주(長洲, 지금의 강소성 소주시) 사람. 도광시기(1821-1850)에 주로 활동하였다.【역주】

이라는 시호를 내렸다.

6. 歷代畵史滙傳 淸 彭蘊璨編

文震亨, 字啓美, 徵明曾孫, 天啓乙丑恩貢, 爲中書舍人, 書畵咸有家風. 萬曆乙酉(1585)生, 順治乙酉(1645)絶粒死, 年六十有一, 乾隆丙申(1776)謚節愍.

7. 도광『소주부지 · 인물 · 충절상(蘇州府志 · 人物 · 忠節上)』[85]

문진형은 자(字)가 계미(啓美)로 오현(吳縣, 지금의 소주시) 사람이며, 동각대학사 문진맹의 아우이다. 시에 능하고 서화에 뛰어났으며, 공생으로 관직은 중서사인이다. 나라가 망한 뒤에 양징호에 기거하다가 울분에 겨워 병이 나서 사망하였으며, 혹은 곡기를 끊어 죽었다고 하고, 건륭 41년에 '절민(節愍)'이라는 시호를 추증하였다.

7. 道光 蘇州府志人物忠節上

文震亨, 字啓美, 吳縣人, 大學士震孟之弟. 能詩善書畵, 由貢生官中書舍人. 國亡後, 寓陽城[86], 憂憤發病死, 或曰絶粒死, 乾隆四十一年追謚節愍.

8. 민국『오현지 · 충절2(吳縣志[87] · 忠節二)』

문진형은 자(字)가 계미(啓美)로 문진맹의 아우이고, 관직은 중서사

---

85) 도광 소주부지(蘇州府志): 도광시기에 편찬된 소주의 지방지.【역주】
86) 陽城(양성): 양성호(陽城湖) 즉 양징호(陽澄湖). 소주의 동북부에 있는 호수.【역주】
87) 민국 오현지(吳縣志): 학자 조윤원(曹允源, 1856-1927)과 이근원(李根源, 1879-

인이다. 명나라가 망하자 양징호에 살다가 울분에 겨워 병이 나서 죽었다. 조카 문승(文乘)[88]은 문진맹의 둘째 아들로 자(字)가 응부(應符)인데, 산속에 숨었다가 오강의 오역(吳易)과 내통한다고 무고하는 자가 있어 체포되어 관아에 도착하였다. 그러나 문승은 변명하지 않고 천천히 "나의 부친을 감히 욕되게 할 수 없으니, 차라리 죽겠다."라고 하였다. 부인 주씨(周氏)는 바로 주순창(周順昌)[89]의 딸로 역시 그의 옆에서 따라죽었다. 문진형은 청나라 건륭 41년에 '절민(節愍)'이라는 시호가 추증되었다.

8. 民國 吳縣志忠節二

文震亨, 字啓美, 震孟弟, 官中書舍人. 明亡, 寓陽城, 憂憤發病死. 從子[90]乘, 震孟次子, 字應符, 隱山中, 有誣其與吳江吳易通者, 逮至官, 乘不辨, 徐曰, 不敢辱我父, 願就死. 妻周氏, 卽順昌之女, 亦殉其旁. 震亨, 淸乾隆四十一年, 賜追諡節愍.

9. 『강남통지(江南通志)』[91]

무영전중서사인 문진형은 오현(吳縣, 지금의 소주시) 사람으로, 동각

1965) 등이 14년에 걸쳐 편집하여 민국 22년에 완성하였으며, 소주지역의 각종 사항을 기록한 지방지.【역주】

88) 문승(文乘, 1609-1669): 명말청초의 처사(處士). 자(字)는 응부(應符)로 제생(諸生)이었다. 문진맹의 둘째아들로, 훗날 문진형의 뒤를 이었다.【역주】

89) 주순창(周順昌, 1584-1626): 명나라 관리이며 동림당인(東林黨人). 자(字)는 경문(景文), 호는 요주(蓼洲), 오현(吳縣, 지금의 소주시) 사람. 만력 41년에 진사가 되었으며, 후에 위충현에게 핍박을 받아 옥사하였다.【역주】

90) 從子(종자): 조카.【역주】

91) 강남통지(江南通志): 강희본(1684) 76권과 건륭본(1737) 200권이 있으며, 지방의

대학사 문진맹의 아우로서, 남경 정권이 멸망하자 곡기를 끊어 사망했다. 건륭시기에 '절민(節愍)'이라는 시호가 추증되었다.

9. 江南通志

武英殿中書舍人文震亨, 吳縣人, 大學士震孟之弟, 南都亡, 絶粒死, 乾隆追諡節愍.

상황을 기록한 지방지.【역주】

부록 2. 「명말 문진형의
조경학설(明末文震亨氏的造園¹⁾學說)」진식(陳植)

명대 말기에 소주(蘇州)·상주(常州)·송강(松江)·태창(太倉) 및 양
주(揚州) 일대와 같은 강남지구에서 태어나 성장한 시인과 화가 가운데,
많은 사람들이 조원(造園)학자이면서 조원의 명인이었다. 이들 지구 내
에는 지금도 적지 않은 그 당시의 조원작품이 보존되어 있으며, 대량의
우수한 조원작품이 나타날 수 있었던 원인은 비록 수많은 요소가 있지
만, 그 당시 조원에 뛰어난 인재의 배출이 또 하나의 주요 원인이었다.
이 일대의 시인과 화가 가운데 조원에 관련된 중요한 저작을 따져보면
오강(吳江, 지금의 소주시) 계성[計成, 자(字) 무부(無否), 1582-?]의『원
야(園冶)』3권·육소형[陸紹珩, 자(字) 상객(湘客)]의『검소(劍掃)』12권
(천계 4년, 1624년 탈고)·장주(長洲, 지금의 소주시) 문진형의『장물
지』12권·화정[華亭, 지금의 상해시 송강현(松江縣)] 진계유[陳繼儒, 자
(字) 미공(眉公), 1558-1639]의『암서유사(岩棲幽事)』²⁾ 1권과『태평청화
(太平淸話)』4권·임유린[林有麟, 자(字) 인보(仁輔)]의『소원석보(素園
石譜)』³⁾ 4권(만력 41년, 1613년 탈고) 및 남경에 오래 거주했던 절강

---

1) 造園(조원): 일정한 지역 범위 내에 천연의 산수를 이용하고 인위적으로 산을 만들
   고 연못을 만들어 식물을 심고 건물을 배치하여 감상하고 휴식하며 거주하는 환경
   을 조성하는 전과정. 현대의 조경과 유사한 개념이다.【역주】
2) 암서유사(岩棲幽事): 1권. 명 진계유 저. 산에서 사는 생활의 자잘한 이야기를 기
   록하였다.【역주】
3) 소원석보(素園石譜): 4권. 명나라 화가 임유린(林有麟, ?-?)의 저서로, 각종 명석
   102종류를 249폭의 그림으로 묘사하고 설명을 붙인 현존하는 세계 최초의 수석
   도록.【역주】

난계(蘭溪) 사람 이어[李漁, 자(字) 입옹(笠翁), 1611-1680]의 『일가언(一家言)』4) 가운데 「거실」과 「산석」 및 「종식」의 3부·은현[鄞縣, 지금의 절강성 영파시(寧波市)] 도륭[屠隆, 자(字) 위진(瑋眞), 또 다른 자는 장경(長卿), 1542-1608]의 『고반여사(考槃餘事)』 4권과 『산재청공전(山齋淸供箋)』 1권 등이 있으며, 모두 중국 조원학 유산 가운데 귀중한 문헌이다. 그리고 오랫동안 양주에 거주한 저명한 승려 화가 석도[石濤, 자(字) 대척자(大滌子), 호 고과화상(苦瓜和尙), 1642-1707]도 정원 건축으로 세상에서 유명했다. 현재에도 여러 지방에서 그들이 건설한 조원작품의 유적을 찾을 수 있으며, 현재 중국에서 매우 보물처럼 귀중한 문화재가 되어 있다.[예를 들면, 양주(揚州)의 편석산방(片石山房)5)은 석도의 작품이다. 소주의 향초타(香草垞)는 문진형의 작품이다. 북경 황미호동(黃米胡同)의 반무원(半畝園)6)과 서단(西端) 패루(牌樓)의 혜원(惠園)은 모두 이어의 작품이다.] 중국 역대의 가산(假山)을 쌓는 명인 및 계성(計成)과 이어(李漁) 두 사람의 조원 학설에 관하여, 나는 일찍이 항전시기(抗戰時期, 1937. 7. 7-1945. 8. 15)에 『동방잡지(東方雜志)』에 선후로 간략한 소개를 하였으며, 이에 문진형의 조원 학설에 대하여 차례대로 소개하여 중국의 조원 역사와 조원의 풍격을 연구하는 동지들에게 참고로 제공한다.

문진형(1585-1645)은 자(字)가 계미(啓美)이며, 명말 남직예(南直隸)

---

4) 일가언(一家言): 16권. 원명은 『이입옹일가언(李笠翁一家言)』. 청대 초기 문학가·문학가·출판가 이어(李漁, 1611-1680)의 문집으로, 이 가운데 '입옹우집(笠翁偶集)'이라 명칭이 바뀌어 실려 있는 『한정우기(閑情偶記)』 6권이 조원과 관련이 깊다.【역주】

5) 편석산방(片石山房): 명대에 세워진 정원 건축물로, 강소성 양주시 남화원항(南花園巷)에 있으며, '쌍괴원(雙槐園)'이라고도 하고, 태호석으로 유명하다.【역주】

6) 반무원(半畝園): 청대 초기 병부상서 가한복(賈漢復, ?-?)의 저택 정원으로, 현재는 터만 남아있다.【역주】

소주부(蘇州府) 장주현(長洲縣) 사람이다. 증조 문징명(文徵明, 1470-
1559)은 본명이 문벽(文壁)으로, 훗날 자(字)로 행세하였으며, 관직은 한
림원대조(翰林院待詔)를 했고, 심주(沈周)·당인(唐寅)·구영(仇英)과
명성이 나란한 서화가이다. 조부 문팽(文彭, 1497-1573)은 관직이 국자
감박사로 서화가 겸 유명한 전각가(篆刻家)이다. 부친 문원발(文元發,
1529-1602)은 자(字)가 자비(子悱)이며 관직은 위휘부동지(衛輝府同知)
이다. 형 문진맹(文震孟, 1574-1636)은 자(字)가 문기(文起)이며, 천계 2
년(1622) 전시(殿試)에서 장원을 하여 수찬(修撰)7)에 임명되었고, 관직
은 예부상서와 동각대학사(東閣大學士, 즉 재상)를 했다. 문진형은 천계
원년(天啓元年, 1621)에 제생(諸生)으로 남경 국자감을 졸업하고, 천계
5년(1625)에 은공(恩貢)으로 천거되었다.8) 숭정 10년(1636)에 농주판관
(隴州判官)으로 선발되었으며, 이보다 앞서 거문고와 서예로 대궐에 명
성이 전해져 숭정황제[주유검(朱由檢)]가 특별히 무영전중서사인으로
바꿔 임명하여 서적을 교정하는 사무를 협조하여 처리하였다.9) 숭정황
제가 거문고 2,000개를 제조하여 문진형에게 이름을 붙이도록 명하였으
며, 아울러 황실용 병풍의 제작을 감독하도록 하여 구변(九邊) 요새도를
그렸다.10) 청나라 상서 왕탁[王鐸, 자(字) 각사(覺斯)]이 "문진맹은 다른
사람이 참언(讒言)을 할까 근심하고, 다른 사람이 비방을 할까 두려워하

---

7) 수찬(修撰): 국사(國史)의 편찬을 담당하는 관리로 한림원 소속이며, 명청시기에
   는 보통 과거의 장원을 수찬에 임명하였으며, 종6품이다.【역주】
8) 문함(文含)의 『문씨족보속록(文氏族譜續錄)』의 「소주세계표(蘇州世系表)」와 「역
   세과목지(歷世科目志)」.【原註】
   * 역세과목지(歷世科目志): 역대로 과거에 합격한 사람을 기록한 부분.【역주】
9) 고령(顧苓) 『탑영원집(塔影園集)』권1「무영전중서사인치사 문공 행장(武英殿中
   書舍人致仕文公行狀)」.【原註】
10) 전겸익(錢謙益)의 『열조시집소전(列朝詩集小傳)』정집하(丁集下) 부록 「왕수재유
    전(王秀才留傳)」.【原註】

였으나, 문진형은 벼슬길에서 부침하고 시가를 소리 내어 읊으며 한가롭게 노닐어 세상에서 질투하는 사람이 없었으니 처세에 진실로 도가 있었다.(湛持憂讒畏譏, 而啓美浮沈金馬, 吟詠徜徉, 世無嫉者, 有其處世固有道焉.)"11)라고 하였으나 결코 사실이 아니다. 천계연간이 되어 위충현(魏忠賢)12)이 환관으로 동창(東廠, 명대에 황제를 위해 근무하는 특수 정보기관)을 장악하여 무리를 지어 권력을 찬탈하였으며, 역사적으로 '엄당(閹黨)'13)이라 한다. 모든 정직한 사람은 그들을 반대하였으므로 '동림당(東林黨)'이라 명명하고 여러 가지 날조한 죄명으로 체포해서 하옥시켜 억울하게 사망하거나 파직되고 군대로 충원된 사람이 선후로 수십 명에 달하였다. 천계 6년(1626) 3월, 이부낭중(吏部郎中) 주순창(周順昌)이 이것으로 말미암아 체포되었으며, 백성들이 그를 위해 집결하여 억울함을 호소하는 사람이 수만 명에 달하였다. 문진형과 양정추(楊廷樞)14) 및 왕절(王節)15) 등이 모두 그 대열에 참가하였다. 문진형은 순무(巡撫)16) 모일로(毛一鷺)17)에게 "백성들이 주순창이 체포되리라

---

11) 주이존 『명시종(明詩綜)』 권70에서 인용한 시화(詩話)에 나오는 문진형의 짧은 전기(小傳).【原註】

12) 위충현(魏忠賢, 1568-1627): 자(字)는 완오(完吾)이며 북직예(北直隸) 숙녕(肅寧, 지금의 하북성 숙녕현) 사람. 본명은 이진충(李進忠)으로 환관이 되어 개명했다. 명대 말기에 환관의 수령으로서 정권을 독점하였으며, 아부하는 자들은 황제의 '만세(萬歲)'에 대하여 '구천구백세(九千九百歲)'라고 불렀다.【역주】

13) 엄당(閹黨): 명대에 환관의 권력에 빌붙어 결성된 관료들의 정치적인 파벌. 위충현이 엄당의 대표적인 인물이다.【역주】

14) 양정추(楊廷樞, 1595-1647): 명나라 학자이며 복사(復社, 명말 강남지역 문인단체의 하나로 동림당을 계승하였다)의 영수. 자(字)는 유두(維斗), 호는 복암(復庵), 소주 사람. 명나라 멸망후 반청운동에 가담하였으나 피살되었다.【역주】

15) 왕절(王節, 1599-1660): 명말 관리. 자(字)는 정명(貞明), 호는 척재(惕齋), 소주 사람. 산수화와 시에 뛰어났다. '소망천(小輞川)'이라는 별장을 지어 사람들이 '왕유의 환생(摩詰後身)'이라 불렀다.【역주】

16) 순무(巡撫): 각지의 민정과 군사 상황을 순시하는 정종 2품의 대신.【역주】

17) 모일로(毛一鷺, ?-?): 수안(遂安) 모가(毛家, 지금의 절강 순안(淳安) 분구진(汾口

는 것을 듣고 원한이 지극하니, 주순창을 위해 원통함을 풀어주기를 희망합니다."라고 호소하였다. 모일로는 놀라서 얼굴에 땀이 가득하여 한 마디도 하지 못했다. 당시 백성들의 분노가 극도로 거대하여 소속 관리가 주순창에게 쇠고랑을 채우려 하자, 안패위(顔佩韋)[18] 등이 앞장서 반격하여 기위(旗尉)[19] 이국주(李國柱)가 현장에서 맞아 중상을 입고 사망하였다. 모일로가 상주하여 "문진형과 양정추가 사변의 수괴이므로 잡아서 처리해야 마땅합니다."라고 하였다. 그 당시 동각대학사 고병겸(顧秉謙)[20]의 문객과 양정추 및 문진형은 모두 서로 우의가 좋았으므로, 고병겸을 설복하여 기위를 때려죽인 수괴를 법대로 처리하고 유명한 사람을 연루시키지 않도록 하여 문진형 등은 겨우 다행히 처벌을 면하였다.[21]

鎮) 모가촌(毛家村)] 사람. 엄당에 빌붙어 위충현을 위해 소주 호구(虎丘)에 살아 있는 위충현을 위한 사당인 생사(生祠)를 세웠으며, 소주에서 엄당에 반대하는 주순창을 체포하여 격렬한 시위를 불러 일으켰다. 이후 안패위를 비롯한 5명을 주모자로 잡아 살해하였다. 전설에 죽은 뒤의 부관참시를 우려하여 몇 곳에 가묘를 만들어 위장했다고 한다.【역주】

18) 안패위(顔佩韋, ?-?): 명나라 말기 상인의 아들. 천계 6년(1626) 3월, 엄당이 주순창을 소주에서 체포하자, 다른 사람과 더불어 민중을 모아 격렬하게 반대하였다. 엄당에서 수색을 하자 스스로 주모자로 나서 5인이 사형을 당하였다. 백성들이 호구산 앞에 합장을 하여 기념하고 '오인지묘(五人之墓)'라고 불렀다.【역주】

19) 기위(旗尉): 기군(旗軍)의 장교.【역주】

20) 고병겸(顧秉謙, 1550-1626): 자(字)는 익암(益庵). 곤산(昆山, 강소성) 사람. 역사적으로 악평이 자자한 천계말기의 재상.【역주】

21) 주용(朱溶)『충의록(忠義錄)』권4 양정추전(楊廷樞傳, 필사본, 남경도서관 소장, 앞부분에 강희 병인년 모서하(毛西河)의 서문이 붙어있다)·조길사(趙吉士)와 노선(盧宣)의『속표충기(續表忠記)』권3「주충개공전(周忠介公傳)」· 건륭 10년에 편찬된『오현지』권92「천계 6년 병인년, 소주의 백성이 황제의 교지를 낭독하는 일로 말미암아 소란을 일으켜 기위 이국주를 격살하다(天啓六年丙寅吳氓因開讀鼓噪擊殺旗尉李國柱)」조목.【原註】

* 속표충기(續表忠記): 8권. 청나라 관리 노선(盧宣)과 조길사(趙吉士)가 편찬한 명나라 만력 이후의 충의지사에 관해 기록한 저서.【역주】

* 노선(盧宣, 1629-1708): 청나라 관리. 자(字) 공필(公弼), 호는 함적(函赤)·불암

훗날 문진형이 북경에 와 중서사인이 되어서 교류가 매우 넓어졌다. 3년이 지나, 황도주(黃道周)가 소첨사(少詹事)[22]로서 여러 번 간언을 올려 숭정황제의 분노를 촉발시켜 먼저 강서안찰사조마(江西按察司照磨)[23]로 좌천되고, 뒤에 하옥되었다가 마지막으로 광서[廣西, 또는 진주(辰州), 진주위(辰州衛)]로 좌천되어 군대에 충원되었으며 아울러 그 도당을 철저하게 조사하도록 하여 문진형도 연루되어 옥에 갇혔다. 1-2년 뒤에 겨우 복직되었다. 숭정 15년(1642), 명을 받들고 계주(薊州)에 가서 군대를 위문한 뒤에 휴가를 받아 소주로 돌아왔다. 본래 1년이 지나 갑신년(1644)에 북경으로 돌아가 휴가를 마치려고 했으나, 숭정황제가 그해 3월 19일에 스스로 목을 매어 사망하였으므로, 결국 그렇게 하지 못하였다.[24] 같은 해(1644) 5월, 복왕[福王, 주유숭(朱由崇)]이 남경에서 즉위하였으며, 소환되어 복직하였다.[25] 당시 문진형은 명나라 황실을 회복시키려는 믿음이 매우 강렬했다. 『복왕등극실록(福王登極實錄)』[26]에서 "만약 여러 신하들이 숭정황제까지 300여 년의 덕택이 백성에게 내리

(弗庵), 은현[鄞縣, 지금의 정강성 영파(寧波)] 사람. 서화에 뛰어났으며 저서에 『홍원당집(鴻遠堂集)』이 있다.【역주】

* 조길사(趙吉士, 1628-1706): 청나라 관리. 자(字)는 천우(天羽)나 점안(漸岸), 호는 항부(恒夫), 안휘성 휴녕(休寧) 사람.【역주】

* 주충개(周忠介): 주순창(周順昌)의 시호가 충개(忠介)이다.【역주】

22) 소첨사(少詹事): 황후와 태자에 관한 업무를 담당하는 첨사부(詹事府)의 첨사 보좌관.【역주】

23) 안찰사조마(按察司照磨): 안찰사에 소속되어 문서와 사무를 담당하는 정9품 관리. 【역주】

24) 고령 『탑영원집』 권1 「무영전중서사인으로 사직한 문진형의 행장(武英殿中書舍人致仕文公行狀)」과 『명사(明史)』 권255 「황도주전(黃道周傳)」 참고.【역주】

25) 『명사(明史)』 권255 「황도주전(黃道周傳)」 참고.【原註】

26) 복왕등극실록(福王登極實錄): 1권. 문진형 저. 남명의 복왕 초기부터 기표가(祁彪佳, 1602-1645. 정치가·문학가·장서가)에게 압박을 받아 강남에서 황제의 교지를 반포하는 일까지를 기록하였다.【역주】

고, 숭정황제께서 17년 동안 노심초사하여 국가를 잘 다스리려 노력하신 것을 생각하여, 마음을 깨끗이 씻어 새로운 임금을 모시고 문호를 말끔히 정비하여 자신의 직분을 수행하면 하지 못할 일이 무엇이고, 어떤 죄로도 토벌할 수 없을 것이며, 또 어떤 공명을 성취하지 못하겠는가? (若諸臣思祖宗三百年德澤在人, 大行[27]十七載焦勞求治, 洗滌肺腸[28]以事新主, 掃除門戶以修職業, 何事不可辦, 何罪不可討, 亦何功名不可就哉.)" 라고 하였다. 당시 청나라 군대가 침입한 상황을 마주하고서도, 남경의 새로운 귀족들이 무리를 맺어 사익을 추구하며 서로 알력을 일으키는 것에 대해 문진형이 깊이 증오하고 철저하게 배격했음을 설명해 준다. 오래지 않아 남경에서 '요망한 승려' 대비(大悲)의 사건[29]이 발생하였다. 대비가 체포되었고 병부상서 겸 우부도어사(右副都御史) 완대성(阮大鋮)이 기회를 이용하여 동림당 사람과 자신의 뜻에 거슬리는 사람을 살해하려고 생각하여, 바로 '십팔나한(十八羅漢)[30] · 오십삼참(五十三參)[31] · 칠십이보살(七十二菩薩)[32]' 등의 명목을 위조하여 연루된 범위

---

27) 大行(대행): 황제나 황후가 서거(逝去)한 뒤, 시호(諡號)를 올리기 전의 존칭. 여기서는 숭정황제.【역주】

28) 肺腸(폐장): 내심. 마음.【역주】

29) 대비(大悲)의 사건: 남명(南明)시기에 일어난 정치사건. 노왕(潞王) 주상방(朱常淓, 1607-1646)과 친분이 있는 '대비(大悲)'라는 승려가 1644년 12월에 남경에 와서 스스로 명나라의 친왕(親王)이라 하며 노왕과 함께 황위를 바로잡아야 한다고 주장하자, 평소 노왕에 시기심을 가지고 있었던 홍광제는 대비가 노왕의 염탐꾼이라 간주하여 하옥시키고 심문하였으며, 취조 중에 전겸익의 이름이 언급되자 완대성이 143명의 블랙리스트를 만들어 동림당의 인물을 엮어 제거하려고 시도한 사건. 대비가 끝내 굴복하지 않아 결국에는 대비가 참수되는 것으로 결말을 지었다.【역주】

30) 십팔나한(十八羅漢): 불교에서 말하는 영원히 인간 세상에 거주하며 불법을 보호하는 아라한(阿羅漢, 범어 Arhat)으로, 모두 석가모니의 제자이다. 16나한은 당대에 유행하였으며, 당대 말기에 이르러 18나한이 출현하여 송대부터 유행되었다. 중국 고대에는 18(十八)을 상서로운 숫자로 간주하였다. 여기서는 18명의 반대파를 가리킨다. 대비(大悲)가 승려이므로 죄인의 명목에 불교용어를 사용한 것으로 추정된다.【역주】

부록 2. 「명말 문진형의 조경학설(明末文震亨氏的造園學說)」 진식(陳植)

가 매우 넓었다. 완대성의 도당이 상소하여 문진형을 하옥시켜 엄격한 형을 가해 때려죽이려 하였으나, 당시 동각대학사 마사영(馬士英)33)이 글로 변호함으로 인하여 사면을 받아 벗어났으며, 그 뒤에는 바로 사직하고 물러나 쉬었다.34) 외조카 손자 고령(顧苓)이 지은 행장에 따르면 "당시에 정권을 장악한 사람은 문진형과 시를 짓고 술을 마시던 옛날의 교우로서, 임무를 맡길 수가 없었으며 문진형도 그들의 부하가 되려고 하지 않아, 점차 서로 용납될 수가 없어서 병을 핑계로 사직하려고 상소하여 명을 받들어 사직하였다.(時柄國者爲公詩酒舊交, 不堪負荷, 公亦不爲之下, 漸不能容, 上疏引疾, 奉旨致仕)"라고 하였다. 문진형이 마사영과 완대성의 집단과 비록 옛날에 교류가 있었으나, 또한 악인과 함께 악행을 저지르는 일을 무시했다는 것을 증명하기에 충분하다.

명 홍광(弘光) 2년(1645) 5월 청나라 군대가 남경을 공격하였고, 6월에 소주성을 공격해서 점령하였다. 문진형은 양징호(陽澄湖) 가로 피난하였으며, 단발령(斷髮令)이 내린 것을 듣고 자살하려 물에 뛰어 들어

---

31) 오십삼참(五十三參): 53곳을 찾아가 뵙다. 『화엄경·입법계품(華嚴經·入法界品)』에 따르면, 선재동자(善財童子)가 문수보살의 가르침을 받고 남방으로 53곳을 돌아다니며 명사를 방문하여 불법을 익혀 깨달음을 얻었다고 한다. 여기서는 53명의 반대파를 가리킨다.【역주】

32) 칠십이보살(七十二菩薩): 불교에 72보살은 없다. 중국 고대에는 72를 천지와 음양오행이 관련된 상서로운 숫자로 간주하였다. 여기서는 72명의 반대파를 가리킨다.【역주】

33) 마사영(馬士英, 1591?-1646): 자(字)는 요초(瑤草) 또는 충연(沖然)으로 귀주성 귀양(貴陽) 사람. 명대 말기에 봉양총독(鳳陽總督)과 남명 홍광정권에서 재상을 지냈다.【역주】

34) 서자(徐鼒)의 『소전기년(小腆紀年)』 권49 「문진형전(文震亨傳)」·『명사(明史)』 권308 「완대성전(阮大鋮傳)」 참고.【原註】
   * 소전기년(小腆紀年): 65권, 보유 5권. 청나라 관리 서자(徐鼒, 1810-1862)가 저술한 역사서. 순치원년(1644)에 이자성(李自成)의 농민군이 북경에 진입하고부터 강희 21년(1683) 대만의 정씨 정권이 항복하기까지의 역사를 기록하였다. 1861년에 완성되었다.【역주】

집안사람이 구조했지만, 끝내 6일 동안 곡기를 끊다가 피를 토하고 죽었다.35)

　문진형 일생의 정치활동을 종합적으로 관찰하면, 절대로 어떤 "시가를 소리 내어 읊으며 한가롭게 노닐어 세상에서 질투하는 사람이 없는(吟詠倘佯, 世無嫉者)" 사람이 아니었다. 마치 세상과 분쟁이 없는 사람 같았지만, 사실은 적극적으로 엄당 위충현과 마사영 및 완대성 집단과의 반대 투장에 참가하여 세 차례 박해를 받았고, 마지막에는 목숨을 아끼지 않고 순국하여 민족적인 절개를 충분히 드러내었으므로 확실히 칭찬할 만하다.

　문진형의 저서는 고령의 「무영전중서사인치사문공행장(武英殿中書舍人致仕文公行狀)」·『오현지·예문지(吳縣志·藝文志)』·『문씨족보속록·역세경적지(文氏族譜續錄·歷世經籍志)』·『명시기사(明詩紀事)』의 기록에 근거하면, 『금보(琴譜)』·『개독전신(開讀傳信)』·『재지(載贄)』5권·『장물지』 12권·『청요외전(淸瑤外傳)』·『무이잉어(武夷賸語)』·『금문집(金門集)』1권·『일엽집(一葉集)』·『문생소초(文生小草)』·『향초시선(香草試選)』5권·『대종쇄록(岱宗瑣錄)』1권·『대종습유(岱宗拾遺)』·『신집(新集)』·『왕문이공이로원기(王文怡公怡老園記)』·『향초타전후지(香草垞前後志)』가 있다. 간행되지 않은 것에 『도시주(陶詩注)』와 『전거야어(前車野語)』가 있다. 또 『북경도서관선본서목(北京圖書館善本書目)』에 명 천계 2년(1622) 문씨수희당각본(文氏水嬉堂刻本) 『말릉죽지(秣陵竹枝)』 1권과 『청계신영(淸溪新詠)』1권이 있다. 문진형의 저술 가운데 『장물지』·『이로원기』·『향초타전후지』 3종이 조원과

35) 『문씨족보속록』「역세제택방표지(歷世第宅方表志)」·서병(徐甁)의 『소전기년(小腆紀年)』권49「문진형전(文震亨傳)」·『명사(明史)』권308「완대성전(阮大鋮傳)」참고.【原註】

밀접한 관계가 있는 이외에, 문진형의 시가는 유람의 기록을 제재로 하였으며, 또 풍경·원림·화목(花木)과 관련된 것이 다수를 차지하므로, 여전히 조원과 상당한 관계가 없지 않다. 이리하여 장물지에서 전문적으로 조원학과 관련된 것에서 요점을 선택해서 차례대로 서술한다.

장물지는 「가옥(室廬)」·「꽃과 나무(花木)」·「수석(水石)」·「새와 물고기(禽魚)」·「서화(書畵)」·「궤탑(几榻)」·「기구(器具)」·「옷차림과 장식(衣飾)」·「배와 수레(舟車)」·「위치(位置)」·「채소와 과일(蔬果)」·「향과 차(香茗)」등 12권으로 나누어지며, 그중에 조원과 직접 관련된 것은 「가옥」·「꽃과 나무」·「수석」·「새와 물고기」·「채소와 과일」등의 5부분이고, 간접적으로 관련된 것은 「서화」·「궤탑」·「기구」·「배와 수레」·「위치」·「향과 차」등의 6부분이다. 전자는 원림구성의 주요 재료이며, 후자는 원림에 있는 건물에 진열하는 기물이다. 원림의 내부는 내외가 배합되어야 비로소 종합적인 아름다움을 형성할 수 있으므로, 그 중요성은 대략 서로 비슷하다.

권1 「가옥(室廬)」는 「문(門)」·「계단(階)」·「창(窗)」·「난간(欄杆)」·「조벽(照壁)」·「당(堂)」·「산재(山齋)」·「장실(丈室)」·「불당(佛堂)」·「다리(橋)」·「다실(茶室, 다료(茶寮)」·「금실(琴室)」·「욕실(浴室)」·「길과 정원(街徑庭除)」·「누각(樓閣)」·「대(臺)」·「총론(海論)」등 17절로 나누어진다. 가옥의 위치에 대한 요구와 양식의 선택 및 안팎의 배치는 "산수 사이에 사는 사람이 제일이고, 시골에 사는 사람이 그 다음이며, 교외에 사는 사람이 또 그 다음이다. 우리들이 비록 산의 동굴에 살거나 산의 계곡에 머물며 옛 은자들의 발자취를 따를 수는 없으나, 도시 속에 섞여 살려면 문 앞은 우아하고 깨끗해야 하며, 집은 정결해야 한다. 정자와 누대는 활달한 선비의 회포를 갖추어야 하고, 서재와 누각은 은사의 운치를 갖고 있어야 한다. 또 아름다운 나무와 기이한 대나무를 심고, 청동기와 비석에 관한 서적을 진열해야 한다. 이렇게 해야 거주하는 사람은 늙는 것을 잊어버리고, 방문한 사람은 돌아갈 것을 잊어버리며, 놀러 온 사람은 피곤한 줄을 모르게 된다.(居山水間者爲上, 村居次之, 郊居又次之. 吾儕 縱不能棲巖止谷, 追綺園之踪, 而混迹廛市, 要須門庭雅潔, 室廬淸靚. 亭臺 具曠士之懷, 齋閣有幽人之致. 又當種佳木怪籜, 陳金石圖書. 令居之者忘 老, 寓之者忘歸, 遊之者忘倦.)"라고 하면서, 각종 재료를 서로 배합하여 그윽하고 아름다운 경물을 구성해서 거주와 휴식 및 유람의 용도로 제공해 야 한다고 주장하였다. 각항의 건축에 대하여 또 각각 서로 다른 요구를 제출하여, 계단은 "3단에서 10단에 이르기까지 높을수록 예스러우며, 무늬 가 있는 돌을 깎아서 만든다. 맥문동을 심거나 화초 몇 그루를 심으면, 가지와 잎이 어지럽게 퍼져서 섬돌에 그림자를 드리운다. 태호석(太湖 石)³⁶⁾을 쌓아 만든 것은 삽랑(澀浪)³⁷⁾이라 하며 양식이 더욱 특이하지만, 그렇게 만들기가 쉽지 않다. 부속된 방은 안쪽이 바깥쪽보다 높아야 하고, 이끼가 얼룩덜룩한 잡석을 구해 박아 넣으면 산골의 운치가 있다.(自三級 以至十級, 愈高愈古, 須以文石剝成. 種繡墩或草花數莖於內, 枝葉紛披, 映 階傍砌. 以太湖石疊成者, 曰澀浪, 其制更奇, 然不易就. 復室須內高於外, 取頑石具苔斑者嵌之, 方有巖阿之致.)"라는 것처럼 해야 한다고 주장하였 다. 계단의 재료에 관하여 무늬가 있는 돌·태호석·잡석의 3종을 열거하 였으며, 지역에 따라 알맞게 제작하여 한 종류에 전혀 구애되지 않았음을 알 수 있다. 또 돌 틈에 꽃을 심고 이끼가 있는 돌을 골라 박아 넣는 것은 모두 자연을 추구하고 적극적으로 인공을 피하려는 의도이다. 다리 는 "넓은 연못과 거대한 호수에는 반드시 무늬가 있는 돌로 다리를 만들고

---

36) 태호석(太湖石): 태호(강소성과 절강성에 걸쳐 있는 중국 5대 호수의 하나)에서 나오는 회색의 암석이며, 관상용으로 많이 사용된다.【역주】
37) 삽랑(澀浪): 담장에 돌을 쌓아 물결무늬를 만든 것.【역주】

구름무늬를 새기는데, 대단히 정교해야 하며 천박해서는 안 된다. 작은 계곡과 굽은 시내에는 돌로 쌓아 만든 것이 좋다. 사방에는 맥문동을 심어도 좋다.(廣池巨浸, 須用文石爲橋, 雕鏤雲物, 極其精工, 不可入俗. 小溪曲澗, 用石子砌者佳. 四旁可種繡墩草.)"라는 것처럼 해야 하며, 환경의 차이에 따라 작용이 각각 다르므로 재료의 선택이 다를 뿐만 아니라, 주위의 배치도 이를 따라 서로 달라져, 피차 조화를 이루어 경물이 자연의 미를 드러내도록 했다.

　권2「꽃과 나무(花木)」는「모란 작약((牧丹ㆍ芍藥)」ㆍ「옥란(玉蘭)」ㆍ「해당(海棠)」ㆍ「산다(山茶)」ㆍ「복숭아(桃)」ㆍ「자두(李)」ㆍ「살구(杏)」ㆍ「매화(梅)」ㆍ「서향(瑞香)」ㆍ「장미 목향(薔薇ㆍ木香)」ㆍ「매괴(玫瑰)」ㆍ「자형 체당(紫荊ㆍ棣棠)」ㆍ「규화(葵花)」ㆍ「앵속(罌粟)」ㆍ「미화(薇花)」ㆍ「부용(芙蓉)」ㆍ「훤화(萱花)」ㆍ「담복(薝蔔)」ㆍ「옥잠(玉簪)」ㆍ「금전(金錢)」ㆍ「우화(藕花)」ㆍ「수선(水仙)」ㆍ「봉선(鳳仙)」ㆍ「말리ㆍ소형ㆍ야합(茉莉ㆍ素馨ㆍ夜合)」ㆍ「두견(杜鵑)」ㆍ「추색(秋色)」ㆍ「소나무(松)」ㆍ「무궁화(木槿)」ㆍ「계수나무(桂)」ㆍ「버드나무(柳)」ㆍ「황양(黃楊)」ㆍ「파초(芭蕉)」ㆍ「회화나무 느릅나무(槐ㆍ楡)」ㆍ「오동(梧桐)」ㆍ「참죽나무(春)」ㆍ「은행(銀杏)」ㆍ「오구(烏臼)」ㆍ「대나무(竹)」ㆍ「국화(菊)」ㆍ「난(蘭)」ㆍ「병에 꽂은 꽃(瓶花)」ㆍ「분재(盆玩)」등 43절로 나누어진다. 그 중에 관상용 수목과 화훼의 두 부분이 포괄된다. 품종과 형태 및 특징을 서술하고 배양과 보호 등 각종 조치를 기록한 이외에, 아울러 특별히 배치하여 심는 방식에 주의를 기울여, 관상식물이 기타 재료와 적당한 배합을 이루어 자신의 아름다운 특징을 발휘해서 사람에게 적당한 경관을 구성토록 하였다. 일반 화목의 배치와 심기에 관해서는 "다양한 꽃과 잡목도 많이 심을 것을 계획해야 한다. 또 정원과 난간 옆 같은 곳에는 반드시 굽고 오래 자란 가지와 줄기ㆍ특이한 품종과 유명한 것을 심어 가지와 잎이 무성해지고 성글거나 촘촘하게 자리를 배치해야 한다. 어떤 것은 물 가 돌무더기에 옆으로 비스듬히 헝클어져 있기도 하고, 또 어떤 것은 바라보면 숲을 이루기도 하며, 또 어떤 것은 가지 하나가 홀로 빼어나기도 하다. 풀과 나무는 번잡하지 않게 곳곳에 심어 사시사철 끊어지지 않도록 하면, 모두 그림 속에 들어갈 만하다.(繁花雜木, 宜以畝計. 乃若庭除欄畔, 必以虯枝古幹, 異種奇名, 枝葉扶疏, 位置疏密. 或水邊石際, 橫偃斜披, 或一望成林, 或孤枝獨秀. 草木不可繁雜, 隨處植之, 取其四時不斷, 皆入圖畫.)"라고 하였으며, 복숭아와 자두 등에 대해서는 정원에 심기에는 적당하지 않고 멀리서 바라보기에 적당한 듯하다고 주장하였다. 홍매(紅梅)와 강도(絳桃)는 모두 이것을 사용하여 수풀을 장식하며 많이 심으면 적당하지 않다고 하였다. 재배면적의 크기와 심는 수량의 다과 및 심는 거리의 소밀도는 모두 종류와 위치 및 색채 등의 조건에 따라 분별하여 취사선택하고 합리적으로 배합해야 함을 설명하였다. 모란과 작약에 대해서는 "문양이 있는 돌로 난간을 만들고 몇 단계로 들쑥날쑥하게 배열해 차례대로 줄지어 심는다.(用文石爲欄, 參差數級, 以次列種.)"라고 하여, 서로 가리지 않도록 해서 충분히 심어진 개체가 아름다움을 발휘하도록 해야 한다고 주장하였다. 북경 이화원(頤和園)[38]에 있는 모란의 배치가 이러한 형식인 것을 일찍이 보았다. 매화나무에 대해서는 두 가지 방식을 사용해야 한다고 주장하였으며, 한 종류는 이끼로 뒤덮여 자태가 예스럽고 우아한 것을 선택하여 바위 옆이나 정원 끝에

---

38) 이화원(頤和園): 북경시 서쪽 교외에 있는 황실 정원. 항주의 서호를 모델로 하였다. 건륭 15년(1750)에 건륭황제가 모친 효성헌황후(孝聖憲皇后, 1693-1777)의 회갑을 준비하기 위해 청의원(淸漪園)을 건설하기 시작하여 1764년에 완성되었으며, 함풍 10년(1860)에 영불연합군에 의해 파괴된 것을 광서 14년(1888)에 중건하며 '이화원'으로 개명하였다. 광서 26년(1900)에 팔국연합군에 의해 또 약탈을 당했다. 1998년에 세계문화유산으로 등록되었다.【역주】

부록 2. 「명말 문진형의 조경학설(明末文震亨氏的造園學說)」 진식(陳植)

옮겨 심어야 한다. 다른 한 종류는 넓은 면적에 심어도 무방하며, 사람이 그 속에 앉거나 누워 정신과 신체가 모두 맑아지게 해야 한다. 소나무 종류 가운데 괄자송[栝子松, 즉 백송(白松)]에 관해서는 "집 앞의 넓은 정원이나 넓은 둔덕 위에 심는데, 짝을 이루어도 무방하다. 실내에도 한 그루 심는 게 좋은데, 아래에는 문양 있는 돌로 받침대를 만들거나 태호석으로 난간을 만들어도 모두 좋다. 수선·난초와 혜초·원추리와 같은 종류는 그 아래에 섞어 심는다.(植堂前廣庭, 或廣臺之上, 不妨對偶. 齋中宜植一株, 下用文石爲臺, 或太湖石爲欄俱可. 水仙蘭蕙萱草之屬, 雜蒔其下.)"라고 주장하였으며, 일반적인 산의 소나무 즉 마미송(馬尾松)에 대해서는, 흙 언덕의 위에 심어 성장한 뒤에 나무껍질이 고기비늘처럼 벗겨지고 잎이 바람을 맞아 파도처럼 흔들려 "산림이 아주 가까이에 있는(咫尺山林)39)" 경관을 형성해야 한다고 주장하였다. 관상식물이 원림에서 발휘하는 작용의 크기가 완전히 배치 기술의 공졸에 의해 결정되며, 절대로 일반 식물의 재배와 다르다는 점을 일찍이 옛 사람이 제시했다는 것을 충분히 증명하였다.

권3「수석(水石)」은 「넓은 연못(廣池)」·「작은 연못(小池)」·「폭포(瀑布)」·「우물 파기(鑿井)」·「천천(天泉)」·「지천(地泉)」·「유수(流水)」·「단천(丹泉)」·「품석(品石)」·「영벽석(靈壁石)」·「영석(英石)」·「태호석(太湖石)」·「요봉석(堯峰石)」·「곤산석(昆山石)」·「금천·장락·양두석(錦川·將樂·羊肚石)」·「토마노(土瑪瑙)」·「대리석(大理石)」·「영석(永石)」 등 18절로 나누어지며, "돌은 사람을 예스럽게 하고, 물은 사

---

39) 咫尺山林(지척산림): 명 계성의『원야·철산(園冶·掇山)』에서 "오솔길은 구불구불하면서 길고, 봉우리는 빼어나면서 예스러워, 여러 방면으로 뛰어난 경치는 산림이 지척에 있는 것과 같다.(蹊徑盤且長, 峰巒秀而古, 多方勝景, 咫尺山林.)"라고 하였다.【역주】

람을 심원하게 한다. 정원에 물과 돌은 절대로 없어서는 안 된다.(石令
人古, 水令人遠. 園林水石, 最不可無.)"이므로, 식물과 동물이 함께 원림
경물을 구성하는 중요한 재료의 하나라고 주장하였다. 만약 적절하게
배치할 수 있으면, "하나의 봉우리는 바로 천심(千尋)40)의 화산(華山)41)
이고, 한 국자의 물은 만 리를 흐르는 강과 호수이다.(一峰則太華千尋,
一勺則江湖萬里.)"라는 것처럼 되고, 산의 위와 물가에 다시 대나무와
바위로 장식하면 "높은 절벽과 푸른 시내가 있으며, 샘이 솟아 빠르게
흘러서, 마치 크고 굽은 물웅덩이나 깎아지른 계곡 속에 있는 듯하다.
(蒼崖碧澗, 奔泉汎流, 如入深岩絕壑之中.)"라는 천연의 뛰어난 경치를
형성하기 어렵지 않다. 그중에 「넓은 연못(廣池)」42)에 대해서는 "연못
을 파는데 1무(畝)43)에서 1경(頃)44)에 이르기까지 넓을수록 좋다. 가장
넓은 것에는 중간에 대사(臺榭)45)와 같은 종류를 설치할 수 있으며, 혹
은 긴 둑이 가로로 가로막고 모래톱에는 창포를, 기슭에는 갈대를 섞어
심어 끝없이 넓어 보이게 하면 바로 큰 연못이라 할 수 있다.⋯⋯연못의
옆에 수양버들을 심으며, 복숭아와 살구나무를 섞어 심는 것을 피한다.
연못에 들오리와 기러기가 있어야 하며, 반드시 수 십 마리가 떼를 지어
야 바야흐로 생기가 넘친다. 가장 넓은 곳에는 수상 누각을 설치할 수
있으며, 반드시 그림 속의 누각과 같아야 아름답다. 대나무를 엮어 지은

---

40) 천심(千尋): 1심(尋)은 8자(약 2.4m). 천심은 약 2,400m.【역주】
41) 화산(華山): 오악(五嶽)의 하나로 서악(西嶽)에 해당하며, 섬서성 화음현(華陰縣)
　　에 있고, 최고봉인 남봉(南峰)의 높이는 2,154.9m이다.【역주】
42) 광지(廣池): 커다란 연못.【역주】
43) 무(畝): 현재의 1무는 약 666.7평방미터. 명대의 1무는 약 606.7-613평방미터.【역주】
44) 경(頃): 백무(百畝)가 1경이다.【原註】
45) 대사(臺榭): 고대에는 지면에 땅을 다져 높이 만든 작은 언덕을 '대(臺)'라 하고,
　　그 위에 세운 목조 건물을 '사(榭)'라 하였으며, 합쳐서 '대사'라 하였다. 사(榭)는
　　또 사면이 개방된 비교적 커다란 건물을 가리키며, 물가나 수중에 세운 건물을
　　'수사(水榭)'라 한다.【역주】

부록 2. 「명말 문진형의 조경학설(明末文震亨氏的造園學說)」 진식(陳植)

작은 집의 설치를 피한다. 기슭에 연꽃을 심고 대나무를 잘라 울타리를 만들어 널리 퍼지지 않도록 하며, 연잎이 연못을 덮어 물빛이 보이지 않게 되는 것을 피한다.(鑿池自畝以及頃, 愈廣愈勝. 最廣者, 中可置臺榭之屬, 或長堤橫隔, 汀蒲岸葦雜植其中, 一望無際, 乃稱巨浸.……池旁植垂柳, 忌桃杏間種. 中畜鳧雁, 須十數爲群, 方有生意. 最廣處可置水閣, 必如圖畫中者佳. 忌置簰舍. 於岸側植藕花, 削竹爲闌, 勿令蔓衍, 忌荷葉滿池, 不見水色.)"라고 주장하였다. 연못의 배치에 관해 말하자면, 곳곳에 비례의 대소와 색채의 조화 및 동적인 것과 정적인 것의 배합에 주의하여, 구성된 경물로 하여금 "비록 사람이 만들었으나 완연히 하늘에서 만든 듯하다.(雖由人作, 宛自天開)"처럼 되도록 하여, 사람들이 자연의 미를 충분히 향유하게 할 수가 있다.

권4 「새와 물고기(禽魚)」에서는 비록 조류 가운데 학(鶴)·계칙(鸂鶒)·앵무(鸚鵡)·백설(百舌)·화미(畫眉)·구욕(鸜鵒) 등 6종만을 열거했으며, 어류에서는 금붕어(朱魚) 한 종류만을 열거했으나, 각종 새와 물고기의 특성과 사육하고 훈련시키는 기술 및 경물과 배합하는 수법을 문진형이 모두 분별하여 지적할 수 있었는데, 극히 설명하기 어려운 일이었다. 예를 들면, 학의 산지와 품종에 관하여는 "화정(華亭)46)의 학과 촌(鶴窠村)에서 난 학은 자태가 고상하고 푸른 다리에 거북의 등껍질 문양이 있어 가장 사랑스럽다.(華亭鶴窠村所出, 其體高俊, 綠足龜文, 最爲可愛.)"라고 하였으며, 품격의 감정에 대해서는 "자태에 품위가 있고 준수한지, 울음소리가 낭랑한지, 목이 가늘고 긴지, 다리가 날씬하고 마디가 있는지, 몸이 꼿꼿하게 서려고 하는지, 등이 곧은지를 따져야 한다.(取標格奇俊, 唳聲淸亮, 頸欲細而長, 足欲瘦而節, 身欲人立, 背欲直

削.)"라는 것을 선택해야 비로소 상등품이 된다. 사육할 때는 "넓고 평평한 대(臺) 혹은 높은 둔덕을 지어 둥지에 살게 하고, 가까이에 연못을 두어 물고기와 곡물로 사육한다.(蓄之者當筑廣臺, 或高崗土坉之上, 居以茅庵, 鄰以池沼, 飼以魚谷.)"라는 것처럼 해야 하며, 훈련시킬 때에는 "배고플 때를 기다렸다가 넓은 빈 공간에 먹을 것을 두고 아이들더러 박수를 치고 발을 구르게 해서 학을 유도한다. 이렇게 익혀서 익숙해지면 박수소리만 들려도 바로 일어나 춤을 추는데, 이를 '식화(食化)'[47]라고 한다.(俟其饑, 置食于空野, 使童子拊掌頓足以誘之. 習之既熟, 一聞拊掌, 即便起舞, 謂之食化.)"라는 것처럼 해야 한다. 또 "텅 빈 숲과 황량한 거처, 하얀 바위와 푸른 소나무에는 학만이 가장 잘 어울린다.(在空林野墅, 白石青松, 惟此君最宜.)"는 것처럼, 경물이 고요한 가운데 움직임이 있어 생기발랄하게 되려면, 그윽하며 고요한 환경에 사슴과 학 등 약간의 새와 길짐승을 풀어 기르는 것이 매우 효과가 있다고 하였다. 또 학을 기르는 방법은 학의 생물적인 특성과 생태환경에 주의하여, 학이 여전히 대자연속에서 생장하는 것처럼 유유자적하여 결코 부적합하다는 생각이 없도록 해야 한다. 이처럼 동물을 생태적으로 사육하는 진보적인 방법이 중국에서 이미 300년 전에 이론과 실천으로 존재했으며, 극히 하기 어려운 일이었다. 어류에서는 금붕어 가운데 진기하고 어항에 키우거나 연못에서 키우기에 적당한 품종을 열거하였으며, 금붕어의 양

---

47) 식화(食化): 굶주림을 이용하여 먹을 것을 가지고 훈련시키는 것. 도륭의 『고반여사』에서 "춤을 가르치려고 하면, 학이 굶주리기를 기다려 빈들에 먹을 것을 놓고, 동자에게 기쁜 얼굴로 손뼉을 치고 손을 흔들며 발을 굴러 학을 유인하게 시키면, 학은 날개를 떨쳐 울고 발을 움직이며 춤을 출 것이다. 이러한 것이 익숙해지면 손바닥 치는 소리를 들으면 일어나 춤을 추게 되며, 이를 '식화'라 한다.(欲教以舞, 俟其饑餒, 置食於空野, 使童子拊掌歡顔, 搖手起足以誘之, 彼則奮翼而唳, 足而舞矣, 習之熟, 一聞拊掌則即起舞, 謂之食化.)"라고 하였다.【역주】

부록 2. 「명말 문진형의 조경학설(明末文震亨氏的造園學說)」 진식(陳植)

식에 대해서는 또 어항의 양식과 품질 및 물갈이의 작용과 횟수를 제시하였다. 관상(觀賞)에 대해서는 또 시간의 빠르고 늦음과 기상변화의 관계를 제시하였으며, 역시 매우 가치가 있는 진귀한 경험이다. 동물의 관상 가치는 동물원에서 비록 이미 충분히 증명이 되었지만, 일반 원림에서는 아직 상응하는 중시를 받지 못하였다. 「금어지(禽魚志)」에서 열거한 것이 새와 물고기의 두 종류 가운데 소수의 종류에 한정되어, 관상 가치를 가진 동물류와 곤충류를 모두 광범위하게 서술하지 못하여 유감을 느끼지 않을 수가 없다. 다만 문진형의 서술은 동물의 관상 가치라는 관점에서 논리를 세워 세계적으로는 지금도 아직 유치한 수준에 있는 관상동물학의 선구가 되었으며, 하기 어려운 귀중한 일이다. 이것은 세계 학술사에 자부할만한 한 페이지가 되기에 충분하다.

권11 「채소와 과일(蔬果)」에 열거된 과일나무는 「앵두(櫻桃)」·「복숭아·자두·매실·살구(桃·李·梅·杏)」·「귤·등자(橘·橙)」·「감자(柑)」·「향연(香櫞)」·「비파(枇杷)」·「양매(楊梅)」·「포도(葡萄)」·「여지(荔枝)」·「대추(棗)」·「배(梨)」·「밤(栗)」·「감(柿)」·「화홍(花紅)」·「은행(銀杏)」 등의 19종이고, 채소는 「백편두(白扁豆)」·「박(瓢)」·「가지(茄子)」·「토란(芋)」·「산약(山藥)」·「무우(蘿蔔)」·「무청(蕪菁)」 등의 7종 및 수생식물(水生植物) 3종과 「수박(西瓜)」·「오가피(五加皮)」·「버섯(菌)」 등의 3종이다. 서술한 내용 가운데 각종 채소와 과일의 재배에 대해서는 비록 실용주의적인 식재료 생산을 주요 목적으로 하였으나, 실용 이외에 여전히 미관을 경시하지 않아, 일반적인 두붕(豆棚)[48]과 채소밭은 결국 꽃나무와 차이가 있으므로 정원에서의 배치는 별도로 다루어야 한다고 주장하였다. 아울러 「꽃과 나무(花木)」에서 특별히 "기

---

48) 두붕(豆棚): 식물이 기대어 자라도록 대나무로 엮어 만든 차양.【역주】

타 두붕(豆棚)과 채소밭은 산 속에 사는 사람의 멋으로 본래 싫어하지 않지만, 반드시 넓은 공터를 개간해서 별도로 한 구역을 만들어야 한다. 만약 정원에 심으면 바로 운치 있는 일이 아니게 된다. 게다가 주춧돌과 나무기둥이 있어 시렁을 정교하게 묶어 가지런하게 하는 것은 갈수록 나쁜 길로 들어가는 것이다.(他如豆棚菜圃, 山家風味, 固自不惡, 然必辟 隙地數頃, 別爲一區. 若於庭除種植, 便非韻事. 更有石磉木柱, 架縛精整 者, 愈入惡道.)"라고 제시하여, 원림에서 "이러한 매매 이익으로 채소를 판매하는 사람이 되는(以此市利爲賣菜佣)[49]" 순 생산적인 관점을 결사 반대하였으며, 아주 정확한 것이다. 관상을 목적으로 하는 원림은 결국 에는 실용을 목적으로 하는 과수원 및 채소밭과 본질적으로 차이가 있 어 섞어서 하나로 설명할 수가 없기 때문이다. 원림에는 부분적으로 채 소와 과일을 심어야 하며, 미관을 해치지 않는 것을 원칙으로 하여 원림 조성의 구성부분으로 간주하고 적당히 안배해야 하며, 이러한 방식은 조원학에서 "실용주의 조원"이라 한다. 생산을 중시하는 현대에 와서 실 용주의 조원을 제창하는 시기에도 이러한 견해는 여전히 주목할 가치가 있다.

권6은 「궤탑(几榻)」이고 권7은 「기구(器具)」이다. 전자에서 논의한 것은 가구이며, 후자에서 논의한 것은 문구와 각종 진열용 물품이다. 문진형은 이러한 기물에 대하여 모두 정밀하고 예스러우며 우아해야 하 고, 아울러 양식·재료·크기·색채·포장을 중시하여 저속한 곳으로 흐르지 않아야 서로 더욱 빛날 수 있다고 주장하였다. 예를 들면, 천연 궤(天然几)는 "화리(花梨)·철리(鐵梨)·향남(香楠) 등의 목재와 같은 무늬가 있는 나무로 만든다. 단지 넓고 큰 것이 귀중하지만, 길이가 8자

---

49) 賣菜佣(매채용): 채소를 파는 사람. 비천하고 평범한 사람.【역주】

(약 240cm)를 넘어서는 안 되고, 두께는 5치(약 16cm)를 넘어서는 안 되며, 위로 들린 모서리 부분이 너무 뾰족해서는 안 되고 반드시 둥그스름해야 바로 옛 양식이다.(以文木如花梨鐵梨香楠等木爲之. 第以闊大爲貴, 長不可過八尺, 厚不可過五寸, 飛角處不可太尖, 須平圓, 乃古式.)"라고 주장하였으며, 병풍에 대해서는 "병풍의 제도는 가장 예스러운데, 대리석을 상감하고 하부 좌대가 정교한 것이 귀중하며, 그 다음은 기양석(祁陽石)50)을 상감한 것이고, 또 그 다음은 화예석(花蘂石)51)을 상감한 것이다. 옛 것을 구하지 못하면 또 옛 양식을 모방하여 만들어야 한다. 종이 병풍과 위병(圍屛)52) 및 나무 병풍과 같은 것은 모두 품평할 수준에 들지 못한다.(屛風之制最古, 以大理石鑲下座精細者爲貴, 次則祁陽石, 又次則花蘂石. 不得舊者, 亦須仿舊式爲之. 若紙糊及圍屛木屛, 俱不入品.)"라고 주장하였다. 등에 대해서는 "복건의 구슬을 꿰어 만든 등이 제일이고, 대모·호박·물고기 뼈로 만든 것이 다음이며, 양피등(羊皮燈)53)으로 명인 조호(趙虎)54)가 그린 것과 같은 것은 또 많이 비축해야 한다. 요사등(料絲燈)55)은 운남성에서 나온 것이 가장 뛰어나며, 단양(丹陽)56)에서 만든 것에는 가로로 빛이 새어나와 그리 우아하지 못하다. 산동성의 주등(珠燈)57)·맥등(麥燈)58)·시등(柴燈)59)·매화등(梅花燈)60)·

---

50) 기양석(祁陽石): 호남성 영주시(永州市) 기양현(祁陽縣)에서 산출되는 자홍색의 돌.【역주】
51) 화예석(花蘂石): 하남성 문향현(閿鄕縣)에서 산출되는 홍색의 돌.【역주】
52) 위병(圍屛): 둘러쳐서 가리는 용도의 병풍.【原註】
53) 양피등(羊皮燈): 양피로 겉을 씌워 만든 등.【역주】
54) 조호(趙虎): 명나라 호주(湖州, 절강성) 출신의 화가 조렴(趙廉, ?-?). 호랑이를 잘 그려 '조호(趙虎)'라고 불렸다.【역주】
55) 요사등(料絲燈): 유리를 실처럼 가늘게 뽑아 엮어서 만든 등롱.【역주】
56) 단양(丹陽): 지금의 강소성 단양현(丹陽縣).【역주】
57) 주등(珠燈): 구슬을 엮어 만든 등롱.【역주】
58) 맥등(麥燈): 보릿대를 엮어 만든 등.【역주】

이화등(李花燈)61) · 화초등(花草燈)62) · 백조등(百鳥燈)63) · 백수등(百獸燈)64) · 협사등(夾絲燈)65) · 묵사등(墨紗燈)66) 등과 같은 양식은 모두 높은 품격에 들어가지 못한다. 등의 모양은 사방이 병풍처럼 평평하고, 중간에 화조가 장식되어 그림처럼 청아한 것이 훌륭하고, 인물과 누각 무늬는 양피지로 만든 등 표면에만 사용할 수 있으며, 기타 찜통 모양 · 수정구(水晶球)의 모양 · 이층으로 된 것 · 삼층으로 된 것은 모두 나쁜 풍속이다.(閩中珠燈第一, 玳瑁琥珀魚魟次之, 羊皮燈名手如趙虎所畫者, 亦當多蓄. 料絲出滇中者最勝, 丹陽所製有橫光, 不甚雅. 至如山東珠麥柴梅李花草百鳥百獸夾紗墨紗等製, 俱不入品. 燈樣以四方如屛, 中穿花鳥, 淸雅如畫者爲佳, 人物樓閣僅可於羊皮屛上用之, 他如蒸籠圈水精毬雙層三層者, 俱惡俗.)"라고 주장하였다. 문진형의 서술에는 정원내의 실내에 진열된 기물의 형식과 품질에 대한 엄격한 요구기준이 충분히 반영되어 있다. 홍목(紅木) · 화리(花梨) · 남목(楠木)으로 만든 가구와 대리석으로 만든 병풍 · 탁자 · 의자 및 각종 양식의 등(燈)은 소주에서 비교적 완전하게 보존되어 있는 졸정원(拙庭園)67) · 사자림(獅子林)68) · 유원

---

59) 시등(柴燈): 비단이나 종이가 아니라 나무판자로 보호벽을 만든 등롱(燈籠)이나, 횃불로 추정된다.【역주】
60) 매화등(梅花燈): 매화 무늬를 장식한 등롱.【역주】
61) 이화등(李花燈): 오얏 꽃의 무늬를 장식한 등롱.【역주】
62) 화초등(花草燈): 화초 무늬를 장식한 등롱.【역주】
63) 백조등(百鳥燈): 여러 종류의 새 무늬를 장식한 등롱이나 여러 종류의 새 모양으로 만든 등.【역주】
64) 백수등(百獸燈): 갖가지 동물의 무늬를 장식하거나 동물 모양으로 만든 등.【역주】
65) 협사등(夾紗燈): 종이에 꽃 · 대나무 · 새를 그리고 비단으로 보강하여 만든 등.【역주】
66) 묵사등(墨紗燈): 종이나 비단으로 된 등의 표면에 먹으로 무늬를 그려 장식한 등.【역주】
67) 졸정원(拙政園): 소주시 동북 동북가(東北街) 178호 있는 중국 4대 정원의 하나. 명 정덕초기(16C 초)에 처음으로 건설되었다.【역주】
68) 사자림(獅子林): 소주시 동북 원림로(園林路) 3호에 있는 소주 사대 정원의 하나.

부록 2. 「명말 문진형의 조경학설(明末文震亨氏的造園學說)」 진식(陳植)

(留園)[69] 등에서 여전히 도처에서 접촉할 수 있으며, 현대인이 이것들을 마주하면 예스러운 정취가 앙연한 느낌이 일어난다. 이것도 중국식 조원예술이 가진 특징의 하나이며, 중국식 조원의 풍격 연구자는 여전히 상당히 중시해야 한다.

권10 「위치(位置)」에서는 당(堂)과 사(榭)[70] 등의 건축 및 실내 기물의 진열은 각각 적당한 위치와 방향을 선택하여 주위 환경과 서로 조화를 이루도록 해야 한다는 요지를 전문적으로 논의했다. 당(堂)과 사(榭)의 방은 "각각 적당한 것이 있으므로 책과 청동기가 안정감 있게 설치되어 마땅한 장소를 찾아야 바야흐로 그림과 같아지며(各有所宜, 圖書鼎彝, 安設得所, 方如圖畫.)", "화탁(畵桌)[71]에는 기이한 수석이나 분경(盆景) 종류를 놓을 수가 있으며, 주홍칠 등을 한 선반을 놓아서는 안 되고(畵桌可置奇石, 或盆景之屬, 忌置朱紅漆等架)", "정자와 사(榭)는 비바람을 막지 못하므로 훌륭한 기물을 사용해서는 안 되고, 저속한 것은 또 견딜 수가 없으므로, 반드시 예스러운 칠을 하고 표면이 사각형이며 다리가 투박하여 예스럽고 질박하면서 자연스러운 것을 구해 설치해야 한다. 노천의 앉는 자리는 평평하고 낮은 태호석을 사방에 드문드문 배치해야 하며, 돌로 깎아 만든 의자나 도자기로 구워 만든 의자는 모두 설치하여 사용할 수 없고, 특히 위에 관요에서 만든 벽돌을 얹은 붉은 색

소주에 와서 불법을 강의한 천여선사(天如禪師,?-?)를 위해 원나라 지정 2년(1342)에 제자들이 힘을 모아 최초로 건설하였다.【역주】

69) 유원(留園): 소주시 창문(閶門) 밖 유원로(留園路) 338호에 있는 중국 사대 정원의 하나로, 청나라 가경 3년(1798)에 처음으로 완성되었으며, '한벽산장(寒碧山莊)'이라 했다.【역주】

70) 사(榭): 물가에 경치를 관람하기 위하여 지은 평평한 누대. 경복궁의 경회루가 이러한 양식에 해당된다.【역주】

71) 화탁(畵桌): 그림을 그리거나 표구할 때 사용하는 커다란 탁자. 그림을 감상하는 탁자는 '화안(畵案)'이라 한다.【역주】

이 칠해진 틀은 사용할 수 없다.(亭榭不蔽風雨, 故不可用佳器, 俗者又不可耐, 須得舊漆方面粗足古朴自然者置之. 露坐, 宜湖石平矮者, 散置四旁, 其石墩瓦墩之屬, 俱置不用, 尤不可用朱架架官磚於上.)"라고 주장하였다. 방과 방의 내부에 진열하는 기물의 위치에 주목한 점을 제외하고, 또 위치마다 예스럽고 질박한 형식과 색채의 조화에 주의하여, 각종 재료가 모두 합리적으로 배합되고 유기적인 관계를 맺도록 한다. 이렇게 완전하고 보기에 아름다우며 사용하기에 적당하고 완전무결하여 종합적으로 아름다운 모습이 되어야 하며, 그렇지 않으면 "백옥으로 만든 벽(璧)에 하자가 있는(白璧有瑕)" 상태가 되어, 사람들에게 아름답지만 부족하다는 느낌을 불러일으킨다.

권9 「주거(舟車)」에는 「건거(巾車)」[72] · 「남여(籃轝)」 · 「배(舟)」 · 「작은 배(小船)」 등 4종을 열거하였다. 비록 시대가 다르고 지역이 각각 상이하여, 필요한 것이 반드시 일치하지는 않지만, 명산과 커다란 호수에 마음껏 유람하려면 물과 육지의 교통도구가 없어서는 안 되며, 설령 교통이 발달한 현재에도 여전히 예외일 수가 없다. 풍경지구로 왕래하는 교통도구는 정교하게 제작하여 보기에 아름다운 것이 절대적으로 필요하다. 풍경지구내의 모든 것은 모두 풍경의 구성요소가 되기 때문에, 반드시 밀접하게 결합시켜 미관에 주의하여 풍경의 아름다움에 불량한 영향을 초래하지 않아야 하며, 그렇지 않으면 "서시가 더러운 것을 덮어써서(西子蒙不潔)[73]", 아름다운 풍경이 이로 말미암아 손색이 있게 된다. 물은 원림에서 극히 중요하며, 물의 배경으로 사용되는 작은 배는 "길이는 한 길 남짓에 폭은 3자 정도로 연못 안에 띄우거나 버드나무 그늘 굽이

---

72) 건거(巾車): 휘장을 친 수레.【역주】
73) 西子蒙不潔(서자몽불결): 출처는 『맹자 · 이루하(離婁下)』.【역주】

진 기슭에 배를 매어 놓은 채, 낚싯대를 잡고 낚시를 드리우며 음풍농월
한다.(長丈餘, 闊三尺許, 置於池塘中, 或鼓枻於中流. 或系舟於柳蔭曲岸,
執竿垂釣, 弄月吟風.)"라고 요구하였다. 이러한 배치는 사람에게 또 다
른 한 종류의 즐거운 흥취일 뿐만 아니라, 원림의 경치에도 생색이 적지
않을 수 있다. 원림에서 물가의 석방(石舫)[74]은 비록 수상 풍경의 증가
에 도움이 되지만, 석방 형체의 크기는 또 비례에 주의하여 지나치게
커지는 것을 방지해서 쓸 데 없이 일을 그르쳐 경물의 조화에 손상이
되는 것을 피해야 한다.

　권12「향과 차(香茗)」에서는 비록 "향과 차의 용도는 그 이익이 매우
크다.(香茗之用, 其利甚溥.)"라고 거창하게 말했으나, 조원에 대해서 말
하자면 차와의 관계가 비교적 많으며,「향과 차(香茗)」에서 각종 명차
품종을 나열한 이외에 또「세다(洗茶)」·「후탕(候湯)」·「다구 세척(滌
器)」·「다세(茶洗)」·「다로 탕병(茶爐·湯瓶)」·「다호 찻잔(茶壺·茶盞)」
등 물을 끓이고 차를 마시는 방법 및 여기에 사용하는 도구의 형식과
재료의 선택 등을 서술했으며, 이것을 통하여 일본에서 성행하는 '다도
(茶道)'가 또 중국에서 방법을 취득했음을 증명하기에 충분하다.「가옥
(室廬)」에서 다료(茶寮)[75]에 대하여는 이렇게 말하였다. "작은 방 하나
를 산의 서재와 나란하게 짓는다. 안에는 다구(茶具)를 구비하고 시동
하나에게 전적으로 차에 관한 일을 맡겨, 여름철 긴 낮 동안 청담(淸
淡)[76]을 나누거나 겨울밤에 정좌를 할 때 차를 제공하도록 한다. 이것
은 은자에게는 가장 중요한 일이며, 없어서는 안 되는 것이다.(構一斗

---

74) 석방(石舫): 중국의 원림에 있는 연못이나 호수에 돌로 만들어 설치해 놓은 배
　　모양의 건축물.【역주】
75) 다료(茶寮): 차를 끓이는 곳, 즉 다실(茶室).【역주】
76) 청담(淸談): 공허한 이론을 분석하는 것을 '청담(淸談)'이라 한다.【原註】

室, 相傍山齋, 內設茶具, 敎一童專主茶役, 以供長日清淡, 寒宵兀坐, 幽人首務, 不可少廢者.)" 이처럼 다실(茶室) 부근에 "특별한 세상(別境乾坤)"을 구성하여 특별한 종류의 풍격을 가진 정원을 구성하도록 요구하였다. 이것으로 말미암아 일본에서 한 때 유행하여 독특한 풍격을 가진 '다정(茶庭)77)'도 중국에서 전입된 것임을 증명하기에 충분하다. 중국에 현존하는 원림에는 거의 모두 여행객에게 휴식을 제공하는 다실이나 다사(茶社)78) 및 식당과 레스토랑 등이 설치되어 있다. 그 형식의 선정과 위치의 선택이 환경과 어떻게 조화를 이루고 실용과 결합되는가는 충분히 주의할만한 가치가 있는 문제이다.

문진형의 선조들이 산천을 애호하여 모두 원림을 건설했으며, 문진형의 증조 문징명과 숙부 문가(文嘉)79)는 모두 정운관(停雲館)을 여러 번 확장하여 건축하였다. 백부 문조지(文肇祉)80)는 호구산 남쪽에 띠 풀을 베어 오두막을 짓고 땅을 파서 샘물을 끌어들여 연못이 완성되자 탑 그림자가 비치게 하고는 이름을 붙여 '탑영원(塔影園)'이라 했다. 부친 문원발에게는 형산초당(衡山草堂)·난설재(蘭雪齋)·운어각(雲馭閣)·동화원(桐花園)이 있었다. 형 문진맹의 저택은 보림사(寶林寺) 동북에 있었으며, 약포[藥圃, 청대 초기에 '예포(藝圃)'로 개명하였으며, 강희연간에 석곡(石谷) 왕휘(王翬)가 「예포도(藝圃圖)」를 그렸고, 유적지가 아직도 존재하여 소주 문아농(文衙弄) 5호에 있다.]에는 생운서(生雲墅)와

---

77) 다정(茶庭): 다실과 다실로 들어가는 부분의 정원으로 이루어진 정원 형식의 하나. 대략 선원다정(禪院茶庭)·서원다정(書院茶庭)·초암식다정[草庵式茶庭, 보통 '로로(露路)'나 '로지(露地)'라 한대의 3종류이며, 초암식다정이 가장 특색이 있다.【역주】
78) 다사(茶社): 차를 끓여 파는 점포.【역주】
79) 문가(文嘉, 1501-1583): 자(字)는 승휴(休承), 호는 문수(文水). 문징명의 둘째 아들로 오문파의 대표 화가.【역주】
80) 문조지(文肇祉, 1519-1587): 자(字)는 기성(基聖), 호는 응봉(鷹峰). 문팽의 맏아들로 시문과 서예에 뛰어났다.

세륜당(世綸唐)이 있었다. 세륜당의 앞은 넓은 정원이며, 정원 앞에 연못의 넓이는 5무 정도로, 연못 남쪽에 돌을 쌓아 오사봉(五師峰)을 만들었는데 높이 2길이며, 연못 속에 육각정이 있어 '욕벽(浴碧)'이라 이름을 붙였다. 세륜당의 우측은 청요여(淸瑤璵)이며, 뜰에 다섯 그루 버드나무를 심어 크기가 몇 아름이다. 또 맹성재(猛省齋)·석경당(石經堂)·응원재(凝遠齋)·암비(岩扉) 등이 그 사이를 장식하였다.[81) 조원으로 창작된 이들의 건설은 문진형의 조원이론과 예술적인 성과와는 특히 부친 및 형제와 같은 사이였으므로, 서로에게 모두 일정한 영향을 미쳤다.

문진형 본인의 조원작품으로 고찰할 수 있는 것은 『오현지·제택원림지(第宅園林志)』의 기록에 따르면 다음과 같다. 즉 일찍이 소주 고사항(高師巷)에 있는 풍씨(馮氏)의 황폐한 정원을 다시 설계하고 개조하여 향초타(香草垞)로 만들었으며, 그 속에는 사선연당(四嬋娟堂)·수협당(繡鋏堂)·농아각(籠鵝閣)·사월랑(斜月廊)·중향랑(衆香廊)·소대(嘯臺)·유월루(遊月樓)·옥국재(玉局齋)·교가(喬柯)·기석(奇石)·방지(方池)·곡소(曲沼)·학서(鶴棲)·녹채(鹿砦)·어상(魚床)·연막(燕幕) 등의 풍경이 있었다. 비록 가는 대나무[섬균(纖筠)]·작은 풀[약초(弱草)]·화분에 만든 산[분산(盆山), 앙봉(盎峰)]·화분의 꽃[분훼(盆卉)]과 같이 미미한 것이라 해도 모두 구별하여 아름다운 이름을 붙였다. 그리고 『안문가집(雁文家集)』에 기록된 것에 또 부상정(扶桑亭)·채산당(采山堂)·전단당(栴檀堂)·수야당(秀野堂)·소청비(小淸閣)·연침(燕寢)·만취(晩翠)·괴맥(槐陌)·간호(澗戶)·나감(螺龕)·조실(罩室)·의만선실(宜晩船室)이 있다. 고령(顧苓)이 "거주하는 물과 풀이 맑고 아름답고 건물은 그윽하였다(所居香草垞, 水草淸華, 房櫳窈窕.)"라고 할 정도로

81) 문씨족보속록』「역세제택방표지(歷世第宅方表志)」.【原註】

속세에 드문 명승이었다.[82] 애석하게도 이 정원은 청대에 이르러 공생 (貢生) 육순석(陸純錫)이 차지하였으며, 점차 쇠락하여 광서연간(1875-1908)에 이르러 강녕(江寧) 등씨(鄧氏)의 소유로 귀속되었고, 여러 번 주인이 바뀌어 이미 옛 모습이 아니게 되었다. 문진형은 또 소주 서쪽 교외에 벽랑원(碧浪園)을 건설하였으며, 또 남경에 붙어살며 일찍이 남 경에 수희당(水嬉堂)을 설치하였다. 문진형은 남경에서 사직하고 돌아 온 뒤에, 또 동쪽 교외 물가 수풀 아래에 대나무 울타리와 모옥을 건설 하였으나, 완성하지 못하고 죽었다.[83]

문진형의 조원 창작은 크게도 작게도 할 수 있었고, 정교하게도 간결 하게도 할 수 있었으므로, 인력과 물자 및 자연 등의 각종 요소에 잘 적응하여, 완성된 경물은 비록 소모한 비용이 많지 않았더라도 그윽하 고 우아하여 사람에게 적당하였다.

위에 서술한 내용을 종합하면, 『장물지』에서 조원과 관련된 이론은 조원학의 체계에 따라 말하자면, 조원건축학의 범주에 속하는 것에 「가 옥」이 있으며, 관상수목학과 화훼원예학의 범주에 속하는 것에 「꽃과 나무」가 있고, 가산학(假山學)과 암석학의 범주에 속하는 것에 「수석」 이 있다. 또 관상동물학에 속하는 「새와 물고기」와 원예학 체계와 관련 된 「채소와 과일」이 있고, 정원에 있는 실내의 진열과 관련된 「서화」·「궤탑」·「기구」·「위치」 등의 4지(志)가 있으며, 실외의 배치와 관련된 것에 「가옥」·「위치」·「향과 차」 등 3지(志)가 있으므로, 조원학 이론과 예술적인 위대한 성과를 모았다고 할 수 있다. 아울러 이론을 운용하여 실제와 연결시켜, 직접 설계하고 시공하여 조원 방면에 정성을 기울인

---

82) 고령 『탑영원집』 권1 「무영전중서사인치사문공행장」.【原註】
83) 『문씨족보속록(文氏族譜續錄)』 「역세제택방표지(歷世第宅方表志)」.【原註】

작품인 향초타를 건설한 사실 등은 특히 아무나 할 수 없는 귀중한 것이다. 중국의 전통적인 조원예술의 연구를 위하여 『장물지』는 특히 깊이 파고들어 연구하고 주석(이미 본인이 교정과 주석을 하여 간행하였다.)하여 널리 유행시킬 필요가 있다.

1979년 4월 초고, 10월 31일 수정증보.

부록 3. 『장물지교주』 인용한 참고서적 목록
(권에 따라 배열, 뒤에 나오는 것은 수록하지 않았다)

沈春澤 序

　『世說新語』: 晋 劉義慶 著

　『歐陽文忠公集』: 宋 歐陽修 著

　『李太白集』: 唐 李白 著

　『唐書』: 宋 歐陽修·宋祁 等著

　『南史』: 唐 李延壽 著

　『毛詩』: 漢 毛亨 傳1)·鄭玄 箋2), 唐 孔穎達 疏3)

　『左傳』: 春秋 魯 左丘明 著, 晋 杜預 注4)

　『漢書』: 漢 班固 著

　『王荊公集』: 宋 王安石 著

　『五代史』: 宋 歐陽修 著

　『史記』: 漢 司馬遷 著

　『韻會』: 明 方日升 著

　『韓昌黎集』: 唐 韓愈 著

　『晋書』: 唐 李世民 著

　『資暇錄』: 唐 李匡義 著

---

1) 傳(전): 전달하다. 전수하다.【역주】
2) 箋(전): 이전 사람의 문장이나 해석을 보충하거나 정정(訂正)하여 쓴 글.【역주】
3) 疏(소): 이미 달아 놓은 주(注)에 대하여 다시 알기 쉽게 풀이하여 설명한 글. 의미의 소통과 천명에 중점을 두었다.【역주】
4) 注(주): 주석(注釋). 고서적이나 문장의 어휘·내용·인용문 등 모든 사항에 대하여 직접 알기 쉽게 풀이하여 설명한 글. 주석은 선진시기에 시작되었다. 현대에는 본문의 아래에 있는 것을 '각주(脚注)'라 하고, 끝 부분에 있는 것을 '편말주(篇末注)'라 하며, 본문의 중간에 있는 것을 '협주(夾注)'라 한다. 또 역대 주석을 모은 것을 '집주(集注)'라 한다.【역주】

『白氏長慶集』: 唐 白居易 著

『蘇東坡集』: 宋 蘇軾 著

『東坡志林』: 宋 蘇軾 著

『北史』: 唐 李延壽 著

『陶淵明集』: 晋 陶潛 著

『十三州志』: 後魏 闞駰 著

『崔灝集』: 唐 崔灝 著

『襄陽記』: 晋 習鑿齒 著

『管子』: 唐 房玄齡 注

『庾子山集』: 北周 庾信 著

『古今注』: 晋 崔豹 著

『吳郡志』: 宋 范成大 著

道光『蘇州府志』: 淸 石蘊玉 纂5)

『孟東野詩集』: 唐 孟郊 著

『孔子家語』: 魏 王肅注

『重修常昭合志』: 淸 丁祖蔭 等纂

권1

『一切經音義』: 唐 釋玄應 著

『說文解字』: 漢 許愼 著

『束廣微集』: 晋 束晳 著

『林邵州遺集』: 唐 林蘊 著

『周禮』: 漢 鄭玄 注

『孟子』: 漢 趙岐 注

『玉篇』: 梁 顧野王 著

『宋玉集』: 戰國 楚 宋玉 著(『全上古三代文』嚴可均 輯6))

---

5) 纂(찬): 자료를 수집하여 서적으로 편집하다.【역주】

『司馬長卿集』: 漢 司馬相如 著

『說文解字系傳』: 南唐 徐鍇 著

『莊子』: 周 莊周 著, 晋 郭象 注

『淮南子』: 漢 劉安 著

『汝南圃史』: 明 周文華 著

『陳鼎竹譜』: 淸 陳鼎 著

『宋史』: 元 脫脫等 著

『茅亭客話』: 宋 黃休復 著

『墨莊漫錄』: 宋 場邦基 著

『爾雅』: 晋 郭璞 注, 宋 邢昺 疏

『杜工部集』: 唐 杜甫 著

『呂氏春秋』: 漢 高誘 注

『正字通』: 淸 張自烈·廖文英 輯

『釋名』: 漢 劉熙 著

『雲林石譜』: 宋 杜綰 著

『金壺字考』: 宋 釋適之 著

『溫飛卿集』: 唐 溫庭筠 著

『本草經』: 魏 吳普 等述

『增修互注禮部韻略』: 宋 毛晃 著

『潛確居類書』: 明 方日升 著

『韻會』: 明 陳仁錫 著

『左太沖集』: 晋 左思 著

『丹陽記』: 唐 殷璠 著

『江令君集』: 陳 江總 著

『新增格古要論』: 明 曹昭 著, 明 王佐 增補

『急就篇』: 漢 史游 著

---

6) 輯(집): 자료를 수집하여 가공하고 정리하다.【역주】

『夢溪補筆談』: 宋 沈适 著

『張河間集』: 漢 張衡 著

『文心雕龍』: 梁 劉勰 著

『禮記』: 漢 鄭玄 注

『許次紓茶疏』: 明 許次紓 著

『雲谿友議』: 唐 范攄 著

『後漢書』: 劉宋 范曄 著

『顔氏家訓』: 北齊 顔之推 著

『周易』: 漢 鄭玄注

『尙書』: 漢 孔安國 傳, 唐 孔穎達 疏

『元氏掖庭記』: 元 陶宗儀 著

『披沙集』: 唐 李咸用 著

『園冶』: 明 計成 著

『唐詩別裁集』: 淸 沈德潛 輯

『戴叔倫集』: 唐 戴叔倫 著

『三輔黃圖』: 漢 無名氏 著

『天中記』: 明 陳耀文 著

『七修類稿』: 明 郎瑛 著

『輟耕錄』: 元 陶宗儀 著

『唐太宗集』: 唐 李世民 著

『墨客揮犀』: 宋 彭乘 著

『集韻』: 宋 丁度 著

『明會典』: 明 申時行 等纂

권2

『開元天寶遺事』: 後周 王仁裕 著

『洛陽名園記』: 宋 李格非 著

『誠齋詩集』: 宋 楊萬里 著

『石湖居士集』: 宋 范成大 著

『留留靑』: 明 田藝蘅 著

『癸辛雜識』: 宋 周密 著

『許敬宗集』: 唐 許敬宗 著

『劉賓客集』: 唐 劉禹錫 著

『花鏡』: 淸 陳淏子 著

『戒庵漫筆』: 明 李詡 著

『楊太眞外傳』: 宋 樂史 著

『太平御覽』: 宋 李昉 等編

『爾雅翼』: 宋 羅願 著

『群芳譜』: 며 王象晋 著

『名醫別錄』: 梁 陶弘景 注

『洛陽花木記』: 宋 周叙 著

『西京雜記』: 晋 葛洪 著

『梅譜』: 宋 范成大 著

『學圃雜疏』: 明 王世懋 著

『本草綱目』: 明 李時珍 著

『花史』: 明 王路 著

『淸異錄』: 宋 陶谷 著

『花小名』: 明 程羽文 著

『采芳隨筆』: 淸 査彬 著

『植物名實圖考』: 淸 吳其濬 著

『草花譜』: 明 高濂 著

『中國樹木分類學』: 現代 陳嶸 著, 1953年

『遵生八牋』: 明 高濂 著

『南越筆記』: 淸 李調元 著

『杜陽雜編』: 唐 蘇鶚 編

『齊諧記』: 劉宋 東陽無疑 著

『三國志』: 晋 陳壽 著

『涌幢小品』: 明 朱國楨 著

『酉陽雜俎』: 唐 段成式 著

『皇甫少元集』: 明 皇甫涍 著

『種藝必用』: 宋 張擇 著

『種樹書』: 明 俞貞木 著

『埤雅』: 宋 陸佃 著

『格致總論』: 元 朱震亨 著

『三餘贅筆』: 明 都邛 著

雍正『江西通志』: 淸 高其倬·陶成 纂

『大方廣佛華嚴經』: 唐 實義難陀 譯

『朱子語錄』: 宋 朱熹 著

『圭齋集』: 元 歐陽玄 著

『漢官儀』: 宋 劉攽 著

『東齋記事』: 宋 許觀 著

『西湖志』: 淸 李衛等 著

『宋之問集』: 唐 宋之問 著

『趙藩乾道稿』: 宋 趙藩 著

『昭明文選』: 梁 蕭統 輯

『本草衍義』: 宋 寇宗奭 著

『物理小識』: 明 方以智 著

『通雅』: 明 方以智 著

『陸士衡集』: 晋 陸機 著

『樊川集』: 唐 杜牧 著

『臆乘』: 宋 楊伯岩 著

『戴凱之竹譜』: 晋 戴凱之 著

乾隆『江南通志』: 淸 黃之雋 等纂

『吳縣志』: 淸 施謙 纂

康熙『無錫縣志』: 淸 嚴繩孫 纂

『竹譜詳錄』: 元 李衎 著

乾隆『湖州府志』: 淸 宗元瀚 著

『竹薈』: 淸 陳僅 著

弘治『紹興府志』: 明 蕭良干 張元忭 纂

『桂海虞衡志』: 宋 范成大 著

乾隆『安吉州志』: 淸 劉薊植 纂

『杭州府志』: 淸 吳慶坻 等纂

成化『廣州志』: 明 吳中 王文鳳 纂

『十道志』: 唐 李吉甫 著

『圖繪寶鑑』: 元 夏文彦 編

『菊譜』: 宋 范成大 著

『菊譜』: 宋 史正志 著

『本草綱目拾遺』: 淸 趙學敏 輯

『陽羨名陶錄』: 淸 吳騫 著

『荊溪疏』: 明 王穉登 著

『格致全書』: 淸 徐建寅 輯

『致富全書』: 무명氏 著

『韓翰林集』: 唐 韓偓 著

『淸容居士集』: 元 袁桷 著

『碧山堂集』: 元 釋宗衍 著

『三才圖會』: 明 王圻 著

『張司業詩集』: 唐 張籍 著

『參廖集』: 宋 釋道潛 著

『古今圖書集成』: 淸 蔣廷錫 等編校[7]

『太平淸話』: 明 陳繼儒 著

---

7) 編校(편교): 편집하고 교정하다.【역주】

『梅譜』: 宋 范成大 著

『北墅抱甕錄』: 淸 高士奇 著

『甁花譜』: 明 張謙德 著

乾隆『吳縣志』: 淸 姜順蛟·施謙 著

『畵史會要』: 明 朱謀垔 著

『荀子』: 周 荀況 著, 唐 楊倞 注

『圖畵見聞志』: 宋 郭若虛 著

『陸太常集』: 梁 陸倕 著

萬曆『杭州志』: 明 陳善 著

『楚辭』: 漢 王逸 注

『考槃餘事』: 明 屠隆 著

『全上古三代秦漢三國六朝文』: 民國 丁福保 輯

『唐氏肆考』: 淸 唐秉鈞 著

권3

『唐詩紀事』: 宋 計有功 著

『煎茶水記』: 唐 張又新 著

『埤蒼』: 魏 張揖 著

『煮茶小品』: 明 田藝蘅 著

『荊州記』: 劉宋 盛弘之 著

『姚少監集』: 唐 姚合 著

『沈休文集』: 梁 沈約 著

『韓非子』: 周 韓非 著, 無明氏 注

『太湖石志』: 宋 范成大 著

『大明一統志』: 明 李齊 等纂

『珊瑚網』: 明 汪砢玉 著

권4

『毛詩草木鳥獸蟲魚疏』: 吳 陸機 著

『禽經』: 周 師曠 著, 晋 張華 注

『錢考功集』: 唐 錢起 著

『張司空集』: 晋 張華 著

『新編方輿勝覽』: 宋 祝穆 著

康熙『松江府志』: 淸 周建鼎 纂

嘉慶『揚州府志』: 淸 姚文田 纂

『遁齋閑覽』: 宋 范正敏 著

『南州異物志』: 三國 吳 萬震 著

『華夷花木鳥獸珍玩考』: 明 愼懋官 著

『霏雪錄』: 元 鎦績 著

『益都方物記』: 宋 宋祁 著

『草堂詩餘』: 宋 無名氏 輯, 明 楊愼 批點8)

『閩書』: 明 何喬遠 著

『粵述』: 淸 閔叙 著

『中華古今注』: 後唐 馮縞 著

康熙『丹徒縣志』: 淸 鮑天鍾·何垺 纂

『朱砂魚譜』: 明 張謙德 著

『帝京景物略』: 明 劉侗 于奕正 著

『金魚的家化與變異』: 現代 陳楨 著, 1959年

『方言』: 漢 揚雄 輯

『稼軒詞』: 宋 辛棄疾 著

---

8) 批點(비점): 서적이나 문장에 비주(批注)와 권점(圈點)을 첨가하다.【역주】
　　* 비주(批注): 독서할 때 문장의 공백에 읽은 문장에 대하여 쓴 비평과 주석. 【역주】
　　* 권점(圈點): 동그라미를 치거나 점을 찍어 문장에 해 놓은 표시. 현대의 밑줄 치기와 비슷한 작용.【역주】

부록 3. 『장물지교주』인용한 참고서적 목록

『藝林伐山』: 明 楊愼 著

권5

『韻石齋筆談』: 淸 姜紹書 著

『皇朝類苑』: 宋 江少虞 著

『東觀餘論』: 宋 黃伯思 著

『畫禪室隨筆』: 明 董其昌 著

『法帖刊誤』: 宋 黃伯思 著

『說文通訓定聲』: 淸 朱駿聲 著

『通鑑綱目』: 宋 朱熹 著

『大唐新語』: 唐 劉肅 著

『野客叢書』: 宋 王楙 著

『神異記』: 漢 東方朔 著

『歷代名畫記』: 唐 張彦遠 著

『畫斷』: 唐 張懷瓘 著

『唐朝名畫錄』: 唐 朱景元 著

『舊唐書』: 後晋 劉昫 著

『宣和畫譜』: 宋 無名氏 著

『聖朝名畫評』: 宋 劉道醇 著

『圖繪寶鑑』: 元 夏文彦 著

『益州名畫錄』: 宋 黃休復 著

『兩抄摘腴』: 宋 史浩 著

『黃氏筆記』: 明 黃溍 著

『元史』: 明 宋濂 等著

『容臺集』: 明 董其昌 著

『錢文通集』: 明 錢溥 著

『聽雨樓諸賢集』: 明 王達 著

『枝山文集』: 明 祝允明 著

『震澤集』: 明 王鏊 著

『五雜組』: 明 謝肇淛 著

『畫旨』: 明 董其昌 著

『晋陽秋』: 晋 孫盛 著

『古畫論』: 明 曹昭 著

乾隆『浙江通志』: 淸 嵇曾筠·沈翼機 著

『松江志』: 淸 孫星衍 著

『華翼綸畫說』: 淸 華翼綸 著

『書斷』: 唐 張懷瓘 著

『書評』: 梁 袁昂 著

『蘭亭始末記』: 唐 何延之 著

『古今法書苑』: 宋 周越 著

『全唐文』: 淸 董誥 等編

『藝苑巵言』: 明 王世貞 著

『述書賦注』: 唐 竇泉 著, 竇蒙 注

『鐵網珊瑚』: 明 都穆 著

『玉海』: 宋 王應麟 著

『明書畫史』: 明 劉璋 著

『欒城集』: 宋 蘇濂 著

『宋濂學士集』: 明 宋濂 著

『名山藏』: 明 何喬遠 著

『山谷集』: 宋 黃庭堅 著

『懷麓堂集』: 明 李東陽 著

『吾學編』: 明 鄭曉 著

『弇州山人稿』: 明 王世貞 著

『高靑邱集』: 明 高啓 著

『丹靑志』: 明 王穉登 著

『東里集』: 明 楊士奇 著

『陸儼山集纂錄』: 明 陸深 著

『吳中往哲像贊』: 明 王世貞 著

『列朝詩集』: 清 錢謙益 輯

『水東日記』: 明 葉盛 著

『列卿記』: 明 雷禮 著

『思玄記』: 明 桑悅 著

『圖繪寶鑑續纂』: 明 韓昂 著

『詹氏小辨』: 明 詹景鳳 著

『金陵瑣事』: 明 周暉 著

『馮元成集』: 明 馮時可 著

『皇甫司勳集』: 明 皇甫訪 著

『桂洲文集』: 明 夏言 著

『姑蘇名賢小記』: 明 文震孟 著

『賜閑堂集』: 明 申時行 著

『谷城山房集』: 明 于眞行 著

『大泌山房集』: 明 李維楨 著

『華亭志』: 明 孔輔 著

『畫繼』: 宋 鄧椿 著

『南昌府志』: 明 盧廷選 著

『閩畫記』: 明 徐㷒 著

『五代名畫補遺』: 宋 劉道醇 著

『松雪齋集』: 元 趙孟頫 著

『滋溪集』: 元 蘇天爵 著

『吳禮部集』: 元 吳師道 著

『滄螺記』: 明 孫作 著

『六研齋筆記』: 明 李日華 著

『四友齋叢說』: 明 何良俊 著

『玉山草堂雅集』: 元 顧阿瑛 著

『潛溪集』: 明 宋濂 著

『巴西集』: 元 鄧文原 著

『友石先生集』: 明 王紱 著

康熙『吳縣志』: 淸 湯斌·孫珮 著

『吳中往哲記』: 明 楊循吉 著

『續吳先賢贊』: 明 劉鳳 著

『淸河書畫舫』: 明 張丑 著

『閩中書畫錄』: 明 黃錫藩 著

『秀水志』: 明 黃洪憲 纂

光緖『祥符縣志』: 淸 魯曾煜 纂

康熙『徽州志』: 淸 趙吉士 著

『金粟箋說』: 淸 張燕昌 著

『蕉窗九錄』: 明 項元忭 著

『洪武正韻』: 明 宋濂 等著

『名義考』: 明 周祁 著

『洞冥記』: 漢 郭憲 著

『隸釋』: 宋 洪適 著

『石墨鐫華』: 明 趙崡 著

『笥河文鈔』: 淸 朱筠 著

『集古錄目』: 宋 歐陽棐 著

『寶刻類編』: 宋 無名氏 著

『金石錄』: 宋 趙明誠 著

『淳化閣帖源流考』: 淸 王澍 著

『大觀帖總釋』: 淸 施宿 著

『洞天淸錄』: 宋 趙希鵠 著

『集古求眞』: 民國 歐陽輔 著

『竹雲題跋』: 淸 王澍 著

『南村帖考』: 淸 程文榮 著

『法帖譜系』: 宋 曹士冕 著

『豫章先生文集』: 宋 黃庭堅 著

『譜系雜說』: 宋 曹士冕 著

『閑自軒帖考』: 淸 孫承澤 著

『金史』: 元 脫脫 等著

『元遺山文集』: 金 元好問 著

『書訣』: 明 豊坊 著

『無錫金匱縣志』: 淸 秦緗業 著

『金石萃編』: 淸 王昶 著

『集古錄』: 宋 歐陽修 著

『六一題跋』: 宋 歐陽修 著

『寰宇訪碑錄』: 淸 孫星衍・邢澍 著

『太平寰宇記』: 宋 樂史 著

『寶刻叢編』: 宋 陳思 著

『述古書法纂』: 明 朱常淓 著

『墨池編』: 宋 朱長文 著

『漢隷字原』: 宋 婁機 著

『吳寬家藏集』: 明 吳寬 著

『絳帖平』: 宋 姜夔 著

『諸道石刻錄』: 宋 無名氏 著

『米氏書史』: 宋 米芾 著

『天下金石』: 明 于奕正 編

『潛研堂金石文字錄目』: 淸 錢大昕 著

『江寧金石待訪目』: 淸 嚴觀 著

『金石文字記』: 淸 顧炎武 著

『隋書』: 唐 魏徵・長孫無忌 著

『輿地碑目』: 宋 王象之 著

『虛舟題跋』: 明 馮伯踁 著

『郁逢慶書畫題跋記』: 明 郁逢慶 著

『金石錄目補』: 淸 葉奕苞 著

『藝風堂金石文字目』: 淸 繆荃孫 著

『庚子鎖夏記』: 淸 孫承澤 著

『金石略』: 宋 鄭樵 著

『諸家藏書簿』: 淸 李調元 著

『墨緣樂觀錄』: 淸 安岐 著

『學古編』: 元 吾丘衍 編

『校碑隨筆』: 民國 方若 著

『嘉泰會稽志』: 宋 施宿 纂修

康熙『紹興府志』: 淸 周建鼎 著

『東京夢華錄』: 宋 孟元老 著

『列子』: 周 列禦寇 著

『乾淳歲時記』: 宋 周密 著

『月令粹編』: 淸 秦嘉謨 著

『荊楚歲時記』: 梁 宗懍 著

『吳趨風土錄』: 淸 顧祿 著

『道書』: 無名氏 著, 敦煌筆寫本9)

『穆天子傳』: 晋 郭璞 注

『東圖玄覽』: 明 詹景鳳 著

『畵品』: 宋 李廌 著

『尙書緯』: 漢 鄭玄 注

---

9) 敦煌筆寫本(돈황 필사본): 감숙성 돈황시 막고굴(莫高窟)에서 5-11세기에 걸쳐 작
  성된 문서인 돈황 문서 가운데 필사본. 돈황 문서는 대부분 필사본이며, 목판인쇄
  본이 극히 소량 포함되어 있다.【역주】

권6

『博物要覽』: 淸 谷應泰 輯

『避暑錄話』: 宋 葉夢得 著

『離騷草木疏』: 宋 吳仁杰 著

『抱朴子』: 晋 葛洪 著

『戰國策』: 漢 高誘 注

『正德姑蘇志』: 明 林世遠·王鏊 纂

康熙『蘇州府志』: 淸 盧騰龍·寧雲鵬 纂修10)

『演繁露』: 宋 程大昌 著

『金鼇退食筆記』: 淸 高士奇 著

『米芾書史』: 宋 米芾 著

권7

康熙『松江府志』: 淸 郭廷弼·周建鼎纂

『亦政堂重修考古圖』: 宋 呂大臨 著

『飛鳧語略』: 明 沈德符 著

『宋書』: 梁 沈約 著

『香箋』: 宋 洪芻 著

『香譜』: 明 屠隆 著

『中國藝術家徵略』: 民國 李放 輯

『楊文公談苑』: 宋 楊億(述)11), 黃鑑(錄)

『陶說』: 淸 朱琰 著

『徐僕射集』: 梁 徐陵 著

乾隆『蘇州府志』: 淸 習寯 著

『徐文長集』: 明 徐渭 著

---

10) 纂修(찬수): 편집하여 책으로 펴내다.【역주】
11) 述(술): 창작하다.【역주】

『古玉圖譜』: 宋 龍大淵 著

『謝康樂集』: 劉宋 謝靈運 著

『博古圖』: 宋 王黼 等著

『金玉瑣碎』: 淸 謝坤 著

『文房器具箋』: 明 屠隆 著

『相貝經』: 漢 朱沖 著

『享金簿』: 淸 孔尙任 著

康熙 『溧陽縣志』: 淸 徐一經 纂

『古史考』: 蜀漢 譙周 著, 淸 黃奭 集

『續墨客揮犀』: 宋 彭乘 著

『格致鏡原』: 淸 陳元龍 著

『石倉集』: 明 曹學佺 著

嘉靖 『太倉州志』: 明 張寅纂

『豫志』: 明 王士性 著

『江行雜錄』: 宋 廖瑩中 著

『古鏡記』: 隋 王度 著

『通典』: 唐 杜佑 著

『廣韻』: 宋 陳彭年 等著

『論語』: 宋 朱熹注

『韓詩外傳』: 漢 韓嬰 著

『決疑要錄』: 晋 摯虞 著

『丁卯集』: 唐 許渾 著

『珍珠船』: 明 陳繼儒 著

『杖扇新錄』: 淸 王廷鼎 著

『古夫于亭雜錄』: 淸 王士禎 著

『秋園雜佩』: 明 陳貞慧 著

『敝帚軒剩語』: 明 沈德符 著

『桂海香志』: 宋 范成大 著

『東西洋考』: 明 張燮 著

『琴箋』: 明 屠隆 著

『卍齋瑣錄』: 淸 李調元 著

『筠軒淸閟錄』: 明 董其昌 著

『廣東新語』: 淸 屈大均 著

『漬暑筆談』: 明 陸樹聲 著

『續齊諧記』: 梁 吳均 著

『紙墨筆硯箋』: 明 屠隆 著

『尙書故實』: 唐 李綽 著

『宋史新編』: 明 柯維騏 著

『升庵外集』: 明 楊愼 著

『澠水燕談錄』: 宋 王闢之 著

『方山記』: 淸 馬世駿 著

『景德鎭陶錄』: 淸 藍浦 著

『周禮考工記』: 淸 孫詒讓 疏

『緯略』: 宋 高似孫 著

『草書訣』: 晋 索靖 著

『飮流齋說瓷』: 淸 許元衡 著

권8

『席上腐談』: 宋 俞琰 著

『前聞記』: 明 祝允明 著

『孝經援神契』: 魏 宋均 著

『溫侍讀集』: 後魏 溫子昇 著

『飛燕外傳』: 漢 伶玄 著

『藝文類聚』: 唐 歐陽詢 著

『江南春詞集』: 明 朱之蕃 著

권9

『說文解字詁林』: 民國 丁福保 編

『廣雅疏證』: 淸 王念孫 著

『李贊皇集』: 唐 李德裕 著

『梁元帝纂要』: 梁 蕭繹 著

『隋煬帝集』: 隋 楊廣 著

『毛詩傳箋通釋』: 淸 馬瑞辰 著

권10

『枚叔集』: 漢 枚乘 著

『明史』: 淸 張廷玉 等著

『國老談苑』: 宋 王君玉 著

『鄴中記』: 晋 陸翽 著

『黃遵憲日本雜事詩注』: 淸 黃遵憲 著

『東宮舊事』: 晋 張敞 著

『王建詩集』: 唐 王建 著

『維摩經』: 姚秦 釋鳩摩羅什 譯

『國語』: 晋 孔晁 注

『旌異記』: 劉宋 侯君素 著

권11

『神仙傳』: 晋 葛洪 著

『嵇中散集』: 魏 嵇康 著

『六韜』: 周 呂望 著, 淸 黃奭 輯

『韋蘇州集』: 唐 韋應物 著

『板橋雜記』: 淸 余懷 著

『救荒本草』: 明 朱橚 著

『圖經本草』: 宋 蘇頌 著

『海錄碎事』: 宋 葉廷珪 著

『農政全書』: 明 徐光啟 著

『水經注』: 後魏 酈道元 著

『橘錄』: 宋 韓彦直 著

『甌江逸志』: 淸 勞大興 著

『全唐詩話』: 宋 尤袤 著

『南部煙花記』: 唐 馮贄 著

『西安縣志』: 淸 姚寶煃·范崇楷 纂

『南方草木狀』: 晋 嵇含 著

康熙『江寧府志』: 淸 陳開虞 纂

『嘉慶義烏縣志』: 淸 諸自谷·朱世瑗 纂

乾隆『浙江通志』: 淸 嵇曾筠·沈翼機 纂

『函史』: 明 陳元錫 著

『詩傳名物集覽』: 淸 陳大章 著

『開寶本草』: 宋 劉翰·馬志 著

『岭表錄異』: 唐 劉恂 著

『太湖備考』: 淸 金友理 編, 鄭言紹 續編

『廣志』: 晋 郭義恭 著

『武陵記』: 梁 伍安貧 著

『春渚紀聞』: 宋 何薳 著

『經史證類大觀本草』: 宋 唐愼微 著

『大觀茶論』: 宋 趙佶 著

『茶寮記』: 明 陸樹聲 著

『訂譌雜錄』: 淸 胡鳴玉 著

『山家淸供』: 宋 林洪 著

『涅槃經』: 晋 羅什三藏 譯

권12

『茶陵圖經』: 宋 無名氏 著

陸羽『茶經』: 唐 陸羽 著

『宋景文集』: 宋 宋祁 著

『書影擇錄』: 清 周亮工 著

『張司空集』: 晋 張華 著

『香國』: 明 毛晋 著

『北苑別錄』: 宋 趙汝礪 著

『茶董補』: 明 陳繼儒 著

『宣和北苑貢茶錄』: 宋 熊蕃 著

『查浦輯聞』: 清 查嗣瑮 著

『張謙德茶經』: 明 張謙德 著

『枕中記』: 唐 李泌 著

道光『蘇州府志』: 清 宋汝林 纂

『宋子安試茶錄』: 宋 宋子安 著

『聞龍茶箋』: 明 徐樹丕 著

道光『徽州府志』: 清 馬步蟾·夏鑾 著

『大淸一統志』: 淸 和珅 等編

『陽羨茗壺錄』: 明 周高起 著

『三萬六千頃湖中畵船錄』: 清 迮朗 著

『觚不觚錄』: 明 王世貞 著

『明詩綜』: 清 朱彝尊 著

『畵品』: 明 楊愼 著

『樊川集』: 唐 杜牧 著

『說苑』: 漢 劉向 著

▌저자 소개▐

문진형(文震亨, 1585–1646)
자가 계미(啓美)이고 강소성 소주 사람이다. 그의 증조부는 오문화파 4대가 중 하나인 문징명(1470-1559)이며, 조부는 문팽(1498-1573), 부친은 문원발 (1529-1605)로 대대로 조정에서 벼슬을 했으며, 형 문진맹(1574-1636)은 천계 2년 전시(殿試)에서 장원을 했다. 그는 학식과 예술로 명망 높은 집안에서 태어나 집안의 영향을 받아 시서화는 물론 음악, 회화, 원림 등 다방면에 조예가 깊었다.

▌역자 소개▐

김의정(金宜貞)
이화여자대학교 중문과를 졸업하고 연세대학교 대학원에서 중국고전시로 석사 및 박사학위를 받았다. 현재 성결대학교 파이데이아 학부에 재직하고 있다. 다수의 논문이 있으며, 역저서로는 『한시 리필』, 『두보 시선』, 『이상은 시선』, 『두보 평전』, 『중국의 종이와 인쇄의 문화사』 등이 있다.

정유선(鄭有善)
상명여자대학교 중문과를 졸업하고 성균관대학교에서 중국고전시로 석사학위를, 중국북경사범대학에서 중국설창문학으로 박사학위를 받았다. 현재 상명대학교 교육대학원 중국어교육전공에 재직하고 있다. 다수의 논문이 있으며, 역저서로는 『중국지역문화』, 『중국검보의 이해』, 『중국경극과 레퍼토리』, 『중국경극의상』, 『중국설창예술의 이해』, 『송원화본』, 『열자』 등 외 다수가 있다.

한국연구재단
학술명저번역총서
[동양편] 617

장물지 ⑦

초판 인쇄 2017년 11월 1일
초판 발행 2017년 11월 15일

저   자 | 문진형文震亨
역   주 | 김의정金宜貞 · 정유선鄭有善
펴 낸 이 | 하운근
펴 낸 곳 | 學古房

주   소 | 경기도 고양시 덕양구 통일로 140 삼송테크노밸리 A동 B224
전   화 | (02)353-9908 편집부(02)356-9903
팩   스 | (02)6959-8234
홈페이지 | http://hakgobang.co.kr/
전자우편 | hakgobang@naver.com, hakgobang@chol.com
등록번호 | 제311-1994-000001호

ISBN   978-89-6071-713-8 94080
          978-89-6071-287-4 (세트)

값 : 32,000원

■ 이 책은 2010년도 정부재원(교육부)으로 한국연구재단의 지원을 받아 연구되었음(NRF-2014S1
A5A7036354).
This work was supported by National Research Foundation of Korea Grant funded by the Korean
Government(NRF-2014S1A5A7036354).

이 도서의 국립중앙도서관 출판예정도서목록(CIP)은 서지정보유통지원시스템 홈페이지
(http://seoji.nl.go.kr)와 국가자료공동목록시스템(http://www.nl.go.kr/kolisnet)에서 이용하
실 수 있습니다. (CIP제어번호 : CIP2017028558)

■ 파본은 교환해 드립니다.